中南高校档案工作联盟"档案文化资源开发"系列丛书

中南高校档案文化资源综合开发研究

顾　　问：陈　昆　　沈壮海　　朱学红　　柯友良
　　　　　吴　玫　　马仁杰　　党跃武　　张　凯
　　　　　雷晓蓉　　吴湘华

主　　编：涂上飙

执行主编：吕雅璐　　乔硕功　　张予宏　　符史涵
　　　　　郑公超

副主编：万　青　　万江明　　马　菲　　王　旭
　　　　　王长健　　石　华　　帅　斌　　付　强
　　　　　冯小宁　　朱　蓉　　向　禹　　刘　瑛
　　　　　刘立勇　　刘秋华　　刘晓玲　　孙庆娟
　　　　　孙丽芳　　李　祎　　李　虹　　李　梅
　　　　　李兆荣　　李国英　　肖永红　　初亚楠
　　　　　张业明　　张冬晴　　张晓培　　陈　飞
　　　　　范智新　　林文兴　　罗伟昌　　罗学玲
　　　　　赵启才　　胡利清　　秦　然　　徐建军
　　　　　徐朝钦　　徐警武　　萧　毅　　盛志亮
　　　　　辜　瑞　　童庄慧　　熊华山
　　　　　（按姓氏笔画多少排序）

中南大学出版社
www.csupress.com.cn
·长沙·

图书在版编目（ＣＩＰ）数据

中南高校档案文化资源综合开发研究／涂上飙主编.
--长沙：中南大学出版社，2019.4
ISBN 978 - 7 - 5487 - 3583 - 0

Ⅰ.①中… Ⅱ.①涂… Ⅲ.①高等学校－档案利用－
资源开发－研究－中国 Ⅳ.①G647.24

中国版本图书馆 CIP 数据核字（2019）第 042261 号

中南高校档案文化资源综合开发研究

涂上飙　主编

□责任编辑	浦　石	
□责任印制	易红卫	
□出版发行	中南大学出版社	
	社址：长沙市麓山南路	邮编：410083
	发行科电话：0731 - 88876770	传真：0731 - 88710482
□印　　装	武汉鑫佳捷印务有限公司	

□开　　本	710×1000　1/16	□印张 28.5	□字数 541 千字	
□版　　次	2019 年 4 月第 1 版	□印次	2019 年 4 月第 1 次印刷	
□书　　号	ISBN 978 - 7 - 5487 - 3583 - 0			
□定　　价	138.00 元			

前　言

2017 年 3 月 21 日至 24 日，在全国认真学习党的十八大，十八届三中、四中、五中、六中全会精神和全面开展从严治党的时代背景下，来自海南省、广东省、湖南省、河南省和湖北省高校的档案工作同仁，在人杰地灵、风景如画的珞珈山——武汉大学，共同发起成立"中南高校档案工作联盟"(The Alliance of University Archives in South Central China)。大家欢聚一堂，分享成功经验，答解兰台困惑，憧憬美好愿景。

大家一致认同，联盟的成立应该努力实现如下两个目标：

一、就档案客体而言，联盟应该在档案文化建设中有更大作为、做出更大贡献。

档案工作说到底就是围绕文化开展工作。当今，以习近平为核心的党中央提出了经济、政治、文化、社会、生态"五位一体"的建设理念，高校也围绕人才培养、科学研究、社会服务和文化传承创新四大功能进行建设，高校的档案工作就应在国家和大学文化建设中寻找自己的坐标和作用点，为文化记忆、传承和创新服务。进一步说，高校档案工作应该在档案的资源体系建设、利用体系建设和安全体系建设中不断增添新的内涵，努力做到"增量重民生""存量重开放""收放重时效"。

二、就档案主体而言，联盟应该在精干高效合格兰台人的打造上成为一个优秀平台。

档案事业的作为与贡献，关键在于人才。希望大家在联盟里的工作交流、学术争议以及实践考察等活动中，不断提高能力和水平。通过丰富多彩的活动，争取大家创新意识不断加强、学习能力得到提高、服务水平节节攀升、发展潜力与日俱增。在联盟这个兰台世界里，作为一名兰台人，我既能得到充分自由的发展也为自己的奉献无怨无悔。

"中南高校档案工作联盟"的正式成立，成为中南高校档案工作发展的新机遇和新起点。

为推进联盟成立时两个目标的实现，经过充分讨论，联盟决定以档案文化资源的开发为抓手，出版"档案文化资源开发"系列丛书。

经过大家的共同努力，2017 年已经出版《中南高校历史发展沿革概览》《中南高校档案馆建设概览》两本书。原定在此基础上继续出版《中南高校校训、校歌和校徽中文化元素的挖掘》《中南高校校长办学理念问题研究》《中南高校历史上三次院系调整问题研究》3 本书，考虑到一些实际情况，最后决定将 3 本书的内容合并成一本书出版，名为《中南高校档案文化资源综合开发研究》。该书分为 5 大板块，包含论高校档案文化、述高校调整历史、谈高校办学理念、说高校文化元素、讲高校人物故事。

在各成员单位的齐心协力下，该书已形成初稿。大家论述了对高校档案文化的认识和见解，述说了自己学校的发展历史，谈到了学校的办学理念，叙述了学校的校训、校徽、校歌等文化元素，讲述了学校的感人人物故事。尽管文风不尽相同，但对人们从档案的视角了解中南部分高校的基本情况将会大有裨益。

该书基本以各省高校的档案馆（室）为单位进行归类。在排列顺序上，只是一个相对的分类。

受能力和水平的局限，该书会在多方面存在局限和不足，敬请批评指正！

涂上飙
2019 年 1 月 5 日于武昌珞珈山武汉大学

目　录

第三部分　谈高校办学理念

第四部分　说高校文化元素

第五部分　讲高校人物故事

第一部分

论高校档案文化

高校档案文化资源开发研究

武汉大学　涂上飙

高校档案经过几十年、上百年的积累，已经成为一种丰富的文化资源。对其进行文化挖掘，不仅具有明显的现实意义，而且也存在着可能性。但目前高校对档案文化资源的开发不太充分。因此，大力开发档案文化资源应成为高校档案馆的一项重要工作。

一、开发高校档案文化资源的意义

高校开展档案文化资源的开发，对于实现国家文化发展战略、实现高校的四大功能以及拓展高校档案馆的工作内涵都具有十分重要的意义。

1. 对实现国家文化发展战略的意义

现在，加强文化建设已经成为一种国家战略。改革开放以来，国家先后制定了政治、经济、外交、军事等发展战略。随着经济的发展、国家的富强、民族的振兴，提高国人的文化意识的重要性日益凸显。党的十七届六中全会通过的《中共中央推动文化大发展大繁荣的决定》。标志着国家文化发展战略的确定。党的十八大进一步强调，要扎实推进社会主义文化强国建设。

推动文化大发展大繁荣的决定指出，文化是民族的血脉，是人民的精神家园。在当今世界大发展大变革大调整的时期，文化在综合国力竞争中的地位和作用更加凸显，维护国家文化安全的任务更加艰巨，增强国家文化软实力、提高中华文化国际影响力的要求更加紧迫，满足人民基本文化需求也成为文化建设的基本任务。

高校都具有十分丰富的档案资源，对其进行文化资源挖掘，将会为国家的文化发展战略做出重要贡献。不少高校的档案从晚清开始，经过民国一直延续到现在。这里面有许多的文化资源可以挖掘，如对晚清高校档案的挖掘可以使人们了解近代高等教育的起步及发展历程的艰辛，也可以使人们明白晚清高等教育的发展在国家社会发展中的作用以及对国家民族的进步所做出的贡献。

2. 对实现高校四大功能的意义

教育史家认为，真正现代意义上的高等教育产生于公元 5 世纪。经过十个世纪的发展，高校逐步形成了人才培养、科学研究、社会服务和文化传承创新四大功能。加强对高校档案文化资源的开发，对高校四大功能的实现具有十分重要的意义。

（1）对人才培养功能的意义。高校的第一个职能——人才培养起源于中世纪（约公元 476 年—公元 1453 年）大学的初创之时。

早期的意大利博洛尼亚大学、英国的牛津大学、法国的巴黎大学等都是精英式的博雅教育，其任务是为统治阶级和教会培养专门人才。到了近现代，人才培养一直是高校的主要功能。能否培养出合格人才是衡量一所高校成功与否的主要标准之一。

合格人才的培养离不开档案馆的参与。档案馆的参与可以为高校学生的智能教育做出贡献。为培养学生的智能，档案馆可以将能够提高学生的自学、研究、思维、表达、组织和管理能力的档案材料进行整理汇编，供学生们学习。真实、原始的一手资料，一定会在启迪学生思路、提高学生思维上大有作为。同时，档案馆还可以结合档案编研、出版档案画册、举办陈列展览等，对学生进行全方位多视角的思想道德教育及艺术审美教育。

（2）对科学研究功能的意义。新航路的开辟，工业革命的到来，人们认识自然的需要增强了。

高校科学研究功能从此诞生。普鲁士教育部部长威廉·冯洪保主张大学应提倡"大学自治""学术自由"和"教学与科研结合"。根据他的主张，1810 年注重科学研究的柏林大学建立。发展知识（科学研究）的功能在高校中产生。自此以后，科学研究一直是高校的一项重要功能。

实现高校的科学研究功能，高校档案馆也可以做出自己的贡献。高校中大量的科研档案记载了过去师生们在科学研究中有价值的材料，高校的科研档案是一座内容十分丰富的知识宝库。对这些档案材料，进行分门别类的研究出版，对于师生员工进行科学研究有重要的参考和借鉴价值。

（3）对社会服务功能的意义。高校的社会服务功能诞生于 19 世纪末 20 世纪初的美国赠地学院的创办。

美国总统林肯 1862 年签署的著名《莫里尔法案》中规定了每州必须建立一所从事农业和机械工程教育的学院，史称"赠地学院"。高校的社会服务功能因此开启了。

　　高校档案馆关于社会服务的档案材料也是十分丰富的，档案馆完全可以将馆藏的关于产学研的档案系统归类，尤其是对涉及国计民生及广大民众受益大的档案材料进行开发，一定会为当今的高校更好地开展社会服务工作做出应有的贡献。

　　（4）对文化传承创新功能的意义。高校文化传承创新功能的产生大体分为两个发展阶段。

　　在高等教育发展早期，当人才培养还作为主要功能的时候，高校对文化以传承为主；进入近代以后，随着科学研究功能的推行，高校在文化传承的同时开始创新。

　　要想实现高校的文化传承创新功能，离不开档案馆的参与。承载着历史记忆的高校档案馆是中华文化传播的重要媒介和场所。高校档案馆作为保存档案的基地，人文资源十分丰富，知识密度高，科技含量重，对其中的文化元素加以开发，不仅可以为高校师生利用，还能为国家经济发展与"科教兴国"服务，为提高全体劳动者的知识水平做出贡献。

3. 对拓展高校档案馆工作内涵的意义

　　随着国家的富强、民族的振兴，各行各业的档案事业都在突飞猛进地向前发展。总体来看，目前我国已初步建立起了社会主义档案事业体系；建立了以《档案法》为中心的档案法规体系和确定了档案专业标准；档案得到了全面收集和科学管理；档案信息资源得到大力开发利用等。高校的档案事业也是一样，取得了骄人的成绩。

　　然而，高校的档案事业与时代的发展要求还存在一定距离，高校档案馆还需要在内涵上加以拓展。高校档案馆取得的巨大成绩，严格意义上只是档案工作的一部分。档案工作就终极目标来说包含两大部分——档案的管理和档案的利用。

　　目前，高校档案工作的主体是围绕着档案的管理来展开。档案的收集、整理、鉴定、保管及统计等都是侧重于管理，这只是完成了档案工作的一半，而档案的利用是完成得不好的或没有完成的。也就是说，高校的档案工作注重了档案的信息价值，而档案的文化价值很少有人注意到。所谓档案的文化价值，即将档案作为原材料，通过人的智力活动，将其做成能够满足不同层次不同人群需要的文化产品。

　　因此，加强对高校档案文化产品的开发，既可以满足人们广泛的文化需求，彰显档案的价值，也可以拓展档案工作的内涵，这是高校档案馆今后努力发展的一个方向。

二、高校档案文化资源开发已有一定基础

目前，高校档案文化资源开发已有一定基础，这为规模深度开发提供了可能性。

1. 高校档案文化产品有了越来越广泛的需求

广泛的社会需求是决定档案文化产品不断涌现的一个重要原因。早些时候，一谈到高校的档案工作，很多人是陌生的。有人认为档案工作可能与升学、调动工作有关；还有人认为它就是一项保密性的工作。随着社会的进步与发展，越来越多的人认为高校档案是一种不可多得的文化资源，可以从中开发出很多的文化产品。

从高校的内部来看，高校的决策者认为：利用档案资源开发出来的文化产品，如校史、校志及年鉴，能清楚地展现学校的发展历程、辉煌成就，为学校的进一步发展提供启示和借鉴；高校的教师们认为：提供档案文化产品可以了解到学校过去人才培养、科学研究的成就，也可以感知学校学科发展的特点及未来走向；高校的学生们认为：众多的文化产品可以使他们熟悉学校的历史、感知学校的办学精神、增加对学校的热爱，为其增强对自己学校的自豪感提供了丰富素材。从社会各阶层来看，高校的档案文化产品可以满足人们求知上学、事业合作及文化消费等多方面的需要。

因此，众多的需求是高校档案馆开展档案文化资源发掘的不竭动力。

2. 高校已初步具备开展档案文化产品开发的条件

为开发高校档案文化产品，目前不少高校都设立了相应的机构、引进了相关人才。

从机构上来看，高校档案机构大体有三类：一类是管理和利用档案为同一机构且都在档案馆，即管用一体。如武汉大学、华东师范大学、华中师范大学、上海交通大学、四川大学、安徽大学、厦门大学、山西大学等。二类是管理和利用档案名义为一体，实有区别。即管理和利用档案名义上在档案馆，实际上管和用是两类人，各司其职。如北京大学、清华大学、山东大学、同济大学、云南大学等。三类是管理和利用档案分开，如南京大学、重庆大学、陕西科技大学等。即利用档案工作不在档案馆，而在学校宣传部。

以上三类机构设置中，在档案馆内设立专门的档案文化产品开发机构是最理想的模式。因为在馆内从事档案文化产品的开发，不仅取材方便，而且档案人员长期与档案打交道，可以熟知档案的性质、特点，也对档案有亲切感。

同时，在对档案文化产品的开发过程中，随着需求的加大，高校也逐步建立起一支文化产品开发的队伍。文化产品的开发，占有档案材料是基础，但将

档案材料变成文化产品，就需要人的智力投入，人的智力因素起着关键性的作用。正如将大米做成旺旺雪饼一样，光有大米、配方及厂房是不够的，还需要掌握技术的人员的精心操作。

为开发档案文化产品，不少高校改变了传统的进人观念。由最初的不管什么专业都进，到后来引进计算机、档案学方面的人才，到现在引进学历史学、教育学方面的人才。历史、教育方面的人才熟悉高校的发展历程，熟知高校发展的基本要素。这些人才进来后，通过对档案材料的整理研究能开发出品种多样的文化产品。现在的北京大学、清华大学和西安交通大学都有历史学博士从事档案文化产品开发，上海交大则是教育学博士从事此项工作。目前，北大、清华大学、上海交通大学、武汉大学、四川大学、云南大学等都有一支专门从事档案文化产品开发的队伍。

3. 高校中已产出一批可观的档案文化产品

经过多年的产品开发，不少高校开发出了众多的档案文化产品，也为下一步的产品开发提供了经验。目前的开发大体可分为两类：一是以图片为主体的文化产品，二是文字类的产品。

（1）以图片为主体的文化产品。这类产品主要是将图片经过打磨、雕琢，配以适当的文字，通过校史馆、专题展的平台来再现的文化产品。目前不少高校利用档案材料设立有许多展览。据不完全统计，北京大学、清华大学、人民大学、北京师范大学、哈尔滨工业大学、东北大学、天津大学、上海交通大学、复旦大学、同大学济、武汉大学、华中科技大学、四川大学、重庆大学等"985工程"高校先后都建立了校史馆，一些"211 工程"大学及二本学校也建立了或正在修建校史馆。

作为校史馆的补充，不少高校结合本校丰富的档案资源，在校史馆之外建立了专题展，如南京大学建有"拉贝纪念馆"和"赛珍珠纪念馆"，南通大学建有"张謇教育史馆""张闻天陈列馆"，武汉大学建有"周恩来故居""郭沫若故居"等。

（2）以文字为主的档案文化产品。这类产品主要是利用档案材料，通过对档案内容以不同形式的挖掘，开发出系列文化产品。目前，这类产品大体有三类：

一类是档案资料的整理汇编，包括专题资料和资料长编，如《厦门大学党史资料》《川大记忆——校史文献选编》《清华大学史料选编》《北京大学史料》《金陵大学史料集》等。二是在资料汇编的基础上，进行基础性编研工作，如《北京大学校史》《武汉大学校史》《上海交通大学校史（1—8）卷》《复旦大学校志》《清华大学 100 年》等。三是进行专题研究，如关于人物的研究，就有对蔡元培、梅贻琦、张伯苓、张学良、王星拱、任鸿隽、钱学森等人的研究。

三、高校档案文化产品开发利用的不足

尽管高校档案文化产品有着开发的必要性，也具有一定的开发基础，但总体来看，还存在许多空间可开发，有进一步加大投入力度的必要。

1. 以图片为主的文化产品还有许多深挖的空间

从开发的广度来看，以图片为主的文化产品还存在着开发广度不够、覆盖面有限的问题。如为给广大师生员工爱校教育提供基地和为社会了解学校提供平台，高校一般应利用馆藏档案材料建立以图片主材料的校史馆。从目前所知情况来看，全国高校中，除一些历史悠久的重点大学建立了校史馆以外，还有不少高校尤其是普通本科以下的高校没有校史馆。这些学校需要创造条件建立校史馆，利用专题材料建立专题展览就更需要努力了。

从开发的深度来看，这一项工作也存在着深挖的必要性。如校史馆中侧重于办学的一些主要指标，人才培养、科学研究、社会服务、国际交流、思想党建以及基础建设等方面。展示这些内容应该说是必要的，但有两个方面还可以优化：一是展示的对这些内容应该更注重艺术感染力，避免千人一面；二是应该增加一些观众所愿意知晓的内容，如多给一线的工作人员一些图片展示。

2. 以文字为主的档案文化产品在深度和广度上的开拓都应该加强

上面说的三类文字类的文化产品都还有拓展的余地。对原始档案材料的汇编，还有两个方面可以加强：一是已有开发基础的高校（如厦门大学、四川大学、云南大学等），在现有基础上要进行系统的整理开发，要向《北京大学史料》《清华大学史料选编》看齐；二是开发基础不好或完全没有开发的高校要进行重点开发和系统开发。从全国高校来看，原始档案材料汇编的这项任务最多完成了30%，还有70%的工作待完成。

从全国来看，建立在档案基础上的基础性编研是三块工作中最后完成的一项，总体来看完成了70%。各高校结合学校的决策、宣传以及校庆等工作，以档案材料为基础，开发出了校史、校志和年鉴等系列文化产品。但还有不少学校没有开展这三大基础文化建设工程，或者开展得不全面。没有开展或开展不全面的高校都应该补上这一课。

从全国来看，利用档案材料开展的专题研究工作完成得不好。因为这一工作对人员的素质要求很高，不少高校因为这一类人员缺乏，工作完成得不理想。从已经开发出来的产品来看，还存在着不少缺陷。总体来看是编多研少，如对人物、史实考证、断代史等方面研究的不多。

四、高校档案文化产品开发的思路对策

高校档案文化产品开发，既有必要性又有可能性，还有可挖掘的空间，那么该如何深入开展呢？

1. 要改变档案工作的理念

理念是行动的先导，思想决定着行动。目前，高校的档案工作急需改变现有工作理念。现在的工作模式简单来说就是八个字：管用分离，以管为主。这一模式是出于历史原因形成的。中华人民共和国成立后，建立了一种新的档案管理模式，即将档案的管理作为主要任务，而档案局（馆）的主要工作就是管理好档案。档案的利用工作只是档案工作的次要部分。国家还专门设立了方志办、党史办来从事档案的利用工作。高校也基本与其他部门一样，档案馆主要从事档案的管理工作，档案的利用被放在次要地位。

其实，档案的管用结合在中国古代已有值得借鉴的经验。古人在注重档案管理的同时，也重视档案文化产品的开发。中华五千年的文明史，主要是通过开发出来的档案文化产品来证明。《尚书》是我国第一部档案文献汇编，《春秋》是孔子利用档案撰写的第一部编年史。与此同时还有左丘明的《左传》《国语》等都是根据大量档案汇编而成。西汉太史令司马迁的《史记》、东汉兰台史令班固的《汉书》，魏晋南北朝时期郭璞的《晋书》、魏收的《魏书》、崔鸿的《十六国春秋》、常璩的《华阳国志》，唐朝编撰的《晋书》《梁书》《陈书》《北齐书》《周书》《隋书》《南史》《北史》《唐书》《唐春秋》《唐六典》，北宋司马光的《资治通鉴》、南宋李焘的《续资治通鉴长编》，明代的《明实录》《明会典》，前清的《四库全书》《皇朝文献通考》《大清会典》《大清一统志》，晚清的《光绪政要》《中俄约章会要》《通商各国条约》等都是利用档案产出的成果。

因此，在新的时代条件下，高校档案馆要改变档案工作的理念，应该从管用分离、以管为主的模式向管用结合、以用为主的模式转变。应该利用丰富的馆藏档案资源，加强加大档案文化产品的开发。

档案馆在改变观念的同时，还要争取学校决策者的思想转变。决策者对档案工作认识程度的高低，将直接影响档案工作成效的好坏。档案管理工作在争取他们重视的同时，更要注重档案的开发利用工作。有的高校为什么不注重档案的原始开发工作，在某种程度上是因为决策者认识不到此项工作的重要性。北大、上海交大、厦大都开发出了系列档案文化产品，这与决策者们的重视不无关系。北大的王学珍，上海交大的王宗光、马德秀，厦大的未力工，这些曾经担任学校党委书记的领导都亲自抓过档案文化资源的开发工作。

2. 要加大对专门人才的培养

档案文化资源的开发，人才是关键因素。没有一定专业水准的人，文化资源开发就是一句空话。要解决人的问题，一要加大对这一类人才的引进力度，要选取有硕士、博士学位具有历史、教育专业背景的人才留下来；二要对现有人才进行转型，要将原来习惯于对档案的管理向对档案的利用方面转变。人才的转型一要补充新的知识，如学习中外历史、高等教育史、中国文献编纂学、文书学等方面的知识；二要在学习的基础上，结合档案材料进行练习，在熟悉档案材料的基础上，由浅入深地开展档案文化资源的挖掘。

古人对利用档案修史人的要求的四个方面，今天仍有借鉴意义。古人刘知几、章学诚、梁启超等人对利用档案材料修史者提出了"史德、史识、史才、史学"的"四史"的要求，对今人仍有指导意义。史德，即修史时要坚持秉笔直书的精神。史识，就是能够通过分析大量的史实，得出客观的结论。史才，主要是指文章的文采，即古人所谓的"辞章之学"，收集鉴别史料的能力。作为一个修史者，能用简洁、明晰、准确的文字，表达出深邃的思想，应该是最高境界。史学，是指学识，即具有一定的历史专业知识。修史者既要有史学各门的基本知识，还应具备广博的人文知识基础。

因此，在档案文化资源开发的过程中，不断提高人员素质是一个重要方面。此类人员不仅要有甘于清贫、乐于奉献的思想素质，更要有知识全面、技术过硬的业务素质。

3. 要将发展规划与发展契机相结合

档案文化资源的开发工作，要争取被学校列入发展规划。北京大学在制订"十三五"发展规划时，就将大学文化建设列入专门的发展规划，档案文化建设是其中的一部分。若被列入发展规划，这项工作就有了执行依据，就有了一定的强制意义；若被列入发展规划，此项工作就会争取到学校人财物方面的支持。

档案文化资源的开发，还应该抓住一些发展契机。校庆是一项涉及面广的学校庆典活动，应该抓住这一契机开发系列档案文化产品。现在所能够看到各高校的大量档案文化产品，都是高校借校庆之际开发出来的，如《清华大学一百年》《上海交通大学史（8卷本）》等文化产品。除此之外，档案文化资源开发工作还应该抓住一些特殊的纪念活动。如学术大师的诞生纪念、大学校长的治校纪念、学科发展庆典等都是可以开发系列档案文化产品的。2015年是纪念抗战胜利70周年，不少高校围绕抗战西迁开发出了不少档案文化产品，如武汉大学就出版了《抗战烽火中的武汉大学》。

4.要在开发内容上多措并举

一要根据自身情况因地制宜。不同的高校,档案文化资源占有情况是不一样的,应该根据各自的情况因地制宜地向前推进。要结合单位人财物的基本情况有计划地向前迈进。综合型、人文型、历史悠久型的高校,应该对学校的档案文化资源进行全面开发;理工科类型的高校可考虑对人才培养、科学研究有需求的文化资源进行开发;其他类型的高校可根据自身实际情况进行开发。

二要将开发与应用适当结合。档案文化资源开发的目的是为了更好地应用。因此,在开发文化资源前要弄清需求状况。如果一所学校连基本的校史书籍都没有,那就首先要考虑利用档案材料编修一本校史著作。高校是专门培养人才的阵地,为保证学生能够健康成长,就应该考虑开发对学生的价值观形成、人格的塑造有促进作用的作品。这些作品通过专题爱校教育、校史课以及各种竞赛活动,发放到学生手中,必将产生强大的影响力和感染力。开发出来的档案文化产品有较好的影响力,反过来又会促进文化产品的开发。

三要适度开展联合开发。对于一些历史悠久的高校,联合开发显得尤为重要。这些学校都发源于晚清、民国,有许多情况存在共同性。可以就学校发展过程中的有关问题考证、学校的办学成就、办学经验的总结,以及学校发展过程中的某一方面的深层次研究等。下面的一些方面都是可以进行联合编研的:对大学文化标识的共同探讨。例如,校门、塑像、校徽、校歌、校旗、校服等,是大学文化的重要载体,融合了学校的办学理念和学校精神,具有长久的生命力。对大学学科的共同探讨。学科是大学发展的龙头,如民国时期大学的学科,交通大学、同济大学、北洋大学是一类,中央大学、浙江大学是一类,复旦大学、南开大学、厦门大学一类,北京大学、清华大学、武汉大学是一类;对当时大学的学科进行比较分析,可以看出各学校的学科分布情况及对后来大学的影响;对大学大师学术轨迹的共同探讨。民国教师有一个突出的特点,就是教师的流动性很大。一般的教师都有多个学校教书的经历,朱光潜先后在国立北京大学、国立四川大学、国立武汉大学、国立安徽大学任教。竺可桢先后执教于武昌高等师范学校、南京高等师范学校、东南大学、国立中央大学和浙江大学。闻一多历任国立第四中山大学、国立武汉大学、国立山东大学、清华大学、西南联合大学的教授。如果对他们进行协同研究,则可以给人们提供一个学者大师的完整学术轨迹。

参考文献

[1] 杨冬权.谈档案与文化建设——在2012年全国档案工作年会上的讲话[N].中国档案报,2012-11-08.

[2] 冯惠玲.论档案馆的"亲民"战略[J].档案学研究.2005(1).

[3] 岳宗福,张秀芹.试论档案的文化价值[J].档案学研究.1997(3).

[4] 邓达宏.论档案在民族文化传承中的地位与作用[J].档案学通讯.2002(1).

[5] 荣华.推动档案文化大繁荣大发展的思考[J].中国档案.2010(10).

(原载于《浙江档案》2016 年第 12 期)

谈谈高校档案编研的成绩、特点、不足与建议

武汉大学　涂上飙

改革开放以后,中国的高等教育步入良性发展轨道。为了总结在办学过程中的经验教训,不少学校以档案资料的汇编为抓手,开展了丰富多彩的档案利用工作,产出了无数的科研成果,取得了瞩目的成绩。当然,档案的编研利用工作无论从编研的数量,还是质量来看都还有许多需要改进的地方。因此,档案的编研利用还需要进行新的探索。

一、高校档案编研工作取得的成绩

全国高校 30 多年的档案编研工作及其公开出版的系列读物,在宣传学校、促进学校发展;深化教学、促进科研;开展爱校教育、促进国魂的铸造等多个方面却做出了重要贡献,取得了可喜的成绩。

1. 成为助推高校发展的一项重要工作

30 多年来,全国高校出版了不少以档案为基础编写的校史研究成果,但因时代的不同,又存在一定的差异性。

在 20 世纪 80 年代,一批校史著作出版,但总体数量不多、规模不大,以建校历史较长且在全国高校中居于重要地位的大学为主。例如:《南开大学六十年(1919—1979)》《北京大学校史(1898—1949)》《清华大学校史稿》《中山大学校史(1924—1949)》《交通大学校史(1896—1949)》等。到了 20 世纪 90 年代,修史的规模越来越大,参与修史的学校也越来越多,又出版了一批著作。例如:《厦门大学校史(1921—1949)》《华中师范大学校史(1903—1993)》《武汉大学校史(1893—1993)》等。

进入 21 世纪以来,出版校史著作无论规模、数量都大大超过了以前的总和。例如:《哈尔滨工业大学校史(1920—2000)》《山东大学百年史(1901—2001)》《湖北大学校史(1931—2001)》《南京大学百年史》《东北大学八十年》《吉林大学校史(1946—2006)》《安徽大学简史》《华中农业大学校史》《襄樊学院校史(1958—2008)》《重庆大学校史(1999—2009)》《兰州大学校史》《中

南民族大学校史(1951—2011)》等。

上述档案编研成果有一个共同的特点,即大部分与学校的校庆工作有关,基本上都是因校庆而作且上述著作出版的年份基本上都是学校十年大庆的时候。因此,完全可以说档案编研成为助推高校发展的一项重要工作。

2. 为爱校教育提供了大量精神食粮

30多年来,各学校在进行校史、校志编研的同时,结合所占有的档案资源,进行了大量的综合编研,大体涉及如下一些方面:

(1)对过去的办学经历的回顾与总结。例如:《武汉大学西迁乐山七十周年纪念文集》《清华国学研究院史话》《燕园师友记》等。(2)对过去的学习、工作经历的回顾。如:《清华工作50年》《同济生活六十年》《岁月如歌——中南财经政法大学校友回忆录》等。(3)对大学的回眸、漫谈等。如:《老厦大的故事》《清华往事》《东陆回眸》《山大往事(1902—1953)》(山西)《武大逸事》《复旦逸事》《老北大的故事》等。(4)对学校革命历史的回顾与总结。如:《战火中的大学——从陕北公学到人民大学的回顾》《日军铁蹄下的清华园》等。(5)对大学精神及文化的归纳总结。如:《北大岁月——北大名流与北大精神》《清华精神九十年》《二三十年代清华校园文化》《流风甚美——武汉大学文化研究》等。

这些编研的五个方面,从宏观到微观、从纵向到横向,由浅入深对学校的历史进行了归纳和总结。为对广大师生进行爱国爱校教育提供了大量的素材。

(6)用图片说明历史。除了上述以文字为主体的综合编研外,不少高校还汇编出版了反映高校发展历史的图片史。例如:《北京大学图史》《武汉大学图史》《张学良与东北大学画卷》《华南师大老照片》《同济老照片》《烽火西迁路:武汉大学西迁乐山七十周年纪念图集》等。

以原始档案为基础出版的图史、图册,能更为直观地再现历史的原貌,给人以十分强烈的艺术感染力,在对师生进行教育时必定会留下深刻的印象。

3. 为教学科研提供了大量素材

20世纪80年代以来,不少学校以库存档案为基础,对档案进行了整理出版:

80年代出版的有:《山东大学校史资料》《南京大学校史资料选辑》《交通大学校史资料选编》《金陵大学史料集》等。90年代出版的有:《厦门大学史料》《燕大文史资料》《北京大学史料》《清华大学史料选编》等;21世纪以后出版的有:《南大百年实录 南京大学史料选》《名人名师武汉大学演讲录》《邹鲁校长治校文集》《云大文化史料选编》《抗战时期复旦大学校史史料选编》《东吴大学史料选辑》《清华大学历任校长演讲精选》等。

　　上述所列校史出版资料，有历史长编，也有专题汇编。《北京大学史料》《清华大学史料选编》属于历史长编，它按时段对学校各个时期的制度、教学、管理、科研、教员、学生、图书仪器、经费、学生活动等进行了系统的整理归类。大部分的资料是属于专题性质的：有关于早期办学的，如四川大学关于鹿传麟的办学史料；有关于一段时期的办学史料的，如复旦大学关于抗战时期的办学史料；大部分是关于学校的教师、学生等方面的史料，如厦门大学、云南大学等。

　　这些档案资料的整理出版，为学校校史研究提供了丰富史料，也为高等教育尤其是高等教育史的研究提供了更多的素材。

二、以校史为主体的档案编研的特点分析

1. 编研的规范科学性日益明显

　　通过对三个时段出版的校史的取样，发现第一阶段特色都很明显，亮点也很多。

　　20 世纪 80 年代出版的校史，从内容安排权重来看大体分为三类：一是带有综合特征的。即将学校的校史按沿革、制度、教学、科研、校长、学生活动、革命活动等时间的发展顺序进行内容取舍，大体平衡使用力量。二是带有明显政治色彩的。即校史中的革命活动、学生运动占了大部分的篇幅，具有革命史的特征，有的书连章节的标题都与革命史的表述划分一致。三是以突出业务为主的。即全书主要篇幅写教育制度、教学、科研、办学基础，尤其对教学和科研的表述翔实。

　　20 世纪 90 年代的研究，从总体来看，语言表达更为朴实，对事实的表述脱离了较浓的政治氛围，史料十分丰富。如《西南联合大学校史》，全书内容分为沿革、院系史、民主运动及课余生活和大事记。院系史是重点，占 50% 以上的篇幅。其他校史在大量史料的基础上，对沿革、教学、学术、管理以及民主运动等进行了分类阐述，史料十分翔实。

　　21 世纪以来，校史研究的撰写总体来看突破了原来政治氛围紧缩的框架，不仅史料丰富，语言活泼生动，而且内容涉及广泛、表现形式多样。除了撰写传统的沿革、教学、科研、革命活动外，还涉及大学文化、大学精神、大学理念、校史考证、校史的经验总结等方面的内容，表现手法更为灵活。不少校史校志在撰写的过程中，恰到好处地插入了不少具有原始档案性质的图片，给人深入其境的印象，不少巨幅校史著作计划出版孕育而生。上海交通大学计划出版 8 卷本校史；四川大学已出版 5 卷本的校史；东北大学计划出版两册计 200余万字校志；复旦大学计划出版 300 余万字的百年志计；兰州大学计划出版约

200 万字校史。

2. 专题研究亮点纷呈

高校在围绕学校发展，在重点编研的同时，还进行了分类研究，如：

（1）对大学校长、大师的研究。对大学校长、大师的研究不少学校十分重视，分期分批开展了系列研究，出版了不少著作。例如：《蔡元培与北京大学》《蒋南翔传》《李国豪与同济大学》《人民科学家钱学森》《竺可桢》《王世杰传》等均是对大学校长、大师研究产出的一批成果的代表。

（2）对大学文化的研究。这是近年不少大学兴起的一个新课题。围绕大学文化研究，已经出版了一批研究成果。例如：《海纳百川　有容乃大——北京大学文化研究》《世纪清华　人文日新——清华大学文化研究》《思源致远　百年神韵——上海交通大学文化研究》《流风甚美——武汉大学文化研究》等。

（3）对大楼的研究。例如《燕园建筑》《武汉大学早期建筑》《钟灵毓秀——国立中山大学石牌校园》等。

（4）对研究生教育的研究。例如《继往开来——北京大学研究生教育 90年》《武汉大学研究生教育发展史》《湖南大学研究生教育发展史》《民国时期的研究生教育发展史》等。

（5）对学院史的研究。例如：《北京大学地质学系百年历程（1909—2009）》《上海交通大学机械与动力工程学院院史（1913—2005）》《复旦农学院史话》《中国人民大学法学院学科发展史》《武汉大学生命科学学院院史》等。

（6）对前史的追溯。如《中原大学校史》《中华大学》等。

（7）对教会大学的研究。例如：《燕京大学史稿（1919—1952）》《东吴大学》《金陵大学史》《江汉昙华林：华中大学》《相思华西坝：华西协合大学》《上海圣约翰大学（1879—1952）》《沪江大学史》等。

（8）对有关史实的考证。例如：《北京大学创办史实考源》《安徽大学校史溯源》《西安交通大学校址千年历史文化考》《薪传华章——浙江工业大学溯源》等。

（9）对一些问题的深度研究。例如：《北大与清华：中国两所著名高等学府的历史与风格》《中国大学百年模式转换与文化冲突》《民国时期的研究生教育发展史》等。

（10）口述历史。例如：《那时 那人 那些事儿——西南大学漫画96 则》《上海交通大学校史研究口述系列——思源 往事》《上海交通大学校史研究口述系列 第二辑——思源 起航》《华南理工大学文化建设丛书——岁月华园（2册）》。

（11）断代史研究。《浙江大学在遵义》《乐山时期的武汉大学》《国立西南联合大学校史》等。

这 11 个方面的研究，代表了大学校史研究发展的新趋向和今后的研究重点。对大学校长、大师的研究无疑是今后应该继续强化重视的；对大学文化的研究、建筑的研究、研究生教育的研究、学院史的研究、前史追溯、断代史研究都刚刚起步，发展前景十分广阔；口述历史是一项十分有意义的工作，而且在当今显得十分必要，应该成为校史研究的重点之一。

三、研究的不足

1. 服务本位的编研意识

多年来的档案利用编研，有一个主要的目的，那就是为学校决策、宣传服务，即服务本位编研的意识。服务本位是我们应该遵循的一项基本原则，但要把握好一定的度，这也就要求我们的本位意识不要过头。目前的档案编研有一个不好的苗头，那就是一切以服务本位为出发点，其主要体现在如下一些方面：

从校史编研题材所占比重来看，过去的 30 余年的校史编研，主要是以校史、校志的编研为主。从统计的 1216 项成果中可以看出：编写校史 555 项；编撰校志 136 项；史料整理 90 项；编写图史 49 项；专题研究 73 项；综合编研 241 项；教会大学 38 项；史实考证 4 项；深度研究 29 项。校史、校志的编研几乎占到整个编研的 60%，而这些主要是按照学校领导的意思进行撰修的。因此，服务本位的意识十分明显。

从撰写内容安排权重来看，60% 以上的校史存在厚今薄古的现象。厚今薄古是修史要遵循的一项原则，但也有如何把握的问题。有的学校在近百年的时间里总共撰写有 400 多页校史，但对 1949 年以前的历史描述不过 100 页。显然，这样的撰写比例是有欠妥当的。

2. 有待提高的编研质量

以档案为基础的校史编研，30 多年来产出了不少成果，但从质量上看还有待进一步提高的必要。总体来看，编研存在两个方面的不足：

一是编多研少。从统计材料来看，上述编研的各个方面看基本是史料汇编，研究的东西不多。无论是回忆、回眸、故事，还是掠影、旧影、导读等皆是史料的整理汇编。从汇编的情况来看，高质量的作品缺乏，而且缺乏源史料。

二是缺乏深度。编研应该在史料的基础上，认真提炼、深度挖掘。但现在的不少出版物做得是不够的，对史料缺乏加工提炼：有的校史、校志将原始材料直接放入书中，给人不知是撰写校史还是资料汇编；有的史料非常丰富，但没有很好地整理归类，给人零乱、缺乏主次的感觉。

3. 有待充实的编研成果

校史的编研在某种程度上说，是对档案资源的原始、初步和深度的开发利用，大体表现在三个方面：一是对档案资料的整理汇编，包括专题资料和资料长编。这是对档案资源的原始利用。二是在资料汇编的基础上，进行基础性编研工作，如开展校史、校志的撰写等。这是对档案资源的初步开发利用。三是进行专题研究，如对校长大师、大学理念、教育制度、科学研究等的研究。这是对档案资源的深度开发利用。

应该说大学的校史编研为大学的决策、教学、科研以及文化建设，做出了重要贡献，取得了不少成绩，但还有进一步挖掘的潜力。从全国的编研成果来看，首先档案史料的发掘是不够的，且以专题和断代的史料为主，系统性的史料开发非常有限。从已经出版的史料来看，不少高校系统出版了不少史料，但从全国来看，有很多学校没有出版过史料。因此，档案资料的整理出版还有很大空间。其次建立在档案开发利用基础上的编研成果以史料的初加工为主，具有深度的成果不多。对于大学校长、大师的研究，各个时期的断代研究，教学制度、教学模式的研究，科学研究特点、成就的研究，大学精神、大学文化的研究等，无疑是应该加强的，这些也是校史研究的一个重点。

四、工作的建议

1. 要拓展编研工作的内涵

目前的校史编研工作，应该从战略的高度主动思考一些研究项目，以开放的心态、大的手笔产出一批有分量的研究成果。在知识经济时代，校史研究工作应该主动适应信息化、国际化、现代化的需要，在校史研究的管理、服务、手段以及战略等方面都应该有一个大的转变。

从编研内涵来说，校史研究应该从传统的服务决策为主的编研思路向服务大学功能建设、大学文化建设转变。因此，以后的校史编研可以进行如下拓展：

（1）加强基础性开发：以《北京大学史料》《清华大学史料选编》为模式，系统地开展档案的整理和出版工作或按内涵系统地出版史料。经过多年的档案编研工作，不少大学出版过档案史料，但或多或少有言而不尽之嫌，缺乏系统。北京大学、清华大学出版的史料规模宏大、分类科学、气势雄伟。

（2）加大特色性开发：结合规划、决策、教学、科研、育人等方面的需要，开展大学理念、大学制度、大师、大楼及办学模式的研究。

2. 要努力提高人员的素质

校史编研成果的质量高低，在某种程度上与编研人员的素质有关。

先贤如刘知几、章学诚、梁启超等人对修史者提出了"史德、史识、史才、史学"即"四史"的要求,这对今人仍有指导意义。因此,在今后的修史过程中,不断提高人员素质是一个重要方面。编史修志的人员不仅要有甘于清贫、恪尽职守、乐于奉献的政治思想素质,更要有知识全面、技术过硬的业务素质。政治素质的提高主要靠政治理论的学习,靠严格的管理制度,靠公平有序的激励晋升制度。业务素质的提高主要靠专门的、业余的、结合工作的学习,学习的内容包括教育学、历史学、档案学等方面的知识。

3. 要探讨新的编研机制

多年的校史编研,容易使编研部门形成单打独斗、闭门造车的习惯。今后应从单打独斗向建立协作平台转变,探索协作编研机制,形成分工合作氛围。

校史的编研要充分利用档案、校史研究会这一平台,开展协同性的研究:如就学校发展过程中的有关问题考证、学校的办学成就、办学经验的总结,以及学校发展过程中的某一方面的深层次研究等:如对其中的校长办学理念、学科建设的发展历史、人才培养的模式与特色、科学研究的特点与贡献、社会服务的方式与绩效、国际交流的源与流、教师评聘的经验、管理制度的继承与创新、文化育人的优与劣以及校园建设中的风与物等方面进行协同研究发掘。以上的一些方面,都是可以利用协作平台进行联合编研的。

(原载于《兰台世界》2016年第9期)

高校档案文化资源开发利用的不平衡性及改进对策

武汉大学　涂上飙

高校档案文化资源开发利用是高校文化建设中的重要一环,对于传承、传播及创新高校文化具有十分重要的意义。笔者针对当前高校档案开发利用工作中存在的不平衡性问题进行深入探讨,尝试提出改进措施,以更好地服务于高校文化建设。特别需要指出的是,高校档案文化资源的开发利用涉及许多方面,本文仅针对出版的档案文化产品。

一、高校档案文化资源利用的不平衡性

1. 表现

目前高校档案文化资源开发利用存在不平衡性,具体来说,有重视开发利用、进行一般性开发利用和没有进行开发利用的三类高校。

第一类是重视开发利用的高校。这类高校一般建校历史较长、文化底蕴较深厚,一般都有专门的工作机构和工作人员,如北京大学、清华大学、上海交

通大学、武汉大学、厦门大学和云南大学在学校档案馆内设置了校史研究室或编研室，专门开展档案文化资源的利用工作；其工作人员一般都是历史专业或相关专业出身，通常具有硕士以上学位，清华大学、上海交通大学、武汉大学的开发利用人员还有历史学或教育学博士。机构的设置和人员的完善，为高校档案文化资源开发利用工作的顺利开展奠定了重要基础。这类高校对档案进行开发，形成了众多的文化产品：一是原始编研成果，即对档案资料的直接整理汇编，形成高校校史资料，如《北京大学史料》《清华大学史料选编》《名人名师武汉大学演讲录》等。二是基础编研成果，即对档案资料进行初步整理加工形成的文化产品，如《清华大学一百年》《复旦大学志》《武汉大学校史新编（1893—2013）》等。三是深度编研成果，即以档案为原材料进行深入研究形成的系列成果，如《海纳百川有容乃大——北京大学文化研究》《求是之光——浙江大学文化研究》《武汉大学研究生教育发展史》等。开发的档案文化产品，既服务了学校的决策规划工作，促进了大学人才培养、科学研究、社会服务及文化传承四大功能的实现，为社会了解认识大学提供了丰富的素材，也为大学档案馆获得更多资源、赢得更多尊重做了一个非常好的宣传介绍。

第二类是进行一般性开发利用的高校。这类高校以普通本科院校居多，它们一般没有专门的开发利用机构或机构设置不健全，但通常档案馆内会有工作人员从事文化资源的开发利用工作，但工作人员往往不够专业，形成的成果也不多。在普通本科院校中，又以理工科以及单科院校表现明显。这类高校的开发利用工作多是结合校庆等重大活动进行的，如结合校庆出版校史。因此工作具有临时性的特点，其工作质量和工作成效与重视开发利用的高校相比，存在明显差距。这类学校开发的档案文化产品有限，既没有为学校的决策、宣传及服务工作提供必要的支撑，也使档案馆的自身发展受到限制。

第三类是没有进行开发利用的高校。这类高校一般是专科学校，如某些专科类的职业技术学院。其档案工作的重点是档案资料的收集、整理和保管，没有机构和人员从事档案文化资源的开发利用工作，因而也没有形成文化产品。如果为迎接校庆或举办其他重大活动，通常会编辑一本画册内部发行。这些高校，基本不知道有档案文化资源开发利用一说。

2. 原因分析

通过对各高校文化资源开发利用情况的分析可知，导致不平衡现象产生的原因主要有：

一是认知上存在问题。重视档案文化资源开发利用的高校，往往具有围绕中心、服务大局的意识，能够紧跟时代要求开展工作。目前，大力发展文化产业已经上升为国家战略，实现文化的大发展、大繁荣是实现"中国梦"的重要一环。就高校而言，充分挖掘档案文化资源是实现高校文化传承创新功能的重要手段。因此，重视开发利用的高校会利用多年积累的丰富档案资源，抓住各种机会与机遇，有目的、有计划地开展文化资源发掘工作，如武汉大学的档案工作一直贯彻"管用结合、以用为主"的理念，产出了大量的档案文化产品。

而进行一般性开发利用的高校或没有进行开发利用的高校，其认知上存在问题，档案工作往往被认为就是收集、整理与保管档案，档案编研工作的作用没有得到普遍认识，也没有被提升到文化建设的高度。其实，高校的档案工作应该包括五大基本内涵，即档案的收集、档案的保管、档案的利用（直接利用提供凭证）、档案的出版及档案的研究。档案的出版及研究就是档案文化资源发掘工作。对档案文化资源缺乏挖掘的高校，不仅对高校档案工作内涵存在认识上的偏差，而且对档案的价值也有认识上的不足。档案的保管是基础，档案资源的开发利用才是目的。由于存在认识上的偏差，他们往往认为学校的文化建设与档案部门无关，这一工作应由宣传部门、学工部门、校团委等部门完成。因此，这些高校的档案部门即便偶尔开发出少量的档案文化产品，也只是为了满足临时性的需要。

二是机制上存在问题。重视档案资源开发利用的高校在档案文化资源开发的过程中，一般都具有良好的运行机制。这类高校会考虑将档案文化建设纳入学校文化建设范围，北京大学、中南大学等都是如此。在开展档案文化资源发掘工作时，高校会根据时间的紧迫性和工作量的大小，安排不同部门协同开展工作，如一项文化资源开发任务布置下来，高校在档案馆为主或参与的情况下，会安排校办、宣传部、教育学院、历史学院等部门参与进来。多家部门共同参与、集思广益、协同作战，使工作能够迅速推进，且容易出精品。如南京大学计划以档案为基础进行校史系统研究，为此专门制定了整体规划，准备投入几百万元人民币的工作经费，并安排相关部门共同参与。浙江大学近期在档案馆成立了校史研究室，与学校其他单位合作，准备编写多卷本的校史。而进行一般性开发利用的高校其工作计划性不强，在工作计划及规划中，基本没有档案文化开发的项目，如果有也只是大而化之地提而已。

一般高校档案文化资源开发的协同机制也差，往往在档案文化资源开发利用任务下达后，相关部门便会以各种借口不参与，或者应付了事；没有进行档案文化资源开发的高校，几乎不存在协同机制。

三是工作人员队伍建设上存在问题。档案文化资源开发工作是一项智力劳动，它不仅要求工作人员有一定的文化修养，还要有一定的专业知识。重视档案资源开发的高校都有专业对口且高学历的工作人员队伍，如清华大学、上海交通大学、武汉大学都有历史学或教育学博士专门从事档案文化资源开发利用工作。不仅如此，这些高校还形成了性别、年龄比较合理的梯队结构。进行一般性开发利用的高校，其人才队伍建设存在局限性，如工作人员大多专业不对口，且年龄普遍偏大。没有进行档案文化资源开发的高校情况更不容乐观，高校工作人员学历一般不高，更谈不上专业对口，这些高校开展档案文化资源开发利用工作困难重重。

除了上述原因外，其他一些因素也会导致不平衡性的产生。一是档案文化资源的占有程度。重视档案资源开发的高校本身档案资源丰富，有许多资源值得开发，如武汉大学因名师众多，专门建有名人档案，仅对名师档案资源进行的开发，就形成了《王世杰传》《武汉大学历史人物选录》《功盖珞珈"一代完人"——武汉大学校长王星拱》《武汉大学名人名师演讲录》等许多文化产品。进行一般性开发利用的高校，其文化资源占有量相对较少，开发出来的文化产品少、质量不高。没有进行开发利用的高校，其档案资源占有量更低，文化产品更少、质量更不尽如人意。二是档案资源开发利用工作的经费投入也会产生一定影响，重视档案资源开发的高校都有相应的经费保障，如武汉大学每年都有档案编研出版专项经费，且有不断增加的趋势。另两类高校一般认为文化建设看不见、摸不着，往往疏于对档案文化产品开发的投入，经费的短缺在一定程度上制约了档案文化产品的产出。

二、改变不平衡性的若干措施

高校档案文化资源开发利用的不平衡性，至少产生了两个方面的负面影响：一是档案没有在高校文化建设中发挥应有的作用，影响了高校"文化传承与创新"功能的实现。二是档案工作的职能没有得到充分发挥，制约了高校档案工作的发展。所以，高校档案文化资源的开发应予高度重视。高校档案工作长期以来以档案的保管为主，难有作为；高校档案部门与外界接触不多，没有多少师生了解档案工作到底是什么。高校档案部门"无为无位"，高校在人力、物力和财力上提供的支持十分有限。加强高校档案文化资源开发利用、改变工作的不平衡性，是高校档案工作从后台走向前台、实现"有为有位"的重要手段。

1. 要树立正确认识

有些高校档案文化资源没有得到很好得开发利用，首先是认识上的问题。长期以来，我国档案工作逐步形成了以保管为主的惯性思维。改革开放以后，档案的开发利用慢慢被提上议事日程，但受传统习惯及惯性思维的影响，档案的开发利用工作一直进展缓慢。高校档案工作是国家档案工作的一部分，不可避免地会受到整个大环境的影响，也处于以保管为主的状态。高校档案工作应该紧跟形势的发展，必须重新考虑档案工作的时代要求，努力实现高校档案工作的三个转变：由实体管理向知识管理转变，由档案实体保管向档案知识管理、知识提供及决策咨询转变，由"以管为主"向"管用结合"转变。在知识经济时代，档案工作者为广大师生员工提供所需要的知识及为学校决策提供咨询服务显得十分重要。它是考量档案馆价值的一个重要方面。这就要求高校档案部门必须树立正确认识，重新考虑档案的价值，把档案的文化价值提上议事日程，重点考虑如何以档案为原材料、经过加工生产出高质量的档案文化产品，改变档案不能用、不能随便用的陈旧观念。

同时，高校档案工作者还要带动高校其他同志转变观念、树立正确认识。要争取其他管理者的支持。档案的开发利用，离不开其他部门及其管理者的支持与配合。要积极争取高校领导的重视。他们是决策规划的制定者，拥有大量的人力、财力和物力资源。只有领导认识到位了、充分重视了，档案资源开发利用工作才会有人才的支撑和财力的保障。广大师生员工是档案的创造者，更是利用者。他们观念的转变会为档案的利用及价值的发挥提供十分广阔的市场。

2. 要建立良好机制

要建立良好的工作机制，将档案文化资源开发利用工作纳入高校的整体规划或计划之中。规划即在一定年限（5 年或 10 年）内，对高校档案文化资源开发利用工作要做什么、做多少，有一个大体的安排。计划一般以年为单位，对一年内工作完成多少、完成到什么程度做具体安排。档案文化资源开发利用工作之所以在有些高校开展得不好，是因为缺乏相应的规划和计划。有的高校在制定规划时，将主要精力放在人才培养、科学研究、学科建设以及人才队伍建设上面，几乎没有对档案文化资源开发利用进行规划。建立该项工作的考核与评估机制是建立良好工作机制的重要内容，也是不可缺少的关键一步。如果说规划和计划是执行依据，那么考核和评估就是倒逼机制。档案文化资源开发利用工作之所以不受重视，与工作的考核与评估机制的缺失有很大关系。高校要想把这项工作落到实处，就应该建立工作的考核与评估机制。

3. 要完善工作队伍

要做好档案文化资源开发利用工作，需要完善工作队伍，高校档案馆如果有足够的人力资源开展这项工作，是十分理想的状况，这对于加深对高校馆藏档案的了解、把握工作方向很有意义；对加强师生对档案工作的了解，并获得更多人力和财力的支持也有重要意义，例如，武汉大学已利用校档案馆的力量展开了档案文化资源开发利用工作，近几年就开发出版了 40 余部档案文化产品，深受学校师生及高校档案界的好评。但放眼全国，不少高校档案馆开发利用档案资源的能力明显不足。因此以档案馆为依托，拓展档案文化资源开发利用工作主体就显得十分必要。就高校内部来看，一是可以结合工作需要，与高校各部门合作。如果校庆需要编写校史，档案部门就可以与校办、宣传部、教育学院等部门合作；如果院庆需要编写院史，可以联合学院进行；如果学校的一些职能部门需要总结自己的工作历史，则可以合作编写部门发展史（组织史、研究生教育发展史、学科建设发展史等）。二是档案馆还可与高校个人合作，如结合本校专家学者开展研究、硕博士论文写作等需要，与他们合作开发档案资源。就学校外部来看，可以以课题、成果共享等形式，与校外科研机构、档案部门以及个人等开展合作研究。不过工作队伍的形成非一日之功，需要精心选才、不断打磨、反复实践，才能锻造出一批精良的档案编研人才。古人修史，强调"史才、史学、史识、史德"，至今仍有借鉴意义。

参考文献

[1] 葛荷英.档案编研的理论与方法[M].南京：南京大学出版社，1993.

[2] 王英玮.档案文化论[M].北京：中国人民大学出版社，1998.

[3] 王旭东.档案文化资源开发利用研究[M].北京：中国社会科学出版社，2016.

[4] 吴绪成.中国档案资源与档案文化[M].武汉：湖北人民出版社，2015.

[5] 颜海.档案资源开发利用[M].武汉：武汉大学出版社，2004.

（原载于《浙江档案》2017 年第 12 期）

档案文化资源利用中的负面因素探讨

武汉大学　涂上飙

档案是人类社会发展的产物，是一种珍贵的文化遗产。它既是一种信息资源，更是一种文化资源。资源的价值只有通过利用才能得到充分实现。档案文化资源的充分利用，不仅可以促进档案事业的全面发展，而且能够为繁荣民族文化、提高国家文化软实力做出自己的贡献。

档案作为一种对文化资源的探讨，始于 20 世纪 80 年代。但受多方面因素的影响，档案的文化资源功能未能得到很好地开发利用，其文化功能未能得到很好地发挥。本文就影响文化资源开发的负面因素做探讨，以期引起人们对档案文化资源有一个更深的认识。

影响档案文化资源开发利用的因素有很多，有传统观念的影响，有理论指导上的局限，有现在档案人的思维定式，有社会公众档案意识的薄弱，有档案自身的缺陷，有档案馆建设的不足，有档案管理的滞后，有管理体制上的僵化，也有法律制度上的欠缺等，下面一一分述之。

一、传统观念的影响

中国是一个文明古国，几千年的发展形成了一些传统观念，以至于到了现代，这种传统观念的影响依然很大。中国传统的经济是小农经济，以自给自足为主。建立在小农经济上的文化特质就是观念保守和行为功利。同时，建立在这一经济上的政治体制是封建专制，皇帝主宰一切。一切事情的决断都屈从于封建政治。

这样的一种传统文化，对档案工作的影响也是很深的。保守的观念。致使档案工作一直坚守长期形成的一种固有模式。档案工作的内涵没有大的拓展，档案工作更没有一个质的飞跃。实用的观念决定了档案工作注重现实，什么实用就收藏什么，导致高校缺乏对档案的长期性、整体性的考虑。为政治服务的档案利用观，致使编史修志成为其主要功能，形成了档案人"只为上，不为下，只为当前，不为将来"的现象。

二、理论指导上的局限

档案理论是用于指导档案实践的，理论的真理性如何决定着实践成效的好不。目前指导档案工作的理论有如下几种：一是认为档案具有凭证和情报的价值，即档案可以作为一种原始证明和起到传播信息的作用；二是认为档案具有现实和长远的价值，即档案可以为现实的需要服务，但随着时间的推移，档案还有文化的功能；三是认为档案可分为第一、第二两种价值。第一价值是指对档案形成者所具有的价值，第二价值是指对形成者以外所具有的价值；一种认为档案具有保存和利用价值，即档案通过鉴定具有保存的意义，档案同时也可以用来利用，以提高其保存价值。

上述四种观念，长期起作用的是前三种观点。这三种观点有一个共同点，就是看中档案的实用价值，即现实的价值，而忽视了档案的文化价值。这种观念指导下的结果是，档案工作以实用为出发点，在馆藏上以行政文书档案为主，非文书档案很少收入，特别是有历史传承、有文化价值的档案没有收录。在档案的管理上，主要是为行政决策服务，采用的也是一套行政管理办法，缺乏服务的理念和思路。在档案的利用上，服务政治的思路一目了然，所藏档案供编史修志为第一职能。

服务现实是档案存在的基本前提，否则档案工作不可能得到传承与延续。但仅仅服务于现实是不够的，因为随着时间的推移，档案的现实价值是不断贬值的，而历史文化价值是不断地在上升。因此，档案的文化价值是不该忽视的一个重要方面。今后档案学的理论要充分研究档案的文化价值。目前，档案理论上的指导要由"管""用"分离、以"管"为主的理念向"管""用"结合、以"用"为主的思路转型。

三、档案人的档案文化观念缺失

受传统观念、习惯和档案工作环境、模式的影响，档案工作者在其观念中，很少把档案当作一种文化资源来看，更多的是当作一种信息资源。在档案馆的建设、档案工作的管理、档案的信息化以及档案人专业技能的掌握等方面，档案工作者们都只是着眼于档案信息的把握，很少将其与文化二字挂起钩来。现在强调的民生档案的建设，而民生档案的含义是什么，如何收集民生档案，如何利用民生档案，几乎没有人思考。其实民生档案最能体现档案的文化价值。

意识不到档案的文化价值，也就没有争取文化资源的概念。因此现实中有不少属于档案的文化资源未被纳入其范围，如《档案法》中规定，博物馆、图书馆、纪念馆等单位其文物、图书属于档案的，归各自单位自行管理。这就意味着放弃了档案人不应放弃的权利，而档案的流失也就意味着文化资源的流失。

没有档案文化价值观念、没有档案文化资源的意识，也就没有档案文化服务的观念。长期以来，档案人对档案只有管理的概念，一提档案工作就是如何管理好档案，提高档案管理质量，不断提升档案管理的信息化水平等。即使谈到利用，也只是想到为行政管理服务，为科学研究提供素材，很少在文化传播上做文章。既没有为社会文化需求者提供相应的档案文化产品，也没有相应的思路与措施。周恩来总理说，档案人要学习司马迁、要做司马迁，这是值得耐人寻味的。

四、公众的档案意识薄弱

档案的文化资源价值未得到充分的开发利用，未能发挥出应有的效益，一个重要原因是广大公众档案文化意识的薄弱。社会公众对档案文化资源的认知程度，在一定程度上会影响档案文化资源的收集、整理和利用。

在公众的记忆中，一般人都不知道档案是什么，档案馆里装的是些什么，档案是用来做什么用的。多数人认为档案可能跟人事有关，在考学、找工作、调动等活动中需要时，会涉及档案。档案意识的薄弱表现在公众对档案就只有一种片面、一鳞半爪的印象。公众更没有可以利用档案维护自己的权利观念。在行政部门的领导心中，档案馆只是行政机构的一个附属单位，档案工作是一种辅助性、消耗性的工作，档案就是一些行政文书。可以说，档案的文化资源价值远没有提上公众的意识日程。

冯惠玲教授认为公众的档案意识差是社会文明程度不高时期的特征，这也使档案文化资源的开发利用找不到市场和努力的方向。

五、档案自身存在的局限

档案作为文化资源开发利用的客体，它自身的一些局限也会导致档案资源开发利用受到限制。

经过多年的努力，国家基本实现了对档案集中统一的管理，采用分级负责的原则。但在实际运行中，档案的分散性还是比较明显。国家档案馆或综合档案馆，集中管理的基本是文书档案，其他专长性比较强的档案基本上是分散管理。以文书为主体的档案有一个长期形成的习惯就是强调其机密性。因为机密，常常不让更多的人知道。同时，档案经过日积月累，数量巨大，在检索不完整的情况下，想要找到有价值的东西十分不易。历史档案以及纸质以外的其他载体的档案还有一个明显的特点，它们常常是孤本。因为唯一，所以特别珍贵，为便于保护，一般不会让人随便看到。

以上种种档案自身的原因，都有可能导致档案文化资源开发利用受阻。

六、档案馆建设的不足

对于档案馆的建设，国家在 20 世纪的 50 年代就开始了，到 1960 年全国有不少档案馆建立，那之后档案馆的建设就进入了一个萧条时期。改革开放以后，档案馆建设逐步恢复和加快。1988 年《档案法》实施以后，综合档案馆、专业档案馆都得到飞跃发展。但档案馆的建设从档案文化资源开发利用的角度来看，还是存在不少局限。

从档案馆的地方选择、管理措施以及利用思路来看，都存在不利于档案文化自身开发利用的地方。不少档案馆都选择在政府大院之中，进出防守严密。虽然近几年多有改善，但与其他文化机构，如图书馆、博物馆、文化馆比较起来，还有很多欠缺。档案馆的内部管理侧重的是如何把档案管好，过于注重基础建设，多以库房和办公室建设为主，而忘记了管理的目的是什么。在利用上，多年形成了只为上级服务的观念，忘记或不知为"公众"这一众多人群服务的观念。

信息化时代，档案馆的网站建设是一个非常重要的信息窗口，但不少档案馆的网站建设开展得不尽如人意，如网页设计不科学、网上内容设置有限、网速很慢打不开等，这些都会导致众多人群不愿意看，看后也感到很失望。

这些因素，不可避免地会导致档案文化资源开发利用的受限。

七、档案管理的滞后

从狭义上来说，档案管理包括收集、整理、鉴定、保管、检索、编研、利用、统计八个方面，其中的很多方面都会对档案文化资源的开发利用形成障碍。

一些档案有保密的要求，国家要求的一般保密期是 30 年，涉及国防、外交、公安及国安等不宜开放的档案可以适度延长。但不少单位却以此为借口，把许多不属于此类的档案也不让别人查阅利用。

档案的收集是档案管理中的一个重要方面。档案收集工作对档案的文化价值十分重要。而现实的档案收集以文书档案为主，缺乏的是对历史、民族、地方等特色档案的收集，这些档案恰恰是有文化开发利用价值的东西。

档案收集整理以后，就要进行鉴定工作。但工作中，不鉴定和不按时鉴定的情况是经常发生的，如大量的政府文件进入档案馆之后，一般不鉴定的多。即使上级来文，要求其必须进行充分鉴定，确定其价值，实际上也基本没鉴定。有用和无用的材料就这么留存下来了。

经过整理、鉴定的档案，还要进行保管、编目检索的工作。从实际状况来看，在档案的保管过程中，由于工作人员不懂档案的文化价值，对其中仅有的一点有特色、有深层文化内涵的档案往往缺乏认真保护，如反映丽江东巴文化的古籍保护条件就十分落后，损坏十分严重。从档案的检索来看，不少档案的检索十分困难。不是检索的硬件——计算机有限，就是检索的软件——检索的分类不科学。

因此，若收集、鉴定、保管以及检索等各个环节中稍有不到位的地方，都会档案文化资源开发利用的不畅。

八、了解档案文化资源的人员缺乏

档案文化资源的开发，还得依赖一批对档案文化资源熟悉的人员。然而，在现行的档案馆里，这一类人员是很缺乏的。现行人员主要是两类：一类是管理人员，一类是技术人员，而文化开发人员资源却十分有限。

长期以来，由于档案工作人员的档案文化观念的缺乏，没有对人员的文化素养进行充分的培育与挖掘。平时强调更多的是管理，即如何管理好档案；强调的是技术，即懂得计算机、网络和通信技术等方面；强调的是技能，即使用现代化设施的能力等。这就形成了管理技术人才相对过剩和文化开发人员不足的局面。这也为档案文化资源的开发利用带来了智力上的障碍。

因此，今后档案馆在引进管理技术人员的同时，也要引进具有编研能力，具有一定写作能力，人文素养突出的人员。

九、管理体制上的僵化

档案文化资源开发利用的不畅，也与管理体制的缺乏活力不无关系。就我国的档案工作而言，通过不断实践摸索，现在实行的是"局馆合一"的机构管理模式，"统一领导，分级管理"的资源管理模式。这种模式是在长期的档案工作中摸索出来的，在一定程度上适应了档案工作发展的需要。但随着时代的发展，随着公众文化需求的不断扩大，档案的固有管理模式，就显示出不适应性来了。

"局馆合一"的机构管理模式，避免了人浮于事的局面，同时行政职能的突出也便于政令的推行。但在大众文化消费的时代，这一模式，就会导致职责不清、责任不明以及以政代事的现象的存在。以行政的思维、方法、准则来处理事业单位的事务，显然不利于档案事业的全面推进，当然也不利于档案文化资源的有效开发利用。

"统一领导，分级管理"的资源管理模式，为全国及地方的档案的集中管理指明了方向，避免了各级档案管理的方向不明而致使档案流失的现象发生。但这一模式的弊端在于，档案管理看似统一，但实际上混乱。从管理主体来看，有党委管理、有政府管理、有党政合并管理等，这样主体不一导致档案管理的思路与标准也无法统一。从对资源的占有看，国家档案馆（或综合档案馆）的档案集中实际上只是文书档案的汇总，即政府公文。而其他类档案，即专业性较强的档案，则散归在各部门的综合档案室。档案管理的主体不一、资源的管理分散，为档案文化资源的开发利用带来了诸多不便。

十、法律制度上的欠缺

1987 年制定、1988 年实行的《档案法》，加上一系列细则、条例等，为档案工作的依法进行提供了依据。但从现实层面来看，尤其从便于档案文化资源开发利用的角度来看，还有不少欠缺之处：涉及档案的法规，无论是直接的还是间接的都有不少，但各部法律之间缺乏链接和统一。例如，《档案法》规定：各级政府是本区域内的档案事业的主管部门，并对该区域内的其他单位的档案工作实行监督和指导。而《非物质文化遗产保护法》中规定：政府的文化主管部门和其他有关部门进行非遗的调查、以及认定、记录、建档等工作。这个规定就把非遗的建档等工作划归到文化部门，没有提及档案部门，这是明显的缺乏沟通。再如《档案法》与《刑法》中的犯法追究的不一致，也是缺乏沟通的表现。

档案工作的行动指南《档案法》1996 年做过一次修改，但这部法律随着时代的变化，其局限性也表现了出来，《档案法》中的一些内容要进行充实，如第三条规定："机关、团体、公民等都有保护档案的义务。"义务具体是什么？第十一条规定："机关、团体、企事业单位等定期向档案馆移交档案。"具体移交什么？第十二条："文物、图书资料是档案的由各单位自行管理"是否合适？

无论是《档案法》的缺乏更新，还是法律之间缺乏联系，都为档案文化资料的开发带来了制度的障碍。

上述的档案文化资源开发利用中的系列问题，是档案工作、档案馆以及档案人都应该着力避免的，否则档案的文化价值无法得以实现。

参考文献

[1] 杨冬权.谈档案与文化建设——在2012年全国档案工作年会上的讲话[J].中国档案报，2012－11－8.

[2] 冯惠玲.论档案馆的"亲民"战略[J].档案学研究，2005(01).

[3] 岳宗福，张秀芹.试论档案的文化价值[J].档案学研究，1997(3).

[4] 邓达宏.论档案在民族文化传承中的地位与作用[J].档案学通讯，2002(01).

[5] 荣华.推动档案文化大繁荣大发展的思考[J].中国档案，2010(10).

[6] 王旭东.论档案文化资源的开发利用[D].昆明：云南大学，2013.

（原载乔硕功主编《湖南高校档案管理研究与实践》，中南大学出版社，2017年。）

高校校史文化资源开发利用研究
——基于广州大学个案分析

广州大学　谢瑶妮

2018年10月24日，习近平总书记考察广东时，参观了暨南大学校史展览，引起了社会各界的广泛关注。这说明校史不仅是大学精神的载体，也是校园文化、社会文化生活甚至精神文明建设的重要组成部分，大学校史文化的建设越来越凸显重要意义。

广州大学校史可以追溯到民国时期广东台山籍著名爱国教育家、经济学家陈炳权先生于1927年3月3日创办的"私立广州大学"。档案馆通过以下几个方面的措施，对校史文化资源充分挖掘和深入研究，获得了丰硕的成果，对广州大学建设高水平大学发挥了积极影响和重要作用。

一、校史文化建设保障机制

校史研究需要一定的投入，因此需要相关措施予以保障。首先是政策上的支持。2018年，广州大学档案馆设立校史研究室。学校以文件的形式正式成立广州大学档案工作委员会，校长为主任、副校长为副主任，档案馆馆长为办公室主任兼校史档案资料征集小组组长。其次是物质条件支持,包括人财物等方面的支持配合。

二、校史文化资源开发保护机制

1. 多途径开发校史文化资源

2016年底,广州大学启动档案史料全球征集活动,面向全球校友、全校师生员工、与广大有故事的社会各界人士征集有关史料,广州大学全面征集校史资料、文化遗产抢救工程的序幕由此拉开。

(1)移交和捐赠。由于历史原因,很多高校大量宝贵的校史资料被我国的一些文化事业机关先后接收或征集,存放在图书馆、档案馆、文物部门。这部分校史档案是学校发展的重要见证。广州大学档案馆一方面组织人力查阅、寻找资料,另一方面也与保管单位加强联系,搞好协作,确保校史档案的完整和安全,便于安全利用。例如,广州市国家档案馆珍藏着不少关于私立广州大学的档案。2017年6月9日,广州市档案局与广州大学在大学城联合举行2017年"国际档案日"宣传活动暨私立广州大学档案(复制件)交接仪式,将有关私立广州大学的一批档案(高仿复制件)共24件交予广州大学,内容包含建校事项文件、迁校文件、学生成绩与名册以及一些珍贵照片。这些都是广州大学发展历史的重要印证,全面真实地反映了学校办学的风雨历程。

受到战争和自然灾害等因素的影响,私立广州大学经历了学校的重组、解散、合并,部分校史资料散落在民间或个人手中。广州大学档案馆针对这种情况,本着"能收到原件就收,不能收到原件就复制"的原则,积极向校友走访征集校史资料。

迄今为止,广州大学档案馆共收到南京国家第二历史档案馆、广州市国家档案馆、省立中山图书馆、广东省档案馆等部门以及广州大学校友移交和捐赠的校史资料250件。

(2)购买。广州大学档案馆通过网络与实体店共购买93件校史资料,包括:《陈炳权回忆录:大学教育五十年》《政府会计》《经济论丛》《大学教育》《三民主义回答》及私立广大师生合影、童子军照片、袖章、腰带扣等。

(3)网络资源的查询。广州大学图书馆购买的"大成故纸堆"是专门收录古旧文献资源的数据库,文献资源珍贵、检索阅览便利并可直接下载,是学校查找补充私立广州大学史料的稀缺文献资源保障。广州大学档案馆充分利用该资源,下载并复印了大量1933至1949年间的珍贵校史资料。

(4)口述史。口述档案是校史档案的重要载体和有益补充,广州大学档案馆有计划地开展口述档案抢救性征集。首先成立校史口述档案采集工作小组。

其次，本着"抢救第一"的原则，与宣传部、离退休处协商拟定访谈人员名单，把高龄和身体状况良好的知名老领导、老教授、老校友以及相关家属作为先行采访对象，将学校发展史上的重要人物、重要事件通过口述的方式记录下来。最后，每一次采访结束后，档案馆工作人员都及时撰写采访新闻稿，在档案馆网站上发布。目前，档案馆已征集三位老校友的口述档案，他们都是学校发展的亲历者，重大校史事件的决策者和参与人，挖掘和记录许多鲜为人知的校史原貌和人物故事，大大地丰富和优化馆藏，为今后的校史文化研究和宣传展示提供资源保障。

二、多部门协同保护校史珍贵文物

私立广州大学旧址位于广州市越秀区仰忠街 11 号大院私立广州大学旧址 2 号楼（五层楼、全美至孝笃亲楼）、9 号楼（四层楼、华侨堂、南楼）。2017 年 7 月 11 日是新广州大学合并组建 17 周年的纪念日，为了进一步传承广州大学 91 年历史传统与文化精神，积极配合我校高水平大学建设，迎接教育部本科教学审核评估，更好地开展校史与档案研究，广州大学副校长、档案馆馆长以及广州市越秀区委宣传部副部长、区文广新局副局长、越秀区珠光街党委书记及仰忠社区负责人等来校实地考察，发现私立广州大学的旧址损坏较为严重后，与相关部门协商旧址保护事宜，建立了学校、社区、街道等多部门协同保护措施。同时，学校还拟在旧址实地树立"私立广州大学旧址"标识碑，让旧址文物得到更好的保护。

2018 年 7 月 30 日、12 月 20 日，在街道和社区的大力支持下，我馆先后两次将私立广州大学建筑遗物，共计两件石基、两件石柱成功运回广州大学校史馆并永久保存，这 4 件珍贵的建筑文物得到了妥善保护，并成了广州大学校史馆镇馆之宝，为校史研究提供了宝贵的资源。

三、校史文化资源研究利用机制

1. 重视校史文化研究队伍的建设
校史文化研究队伍建设决定了校史文化研究最终的效果和质量。广州大学档案馆建设了一支由研究馆员、副研究馆员和馆员以及优秀学生志愿者组成的高质量的研究团队，这对于校史资源的开发研究和利用起到重要作用。

2. 丰富校史文化研究形式和成果
（1）召开校史研讨会。2017 年 4 月 12 日，于欣伟副校长主持广州大学校史学术研讨会筹备会议时指出开展校史学术研究、举办学术研讨会是总结学校发展历史经验、弘扬优秀传统文化的重要举措，并要尽快启动口述档案的录制工作。2017年4月24日，学校档案馆举行承办"纪念广州大学建校90周年学术研讨会"工作会议，要求全体档案员凝聚思想共识，增强做好档案征集接收的使命感和责任感。2017年6月17日，在广州大学隆重举行"纪念广州大学建校90周年学术研讨会"，各位专家、领导、校友们一致强调编著校史的重要性。

（2）出版校史纪念文集和图史。广州大学档案馆在学校已出版的《广州大学校史（1927—2006）》等基础上，计划将校史研究成果出版系列图书，例如，即将出版《纪念广州大学建校九十周年文集》《博学笃行九十载：广州大学图史》；计划影印出版《陈炳权回忆录：大学教育五十年》等这些文集和图史将丰富校史研究成果、传承广州大学精神。

3. 注重校史文化资源的利用和宣传

（1）校长百家讲坛引广泛关注。2018年9月22日，广州大学校长在央视"百家讲坛"栏目开讲《我们的大学》，应用了校史研究的成果——私立广州大学师生于"中华民国"三十三（1944）年3月4日为抗战捐赠"广州大学号"战斗机，引起了广泛的关注，收到了良好的效果。

（2）制作校史纪念片。学校成立专门的摄制组，制作了《纪念广大建校90周年校史纪念片》，翔实的史料、震撼的效果使纪念片一经播出便引起了轰动性的反响。

（3）建设校史馆。校史馆是高校文化建设的重要基地，是学校收藏、陈列、研究、开展校史文化教育活动的重要场所。广州大学成功建设校史馆，运用实物、图文、影音等方式全面系统地展示学校发展历史、学术成果、重要成就等，让师生直观地感受校史文化。

（4）校史传播多元化。在新媒体时代的大背景下，校史文化的传播将不同于传统型校史，更能取得校友们对于母校的认同与眷恋。广州大学以校史官网、官微，开辟校史专题栏目等，进行校史信息即时推送，将校史文化方便、快捷地传播给师生大众，调动师生的积极性，增强校史传播影响力。

四、校史文化育人机制

校史文化是学校对学生进行教育的重要财富，弘扬校史文化可以使更多人从中获得成长、发展的文化营养；同时，弘扬校史文化有助于学校借鉴教育发展历史，制定更合理、更科学的决策，是学校教育教学改革的重要参考；另外，广州大学档案馆跟教育学院、人文学院等合作研究，举办了校史专题沙龙，邀请了有兴趣的老师和学生参加，对于师生深入学习研究校史提供了重要平台和机会。

总之，广州大学档案馆在一系列的保障下，多途径开发、多部门协同保护珍贵校史资源，不断丰富和利用研究成果，得到了良好的反响，取得了宝贵的经验和一系列的成果。

论档案文化的培育和传承

广东技术师范学院　　周勇

摘要： 档案文化作为社会文化体系的重要组成部分，具有传承人类文明、传递社会正能量以及传播信息和知识等重要功能和价值。长期以来，由于重视程度不够、人才缺乏、资金投入不足等诸多因素，档案文化的作用没有得到应有的体现。新形势下，高校应以档案资源建设为抓手，深入挖掘档案文化内涵，积极推进档案文化传播，努力提供多种形式的档案文化服务，从而营造良好的档案文化氛围，更好地服务于经济社会发展和人民群众多层次精神文化需要。

关键词： 档案文化；传承；档案资源；传播；服务

一个国家、一个民族的强盛，总是以文化兴盛为支撑的。没有文明的继承和发展，没有文化的弘扬和繁荣，就没有中国梦的实现。[1]档案作为人类生产实践活动的真实记录，是一个国家、一个民族极为宝贵的精神文化财富。积极培育档案文化，深入挖掘档案文化中的精髓，充分发挥档案文化在传承人类文明中的地位和作用，具有重要的现实意义。

一、档案文化的基本内涵和特征

档案是文化的载体之一，是一种重要的文化资源。20世纪80年代，国内学者首次提出了档案文化的概念。梳理有关档案文化的定义，我们可以从以下几个方面来理解档案文化的内涵：档案文化是社会文化系统的一个重要组成部分，具有原生性、时代性、多元性的特征；档案文化是以档案为核心而产生形成起来的一种文化，它是人们在从事档案活动过程中，对于档案认知达到一定程度之后所形成的价值观和价值体系；档案文化是由相互作用的诸多要素组成的一种文化系统，具体而言，档案、档案载体、档案信息、档案产品、档案建筑以及与档案管理活动相关设施等是构成档案文化的物质基础，而档案部门在档案管理活动过程中继承的档案传统以及具有行业特点并共同遵循的档案精神、价值取向、管理理念与模式等则是档案文化的精神支柱，是档案文化的核心。

二、档案文化的主要价值功能

1. 是传承人类文明的重要纽带

各门类、各载体的档案是生产实践活动的记录者和见证者，它真实反映了人类认识自然和改造自然的全过程，承载着不同国家、不同民族的文明成果，也是全人类共同的精神文化遗产，具有深厚的历史文化内涵。档案在人类文明进步的延续过程中发挥着重要的传承功能，没有档案的存在，人类文明将可能中断，历史也会失去记忆和凭据。中华民族五千年光辉灿烂的文明成果正是从浩如烟海的档案史料中得以彰显和体现，并通过档案的传承和记录不断发扬光大的。只有积极培育和弘扬档案文化才能更好地传承和延续人类文明，并实现不同文明的融合、借鉴和创新，推动人类社会更快地发展和进步。

2. 是传递社会正能量的精神坐标

档案文化蕴含着厚重的历史文化传统，客观地反映了各个时代的精神风貌，代表着一个社会的主流价值取向。我国档案资源宝库中积累的各个时期的档案，是我国各族人民团结奋斗、不屈不挠、顽强拼搏精神的真实写照，是中华文化最本质、最集中的体现，也是各民族生活方式、理想信仰、价值观念的浓缩，更是中华民族赖以生存和发展的精神纽带、支撑和动力。因此，大力弘扬和传播先进的档案文化，特别是档案文化中体现的以爱国主义为核心，团结统一、爱好和平、勤劳勇敢、自强不息的伟大民族精神以及社会主义核心价值观，对于凝心聚力、鼓舞士气、促进和谐、激发全民族自信心和自豪感具有重要的意义。

3. 是获取信息和知识的不竭源泉

档案涵盖的领域包括政治、军事、经济、科学、文化、技术等方方面面，内容包罗万象，是人类认识自然、改造自然以及推动社会变革中所形成的经验总结与知识积累。档案来源的广泛性和多样性，内容的真实性和可靠性，决定了档案是一座取之不尽、用之不竭的知识宝库。积极培育和弘扬档案文化，不断提高公众的档案意识，积极利用档案中包含的大量信息、数据、科技成果、理论学说等，充分发挥档案的智库作用，不仅可以实现知识的传播和更新，而且有助于人们总结历史，探求规律，为经济建设和社会各项事业的发展进步提供强大的智力支持。

三、我国档案文化建设的现状分析

随着人们对档案文化认识的不断深入，档案文化的价值和功能日益突出。近年来，我国在档案文化领域的建设也取得了明显进步，各级档案部门充分利用馆藏档案优势，在档案文化建设中进行了有益探索，较好地发挥了档案的咨政育人作用，又极大地丰富了群众的精神文化生活。但总体而言，我国档案文化同经济文化发展水平，同人民群众日益增长的档案文化需求，还有相当的差距。究其原因，主要表现在以下三个方面：一是对档案文化建设的重视程度不够。许多地方档案管理部门专注于档案的收集、整理、保管和日常利用等常规工作，没有把档案文化的建设和发展提升到服务文化强国战略的高度，缺少具体的发展规划，导致档案文化建设流于形式。二是缺乏相应的档案文化建设人才。档案文化建设是一项系统工程，涉及档案编研、档案展览、档案文化产品制作、档案文化传播等多个方面，从事档案文化建设的工作人员不仅需要具备档案管理的基本知识，而且需要历史、中文、新闻学、广播电视、会展等多学科领域的人才，目前我国各级档案部门普遍存在人员结构单一的现象，严重制约了档案文化建设的发展。三是档案文化的资金投入及相关配套严重不足。作为公益类事业单位的我国各级档案部门，本身不具备营利性。而档案文化的建设、档案文化产品的开发和传播是一项高投入的工作，加上政府部门每年划拨的档案事业经费有限，导致档案文化建设严重滞后于其他各项事业的发展。

四、培育和弘扬档案文化的路径选择

1. 加强档案文化资源建设是关键

培育和弘扬档案文化必须以档案资源为依托，否则将是"无源之水，无本之木"。加强档案文化资源建设，一要在档案收集上下功夫，特别是加大特色档案、珍贵档案以及"濒危"档案文化资源的收集和保护力度。例如，2010年以来，云南省档案局以纳西族、布朗族、阿昌族等云南省特有少数民族档案的征集工作为试点，逐步开展云南省少数民族的档案征集工作，将各个民族的文献资料、语言文字、民族服饰、民族风俗、音乐歌舞、民族医药、手工技艺等档案征集进馆，建立云南省少数民族档案数据库，并初步建立起了具有云南民族特色的档案文化品牌。二要盘活档案资源，加强档案文化深层次开发。通过积极加强档案编研、录制电视专题片和档案文化节目、制作网络视频、建设特色档案资源数据库等多种形式，开发系列富有文化品位和思想艺术价值的档案文化产品，为培育档案文化提供可靠的资源支撑。例如，广东省档案局（馆）在编辑出版《改革开放三十年重要档案文献·广东》《广东改革开放先行者口述实录》《广州往事》等重要史料的基础上又出版了《侨批故事》，正式启动了《广东记忆系列丛书》的出版项目，这些为打造编研成果品牌拉开了序幕。江苏省档案系统积极实施文化精品工程，推出了《江苏省明清以来档案精品选》《苏州园林文化丛书》《清宫扬州御档》《江阴人文风情》等具有较高文化价值和学术研究价值的文化精品成果，较好地发挥了档案的社会教育、文化传承功能。

2. 推进档案文化传播是有效手段

弘扬档案文化，实现档案文化的最大价值，必须多形式、全方位地推进档案文化的传播。一是要继续发挥广播、电视、报纸等传统媒体的优势，广泛借助网站、手机、微博、视频等新兴媒介的传播作用，加强档案馆、档案工作、管理理念、自身形象以及档案文化成果的宣传和传播，加深受众对档案以及档案文化的认知和了解，扩大档案文化的影响力和辐射力。例如，浙江省档案局馆与腾讯·大浙网创新性地开展新媒体全平台合作，成功推出了档案文化类互动栏目《浙江往事》和《乡音浙江》，在试运营的两个月期间，栏目点击率高达106万人次，文章评论及分享累计达8752条，取得了良好的社会反响。二是通过定期举办档案展览、国际档案日、档案馆开放日等丰富多样的主题活动，加强与公众的互动，力求使档案文化贴近群众、贴近实际、贴近生活。例如，各级地方档案系统近年来主办的"印象上海""大美河山，水墨荆楚""山东民间文化艺术""广东侨批档案"等具有地方文化特色的展览，展现了独具特色的档案文化魅力；有些档案部门甚至把档案展览办到社区、乡村、学校、公园，让高雅文化进入寻常百姓间，从而使广大老百姓能近距离接受档案文化的熏陶，增强了档案文化产品对老百姓的亲和力、感染力，成为深入百姓身边的文化精品。三是通过开设档案文化专题讲座和论坛、开展档案学术研究、加强与图书馆、博物馆、大专院校、科研院所等相关单位的交流合作等形式，提升档案文化的品位和层次。通过多途径、多形式的文化传播，积极营造浓厚的档案文化氛围，加深公众对档案文化的认知、理解和认可度。

3. 提升档案文化服务能力和水平是立脚点

只有为经济社会和广大人民群众提供优质的档案文化服务，才能体现档案的文化价值，才能受到更多的关注和重视，从而形成品牌效应。一要树立"以人为本"的服务理念，突出档案馆的公共文化服务职能，积极实施档案惠民工程，通过完善利用制度，简化利用手续等便民服务措施，提供高效、便捷的档案文化利用服务，不断满足人民群众日益增长的精神文化需求，更好地为经济发展提供精神动力和智力支持。二要创新文化服务载体和形式。通过设立档案阅览室、建设档案文化基地、文化下乡、档案文化教育和培训、资源共享等，由被动服务向主动服务转变，扩大档案文化服务的受众面。例如，长春市档案馆成立"兰台志愿服务队"，定时、定点在全市开展档案志愿服务，推动志愿服务常态化运行，深入打造"为党管档、为国守史、为民服务"的品牌项目，受到了群众的好评。三要增强服务文化强国战略的能力和水平，不断拓展文化服务功能。通过掌握并运用现代科技成果，加快档案数字化进程、实施档案文化资源库建设、建设档案文化网络利用系统、编制方便快捷的检索工具等，打造高层次的文化服务阵地和平台。例如，浙江省档案系统积极参与打造的"浙江政务服务网"，是全国首个省、市、县一体化的网上政务服务平台。该平台设立的档案数据库、档案文化、档案知识、乡音的呼唤、网上展厅等档案服务项目，通过情景式导航、一站式服务，实现了与网友的"零距离"接触。浙江省全省100名工作人员还定时在网上与公众互动，接受咨询和投诉，回应群众关切，打造了一种崭新的档案公共服务管理模式，让群众更加均等地享受到档案部门的专业服务。

　　档案文化具有强大的生命力和影响力。在新的历史条件下，如何深入挖掘档案文化的内涵，充分发挥档案文化的价值，更好地服务于文化强国战略，是广大档案工作者面临的一项重要而紧迫的任务。

参考文献

[1] 习近平总书记系列重要讲话读本[M].北京：人民出版社，2014.

[2] 周勇.论档案文化传播的价值与策略[J].兰台世界，2016(8).

[3] 李军，杨宝章.档案文化建设研究[J].中国档案，2015(11).

[4] 周峰林.浙江省局馆利用新媒体推出档案文化栏目[N].中国档案报，2014 – 7 – 10.

[5] 王晓毅.长春市档案局馆成立"兰台志愿服务队"[N].中国档案报，2013 – 7 – 8.

[6] 胡文苑.浙江省档案系统积极参与打造"浙江政务服务网"[N].中国档案报，2014 – 7 – 17.

　　注：本文为广东省档案局2014年度档案科研项目成果(项目编号：YDK – 88 – 2014)。

第二部分

述高校调整历史

历史上中国大学的三次大调整

武汉大学 涂上飙

与西方的大学相比，中国大学(这里的"大学"泛指高等教育机构)的历史比较短，最长的也只有一百多年。在这一百多年的发展过程中，大学经历了多次的调整变更，但影响大的只有三次。即20世纪20年代前后、20世纪50年代前后和21世纪初的调整。

一、中国大学的第一次大调整

1. 中国大学的早期发展沿革

中国近代高等教育起源于清朝洋务派创办的洋务教育。1862年，清朝总理各国事务衙门，正式设立同文馆于北京，以专门培养翻译人才。1863年，江苏巡抚李鸿章在上海设立广方言馆。1866年，左宗棠在福建设立船政学堂。1880年，李鸿章在天津创立水师学堂。1886年，两广总督张之洞在广东设立陆师学堂，1887年，设广东水师学堂。此外还有1893年的湖北自强学堂，1895年的湖南东山精舍、湖北武备学堂、南京陆军学堂、天津西学学堂，1896年的上海南洋公学。

清末的学堂，除了上述之外，还有如下一些：陕西宏道大学堂、山西晋省大学堂、山西大学堂、河南大学堂、湖北两湖大学堂、湖南大学堂、广东省大学堂、江苏全省南箐高等学堂、浙江大学堂。

清政府颁布《奏定学堂章程》以后，高等学堂便属于实质意义上大学教育的场所，高等学堂分别为京师大学堂、北洋大学堂、山西大学堂、顺天高等学堂、八旗高等学堂、满蒙文高等学堂、直隶高等学堂、奉天高等学堂、江南高等学堂、江苏高等学堂、安徽高等学堂、江西高等学堂、浙江高等学堂、福建高等学堂、湖南高等学堂、四川高等学堂、河南高等学堂、河南客籍高等学堂、山东高等学堂、山东客籍高等学堂、甘肃高等学堂、新疆高等学堂、广东高等学堂、陕西高等学堂、陕西宏道高等学堂。

进入民国以后，学堂被改为大学。1912 年，北洋大学堂被改为北洋大学。私立大学有民国大学（1916 年改为朝阳大学）、明德大学、北京中华大学（后并入中国大学）、北京中国公学大学部（改称中国大学）、武昌中华大学、吴淞中国公学（1917 年后停办）、江苏大同学院、北京协和医科大学。1921 年，东南大学成立，并与暨南学校在上海合办商科大学。1922 年，公立河北大学创办。

1922 年，新学制公布以后，学校纷纷升级。北京高等师范改名国立北京师范大学，南京师范大学则合并到东南大学。1923 年，国立法政专门学校改组为国立北京法政大学，国立北京农业专门学校改组为国立北京农业大学。东南大学与暨南学校解除合办契约，改原校为东南大学分校设上海商科大学。暨南学校自行开办暨南商科大学，私立同济医工专门学校改组为同济大学，江苏改公立法政专门学校为公立江苏法政大学，奉天改沈阳高等师范为东北大学，广东开办省立法科大学，云南设东陆大学。

1924 年，国立北京女子高等师范改组为国立北京女子师范大学，国立武昌高等师范学校改组为国立武昌师范大学，国立北京医学专门学校改办国立北京医科大学，国立北京工业专门学校改为国立北京工业大学。同时，上海开办国立政治大学，水利局设立的河海工程专门学校改为河海工科大学，湖北医学专门学校改为湖北省立医科大学、外国语专门学校改为湖北省立文科大学、政法专门学校改为湖北省立法科大学。陕甘两省开办国立西北大学，四川设国立成都大学，广东合并国立广东高等师范及省立法科大学，改组为国立广东大学。

1925 年，国立北京女子大学成立，清华学校改办大学，国立武昌师范大学改名为国立武昌大学，江苏公立医学专门学校改为公立江苏医科大学，河南开办河南省立中州大学。

经过政府认可后，私立大学也纷纷出现。1919 年，明德大学在汉口重新开办，改名为汉口明德大学。1922 年，北京民国大学（非朝阳大学前期的民国大学）及上海大同大学核准备案。1923 年，私立大学核准立案的有北京平民大学；1924 年北京华北大学成立；1925 年天津南开大学、上海复旦大学及江西新远大学等成立。1926 年，吴淞中国公学大学部及北京中法大学被核准认可，但汉口明德大学停办。1926 年，河南福中矿务大学、北京燕京大学、山西山右大学、兴贤大学等四校核准认可。私立大学至此共计十余所。

1925 至 1926 年间，被准予试办的还有北京中央大学、畿辅大学、孔教大学、郁文大学、东方大学、辅仁大学、文化大学、南方大学、上海政法大学、东吴大学法科、大夏大学、光华大学、湖南群治大学、南通农科大学。

　　1925 至 1926 年，中华教育改进社统计的大学如下：

　　国立大学：国立北京大学、国立北京师范大学、国立北京女子师范大学、国立北京法政大学、国立北京农业大学、国立北京工业大学、国立北京医科大学、国立北京交通大学、清华大学、国立北洋大学、交通部唐山大学、河海工程大学、国立东南大学分设上海商科大学、国立暨南大学、南洋大学、国立武昌商科大学、国立西北大学、国立成都大学、国立广东大学、国立同济大学、国立政治大学、国立武昌大学、国立北京女子大学。

　　省立大学：河北大学、东北大学、中州大学、江苏法政大学、江苏医科大学、山西大学、湖北省立文科大学、湖北省立医科大学、湖北省立法政大学、云南省立东陆大学。

　　私立大学：南开大学、复旦大学、金陵大学、武昌中华大学、北京中国大学、北京朝阳大学、北京民国大学、北京华北大学、北京协和医科大学、上海大同大学、汉口明德大学及江西心远大学。

2. 中国大学的第一次大调整

　　从上可以看出，民国的大学在十几年间得到了迅速发展。据中华教育改进社的调查，仅北京一处在十三四年间，全城大学由 12 所增至 29 所，大学数量为世界各城之冠。大学急增的原因，主要是 1922 年颁布的新学制对大学设立的规定过宽。其中有一条规定，单一学校可以升格为大学。于是一些专门学校，都纷纷升格为大学。而鉴于容易，私人的大学也纷纷设立。虽然学校数量增加了，但办学质量则越来越差，有的甚至借办学来敛钱。因此，中国大学的调整合并势在必行。以下是调整合并的一些主要学校。

　　国立中山大学。1924 年 2 月，时任"中华民国"陆海军大元帅的孙中山先生颁布大元帅令，将国立高等师范、广东法科大学、广东农业专门学校合并，改为国立广东大学，命邹鲁为首任校长。1925 年 3 月，孙中山先生在北京逝世。1926 年 8 月，国民政府将国立广东大学改名为国立中山大学，以示垂召永久的纪念。

　　国立武汉大学。1926 年，国立武昌大学与国立武昌商科大学、湖北省立医科大学、湖北省立法科大学、湖北省立文科大学等合并为国立武昌中山大学（又称国立第二中山大学），设有大学部和文、理、法、经、医、预 6 科，计 17 个系、2 个部。1928 年 7 月，在国立武昌中山大学的基础上组建了国立武汉大学。

　　省立湖南大学。1926 年 2 月，湖南省政府将湖南省当时的湖南公立工业专门学校、湖南公立商业专门学校、湖南公立法政专门学校三校合并，定名湖南大学，为湖南省省立大学。同年 8 月，湖南甲种农业学校并入，增设农科。1927 年 4 月，奉湖南省政府令，湖南大学改为湖南工科大学，仅留理工两科。

同年7月，湖南工科大学停办。1928年4月，湖南省政府决定，恢复湖南大学，设文、理、工三科。1937年7月，湖南大学由省立改为国立，成为当时国民政府教育部十余所国立大学之一，设有理、工、文、法、商科。

国立北平大学。1926年，国立女子师范大学及国立女子大学，改为国立北京女子学院，内分师范大学部（即女子师范大学所改）及大学部（及女子大学所改），同时增设国立中俄大学。1927年7月，北洋政府奉系张作霖合并国立北京大学、北京师范大学、北京女子学院师范大学部及大学部、北京法政大学、北京农业大学、国立北京医科大学、北京工业大学及北京艺术专校等九校改组为国立京师大学校。1928年6月，京师大学校改为中华大学，后又改为北平大学。北京大学文学院、保定河北大学文科合并为"北平大学文学院"，北京大学理学院改为"北平大学理学院"，北京大学法学院、北京法政大学、河北大学法科、天津法政专门学校合并为"北平大学法学院"，北京工业大学改为"北平大学第一工学院"，天津北洋大学、天津工业专门学校合并为"北平大学第二工学院"，北京农业大学、河北大学农科合并为"北平大学农学院"，北京医科大学、河北大学医科合并为"北平大学医学院"，北京师范大学改为"北平大学第一师范学院"，北京女子师范大学、北京女子大学合并为"北平大学第二师范学院"北京艺术专门学校改称"北平大学艺术学院"，另北京俄文专科学校改为"俄文专修馆"，北京大学预科改为"北平大学文理预科"。这一形式遭到北大师生的强烈反对。1929年8月，南京政府被迫决定恢复国立北京大学。1930年12月，由蒋梦麟出任校长。

省立山东大学。1926年，奉系军阀张宗昌督鲁，将山东的工业、农业、矿业、商业、政法、医学6个专门学校合并成立省立山东大学。

国立浙江大学。1927年春，浙江省政府决定创办一所大学，初定名"浙江大学研究院"，由蔡元培、蒋梦麟、胡适、张人杰、李石曾、邵元冲、谏世璋、邵长光等8人组成筹备委员会，筹办大学。当时正值开始试行"大学区制"，定在浙江成立第三中山大学，遂改为"第三中山大学筹备委员会"。1927年8月1日工学院和劳农学院在原浙江公立工业专门学校和浙江公立农业专门学校为基础改组成立，大学即告成立。1928年4月1日，根据新制定的《大学组织条例》的规定，将校名正式定为"浙江大学"。1928年7月1日校名前被冠以"国立"。

国立中央大学。1927年，南京国民政府成立后，在江苏、浙江两省试行大学区制，明令国立东南大学与河海工科大学、上海商科大学、江苏法政大学等9所公立学校合并组成国立第四中山大学，张乃燕为校长。学校于1927年6月成立，9月1日开学，本部在国立东南大学旧址，设文学院、哲学院、自然科学院、社会科学院、农学院、工学院、教育学院、商学院和医学院等9个学院。

1928 年 2 月，第四中山大学更名为"江苏大学"，5 月又改名国立中央大学。

国立交通大学。1928 年交通大学进行了调整合并。早在 1921 年，交通部上海工业专门学校与唐山工业专门学校、北京邮电学校和交通传习所合并，总称为交通大学。1922 年，交通大学分为两校，上海学校改名为交通部南洋大学。1927 年，学校又改名为交通部第一交通大学。1928 年 10 月，交通部第一交通大学又与唐山、北京学院合并，统称交通大学，隶属铁道部。1937 年，学校隶属教育部。

国立四川大学。1916 年，四川省城高等学堂与四川通省师范学堂合并为国立成都高等师范学校，是全国六大高等师范学校之一。国立成都高等师范学校后来一分为二，组建了国立成都大学（1926 年）和国立成都师范大学（1927 年）。1927 年，四川合并国学院、外国语专门学校、法政专门学校、农业专门学校、工业专门学校等五校，改组为公立四川大学。1931 年 11 月，国立成都大学、国立成都师范大学和公立四川大学合并，组建了国立四川大学，是当时全国最具名气的 13 所国立大学之一。

调整后的公立大学及学院有：国立中央大学、国立北平大学、国立北京大学、国立北平师范大学、国立清华大学、国立中山大学、国立浙江大学、国立武汉大学、国立暨南大学、国立同济大学、国立山东大学、国立四川大学、国立交通大学、国立北洋工学院、中法国立工学院、国立上海商学院、国立上海医学院、国立广东法科学院、东北大学、安徽大学、湖南大学、河南大学、山西大学、广西大学、东陆大学、吉林大学、东北交通大学、甘肃学院、河北法商学院、河北工业学院、河北女子师范学院、河北农学院、河北医学院、湖北教育学院、山西法学院、山西教育学院、江苏教育学院、新疆俄文法政学院、四川工学院、四川农学院。

私立大学及学院（核准立案者及暂准立案者）有：厦门大学、金陵大学、沪江大学、光华大学、大夏大学、燕京大学、东吴大学、武昌中华大学、岭南大学、广东国民大学、辅仁大学、中法大学、齐鲁大学、武昌中华大学、广州大学、震旦大学、中国公学、协和医学院、上海法政学院、南通学院、中国学院、朝阳学院、金陵女子文理学院、上海法学院、福建协和学院、之江文理学院、持志学院、湘雅医学院、福建学院、焦作工学院、正风文学院、夏葛医学院、民国学院。

全国大学及学院的分布，上海市 18 所，北平市 12 所，河北省 8 所，广东省 6 所，南京市及福建、四川、山西等三省各 3 所，江苏、浙江、山东、湖北、湖南、河南、辽宁等七省各 2 所，安徽、广西、云南、新疆、吉林、甘肃等六省各 1 所，分布达 21 个省市。没有设立大学及学院的有江西、陕西、贵州、绥远、宁夏、察哈尔、热河、黑龙江、西康、青海、西藏、蒙古等 12 省区。

第一次大学大调整，是高等教育向良性发展的一次有益探索。此次调整为下一步大学的规范建设打下了坚实的基础。在此之后，政府通过整顿学风、确定经费、限制滥设、整顿院系、整顿课程、充实设备、注重实科、取缔宗教宣传、增进效能及改善师范大学等十个方面的改革，大大加大了高等教育现代化的进程。

二、中国大学的第二次大调整

中华人民共和国成立后，随着国民经济的逐步恢复和发展，大规模经济建设急需各类专门人才，原有高校的院系必须进行调整。1952 年，中央教育部规定院系调整的总方针是："以培养工业建设干部和师资为重点，发展专门学院和专科学校，整顿和加强综合性大学。"由此开启了中国大学发展史上的第二次大规模调整。

1. 调整前的大学概况

民国 37（公元 1948）年，大学的发展分为如下一些类型：

（1）公立大学。公立大学包括国立和省立两类，它们是民国社会经济发展所需人才的主渠道。中华民国建立后，国立大学的数量十分有限，到 1922 年可以确认的国立大学只有北京大学、北洋大学、交通大学、东南大学和上海商科大学 5 所。1927 年，南京国民政府建立后，先后有一批大学在合并调整改组后，变为国立大学，如 1927 年 4 月，南京国民政府将东南大学、河海工科大学等 9 所学校组建成第四中山大学，于 1928 年 5 月改名国立中央大学。1928 年 7 月以后，国立浙江大学、国立武汉大学、国立清华大学相继成立。它们与 1926 年 7 月成立的国立中山大学，成为中国第一批国立大学。

20 世纪 30 年代，又有一批学校转为国立。1931 年，国立成都大学、国立成都师范大学和公立四川大学合并成为国立四川大学。1932 年，国立山东大学成立。1937 年 5 月，国立东北大学建立。1937 年 7 月国立湖南大学、国立厦门大学成立。1938 年 7 月，国立云南大学建立。1939 年 8 月，国立广西大学建立。20 世纪 40 年代，有更多的学校变为国立。1942 年，国立河南大学、国立贵州大学成立。1943 年，国立山西大学成立，1944 年国立重庆大学、国立兰州大学成立，1946 年，国立安徽大学成立。其他还有：国立政治大学、国立西北大学、国立同济大学、国立暨南大学、国立复旦大学、国立英士大学、国立中正大学、国立长春大学、国立台湾大学等。至 1948 年，国民政府的国立大学计有 31 所。

省立大学的设置要求与国立大学一样，只是管理权的差别。20 世纪 30 年代的省立大学有：山东大学、湖南大学、河南大学、广西大学、云南大学等（据1934年的统计资料），后都转为国立大学，如山西大学、山东大学、河南大学、安徽大学、湖南大学、广西大学、重庆大学、贵州大学、云南大学、西北大学、兰州大学、东北大学等都是先省立后国立的。

在公立大学中，还有一些学校是由其他部委管理的，如交通大学由交通部管理，清华大学最初由外交部管理，河海工科大学（现河海大学）由国家水利局管理。

（2）私立大学。私立大学分国人和教会创办两种。国人创办的私立大学是在挽救民族危亡，在教育救国的声浪中逐步发展起来的。下列私立学校值得一提：

中国公学，设立于1906年。1905年，日本政府颁布了侮辱中国留学生的《取缔清国留学生规则》，大批留学生罢课回国。为了让回国的留学生继续学习，同盟会的会员在上海办了中国公学，其师生员工大部分为革命党人。

复旦大学是由爱国民主人士马良（字相伯）创办的。他捐献自己的家产，依托耶稣会团体办学，初名震旦学院，结果被法国天主教会夺取了学院的领导权，并被逼离校。1905年7月，他被迫将学校改为复旦公学。1917年改名为私立复旦大学，1941年私立改为国立。

南开大学，由清翰林、学部侍郎严修（字范孙）在自己家塾的基础上，由严氏家中教员张伯苓担任校长发展而来的。1919年9月25日，南开大学正式成立。抗战时期与北京大学、清华大学先后组成西南联合大学。1946年秋，学校迁回天津，不久改为国立。

同济大学，溯源于1907年德国医学博士埃里希·宝隆在上海创办的同济德文医学堂，于1912年改名同济医工学堂。1917年，由中国人接办，1924年，更名为同济医工大学。1927年8月，由私立改为国立，命名为国立同济大学。抗战时期曾6次迁校，于1946年4月返回上海。

厦门大学，1921年由爱国华侨陈嘉庚捐资兴建，于1937年改为国立。

除此之外，还有：

朝阳大学，1912年创办于北京，以培养司法人才为主，后因不符合大学设置条件，改为朝阳学院。1949年后，其人员和校舍被归并到中国人民大学。

中国大学，初名国民大学，于1912年在北京创立，1917年更名为中国大学。1949年以后，其人员分别归并到北京师范大学、山西大学和中国人民大学。

中法大学，是以法国退回的庚款为基础，由中国旅法同乡会于1920年在北京创办。1950年，学校文史、法文系并入北京大学，数、理、化三系并入北京工业学院，经济、生物两系并入南开大学。

　　大同大学，由原清华学堂的十多个教师离开到上海设立的，1923 年正式更名为大同大学。1952 年，学校归并到复旦、同济和交通等大学。

　　大厦大学，是 1924 年由厦门大学分离出来的一部分师生在上海组建的。1951 年，学校成为华东师范大学的一部分。

　　光华大学是 1925 年圣约翰大学的部分师生不满校方干涉学生参加"五卅运动"，而离校另组的大学，意为"光我中华"之意。

　　中华大学，是著名教育家陈时先生 1912 年 5 月 13 日在武昌县华林创办。1952 年，院系调整，中华大学与华中大学、中原大学成为华中师范学院的一个组成部分。

　　教会大学在整个民国时期，办学规模比较大，在国内外有一定影响的大学有：

　　燕京大学，1916 年创办，由汇文大学和华北协和大学合并而成，司徒雷登为校长，校址在北京西部海淀一带（现北大所在地）。1929 年向民国政府立案。它设置的新闻学、社会学专业在当时都十分有名。

　　圣约翰大学。1879 年美国圣公会在上海创办圣约翰书院，1890 年设大学部。1905 年升格为圣约翰大学，先后设置神、文、理、医、工等学院。

　　东吴大学。1901 年美国基督教监理会将苏州博习书院、苏州中西书院和上海中西书院三校合并为东吴大学。1911 年，学校将上海中西书院教职员移并苏州东吴大学，以上海中西书院旧址开办了东吴第二中学，于 1915 年改为东吴大学法科。1927 年春，又更名为东吴法学院。苏州东吴大学本部成为文理学院。1952 年，在原址建立了江苏师范学院。

　　金陵大学。由南京汇文书院、宏育书院于 1910 年合并而成，美国传教士包文任校长。1911 年，金陵大学向美国纽约州注册立案，毕业后可同时接受纽约大学的文凭与学位。1913 年增设国语科，其农科闻名全国。

　　辅仁大学。1925 年美国传教士奥图尔筹办而成，定名"辅仁社"。1927 年6 月，改名为"私立北平辅仁大学"。1931 年 8 月，教育部准予立案。1946 年，在校师生人数居全国教会大学之冠。1952 年高校院系调整，哲学、经济、社会、西语 4 个系分别调至北京大学、人民大学、中央财经学院、北京外国语学院；其余 3 个学院、11 个系并入北京师范大学。

　　华中大学。1924 年 2 月，由文华大学、武昌博文书院大学部、汉口博学书院大学部合并组建而成，校址设在武昌县华林文华大学原址。初设文、理、商、图书馆学四科。1929 年 8 月，湖南雅礼大学、湖滨大学并入华中大学以后，改为文、理、教育三个学院。1931 年，国民政府教育部批准立案。1951 年，华中大学与中原大学教育学院合并，改为公立华中大学。1952 年，在华中大学原址上改建华中高等师范学校。1953 年，又改名为华中师范学院，并迁至武昌南湖桂子山新址。

华西协和大学。1905 年，英国、美国和加拿大三国基督教会联合在成都创办了华西协和高级中学。1910 年，成立大学部，设文、理、教育三科。1913 年，增设医科，于 1914 年又设牙科，医牙科成绩显著。1933 年，华西协和大学始向国民政府注册立案。同年调整为文、理、医牙三个学院，成为我国近代最早以医、牙学科为特点的综合性教会大学而著称。中华人民共和国成立后，改为人民华西大学。

岭南大学。创建于 1916 年，它虽为美国传教士创办，但不属于任何一个教派和教会组织。前身为 1888 年在广州设立的格致学院。1900 年迁澳门，改名岭南学堂。1904 年迁回广州，易名岭南大学。

除了上述的教会大学外，还有杭州的之江大学、济南的齐鲁大学、福州的华南女子大学、南京的金陵女子大学、上海的沪江大学、福州的协和大学、上海的震旦大学等。

（3）革命大学。在新民主主义革命阶段，为了培养革命所需要的人才，共产党人也先后创办了自己的一些大学。1921 年，毛泽东在长沙创办了湖南自修大学。1922 年，共产党在上海创办了上海大学。此后，还创办了中法大学、劳动学院以及农民运动讲习所等。1937 年，创办了陕北公学。1938 年，创办了鲁迅艺术文学院。1939 年，创办了中国女子大学、华北联合大学以及自然科学院。1940 年成立了中国医科大学。1941 年，成立了延安大学、民族学院、军事学院等。中华人民共和国成立前夕，在解放区建立有：东北军政大学、东北大学、哈尔滨大学、东北铁路学院、辽宁学院、吉林民主学院、华北大学、人民革命大学以及中原大学等。

抗日军政大学和中共中央党校是两所最具特色和影响力的学校。抗日军政大学的前身是 1931 年设立的中央红军学校。1933 年，改为中国工农红军大学。1936 年改为中国抗日红军大学。1937 年，改名为中国人民抗日军事政治大学，下设 12 个分校。中共中央党校起源于 1933 年在江西中央革命根据地创办的马克思共产主义大学，1935 年到陕北后改为中央党校。1942 年以前，主要培养团级以上党和军队的以级中级学校的管理政工干部。1942 年，党校改为培养党的政治、军事、文化干部的学校，毛泽东任校长。

（4）其他大学。在民族危亡时期，东北伪满洲国、汪伪国民政府以及台湾日本占领时期等都办有大学，主要推行奴化教育。

2. 第二次大学调整基本情况

国家在大规模院系调整时，先期进行了局部调整。

中华人民共和国成立后，教会大学就完成了历史使命，被归并到其他大学，组成新的大学。例如，燕京大学部分专业合并到北京大学、清华大学，北京大学现校址为原燕京大学校址；辅仁大学主体合并到北京师范大学；东吴大学的原校址成为现在的苏州大学，部分专业并入其中；金陵大学部分专业并入南京大学，原校址成为南京大学现校址；岭南大学并入中山大学，原校址成为现中山大学的校址；华中大学成为现华中师范大学的一部分；华西协和大学成为现四川大学的一部分等。

除此之外，对公立及国人创办的大学也进行了调整，如 1949 年底，北京大学、清华大学、华北大学三校农学院合并成立了北京农业大学，北京大学及南开大学教育系同时并入北京师范大学。

1951 年 11 月，以华东、华北、中南三大地区的工学院为重点做适当调整。调整方案为：北京大学工学院、燕京大学工科各系并入清华大学，清华大学改为多科性的工业高等学校；清华大学文、理、法三个学院及燕京大学的文、理、法各系并入北京大学，北京大学改为综合性大学，撤销燕京大学。

南开大学工学院、津沽大学工学院、河北工学院合并组建为工科院校——天津大学。浙江大学改为多科性工业高等院校，之江大学的土木、机械两系并入浙江大学，浙大文学院并入之江大学。

南京大学工学院、金陵大学电机工程系、化学工程系及之江大学建筑系合并组成南京工程学院。南京大学、浙江大学两个航空工程系并入交通大学，成立航空工程学院。

合并武汉大学水利系、南昌大学水利系和广西大学土木系水利组，成立武汉大学的水利学院。武汉大学的矿冶工程系、湖南大学矿冶系、广西大学矿冶系、南昌大学采矿系合并，于长沙成立中南矿冶学院，并增设采煤系和钢铁冶炼系。

中山大学工学院、华南联合大学工学院、岭南大学工程方面的系科及广东工业专科学校合并，成立华南工学院。西南工业专科学校航空工程专科并入北京工业学院。

1952 年，中央加快院系调整的步伐，调整的高校占全国总数的四分之三。将原教会学校辅仁大学并入北京师范大学，撤销辅仁大学校名；新设北京地质学院、北京钢铁学院、北京航空学院、北京林学院、北京农业机械化学院、中央财经学院、北京政法学院、华东工业学院、华东水利学院、华东航空工业学院、华东体育学院、重庆土木建筑工程学院、重庆化工工业学院、东北地质学院、东北林学院、沈阳农学院、八一农学院等 17 所院校；将南开大学、复旦大学、南京大学、山东大学改为综合性大学；将南京工学院、重庆大学改为多科性高等工业大学；撤销金陵大学、圣约翰大学、齐鲁大学、之江大学、沪江大学、震旦大学、岭南大学、华南联合大学等 8 所院校校名，其系科并入当地其他院校。

　　1953 年全国继续进行院系调整，调整以中南区为重点，其他地区则局部进行。1953 年 7 月 2 日至 8 日，中南区高等学校院系调整委员会召开第一次会议，决定将武汉大学和中山大学调整为综合性大学。1953 年 8 月 3 日，成立了南昌、桂林、长沙、武汉四个调整分会。在调整中，武汉大学的机械系、电机系、土木系及外文系英文组分别调往华中工学院、华南工学院、中南土木建筑学院及中山大学等院校。湖南大学数学系、生物系、物理系、化学系、中文系、历史系等，南昌大学数学物理系、生物系、物理系、化学系、中文系及外文系俄文组等，华南工学院水利系及文华图书馆专科学校调整到武汉大学。1954 年 12 月 1 日，高教部批准成立武汉水利学院，水利学院从武汉大学分出。至此，武汉大学的院系调整工作顺利完成。

　　1955—1957 年，由于形势需要和中央指示，又开始了新一轮的较大规模的院系调整。目的是改变高校过分集中在少数沿海大中城市的不合理状况，逐步加强内地学校。具体原则就是加强长春、哈尔滨、呼和浩特、太原、开封、郑州、西安、兰州、武汉、长沙、成都等内地城市现有的高等学校。1956 年，上海交通大学的部分专业迁往西安，组建西安交通大学，武汉新组建了武汉测量制图学院。1957 年，新建成都医科大学开学。1957 年底，对高等学校的院系调整基本结束。此时，全国共有高校 229 所。

　　经过调整，中央高等教育部对全国高等学校实行统一的管理，制定有统一的高校发展计划，统一的专业设置、教学计划、教学大纲和教材，实行统一招生培养和分配等。

　　在院系调整中，以俄为师迅速建立起了社会主义教育体系，但也形成了单一的教育模式。通过借鉴苏联的专业技术知识和管理经验，加快了专门人才的培养步伐，满足了中华人民共和国成立初期对专门人才的需求。同时，通过学习苏联经验，也加速了在学校中新的教育制度的建立。但是，学习苏联在客观上存在着教育模式单一的局限。苏联的教育注重专业性、计划性，注重思辨，注重教师修养等，这都适应了当时实现国家社会主义工业化的需要，但从教育的长时效来看，这种模式就慢慢成为大学发展的桎梏，使大学教育失去了生机和活力。这就为中国大学的第三次调整埋下了伏笔。

三、中国大学的第三次大调整

改革开放以后，高等学校迎来了发展的春天。1987 年 12 月 18 日召开的党的十一届二中全会做出了把工作重点转移到社会主义现代化建设和实行改革开放的战略决策。1985 年 5 月，改革开放的第一次全国教育工作会议召开，通过了《中共中央关于教育体制改革的决定》提出了高等教育改革的八大任务及高等教育发展的战略目标。1993 年，党中央、国务院发布了《中国教育改革和发展纲要》，确定了到 20 世纪末我国教育改革和发展的基本目标和任务。1995 年，党中央提出实施"科教兴国"发展战略，将教育放在了优先发展的地位。在高等教育的大发展、大变革、大调整过程中，高校的大调整合并战略对高校的发展产生了至关重要的影响。

知识经济时代的到来，全球经济的一体化，新兴产业层出不穷，信息技术突飞猛进，对中国的发展是一个严峻的考验。中国在国际经济的大背景下要得到良性发展必须对经济、科技、教育等体制进行进一步的改革。为适应经济一体化对人才的需要，中国在 20 世纪 90 年代开始对高校进行新一轮的合并调整。1993 年 5 月，江西大学和江西工业大学合并组建南昌大学，此时拉开了中国大学第三次大调整的序幕。

此后，合并不断取得进展，新的高校不断涌现，到 1997 年，全国的 159 所高校合并成 74 所。1998 年以后，合并出现了一批新的巨大型的综合性大学，如浙江大学、武汉大学、吉林大学等。合并中一些有影响的高校有：清华大学1999 年将原中央工艺美术学院并入。北京大学于 2000 年与北京医科大学合并，组建了新的北京大学。哈尔滨工业大学于 2000 年与哈尔滨建筑大学合并，组建新的哈尔滨工业大学。武汉大学于 2000 年与武汉水利电力大学、武汉测绘科技大学、湖北医科大学合并，组成新的武汉大学。华中科技大学由原华中理工大学、同济医科大学、武汉城市建设学院和科技部干部管理学院于 2000 年合并成立。武汉理工大学由原武汉工业大学、武汉汽车工业大学、武汉交通科技大学合并组成。浙江大学于 1998 年由原浙江大学、杭州大学、浙江农业大学和浙江医科大学组建。四川大学由原四川大学、成都科技大学、华西医科大学三所大学于 1994 年和 2000 年两次合并组建而成。吉林大学由原吉林大学、吉林工业大学、白求恩医科大学、长春科技大学、长春邮电学院共五所高校合并建成。西安交通大学于 2000 年将西安医科大学、陕西财经学院并入。同济大学于 1996 年由原上海城市建设学院和上海建筑材料工业学院并入，于 2000 年与上海铁道大学合并，组建成新的同济大学。复旦大学于 2000 年与上海医科大学合并，成立新的复旦大学。中南大学由湖南医科大学、长沙铁道学院、中南工业大学合并组建。东南大学 2000 年将南京铁道医学院、南京交通高等专科学校、南京地质学校并入东南大学。

　　大学调整合并后，不仅学科门类齐全，而且在科研能力、学术水平以及条件保障等方面都上了一个新的水平和台阶，同时也吹响了建设高等教育强国的号角。2017 年，国家颁布了建设世界一流的"双一流"方案。伴随着国力的增强，中国越来越多的大学将会成为世界一流大学。

参考文献

[1] 李华兴.民国教育史[M].上海：上海教育出版社，1997.
[2] 国民政府教育部教育年鉴编撰委员会.第二次中国教育年鉴[M].上海：上海商务印书馆，1948.
[3] 王觉源.战时全国各大学[M].重庆：独立出版社，1941.
[4] 霍益萍.近代中国的高等教育[M].上海：华东师范大学出版社，1999.
[5] 中国第二历史档案馆.中华民国史档案资料汇编（第三辑）[M].南京：江苏古籍出版社，1991.
[6] 王杰.中外大学史教程[M].天津：天津大学出版社，2008 年版.
[7] 黄福涛.外国高等教育史（第二版）[M].上海：上海教育出版社，2008.
[8] 郑登云.中国高等教育史（上册）[M].上海：华东师范大学出版社，1994.
[9] 余立.中国高等教育史（下册）[M].上海：华东师范大学出版社，1994.
[10] 宋秋蓉.近代中国私立大学研究[M].天津：天津人民出版社，2003.
[11] 涂上飙.武汉大学史话[M].北京：社会科学文献出版社，2015.

中华人民共和国成立初期院系调整中的中山大学

中山大学　张建奇

　　中华人民共和国成立后不久，全国范围内的高校便进行了被称之为"院系调整"的大规模大学组织机构改革，以便从国家整体利益出发，更加有效和有计划地培养人才。这次改革对中山大学的影响极大。院系调整的实施基本奠定了中山大学新的规模和发展方向，也促使了中山大学校址的迁移和教学体制的又一次重新建构。"院系调整"是学术界研究的热点话题之一，争论也不少，若依据调整的过程中时间划分或工作重点的不同，就有"三阶段论""四阶段论"的不同提法。至于"院系调整"的得与失，一般认为"院系调整"总体上适应了当时政治经济形势发展的需要，但也留下了严重削弱综合大学和文科等缺憾。虽然关于"院系调整"的研究成果不少，但目前仍有对相关材料进一步梳理及挖掘的必要。本研究主要是对中山大学院校调整的相关档案资料进一步梳理及挖掘，重点是总结中山大学进行院系调整工作的特点及"院系调整"前后的变化。在梳理及分析过程中，除注意澄清部分误读外，还关注了院系调整期间中山大学相关人员等流入科学院系统的情况。

一、"院系调整"的背景及"院系调整"前的中山大学

1."院系调整"的背景

中华人民共和国成立以后，如何对以前高等教育进行调整，如何建设社会主义高等教育，成为摆在高等教育决策部门和高校教师、干部面前的两大课题。全国范围的院系调整实际始于 1952 年，但在中华人民共和国前后已经出现了小规模、特定范围内的院系调整。例如，1949 年 10 月前，解放较早的东北地区就对本地区的高等教育机构进行了调整，通过合并教育或研究机构等方式，设立了沈阳工学院、哈尔滨工业大学、东北大学、大连大学和东北行政学院等 14 所高等院校。中华人民共和国成立后不久，北京大学、南开大学教育系并入北京师范大学，清华大学、北京大学、华北大学三校的农学院合并为北京农业大学。在中南地区，省立音乐专科学校、南岳国师、私立克强学院和私立民国大学四校合并成立湖南大学；省立助产学校和省立看护学校合并成立江西省医学专科学校，中正大学与省立的工业、农业、体育、水利和兽医等五所专科学校合并成立南昌大学。

关于 1952 年院系调整的动因或背景及实质等，研究成果也不少，但不同时期的研究者观点有所不同。当时缺少工业建设所需的大量专门人才和实行"以俄为师""一边倒"的政策是"院校调整"的重要动因，这也是多数学者的共识。但 20 世纪 90 年代以后，一些学者从政治角度来分析这次院系调整的实质，把进行院校调整是为了加速中国工业人才的培养视为"表面的理由"，而"意识形态的考虑"才是其"深层理由"；或者认为，院系调整是高等教育战线上的政治革命，目的是建立和巩固中国共产党在高等学校的领导地位，实质是用体制变革的形式进行学校政治斗争。我们的观点与多数学者一致，这里就不再赘述。

中华人民共和国成立初期，全国划分为东北、华北、华东、中南、西北、西南六大行政区，实行党政军一体化管理，于 1954 年 6 月撤销。中南地区包括河南、湖北、湖南、江西、广东、广西 6 省区。中南地区的院系调整过程可分为三阶段，包括中华人民共和国成立之初小规模、特定范围内的调整，1952 年各省内的调整和 1953 年在中南地区高等学校院校调整委员会指导下的调整。中山大学的院系调整分两次完成，一次主要为 1952 年在广州市范围内的调整，一次主要为 1953 年在中南区高等学校院校调整委员会指导下的调整。

2."院系调整"前的中山大学

1951 年 9 月的中山大学除石牌校区占地 8000 亩、白云山农场占地 2 万亩外,其余大多分散在广东各地农场,设有文、法、理、工、农、医和师范等 7 个学院 31 个系(医学院不分系),俄文、会计、林业、体育 4 个专修科,语言文学、植物、土壤肥料教育等 5 个研究所和医学院附属医院及其附设的护士学校,师院附中、附小、托儿所等教学科研单位,有教授、副教授、讲师 289 人,助教 123 人,职员 250 人,工友和校警 387 人,学生 2630 人(以上数字都不包括参军、参干和提前离校的 1000 多人和附属机构的人员在内)。中山大学 1951 年年度招收新生 977 人,新旧生已注册人数总计 2601 人。中山大学办学规模居于当时我国高等院校的前列。1949 年,我国高校数为 209 所,在校学生人数为 116540 人,多数学校办学规模过小,500 人以下的学校占大多数。

二、中山大学院系调整的过程

1.中山大学第一次院系调整

1951 年 11 月 3 日至 9 日,中国教育部组织召开全国工学院院长会议,制定了 1952 年全国工科院校的调整方案,揭开了 1952 年全国院系调整的序幕。1952 年 5 月,教育部制定了"1952 年全国院系调整方案",不仅限于工学院,还涉及其他各个专业。此次调整遵循的原则是整顿综合大学、发展专门学校,作为管理组织的学院建制也被取消。

1952 年 2 月,广东省广州区高等院校调整工作委员会成立。1952 年 10 月,广州地区高等院校开始大规模的院校调整工作。1952 年 10 月 23 日,中山大学院校调整筹备委员会成立,委员会由主任许崇清、副主任委员冯乃超、陈序经,委员王越、姜立夫、王力等 11 人组成。广州的高等教育资源重组和配置的具体情况是:为了配合国家建设的需要,使广州区各高等学校能发挥其更大的培养专门人才的作用,广州原中山大学、岭南大学、华南联合大学、华南师范大学、广东法商大学、广东工业专科学校等高等院校统调为一所综合大学(中山大学)和四所专门学院(华南工学院、华南农学院、华南医学院、华南师范学院),财经学院则拟设于综合大学内。参与院校调整的广州各高校都编制了"院系调整工作教职员工情况调查表",除姓名、年龄、性别、籍贯、家庭出身、本人成分、教龄、现任职务、工分薪数外,还包括业务水平、政治情况、调整意见、备注等。调查表上注明"调整意见"一栏要填得具体。

中山大学第一次院系调整的具体情况主要是:原中山大学工学院、农学院、医学院、师范学院被划出去,与岭南大学、华南联合大学等有关系科合并组成华南工学院、华南农学院、华南医学院、华南师范学院的重要部分;原中山大学的部分系科还在全国范围内调离、配置，如理学院天文系调去南京大学、地质系调往湖南矿业大学，哲学系调往北京大学等；新中山大学也吸收了多方资源，具体有原中山大学文、理、法各学院，岭南大学文理科各系，华南联合大学文法科各系，以及财经学院和广东商大学。第一次院系调整后的中山大学主要由原中山大学和岭南大学的文理学院构成，设有中文、外文、历史、语言、数学、物理、化学、生物、地理、财政、金融、会计、贸易、企业管理、政治、法律、社会、经济等18个系，另有俄文、会计、金融、企业管理4个专修学科，中国语言文学、历史、植物等3个研究所。全校共有5236人，其中教授300人，副教授114人，讲师111人，助教242人，职员414人，工人639人，学生3443人。中山大学于1953年10月21日由石牌校区迁至原来岭南大学校区。学校原石牌校址成为新组建的华南工学院、华南农学院的院址。中山大学原百子岗校址成为新建的华南医学院院址，在当时可能只是临时性质，但后来却成为永久院址。1953年12月3日，柯麟等就华南医学院之永久校址写提案，"请广州市人民政府按照中央指定该院五年内须发展学生人数至四千五百人之任务并按照中国教育部每四个学生一亩地之指示，在广州近郊另拨1200亩以上之适当地址作为该院建筑永久院址之用"。

2. 中山大学第二次院系调整

1952年的院系调整基本实现了"发展专门学院，整顿和加强综合大学"的目标，但有些任务并未落实。中南地区除广州各高等学校进行调整并在长沙设立了中南矿业大学外，其他院校并未调整。1952年11月25日，高等教育部成立，从组织上保障了院系调整工作的顺利进行。鉴于1952年院校调整工作的经验和教训，教育部制定了新的院系调整方案，于1953年11月11日由政务院正式公布，立即实施。该方案采取的调整原则是"仍着重改组旧的庞杂的大学，加强和建设工业高等院校并适当地增设高等师范学校；对政法、财经各院系采取适当集中、大力整顿及加强培养与改造师资的办法，为今后发展准备条件"。该方案确定了1953年的院系调整工作须以中南地区为重点。

在中南地区高等学校院系调整委员会的领导下，中山大学于1953年9月底、10月初开始进行第二次调整。中山大学从7月份就开始准备，包括成立财经、政法各系调整工作组，了解师生思想情况及存在的问题，反映给上级参考等。调整开始后则加强宣传动员，组织好迎送工作，并切实解决好教师子女入学等问题。

中山大学第二次院系调整的具体情况是：原设在中山大学内的财经、政府各系分别调至武汉大学、中南财经学院、中南政法大学等院校，除个别教师(如夏书章教授)因校内需要留校工作外，调到中南财经学院81人，调到中南政法学院 13 人、调到武汉大学 34 人；原武汉大学、湖南大学、广西大学、南昌大学、华中高等师范等院校文理科部分师生调至中山大学。1953 年，第二次院系调整，中山大学共调出教师 131 人，学生 666 人，调入中山大学教师 30 人，学生人数 419 人。此外，在调整中学校还对图书、仪器、设备等进行了调整。1954 年，院系调整工作仍在继续，中山大学语言系调整到北京大学，但并不完全是整体迁出。关于中山大学语言系的调整，学校与高教部就教师的去留进行了沟通。考虑到教师的意愿及学校的需要，高教部同意除商承祚教授转历史系和高华年教授留校主持语言方面的课程外，还留下陈必恒老师协助高华年教授工作，钱淞生讲师则派至北京民族学院学习。中山大学第二次院系调整期间还有部分人员（如陈焕镛教授等）流入中科院系统。1953 年 12 月底，高教部和中国科学院会商量决定中山大学植物研究所自 1954 年 1 月起改由中科院领导。中国科学院和中山大学合约规定："原属于中山大学的植物研究所原有藏书、标本及仪器等财产（房屋除外），应该无偿地转为中国科学院所有。中山大学生物系植物学专业教学上必须的标本，由所属系根据兼顾教学与研究的原则协商解决之。中山大学应划出一定面积的土地，供中国科学院建立植物研究所的房舍及植物园，地面大小、坐落方位应照顾中山大学的发展前途决定之。"1951年，中科院致函中山大学："采用院外辅助办法，辅助你校。以推动华南植物分类学家共同从事华南植物之研究。"由此，陈焕镛教授等离开中山大学，进入中科院系统工作。

三、院系调整后中山大学的主要变化

1. 成为由文理各系科组成的综合大学

院校调整后，中山大学校址由石牌迁移至康乐园，由一个拥有文、法、理、工、农、医和师范等 7 个学院 31 个系的综合性大学转变成为由文理各系科组成的大学。中山大学不再设院一级管理单位，开始仿效苏联模式，以系为基本的管理单位，以专业为基本教学单位。中山大学建立了校、系、教研组的教学管理组织架构。1952 年秋起，中山大学开始按照专业教学计划进行教学。专业教学计划由特定的专业培养目标和相应的课程体系构成。1954 年语言系调往北京大学后，中山大学的基本结构是在 8 个系下设置 11 个专业，8 系分别是中文、外文、历史、数学、物理、化学、生物、地理系。11 个专业分别为数学、物理、有机化学、动物、植物、自然地理、中国语言文学、英国语言文学、历史、法文、经济地理等专业。除法文专业学制为四年制外，其他专业均为五年制。

2. 师资队伍构成的变化

院系调整后，中山大学师资的来源及构成也发生了重大变化。第一次院系

调整后，中山大学文理方面的师资来自岭南大学、华南联合大学、广东法商大学、武汉大学、湖南大学、广西大学、南昌大学、华中高师和原中山大学。其中岭南大学的文、史、经济、社会等方面的师资，充实了新中山大学文理学科的师资队伍。第二次院系调整后，一些系科调离中山大学，如天文、地质、语言、人类等系被调出，一些知名教授如陈国达、朱谦之、杨成志、王力等也被调离，但也有部分文理教师调入中山大学。总的看来，院校调整后中山大学文理各系科的师资得到加强，如陈寅恪、梁方仲、杨荣国、容庚、姜立夫、高兆兰等教授被调入中山大学。

注 释

[1] 吴定宇.中山大学校史(1924—2004)[M].广州：中山大学出版社，2006.

[2] 卢立菊、付启元.1990 年以来关于五十年代院系调整研究综述[J].历史学研究，2003 (12).

[3] 李琦.建国初期全国高等学校院系调整述评[J].党的文献，2002(6).

[4] 中国高等学校简介[M].北京：教育科学出版社，1982.

[5] 杜勤，睢行严.北京大学学制沿革(1949—1998)[M].北京：北京大学出版社，2001.

[6] 吴定宇.中山大学校史(1924—2004)[M].广州：中山大学出版社，2006.

[7] 本校一个月来筹备工作进行情况[J].人民中大，1952 – 12 – 13.

[8] 李均.中国高等教育政策史(1949—2009)[M].广州：广东高等教育出版设，2014.

[9] 《关于语言系调往北大意见》《有关语言系调往北大事项(1954 年)》，藏于中山大学档案馆.

[10] 《合约》《中科院复中山大学关于合作问题》，藏于中山大学档案馆.

1952 年前后院系调整中的华南师范学院

华南师范大学　　陈海平

一、院系调整背景

中华人民共和国成立至今，全国高等院校先后经历过三次大的院系调整，分别是 1952 年前后的院系调整、1956 年前后的院系调整以及 20 世纪 80 年代中期开始的新一轮院系调整。1956 年前后的院系调整主要针对高等学校在地域间的不平衡，20 世纪 80 年代中期开始的院系调整则以院校合并为主要特征，所以也被称为是"院校合并"。这两轮的院系调整与华南师范大学的关系不大，华南师范大学主要经历的是 1952 年前后的那一轮院系调整。

1952 年前后的院系调整，是按照党中央和国务院规定的"以培养工业建设人才和师资力量为重点，发展专门学院与专科学校，整顿和加强综合大学"这一总方针而进行的。华南师范学院正是在这一大背景下组建和扩充起来的。按照学界的研究，1952 年前后的院系调整一般又被划分为两个阶段，即 1949 至 1951 年（开始阶段）、1951 年 11 月至 1953 年底（全面调整阶段）。

二、华南师范学院正式组建

华南师范学院组建于 1952 年院系调整的开始阶段。1951 年 5 月 18 日，中国教育部马叙伦部长在政务院第 85 次政务会议上做了《关于 1950 年全国教育工作总结和 1951 年全国教育工作的方针和任务的报告》，其中提道："以各大学现有的师范学院、教育学院、教育系和个别的文理学院为基础，向着每一大行政区办一所师范学院，每一省或两三个省办一所师范专科学校的方向发展。"

依据中国教育部关于高等师范教育的调整设置原则，从广东实际出发，广东省文教厅于 1951 年 6 月得到广东省政府同意后，向中南教育部提请将广东文理学院加以充实，改为师范学院，以负起培养广东中等学校师资的任务。中南教育部缜密考虑后，认为应当扩大范围、照顾华南两省一市，故将学校改名为华南师范学院，并指明以原广东省文理学院为基础，将中山大学师范学院及华南联合大学教育系与之合并。

接到中南教育部关于成立华南师范学院的指示后，广东文理学院草拟了《华南师范学院建校计划草案》。广东省文教厅和广东文理学院、中山大学、华南联合大学各派数人组成了"华南师范学院筹备委员会"，负责学院筹建各项工作。1951 年 9 月 10 日，当年考取华南师范学院的一年级新生以及华南联合大学教育系学生到院报到并注册，9 月 20 日，中山大学教育系和体育系的学生入院报到。10 月 5 日，中南教育部正式批准华南师范学院成立。成立后的华南师范学院组织系统图如图 1、表 1 所示。

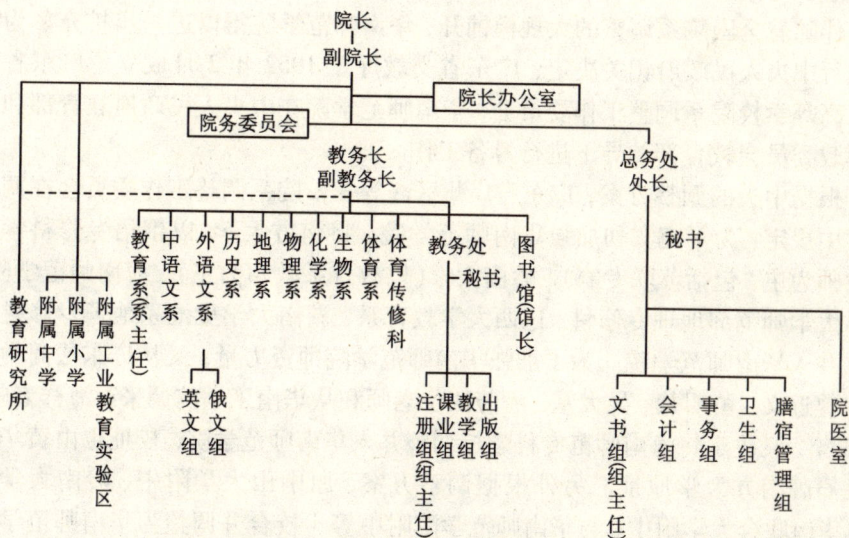

图 1　1951 年成立后的华南师范学院组织系统图

表 1　华南师院组成部分基本情况

	广东文理学院	中山大学	华南联合大学
学系	8 个（中文系、外语系、历史系、教育系、物理系、化学系、生物系、地理系）	2 个（教育系、体育系）	1 个（教育系）
附属机构	附中、附小及工农教育实验区、石榴岗测候所	教育研究所	—
教工人数	约 150 人	约 20 人	约 5 人
学生人数	约 200 人	约 70 人	约 30 人

注：1. 学生人数未计入本届已毕业学生及新生。

2. 数据来源于《华南师范学院建校计划草案》(1951.7.24)。

三、华南师范学院实力扩充

时间进入 1952 年，中国教育部就加快了院系调整的步伐，于 5 月拟定了

1952年全国高等学校院系调整计划，系统地提出各类院校具体调整原则，其中包括："师范学院每一大行政区必须办好一至三所，培养高中师资；各省可办专科，培养初中师资。师范学院设系应严格遵照中等学校教学计划所需要系科，纠正过去与大学同学科设系的倾向"。

伴随着全国院系调整的大规模铺开，华南师范学院得以进一步扩充。为贯彻执行中央人民政府相关决定，广东省文教厅于1952年2月成立了广东省广州区高等学校院系调整工作委员会，华南师范学院在中央人民政府教育部和中南军政委员会教育部领导下进行筹备工作。

根据中央的调整方案，广东省广州区高等学校院系调整工作委员会在调整方案中规定：为了充实和加强华南师范学院，将南方大学（以俄语专修科学生和教师为主，包括苏联专家）、岭南大学（以教育系教师为主）、海南师范学院、南昌大学师范部地理专修科、广西大学教育系、湖南大学史地系地理专修科等调整并入华南师范学院。为了加强华南师范学院师资力量，又从广东法商学院调来曾近义、黄明慧、吴大基、潘蒔四位老师和从华南工学院调来彭海祥老师。1953年，又决定将海南师范专科学校调整并入华南师范学院，校址也由黄华路迁往石牌南方大学原址。另外根据调整方案，原中山大学附中、岭南大学附中、华南联合大学附中、与华南师范学院附中等4校合并调整为华南师范学院附属中学，原中山大学附小、华南联合大学附小、华南师范学院附小等3校，合并调整为华南师范学院附属小学，并在中山大学原有托儿所基础上设立幼儿园1所。

上述调整方案于1953年8月贯彻执行完毕（见表2）。

表2　1952年院系调整中并入华南师院各院系基本情况

	调整并入时间	调整并入学系	调整并入教工人数	调整并入学生人数
南方大学	1952年10月	文教学院俄文系	8人	24人
岭南大学	1952年11月	教育系	11人	27人
海南师范学院	1953年1月	海南师院全院	5人	52人
南昌大学	1953年9月	师范部地理专修科	2人	14人
湖南大学	1953年10月	史地系地理专修科	3人	51人
广西大学	1953年10月	教育系	1人	52人
海南师范专科学校	1953年8月	数学、语文专修科	18人	75人

注：数据来源于各学院移交的师生名册。

随着教师队伍的加强并根据建设社会主义高等师范学校的要求和适应培养中学师资以及政治工作人员的需要，华南师范学院增设了两个学系.即 1952 年增设的数学系和 1953 年增设的政治教育系，主要培养中学政治理论教室和政治工作人员，同时负责全院公共政治理论课的教学。增设两学系之后，连同以前设立的教育、中文、外文、历史、地理、生物、物理、化学和体育学系等，全院共有 11 个学系。

学系扩充的同时，组织机构也随之扩大和充实。1953 年 8 月学校，增设政治辅导处，下设组织科、宣教科和青年工作科，科设科长。原有的教务处和总务处属下的组一律改为科，科设科长，各科工作也做了适当调整。教务处原有的 4 个组调整为 3 个科：教务行政科、教学研究科和实习指导科。总务处原有的 5 个组调整为 3 个科：财务科、事务科和生活管理科。

四、结语

回望那段历史，我们可以发现，经过 1952 年前后的院系调整，为华南师范学院成立到发展壮大，奠定了相对坚实的基础，而这与当时中华人民共和国刚刚成立，国家急需培养大量师资力量有关。也就是说，华师的发展壮大本身就是伴随着国家对师范教育的迫切需求而成长起来的。及至世纪之交，学校得以顺利跻身"211 工程"建设高校，也正是因为借了师范教育的东风。待到进入 21世纪，学校相继成为教育部和广东省政府共建高校、广东省高水平建设高校以及世界一流学科建设高校，也与当年奠定的坚实基础有关。所以，师范教育是华南师范学院的根本，也是我们的初心，我们需要牢牢把握这个根本，不忘教育初心，牢记育人使命。

广东工业大学院系调整

广东工业大学　余利娜

进入 20 世纪 90 年代，随着国际国内环境的变化，我国高等教育面临一场改革，在"共建、调整、合作、合并"方针的指导下，全国大批高等学校参与了这次院系调整。广东工业大学也随着这次院系调整于 1995 年 6 月由原广东工学院、广东机械学院和华南建设学院(东院)于 1995 年 6 月合并组建而成，是一所以工为主、工理经管文法艺结合、多科性协调发展的省属重点大学。

一、广东工学院

原广东工学院的前身为 1952 年建成的广东省广州水利工程学校，1958 年，广州高等工业学校成立，同年广州工学院成立。1959 年，广州工学院和其他学校合并组建广东水利电力学院。

1961 年 9 月，广州工学院、湖北科技大学、广东科技学院合并为中南科技学院。

1962 年，广东水利电力学院和中南科学技术学院合并成立广东工学院。全院共设四个系六个专业，即机械工程系、电力系、土木系、化工系。

1970 年，根据国家发展需要，学院改名为广东矿冶学院并迁往韶关曲江县办学，设 4 个系 14 个专业，地质矿山系、冶炼加工系、矿山机电系、矿冶分析系。

1982 年，经国家批准复名广东工学院并回迁广州办学，在专业调整中冶金类专业大部分已被撤销，学校改变了过去单纯为冶金工业服务的性质，所设专业大多数是面向机电和化工等行业的通用性专业。经过几年的艰苦努力，广东工学院从过去单一的矿冶类院校转变为多科性工程院校，从过去单一的本科办学模式转变为以本科为主，实现了多层次多种形式办学。

1995 年，广东工学院共有机械工程、电气工程、化学工程、土木工程、计算机工程、材料科学工程、环境与资源工程、管理工程 8 个系，社科部、基础部、体育部 3 个部，19 个本科专业 13 个专科专业。

二、广东机械学院

原广东机械学院原为 1958 年成立的广东省机械学校。1978 年广东机械学院成立。华南建设学院（东院）原为广东省城市建设局干部培训班，1965 年广东省土木工程专科学校成立，1991 年华南建设学院（东院）成立。

1978 年，广东机械学院创办时，只有机械制造工艺与设备、铸造两个专业，设专业教研室和基础教研室。

1982 年，学校设立机械制造系、管理系（于 1983 年改为机械工程系、管理工程系）、基础课部，增加自动化、企业管理、热处理 3 个专业。

1985 年，学校设自动化及计算机系，增设机械设计、计算机等专业。

1988 年，学校设立材料工程系（1989 年改为材料科学与制冷工程系），增设模具设计、会计等专业。

1993 年，学校进行了较大的专业改造与调整，由原来的 4 系 1 部增加为 8 系 1 部，它们是：机械工程系、机械电子工程系、材料科学与制冷工程系、工业自动化系、计算机系、外经贸与管理系、会计系、外语系和基础课部，共 17 个本专科专业。

1995 年合并前，广东机械学院共有 8 系一部，18 个专业（包括 13 个本科专业和 11 个专科专业）。以机、电为主，兼有经济、管理、外语。

三、华南建设学院（东院）

华南建设学院（东院）前身系广东省城市建设局干部训练班。1956 年，经省政府批准筹办专科学校，先办训练班，定名为"广东省城市建设局干部训练班"。培训班设有建筑施工、财会统计、制度等专业，设有大专班（三年）和中专班（两年）。

1957 年，训练班正式定名为"广东省土木建筑工程学校"，设建筑施工、建筑设计、建筑结构 3 个专业，学制 3 年。

1958 年，经省委同意，高教局批准，学校改名为"广东省建筑工程专科学校"，设有工业与民用建筑、建筑学、建筑机械、给排水、硅盐酸 5 个专业。

20 世纪 60 年代初，国家发生暂时经济困难，学校被迫于 1963 年下半年停办，1965 年恢复办学，校名定为"广东省土木工程专科学校"，实行半工半读，设有建筑设计、工业与民用建筑两个专业。

1966 年，"文化大革命"使教学基本陷于停顿；1968 年底，学校再次停办，全部教职工下放干校。

1973 年，广东省建筑工程专科学校再次恢复，开始办为中专，设有建筑设计、建筑机械、工业与民用建筑施工 3 个专业，学制两年半。

1976 年，建筑工程与民建专业合并为一个专业，建筑机械专业不变。1978 年开始在全国统考中录取中专生。1979 年开办大专班，学制 3 年。

1985 年，学校恢复大专（副厅级建制），学制 3 年，设置工业与民用建筑、建筑学、建筑机械、建筑工程管理、建筑经济管理等五个专业（建筑工程管理、建筑经济管理两专业未开办）。

1991 年 10 月，学校改名为华南建设东院，设有建筑系、建筑工程系、建筑设备工程系。1992 年开始本科招生。

1993 年，为加强马克思主义理论课和思想政治课的教育，学校将马列（德育）教研室更改为社会科学部。

1995 年合并前，华南建设东院共有 3 系一部，分别是建筑工程系、建筑系、建筑设备工程系、社科部（基础部），6 个专业（包括 3 个本科专业和 3 个专科专业）。

四、三校合并，组建广东工业大学，学校实现发展史上的第一个跨越

20 世纪末，广东省高校办学规模偏小，办学效益不高，并且存在层次结构、种类结构不合理的问题；专业机构布点多而分散，专业设置重复，导致了

教育资源的浪费。为实现教育强省的目标，广东省政府认识到必须加大体制改革的力度，对高校进行统筹规划，合理布局，优化结构，以提高质量和办学效益。根据优势互补、优化组合的原则，广东省把一些单科性、规模小、专业设置过多重复、独立办学难度较大的学校，进行实质性的调整合并，组建若干所规模大、条件好，具有广东特色，代表广东水平的省属大学。在此背景下，广东工学院、广东机械学院、华南建设学院合并组建为广东工业大学。新组建的广东工业大学站在新的历史起点，开启了夯基垒台谋发展的新征程。学校在党的建设、教学科研、学科建设、人才培养等方面取得了长足的进步，实现了学校发展史上的第一个跨越。

1996年4月，三校合并后，学校设有17个系，2个学院，33个本科专业，13个独立设置的专科专业，院系名称：机械电子工程系、机械工程系、建筑学系、土木工程系、建筑设备系、外经贸与管理工程系、工商管理系、会计系、电气工程及自动系、电子与信息工程系、计算机科学与工程系、材料科学与工程系、化学工程系、环境与资源工程系、外语系、社会科学系、数理系、番禺学院、成人教育学院。

1999年7月，学校共有5个校区：东风路校区、五山校区、龙洞校区、番禺校区、沙河校区，共设11个学院、4个系、3个部。东风路校区设有5个学院1个系，包括机电工程学院、电气工程及自动化学院、计算机学院、轻工化工学院、经济管理学院、环境工程系；五山校区设3个学院1个系，包括建设学院、材料与能源学院、信息工程学院、外语系；龙洞校区设2个系3个部，包括应用数学系、应用物理系、公共外语部、社会科学部、体育部；番禺校区设2个学院：祈福学院、高等职业技术学院，祈福学院包括工商管理、会计学、建筑工程专科3个专业，高等职业技术学院包括机械制造专科、应用电子技术专科、计算机应用与维护专科3个专业；沙河校区设1个学院：成人教育学院。

2000年4月，电气工程及自动化学院改称自动化学院，公共外语部改称大学外语部。

五、大学城校区成立，院系重新调整，学校发展史上的第二个跨越

2003年10月，教学机构调整，原工程与计算机图学教研室并入机电工程学院，原计算中心（教学部分）并入计算机学院，外国语学院由原外语系和外语部合并组建，应用数学学院由原应用数学系组建，应用物理学院由原应用物理系组建，共有15个学院2个部，分别是机电工程学院、自动化学院、轻工化工学院、信息工程学院、建设学院、经济管理学院、计算机学院、材料与能源学院、环境科学与工程学院、外国语学院、应用数学学院、应用物理学院、番禺学

院、继续教育学院(与开放教育学院、专业技术培训学院合署)、华立学院、社会科学部、体育部。

2003年10月18日,广东工业大学大学城校园奠基典礼举行。学校利用进驻广州大学城的契机,对部分教学机构进行了调整,调整了专业学科机构,同时整合优化了资源,提高了效率、促进了发展,为学校持续、快速、高质量的长远发展打下了坚持的基础,实现了学校发展实现第二次历史性跨越。

2004年3月,番禺学院更名为广东工业大学商学院。

2004年3月广东工业大学艺术设计学院成立,2004年6月广东工业大学文法学院成立。

2004年9月,轻工化工学院、环境科学与工程学院、应用数学学院首批进驻大学城校园。2005年,机电工程学院、自动化学院、信息工程学院、建设学院、计算机学院、材料与能源学院、应用物理学院等7个理工类学院整体搬迁大学城校园。新成立的文法学院和艺术设计学院设在东风路校区,外国语学院、经济管理学院设在龙洞。

2005年1月,应用物理学院更名为物理与光电工程学院。

2009年4月,建设学院分立成为建筑与城市规划学院和土木与交通工程学院。

2011年1月,文法学院更名为政法学院。

2014年11月,国际教育学院成立,与商学院合署办公。国际教育学院主要承担学校国际合作教育项目,是以国际化的方式培养人才的教学机构。

2014年广东工业大学整体升为一本高校。

在这个阶段,学校秉承"与广东崛起共成长、为广东发展做贡献"的办学理念,办学条件得到根本改善,办学实力显著增强,顺利完成"教学研究型"高校转变的战略目标,实现了办学上层次的历史性变化。

六、高水平大学建设时期

2015年4月,为适应新形势下学校思想政治教育发展需要,政法学院的思想政治理论课教学部更名为马克思主义学院,组织架构不变。

2015年6月30日,广东工业大学经广东省政府批准,整体进入广东省高水平大学重点建设高校。学校把握高水平大学建设的契机,凝练学科特色和方向,整合优化学科资源,夯实学科发展基础,形成了以机械工程、控制科学与工程、材料科学与工程、化学工程与技术、管理科学与工程等省级重点学科为主的五大学科群,牵引带动其他学科发展,实现学科整体水平的快速提升。学校在国内大型综合实力排行榜的排名持续提升,多项重要办学指标进入国内高校百强榜单。

2017年11月，学校将原政法学院、马克思主义学院更名为政法学院，将马克思主义学院独立设置为学校二级机构。

2018年10月，根据学校学科发展建设需要，生物医药学院被定为教学机构成立。轻工化工学院的制药工程、生物工程两个专业和生物医药研究院整建制并入生物医药学院。

截至2018年，学校共有机电工程学院、自动化学院、轻工化工学院、信息工程学院、土木与交通工程学院、管理学院、计算机学院、材料与能源学院、环境科学与工程学院、外国语学院、应用数学学院、物理与光电工程学院、艺术与设计学院、政法学院、马克思主义学院、建筑与城市规划学院、经济与贸易学院、国际教育学院、生物医药学院共19个教学单位。

乘着广东改革开放的春风，广东工业大学快速崛起，实现了三校合并，实现了办学上规模、进驻大学城办学上层次、入选广东省高水平大学重点建设高校办学上水平的三次历史性跨越。特别是党的十八大以来，广工大进入前所未有的重大机遇期，主要办学指标不断取得新突破，整体办学实力不断迈上新台阶。当前，面对建设高水平大学的重任，学校立足新的历史起点，将采取三步走战略来实现发展愿景，力争到2030年，学校综合实力显著增强，若干学科进入世界主流大学排行榜前列，建成"特色鲜明、国内一流、世界知名"的高水平大学。

博学笃行九十一载：广州大学简史

广州大学　吴小强

"云山苍苍，珠海泱泱，广大学府开堂皇，英才乐育道大光，明德新民止至善，博学笃行示周行，扬国光兮耀世界，学术迈进兮民族其永昌。"这是民国时期广州大学的校歌歌词。在"博学笃行"校训精神感召下，广州大学已经走过了91个春秋。

一、筚路蓝缕，化溥岭南：私立广州大学（1927—1951）

1927年3月3日，广东台山籍爱国教育家、经济学家陈炳权先生联合金曾澄、王志远等社会名流，创办了私立广州大学，定校训为"博学笃行"。1938—1945年广州沦陷期间，广大七度迁徙，先后迁往开平、中山、香港、韶关、罗定、连平、兴宁等地，在极度困难的条件下坚持办学。在抗日战争最困难的1941年，师生踊跃报国，屡屡突破额度，捐献建国储金50余万元，教育部以广大捐献爱国储金成绩特优,为全国大学之冠,4 次电令嘉奖。1943 年,学校仅凭一己之力捐献了"广州大学号"战斗机 1 架。蒋介石先生特为广州大学题词:"化溥岭南"。1949 年,经国民政府批准,广州大学开始招收经济学硕士研究生。1951 年 6 月,私立广州大学本部与岭南大学、国民大学、文化大学等并入华南联合大学,一年后该校被撤销。广州大学是民国时期私立高校中的佼佼者,毕业生有 1 万余人,培养出了黄振华、陈天枢、方创杰、陈残云、麦英豪、黄安仁、张慈昌等大批优秀人才。

二、五子之歌,亦学亦师:广州教育学院、广州师范学院、广州大学、广州高等师范专科学校、华南建设学院(西院)(1953—2000)

1953 年 9 月,广州市教师业余进修学院成立。1958 年被更名为广州市教师进修学院。1968 年在"文革"中,被更名为广州市人民教育学院,改为培训班。1978 年,广州市教师进修学院名称恢复。1983 年 4 月,学校定名为广州教育学院,为师范性质的成人高校,承担在职中学教师及行政人员继续教育任务。2000 年,被并入广州大学。

1958 年 8 月,广州师范学院成立,设中国语文、数学、物理、化学、生物等 5 个本科专业。同年 9 月,《广州师院学报》创刊。1961 年 8 月,该校并入广东师范学院。1964 年 9 月,广东师院停办。1978 年 12 月,广州师范学院复办,设政治、中文、数学、物理、化学、生物、地理、历史、体育、教育、外语等师范本科专业。1983 年,学校设立社会心理学硕士点,次年招收首批硕士研究生 5名。1990 年,学校引进中国科学院院士张景中、蒲富恪、裴定一、张人杰等一批优秀人才,学科建设和人才培养加速进展。2000 年,广州师范学院并入广州大学。

1983 年 4 月,广州大学复办。名为广州职业大学。1984 年 4 月 13 日恢复广州大学旧名,由时任广州市市长叶选平兼校长。1992 年,香港裕达隆有限公司张松先生、黄彩霞女士向广大捐款 3800 万港元,建成裕达隆大厦,作为办公、教学综合楼。1993 年 1 月,广州市教委发文,同意广大与原私立广州大学关系衔接。1996 年 11 月 2 日,"广州大学与原私立广州大学衔接大会"在广州大学隆重举行。2000 年,旧广州大学与新广州大学合并。

1985 年 6 月,广州高等师范专科学校成立,与广州教育学院实行"一套人马、两块牌子",培养与培训一体化办学。同年 9 月,广州市政府将龙洞宾馆移交学校使用。1994 年,广州大学开始招收中文、数学、英语等本科专业。2000年,并入广州大学。

1991 年 6 月,华南建设学院(西院)成立,隶属于广州市建设委员会。在广州市副市长兼院长戴治国和市建委的推介下，1994年，与澳门明航地产投资公司合作，利用外资，从美国进口具有世界先进水平的"地震模拟振动台"（价值230万美元），建立了工程抗震研究中心，以周福霖教授为学术带头人的科研团队所获的成果"中国汕头多层房屋隔震技术"，获得建设部1996年科技进步一等奖，被国务院经济发展研究中心评为"中华之最"（1949—1993）。2000年，学校并入广州大学。

三、生生日新，融合跨越：新世纪的广州大学（2000—2016）

2000年4月24日，教育部发文，同意广州师范学院、广州大学、广州高等师范专科学校、广州教育学院、华南建设学院（西院）等广州市属高校及教育资源，合并组建新的广州大学。同年7月11日，新广州大学组建成立大会在广园校区隆重举行。新广州大学党委书记陈万鹏，校长林维明。新广大继承私立广州大学以降之优秀传统与文化，取原广州大学和广州师范学院之校训，定新校训为"博学笃行、与时俱进"。2006年，又定校风为"生生日新、德业并举"，学风为"专通相融、崇实崇真"。2003—2005年，广州市政府投资20.6亿元，建成广大大学城校区，后复投入2亿元，用于教学科研设备建设。2004年9月，广州大学首批进驻大学城校区，次年整体搬迁大学城。学校将广园、起义路、麓湖、龙洞等4个校区归还市政府，保留桂花岗校区。2004年1月，周福霖教授当选为中国工程院院士。2006年1月，经国务院学位委员会第22次会议通过，广州大学被批准增列为博士学位授予单位，应用数学、防灾减震及防护工程被列为二级学科博士点。同年12月，广州大学接受教育部本科教学工作水平评估，荣获"优秀"结论。2011年3月，数学、土木工程获增列为博士学位授权一级学科。同年9月，统计学获批为全国首批统计学一级学科博士点。

四、不忘初心，与时俱进：建设高水平大学时期的广州大学（2015至今）

2015年，广州大学开始高水平大学建设。2016年，屈哨兵、魏明海分别就任广州大学党委书记、校长。在中共广东省委和广州市委、市政府的支持下，广州大学全面推进高水平大学建设，引进方滨兴院士等一大批高层次人才。2018年3月，教育学、天文学、网络空间安全、工商管理获批增列为一级学科博士学位授权点，教育专业博士被批准为一级学科博士点。呼应时代与历史诉求，贴近国家与区域所需，学校办学水平逐步跻身广东地方高校"第一方阵"，正朝着学科特色鲜明、具有国际影响力的高水平大学目标飞速前进。

郑州大学历史上的院系调整

郑州大学　张晓培

一、原河南医科大学

河南医科大学的历史可追溯到河南中山大学医科。1927 年 6 月，河南省政府在开封成立，冯玉祥任河南省主席，开始筹设"国立开封中山大学"。7 月，中山大学医科改为"省立中山大学"，设有文、理、农、法四科。1928 年 9 月，河南省立中山大学增设医科，开启了河南现代高等医学教育先河。1929 年 8 月，中山大学医科改为医学院，这是由政府创办的高起点、高规格的河南省第一所高等医学院校。1930 年 9 月，河南省立中山大学改为省立河南大学，下设文、理、法、农、医学院。抗日战争爆发后，学校辗转流离，继续办学。1940 年，因教学成绩优异，河南大学医学院被国民政府教育部评为全国医学院第三名。1942 年 3 月，国民政府行政院第 554 次会议决定，省立河南大学改为国立河南大学，医学院遂改为国立河南大学医学院。1945 年 8 月，抗日战争取得伟大胜利，10 月，河南大学医学院重返开封，开始恢复和重建工作。1948 年 7 月，医学院部分师生随河南大学迁往苏州。1948 年 8 月，中原大学成立，以中国人民解放军第四纵队卫生学校为基础，接收河南大学医学院留汴人员组织成立的中原大学医学院在开封招生。1949 年 4 月，河南军区卫生学校和 58 军卫生学校部分人员并入中原大学医学院。1949 年 5 月，中原大学医学院部分学生随军南下，后入川在重庆组建第三军医大学。1949 年 6 月，河南省军区卫生学校并入中原大学医学院。河南省人民政府接收中原大学医学院、师训一班和河南行政学院的 900 余名师生作为新河南大学的组成部分。河南省政府派人赴苏州，联系河南大学返回开封事宜。1949 年 7 月，河南大学医学院师生（教职工 27 人，学生 144 人）由苏州返回开封。8 月，河南省政府决定，中原大学医学院由军区移交给河南大学，并入为河南大学医学院。1952 年 7 月，河南大学下达关于各院独立的决议，中南教育部指示河南大学医学院独立改为河南医学院。10 月，河南医学院独立建院，归中央卫生部及中南卫生部领导，委托河南省卫生厅代管，经费由中南卫生部拨发。12 月，学院制定《拟迁郑州基本建设轮廓计划草案》。1958 年 8 月，河南医学院基础部部分迁郑。10 月，临床部、附院人员及设备、高年级学生迁至郑州新校舍。1959 年 7 月，留汴教研组及师生全部迁郑。1984 年 12 月，河南省政府发文，批准学校更名为河南医科大学，其学校性质、规模、培养目标、归属和领导体制均维持原状不变。

二、原郑州大学

郑州大学建于 1956 年，是中华人民共和国成立后国家创办的第一所综合性大学，建校伊始便肩负起推进中原教育和社会发展的重任。1955 年初，高等教育部报请国务院批准，拟将山东大学由山东青岛迁往河南郑州，改称"河南大学"，并在郑州设立了建校办事处。7 月，高等教育部决定山东大学暂时停迁，拟在郑州新建河南大学，并成立建校筹备处。1956 年 2 月，中央高等教育规划座谈会正式确定，拟建的河南大学校名改为"郑州大学"，并从全国抽调大批优秀教职工支持学校建设，学校初设数学、物理、化学三个系。1959 年 2 月，根据中央指示，省委决定把郑州大学扩建为以理、工为重点的综合性大学（包括文科），增设机械制造、土木建筑、电机、水利四个系，学制五年。1960 年 9 月，郑州大学增设外语系。1961 年底，郑州师院并入郑州大学。1963 年 5 月，学校工科调出并成立郑州工学院，划归农机部（后改归化工部）领导。"文革"结束后，学校各项工作逐渐得以恢复，工作重点开始转移到教学、科研上来。1991 年 7 月，黄河大学（中美合办、成立于 1985 年 5 月）并入郑州大学，重点加强郑州大学工科建设。1992 年，河南体育专科学校并入。至 2000 年合校前，郑州大学已基本发展成为文、理、工、财经、政法等学科门类齐全的综合性大学。

三、原郑州工业大学

经历数年的准备，1963 年 4 月，化工部与河南省政府商定，将郑州大学 5 个工科系：机械工程系、电机工程系、土建系、水利工程系与化工系划出，成立郑州工学院，归化学工业部管理。1973 年 6 月，省委决定，将郑州粮食学院改为粮油工程系并入郑州工学院。1978 年 3 月，郑州粮食学院被恢复。1988 年起，学校改由以河南省管理为主。1996 年 4 月，更名为郑州工业大学。

四、郑州大学

2000 年 7 月，原郑州大学、郑州工业大学和河南医科大学三校合并组建新郑州大学。郑州大学的发展翻开了新的篇章，经过十余年的努力，郑州大学在人才培养、科学研究、社会服务、文化传承创新、国际交流合作等方面取得了令人瞩目的成就，成为中国大学中发展最快的高校之一。郑州大学是国家"211工程"重点建设高校、一流大学建设高校和"部省合建"高校。站在新的历史起点上，学校确立了综合性研究型的办学定位，提出了一流大学建设"三步走"发展战略，力争到 21 世纪中叶将学校建成世界一流综合性研究型大学。

河南财经政法大学的历史变迁

河南财经政法大学　徐朝钦

流年似水，岁月当歌。从成立至今，河南财经政法大学筚路蓝缕，薪火相传，从"双花并蒂"到"两河汇流"，如今已经走过 70 年的风雨历程。

一、"双花并蒂"——中华人民共和国成立前夕两校创立及 20 世纪 50 年代初的调整

1948 年，中国人民解放战争进入全面进攻阶段。5 月，中共中央中原局、中原军区移驻宝丰，统一指挥中原、华东两大野战军作战。经过宛西、宛东、开封、睢杞和襄樊等战役之后国民党军队大量有生力量被消灭了，除少数重点城市为国民党占领外，中原各解放区已连城一片。

1948 年 10 月 22 日，郑州解放，社会趋于安定，各业百废俱兴。在此形势下，郑县县立简易乡村师范学校改建为郑州市立初级师范学校，校址在郑州东大街孔庙。1949 年 9 月，郑州市立初级师范学校与郑州市立临时师范学校合并为河南省立郑州师范学校。次年与郑州市立临时师范学校合并成立为河南省立郑州师范学校；1953 年 3 月，根据河南省人民政府教育厅《关于统一校名与确定领导关系的指示》，河南省立郑州师范学校更名为河南省郑州师范学校。1978 年 12 月经教育部批准，郑州师范学校升格为郑州师范专科学校。1982 年，河南省人民政府决定在郑州师范专科学校的基础上成立河南财经学院。1983 年，学校开始正式招生。

1948 年夏天，随着中原解放区的迅速扩大，接收和建设中原解放区的任务迫在眉睫，解放区干部的短缺问题已成为一个突出问题。于是，中共中央中原局责成豫西行政公署创办豫西行政干部学校。豫西行政公署抽调曲乃生、戴汤文、高维英、张汉桢 4 人到宝丰筹备建立豫西行政干部学校。在中共宝丰县委、县政府协助下，学校将校址选定在宝丰城南 5 华里的杨老庄。村中杨姓大地主逃跑后留下了 100 余间房舍，经简单修补，一所规模可观的校舍诞生了。

1949 年 5 月，豫西行政干部学校迁至开封，遂进驻河南大学校园，更名为河南行政学院，王晓舟被任命为院长。不久，河南行政学院便并入河南大学，称河南大学行政学院，王晓舟仍为院长。

1949 年 12 月，王晓舟调任开封市副市长。1950 年 2 月 6 日，河南省人民政府通知河南大学：查河南大学行政学院院长尚缺，为便于有计划地培养训练干部，决定该校行政学院划（直属本府）民政厅领导，并任命民政厅厅长欧阳景

荣兼任河南大学行政学院院长。据此可知，行政学院虽然被河南大学冠名，但隶属关系归省政府和民政厅，其干部培训性质未变，在河南大学处于相对独立地位。

1951年，根据当时形势发展需要，河南省拟将河南大学改建为师范类高校。因此河南大学行政学院、医学院、农学院及水利、财经等院系需要分设出去。

据河南大学档案馆现存的档案记载，由校长嵇文甫、副校长张柏园于1951年11月13日给中南教育部的《关于农学院、医学院等独立后有关问题的请示》称：从下学期开始……行政学院亦独立出去，改成河南省直属干部学校，为省的轮训干部机关；行政学院改成河南省直属干部学校后，经费由河南省负担，其轮训或招训的毕业学员亦由省统一分配。另据1951年12月12日《关于河南大学行政学院与财经系分立问题的协商记录》记载：行政学院与财经系从1952年元月开始分立出去，分别受河南省人事厅、财委会领导；行政学院名义撤销，改为河南省立行政干部学校；由河大拨给行政学院、财经训练班原用的房舍十五排计225间（可容800人），教室38间……仍由河大供给，俟有新房舍后再行移出。

1952年2月，行政学院从河南大学分离出去，改建为河南省人民政府干部学校。

随着河南省省会西迁郑州和河南省人民政府改称河南省人民委员会，河南省人民政府干部学校于1955年迁至郑州并更名为河南省人民委员会干部学校，1956年，改建为河南省政法干部学校。此后，先后更名为河南省政法干部学院、河南省政法管理干部学院。

二、"两河汇流"——21世纪初的合并组建历程

进入21世纪，以扩招、合并、建设新校区为标志，我国高等教育进入了快速发展新时期。在此大背景下，河南财经学院和河南省政法管理干部学院便商议合并组建河南财经政法大学。

早在2001年5月16日，两校向省教育厅呈报了《河南财经学院与河南省政法管理干部学院合并组建河南财经政法大学的请示》（以下简称《请示》）。《请示》指出：合并组建河南财经政法大学，符合国家高等教育管理体制改革的基本精神；有利于高素质、复合型人才的培养；有利于专业互补、资源共享，提高办学效益；有利于扩大招生规模和办学层次的提高。

经过3年的酝酿、论证和准备，2004年7月和9月，两校又两次联合行文向省教育厅上报《关于将两院合并组建河南财经政法大学的请示》。

2007 年 10 月，河南省教育厅核定了两校在校生发展规模之和。同月，河南省发改委批复学校新校区建设工程项目建议书，同意两校统一规划建设新校区，并批准两校新校区建设用地指标。同年 11 月，两校共同在郑东新区征地用于新校区建设。

2005 年 1 月，两校联合成立新校区建设指挥部共同规划建设新校区。同年 3 月，新校区总体规划方案确定，5 月河南省发改委批准了学校新校区整体规划。

2006 年 1 月，新校区开始回填土方，9 月因政策原因新校区建设工程被迫停工。

经过近 3 年的等待，2009 年 4 月新校区建设工程开始试桩，8 月 26 日，正式开工；2010 年 7 月 15 日一期工程顺利落成。

2009 年 6 月、12 月，河南省教育厅专家组和教育部专家组分别到学校就合并组建河南财经政法大学事宜进行实地考察。

2010 年 3 月 18 日，教育部致函河南省人民政府（教发函〔2010〕48 号），"同意在河南财经学院与河南省政法管理干部学院合并基础上建立河南财经政法大学，学校代码为 10484。同时撤销河南财经学院和河南省政法管理干部学院的建制"。

2010 年 10 月 4 日，中共河南省委正式宣布河南财经政法大学首届领导班子。11 月 21 日，河南财经政法大学揭牌庆典在河南省人民会堂隆重举行。

合并组建河南财经政法大学以来，学校实施"人才强校、质量立校、学术兴校、特色名校、制度治校、文化厚校"发展战略，全校上下同心同德，凝心聚力，实现了深度融合，快速发展。学校新校区基本建成，省级文明单位创建成功，教育部本科教学工作审核评估顺利通过，师资队伍快速壮大，学科建设取得突破，科学研究跨越发展，合作空间逐年扩大，教育质量稳步提升，社会声誉日益提高，各项工作都取得了长足发展。

学校的"十三五"规划提出：到 2020 年，全日制在校生规模稳定在 35000 人左右，其中研究生 2000 人左右，留学生 800 人左右。建设一批国家一流学科、河南省优势特色学科。本科专业数量稳定在 70 个左右。专任教师达到 2200 人，具有高级职称教师达到 1000 人，博士学位教师比例达到 50% 以上。学校立足河南，面向全国，辐射"一带一路"，建成国内有地位国际有影响特色鲜明的高水平大学。

河南师范大学校史上的两次院系调整

河南师范大学　赵启才

河南师范大学校史上经历了两次较大规模的院系调整，一次发生在 20 世纪 20 年代，另一次发生在 20 世纪 50 年代，每次调整都对学校的发展产生了不可磨灭的重大影响。

一、中州大学理科与河南中山大学理科时期的调整

1. 中州大学理科发端

20 世纪初，现代新型高等教育在京沪等地获得了一定发展。面对当时的教育和现实需要，河南教育界人士强烈呼吁在河南创办大学，以培养高级专门人才。1922 年 11 月，在河南省议会和河南督军冯玉祥将军的全力支持下，原河南留学欧美预备学校校长张鸿烈先生正式受命筹办河南中州大学。

1923 年 3 月 3 日，中州大学举行开学典礼。中州大学以河南留学欧美预备学校为基础，初设预科，后设立文、理科。其中，理科下设数理系、化学系、生物学系和地质系，首任理科主任为曹理卿先生。从此，河南师范大学前身之一——中州大学开始了艰苦曲折的发展历程。

中州大学创建于战乱年代，学校经费紧张，办学条件艰苦，招生较少。1927 年 5 月，奉系军阀控制的开封警备司令部因在中州大学搜出宣传北伐的小册子和传单，逮捕了理科主任、代理校长曹理卿等 10 余人，学校宣布暂时停办。

2. 河南中山大学理科时期的学校合并

1927 年 6 月，河南省政府在开封成立，冯玉祥任主席。7 月，在冯玉祥将军的支持下，由国民党中央政治委员会开封分会提议，经多次磋商，河南中州大学与河南公立法政专门学校、河南省立农业专门学校合并成立"国立开封中山大学"（又名"国立第五中山大学"）。其后，河南政局混乱，人事更迭频繁，"国立开封中山大学"旋即改为"省立中山大学"。

1927 年 11 月 28 日，"河南省立中山大学"正式开课，学校进入河南省立中山大学理科时期。

河南省立中山大学时期，理科下设数理学系、化学系、生物学系，赵新吾先生任理科主任。

二、平原师范学院与河南大学的调整

1. 平原师范学院建校缘起

1949 年 8 月 1 日，华北人民政府通令成立平原省。8 月 20 日，平原省正式成立，省府设在新乡市。建省之初，百业待兴，人才奇缺。1950 年 10 月，平原省人民政府第八次会议决议，建立一所大学，校名暂定为"平原大学"。同年 11 月，复经中央教育部核定，指示平原省之新建大学于 1951 年暑假开学。1951 年 6 月，教育部核准筹建的"平原大学"正式确定为"平原师范学院"，这是河南师范大学的另一个前身。

2. 平原师范学院与河南大学合并与分立

1953 年 8 月 6 日，中南行政委员会教育局：奉中央教育部电示，政务院文教委员会已决定河南大学与平原师范学院合并。河南大学改名为河南师范学院，平原师范学院改为河南师范学院第二院。合并之后平原师范学院仍留原址，关于系科设置原则上不做大的变动，只是就必要的系科进行调整。通知并指派"嵇文甫为并校委员会主任委员，张伯园、赵纪彬两位同志为副主任委员，负责筹备并成立并校委员会，制定方案，开展并校工作"。于是，河南大学和平原师范学院分别成立了并校机构，开展并校工作，并在中央教育部和中南局、省教育领导部门的领导下，于并校同时进行了系科调整。

经过一个多月的准备，平原师范学院中文系三年级 13 人，化学系三年级 15 人，调入河南师范学院，随同班学习，分别于 9 月 7 日和 12 日赴开封报到；历史系三年级 9 人，调入华中师范学院，随同班学习，9 月 20 日前往报到；生物系二年级 20 人，调入湖南师范学院随同班学习；生物系专科班 39 人，调入江西师范学院，系、科学生均于 9 月 20 日离校并前往江西报到。合并后，平原师范学院正式改称为"河南师范学院第二院"，嵇文甫为河南师范学院代院长，主持一院工作，赵纪彬为代副院长，主持二院工作。

3. 河南师范学院两院分设和新乡师范学院命名

1955 年，并校不到两年，两院又经历了一次大的院系调整，并且都更换了新的校名。这次调整的主要内容是一、二院由合到分，两院分设，各自独立办学。一院改为河南第一师范学院，二院改为河南第二师范学院，而且文理分工，第一院办文科，第二院办理科。

两院分设之说，在 1954 年即已提出，并获得上级领导的一致同意，中央教育部 1954 年 8 月以〔1954〕高师陈字第 198 号函示："前接五月十七日〔1954〕府教师字第七号关于河南师院及第二院分别改为两个独立师范学院的报告，经转中央文委请示，兹奉中央文委七月二十七日〔1954〕文教办钱字第三九一号函示同意，特函查照。"这说明两校分设、独立办学在 1954 年 7 月已被中央文教委员会核准。1955 年 6 月，河南省文教厅党分组给中共河南省委的报告中说：目前两院系科重叠，规模不大，教学设备、基本建设方面常有顾此失彼现象，教师力量不能充分发挥。根据苏联经验，院校专业应合理分工，系科要少，规模要大，以便集中教师力量，充实教学设备，整体规划基本建设，有效地推行教学工作日工作量制度，发挥学校现有潜力，提高教学质量，完成师资培养任务。为此，极应结合河南省实际需要，对两院系科进行调整。报告中还提道：两院独立分设后，拟将开封(的)师范学院改为"河南第一师范学院"，新乡(的)师范学院改名为"河南第二师范学院"。

根据中央和河南省的指示，新乡的二院和开封的一院于 1955 年 7、8 月份开始大规模的系科调整工作。河南第二师范学院于 1955 年 8 月成立了系科调整委员会，并即日开始工作。根据上级领导关于两院文理分设的原则及决定，开封办文科，新乡办理科，河南第二师范学院将设置数学、物理、化学、生物 4个系，原有的中国语文系、历史系、地理专修科，计教职员 55 人，学生 484 人将调往分设后的河南第一师范学院，而一院的数学、物理两系计教职员 43 人，学生 385 人调来新乡。按上级规定，所调各系的图书资料及仪器设备，均随系转移。按当时两院调整计划，1955 年 10 月 7 日第二师范学院调出的系、组负责人到开封第一师院报到。10 月 10 日、11 日两院调整的教职员相互转移，13日两院学生相互转移，17 日双方学生到对方系科班级正式上课。当时，由于化学实验楼尚未竣工投入使用，若第一院的化学系转移过来，条件尚不具备，便决定推迟一年转移。一场紧张的、较大规模的调整告一段落，从此第二师范学院便成了单纯的理科师范院校。

校名改为河南第二师范学院后，延续时间不长，而且人们往往在"第二师院"和"师院第二院"的名字概念上混乱不清，不少人认为名字和没改差不多。1956 年 11 月 1 日，教育部又指示，河南第一师范学院改为开封师范学院，第二师范学院改为新乡师范学院。这次改变的校名，沿用长达 30 年之久。在全国教育界，特别是在高等院校中，新乡师范学院的名字并不陌生，因为理科 4 个系的办学成绩卓著。新乡师范学院在河南师范大学的历史上是值得纪念和回顾的，是常可以激励我们后来人的里程碑。

1985 年 6 月 1 日，河南省人民政府下发了(豫政〔1985〕97 号)《关于新乡师范学院改名为河南师范大学的通知》指出："省人民政府同意原新乡师范学院改名为河南师范大学。学校改名后其性质、领导体制、规模、培养目标均维持不变"。

从此，学校的发展历史揭开了崭新的一页。

武汉大学历史上的三次大调整

武汉大学　秦然

作为一所老牌大学，武汉大学在发展的过程中经历了多次调整，但比较大的有三次。第一次是20世纪20年代的合并，第二次是20世纪50年代的院校调整，第三次是21世纪初的大合并。

一、第一次调整

广东国民政府组织的国民革命军于1926年到达湖北，并占领了武汉。为适应武汉革命中心的需要，国民政府决定在武昌组建一所新的大学——国立武昌中山大学。国立武昌中山大学也称国立第二中山大学。为了纪念孙中山先生，国民政府决定将国立中山大学改为第一中山大学，国立武昌中山大学改为第二中山大学，国立浙江大学改为第三中山大学，国立中央大学改为第四中山大学，截至当时，除以上四所之外，河南、江西、上海、安徽、宁夏、陕西都有一所中山大学。后因第一至四中山大学引起了办学地点上的歧义，1928年2月大学院决定除广州第一中山大学保留校名外，另三所又改为以地方命名校名。

1926年12月28日，武汉国民政府决定将国立武昌大学、国立商科大学、省立医科大学、省立法科大学、省立文科大学以及私立文华大学等合并，建立武昌中山大学(后来并入的还有中华大学、北京中俄大学、上海大学)，同时成立国立武昌中山大学筹备委员会，以邓演达、董必武、戴季陶、郭沫若、徐谦、顾孟余、章伯钧、李汉俊、周佛海等9人为筹备委员会委员。

国立武昌大学是在国立武昌师范大学的基础上创办的，而武昌师大又是在1913年7月创办武昌高师的基础上发展起来的。1923年国立武昌大学改为国立武昌师范大学，1924年又改回国立武昌大学。国立武昌商科大学，起源于国立武昌商专，为辛亥革命党人王铁公、汤济武、汪济舟等人，于1916年在武昌三道街存古学堂旧址基础上创办，1924年改名为国立武昌商科大学，时有学生241人，教职员46人。湖北省立医科大学原是张之洞于1906年在武昌县华林创办的湖北陆军军医学堂，学制6年，招生60人。1913年改名为省立医学专门学校，后停办。1923年，留学德国归来的医学博士陈雨苍续办该校。1924年秋，私立医学专门学校并入，同年秋改名为省立医科大学。湖北省立法科大学原是1909年在武昌抚院街成立的官办湖北法政学堂。民国建立后，湖北法政学堂恢复，改名为湖北省公立法政专门学校。1924年改名为省立法科大学，张知本任校长。湖北省立文科大学原是著名的外交家郭泰祺于1912年在武昌保甲局的高等小学堂旧地址开办的英文馆，1914 年改名为湖北省立外语专门学校，1922 年迁至武昌南湖，1924 年改名为省立文科大学。私立中华大学原是 1912 年 5 月成立的中华学校，1913 年改名为中华大学，校长陈时。

1926 年 12 月底到 1927 年 2 月中旬，武昌中山大学进行了紧张的筹备工作。1927 年 2 月 16 日，大学正式颁布了学校组织大纲。大纲规定：本大学以研究高深学术，养成革命人才为宗旨，大学之中的一切组织悉依民生集中制的原则行事。学校设大学委员会、教务处、行政处、监察处以及各种常设委员会。学校设 1 院、6 科、17 系。1927 年 12 月，大革命的失败，学校停办。1928 年，南京国民政府改组武昌中山大学，组建国立武汉大学。

二、第二次调整

中华人民共和国成立后，随着国民经济的逐步恢复和发展，大规模经济建设急需各类专门人才，国家对原有高校院系进行了调整。1952 年，中国教育部规定院系调整的总方针是：以培养工业建设干部和师资为重点，发展专门学院和专科学校，整顿和加强综合性大学。

在国家的院系调整中，学校将院系进行了局部调整。1950 年 8 月，武汉大学医学院与附设医院划归为中南卫生部领导。武大医学院和武大附属医院所属的教师 107 人、学生 146 人，从珞珈山迁至武昌东厂口附设医院原址，10 月又与上海同济大学医学院合并成中南同济医学院（现合并到华中科技大学）。武大附属医院与汉口协和医院合并，改为教学医院。

1952 年，武大农学院与湖北省农学院合并成立华中农学院。农艺系全体师生（其中农艺系系本科学生 105 人，茶专 54 人，统专 28 人）于同年 9 月底以前移往武昌宝积庵华中农学院院本部。

武汉大学工学院矿冶学院及全系师生家属于 1952 年 10 月中旬迁往长沙。文学院哲学系并入北京大学哲学系，全系师生 20 余人于 1952 年 10 月 1 日前后离汉北上。华中大学经济系合并至武大经济系。武大原有的法律、政治两系合并为政治系。1950 年春，湖南大学水利系划归到武大，与土木系水利组合并，成立水利系学院，仍属武汉大学领导。

在局部调整后，学校对院系进行了全面调整。从 1952 年开始，全国进行了大规模的院系调整工作，调整的高校占全国总数的四分之三。中南区全面调整高等学校院系的工作是从 1953 年开始的。1953 年 7 月 2 日至 8 日，中南区高等学校院系调整委员会召开第一次会议，决定将武汉大学和中山大学调整为综合性大学。8 月 3 日，南昌、桂林、长沙、武汉四个调整分会召开。

武大在 1953 年 9 月 14 日成立的"武汉大学院系调整工作委员会"由校行

政、工会、党、组织、民主党派、学生会、妇工团等单位推选代表组成。其主要成员为：主任委员李达，副主任委员江樽、韩德培，办分室主任江樽(兼)。根据中南区 1953 年度高等学院系调整方案，武汉大学的机械系、电机系、土木系及外文系英文组的教师 80 余人、学生 700 余人，分别调往华中工学院、华南工学院、中南土木建筑学院及中山大学等院校工作和学习。

湖南大学数学系、生物系、物理系、化学系、中文系、历史系等，南昌大学数学物理系、生物系、物理系、化学系、中文系及外文系俄文组等，华南工学院水利系及文华图书馆专科学校的 50 余教师、800 余学生，被调整到武汉大学工作和学习。

1954 年 12 月 1 日，高教部批准成立武汉水利学院，院长张如屏，副院长张瑞瑾，水利学院从武汉大学分出。

调整后的武汉大学，成为一所综合性大学。主要培养理论或基础科学(自然科学和社会科学)方面的、从事研究工作或教学工作的人才。全校共有数学、物理、化学、生物、中国语言文学、俄文、历史、法律、政治经济学等 9 个系以及图书馆学专修科。设有数学专业、物理专业、有机化学专业、分析化学专业、动物学专业、植物学专业、中国语言文学专业、俄文专业、历史专业、法律专业、政治经济专业、图书馆学专业等 12 个专业。1953 年，学校共有教师 327 人，学生 2084 人。

三、第三次调整

2000 年 8 月 2 日，武汉大学与武汉水利电力大学、武汉测绘科技大学、湖北医科大学合并组建为新的武汉大学，开始了武大历史上的第三次大调整。

武汉水利电力大学的前身是武汉水利学院，它是以武汉大学水利学院为基础创建的。1954 年，国务院批准成立武汉水利电力大学，院长张如屏。1959 年，改名为武汉水利电力学院。1960 年 10 月，被国务院确定为全国 64 所重点院校之一。1993 年，更名为武汉水利电力大学。1996 年，学校通过"211 工程"部门预审，进入了国家面向 21 世纪重点建设的大学行列。1996 年，学校与葛洲坝水电工程学院合并，在宜昌设校区。2000 年 6 月，宜昌校区与湖北三峡学院合并组建成三峡大学。2000 年 8 月 2 日，学校参与合并组建成新的武汉大学。武汉水利电力大学是我国水利电力行业专业最齐全、综合实力最强的国家重点大学。

武汉测绘科技大学成立于 1956 年 9 月，当时名称为武汉测量制图学院，是以当时的同济大学、青岛工学院、天津大学、南京工学院、华南工学院 5 所院校的测绘专业为基础组建的。1958 年 12 月，经国家测绘总局批准，学校易名为武汉测绘学院。1985 年 10 月，改名为武汉测绘科技大学。1978 年 2 月，被教育部确定为全国重点高等学校。1996 年，学校通过"211 工程"部门预审，进入了国家面向 21 世纪重点建设的大学行列。2000 年 8 月，合并进入组建成新的武汉大学。武汉测绘科技大学是世界上测绘学科门类最齐全的国家重点大学。

湖北医科大学成立于 1943 年，起初被命名为"湖北省立医学院"，朱裕璧博士出任院长。1946 年 2 月，学校从恩施迁复武汉。1949 年 5 月 16 日，武汉解放。人民解放军四野卫生部接管学校，校名更名为"湖北省医学院"。1950 年 8 月，湖北省人民政府正式任命朱裕璧为湖北省医学院院长。1953 年，学校更名为"湖北医学院"。1954 年，学校从武昌两湖书院旧址迁至武昌千家街。1957 年，学校从千家街迁至武昌东湖路马王庙。1993 年，改名为湖北医科大学。2000 年 8 月与武汉大学合并组建成新的武汉大学。湖北医科大学是湖北省唯一一所创建于中华人民共和国成立前并得到延续发展的医学重点大学。

强强联合后的武大，学科门类更加齐全、办学资源更加充分、师资队伍更加雄厚、研究实力更加强盛、社会影响更加深远。迈入 21 世纪的新武大，作为"高校合并成功的典范"吹响了奔向世界一流大学的号角。

1952 年院系大调整时中国地质大学前身
北京地质学院的创建历程

中国地质大学(武汉)　王方　帅斌

1951 年 11 月 3 日，全国工学院院长会议通过了《关于全国工学院调整方案的报告》，明确指出这次调整是根据苏联大学体制，以建设单科性专门学院为主，削减原有的综合性大学，改为文理科或多科性理工科大学，增加工科学院和师范学院的比重，取消大学中的学院建制，改为校系两级管理。

1952 年 4 月 16 日，经政务院批准，全国工学院调整方案正式公布。自此，全国高校院系大调整的序幕正式拉开。高校院系经重新排列组合后，设置了一批工科学院，如北京地质学院、北京钢铁学院、北京航空学院、北京石油学院等著名的"八大院"。

1952 年的高校院系大调整，为中华人民共和国构建了地质、机械、土木、电机、化工等工科专业较为齐全的高等教育体系，使工科院校得到了大力发展，基本实现了中华人民共和国成立初期高等教育与中华人民共和国工业建设需求的相结合。同时，此举也将旧中国遗留下来的效仿英美式的高等教育体系改造成效仿苏联式的高等教育体系，为中华人民共和国确立对高校的实际领导扫清道路，奠定了 20 世纪后半叶中国高等教育体系的基本格局。

北京地质学院是中国地质大学的前身。她是在中华人民共和国成立初期，为适应国家社会主义工业建设，对于大力发展地质教育、培养紧缺地质专业技术人才迫切需要的新形势下，于 1952 年经过高校院系大调整，在北京大学、清华大学、天津大学等高校的地质系和唐山铁道学院地质组、中国矿业学院矿山地质系合并的基础上建立起来的一所新型的社会主义工科大学。

一、中华人民共和国成立初期中国地质教育的历史背景

1909 年，京师大学堂设地质学门，地质学成为系统培养人才的学校教育门类，开启了中国高等地质教育的先河。1919 年，北京大学将地质学门改称地质学系。

抗日战争时期，为保存中华民族教育精华免遭毁灭，1938 年 4 月，由北京大学、清华大学和私立南开大学在云南昆明联合组成国立西南联合大学。在西南联大时期，北京大学地质系、清华大学地学系等组建成地质地理气象学系，并设地质学部开展研究生教育。该系大师云集：袁复礼教授、冯景兰院士、孙云铸院士、张席禔教授、王鸿祯院士等都曾在此执教。在西南联大短短 8 年（1938—1946）的办学历史中，地质地理气象学系培养了包括池际尚、郝诒纯、杨起、马杏垣、张炳熹、涂光炽、於崇文等多位院士在内的大批中国地质学教育的脊梁。1946 年 5 月，北京大学、清华大学、南开大学三校分别迁回北京、天津复校。

中华人民共和国成立初期，从事地质勘探、矿业开发的地质专业科技人员远远不能满足国家开展社会主义工业建设的迫切需要。地质行业作为中华人民共和国工业化建设的基础，面临着人才匮乏的严重困境。因此，建立新型的地质高等学校，大力发展地质教育，为中华人民共和国工业建设迅速培养紧缺的、大量具备扎实专业技能的地质勘探专业技术人才对中华人民共和国高等教育人才培养提出了迫切要求。

二、北京地质学院创建历程概述

1. 落实中央顶层设计，筹建北京地质学院

1952 年 4 月，中国地质工作计划指导委员会与教育部商议后，决定成立北京、东北两所地质学院。经过院系大调整，北京大学、清华大学、天津大学等高校的地质系和唐山铁道学院地质组、中国矿业学院矿山地质系调整合并组建为北京地质学院。

1952 年 7 月 14 日，北京地质学院筹备委员会成立，李四光任主任委员，李

曙森、宋应任副主任委员，尹赞勋、高之狄、孙云铸、马杏垣、袁复礼、张席禔、池际尚、王炳章、韩德馨任委员。学院筹备委员会确定聘请苏联专家罗格诺夫协助工作。7 月 16 日，学院筹备委员会办公室成立，办公地点设在北京大学地质馆，宋应任主任，陈子谷、高之狄、马杏垣、池际尚任副主任。学院下设秘书组、教学组、人事组、设备组和房屋组。同时，学院筹备委员会决定在北京西北郊区另选新校址。分管教育工作的地质部党组书记、副部长何长工高度重视北京地质学院筹建工作，亲自参与了学院新校址选定、校舍建设、物资调配等筹备工作。

1952 年 10 月 30 日，学院筹备委员会正式启用"北京地质学院"印章。1952 年 11 月 1 日，北京地质学院在北京大学工学院举行了首届开学典礼，中国著名地质学家、地质部部长李四光在讲话中说：现在中华人民共和国办起了惊天动地的事业，航空学院是惊天，地质学院是动地。你们就是动地的勇士……你们是中华人民共和国的土地公公、土地婆婆，我代表地质部向你们祝贺。由于当时的办学模式是根据苏联大学体制制定的，北京地质学院决定将俄国十月革命纪念日 11 月 7 日确定为"校庆日"。

2. 汇聚大批地质教育大师，组建全国一流的师资队伍

北京地质学院成立时，全院共有在校学生 1563 人，其中当年招收新生 1207 人（研究生 4 人，本科生 1104 人，专科生 99 人），教授、副教授 29 人，讲师 15 人，助教 94 人，职员 116 人，工友 175 人。

组建之初的北京地质学院，汇聚了袁复礼、冯景兰、张席禔、王炳章、尹赞勋、袁见齐、杨遵仪、傅承义、王鸿祯、秦馨菱、马杏垣、池际尚、涂光炽、张炳熹、高平、潘钟祥、王嘉荫、薛琴舫、周卡、苏良赫、陈光远等一大批来自北京大学、清华大学、天津大学、中国矿业学院以及唐山铁道学院的学术大师和优秀地质人才，他们绝大部分毕业于北京大学、清华大学和西南联大等名校。他们共同构成了北京地质学院建院之初最宝贵的师资力量和中华人民共和国成立初期我国地质专业领域的核心力量，也是中国高等地质教育的先驱和领军人物。其中，校友温家宝"常怀念"的恩师、中华人民共和国第一代著名地质学家池际尚院士就在西南联大度过了 8 年岁月，见证并贡献了"世界教育史上的奇迹"。1936 年，她以优异成绩考入清华大学物理系，1938 年，在西南联大改读地质专业并于 1941 年地质地理气象系毕业后留校任教。在极其艰苦的战争环境下，她坚守教师岗位直到抗战胜利和 1946 年联大解散北归。池先生完整地经历了西南联大艰苦卓绝的办学历史，也在联大完成了从学生到老师的角色转变，从此投身中国地质教育事业并为此奉献了一生，是西南联大"刚毅坚卓"校训精神的嫡传弟子。院系大调整后，池际尚由清华大学地学系调整到北京地质学院任教授，成为北京地质学院及其外迁时期和武汉地质学院时期中国地质教育的先驱和领军人物。池先生始终以矢志报国的初心和甘为人梯的精神奋战在地质教育教学科研一线，为新国家培养了大批栋梁之材。

此外，北京地质学院部分学术大师早在20世纪20至40年代就远赴欧美大学深造，在欧美学到了先进的地质理论和研究方法，到北京地质学院后又向来华的苏联专家学习先进的理论和方法，并结合北京大学、清华大学等院校地质系的教学经验和方法，使北京地质学院的教学工作从建院开始就有了很高的起点，为北京地质学院后期的发展奠定了良好的基础。

3. 聘请苏联地质教育专家，学习苏联高等教育模式

中华人民共和国成立初期，在冷战背景下，以美国为首的一些资本主义国家对中国持敌视态度，实行经济封锁和物资禁运，当时社会主义国家苏联是仅有的能向中国提供帮助的国家。因此，创建北京地质学院只能寻求来自苏联专家的帮助。

北京地质学院组建之初，在苏联专家的指导下，完成了专业划分和设置，进一步修订了教学计划。学院成立之初，组建了地球物理探矿系、水文地质及工程地质系、矿产地质及勘探系；设置了矿产地质及勘探、石油及天然气地质及勘探、水文地质及工程地质、地球物理探矿4个专业；开办了矿产地质勘查、矿产贸易、地球物理3个专修科；建立了数学、物理、化学、测量、电机、机械、体育等教研室。

北京地质学院成立后积极完善教学体系，十分重视实践教学和实习基地建设相结合的模式。建院之初，就在河北唐山与北京附近等地建立了多个实习基地，积极组织广大师生开展教学生产实习。建院不久，马杏垣等人选定周口店作为教学实习基地。同时，学院也非常重视生产实践与科学研究相结合。于1954年12月成立科学研究处，下设科学研究科、研究生科、编译出版科，尹赞勋兼任科学研究处主任。此外，学院还积极承担为中华人民共和国经济建设服务的重大项目，在国内外取得了一系列有影响和代表性的科研成果。

北京地质学院成立之初采取继承解放区办学优良传统与学习苏联先进经验相结合模式，在苏联专家的帮助下，学校完成专业设置，修订教学计划，完善教学体系，高度重视实践教学和实习基地建设结合、生产实践与科学研究相结合，积极探索新型社会主义理工科大学建设之路。

4. 毛主席亲自任命院长，建立健全学院领导班子

1952年11月10日，中共北京市委组织部批复同意由陈子谷等七人组成学院党总支委员会，12月3日，经中共北京市委组织部同意由肖英担任北京地质学院党总支委员会书记。

1953 年 1 月 14 日，毛泽东主席签发中央人民政府任命通知书，任命老红军刘型为北京地质学院首任院长。1953 年 4 月 25 日，路拓被国务院任命为北京地质学院副院长。学院其他行政负责人为副院长尹赞勋，教务长尹赞勋（兼），副教务长张席禔、李广信，总务长陈子谷，副总务长杨遵仪，地质矿产勘察系主任王鸿祯，副主任马杏垣、张炳熹，工程地质系主任袁见齐，物理探矿系主任薛琴舫。

1952 年，在院系大调整背景下成立的北京地质学院，一方面适应了中华人民共和国成立后迅速恢复和发展国民经济、大规模开展工业化建设的迫切需求，另一方面也实现了中华人民共和国最优秀高等地质教育资源的整合，奠定了中华人民共和国高等地质教育事业的基础。北京地质学院的成立为中华人民共和国工业建设、中国地质教育事业的发展和地质科技人才的培养做出了卓越的贡献，在近现代中国高等地质教育发展史上具有不可撼动的历史地位。

中南财经政法大学历史上的三次院系调整

中南财经政法大学　高斯

时光荏苒，岁月如梭。创办至今，中南财经政法大学已走过 70 年的光辉岁月。70 年的风雨洗礼，学校几度分合。在 1952 年院系调整、1958 年教育革命、2000 年高校合并潮中，学校始终勇担历史重任，与共和国同步，偕新时代俱进。

一、1952 年—1953 年院系调整时期

20 世纪 50 年代初，中华人民共和国开始有计划地进行经济建设，为适应形势对各类高级专门人才的需求，高等教育部在全国范围内进行了院系调整。中南高等教育管理局根据"对政法、财经院则采取适当合并集中的做法"的原则，对中南地区高等学校院系调整工作进行统一部署。在此轮院系调整中，中原大学被撤销，其财经学院和政法学院在吸收中南地区六省相关院系专业的基础上，分别成立中南财经学院和中南政法学院。

1. 组建中南财经学院

1952 年，院系调整在全国范围内迅速铺开。遵照高等教育部的指示，1952年 9 月 24 日，河南大学经济系师生并入中原大学财经学院；12 月 17 日，武昌中华大学经济系师生（共 71 人）也并入中原大学财经学院。中原大学财经学院调整的序幕由此拉开。

1953 年初，根据高等教育部的安排，中南行政委员和中南高等教育部对中

南地区高等学校院系调整工作进行统一部署，决定撤销中原大学，以中原大学财经学院为基础，调整合并中南六省（市）所有高校的财经学科。5月29日，政务院第180次会议正式下达批文：中原大学校名取消，其财经学院与中山大学、湖南大学的财经学院，中山大学、湖南大学及南昌大学经济系，广西大学经济系及会计银行系，中山大学社会系劳动组合并，在武昌成立中南财经学院。学院直属高等教育部领导，中南高等教育局管理。

2. 组建中南政法学院

1953年初，根据高等教育部的安排，中南行政委员会和中南高等教育局对中南地区高等学校院系调整工作进行统一部署，决定撤销中原大学，以中原大学政法学院为基础，将中山大学、广西大学、湖南大学的政法系并入，成立中南政法学院，隶属中南政法委员会。5月29日，《中央人民政府高等教育部关于一九五三年全国高等学校院系调整的计划》获得政务院第180次会议批准，该计划明确指出：中原大学校名取消，其政法学院与中山、湖南、广西三所大学政法系合并，在武昌成立中南政法学院。

中南政法学院成立后，在武汉的原中原大学政法学院一边承担着干训教学的繁重工作，一边紧张有序地进行着迎接院系调整师生到来的各项准备工作，制定过渡性教学计划，组织修建教室和学生宿舍。1953年11月初，院系调整的师生陆续从粤、湘、桂三省汇集到武昌，在武汉的师生到火车站迎接，学院的领导对他们的到来表示热烈的欢迎。11月20日，院系调整来的115名本科生开始正式上课。

新成立的中南财经学院和中南政法学院是中南地区唯一的财经、政法类学院，荟萃了并入院校学术造诣较深、教学及实践经验较丰富的师资以及大量的图书资料，两院办学实力显著增强，开启了中国高等财经政法教育向正规化方向发展的新篇章。

二、1958年"教育大革命"时期的学校调整

1958年5月16日，中国共产党八届二次会议举行以后，"大跃进"运动在全国展开。与此同时，在国家管理体制进行权力下放改革的大潮中，中央对教育管理体制进行了改革，开始下放高等教育管理权限，高等教育实行以地方分权为主的教育行政体制。中共中央于1958年4月发出《关于高等学校和中等技术学校下放问题的意见》，中共中央、国务院又于1958年8月发布《关于教育事业管理权力下放问题的规定》，对中央和地方的两级教育行政管理体制进行了明确。

为积极响应中央的规定，适应"大跃进"运动的需要，1958年7月，教育部

和司法部分别将中南财经学院、中南政法学院、中南政法干部学校移交给湖北省管理。湖北省为适应本省国民经济"大跃进"的需要，决定把中南财经学院、中南政法学院、中南政法干校、武汉大学法律系合并组建湖北大学，拟改办为省属综合大学。

1958 年 7 月 30 日，关于建立湖北大学的座谈会在庐山召开。与此同时，成立了湖北大学筹备委员会，筹委会主任由湖北省副省长孟夫唐兼任。筹委会于 1958 年 8 月 31 日形成了关于筹建湖北大学的草案，对湖北大学的任务、党组织和行政组织的建构、学校的科系设置、人事安排、校舍安排及合校的步骤都做了具体部署。湖北省人民委员会鄂文办字第 425 号文件对四校合并事宜予以确认。1958 年 9 月 30 日，经过短期紧张筹备工作，湖北大学在原中南财经学院和中南政法学院的校址上正式成立。

湖北大学正式成立时，由原中南财经学院和中南政法学院等院校转来全日制本、专科生共 3740 人、在册函授生 4493 人、教师 447 人、职工 591 人。湖北大学的办学任务是：贯彻执行党的"教育为无产阶级政治服务，教育与生产劳动相结合"的教育方针，为湖北省培养高等和中等学校政治理论和理科专业的师资及科研人员；为全省各级财经、政法部门培养实际工作干部。学校可以侧重于财经、政法类专业，但要适应社会主义经济建设的需要，相应增加理科专业。学校为贯彻"两条腿走路"的办学方针，采取短训、函授、夜校等多种形式办学，以提高在职干部的政治业务水平。根据上述任务，湖北大学成立后，迅速调整了系、科与专业设置。武汉大学法律系并入湖北大学后，如曾昭琼、薛祀光等一批拥有国外留学经历的原武汉大学法律系资深教授，充实了湖北大学法律系的师资力量。

三、2000 年高校合并潮时期

2000 年 2 月 12 日，国务院办公厅转发了教育部等部门关于调整国务院部门（单位）所属学校管理体制和布局结构实施意见的通知，批准了高等院校调整方案。根据教发（〔2000〕86 号文）决定中南财经大学、中南政法学院合并组建中南财经政法大学，学校归教育部直属，同时撤销原两校建制。2000 年 5 月 26 日，两校合并组建中南财经政法大学大会隆重举行。

中南财经政法大学是全国高校中财经政法大学第一家，两校合并是贯彻落实科教兴国战略，深化高等教育管理体制改革，优化湖北省教育资源配置的一项重要举措。两校合并是面向 21 世纪，实现优势互补、合理配置和充分利用教育资源，建设全国一流的人文社会科学的重大举措。学科结构更加合理、综合实力更强，更能适应 21 世纪高素质创新人才培养和科技发展趋势的要求。新成立的中南财经政法大学分为首义和南湖两个校区，共24个本科专业，30个硕士学位授权点，14个博士点，2个博士后流动站；拥有工商管理硕士、法律硕士学位授予权；具有对港、澳、台地区的单独考试招生权，全校有在编教职工2200人。形成了以经济学、法学、管理学为主干，文学、史学、哲学、理学、工学等八大学科门类协调发展的多学科专业体系，以本科为主，本科、硕士、博士及成人教育并举的多层次办学格局。根据教育部党组要求，合并高校要实行实质性融合，实现人、财、物、教学、科研"五个统一"，做到一个班子、一套机构、一套制度、一个财务、一个发展规划。在过渡时期，"三讲"教育在学校全面开展，全面加强领导班子建设和干部队伍建设，统一了思想，指明了学校的办学方向。在全校师生的共同努力下，顺利实现了融合。

跨入21世纪的中南财经政法大学，大力推进"振兴工程"和"名品工程"，实现了新增国家级重点学科、入选教育部人文社科重点研究基地、跻身"211工程""985工程"优势学科平台、双一流建设高校等一个又一个的突破。中国特色社会主义进入新时代，学校将坚定不移地走中国特色社会主义教育发展道路，为建设成为"特色鲜明的高水平人文社科类大学"而奋斗，为建设富强、民主、文明、和谐、美丽的社会主义现代化强国做出应有的贡献。

中华人民共和国成立后历次院校调整中
的湖北工业大学

湖北工业大学　萧毅

湖北工业大学前身是湖北农业机械专科学校和湖北轻工业学院，办学历史最早可追溯至1952年。作为一所省属高校，它创建于中华人民共和国成立之初的院校调整时期，历经中国高等教育的几次院校调整，办学历程深受调整的影响，在调整中分分合合，时升格、时降格，但奋力发展，为国家建设培养更多更好人才的初心始终未改。

一、肇端于中华人民共和国成立之初的院校调整

1952年下半年，教育部遵照党中央制定的"以培养工业建设人才和师资为重点，发展专门学院、整顿和加强综合大学"的方针，开始有计划、有步骤地对高校进行院校和专业调整，一直延续至1957年。高校调整之初，为学习苏联教育先进经验，实现国家工业化对农业社会主义改造，湖北省于1952年秋在武昌创建了第一所省办中等农业专业学校——湖北省武昌农业学校，是为湖北工业大学之发端。1957年11月，为了集中人力、物力、财力办学，湖北省农业厅按

高等学校调整、合并、加强的方式，将武昌农业机械化学校（创办于1956年）、武昌畜牧兽医学校（创办于1956年）和湖北省农业干部学校（创办于1953年）合并组建湖北省农业学校，并于1958年2月将湖北省武昌农业学校也并入湖北省农业学校。

二、国民经济调整时期的调整

　　1958年9月，在党中央提出"鼓足干劲，力争上游，多、快、好、省地建设社会主义"总路线指导下，中共中央、国务院发出《关于教育工作的指示》，提出，"在15年左右，基本上凡是有条件和自愿的青年和成年人都可以受高等教育"，引起了高校的大发展和系科专业的大变更，全国高等学校由1957年的229所增加到1960年的1289所。1958年，湖北省也开始进行院校与专业调整，将成立于1956年的湖北工业学校升格为高等专业学校，更名为湖北工业专科学校，又于年底将其大、中专部分开办学，中专部改名为湖北省化工专科学校，大专部的机械、电力、化工专业分设成三个学校。1959年，湖北省还将创办于1958年的湖北省燃料工业学校升格为高等专业学校，更名为湖北燃料专科学校，举办高等、中等专业教育。1958年10月，湖北省将湖北省农业学校一分为三，其中一部分组建成湖北农业机械专科学校，举办高等专科教育。1960年初，根据《湖北省1960—1967年农业教育事业发展规划》，湖北省将湖北农业机械专科学校扩建升格为湖北农业机械化学院，于当年暑期开办了农业机械化、农业电气化和农机经营管理等本科专业，招收本科新生104人，并从原专科二年级学生中抽出一个班升格组成本科二年级。

　　1961年1月，中共中央八届九中全会通过了对国民经济实行"调整、巩固、充实、提高"的方针。同年7月，教育部召开高校调整会议，开始对高等教育进行调整，至1965年，已将全国高校调整为434所。1961年3月，在教育部高校调整会议之前，湖北省农业厅就对湖北农业机械化学院发出通知，将其恢复为湖北农业机械专科学校，农业电气化、农业机械化专业原有学生一律改为专科，撤销农机经营管理专业并将两个年级的学生分别转入改制后的农业电气化和农业机械化专业。但作为专科学校举办本科教育试点，湖北农业机械专科学校保留农业机械化专业四年制本科办学两年。1961年7月，湖北省将湖北化工专科学校、湖北燃料专科学校、湖北省轻工业学校（创办于1956年）与湖北省建筑工程学校（创办于1953年）合并，组建湖北省工业技术学校，隶属湖北省劳动厅，开设轻工、化工、采煤、建筑等12个中等教育专业。

三、"文化大革命"期间的调整

1970 年 8 月，湖北省革命委员会着手对省内大专院校的布局进行调整，提出全省 26 所大专院校，保留 12 所，合并 7 所，撤销 7 所。1970 年 9 月，湖北省直文教战线工军宣队指挥部下发《关于大专院校整编实施意见》，要求将武汉工学院保留并改名为湖北农业机械学院，将湖北农业机械专科学校并入湖北农业机械学院。1971 年 4 月至 7 月，把持中央教育行政领导权的"四人帮"组织召开全国教育工作会议，炮制了《全国教育工作会议纪要》和《关于高等学校调整问题的报告》，提出了"两个估计"，并在高校调整原则中指出："工科院校一般保留下来继续办，农科、医科、师范院校多数保留下来继续办，少数改为中等专业学校或合并"。在此原则的指导下，1971 年 12 月，湖北省革命委员会根据全国教育工作会议和湖北省教育工作会议关于高等院校调整的意见，将湖北省农业机械专科学校与武汉工学院合并，正式设立湖北农业机械学院及其革命委员会。1973 年 5 月，湖北省革命委员会根据湖北省农业机械管理局的要求，将原湖北农业机械专科学校的房屋、家具、设备和人员全部从湖北农业机械学院分出，组建湖北省农业机械学校，属短期轮训性质，隶属湖北省农业机械管理局。1975 年，湖北农业机械学校并入华中农学院（现华中农业大学）农机系。

1972 年 4 月，湖北省革命委员会决定停办湖北省工业技术学校，以其为基础筹建湖北石油化工学院并另建一所湖北省轻工业学校。1974 年 4 月，湖北省将原湖北省工业技术学校更名为湖北省轻工业学校，开设了工业分析、造纸、机械、工业会计、棉纺、机织、染整 7 个专业，招收二年制中专学生。

四、改革开放之初的调整

"文化大革命"结束后，高等教育领域"拨乱反正"，恢复一些被撤、合并的高校，并根据经济社会发展需要新建一些高校。高等学校又进入新一轮的调整，一直延续到 1984 年。

1978 年 4 月，国务院批准湖北省恢复、增设 7 所高校，其中以湖北省轻工业学校为基础建设了湖北轻工业学院，开办轻工机械、棉纺、机织、印染、丝绸、化纤、制浆造纸、食品发酵、陶瓷、塑料、自动化、工艺美术设计 12 个专业，办学规模 2000 人。1978 年 9 月，教育部召开直属高等学校会议，提出高等教育要大发展、大提高。1979 年 3 月，党中央做出撤销 1971 年《全国教育工作会议纪要》的决定，批判了"两个估计"，高等教育迎来了繁荣发展春天，中共十一届三中全会召开后，国务院一次就批准恢复和增设了高等学校 169 所。1979 年 6 月，湖北省革命委员会提出恢复湖北农业机械专科学校。8 月，在向国务院呈报申请的同时，启动了湖北农业机械专科学校与华中农学院拆分与交接工作。1980 年 8 月，教育部发出通知，同意恢复湖北农业机械专科学校，由湖北省领导，设置农业机械化、农机修造、农机制造、农机电气化等专业，学制三年，规模 1200 人。

1984 年 2 月 13 日，湖北省委常委会讨论研究了《关于加速发展我省高等教育问题的汇报提纲》，形成了《省委常委关于加速发展我省高等教育问题的讨论纪要》，指出："发展我省高等教育要采取多种形式，多种渠道，扩大视野，放开手脚，调动各方面的积极性。为了加速发展省属高等教育，办好几所省属重点高等院校是完全必要的。"提出的发展省属高等教育的具体措施之一是："将湖北轻工业学院与湖北农业机械专科学校合并，扩建为湖北工学院，面向地方中小型企业，以轻工和机械为主，以通用专业为主。"1984 年 8 月，经国务院批准，湖北轻工业学院与湖北农业机械专科学校合并组建为湖北工学院。

2004 年，湖北工学院更名为湖北工业大学。

海南师范大学 20 世纪 50 年代所经历的两次院系调整

海南师范大学　杨中曦

1949 年，国民党自大陆溃败，退守海南，大批高级知识分子随之涌进琼岛。琼崖师范学校校长符致逵教授借此契机，发动了一批琼籍教授、大陆学者及政界和新闻界专家，成立广东海南师范学院。学校教学系设有文史、数理、图音三个系、五个专业，学制四年。1951 年增设图音专修科。20 世纪 50 年代，在全国院系调整的浪潮中，海师共经历了两次调整。

一、第一次调整与更名

1951 年 5 月，中央人民政府教育部长马叙伦提出：配合国家建设需要，适当地有步骤地充实和调整原有的高等学校院系。根据国家建设的需要，从 1952 年下半年开始，全国高等学校开始进行院系调整。调整方针是：以培养工业建设人才和师资为重点，发展专门学校，整顿和加强综合大学。根据中央的调整方案，广东省广州区高等学校院系调整工作委员会制定了具体的调整方案，海南师范学院本科调整并入华南师范学院，而原来的海南师范学院改为海南师范专科学校。

1952 年 7 月，海师的在校的本科二、三、四年级学生和部分教师转入华南师范学院和其他院校，而部分教师和一年级学生留下，在原址成立海南师范专科学校，学制为两年，并开始招生。1953 年 1 月，按照中央教育部颁发的教学计划规定，对于原四年制改为两年制的学校，各系别名称要相应变更，经请示中南教育部同意，广东省文教厅将我院的文史系改为中国语文科，数理系改为数学科，图音系改为艺术科，教育系改为教育科；徐光仁教授任语文科主任，符孔遵教授任数学科主任，杨焱教授任艺术科主任，雷香庭教授任教育科主任。

二、第二次调整与停办

1953 年 7 月，高等学校院系再次调整，中南行政委员会教育局决定将海南师范专科学校合并于华南师范学院和华中师范学院（今华中师范大学）。

根据《海南师范专科学校合并华南师范学院人事物资处理初步方案》，副教授兼副教务长邝维垣，教授兼语文科主任徐光仁，教授康白情、雷香庭、陈千钧、谢振民、廖秉真，副教授韩珍彝、王时才、陈世旼等 27 人并入华南师范学院；教授兼艺术科主任杨焱，副教授许星波等 7 人并入华中师范学院；副校长韩健，教授兼数学科主任符孔遵，教授吴汉晖，副教授吴泰三等则留在海南；校长范会国辞去海南师范学院院长等各种行政职务，到北京师范大学数学系任教，同时担任理论力学研究室主任，从事教学和科研工作。其中，苏天视、郭光琼、罗雪莹、杨世兰等四名助教均为团员，能力亦好，海南本拟留为中学骨干，但因其中三人均学数学专业，高等学校这方面教师亦甚缺，故海南方面仍同意并入华南师范学院，另由华南分局帮助在华南师院本年毕业之教育系学生中适当调配若干人，加强海南中学工作。

由于当时海南师专中海南籍学生水平不及大陆及南洋学生，但因本校部分同学长期与校方存有对立情绪，倘若动员个别学生留本地分配工作，恐引起不必要的混乱或纠纷。经过再三考虑，决定语文科 36 人、数学科 36 人全部并入华南师范学院，功课赶不上者，另设法补救。艺术科 40 余名学生并入华中师范学院。

学校所有家私器具、教学用具、仪器标本、体育器材，全部留在海南；音乐、美术器材部分运至华中师范学院；属于海南地区性资料及全国性珍贵图书资料，且对师院教学无关者全部交至海南行署；属于大学专门性参考书籍，中等学校又不需要者，及教师随身备课需要之重要参考书均转至华南师范学院。

至此，海南师范专科学校大部分被并入华南师范学院与华中师范学院，学校停办，直到 1958 年才重新恢复办学。

第三部分

谈高校办学理念

谈谈民国大学校长的育人理念

民国大学的校长们都具有自己的治校理念。蔡元培主张"思想自由、兼容并包"，民主管理和教授治校，提倡学生德、智、体、美、劳全面发展。蒋梦麟主张教育的长远之计在于"取中国之国粹，调和世界近世之精神：定标准，立问题"，以培养"科学之精神""社会之自觉"。罗家伦把"创造有机体的民族文化"作为中央大学的使命。梅贻琦的"身教重于言教"及"所谓大学者，非谓有大楼之谓也，有大师之谓也"的教育名言为世人推崇。张伯苓提倡教育救国，注重理工科教育。他制定"允公允能"校训，以培养学生"爱国爱群之公德，与夫服务社会之能力"。

培养人才是大学的第一要务，民国校长们在如何培养人才上都有不少建树，故对民国大学校长的育人理念做一阐述。

一、关于育人目标——强调德智体的全面发展

1. 关于德智体全面发展

民国的校长们，在育人的问题上都希望学生经过系列的培养成为一名德、智、体全面发展的人。

北大校长蔡元培提出了五育并举的方针，即军国民主义、实利主义、德育主义、世界观、美育主义。他说："以教育界分言者衡之，军国民主义为体育；实利主义为智育；公民道德及美育皆毗于德育；而世界观则统三者而一之。以教育家之方法衡之，军国民主义，世界观，美育，皆为形式主义；实利主义为实质主义；德育则二者兼之。"①

---

① 高平叔.蔡元培教育文选[M].北京：人民教育出版社，1980.

国立广西大学校长马君武则以四育并重为育人方针：养成团体的生活，为科学之研究，努力工作，训练战斗的本领①，即德育、智育、作工（即劳动教育）和体育。

复旦大学校长李登辉认为，中国过去的教育"太偏重于智育方面，以致把其他方面都忽视了，结果是，一般所谓受过教育的人，虽是智力发达很高，然而或是体质颓弱，形同病夫，或是思想空泛，不切实际，甚至于有文无行，变为腐化的官僚政客，学痞商蠹，更是自郐以下了"②。于是，他强调"要养成才德兼备的人材，就非重德育不可"，"三育是不可偏废的"。③

可见，校长们都认为，人才培养目标的实现，不仅仅是智育得到发展，而应该是德、智、体等多方面的全面发展。

2. 强调德育中的人格教育

校长们虽然强调德、智、体的全面发展，但对德育中的人格教育十分重视，并就人格教育的意义、目标及方法都有明确表述。

就人格教育的地位来讲，武汉大学王世杰认为道德中的人格教育与智育具有同等重要的地位。他说，大学教育的目的是重在"人格的训练"，或者是"人格的训练"与"知识的灌输"相并重。"我个人觉得，在大学教育的计划上，人格的训练纵不能较重于知识的灌输，至少，也应该与知识灌输占同等的地位。"④清华大学校长曹云祥则认为道德比求知更为重要，他说："学识易求，道德难修"⑤。

从人格教育的意义来看，曹云祥就反复强调："所谓教育，并非专事诵读记忆而已，是欲养成高尚完全之人格，为立足社会之准备。否则，教育失其本旨。"⑥他认为，人格的养成是为承担社会责任做准备的。南开大学校长张伯苓认为教育的重要目标是德、智、体三育并行发展，培养完全人格，为社会谋进步，为公众谋幸福。他指出："教育一事，非独使学生读书习字而已，尤要在造成完全人格，三育并进而不偏废。"⑦厦门大学校长林文庆也指出："要救中国，先须养成人格，没有人格，就没有法子。"⑧

---

① 黄牡丽，等.马君武教育文集[M].南宁：广西美术出版社，2008.
② 复旦大学校史编写组.复旦大学志（第一卷·1905—1949）[M].上海：复旦大学出版社，1985.
③ 复旦大学校史编写组.复旦大学志（第一卷·1905—1949）[M].上海：复旦大学出版社，1985.
④ 徐正榜，陈协强.名人名师武汉大学演讲录[M].武汉：武汉大学出版社，2003.
⑤ 校长谈话[J].清华周刊，1922－5－19。
⑥ 云祥.开学词[J].清华周刊.24（1），1925－9－11.
⑦ 王文俊，杨琀，等.张伯苓教育言论选集[J].天津：南开大学出版社，1984.
⑧ 厦门大学校史编委会.厦大校史资料（第一辑）[M].厦门：厦门大学出版社，1987.

就人格教育的方法，林文庆要求学生学习儒家经典，涵养旧道德。他说："孔子道德，起自家庭，渐次及于社会，而国家而天下，其根本全在'孝'之一字。现在欧西各国，亦颇赞成此道，如最近之所谓博爱……等主义，无一非由家庭而起。故我国孔子之道德，根本实较各国为优。且其学说凡人皆可做到，非徒托空言者可比。"①

如何培养高尚的人格，王世杰说："对于诸位同学，我只有7个字奉献，就是——好学、吃苦、守纪律。"②

就人格教育的目标，武汉大学校长王星拱说，大学生应当做国民的表率。他说：我们的至善目标是民族生存、世界公理及人道，而依归至善目标是青年的义务、是青年的责任。他认为，在人类生存条件之中，精神和物质不可偏废；无物质则无所依附，无精神则无所主持。物质不发展至一定的程度，则必贫而且弱；然而没有精神为之主宰，为之推动，纵有物质，也是无用的。③在这里他强调做国民的表率是大学生的义务和责任。"大学学生是受过高等教育的人，对于道德、经济两方面所应负的责任，必定比别人还要重大。"④

3. 体育为全面发展中的重要方面

校长们都十分重视体育，重视学生的锻炼，认为体育不仅关系到个体，还关系到国家命运。一个只有人格、体魄健全的人，才能担负起救国、强国的重任。

清华大学校长周诒春说："于此竞争之世界，欲保存我中国不亡，业与新世界、新社会之人士竞争，以挽救我极危险之老大国，非与德育、智育之外，将前此文弱之旧习，一一扫除而廓清之决不能有济也。"⑤

清华大学校长梅贻琦也有同样之认识，他说："体育至关重要，人所尽知，特别是在我国目前的国势之下，外患紧迫之时，体育尤应人人去讲求。身体强健，才能担当艰巨工作，否则任何事业都谈不到"⑥。

鉴于体育的重要，校长们都努力将其落在实处。林文庆就规定："学生每日须习早操十五分钟，每星期并须习课外运动二小时，最少须选习运动

① 厦门大学校史编委会.厦大校史资料(第一辑)[M].厦门：厦门大学出版社,1987.
② 徐正榜,陈协强.名人名师武汉大学演讲录[M].武汉：武汉大学出版社,2003.
③ 徐正榜,陈协强.名人名师武汉大学演讲录[M].武汉：武汉大学出版社,2003.
④ 徐正榜,陈协强.名人名师武汉大学演讲录[M].武汉：武汉大学出版社,2003.
⑤ 周校长对于高四级毕业生训辞[J].清华周刊,1916(第2次临时增刊)：10.
⑥ 北京师联教育科学研究所.梅贻琦高等教育思想与教育文论选读(第5辑第9卷)[M].北京：中国环境科学出版社,2006.

一种。"①

二、关于育人措施——强调严格管理与灵活培养

为保证育人目标的实现，校长们都认为应有相应的措施。他们认为一要加强对学生的管理，二要施以多样的培养手段。

1. 严格管理

管理体现在思想和教学两个方面：就思想管理而言，曹云祥认为加强管理有助于学生良好品行的形成。他说："学校之有管理，原为维持秩序，养成学生纯洁之品行自治之能力。"②为养成学生良好的品行，他根据不同年龄同学实施不同管理办法，宽严相济，因势利导。还设置教职员顾问制，以在生活与思想等方面更好地影响学生。他也常常鼓励学生自治，以期在道德、学业以及个人前程等方面有所收获。③ 林文庆则制定了详细的《厦门大学学生通则》，通则涉及入学、升学、休学、退学、转学、转科、交费、考试及成绩评定办法、毕业证书及学士称号、图书借阅、学生组织及各种会社、开会、学生卫生、宿舍纪律等诸多方面。

就教学管理方面，张伯苓特别重视入学新生的质量，不合格的一律不予录取。入学后不及格的退学，不讲情面。他在南开建立了完整的教学管理制度，如课堂规则、考试规则、实验规则等。他还亲自规定：生物、化学、物理每周两小时实验，每两个学生发一组仪器，鼓励学生亲自动手。一次不行就二次，二次不行就三次，直到明了为止。

2. 注重效能

在对学生进行严格管理的同时，校长们特别注重学生的学习效能。为了实现这一目的，他们实施了多种培养方法。

张伯苓不主张读书死记硬背，提倡研究学术，生动活泼地学习。他经常邀请名流学者做学术报告，开阔学生的知识视野。还鼓励学生成立各种研究会，编辑刊物，自由发表文章，共同探讨学问。还实行积点（学分）制、选科制，以提高学生的学习兴趣，使学生的爱好和专长得以发展。

金陵大学女子大学校长吴贻芳主张文理兼通，注重学生广博的知识训练。主修文科必须选读4个学分的自然科学，主修理科必须选读1门社会科学。吴贻芳曾讲："金女大在学业方面有一个突出的特点，就是知识面广。文科学生

① 厦门大学校史编委会.厦大校史资料(1921—1937)[M].厦门：厦门大学出版社,1987.
② 曹校长秋季开学演说辞[J].清华周刊,1922 - 9 - 11.
③ 曹校长秋季开学演说辞[J].清华周刊,1922 - 9 - 11.

一定要选读一定学分的理科课程。一年级课程全部是必修的。4 年大学的必修课程除主修、辅修者外，还有中文、英文、中国历史、教育学、心理学、音乐、美术概论等，使学生在各方面都有一定的知识。"①她大力提倡教师用启发式、问题研讨式的方法进行教学，要求教师不要只用单一的教科书，要出专题并列出若干参考书目，由学生课外在图书馆阅读，取各家之长，加以比较，得出结论，由此训练学生获取知识的能力，培养学生自学的习惯。吴贻芳还经常提醒教师要培养学生独立思考分析问题的能力，指导学生掌握学习方法。

3. 学用结合

张伯苓特别强调学生理论联系实际，参与社会实践。他指出："吾国学生最大之缺点，即平日除获得书本上知识外，鲜谙社会真正情状。故一旦出校执业，常觉与社会隔阂，诸事束手。欲免此种弊病，最宜使学生与社会接近。若调查或视察各种问题，不特可培养学生实际上之观察力；抑可以换课堂生活之抑郁空气也。"②因此，张伯苓非常注意并创造条件使学生有机会深入社会、了解社会，培养学生从事社会工作的能力。

为此，张伯苓对学生假期学习亲自做指导。告诫学生要利用假期，"另拟别法以求长进"。认为这样于学生自己方面，可借此与在学校平日学的联成一致，与课本相调和，又可借此明白一切事实。于社会方面，可为社会做少许事，又能借此明了社会的真相，补助教育之所不及。③

吴贻芳也强调通过社会实践和实验环节来培养学生的能力。吴贻芳回忆说：金女大在学业上的一个重要特点，就是在"学习中重视实践，如社会系重视课堂教学与社会实践相结合，常常举行社会调查，就某些专题做分析研究。理科的报告与论文须根据实验写出。④

三、关于育人内涵——通专平衡、重在应用、博深结合

1. 郭秉文的通才与专才平衡

国立南京高师、国立东南大学校长郭秉文认为：传统的教育"不为实际与日常生活而设，乃为官吏之养成"，目的过于狭隘。对此，应该充实教育的内容，"以农业、工业及其他生活之预备为其目的"。主张学校既要为学生提供宽广的知识，又要通过专业学习使学生拥有精深的专业知识。

① 吴贻芳纪念集[M].南京：江苏教育出版社，1987.
② 王文俊，杨珣，等.张伯苓教育言论选集[M].天津：南开大学出版社，1984.
③ 王文俊，杨珣，等.张伯苓教育言论选集[M].天津：南开大学出版社，1984.
④ 吴贻芳纪念集[M].南京：江苏教育出版社，1987.

为此，在学科的设置上，郭秉文主张学科设置的多样性。他在南高除了"注重通才教育"的国文、理化部的本科之外，还陆续增设了"注重专才教育"的体育、英文、教育、农、工、商等专修科。这样，基础与应用相辅相成，"学"与"术"相互支撑，从而获得"通"与"专"相结合的培养。

在教学制度上，东大选科制学规中不仅有"必修之专科学程"的要求，还有"必修之普通学程"的要求；不仅有"选修之主系学程"的要求，还有"选修之辅系学程"及"任选学程"的要求。

郭秉文这种"通才与专才的平衡"的思想还体现在"寓师资于大学"办学实践中。提出"寓师范于大学"的主张，力图打通"基础"与"应用"的分野，使"通才"与"专才"的培养有效结合，遂将高师升格为大学，在大学里面培养师资；并强调大学对教师的培养须同时注意两种标准，一是学业标准，其要求不应该低于大学，二是专业标准，需要加以另外专业训练才可以达到。

2. 任鸿隽的重在应用

国立四川大学校长任鸿隽以"科学救国"为理念，在大学教育中力主科学的实用，即强调科学的应用。他说："学政法的可以去研究地方政治或县政实施，学经济的可以去调查商业流通和农业经济，学农的可以去改造农作种籽，学理化的可以去调查工业及改良土壤之类。"[1]

在任鸿隽为四川大学校长期间，有农学院师生组成的调查队，调查了农业生产和经济情况；理学院的师生远赴京沪平津考察工业生产；法律系师生成立的法律顾问处为当地人们开展社会咨询；在教育系实行中学教师旁听制度，以提高中学教员水平，对旁听学员不收任何费用。此外，四川大学与南开大学经济研究所合作，研究西南社会政治法律经济；与省建设厅合办了水稻场、技术训练班等，这些都是任鸿隽重在应用、服务社会的若干尝试。

3. 王星拱的博深结合

大学里应该以一种什么样的模式培养人才，对此，王星拱提出了博深结合的教育理念。

他说，学习不外乎博与深。古今中外的大学问家，都不外乎这两类。古代六朝的学者分为南北两派。北方的学者，渊综浩博，如广处观日；南方的学者，清通简要，如窗中窥月。前者是博，后者是深。在国外来看，德国人喜欢著大部头的书，连篇累牍，无所不包，是趋向于博。英国人往往写小册子，用很漂亮的文字，把自己特殊的见解或发明写出来，是趋向于深的。在博与深的进程

---

① 周川，黄旭. 百年之功——中国近代大学校长的教育家精神[M]. 福州：福建教育出版社，1994.

上，他认为，博应在先，深应在后。"博而不深，无所归属，深而不博，无所取材。"①

在博深思想的指导下，王星拱说，武大的课程有一定的标准，于切近的应用和基础的理论自然都应当顾到。学校课程的重点应该是基础课。但他又说："学校里所学的东西，不能和社会距离太远，以至于不能适应社会之要求"。②他认为，博与深要真正落在实处还有待于学生的学。因此，他也要求大学学生，"应当刻苦用功，充分地学习近代事业所需要的知识，以求建设一个近代国家"。③

四、关于育人条件——物资、大师与文化

1. 注重物资条件建设

校长们都非常注重大学的物资条件建设，把它作为育人的一项基本要求。

中山大学在迁校石牌之前，原有校舍分散破旧且地处广州闹市，中山大学大学邹鲁认为，这不但不适于攻读，还无法养成学生节俭的风尚。1932年，他决心建设石牌新校园，并制定了一个六年三期的建校计划，将五个学院扩大为七个，建起了农学院、理学院、文学院等大楼和农林化学馆、化学工程教室、体育馆及数座工场，增办护士学校、医学院附属医院，创办农场、桑场、蚕业试验场等，为师生实习、科研提供配套场所。除改善校舍条件外，他还注意扩充教材设备。同时，他还设立专门机构，有计划地编译科学书籍等。

任鸿隽针对校舍分散、年久失修、战乱损坏等问题，决定对川大校舍进行彻底改造。校舍破土动工典礼于1937年6月在望江楼农学院举行，并先行建设了图书馆、数理馆、化学馆。自此，川大结束了学校四分五散的局面和尘嚣包围的状况，全部集中建设于东外望江楼附近现址。④

他也注重充实设备，理学院拥有比较丰富的设备仪器："普通试验用具211件，磁学仪器66件，力学仪器175件，天文仪器10件，热学仪器115件，气象学仪器24件"⑤。

王世杰担任武大校长时，认为创造新的武大需要五个条件：巨大的新校舍；良好的设备；经费的独立；良好的教授；严整的纪律。王世杰的许多具体的办学主张及治校方略都是围绕这五个方面展开的。其中他把物资条件放在了

① 徐正榜，陈协强.名人名师武汉大学演讲录[M].武汉：武汉大学出版社，2003.
② 徐正榜，陈协强.名人名师武汉大学演讲录[M].武汉：武汉大学出版社，2003.
③ 徐正榜，陈协强.名人名师武汉大学演讲录[M].武汉：武汉大学出版社，2003.
④ 四川大学校史编写组.四川大学史稿[M].成都：四川大学出版社，1985.
⑤ 四川大学校史编写组.四川大学史稿[M].成都：四川大学出版社，1985.

首位。

　　林文庆把图书仪器的购置放在重要的位置。他讲："各种书籍与实验室之设置，亦甚重要。倘书籍不齐，仪器缺乏，虽有良好之高等专门教师，终不能有所发挥。故本校对于书籍及仪器之设置，拟特加注意，不稍存吝啬之心。"①

2. 强调大师的建设

　　梅贻琦先生有著名的大师论，所谓大学者，非谓有大楼之谓也，有大师之谓也。他在清华依靠大师办学已是众人皆知的事了。

　　任鸿隽认为，教师是提高学校教育质量的关键。他掌校时聘请到了不少曾在东部国立大学和研究院里的知名学者，如文学院院长杨宗翰、农学院院长曾省、中文系主任刘大杰、生物系主任钱崇澍、园艺系主任毛宗良等。他曾经回忆说："那时的四川大学很注重教师阵容，尽力网落有真才实学的名家学者来校执教，学校办得很有生气，一时蔚为蜀学中心"。②

　　林文庆对教师在办学中的重要性有深刻的认识，提出聘教师要完全采取"人才主义"，对于高水平的人才要"极力罗致"，并给他们较好的待遇。他指出："教师之贤否与学校进行之前途有重大之关系。本校选聘教员完全采取人才主义，毫无畛域之见，对于各学科之著名高等专门人才极力罗致，使之尽毕生之力以从事各科之教授与研究，希望将来厦门大学成为我国南部之文化中心点。"③

3. 强调文化育人

　　李登辉认为，教育要与美育打成一片。落实到办学上，就是要使校园美术化，李登辉所追求的校园美术化包含两个方面的内容：一是指学校要创造美的自然环境和人文环境，让学生在学校里感受到快乐；二是要在学校里创造精神美，使学生在校园中能够保持思想清洁、心身愉快。他曾说：校园美丽好看，对于学生思想的影响会很大。环境好，学生心中自然就会快乐，读书也会一心一意。人生离不开道德，道德思想在学生时代需要培养。物质环境对于道德思想的培养有密切的关系。因之竭力求校园的美术化，使得学生处身其中，思想清洁，心身愉快，成为发奋有为的青年。因此，教育与美术要打成一片。④

　　私立辅仁大学校长陈垣同样重视校园文化建设。他当校长时，就采取了编辑出版各种期刊、组织各种社团、重视学生的文娱体育活动等来加强校园文化

---

①　洪永宏.厦门大学校史(第一卷)[M].厦门：厦门大学出版社，1990.
②　四川大学校史编写组.四川大学史稿[M].成都：四川大学出版社，1985.
③　洪永宏.厦门大学校史(第一卷)[M].厦门：厦门大学出版社，1990.
④　复旦大学校史编写组.复旦大学志(第一卷·1905—1949)[M].上海：复旦大学出版社，1985.

建设。

参考书目

[1] 王运来.道与术——中国著名大学校长的办学理念与治校方略[M].南京：南京大学出版社,2014.

[2] 骆郁廷.流风甚美——武汉大学文化研究[M].武汉：武汉大学出版社,2013.

[3] 程斯辉.中国近代大学校长研究[M].北京：人民教育出版社,2010.

（收入周叶中、涂上飙编著《武汉大学校长的办学理念》一书,武汉大学出版社,2017年）

华南师范大学校长办学理念研究

华南师范大学　陈海平

中华人民共和国成立前，林砺儒一手创办并长期主持作为华南师范大学前身的勷勤大学师范学院、广东省立教育学院、广东省立文理学院，他的教育理念深刻影响着学校的教育实践。林砺儒教育理念的核心是全人格教育。他认为，中学教育要以全人格教育为中心内容，以普通的文化教育为基本任务，实行广泛意义上的人格教育，初步达到知识文化素养的人格化，政治思想的人格化，世界观的人格化，理想情操的人格化等，务使人格独立，健全发展。同时，他强调进步的政治必产出进步的教育，颓废的政治必不能完成进步的教育。因此，他聘请进步教授在学校讲课，邀请进步人士到校作形势报告，并专门设置进步课程宣传革命思想。他主张学校要培养"大丈夫"，反对培养"乡愿"。因此，他在学校提倡思想自由，学术研究自由，以求真理、明是非，允许学生组织各种社团，开展学术研究和各种进步、革命活动。他鼓励学生的奋斗精神，强调要探索真理之光，广布文化食粮。要求学生挺起胸膛，放大眼孔，以此作为学校的校风。

中华人民共和国成立初期的华南师范学院，还是典型的传统教学型师范院校，这个时期的掌校人所关注的核心是教学，即如何提高教学质量，培养合格的中学师资，以满足社会主义国家建设的迫切需要和人民对文化的迫切要求。

黄友谋（广东省文理学院临时院务委员会主任、广东省文理学院院务委员会主任，1950.1—1951.9）认为，围绕建设社会主义，提高全国人民的文化水平，学院应当积极开展教学改革，努力提升教学质量，为培养社会主义的中等学校师资而奋斗。

杜国庠（华南师范学院筹委会主任、华南师范学院院长，1951.6—1952.10）很重视贯彻党对知识分子的政策。他工作很细致，能调动广大知识分子的积极性，并常勉励教师做好教学和科研工作，以更好地培养又红又专的中学人民教师和教育工作者。

陈唯实（华南师范学院院长，1955.8—1957.8）的治校理念在其来校担任院长之前，就已经在一次专门针对华南师范学院师生的报告中明确提出——《忠诚党的教育事业》，这几个大字也被悬挂在当时的第一课室大楼上。陈唯实特别强调学院的师范特色，尤其指出，我们的师范是人民的师范，是革命的师范。他对轻视师范教育的思想倾向提出了批评，认为教师是人类灵魂的工程师，没有师范，就没有足够的和优良的教师来培养大批干部，国家的工业建设将难以有效开展。他同时要求广大师生要建立专业思想，安心本专业学习，服务国家建设需求。

王燕士（华南师范学院院长，1959.6—1968.12）对师范教育同样重视，在对新生的讲话中指出，新生必须树立正确的无产阶级革命的人生观，要有社会主义时代人的理想。同时强调必须将革命的理想主义和革命的现实主义结合，既要有伟大的理想，也要有实事求是的精神和脚踏实地的干劲，为了实现理想，必须以坚强的毅力去艰苦奋斗。他要求大家要正确认识师范教育，巩固专业思想，树立人民教师的光荣感和责任感，指出高等师范教育就像工业机器中的制造母机的工业，是全部教育事业里极重要的一部分。他还要求大家要沿着又红又专的道路前进，希望大家要加强修养，争取做优秀的师范生。

马肖云（华南师范学院院长，1978.10—1982.7）是华南师范学院经过"文革"之后的首任院长，他的任务主要是恢复教学科研秩序，同时，顺应国家改革开放大势和广东省作为改革开放前沿阵地的现实需求，更好地为广东改革开放工作提供各方面支撑。因此，马肖云院长在谈及办好华南师范学院的几点设想中，提出了以下几个方面的主张：响应国家和广东省的号召，把华师办成无愧于广东政治经济文化地位的高等师范院校；结合自身优势资源，把华师办成广东师范教育的中心、教育科学研究的中心、电化教育的中心；抓师资队伍、抓基建、抓设备；整顿校风、校容、校纪，维护校园教学和生活秩序，力争将因十年动乱而遭到破坏的好校风、美校容、严校纪找回来；加强和改善党的领导。

潘炯华（华南师范学院院长、华南师范大学校长，1982.7—1987.2）继承了马肖云同志的治校理念，继续强调突出师范教育的特色，要求提高教学、科研、思政以及行政后勤工作的工作质量，扶植发展重点学科，加速教师队伍的建设，改善教学科研生活条件，努力建设社会主义精神文明，整顿校风校纪校容，同时发挥学校作为科学工作的优势，结合科研优势努力做好社会服务工作。面临开放大势，两任院（校）长都专门强调要努力提升学校教师外语水平。

20世纪末、21世纪初，伴随着国家改革开放大政方针的铺展开来，学校发展的外部环境迎来了深刻变化，国内对于师范院校的认识有了一次较大变化。在这一背景下，学校领导在面临新挑战、新环境时，对如何办好新时期的师范院校进行了新的思考，主要的发展方向就是由单纯的传统师范院校向有师范特色的综合性现代大学迈进，由单纯的教学型师范院校向教学与科研并重的院校迈进。

刘颂豪（华南师范大学校长，1987.2—1992.12）提出学校应发挥整体优势，提高综合实力，把学校建成教学中心、科研中心、培训中心，争取走在全国高等师范院校的前列。为了实现这一目标，学校要开展两大部分的改革：主体工程和配套工程，其中主体工程的改革，指教学工作、成人教育、科研工作的改革；配套工程，即人事制度、分配制度、财务制度和后勤工作的改革。为此，需要深化教育改革，努力提高教育质量；发展科学研究和科技开发，努力提高学术水平和经济效益；加强管理，优化育人环境；改进作风，改善管理，努力为教学科研服务。

管林（华南师范大学校长，1992.12—1997.5）特别重视师范教育，对师范教育的理论研究也较为深入，并强调广东省要想建设教育强省，师范教育必须先行，认为师范教育是教育之母，母壮则子壮。为此，必须千方百计地提高师范学校的生源质量，提高师范生的专业奖学金，切实提高教师的社会地位，师范学校要努力提升教育质量，逐步提高基础教育教师的水平和学历层次，积极开展教育理论研究和教育实验，认为政府也需要加大对师范学校的投入。同时他认为学校应注重加强研究，尤其是教育、教学研究，以更好地促进教学。

颜泽贤（华南师范大学校长，1997.5—2004.3）的基本办学思路是以加快发展为主题，以学科建设和人才培养为主线，以改革创新为动力，努力实现四个转变和完善四个体系。在办学规模上，由相对封闭的传统型高师教育向开放式的现代综合型高等教育转变，逐步完善符合世界科技、知识经济时代潮流和我国、我省发展战略要求的办学体系；在学科建设上，以"调整结构、凝练方向、分层建设、突出重点、整体推进"为方针，逐步完善以国家重点学科为龙头，基础学科、应用学科、新兴与交叉学科协调发展的学科体系；在办学类型上，由教学型向教学科研型转变，逐步完善培养高层次、高素质、创造性的专门人才，多出科研成果、促进高新技术产业的社会服务体系；在管理体制上，由传统管理型向现代管理型转变，逐步完善依法治校、以德治校的校内管理体制。

王国健（华南师范大学校长，2004.3—2008.9）认为我们应正确把握我国高等教育大众化、国际化和教师教育的历史性转折，变挑战为机遇，促进学校综合性的发展与教师教育水平的提高及地位的加强的相辅相成、相互促进。我们要坚持这一发展战略，为实现建成综合性教学科研型大学的奋斗目标而持续努力。为实现这一战略，必须坚持以人为本，深化改革，完善向综合性教学科研型大学转变的教学科研体系；同时，必须坚持依法治校，科学决策，民主办学。

刘鸣（华南师范大学校长，2008.9—2017.9）要求学校应遵循教育规律，以加强内涵建设和提高办学质量为核心，立足教师教育改革创新，立足服务广东经济社会新发展。为此，学校需要加强学科与教师队伍建设，深化教育教学改革，提高人才培养质量和科学研究水平，增强服务社会能力，形成办学特色，提升综合办学实力，为广东加快转变经济发展方式、打造南方教育高地、建设文化和人力资源强省、率先实现社会主义现代化做出新贡献。同时，学校要秉持学术立校、人才兴校、科研强校、开放活校的战略思路，力争把学校建设成为"国内一流、世界知名的综合性师范大学"。

王恩科（华南师范大学校长，2017.9至今）上任伊始就提出，学校在当前和未来一段时期要着力突出"教师教育出特色、学科水平上台阶"的战略思路，全面深化综合改革，做"北上广"三足鼎立的师范大学，大力实施广东乡村教师教育振兴计划、粤港澳教育创新试验区计划、一流学科服务创新驱动计划等三大战略，更密切对接国家创新战略和广东发展需求。

教师教育出特色方面，须着力开展"新师范"建设。"新师范"建设的核心是创新师范人才培养模式，全面优化师范教育招生、学科建设、教学改革到职前职后培训各环节；"新师范"建设的另一个重要部分，是要服务广东创建"职业教育综合改革先进省"和产业转型升级，这要求华师打造职教普教立交桥，培养高端的职业教育师资队伍。学科水平上台阶方面，则主要针对华师学科建设上的短板，推进"两高两化"，即高青人才内培外引和高端平台培育建设计划，以及国际化和信息化。

广东工业大学校长办学理念

广东工业大学　余利娜

办学理念是一所学校的灵魂，对学校的发展具有重大的指导意义与引领作用。办学理念是校长对"大学是什么"和"大学应该做什么"的理性认识，也是对"办什么样的学校"和"怎样办好学校"的实践升华，是校长根据高校的办学规律，并结合自身情况，经过长期的理性思考及办学实践所形成的价值追求和办学主张。简而言之，办学理念是办学者基于"办怎么样的学校"和"怎么办好学校"的深层次思考。

广东工业大学由原广东工学院、广东机械学院和华南建设学院（东院）于1995年6月合并组建而成，是一所以工为主、工理经管文法艺结合的、多科性协调发展的省属重点大学。2010 年 9 月起至今，陈新任广东工业大学校长。一直以来，陈新校长遵循以人为本的办学理念。"以人为本"的办学理念，是以全面推进素质教育为中心，以人文、科学、创新的统一为目标，进一步重视和加强品行教育，以培养创新精神和实践能力为重点，全面提高教育质量，努力把当代大学生培养成为人文精神、科学素养、创新能力统一的一代新人。

校长认为大学存在的最重要理由就是培养富有想象力和创造力的人才，大学不仅要有大楼，还要有大师，更要有大志。读大学，要感悟她大爱、求真、包容的精神气质和价值追求，要塑造理想人格，培养创新思维，砥砺前行。期望同学们珍惜大学时光，立大志、培养坚韧不拔的品质、敢于创新，努力成长为"顶天立地"的广工人。"顶天"，就是要适应社会发展，顺应时代潮流，开阔国际视野，志存高远，追求卓越；"立地"，就是要踏实做学问，潜心做研究，勇于质疑，敢于批评，信仰真理，追求科学，扎扎实实做好每一件事，做到有责任，有担当。作为广东省重点建设的省属高校，一直以来，广东工业大学特别注重人才培养工作，不断开拓产业协同平台，创新培养模式。他希望将来学生来到学校，能够了解社会，有更强的社会责任感，在实践中提升自我创新能力，将来走上社会能有迎接各种挑战的能力，为自己未来的人生道路打下坚实的基础。

2015 年，广东工业大学成功入选广东省高水平大学重点建设高校。学校遵循以人为本，坚持"与广东崛起共成长、为广东发展做贡献"的办学理念，加快推进高水平大学建设。

近年来，在这样的办学理念下，学校在师资队伍、科研创新、人才培养等方面发展迅速，成效显著。

一、重视师资队伍建设

学校高度重视师资队伍建设，先后推出"百人计划""青年百人计划""培英育才计划""教师出国研修计划"等，师资力量不断增强。学校提出"靠市场、靠机制、靠团队、靠服务"，即利用广东产业转型强大的市场拉动力，为顶尖教授提供实现"学术与市场"双价值的体制和平台。高素质师资队伍的建设，为学校人才培养提供了强有力的支撑。教师在教学上注重多专业交叉融合培养，实施多样性、个性化的人才培养理念，激发学生的学习兴趣，使学生发现专业的魅力，增强学生爱学乐学的持久动力，而他们高尚的师德和人格影响着青年学子，引导学生养成正确的价值观和社会责任感。学校通过建设高水平的师资队伍，带来了更开放的思想观念，引领并激励着广工大学子，培养学生具有坚定的理想信念、开阔的国际视野和过硬的创新能力。

二、坚持科研与产业融合

学校坚持科研工作顶天立地，倡导与产业深度融合，科研整体实力不断增强。校长认为产学研合作不能满足于"做一单换一个地方"，完成一项合作只留下一个产品，那是"打工式"的产学研。只有按平台、联盟和国际合作等长久协同方式开展，才能真正形成聚集效应和辐射效应，企业也才能通过产学研结合，获得"造血"功能、提升创新能力，并引导按照市场的需求向前跨进。这些平台、联盟不能够只挂"虚牌"，要有实在的好的运行机制作保障。学校提出了"一体双向三延伸"机制。"一体"，是指学科、服务、育人三位一体。"双向"，是指大学在建设各类平台时一定要对地方与学校、平台与学科、研发与育人实行双向互动、双向支持、双向负责。"三延伸"，是指通过"向上延伸"——创新机制聚集国际高端技术资源与人才；"向下延伸"——必须对接产业转型重大需求；"向内延伸"——激活校内多学科创新资源联合攻关，并利用平台培养创新人才。

同时，学校与地方政府和工业界联合建立了"广州国家现代服务业集成电路设计产业化基地""东莞华南设计创新院""佛山广工大数控装备协同创新研究院""河源广工大协同创新研究院""惠州广工大物联网协同创新研究院""云浮创新设计中心""东源广工大现代产业协同创新研究院"等多个跨学科协同创新平台，推动广东国防科技工业技术成果产业化应用推广中心落地，并于前期投入 6 亿元资助中心建设。目前学校正努力在高端装备、IC 设计、工业设计、先进材料、环境生态、生物制药、软物质等多个领域构建高水平研发平台，促进产学研和协同创新取得实质性成果。

三、营造创新氛围，促进人才培养

学校致力于培养有国际视野、有坚实基础、有创新能力的人才。学校从学生成才观的理念转变抓起，探索性实施了"重基础、强能力、宽视野、多样性、有担当"的培养方案改革，着力探索以培养创新创业精神和实践能力为重点，基于产学研全程结合的人才培养新模式与新思路，同时将人才培养（特别是本科生培养）纳入高水平科技创新平台建设规划之中。近年来，学校注重通过教育教学模式改革来提升人才培养质量，积极探索和实践多样性创新人才培养，学校现在开办的创新班、卓越工程师班、校企班都是其中的举措。通过浓厚的创新氛围的营造带动更多学生参与创新。学校鼓励每个班级、每个专业设立更多创新小组、创新项目，希望每一个学生在大学四年内都能参加一个创新项目，尽量推动创新能力培养的全覆盖。鼓励同学们不仅要敢于把自己的想法、建议提出来，还要勇于实践，以主人翁的姿态参与并推动学校的改革发展。

四、重视对外合作与交流

学校高度重视对外合作与交流，专门设立出国（境）留学基金和来华留学基金，推进以"学科为主体"的国际合作与交流战略，促进学科和团队与国（境）外高水平大学、科研机构和跨国企业等建立战略合作伙伴关系，搭建合作平台，对接国际一流技术，引进国际一流人才。学校高度重视服务国家"一带一路"倡议，加强国际化人才培养，支持"一带一路"沿线国家学生来华留学与技术培训。学校先后与国（境）外 150 多所大学和机构建立合作关系，开展合作办学、学生联合培养、师资培养、教学模式改革、合作科研、人才引进和平台建设等多方位合作，推进重点学科建设进入国际前沿，为学校师资队伍国际化、人才培养国际化和科研工作国际化提供良好平台。学校还入选了国家外专局和教育部"高等学校学科创新引智计划"（"111 计划"）。

五、鼓励学生创业

校长认为年轻人的创造力是无限的，国家的科技创新发展要靠年轻人。学校的任务是把"以教为主的教育调整为以学为主，充分发挥学生的主观能动性"。因此要建设好体制机制，营造浓郁的创新创业氛围，把年轻人的精力引导到创新创业上来。广东是制造大省，每年学校都有上万名学生进入经济主战场、到工业界就业，市场是检验学校培养的学生与市场贴合度的试金石。学校提出"重基础、强能力、宽视野、多样性、个性化"的人才培养方案——大一、大二扎扎实实打好基础，大三之后开始参与到各类创新平台上，大胆试验。学校正在筹建创新创业学院，致力于协同第一、二课堂，对创新创业教育进行系统思考和整体推进，开设创业课堂、创业训练、创业实践、创业孵化等系列特色课程，系统构建"选种—培植—初孵—深孵—后孵"的创业生态链。当前，学校创立了 100 万的大学生创业基金，在图书馆和 IC 基地建设并实际运营两个可容纳几十个创业团队同时入驻的大学生创业（孵化）基地，并计划与中山、东莞、佛山、河源等产业园区筹建一批创业（孵化）基地。这些创业（孵化）基地都享受办公场地补贴、相关税费减免政策、初期经营补贴、后续资金的援助等优惠政策和后续支撑。

通过一系列创新举措，学生综合素质和创新能力不断提高，学生在全国各类科技创新竞赛、文化体育竞赛中不断刷新纪录；将学校建成高素质创新创业人才培养、高水平科学研究和成果转化、高质量社会服务、先进文化引领的重要基地，努力向国内一流、世界知名大学目标迈进；最终要将学校建设成为与产业深度融合、极具创造活力、工科特色鲜明的高水平大学，为广东经济结构战略性调整和产业转型升级培养一大批广受社会欢迎的高素质创新人才。

广州商学院办学理念的研究

广州商学院 钱嘉荔

广州商学院前身是华南师范大学增城学院，一直走在广东民办高校的发展前列，是广东最早开办普通本科教育的民办高校，是全国第一批、广东省第一所独立学院，是广东第一所由独立学院成功转设的普通本科高校。学校坚持"应用型、开放式、国际化"办学定位，坚持"特色立校、人才兴校、管理强校、开放活校"发展思路，办学水平和社会影响力稳步提升。武书连2017中国民办大学综合实力排行榜上，我校位居广东第一，全国第十二。艾瑞深中国校友会2018中国民办大学排行榜上，我校位居广东第一，并入选2018中国"最好民办大学"榜单。

学校坚持以人才培养为中心，探索实施以德育为先，以专业实践能力为体，以信息化和国际化为两翼的"一体两翼"高素质应用型本科人才培养模式。学校有良好的师资，是教学质量的有力保证。近年来，学生在国家级、省部级各类大赛中屡创佳绩，平均每年获得国家级、省部级奖项近100项。学校毕业生综合素质高、实践能力强、就业形势好，历届毕业生都受到了社会和用人单位的广泛认可。

学校与英国、美国、澳大利亚、加拿大、新西兰等国家的25所知名高校开展了国际化办学项目，是广东省国际化办学层次最多的本科高校之一。国际化办学成效显著，"专、本、硕"一体化的国际教育格局形成。

一、办学理念

在20年办学历程中，学院秉承华南师范大学"严谨治学，求实创新"的优良办学传统，坚持"应用型、开放式、国际化"办学理念和"求真、立信、笃行"的办学精神。

1. 应用型

学校推行"一体两翼"人才培养模式，融合"开放式、国际化"办学理念，构建高素质应用型人才培养体系。着力培养学生学习能力、思维能力、专业技术能力和创业能力，强化学生计算机技术、外语专业领域的应用能力，以适应信息时代和全球化的需要。

2. 开放式

近年来，学校在广州开发区的支持下，整合政府、企业等社会资源构建开放式应用型人才培养体系。例如，我校优秀教师参与华南师范大学联合培养研究生，黄埔区法院把"九龙人民法庭"设在校内，京东与我校共建校园实训中心，建设银行在我校建立校园 e 银行，黄埔区依托我校法律专业人才共建社区矫正基地等，这些举措为学生实训及参与社会服务提供了广阔天地。

3. 国际化

近年来，学校国际合作的广度和深度均走在广东民办高校的前列。一方面在学校治理中遵循国际惯例，另一方面注重在人才培养过程中引入国外优质资源，培养具有国际视野人才。学校设有专门管理与教学机构：国际学院。目前学校和美国、澳大利亚等国高校合作培养国际物流、国际会计等高素质人才。

二、办学定位

坚持以中国特色社会主义理论体系为指导，坚持"以生为本、立德树人"，促进学生德、智、体、美全面发展；立足服务广州乃至泛珠江三角洲地区经济社会发展的新需求，立足民办高等教育改革和发展的新趋势，探索中国民办高水平应用型大学建设的新模式，努力把它办成一所综合实力强、特色鲜明、具有较大影响力的开放式、国际化的本科高校，为广州乃至泛珠三角地区的经济社会发展作出更大贡献。

民国时期湘雅医学院(会)章程的创立、变迁与启示
中南大学   杨健康   程丹

大学章程作为大学的宪章，是大学依法行使办学自主权的总纲领，是大学利益相关方行使权利，履行义务的基本依据，也是一校之内的"基本法""根本法"和"最高法"，通过章程进行的大学治理是践行高等教育客观规律的治理，是浸润行政法治理念的治理，是规范化的治理，是法制化的治理。民国时期，湘雅医学院在创立之初，就有着自治的特征和自由的医学和医学教育氛围，并且能够较好地体现内外部权利之间的分配关系，这一切皆与其兴医与办学刚开始就制定了章程密切相关。

一、湘雅医学会章程创立的背景、内容及特点

关于湘雅的办学史，在国际，可上溯到 1901 年雅礼协会在美国耶鲁大学的创办；在湖南，可上溯到 1902 年雅礼协会人员为兴医办学来长沙择地工作的开

始。后来，作为实现兴医办学计划的准备与必备条件，雅礼协会先是 1906 年，在长沙的西牌楼创办了省城内第一家西医医院，即雅礼医院（今湘雅医院的初名）与雅礼大学堂（后来雅礼大学与今雅礼中学的初名）；后是 1911 年，即辛亥革命那一年，作为现代医学教育在湖南的发端，创办了雅礼男女护病学校（今中南大学护理学院的源头）。1913 年，雅礼协会拟添设医学教育与研究的拓展计划，主张兴学的湖南都督谭延闿闻雅礼协会计划，遂派员与其接洽，签订湖南省政府与雅礼协会合办湘雅医校、院契约；组织湘雅医学会董事部。董事部有雅礼协会推定的胡美、解维廉、赫尔辉、盖葆耐、茅爱理五位董事；谭都督委派朱廷利、粟戡时、颜福庆、聂其焜、萧仲祁为中方董事；湖南省政府拨款购地三千方，雅礼协会购地一千四百方，为建筑医校、院之用。以"湘雅"冠名，来体现中美合办的性质。湘，是湖南省的简称，指湖南省；雅是 YALE 译音雅礼的首字，代雅礼协会。

1914 年春，湘绅组织湖南育群学会，作为签约的技术桥梁，代表湖南省政府与雅礼协会确认前约。约文中湖南育群学会名下的责任实际由湖南省政府承担，双方还明确：医学校、医院、护病学校统一冠以"湘雅"名称。

为统管雅礼协会独资的湘雅医院和中美合资的于 1914 年 12 月 8 日正式开学的湘雅医学专门学校（预科生）与湘雅男女护病学校，中美双方共同组成湘雅医学会，并正式以文本的形式约定其为湘雅系统的最高管理机构，这样也就产生了湘雅历史上的第一部章程——《湘雅医学会章程》。它虽然贯之以《湘雅医学会章程》之名，但实际上该章程是湘雅初期医学教育的顶层设计，具体见表 1：

表 1 《湘雅医学会章程》文本结构与内容概要

文本结构	内容提要
总则	本部依照湖南育群学会与雅礼协会所订合同组织
法律属性和规范	阐述学院的基本职能、命名、位置、法人的基本特征
财政	阐述收入来源及经费使用方式
治理结构	阐述董事部与干事部的组成、任命、权限、会期以及医院、医校相关问题、表决等

由于是创立时的纲领性文件，章程首先体现了湘雅具有的兴医与办学特色。在章程的办学目标里，就清楚地表述为："解除当地人民的疾苦，推动当地的知识与文化发展。"其次，章程对本校与利益相关者的权利与责任进行了明确

的表述，特别是明确了雅礼协会和大学分别应该做什么，不应该做什么，这些基本的表述是为了体现大学从部分出资方（雅礼协会）那里获得自治权利的合法性。所以，在此章程中就没有涉及大学教育教学的条款，如课程形式、教学学制、教师、学生等方面的内容。

二、湘雅医学院章程的变迁

湘雅医学院创立后得到了迅速发展，特别是 1916 年又正式开始了医本科教育，学生人数从刚开始的 10 人发展到 18 人。为规范医学教育的管理，在校长颜福庆的主持下，在已有的《湘雅医学会章程》的基础上，增补制定了《湘雅医学专门学校第二次报告书》（以下简称《报告书》）和《湘雅医学专门学校学则》（以下简称《学则》），《报告书》和《学则》主要是从治理结构上对湘雅医学教育的人才培养目标和教育教学管理进行了制度化的规定。具体如下：

表2　《湘雅医学专门学校第二次报告书》文本结构与内容概要

文本结构	内容概要
人员构成	董事及干事姓氏录、教职员姓氏录
办学目标	阐述大学的基本职能、设施供给
治理结构（教育教学管理）	临症实习、入学资格、学科程度、课程表、各学科教授大意、入学须知

表3　《湘雅医学专门学校学则》文本结构与内容概要

文本结构	内容概要
培养目标	以养成医学专门人才为宗旨
治理结构（教育教学管理）	详尽阐述了入学转学及退学、修业年限、学年学期及休业日、学科程度及授业时间（教学计划）、学业成绩考查、操行成绩考查、禁令、各项规则（教室、自修、食堂、寝室、阅报室、邮筒、考试及试验考试、操场、实习室、课余、藏书室、休业、请假、服务）、赏罚、征费【学费、膳食费、校服费、试验设备预交费（可退）、书籍费】

表2、表3 这两份文件，是迄今能找到的、最早的关于湘雅医学教育的管理规章，可认为是湘雅教育史上的主体性基本制度。它们虽然没有贯以章程的名字，也没有湘雅后来章程的完善、具体，但其实际效用等同于章程。

三、湘雅医学院章程的发展

1. 湘雅医科大学章程

1926 年，发生了大革命后，湖南的进步学生运动接连发生。11 月，先是湘雅护校爆发学潮，然后湘雅医院继以工潮，接着大部分湘雅医学本科学生卷入，由单纯的反帝运动发展到排斥湘籍以外的所有教授。1926 年岁末和 1927 年年初前后，颜福庆、盖仪贞等中美教授相继离湘，湘雅各单位宣布停办；但是，虽然医本科教育停招，但护病学校还是照常招生，以应社会之急需；自是各部规模，渐复原状。雅礼会见此景况，亦愿重联旧好，共谋医校之继续开办。另外，湘雅复办后，1929 年秋季招收医预科甲乙两班。为保证复办的医本科依章办学，1930 年夏，主持湘雅校务的第二任校长王子玕，在原有使用过的办学章程和报告书的基础上修改补充成《湘雅医科大学章程》，与原来的章程相比，体现了转型时期政治、文化的影响，并且理顺了私立湘雅医学院一段时期发展以来的治理结构，具体如下：

（1）办学目标。新章程与原章程相比，从办学目标的条款来看，特别提出了"以发扬三民主义、研究高深医术、养成医学专门人才为宗旨"。

（2）治理结构。首次明确了以下内容：大学的学制；教学系统和行政系统的建置；校务会议和审计会议的组成、任命、权限、会期等。教学管理的基本规程；各系具体的教学目标等。

2. 私立湘雅医学院章程

张孝骞在 1937—1948 年担任私立湘雅医学院院长，在任期间他对原有的章程进行了 5 次修订，时间分别为 1932 年、1933 年、1934 年、1938 年、1940 年。其中 1939 年秋，第十五次修订的章程版本，是私立湘雅期间、最完备的一部章程，与以前的章程相比增加了：校董、职员、教育一览表；单列组织大纲；增加学程纲要、奖学借款委员会规程以及学生一览表。

3. 国立湘雅医学院章程

同样也是张孝骞主持湘雅教育时制定的，其背景是抗日战争爆发后，湘雅被迫西迁贵阳，在西迁之前的经费来源有湖南省政府的资助、湘雅医院收入的支援以及雅礼协会的部分援助等三个途径。战争环境下，湖南省政府的资助一减再减，迁至贵阳之后，省政府的资助已无法送达使用，抗战时期的湘雅医院已无暇顾及湘雅医学院所需费用。第二次世界大战珍珠港事件后，美国宣布参战，雅礼协会对学院的资助被迫中断，如何筹集经费成了继续办学的问题。鉴于以上，张孝骞在征求多方意见的基础上起草了改国立湘雅医学院的申请书和改革方案，果断地联合董事会进行"国立运动"，经过艰难的谈判与周旋，

1940年6月11日，国民政府行政院第469次会议，通过了湘雅医学院国立案。同年8月1日，雅医学院正式改为国立湘雅医学院。

为推进湘雅的办学，张孝骞于1941年、1943年两次组织相关人员对《湘雅医学院章程》进行了修订，最终形成了《国立湘雅医学院章程》(以下简称《章程》)。与先前的章程相比，除仍然有如何对教学、临床进行管理的内容以外，首次明确了国立后湘雅举办者的权利和义务；增加了校训、校歌、沿革等内容；首次阐明了湘雅各行政管理组织机构与工作运转模式，以及适应国立而新成立的各委员会如教务、总务、贷金委员会、研究委员会的议事规则。通过《章程》修订，使行政分工明确，层层把关，保障了学校正常行政以及教学工作的高效有序。在今天看来，这个章程仍然具有前瞻性和可操作性。也正是依据这个章程，各项事业得以落实，湘雅与雅礼协会血脉相连，至今还保持着密切的关系。

四、启示

章程是一所大学设立的合法性前提，也是保障大学自治的法理文本。基于此，教育部已于2012年出台了《高等学校章程制定暂行办法》，规定高等学校应当以章程为依据实施办学。总体而言，现时代高等学校的章程与民国时期的章程尤其是与湘雅医学院章程相比，在背景上有很大的不同。现时代高校章程的制定大致是由外力推动而制定的，这与整个国家的行政体制有关；而湘雅医学院则相反，在创办初期就仿照美制模式，行政系统和学术系统相对分离，通过董事会以及各委员会分庭治理，并建立章程来保障大学以及医院的自治权以及厘清归属。这些体制在老牌的美制大学中已经非常成熟，而这些都属于基于内在需求自然发生的过程，所以当时代高校在这章程建设中，或许可以透过这样的过程体会到一些值得思考和借鉴的地方。

1. 章程的办学目标要彰显有特色的办学理念和人才培养模式

雅斯贝尔在《大学之理念》一书中提及，"大学只能作为一个制度化的实体才能存在。在这样一种制度里面，大学的理念变得具体而实在。大学能在多大程度上将理念转化成具体实在的制度，将决定它的品质。倘若将它的理念剥离出来，大学就一文不值了。如果将章程看成高校制度化框架的底层基石，那么办学目标则是最能体现办学理念的文字表达。所以，高校章程的办学目标也同时反映了高校理念与制度之间的关系与契合度。

从湘雅的办学理念和人才培养模式的表述来看，创立时期：以培养医学专门人才、发扬三民主义、研究高深医术、养成医学人才为宗旨。私立时期：以教授高等学术，培养专门人才为宗旨。国立后以教授高深学术，养成硕学宏材，应国家需要为宗旨。其办学理念和人才培养模式是随着时代和社会的需要而不同。

目前，从我国公立大学已经颁布的章程中分析发现，有关办学宗旨、教育形式的规定基本上是一致的，如几所大学的章程中都指出"学校以人才培养和知识创新为根本任务，开展教学、科学研究和社会服务活动"。这些都是一般意义上的阐述，而且可以是任何一所大学的办学宗旨。为了祛除这种"千校一面"的诟病，我国大学在制定章程过程中，可以借鉴湘雅医学院在办学宗旨、规范等方面的经验，使章程中关于办学宗旨的规定既能结合实际又能彰显特色，既反映国家要求又显示学校内涵，起到切实的规范和引领学校发展的作用。

2. 大学章程要有可操作性，减少抽象性表述

目前，我国大学的章程在条文的表述上过于抽象，缺乏可操作性，如大学章程中规定，"学校关怀在学习生活中遇到特殊困难的学生，为其健康成长提供必要的帮助"，具体提供哪些帮助是更为重要的，但是在章程中并没有体现出来，而在湘雅医学院的章程中对特殊困难的学生资助，如何资助、资助的额度多少都有明确的表述。

3. 大学章程要因时修订

要根据社会的变化适时地按照法定的程序进行修订，使章程与实际相吻合。湘雅医学院的章程前后进行了 15 次修订，都是因时而需。而现在我国多数大学的章程，一旦出台，便束之高阁成为应付高校评估与上级考核的空洞口号，落后于时代发展的需要，造成国内大部分章程都大同小异的现象。因此，我国的大学章程应该像湘雅医学院的章程那样，随着大学内诉求和外在力量的要求不同，依照修订程序而不断地更新章程，使大学本身的发展更好地适应社会的需要。

长沙民政职业技术学院办学理念
长沙民政职业技术学院档案馆

长沙民政职业技术学院于 1984 年由民政部创办，现为湖南省人民政府与民政部共建的湖南省教育厅直属普通高等学校，学校是全国首批（28 所）国家示范性高等职业院校、湖南省首批（8 所）卓越高等职业技术学院建设单位。

长沙民政职业技术学院以习近平新时代中国特色社会主义思想为指导，围绕立德树人根本任务，立足民政、面向社会、适应市场、开放办学，主动服务国家战略、服务"一带一路"、服务"中国制造 2025"、服务"创新驱动发展"、服务民生福祉、服务健康中国、服务养老中国、服务湖南经济社会发展。学校以服务为宗旨，以就业为导向，走产学研结合的发展道路，面向民政行业和区域现代服务业，培养德智体美劳全面发展，心理健康，具有"爱众亲仁"道德精神和"博学笃行"专业品质的德智体美劳全面发展的高素质技能型专门人才。

长沙民政职业教育学院坚持"以人为本、为民解困、为民服务"的爱民、亲民理念办专业，顺应"幼有所育、学有所教、劳有所得、病有所医、老有所养、住有所居、弱有所扶"的民生需求加强专业建设，聚焦社会管理与服务、健康养老服务、民政信息及智能化技术服务三大民政特色专业群；顺应服务湖南地方经济社会发展，积极打造现代服务和智能制造两大专业集群；顺应"大众创业"和"万众创新"潮流，通过创新专业群人才培养模式，切实提高学生学习能力和创新创业能力。学校为全面提升服务社会的能力，持续提高对区域社会经济发展的贡献率、推动力和影响力，逐步实现结构更优、实力更强、质量更高、机制更好的发展格局，努力实现创新发展、特色发展、内涵发展，建设具有中国特色社会主义的高水平高等职业技术学院。

坚持"两手抓""两手硬"，打造高水平综合性大学
——河南师范大学的转型与发展之路

河南师范大学　罗红艳

河南师范大学是一所具有 95 年办学历史、积淀厚重、成效显著的省部共建大学，其前身是始建于 1923 年的中州大学理科和创办于 1951 年的平原师范学院，先后称为河南师范学院二院、河南第二师范学院、新乡师范学院，于 1985 年始称河南师范大学。2007 年，学校被教育部确定为本科教学工作水平评估优秀学校。2012 年，入选国家中西部高等教育振兴计划支持高校。2015 年，成为河南省第三所省政府与教育部共建高校。在近百年的办学过程中，特别是进入 21 世纪以来，学校领导带领全体师生员工，紧跟国家经济社会发展大势，把办学治校置于国家发展的宏观战略之中，明确战略愿景、创新战略路径，一手抓教师教育，一手抓学科建设，力求学科建设上台阶，教师教育出特色，努力实现师范大学从传统师范教育向教师教育的转型，不断实现从师范类学科的师范大学到多学科全面发展的高水平综合性大学转型。

一、从师范教育到教师教育转型(2000—2005)

20 世纪 90 年代末，国家先后出台了系列政策，要求打破传统师范教育的封闭体系，建立开放灵活、一体化的教师教育体系。在这种背景下，河南师范大学开启了从师范教育到教师教育转型的道路。2003 年以来，校领导审时度势，多次引导全校师生对学校定位和办学思路进行讨论和研究。2003 年 10 月，

学校在全校教职员工中开展了以"学校改革与发展"为主题的大讨论。广大师生以主人翁的态度，对思想解放、学校定位、办学规模、办学层次等方面的问题进行了讨论，提出了许多建设性意见和合理化建议。2003 年 12 月，召开的校第十次党代会更是对学校学位和办学思路的一次总结和提炼。在这次会议上，代表们在民主的氛围中，以高度的责任感和事业心，积极谋划学校的改革与发展，确立了由师范院校向具有教师教育特色的高水平的综合性大学转型和过渡的战略目标。

具有教师教育特色就是要充分发挥学校的传统优势，继续加强教师教育研究，完善机构，创造条件，建成河南省最大最强的教师教育基地，力争国家级教师教育基地，使学校在教师教育从封闭向开放和教师教育一体化改革进程中，熔铸自己的特色，占据应有的位置。所谓综合性，就是要在坚持教师教育特色的基础上，适应师范院校转型的改革趋势，全面调整学科结构，努力建设学科门类较为齐全、专业结构合理、各学科协调发展的综合性大学。所谓高水平，就是实现办学层次的突破，使学校发展成为一所自然科学基础理论研究优势突出、文理协调发展、国内外有一定影响的综合性大学。

围绕建设具有教师教育特色的高水平的综合性大学的战略目标，学校提出了"五个必须"的战略思路与构想。要想建设具有教师教育特色的高水平的综合性大学，必须始终坚持培养优秀人才这个中心，为国家培养多层次的高素质人才；必须全力实现高层次突破；必须加强教育科学研究和教育学科建设；必须加快校园基础设施建设；必须树立人才资源是第一资源的观念，造就高层次、高水平、高素质的教师队伍和党政管理干部队伍；必须坚持以改革促发展，进一步深化改革，优化管理，努力提高办学效益。在这样的目标愿景与办学思路下，学校走上了从师范教育到教师教育的转型发展的道路。

二、从教师教育到教师教育特色的综合性大学迁跃(2006—2017)

在努力实现第十次党代会目标的同时，学校也在持续不断地总结和反思学校的办学指导思想和办学定位。2006 年，学校就"办学指导思想与办学特色"问题，先后召开四次专题座谈会，分别征求了教育专家、离退休、老领导、老干部和教师代表的意见。四次座谈会共收到关于办学指导思想、办学特色、办学目标定位、学科发展定位、人才培养定位等方面意见、建议近 300 条，进一步理清了学校的办学思路。随后，学校举办了中层干部研讨班，对办学指导思想和办学特色进行专题研讨。全校处级以上干部近 200 人分 6 组进行了深入研讨，提出了不少建设性的意见和建议。在广泛征求意见和深入理论研讨的基础上，学校进一步形成了以人才培养为根本，走规模、结构、质量和效益协调发展的办学之路，在中国共产党河南师范大学第十一次代表大会上，学校明确了"建设国内影响较大的具有教师教育特色的综合性教学研究型大学"的目标。

为了实现这一战略目标，学校确定了"四个立足""四个着力"的发展战略，即立足于建设综合性大学，着力在提升学科建设水平上下功夫；立足于建设具有教师教育特色的大学，着力在彰显办学特色上下功夫；立足于建设教学研究型大学，着力在提高人才培养质量和科学研究水平上下功夫；立足于建设国内影响较大的大学，着力在增强学校软实力上下功夫。通过十年的艰苦奋斗，学校教师教育特色得以进一步彰显，学科综合化的程度日益提高，两手抓、两手硬的办学理念与思路所产生的效果日益凸显。这期间，学校先后入选国家中西部高等教育振兴计划支持高校、省部共建高校和"111"引智创新计划高校。

三、从教师教育特色的综合性大学到新时代高水平大学的建设 （2018 年至今）

党的十八大以来，中国特色社会主义进入新时代，高等教育发展开启新征程。随着我国社会主要矛盾发生的深刻变化，人民群众和社会对优质高等教育资源的诉求越来越迫切，经济发展方式由要素驱动转向创新驱动，高等教育资源的竞争更加激烈，高等教育国际化趋势不可逆转，这都是我们需要应对的重大挑战。作为河南省人民政府与教育部共建高校和全省教师教育领军学校，学校必须把握机遇，直面挑战，根植中原文化沃土，切实把学校建设成为高等教育的标杆大学，生动诠释"师范"二字所蕴含的"榜样""典范""示范"等深刻内涵，引领和支撑经济社会发展，为全面决胜小康、夺取新时代中国特色社会主义伟大胜利做出应有的贡献。

在这样的宏观背景下，学校召开了第十二次党代会，大会确立了今后一个时期内学校的办学指导思想、发展目标与战略路径。学校提出了建设世界知名、全国著名、区域引领、特色鲜明的高水平大学奋斗目标，还确立了"三步走"的战略构想：即第一步，到 2023 年，即建校 100 周年之际，高水平大学建设基础更加坚实；第二步，到 2035 年，即我国基本实现社会主义现代化的时候，高水平大学初步建成；第三步，到 21 世纪中叶，即我国建成社会主义现代化强国的时候，高水平大学的内涵得到全面提升。

为了解决"怎样建设高水平大学"这一重大课题，学校提出了"四个必须"的建设路径：即对标"世界知名"，学校必须不断加大国际化办学力度，产出具有国际影响的科研成果，培养具有国际视野的创新型人才；对标"全国著名"，必须不断加强内涵建设，提升办学综合实力，进一步扩大社会影响力和美誉度；对标"区域引领"，必须围绕国家战略需求和经济社会发展需要，发挥学科优势，增强辐射带动能力；对标"特色鲜明"，必须进一步彰显基础研究和教师教育的特色，激发学校改革发展活力和张力。通过全面深化综合改革和加快推进内涵建设，努力为建设"世界知名、全国著名、区域引领、特色鲜明"的高水平大学而不懈探索。

总之，在近百年的办学历史上，尤其是进入 21 世纪以来，学校历任领导总是在充分研判不同历史时期经济社会和高等教育发展的形势与政策的基础上，做出相应的战略选择。在不同历史阶段，学校的办学理念与战略思想可能会有不同的表述，但是整体构想是打破传统师范教育的单一选择，一手抓教师教育特色，一手抓学科发展水平，坚持两手抓、两手硬的办学思想，最终把学校推上一个发展的新的高度。

国立武昌高等师范学校校长的办学理念

武汉大学 罗伟昌

武昌高等师范学校创于 1913 年，是全国较早设立的六所高等师范学校之一，到 1927 年停办，共办学 14 年。学校历经了轰动全国的"六一惨案"、国立武昌高等师范学校改名为国立武昌师范大学和国立武昌中山大学到停办以及中国共产党第五次全国代表大会开幕式在武昌高师附小小礼堂举行等重大事件。学校在办学期间，制定了校徽、校训和校歌，创立了旁听生制度以及废除学年制、采用学分制，实行男女同校等。学校汇集了一批著名专家、学者、教授，他们在极其艰苦的条件下，坚持严谨的治学态度，树立优良学风，使学校成为当时华中地区规模最大的著名高等学府。学校在办学的 14 年中，培养出毕业学生约 900 余人，他们中有的成为知名的专家学者，有的成为党和国家领导人，他们对中国的建设事业、高等教育的发展和世界学术研究都做出了重要贡献。武昌高师取得的这些办学成就和影响力是与历任校长的个人办学理念和艰苦努力分不开的。

学校在 1913—1927 年办学的各个历史期间的校长（校务维持会主任）有：贺孝齐、张渲、谈锡恩、张继煦、石瑛、张廷、李汉俊、黄侃、徐谦。他们都是治校有方的大家，都为武昌高师的发展做出了重要贡献。下面选取张渲和张继煦两位校长分别进行介绍。

一、张渲校长的办学理念

张渲（1886 年—1945 年），字绥清，民国初年知名教育家，河北东关人，曾留学日本，回国后任教育部京视学。1914 年 11 月到 1919 年 9 月，任国立武昌高等师范学校校长。张渲思想开明，开学有方，在校 5 年谋扩展，图发展，使武昌高师初具规模。

1. 注重内部管理和校风学风建设

张渲上任后，为了加强各部的工作，增设了各部教务主任，后又根据实际情况，打破部定章程，在全国率先将博物部改为博物地学部，将数学物理部改为数学理化部、历史地理部改为国文史地，对原有的课程做了相应的调整，使学校的专业设置开始形成自己的特色。

张渲校长热心办教育，十分注意校风、学风的建设。在他的主持下，1918年制定了学校的徽章（校徽），并将"国立武昌高等师范学校"10 个字用银铂制成篆字体，以佩戴于校服的衣领两侧。学生在校均须着校服，每当全校学生集合后，校徽和领章银光闪闪，颇为壮观。1919 年 1 月，学校又制成校旗。我们从校旗说明中亦可窥见高师校风的所在。武昌高师《校旗说明》中说：近日中外各学校，均有特别徽章旗帜，以表一校之精神，本校前制徽章，沿禹贡荆州厥贡羽毛齿革之文，又取楚世家鬻熊为文武师，中篆熊形，寓本校建鄂之意，此皆已经说明者也，今即用此式以制旗。古者旗亦名徽。《左传》曰：扬徽者，公徒也。故旗式与徽章一律。上垂交牙，乐器有崇牙树羽。节府有高牙大纛，于幡帜尤其宜之。左右排六翻，取腾达也。黄为中色，依易巩用黄牛之革取其坚也。鬻熊以师道显，子熊绎始受封。兹会其意呈熊形者，斯干重男子之祥。渭水获名世之兆，取其嘉吉而雄武也。且古旗本画熊，《考工记》曰：熊旗六游是已。六羽亦似六游。中备四彩，而旗质用蓝，乃校中士友将来有青出于蓝之盼望。此本校旗式所取义也。

1919 年 4 月，张渲校长为武昌高师题写校训：朴诚勇。同月，武昌高师校歌作成。歌词为：乾坤清旷，师儒道光，国学建武昌。镜湖枕麓，屏城衬江，灵秀萃诸方。东西南朔，多士跄跄，教学益相彰。朴诚有勇，陶铸一堂，学盛国斯强。这校训，这校歌，激励着高师一代又一代的师生去拼搏奋斗，至今有许多年近九旬的老学长尚能一字不漏地诵唱出来。

2. 注重学术刊物与团体建设及教学实习活动

从 1914 年起，学校相继成立了几个以学生为主体、有教师参加指导的学术团体。其中有以"切磋砥砺""发抒心得""练习演讲"为宗旨的理学会（后改为数理学会、数理化学会）；有以"练习英语"为宗旨的英语谈话会；有以"联合同志考求史地图书，增进学业"为宗旨的史地学会；有以"研究博物学科推广博物知识"为宗旨的博物学会。这些学会的组织形式各不相同，但都由有名望的教员担任会长，会员则有以教员身份参加的特别会员和以学生身份参加的普通会员两种。英语谈话会每两周召开一次，由会员们择题演讲。陈潭秋同志曾经是英语谈话会的会员，在谈话会上发表过《教育为中国之急务》等题目的演讲。史地学会常会每月一次，大会每学期一次。内容有名人演讲，会长会员发表心得，质疑问难和旅行报告等。

数理学会和博物学会除了定期集会演讲，邀请名人学者到校报告外，还组织师生捐赠书籍、资料，采集标本，建立图书室、标本室，编辑发行刊物，与其他学校和学术团体交换资料，表现得十分活跃。当时学校中的辩论风气很盛行，学校设有辩论股。辩论常常是事先商定讲题，讲演者可选其中一题。

为了促进教育质量的提高，活跃学术空气，提高师生的教学水平，武昌高师还创办了各种学术刊物，发行国内外。1913—1923 年，武昌高师师生创办的刊物有《博物杂志》《文史杂志》《国立武昌高师周报》等 14 种

同时，为方便学生们实习，学校规定：本科学生从三年级第一学期起，每周到中小学参观实习半日。每逢实习时，同学们于课前赶到附中、附小首先签到，领取参观证、批评簿，然后有课的听课，无课的参观。实习课后则要召开普通批评会与特别批评会，普通批评会于每次讲授后随时举行，主要是大家互相讲评；特别批评会每周召开一次，由附属学校教务主任指定时间举行。会上按事先抽签的决定，重点解剖一两堂课的教学，以达到帮助总结经验教训的目的。武昌高师还建有假设实习的制度，假设实习从本科三年级第二学期开始，当时数物部学生假设实习分数学、物理、化学 3 门，每门 10 余节。教员令学生写作教案，然后由教员批评其缺点、督其改良，批评的标准以观念明确，语言适当，教态庄重为主，而不以敷衍教员的提问为标准。假设实习中有不少学生做到演习时书法端正，次序合理，详略适宜，说明清楚；实验时体势灵活，注意周到，表示明了，物力经济，往往要在某个环节上重复数遍。学校如此严格要求学生，是为了使学生做到"内可以为学，外可以教人"。

3. 注重学生社会实践

为了让学生们接触社会、自然，考察各地教育，学校规定：学生社会实践被称为修学旅行，分甲、乙两种，甲种以观察自然状态、采集标本为目的，博物地学部学生自入本科后分年行之；乙种以参观各省学校、工厂及社会教育为目的，各部学生于本科第三年行之。修学旅行的时间和地点由校长规定。旅行之中由教员充任管教员，任命学生以临时职员的身份担任事务员、会计员、运输员、书记员、通信员。旅行中，学生一律身穿校服，听从教员安排。必要时，随时召开科学研究会或参观批评会。旅行的日记和报告应在归校后一周内交给校长。当时学生外出旅行的条件是比较艰苦的，学校只负责火车、轮船（限统舱）、膳宿（每人每天平均不得超过 6 角）和行李费。整个经费由校长审批，返校后一周内报账。

1919 年 12 月，教育部批准武昌高师三年级学生"呈请分咨各省予寄赴日本考察教育旅费案"。1921 年和 1922 年春天，学校曾两次组织本科三年级学生去日本考察，每次一个月左右。同时，每逢放假，学校教员要召集学生训话，"示以修养，读书方法，令作日记。凡读书、修养、旅行、起居、观察皆属焉，尤其注意修养及常识各项"。

4. 注重图书馆的建设

武昌高师的图书馆是 1917 年 6 月正式建立的。建馆之初，学校租借东院民房一栋作为临时馆址，在各学会图书室的基础上添置了一部分书籍，并从师生捐献、校际交流中得到了一部分图书资料。两年后，学校图书馆逐步充实起来。

张渲任校长期间的武昌高师取得了较大的成绩。1916 年 11 月，教育部授予武昌高师专门以上学校成绩展览会一等奖。同年 12 月，农商部第三棉业试验场召开棉业品评会，授予高师博物部 7 个一等奖。毕业生中有的被保送到北京国语讲习所学习，有的考上了北京高师举办的要求能用英语听课的教育研究所，有的在校期间就接到了各单位的聘书。华中地区中等学校的优良师资大多出自武昌高师。毕业生中也有一部分出国深造，回国后在各大学担任教职或学校管理。

1917 年，高师第一届学生毕业。张渲校长在给大家的题词中写道："今人皆知重视教育矣，而吾校固学为人师者也，将来国家教育事业是否循正，以与世界争衡，吾校友胥负其责焉。呜呼，吾人于国家之负荷，何如今日严师诤友岂徒增，学识亦且励责任心，以为立身当世之基也。"1918 年 11 月，武昌高师举行了开办 5 周年纪念活动，同时向教育部报告"本校现时状况及未来 5 年之计划"，这记载了张渲校长当年雄心壮志。

二、张继煦校长的办学理念

张继煦(1876—1956)，亦名勋，号春霆，湖北省枝江百里洲人，居县城大东门街，晚清举人，著名教育家。清末两湖书院毕业，曾由张之洞选派到日本弘文书院师范科学习教育学。回国后历任两湖总师范学堂教育学教员，湖北第一师范学校校长，北京政府教育部视学，普通教育司司长，安徽教育厅厅长。1917 年 6 月，武昌高师第一届学生毕业时，张继煦曾以教育部京视学的身份莅临学校训词。1922 年 1 月，任国立武昌高等师范学校校长。1924 年 9 月，因学校经费困难、筹款无着，被迫辞去武昌师大校长职务。1928 年，任湖北省政府简任视察。1930 年，任省通志馆总纂，专心著述并研究版本学，著有《张文襄公治鄂记》《异字考》。1944 年，湖北师范学院在恩施创建，张继煦教务长兼国文系主任。1952 年，任武汉市参事室参事、湖北省参事室参事。1955 年 12 月病逝。

张继煦虽然是旧学举人出身，但也出国留学过，思想较为开明，在校任期 4 年，经历了《学制系统改革案》，学校由师范学校改为师范大学的阵痛，但张继煦校长办学认真，学校的事业发展并未停顿，学校的风气还得以好转，学校影响也得以提升。

1. 注重思想解放，打破男女不同校与学年制等旧传统

学校于 1922 年 9 月首次招收女生，实行混合编班，男女同学同校，在湖北省开风气之先。它冲破了几千年来男女授受不亲的旧传统，堪称民主思想的一大发展。在招收首批女生的同时，学校还招收了首批旁听生，建立了旁听生制。

同时，变学年制为学分制。1922 年 9 月，学校在改 4 部为 8 系的同时，公布了修订简章，力求变革。1923 年 2 月，学校宣布，废除学年制，采用学分制。学生在主修一部分课程的同时，可以自由选修它系课程，可以提前学满学分，完成学习任务。变革之初，学校还允许一些学生根据自己的爱好、兴趣和特长改换专业。这项制度非常受学生们的欢迎，在一定程度上调动了学生的积极性，促进了教学质量的提高。

民国高校大都实行三长制的管理办法，即校长以下分别由教务长、斋务长、总务长领导各部门的具体工作。学校以前的斋务股管理学生苛严，斋务员经常巡视于自习室与寝室之间，学生举手投足稍有不当便会立即受到管斥，往往造成学生与管教人员的尖锐矛盾。张继煦任校长期间除教务长、总务长以外，不再设置学监和斋务长，只有两名斋务员办理一些请销假之类的事务性工作，学生们的思想、言论和行动从此有了些自由。学校还积极倡导民主，允许学生向教育部要求更换不称职的校长，向校方要求解聘不受欢迎的教师等。

2. 注重广揽名师，开设新课，开展国际学术交流

张继煦校长认为，聘请高水平的学者来校执教，是关系学校办学质量和发生的一件大事。他在任期间，学校聘任的教师有黄福（国文教授）、王葆心（国文教授）、黄际遇（数学教授）、纪育沣（化学教授）、薛德焴（动物生物学教授）、张廷（植物学教授）、耿丹（公民学教授）、李汉俊（社会学教授）等 40 多位教授。

除了国内学者为教授外，张继煦校长还注重国际学术交流，每到寒暑假就聘请中外名人来学校讲学。例如，1924 年 5 月，著名印度诗人泰戈尔来到武昌高师演讲，在师生中引起了强烈的反响；著名的美国科学家，桐油研究尤有成绩的陶克博士，到学校做了题为《桐油之研究》的学术报告。2 月，著名学者梁漱溟被聘来学校作为期一个月的讲学，讲题有《孔学绎著》《孔子人生哲学大旨》，为师大教育学术研究会讲演《佛教》《教育与人生》诸问题，听讲者群贤毕至，济济一堂，极一时之盛。

3. 注重发挥学生自治会的作用

1922 年 1 月 1 日，学校成立了学生自治会，主要任务有组织学生讨论时事，协理校务，排演新戏等。学生自治会的活动每每引起管理者不悦，因此管理者经常借口加以限制。到武昌师大期间，学生自治会已经同广大同学建立了较广泛的联系，当时设有一个食事科，专门代表学生监管伙食。如果食堂办得不好，就由学生自治会出面对负责承包的老板实行罚款。

总之，张继煦校长为了学校的发展花费了许多心血，也确实有一些成效。但武昌高师改为武昌师范大学以后，学生享有的公费待遇被取消，张继煦校长虽多方奔走，但屡次碰壁后，于 1924 年秋辞职。

国立武昌大学校长石瑛的办学理念

武汉大学　涂上飙

被誉为"民国第一清官"，湖北文化名人，近代科学教育的传播者、实践者，石瑛先生曾经两次执掌、任教武大，对武大的发展做出了重要贡献。在办学理念上也提出了自己的一些见解，具体分述如下。

一、明确综合、力促转型

民国建立后，为培养教育所需的师资，政府决定在全国建立六大师范学校，国立武昌高等师范学校就是其中一所。1922 年，新的学制颁布以后，大学的升格风潮日盛。单一学院学校升格为大学、单一大学升格为综合性大学频繁发生。1923 年 9 月，存在 10 年的国立武昌高等师范学校更名为国立武昌师范大学。

1924 年 9 月，经教育部批准，国立武昌师范大学改名为国立武昌大学（1924 年 9 月至 1926 年秋）。学校名称的改变，意味着学校的教育理念、人才培养目标等都要发生相应的变化。在这一转轨时期，1924 年 12 月，石瑛临危受命，出任国立武昌大学校长。他一到任就明确学校要向综合性转型，要建一所综合性大学。在他任职的两年里，为学校由师范向综合性大学转变做出了贡献。

出任校长之前，石瑛是北京大学理学院的化学系教授。于是，他以北大的模式为参照对学校进行了改革和调整。1925 年 1 月 18 日，石瑛到职。到任后对学校进行了一系列的改革：

1. 改革学校组织机构

按照西方大学，尤其是美国大学的组建模式，大学下设置学院、院下设学系。于是，他将学校组织机构调整为二院一处（即文哲院，拟聘彭某为院长；理工院，拟聘李四光为院长；总务处），院下仍设 8 个系，将英语系改为外国文学系。

2. 新聘一批教学师资

梅贻琦说过："所谓大学者，非谓大楼之谓也，有大师之谓也。"一所大学，光有大楼不行，还得有大师。于是，他从北京大学和其他学校新聘了一些教授。当时，学校的教师有薛德焴（字良叔）、王谟、黄侃（字季刚）、沈懋德、朱凤美、王南岩、陈建功、李汉俊、蔡中庄（字百揆）、纪育沣、张资平、郁达夫、杨振声、胡庶华、李拔茇等，其中的李四光、陈建功、郁达夫、汤璪真、胡庶华、吴小朋、黄侃等人都是知名教授。

3. 举办系列学术讲演

人才培养作为大学的第一功能，是起源于 11 世纪以后兴起的具有宗教色彩的西方大学；科学研究作为大学的第二功能，是起源于 1810 年德国洪堡创办的柏林大学。1917 年以后新的北京大学，基本上是蔡元培先生依照德国的模式创办起来的。石瑛来自北大，自然把北大学习德国崇尚学术的传统带了过来。1925 年暑假，在他的指示下，学校举办了系列学术讲演会，邀请吴稚晖、胡适、周鲠生、马寅初等来校讲学。4 人讲题分别是《上下古今谈》《诗经"言"字之研究》《国际形势》《经济趋势》。讲演会由石瑛主持，听讲者十分踊跃。

此外，他还在学校经费筹措、师资的严格管理以及积极引导学生开展健康有益的活动等方方面面都进行了有益的探索。

国立武昌大学虽然仅存在两年时间，但在石瑛的治理下，已初具综合性大学的规模。在大学理念、教育管理、教育教学等诸多方面都为武大的发展奠定了坚实的基础。以后武大文科、理科的发展都有武昌大学的基因和血脉，因此，石瑛功不可没。

1926 年秋天，北伐军来到武汉，历时两年的国立武昌大学遂告停顿，随后并入新成立的国立武昌中山大学（第二中山大学）。

二、兴校办学、基础先行

1928 年 7 月，南京国民政府决定彻底改组武昌中山大学，组建国立武汉大学。同月，大学院院长蔡元培指派刘树杞、李四光、王星拱、周鲠生、麦焕章、黄建中、曾昭安、任凯南、涂允檀等人组成国立武汉大学筹备委员会，刘树杞为主任委员，负责筹备工作。8月6日，蔡元培发布大学院院令，任命刘树杞为国立武汉大学代理校长。经过紧张的准备，10月31日，国立武大在原师大校舍——东厂口，正式开学上课。

建立一所华中一流的新的国立综合性大学，东厂口的40余亩土地显然是不够的。于是大学院成立了国立武汉大学新校舍建筑设备委员会，任命李四光、王星拱、张难先、石瑛、叶雅各、麦焕章为委员，李四光为委员长，负责选择新校址。此时，石瑛利用委员会委员的角色，力主学校的基础建设，认为培养人才应基础先行。

此时，石瑛之所以被任命为国立武汉大学新校舍建筑设备委员会委员，是因为从专业上来看，他学的是工科，对工程建设相对熟悉；其次，从身份来看，他此时是湖北省建设厅厅长，对建设规划的制定、建设用地的核批以及诸多建设事务的协调有帮助。1928年8月，他正式到任。作为一名建筑设备委员会的委员，到他1930年12月离开学校时，主要做了如下一些事情：

1. 参与决策

1928年11月28日，建筑设备委员会在建设厅召开第一次会议，他与李四光、张难先、叶雅各、胡宗铎、刘树杞等六人，讨论了学校建筑计划：学校地点在卓刀泉东湖嘴一带；建筑物以宏伟坚牢适用为原则，不求华美；建筑物包括教室、实验室、宿舍、教师住宅、发动机厂、自来水厂、演讲厅、煤气厂、图书馆、陈列所等；建设费100万元；设备费50万元；费用由中央和湖北省各出一半。此次会议的召开，为新校舍建设的正式展开奠定了基础。不久，学校的建设就开始启动了。以后，只要时间允许，他就会出席会议，参与讨论建设的系列问题。1930年11月22日，学校的建设如火如荼，他作为主席主持召开了建筑设备委员会第15次会议，会议通报了财政部继续拨付建设费等情况；讨论了校内马路一律铺上沙石，商人王职夫捐珞珈山北土地，委员会的经费收支情况以及自来水安装计划、教职员住宅第二批承包情况等。

2. 修路筹款

李四光等人经过考察以后，决定在东湖之滨的落驾山（后由闻一多改为珞珈山）一带建校。但当时的珞珈山属于郊区，从洪山的街道口到珞珈山无路可走。这一修路的任务就落在时任湖北省建设厅厅长的石瑛身上了，之后学校周边的公路建设多由建设厅承担。新建学校，经费是个基础，湖北负责一半。为保证经费的按期拨付，他与时任财政厅厅长的张难先没有少费心血。

在石瑛等人的努力下，新校于1929年3月1日动工勘测。8月15日，新校址的征地及圈定红线范围发布：东以东湖滨为界，西以茶叶港为界，北以郭郑湖（即东湖）为界，南面自东湖滨至茶叶港桥头上，总面积3000余亩。

1930 年 3 月，新校舍正式动工兴建。到 1930 年 12 月，石瑛离开学校时，文学院、理学院、学生宿舍等正在建设之中。国立武大早期的校舍建筑，因其选址得当，规划科学，布局合理，质量坚固，中西合璧，风格独特，成为当时中国大学校园建设的典范。2001 年 6 月 25 日，以其具有历史价值、科学价值、艺术价值，被国务院批准为第五批全国重点文物保护单位之一。武大被誉为"世界最美丽的大学之一"，应该说其中凝聚着石瑛当年辛勤的汗水，他为武大新校区的建设做出的贡献不应忘记。

三、培养人才、关注应用

他认为，在国家的建设时期，应用型人才不可缺少。因此，他在武大任内采取了系列措施，为武大应用型人才的培养做出了贡献。

为培养国家建设所急需的工程建设专门人才，他主持创办了工学院，充实了大学的学科内涵。因处于初创期，院下仅设置了土木工程系。他虽然只任院长一年多，但为工学院的建立和发展做了大量的工作。

1. 充实设备

他认为，办大学基础设施建设必不可少。民国建立以来的十余年中，国内大学的发展如像雨后春笋一般，但一提到设备，则令人非常的失望。尤其是工科方面，学生除了从书本上求知识以外，几乎没有机会去实地练习。他还明确地指出了一些大学基础建设的不足的事实。

这样的不足，所导致的结果必然是"贻误"学生。于是，他在工学院筹备期间，就指定一笔定款为购买机器及仪器之用。他首先充实的是测量仪器，包括经纬仪、水平仪、平板仪、流速计、卷尺、标杆等。其次是机械设备，在金工实习厂，配备了柴油机引擎、车床、洗床、牛头刨床、磨床、砂轮、钻床、钳床等设备，一次可供 20 名学生实习；在木工实习厂，配备了车床、锯床、木工桌、刨锯斧的设备，一次可供 17、18 名学生实习；在锻工实习厂，配备了铁炉、铁砧、风箱等设备，一次可供 10 名学生实习；在翻砂实习厂，配备了熔铁炉、砂箱等设备，除了供学生实习外，还兼做各种机件。他要求工学院除了特别购置外，每年要预备添购价值两万元左右的设备。这些设备的充实配备，为学生应用知识提供了物质基础及实习平台。

2. 设置学程

应用型人才的培养，设置相应的学程十分重要。为保证土木工程建设人才的培养质量，他领导制定了学系的学程。学程规定，一年级要学习高等数学、普通物理、普通化学、画法几何、机械画、基本英文、工厂实习等课程；二年级要学习应用力学、材料力学、构造材料、平面测量、大地测量、地质学、高等数学、图解静力学、工厂实习、机械学、工程数学等课程；三年级要学习水力学、结构学、铁道测量及土工学、铁道建筑、钢筋混凝土、结构设计、道路工学、热力发动机、材料力学、材料试验等课程；四年级要学习自来水工程、卫生工程、钢筋混凝土计划、房屋建筑、水力试验、契约及规范、工厂管理、河工学、电工学、市政设计等课程。学程的制定，为学生学习必要的专业知识提供了一个规划线路图。

3. 制定规则

他认为，应用型人才要想培养合格，还得有一定的规则制约。他认为，书本中学到的有关工科方面的知识，只有通过实习才能巩固、融会贯通。为保证实习工厂能规范有序地运行，他主持制定了《工学院工厂规则》。规定：工厂的工作时间为上午 8 点到下午 5 点；工厂的工人及学徒不得无故请假；不得损坏或私自带出工具，一旦发现将被开除；迟到或早退给予记过处分；无故旷工 2 次以上要被开除；不得在工厂内吸烟。工厂规则的制定，为学用知识的落实提供了法律依据。

他说，大学的设备，不是一种装门面壮观瞻的东西。学生要利用这些设备增长实践经验，提高应用技术。他之所以提出这样的要求，是针对当时不少学校的学生不重视实习而提出来的。他曾经参观国内几个工艺学校，工场主任对他说：学生多半不愿动手，穿着长袍大袖来到工场，远远站在机器旁边，要工人动手，自己在一边静看。即使万不得已，做点实习，也是敷衍了事。

针对这样的状况，他认为学校应该负有监督的责任，学生本人也要改变浪漫疏懒的习惯，尤其强调有志于学工程的人，应该切实加以矫正。

4. 注重人格

他强调，应用人才的培养还得注重人格的培养。他说，一个人如果人格丧失了，无论在法律、经济、政治、文学、科学或是工程诸学科学得再好，对于社会、国家都是没有益处的。这样的人，如果利用所学的知识去做坏事，对于国家、社会则更是一种妨碍。

因此，他要求工学院学工程的人，对于理论上的学习丝毫不应放松，这不仅仅是为了个人，更是为了学有所成后为国家、社会服务。他要求学生出去做事，要有十二分的责任心，要有大无畏的精神。只有这样，中国的实业才有发展的希望。

工学院建立后，第一个成立的是土木工程系，而第一届招生就成为了全校学生最多的学系，这与石瑛强调应用人才的培养不无关系。当时中国文学系一年级是 7 人、外国文学系是 15 人、哲学教育系是 14 人、史学系是 30 人、法律学系是 27 人、政治学系是 18 人、经济学系是 25 人、商学系是 1 人、数学系是

16 人、物理学系是 12 人、化学系是 11 人、生物学系是 6 人、土木工程系是 35 人。土木工程系的发展也成为后来工学院土木、机械、电机和矿冶四个学系中实力最强的一支。1935 年，学校开始招收第一批研究生，共招收的 2 名研究生都是土木工程系的学生。工学院初创之时，在人才培养和科学研究方面表现出的强劲发展势头，都与石瑛的努力分不开。

（原载周叶中、涂上飙编著《武汉大学校长的办学理念》一书，武汉大学出版社，2017 年）

国立武汉大学前期三位校长办学理念的考察

武汉大学 涂上飙

1928 年 7 月，国民政府大学院决定改组国立武昌中山大学（第二中山大学），建立国立武汉大学。从学校筹办到正式建立，刘树杞、王世杰、王星拱三位校长做出了重要贡献。在办学的实践中，他们也提出了自己的一些办学理念。对其进行挖掘探讨，对我们当下的教育实践无疑会有十分重要的借鉴意义。

一、刘树杞代校长的办学理念

刘树杞（1928 年 7 月—1929 年 2 月任武汉大学代校长）短暂的一生中，学习、工作经历都十分丰富。有过海外的学习背景并具有高学历，学习的是自然科学且侧重于应用。学成回国后，在多所著名高校当教授，在高校和教育部门做过管理。这些都对他办学理念的形成有着重要影响。他认为，一所大学，尤其像武汉大学这样的大学应该成为国家和民族文化传承的中心，同时在大学里应该十分注重科学知识的教育。

1. 文化中心

刘树杞认为大学应该是文化的中心。1929 年 1 月 5 日，在国立武汉大学补办开学典礼上，他说，大家知道武汉在过去是中国经济和政治的中心，但在文化建设上则是比较落后的。因此，武汉大学在今后的中国，应该承担起文化中心的责任。[①]

为了实现文化中心之理想，他在筹建武汉大学时就从 5 个方面加以建设：

第一，注重党义教育。他认为孙中山先生建立的国民党是建设新的国家的

---

① 刘树杞.武汉大学应该继起文化中心的责任[M]//徐正榜，陈协强.名人名师武汉大学演讲录.武汉：武汉大学出版社，2003：98.

支柱；而党义是指导中国前进的灯。因此，他要求武汉大学应该明了并而努力做到。他说，无论是大学预科或是补习班的每个学生，都要必修党义课程两小时以上。

第二，注重质量发展。他说，一个完整意义上的大学，应该具有工科、医科……但武汉大学现在仅设文学院、理工学院及社会科学院（文学院仅中国文学系、外国文学系；理工学院仅数学系、化学系；社会科学院仅政治经济系）。这不是说医科、工科不需要，而是应该先缩小范围，集中精力，把一科一科办好；不要挂了某一系的名，而滥竽充数，而应使各科简益求精。这样，才可挽救过去湖北"小学般"的中学程度、"中学般"的大学程度的恶症！[①] 以后，随着条件的具备再在文学院设立哲学系，社会科学院设立法律学系和商学系。将理工学院分为理学院与工学院两院，在理学院设立物理学系，工学院设土木工程和采矿冶金两学系。

第三，强调学术研究。他说，过去中国学术界的肤浅是无可讳言的事实，这种情况最大的症结，是因为大学课程浅薄的缘故。所以，现在新建立的武汉大学，在学术研究的道路上是要注重向深邃发展的。[②]

第四，办学建校先行。他说，学校学术的勃兴，大半依赖教授；而教授的聚集，则是看学校的精神。校址，宏大的建筑可以说是学校精神的体现！武大在中央教育部、湖北政治分会和省政府的指导之下，新校址已经测绘，并且将开始建筑。他说，新校址的建筑对武汉大学的产生和发展，具有无限光明的前途。[③]

1932 年 5 月 23 日，他回国立武汉大学演讲时，看到武汉大学校舍建设取得的成绩，非常高兴。他说，3 年以前，记得在黄土坡山下的旧校舍里开会，那个位置是比较简陋的；3 年以后的今天，在这里开会，情形大不一样，地方要比以前整齐多了。在中国的教育史上，学校建筑能迅速取得如此的成绩，是值得大书特书的事。应该感谢王世杰校长等各位先生们的努力！

同时，他说，在国内从事十几年的教育，有一个感想，起步较晚的国立学校能不能像私立学校或教会学校一样做出成绩来？因为平常看外国人办的学校，他们的建筑物非常完整，他们的一切设施也很有程序，而国立学校的方方

① 刘树杞.武汉大学应该继起文化中心的责任[M]//徐正榜，陈协强.名人名师武汉大学演讲录.武汉：武汉大学出版社，2003：98.

② 刘树杞.武汉大学应该继起文化中心的责任[M]//徐正榜，陈协强.名人名师武汉大学演讲录.武汉：武汉大学出版社，2003：98-99.

③ 刘树杞.武汉大学应该继起文化中心的责任[M]//徐正榜，陈协强.名人名师武汉大学演讲录.武汉：武汉大学出版社，2003：99.

面面都不及。现在看到武汉大学的建设能有程序地进行，虽然展示的只是建筑一个方面，但究竟还是一个可喜的现象。他说，这一看法，任鸿隽先生也有同感，夸武汉大学是全国很有希望的一个大学。他说，不仅仅任鸿隽这么认为，外面很多人也都是这样认为。①

第五，培养实用人才。他认为，武汉大学的课程设置及培养出来的人才应该是实用的。这是因为，正在建设的中国，人才是异常缺乏的；社会安定的现在，管导人才的需求非常亟切。为此，武汉大学在学术上要培养出适合于中国需要的建设人才。同时，在精神上也要培养出健全而高尚的人格，才能担当起领导民众的重任。②

2. 科学教育

刘树杞先生学的是理科，从事的是自然科学的研究，因此对科学教育特别重视。尽管对学校建设的成绩赞不绝口，但他又说，在这里有一个希望，大家不应该单以物质的满足为满足，还要努力去注重学问的研究才好。③ 这里的研究是指对自然科学的研究。为此，他对科学教育提出了应该重视的几个方面：

一要注重设备配置。他说，中国的科学教育，眼前是很幼稚的。因为，"工欲善其事，必先利其器"。学科学的人，比学文、法科的不同，一切工作的开展需要设备才行。他说，办理科，不仅要有图书，还要有仪器设备。在仪器方面又分两种：一种是普通的仪器，作普通的、一般的实验之用；一种是特殊的仪器，作教授或高年级同学的特殊研究之用。他说，仪器是怎么添设都不够的，世界各国无论哪一个大学都不能将所有的仪器买全。但一个大学，普通应用的仪器却不可缺少，缺少了就不能称其为一个大学。至于特殊的仪器，也不可不备，设备的多少，那就只有视经济的能力和需要的程度而定。关于书籍也分两种：一种是图书，一种是杂志。普通人以为学理科的只要在实验室里就够了，其实不然，理科方面所需用的图书，在量的方面虽然比文、法科的要少，但在质的方面却比较高，甚至于超过文、法科图书的价值。此外，理科方面的学术，到了成为一本书的时候，那至少是两三年以前的研究所得，一定是旧的东西了。因此还应该有杂志，从中可以看到人家近期在做一些什么实验的工作。一方面可供参考，同时也可避免研究的重复。假使没有这些设备，也就无法进行

① 刘树杞.武汉大学应该继起文化中心的责任[M]//徐正榜，陈协强.名人名师武汉大学演讲录.武汉：武汉大学出版社，2003：99.

② 刘树杞.武汉大学应该继起文化中心的责任[M]//徐正榜，陈协强.名人名师武汉大学演讲录.武汉：武汉大学出版社，2003：99.

③ 刘树杞.武汉大学应该继起文化中心的责任[M]//徐正榜，陈协强.名人名师武汉大学演讲录.武汉：武汉大学出版社，2003：102.

研究下去。①

二要注重课程设置。他说，国内各大学的理科课程，都有两个毛病：一是表面上课程设置得很多，而内容却不是那样切实；二是不注意相关功课的设置，如化学系就只是专门安排许多关于化学的功课，而其他物理、数学等科则完全不涉及。他认为，宇宙间的各门科学，都是互为关联的，并没有一个天然的界限。这些错误，应该立即改正。他强调在功课方面，要注重基本的训练，不要泛泛求多，不切实际，就像盖房子要打好基础一样。②

三要注重研究问题。他说，中国的科学，向来只跟在人家后头跑，这样下去，始终对于世界没有贡献，而且就是这样也是学不完全的。自己应该起来研究才是。他认为，现在大学不注重研究的原因，一是中国的大学教授很少，而另一方面课程却很多，教授没有研究的机会；二是一般的学校也没有研究的经费；三是中国目前也没有研究的环境，不像外国容易引起研究某一种问题的兴趣。因此，他希望大学的理科，课时不要太多，只要稍有机会，教授和同学都应该从事研究的工作。

刘树杞强调大学应该是一个文化中心，其立意是十分高远的。大学有四大功能，第四个功能就是文化的传承与创新。大学只有抓住文化建设这一核心要素，才有发展的原动力和创新的活力。同时，他也十分看重大学的科学教育功能。科学教育在近代以后逐步得到发展，源于人们对自然的认识和探索。中国一向是一个重视人文教育的国家，科学教育十分落后。人才培养的单项发展，是不利于社会的良性发展和全面进步的。他看重的科学教育后来也得到了国民政府的重视。

二、王世杰的办学理念

作为一名大学校长，在如何办大学、办什么样的大学上，王世杰（1929 年 2 月—1933 年 4 月任武汉大学校长）提出了自己的想法。他认为，大学的使命是要担起文化中枢的责任，传播高深的知识和提高深邃的学术。大学要履行它的使命，应该有必要的经费、一定的建筑，要实行教授治校并严格选择教授以及有严整的纪律。在民族处于危机之时，大学还应该是延续民族精神生命的工具。

---

① 刘树杞.武汉大学应该继起文化中心的责任[M]//徐正榜，陈协强.名人名师武汉大学演讲录.武汉：武汉大学出版社，2003：103.
② 刘树杞.武汉大学应该继起文化中心的责任[M]//徐正榜，陈协强.名人名师武汉大学演讲录.武汉：武汉大学出版社，2003：103.

关于大学教育的目的，他认为，灌输高深知识把学生造成一种学者和养成健全人格把学生造成一个"上等人"，应该放在同等的地位。对于人格训练，应该设立种种制度，使学生在不知不觉之中，养成了许多优美的习惯。

他要求武大把高尚人格的训练和高深知识的灌输当着教育努力的目标。为进一步了解王世杰校长的办学理念，下面对其中一些典型思想做详细说明。

1."一流水准""文化中枢"

国立武汉大学之所以在较短的时间内成为当时国内知名的学府，并赢得许多的赞誉，这与王世杰的办学理想和胸怀、气魄有很大的关系。

1929 年 3 月 5 日，国民政府教育部任命王世杰为国立武汉大学校长，于 5 月中旬正式上任。王世杰计划将武汉大学建成一所拥有文、法、理、工、农、医六大学院，学生超过万人的综合性国立大学。王世杰在 1929 年 5 月 22 日欢迎他就任武大校长的集会上讲："我不是来维持武汉大学的，而此行目的是要创造一个新的武汉大学。"[①]

王世杰的讲话不仅向人们表露了他的打算和气魄，也给武大师生以鼓舞。在王世杰的心目中，这个新的武汉大学"要能履行新的使命，担起文化中枢的责任"[②]。

不仅要能适应现在武汉的需要，并且要能适应将来武汉的需要。这个新的武汉大学是一所有崇高理想、一流水准的大学；同时还是一个规模宏大的、完全的、名副其实的学府。

对这样一个新的武汉大学的创造，王世杰认为需要有五个条件：巨大的新校舍；良好的设备；经费的独立；良好的教授；严格的纪律。王世杰许多具体的办学主张及治校方略都是围绕这五个方面展开的。

关于巨大的校舍。王世杰指出：中国的大学，没有一个大学有系统的建筑。北大是前京师大学堂和其他学校改造的，中央大学、广州中山大学都是先前高师改成的。所谓京师大学堂、高师等，都不过是中等学堂的形式。一个办中学的校舍如何能办一个真正的大学呢？武大也是高师改成的，所以要想将武大建造成一个真正的大学，第一个条件就是完成新校舍的建筑。

关于良好的设备。王世杰认为，有良好的设备是建设一所良好的大学的基本条件，但武汉大学的设备大少，不能满足办大学的需要，因此要增加经费，

---

① 王世杰.我不是来维持武汉大学的，而是要创造一个新的武汉大学[M]//徐正榜，陈协强.名人名师武汉大学演讲录.武汉：武汉大学出版社，2003：109.

② 王世杰.履行新的使命，担起中国文化中枢的责任[M]//徐正榜，陈协强.名人名师武汉大学演讲录.武汉：武汉大学出版社，2003：103.

采购图书、仪器设备。为了避免图书、仪器设备购置过程中出现陈腐过时和不系统的状况，王世杰要求添置图书、仪器设备时都要经过专家的考订。对于校舍建成之后内部的设备配置，王世杰提出的原则是：材料求坚固而不求奢华，器具求卫生而不求舒适。

关于经费的独立。王世杰主张大学的经费应该独立，并认为教育经费独立是一种制度，在国外许多大学都采用了这种制度，并取得了很好的效果，中国应该采用。教育经费的独立，是减少建设教育阻力的一种制度，如果大学的教育经费不独立，没有保障，大学就很难进行长远计划，聘请优秀的教员就会落空。但是当时中国的情况决定了大学经费不可能独立，也决定了武大发展过程中，办学经费会经常出现紧张的状况。对此，王世杰一方面多方集资筹款，一方面亲自向国民政府财政部催款。王世杰特别强调，在动荡的环境里，让经费支出保持在预算数目之下，使经费有节余，有利于学校的安全和发展。与此同时，王世杰还向学生报告学校的经费开支情况，如实告诉学生学校在办学过程中遇到的经费困难，希望学生在学校生活中要注意节约、节省，以帮助学校共渡难关。

关于良好的教授。在王世杰的心目中，教授是完成大学使命的关键，因此聘请到有真才实学的教授对于武汉大学的发展意义重大。他讲：大学的使命，一在教授高深学术，二在促进高深学术。有些学者是兼具研究能力与教授能力的，有些学者虽具特殊的研究能力，却不善讲授。大学既有上述两种使命，延聘教授的时候自然不能只聘前一种人才，而置后一种人才于不顾。因此，在选聘教授时，王世杰强调宁缺毋滥，强调严格地选择，同时主张提高教师的待遇。

为了发挥教授的作用，王世杰强调学校要遵循"教授治校"的原则。王世杰讲，"教授治校"的原则意识是：教授对内，能自由地、无碍地、敏捷地处理校内一切教务和教育行政上的事宜；对外，要不受政治上的限制（必须受限制者除外）。这样才能把学校治得突飞猛进，才能在社会上取得尊严的地位。王世杰任校长时，每周一次的校务会议均有教授参加，于1932年学校成立的13个委员会，均由教授任委员长。对于教师，王世杰期望他们明了学校发展的目标，把学校当成自己的一个家庭，涵养对学校的情感，热爱自己拥有的学校。他曾对学校的教职员工讲：盼望教职员把本校当作自己的一个家庭。过去也因为环境及政治上种种的关系，凡来本校服务的，很少有人打算把本校当作他们永久的工作园地。现在盼望大家能够决心在这个学校永久工作下去，对于本校的感情一天浓厚一天，把本校当作终身不可抛弃的一个家庭看待。他对自己提出的要求是：留校一天，当努力尽自己的力量，决不敷衍苟且，空占其位置。

关于严格的纪律。王世杰认为，纪律是全校学生和全校教职员共同遵守的秩序。守纪律就是遵守秩序，他援引孙中山的话讲，中国人处于一盘散沙的状况，是太注意个人的便利，而不顾及团体的秩序，这在中国读书人身上又表现得更为突出。他指出：任何大学，如果没有严整的纪律，学校的发展是不可能的。因此，他促进全校同事及同学将尊重学校秩序当作学校行政的一个基本原则。他说："过去许多中国学校的失败，大半就是因为无稳固的秩序。我们有了尊重秩序的习惯，才能有良好的学风；有了良好学风，才能吸收及维系良好的教员及职员；有良好的学风和教师，才能得到社会的信任，才能使本校毕业生容易得到适当的职业，以为社会服务。"①

为实现他的宏大夙愿，他在武昌的珞珈山修建新校舍，分两期完成。他主持修建的第一批建筑包括文学、法学、理学、工学四座学院教学楼和图书馆、体育馆、学生宿舍、学生饭厅及俱乐部、华中水工试验所、教授住宅等。文学院、法学院两座大楼平行而立，遥相呼应；理学院和工学院则是两大片中西合璧的建筑楼群；学生宿舍、小礼堂典雅古朴，秀外慧中；图书馆高耸山顶，令人肃然起敬。建筑的顺序是先从宿舍造起，接着建院系和图书馆等。经过几年建设，新校区的建筑蔚为壮观。此时的系列建筑共 15 处 26 栋已于 2001 年 6 月 25 日被国务院公布为第 5 批全国重点文物保护单位。

为拥有一批一流的师资，他在珞珈山的东南方修建了 18 栋别墅，以筑巢引凤。果然一批优秀的教师，包括王星拱、皮宗石、任凯南、朱世溱、李剑农、周鲠生、邵逸周、俞忽、胡光廷、韦润珊、梁骧、陈源、杨端六、袁昌英、刘廼诚、戴铭巽、萨本炘等著名教授被延揽进来。

在他任内，武汉大学在 3000 多亩的校园里陆续建成文、法、理、工、农(部分)学院大楼以及图书馆、体育馆、水工试验所、教职员宿舍、学生宿舍等各类校舍 7.8 万多平方米；全校教职员 200 多人，各类在校学生 700 余人；图书馆共有藏书 98 832 册，图书仪器设备价值 130 多万元。

经过他短短几年的建设，武汉大学已跻身一流、享誉中外。1932 年 4 月，国联满洲事变调查团莅临武汉大学参观，调查团对武汉大学如此宏伟的建筑，而以节约的费用建成深为赞许，武大的成就使中国提高了国际声誉。王世杰创办和主持的武汉大学，当时在海内外得到了广泛的赞誉。1932 年 10 月 10 日，蒋介石来到武汉大学，为教职员进行讲演。1932 年 11 月，胡适曾到武汉大学讲学。地质学家丁文江当时曾来到武汉大学参观。国民党元老吴稚晖在参观武

---

① 王世杰. 我不是来维持武汉大学的，而是要创造一个新的武汉大学[M]//徐正榜，陈协强. 名人名师武汉大学演讲录. 武汉：武汉大学出版社，2003：109 - 110.

汉大学新校舍后说："贵校校舍，可与世界各国最好之学府媲美。"①

王世杰任武汉大学校长，虽然为时仅 4 年，但始终对武汉大学怀着最深的感情，认为创办国立武汉大学，是他一生中最为自豪和欣慰的一件事。他一生在国民政府和国民党内先后担任过很多重要职务，但在临终前留下遗嘱，要求在他的墓碑上只刻写"前国立武汉大学校长王雪艇之墓"。他的字画中也常盖有一个"东湖长"的图章，以表达对东湖之滨、珞珈山上的武汉大学的深深眷念。

2. "人格训练" "知识灌输"

对于大学教育的目的是什么？王世杰认为，大学教育的目的是重在"人格的训练"，或者是"人格的训练"与"知识的灌输"相并重。王世杰对各国大学教育的目的进行考查后指出，世界上的许多大学，如德法的大学、日本的大学，其教育目的主要是灌输高深的知识，是要把学生造成一种学者即 scholar，因而侧重智育的训练；但也有一些大学，如英美的大学，其教育的目的是养成健全的人格，是要把学生造成一个"上等人"即 gentleman。对于这两种倾向，王世杰指出："我个人觉得，在大学教育的计划上，人格的训练纵不能较重于知识的灌输，至少，也应该与知识灌输占同等的地位。"②

王世杰之所以要强调大学应加强"人格"的训练，这与他受教育的环境和经历是分不开的。王世杰 5 岁就进入族人所建的私塾中读书，后又来到省城湖北省优级师范学校读书，于 1910 年毕业考入天津北洋大学。国内以《四书》《五经》为主要内容的人文教育，为他高尚人格教育的训练奠定了基础。1913 年，考入英国伦敦大学重读学士学位，毕业后又进入法国巴黎大学攻读法学博士学位。国外的学习经历，让他感觉到国外的大学在传播知识的同时，也很注重"人格"的训练。他说，通过设立种种制度，可以使学生在不知不觉中，养成许多优良的习惯。为养成学生的自尊心，美国的大学在图书馆阅览室里废除了管理员，起初没有管理员，发生了图书损坏的现象，但在不知不觉之中，学生们形成了良好的阅览习惯，图书的损坏率就大大减少了。美国还在学生中推行一种考试"宣誓制度"，考前声明参与无人监考的考试，学生们通过大学四年的锻炼，最后就形成了一种良好的"自尊心"和"诚实"的习惯。③

同时，他提出在大学注重"人格"训练，也是针对当时的大学不太重视这一

① 薛毅著. 王世杰传[M]. 武汉：武汉大学出版社，2010：44.

② 王世杰. 大学教育的目的[M]//徐正榜，陈协强. 名人名师武汉大学演讲录. 武汉：武汉大学出版社，2003：111.

③ 王世杰. 大学教育的目的[M]//徐正榜，陈协强. 名人名师武汉大学演讲录. 武汉：武汉大学出版社，2003：112.

问题而提出的。他说："中国的大学，对于人格的训练，均不甚注重。所以学校造出的人才，仍然不能肩负社会改造的任务。本校还在一个草创时期，但从今后起，应该把高尚人格的训练和高深知识的灌输一样看作本校教育努力的目标。"①

对于如何培养高尚的人格，他说："对于诸位同学，我只有7个字奉献，就是——好学、吃苦、守纪律"②。就这7个字，他进一步解释道："过去的一辈人，对于科学不可信任，或信而不肯努力追求，所以中国成了今日的局面。我们要使将来的局面不和今日一样，我们这一辈子要好学。再则目前的社会，十分紊乱，天灾人祸，有加无已，假使我们不能吃苦，一点小事不舒服便不能忍受，那么，将来出去做事或继续求学必不能打破许多的难关。守纪律的事，中山先生是有深刻的认识的，他认为中国人只是一盘散沙，太注意个人的便利，而不顾及团体的秩序，这确实是中国人的一般毛病，尤其是读书人的毛病"③。

他认为，大学生具有高尚的人格，不光是自己成长的需要，更重要的是民族精神的延续。1933年，正是日寇步步紧逼，侵略中国的时候，他在总理纪念周演讲的时候说：我们要"永远保持着吃苦不畏难的精神从事于一切工作"，因为"学校是延续民族精神生命的工具"。④

王世杰要办"一流水准"大学的理念，无疑到现在都还闪烁着智慧的光芒。中国要实现教育强国梦，必须建立一批"一流水准"的大学。中华人民共和国成立后，从建立一批国家重点大学，到"211工程"大学、"985工程"大学建设以及现在的"双一流"大学建设，都是向着"一流"目标前进。王世杰"文化中枢"的理念与刘树杞的"文化中心"理念相同，在此不多赘言。

他的"人格训练"与"知识灌输"同等重要的理念，也是我们一直在追求的人才培养目标。大学是一个传授知识的地方，传授知识的目的是为了造福人类。为了实现其目的，知识的传授就需要道德的干预。没有道德的干预，造福人类就会成为一句空话。因此，大学在进行"知识灌输"的同时，一定要与"人格训练"相统一。

---

①　王世杰.大学教育的目的[M]//徐正榜，陈协强.名人名师武汉大学演讲录.武汉：武汉大学出版社，2003：112.

②　王世杰.把武汉大学造成一个名符其实的学府[M]//徐正榜，陈协强.名人名师武汉大学演讲录.武汉：武汉大学出版社，2003：123.

③　王世杰.把武汉大学造成一个名符其实的学府[M]//徐正榜，陈协强.名人名师武汉大学演讲录.武汉：武汉大学出版社，2003：124.

④　王世杰.学校是延续民族精神生命的工具[M]//徐正榜，陈协强.名人名师武汉大学演讲录.武汉：武汉大学出版社，2003：124.

三、王星拱校长的办学理念

王星拱(1933 年 5 月—1945 年 6 月任武汉大学校长)治校思想开明,主张"学术自由、无为而治"。他认为大学的任务有三:在道德方面,大学应当成为国民的表率;在知识方面,大学应当探究高深的理论;在技能方面,大学应当研究推进社会进步的事业。他认为,大学应该注重基础理论研究,同时也不应该忽视知识的应用;在学生的培养上,既要使学生有广而深的专业知识,同时也应当是一名良好品行的践行者。下面对其办学理念进行一些具体阐述。

1. 注重"理论"、强调"应用"

办大学,有一个功能定位的问题,即大学的职能是什么?他认为,大学既要注重"理论"的研究,也不应该忽视知识的"应用"。

(1)注重"理论"。他在关于《大学的任务》的演讲中,明确指出大学应当探研高深的理论:"在知识方面,大学应当探研高深的理论。""我们需要一种'为理论而理论'的知识。""希腊学术之所以发展成为古时代的学术之花,是因为它有非功利的精神。欧洲文艺复兴,也是为求正确的知识,不是为求切近的应用。纯粹理论的知识,是和艺术一样,不能用它的功利的价值来批评的"①。

接着他又对要进行探研高深理论的理由进行了说明,强调了理论的必不可少。他举例说,我们为了解决吃饭的问题,就得去种田。但是,为了保障收获的安全,增加收获的产量,我们要研究地质学,去考察土壤是否适宜;我们要研究气象学,去测量天时如何变迁。因为要研究地质学,又要研究化学;因为要研究气象,又要研究天文。而化学又牵涉到物理学,天文学又牵涉到数学,"而且为着以羡补不足,又要研究农村经济;为着贸迁有无,又要研究运输的便利;为着各安其所有,又要研究法律。因为这些研究,又要牵涉到许多其他的地方。我们试看看,为着种田吃饭的问题,绕了这一个大圈子。这个大圈里所包含的东西,是和吃饭直接无关系的,然而又是和吃饭间接有关系的"②。

明确了探研高深的理论的理由,还要讲究探研理论的方法。他认为,应将理论和实际有机地结合。他说:"在伦理学上,有归纳和演绎,归纳注重事实,演绎注重理论。各种学问里边,有事实,也有理论。倘若我们只管庞杂的事实,而不管贯穿的理论,其流弊是千头万绪无所归宿。倘若我们只管抽象的理

① 王星拱.大学的任务[M]//徐正榜,陈协强.名人名师武汉大学演讲录.武汉:武汉大学出版社,2003:154-155.

② 王星拱.大学的任务[M]//徐正榜,陈协强.名人名师武汉大学演讲录.武汉:武汉大学出版社,2003:155.

论，而不管证明原理的事实，其流弊是恍惚玄渺，不可捉摸。"①

重视理论的研究，他并不排斥应用。注重理论研究，不是为理论而理论，而最终目的还是为了应用。他说："理论之最后的目的是应用。"②

在理论与应用的关系上，他认为，它们常常互相促进、互为因果，存在错综复杂的关系。"在科学史上，有许多的研究，先是为应用去做的，但是后来成了理论方面的发明；又有许多的研究，先是完全在理论上进行的，但是以后收了最大的应用效果。波义耳研究气体在圆筒内之膨胀和收缩，原是想增加汽机的能率，然而因此而发明了热力学第二定律——科学中第一级的普遍的定律。德斐耳研究白金的接触作用，原是为工业制造而进行，然而因此而成立了热化学的基础。这是为应用而研究，而在理论方面得结果的。至于为理论而研究，而在应用方面得结果的，那更多不胜举。例如，霍夫曼研究有机物质之构造，是理论的问题，而德国人造染料的工业，因此而发生。"③

正因为理论与应用存在错综复杂的关系，他认为不能忽视应用，但也不应抛弃理论。"我们固然不能漠视应用，但我们也不能为应用而抛弃理论。这种理论方面的探求，是大学所应当去做的。所以大学不应当只在教学上做工夫，还得要在研究上去努力。"④

他的这一理念在他的治校实践中始终一贯地坚持着。为加强学术理论研究，1934年，他主持成立了法科、工科研究所。1935年，正式招收研究生。这一举动紧随北大、清华和中山大学之后，在国立大学中是较早开展研究生教育的单位。由于法科、工科研究所是属于应用类的研究所，在国难当头的时代背景下显得十分必要。但即使这样，他仍不忘基础理论研究，所以在1942年，他向教育部申请成立了文科、理科研究所，以加强基础学科的理论研究。

（2）强调"应用"。他说大学要不忘"应用"，实际上就是对学生技能的培养，尤其应当关注对社会发展具有促进推动作用的技能的培养。"在技能方面，大学应当研究推进社会进步的事业。"⑤

----

①　王星拱.求学的方法[M]//徐正榜,陈协强.名人名师武汉大学演讲录.武汉:武汉大学出版社,2003:151-152.

②　王星拱.大学的任务[M]//徐正榜,陈协强.名人名师武汉大学演讲录.武汉:武汉大学出版社,2003:156.

③　王星拱.大学的任务[M]//徐正榜,陈协强.名人名师武汉大学演讲录.武汉:武汉大学出版社,2003:156.

④　王星拱.大学的任务[M]//徐正榜,陈协强.名人名师武汉大学演讲录.武汉:武汉大学出版社,2003:156.

⑤　王星拱.大学的任务[M]//徐正榜,陈协强.名人名师武汉大学演讲录.武汉:武汉大学出版社,2003:156.

他说，工业革命以来，工业的发展改变了人类的生活状况，但却使人们的社会生活日益复杂化。以至于"近代的各种人类事业，都含有专门化的性质；要从事于这些专门化的事业，都需要特殊的技能"。[①] 社会的发展，需要有专门技能的人才。

时代的发展对有专门技能的人才提出了要求。中国是个工业落后的国家，洋货充斥，利权外溢。当务之急是要恢复农村经济，因为它是国民经济的基础。如果农村经济不能恢复，必然会影响到工业的发展。工业得不到发展，则国家无法强大。工业的发展就需要有专门技能的人才。当时有人主张，大学应当只研究理论的知识，只设文理两科就可以了。至于具有专门技能的人才的造就，应当由专门学校去负责。他却不同意这样的观点，他说："如果在大学里不能养成专门的技能，在经费较少、规模较小的专门学校里边，更不能养成专门的技能，所以这个责任，还是大学所应当负的。"[②]

也正因为"应用"在当时具有十分重要的意义，所以他在强调基础理论研究的同时，也不忘学生技能的培养。于1934年成立的法科、工科研究所，在某种程度上是侧重于应用，即培养学生技能的。学校迁往乐山以后，虽然办学条件十分艰苦，但他坚持新办了矿冶工程系，设立了机械专修科，培养了大批应用型人才。

在研究上也十分关注社会的需求。例如，1939年，法科研究所经济学部的研究生在所长刘秉麟、经济学部主任杨端六的指导下，开展了对嘉定绸丝业及盐场的情况调查，还对嘉定其他工业经济的情况进行了调查。生物系教授高尚荫发现四川土壤中缺少氮，决定利用固氮菌增加土壤中的氮，以增进植物之生长。为此将开展对四川土壤情况进行调查研究，以便将固氮菌用于土壤改良。学校还与外单位合作展开应用研究。1939年，国民政府经济部中央工业试验所在嘉定(乐山)设置盐碱试验室办事处，从事试验与研究工作，学校被邀请加入予以协助研究。同年，国民政府航空委员会第六修理工厂与学校理、工学院合作开展材料的有关拉力、压力、冲力、硬度及丝棉织品、橡上带等的拉力试验研究等。

2. 博深结合、国民表率

(1)博深结合。大学里应该以一种什么样的模式培养人才，他提出了博深

① 王星拱.大学的任务[M]//徐正榜,陈协强.名人名师武汉大学演讲录.武汉：武汉大学出版社，2003：158.

② 王星拱.大学的任务[M]//徐正榜,陈协强.名人名师武汉大学演讲录.武汉：武汉大学出版社，2003：158.

结合的教育理念。

他说，学习不外乎博与深。古今中外的大学问家，都不外乎这两类。古代六朝的学者分为南北两派。北方的学者，渊综浩博，如广处观日；南方的学者，清通简要，如窗中窥月。前者是博，后者是深。在从国外来看，德国人喜欢著大部头的书，连篇累牍，无所不包，是趋向于博。英国人往往写小册子，用很漂亮的文字，把自己特殊的见解或发明写出来，是趋向于深的。在博与深的进程上，他认为博应在先，深应在后。"博而不深，无所归属，深而不博，无所取材。"①

在博深思想的指导下，王星拱说，武大的课程有一定的标准，于切近的应用和基础的理论自然都应当顾到。学校课程的重点应该是基础课。这一指导思想对高年级和低年级都是适用的。这样安排课程是因为近代学校的制度和课程，是在工业革命后所产生的。工业革命的影响，不但是在工业制造上的一个方面，其他如交通、商业、军事、政治……甚至于艺术、宗教一切的社会状况，都随之有重大的变迁。因此，他说，"学校里所学的东西，不能和社会距离太远，以至于不能适应社会之要求"。② 事实上，当时大学学生失业，已经成为一个社会问题。有人认为，大学毕业学生人数太多，社会上不能容纳；又有人认为，多数大学生所学的专门知识，不够精深，不足以满足各种事业所需要的条件。针对第二种观点，他愿意接受，而且"愿意努力提高大学之标准，充实大学之内容"。③

他认为学校课程的设置是问题的一个方面，博与深要真正落在实处还有待于学生的学。因此，他也要求大学学生，"应当刻苦用功，充分地学习近代事业所需要的知识，以求建设一个近代国家"。④

他说，在大学，虽是有四年之久，然而在头一年，既要补习高中之不足，后一年，又要补救出校后或者不能继续求学的缺陷，所以觉得功课很拥挤。这也是必然的趋势。在这样的情势之下，就要争取最高的效率。

同时，他还特别提醒学生不要犯眼高手低的毛病；不要忽视本系以外的科

① 王星拱.大学的任务[M]//徐正榜，陈协强.名人名师武汉大学演讲录.武汉：武汉大学出版社，2003：162.

② 王星拱.大学的任务[M]//徐正榜，陈协强.名人名师武汉大学演讲录.武汉：武汉大学出版社，2003：177.

③ 王星拱.大学的任务[M]//徐正榜，陈协强.名人名师武汉大学演讲录.武汉：武汉大学出版社，2003：177-178.

④ 王星拱.大学的任务[M]//徐正榜，陈协强.名人名师武汉大学演讲录.武汉：武汉大学出版社，2003：178.

目。他说：学校科学的分类不是一成不变的。各个院系的划分，实际上是为了教学的便利。其实各种学科，都有彼此相联的关系，研究任何一门专门的学问，往往都需要其他学科的帮助。因此，不要认为本系以外的科目无关紧要。

为了提高人才培养质量，在他任期内，学校一方面注重第一课堂教学管理，改革教学课程，如在招考新生、课程选修、课程考试、成绩评定等环节都有严格的要求。

例如，为了提高本科同学阅览西书能力，校务会议通过了一个决议：本科一年级学生须一律选习一种课目叫作基本英文。修习期限为一年；如果第一学年修习完毕，考试不及格者须在第二学年补习一年。如第二学年仍不及格，则即使其他课目考试及格，仍不准其升级。此案的目的，是想学生经此项课目及校中其他课目之训练，能得到阅览西书的完全自由。

另一方面注重培养学生的综合素质，如积极为学生的学习、体育锻炼、心灵陶冶创造条件。通过学生实习实践、"总理纪念周"演讲、体育运动等第二课堂活动，教育学生如何做人、如何做事；通过这些活动，使学生的身心得到全面发展，个性与群性得到协调发展，体能、技能、智能得到和谐发展；通过这些活动，进而把学生培养成具有健全的人格，一个身体健壮、心理健康的人，成为一个有知识、有专长、有道德、有高尚情操的人，成为一个有益于集体、他人和社会的人。

(2) 国民表率。学校是培养人才的地方，但人才应该达到什么标准？他认为，大学里培养出来的学生从道德方面来讲应该是国民的表率。"我们大学学生，应当做国民的表率。"[①]

在王星拱看来，大学生应当做国民的表率，既是大学生成才的需要，也是时代的需要。他说：我们的至善目标是民族生存、世界公理及人道，而依归至善目标是青年的义务、是青年的责任。他认为，在人类生存条件之中，精神和物质，不可偏废；无物质则无所依附，无精神则无所主持。物质不发展至一定的程度，则必贫而且弱；然而没有精神为之主宰，为之推动，纵有物质，也是无用的。[②] 在这里，他强调做国民的表率是大学生的义务和责任。"大学学生是受过高等教育的人，对于道德、经济两方面所应负的责任，必定比别人还要

① 王星拱.抗战时期应采取的态度和趋赴的方向[M]//徐正榜，陈协强.名人名师武汉大学演讲录.武汉：武汉大学出版社，2003：183.

② 王星拱.抗战时期应采取的态度和趋赴的方向[M]//徐正榜，陈协强.名人名师武汉大学演讲录.武汉：武汉大学出版社，2003：181.

重大。"①

　　同时，他又认为大学生做国民的表率是当时时代的需要。在抗日战争年代，对日抗战是整个民族意志的表现。在历史上，无论什么战争，都比不上这一次抗战中的精诚团结、一心一德；男女老幼、士农工商，没有不提起日本人就痛恨切骨的。但"因为物质方面有缺乏的地方，所以精神方面，更不能不有艰苦卓绝的毅力、牺牲奋发的热心来补偿它。"②

　　因此，他要求背负着发展近代科学的青年学生应该从物质和精神两个方向去发展：一是在平常时期，要注重理智之分析，要注重物质之创制和补充；二是在非常时期，要注重情绪之奋发和意志之坚定，要注重精神的锻炼和警惕。他说，士为四民之首，读圣贤书，所学何事，所有最高的道德条件，别人所不能履行的，"士"都应当履行。所谓礼义廉耻，国之四维，四维不张，国乃灭亡，这个四维以复兴民族而使国不至灭亡之责任，大部分都在大学学生的肩膀上。因为在顺适的环境之中，不违犯道德的规律，是常人可以做到的事情；在困难环境之中，而不违反道德的规律，只能责望于受过高等教育的人。现在我们国弱民贫，是在一种困难环境之中，所以"大学学生的责任特别大"。③

　　武汉大学西迁乐山后，学校的建筑设备，远不如以前，但学生在这样的环境中其"精神"能得到锻炼。本来不是用作校舍的房子，东借西凑，稍加改造，大成殿就变成了图书馆，火神庙变成了饭堂，龙神祠、露济寺变成了学生宿舍。小小的寝室放满了高低床，两人对面走路，就无法通过。多数的宿舍，是没有自修室，要读书，白天里往教室、往图书馆；到了晚上，有些同学在自己床前点盏小灯，坐在床边读。或者，把饭堂临时又改作自修室，饭桌上铺一张报纸，作为书桌，就这样的大家在一起，整理每天所受的功课。

　　就是在这样艰苦的条件下，学校以做国民的表率的标准培养人，造就了一大批优秀人才。学部委员中的彭少逸、陈荣悌、钱保功、张兴钤、欧阳予、张致一、张效祥；著名机械工程学家赵耀东、张嗣瀛、葛绍岩、马骥、程无柱，著名物理海洋学家、青岛海洋大学校长文圣常，著名电磁物理学家、西北电讯工程学院院长王一平，著名经济学家刘涤源、谭崇台、万典武、刘诗白、甘士杰、席克正、胡代光、唐弘仁、彭情源，著名法学家端木正、姚梅镇、王名扬、陈安旧、

———————————

　　①　王星拱.大学之使命[M]//徐正榜，陈协强.名人名师武汉大学演讲录.武汉：武汉大学出版社，2003：178.

　　②　王星拱.抗战时期应采取的态度和趋赴的方向[M]//徐正榜，陈协强.名人名师武汉大学演讲录.武汉：武汉大学出版社，2003：181.

　　③　王星拱.大学之使命[M]//徐正榜，陈协强.名人名师武汉大学演讲录.武汉：武汉大学出版社，2003：176.

陈造福、唐表明，著名物理学家张承修、张肃文、周炜、龙咸灵、林应茂，著名生物学家杨希枚、王焕葆，著名数学家张远达、路见可、王柔怀，著名矿冶学家杨烈宇、石声泰、许顺生，著名新闻学家卢云、钱提辛，著名出版家陈元直，著名哲学家王玖兴、李匡武，著名水利学家张瑞瑾，著名化学家陈时侃、叶钟文、焦庚辛等，均在这个时期就读于乐山的武汉大学。①

王星拱注重"理论"、强调"应用"的理念，到现在都还是需要注意亟待完成的一项任务。中国教育的传统，一向重理论轻应用。民国时期为改变这一观念，教育部在20世纪30年代以后，强调大学要加强实科的教育，对改变重理轻用的问题多少有一些触动。现在我们在建设教育强国的征程中，重理轻用的问题仍旧是要花大气力解决的。

他的"博深结合"的人才培养理念，到现在都还有非常重要的借鉴意义。近代以来，科学教育得到普及以后，对人才的培养向专业化发展，即在知识的传授上多注重"深"的教育，在"博"的问题是却越来越忽视，以至于培养的人才知识面越来越窄，不能适应社会的需要。大学里正在推行的通识教育，在某种程度上就是为了解决"博"的问题。做"国民表率"应该说与王世杰的"人格培养"理念相同，不多言。

参考文献

[1] 骆郁廷.流风甚美——武汉大学文化研究[M].武汉：武汉大学出版社，2013.
[2] 周叶中，涂上飙.武汉大学校长的办学理念[M].武汉：武汉大学出版社，2017.

民国武大周鲠生校长的办学理念初探

武汉大学　涂上飙

周鲠生(1889—1971)校长在国立武汉大学初创时就在学校从事教学、科研和领导工作，于1945年任国立武汉大学校长，在其治校的十多年的时间里，就大学的职能、大学的发展以及大学的科研等方面都提出了自己的见解：

一、造就人才、提高学术和改造社会的大学三大使命

1. 他关于大学三大使命的内涵

对于大学教育的目的和使命是什么？周鲠生认为，大学应该有三个重要的使命：第一，造就人才；第二，提高学术；第三，改造社会。

---

① 涂上飙.乐山时期的武汉大学[M].武汉：长江文艺出版社，2009：274－275.

所谓造就人才，就是大学生经过学校教育的培养，成为掌握一定技能、并对社会有用的人才，如部分学生可以从事管理、甚至做领袖当官等。同时，他又认为，一个真正有用的人才，不但应有完备的学问知识，而且在道德品性上应有充分的修养，要保持中国固有的道德，比如守秩序、恳切、正直等。他说，遵守这些品行，在外国是很普通的现象，但在中国则不然。如果到中国各地一看，没秩序、摆面孔、不正直的现象随处可见。比如在座火车、过轮渡时，会看到不必要的拥挤；在办事处、在各机关，会见到不必要的摆架子、无礼貌。这些不良习惯都要经过训练戒除掉，因此，"我们要在学校里养成良好的习惯并濡染到社会"[①]。

所谓提高学术，指大学教育应该注重培养学生的学术素养。他说，很多学生毕业之后可能专门从事学术研究，大学教育应对他们从事研究工作有所贡献。目前，这类人的需求量虽然不多，但又不能缺少，特别是对一些专门问题的研究，对社会国家的发展意义重大。对于提高学术，周鲠生非常看重，他说，大学最高的使命，就是提高学术。在武汉大学 20 周年校庆演讲中，他谈道："我们的学术空气还不够浓厚，学术研究上比起国内其他有名的少数大学，还有些逊色。今后还要在学术方面加紧努力！希望 10 年之内，本校毕业的学生中，能产生几个第一流的学者"[②]。

所谓改造社会，就是大学要通过自己的所作所为影响社会，成为社会改造的动力。他说，法国的巴黎大学社会化程度很高，社会上的各种人都可以到教室里自由听课，巴黎大学几乎成了社会一般交际的场所。改造社会，就是要提高社会文化，要把优美的文化、高深的知识向社会传播，即知识的社会化。什么是知识的社会化呢？即知识要成为社会的宝贝，不是作为个人的工具；知识是为多数人增福利，不是为私人造势力。[③]

大学产生以后，人们对大学职能的认识是慢慢形成并逐步深化的。在中世纪，人们认为大学的目标是以保存和传递古典专业知识为主，培养统治阶级所需要的官员、牧师、法官和医生，于是培养人才就成为了当时大学的主要职能。18 世纪以后，随着科技革命的不断深入，大学培养人才的传统职能功能受到严峻地挑战，学术研究职能日益成为大学的新职能。德国柏林大学在冯·洪堡的努力下，把学术研究作为大学的一项重要要求，使大学突破了单一的传播知识

①　周鲠生.1929 年 3 月 4 日在总理纪念周上的演讲[J]//国立武汉大学周刊, 12(1).

②　周鲠生.1948 年 10 月 31 日在国立武汉大学建校 20 周年典礼上的演讲[J]//国立武汉大学周刊, 389：2.

③　周鲠生.1929 年 3 月 4 日在总理纪念周上的演讲》[J]//国立武汉大学周刊, 12：1.

的职能，从而拓展了大学的第二个职能——发展知识的职能。到了 19 世纪末，大学的第三个职能——社会服务职能在美国的大学中产生并得到发展，大学通过各种途径和形式，使大学直接或间接地为社会服务。

由此可见，周鲠生所主张的大学教育的目的和使命，正好与大学职能的发展演变相吻合。他之所以对大学的职能认识地如此周详，是与他的求学经历和学术活动紧密相关的。1906 年，他赴日本早稻田大学求学，1913 年，又赴欧洲留学，先后获得英国爱丁堡大学政治学硕士学位和法国巴黎大学法学博士学位。大学的前两个功能是在欧洲的大学中形成的，他先后在英法两国留学的经历，使他对大学造就人才的职能非常清楚。另外通过在日本的留学，他间接了解到了德国的教育模式，因为日本大学的模式正是移植德国大学的，这使得他也很清楚大学提高学术的功能。大学的第三个功能是从美国的大学里产生出来的，而周鲠生在 1939 年 9 月正好赴美国讲学，直到 1945 年回国。近六年的美国学术生涯，对美国大学的社会服务功能有着十分深切的认识。

2. 他为实现大学三大使命的武大实践

为了实现造就人才的使命，他在任期内对学校的基本组成单位——学院进行了恢复和增设。1938 年，学校西迁乐山时，教育部命令农学院并入中央大学农学院，仅设有文、法、理、工四大学院。1946 年 5 月，他领导恢复了农学院，叶雅各担任筹备主任。1947 年，农学院大楼（现工学部办公楼）竣工。1948 年，又增设了园艺和农业化学两系。1946 年 10 月，他主持设立了医学院。医学院分解剖学、生理学、生物化学、药理学、细菌免疫学、寄生虫学、病理学、内科、外科、妇产科、小儿科、眼科、耳鼻喉科、精神病学、牙科、放射学、麻醉学、社会医学等 19 个学科，学习年限为 7 年，于 1947 年开始招生。至 1948 年，学校设有文、法、理、工、农、医 6 个学院 20 个学系，成为民国武汉大学规模最大、学科最为齐全的时期。最终实现了大学初创时期王世杰校长提出的建立 6 大学院的构想。6 大学院，涉及人文、社会、自然等学科领域，既培养了基础理论型人才，也造就了实用应用型人才。

为了提高学术，提升学校的科研实力，他调整充实了研究机构及负责人员，文科研究所（负责人刘永济；下面只列名）、法科研究所（刘秉麟）、工科研究所（余炽昌）、文科研究所文史学部（李剑农）、法科研究所政治学部（刘迺诚）、法科研究所经济学部（杨端六）、理科研究所理化学部（邬保良）、工科研究所土木工程学部（俞忽）、工科研究所电机工程学部（文斗）。1947 年 5 月，根据教育部的训令，他又改原有的 4 所 11 部为 8 所，分别为中国文学研究所、历史研究所、政治研究所、经济研究所、物理研究所、化学研究所、土木工程研究所、电机工程研究所。当时全国设有研究所的高等院校达 33 家。国立大学研究所的设置情况是：中央大学 26 个，清华大学 23 个，北京大学 15 个，中山大学 10 个，浙江大学 9 个，台湾大学、武汉大学 8 个，南开、同济、厦门、四川、重庆、东北等大学各 2 个，交通、复旦、湖南、贵州、政治、山东等大学各一个。武汉大学与台湾大学处于并列第 6 位。① 众多科研机构的设立，既反映了学校的科研实力，也体现了他提高学术的理念。

为了实现大学改造社会的目的，他在科研中强调其应用性，如在医学院开展华中区域流行病症及寄生虫问题的研究；在农学院开展粟米遗传性的研究和水稻优良品种的选育，并与湖北省农垦处合作，共同建设磨山合作农场。大力开展大学文化的服务，组织学术文化演讲委员会，在武汉推广学术文化服务。向社会公开讲授包括社会、自然、应用科学、文艺及时事等问题。邀请吴于廑、张培刚、高尚荫、查谦、陈华癸等名家为大家做学术演讲。

二、质与量并重、理论与应用并重和自由发展的大学发展方向

在民国时期的武汉，大学因形势发展的需要，在发展规模、培养模式以及发展方向等方面都进行了诸多探索，周鲠生校长结合自己的办学实践，提出了自己的主张和见解。

1. 大学要向质与量并重的方向发展

20 世纪 40 年代，在抗日救国的形势下，中国的高等教育得到了较快发展，1936 年，中国的国立大学只有 23 所，1947 年，国立大学达到 31 所，其他省立、市立以及私立大学也得到不同程度的发展。据刘海峰教授统计，1936 年之前，中国有高等学校 108 所，到 1945 年高等学校达 141 所，比抗战前增加了 30 多所。②

在高校不断增长的时候，他主张在高校数量不断增长的同时，应该注重高校发展的质量。他说，高校的发展中，数量的扩张和质量的提高是两个重要的方面。1945 年，他在武汉大学开学典礼上演讲说，武汉大学原来的建筑只能容纳 1000 人左右，在将来要办到能容纳 5000 人，甚至于 1 万人。美国许多小的大学或学院都有一两千学生，普通大学学生总数更是在 1 万人以上。在这里，他强调了数量的扩张。但他又说，从站在讲求学术的角度，高等教育不应该平均发展，而应该选择那些设备好、教员好、环境也好的学校来发展。到处开办学校的结果，反倒无助于好学校的发展。就学校内部的发展而言，要讲求数

---

① 教育部. 第二次中国教育年鉴[M]. 上海：上海商务印务馆，1949：575 - 576.
② 刘海峰. "弦歌不辍" 系列图书总序[M]//涂上飙，刘昕. 抗战烽火中的武汉大学. 郑州：河南大学出版社，2015：1.

量，也要讲质量，"我们的学校应该注重质、量并重"①。

于是，他在任期内一边注重学校数量的扩张，同时也严把学校发展的质量。他建立文、理、法、工、农、医6大学院，扩大了学科建设的规模；在校学生近3千，是初创时的5倍，扩大了人才培养的规模，实现了学校量的扩张。

但他更注重学校发展的质量。高水平师资是学校发展的一个必备的要素，他在任期内曾大力延聘名师。他们有"联合国教育文化组织中国委员会"委员候选人桂质廷、国内外享有声誉的查谦、中央政府大法官燕树棠、荣获美国哈佛大学"威尔士奖金"的张培刚、桃李满天下的张珽等。此外，还有李剑农、方壮猷、刘永济、刘博平、黄焯、刘秉麟、曾昭安、邬保良、高尚荫、叶雅各、袁昌英等知名教授。

人才培养的质量是大学生存发展的生命线。于是，他狠抓人才培养的各个环节，如严格必修和选修课的划分、注重基础课的设置、增强课程设置的计划性和系统性以及增加课程数量等。

大学的科学研究是大学发展壮大的核心竞争力之一，他特别重视大学的科学研究功能。为此，他恢复了以前因为经费困难已经停办的《文哲季刊》《社会科学季刊》《理科季刊》《工科丛刊》等刊物，为学术成果的产出通过平台。他还鼓励开展各种专题研究，当时不少教授都出版有学术专著。他一生出版有《国际法》《近代欧洲外交史》《近代欧洲政治史》《不平等条约10讲》《现代国际法问题》《国际政治概论》等十余种专著。除他之外，李剑农的《中国经济史稿》、刘廼诚的《比较政治制度》、方壮猷的《中国社会史》等都是当时很有影响的著作。

此时，武大的办学质量是得到了国际认可的。1948年2月20日，教育部国际文化教育事业处函告学校：英国牛津大学已认可武大本科毕业生在牛津之研究生地位。即武大的毕业生凭学习成绩即可申请攻读牛津大学的研究生。享有同等待遇的还有北大、清华、中央（大学）、南开、浙大及私立北平协和医学院等六所院校。

2. 大学要理论与应用并驾齐驱

在高校人才培养的模式上，是注重理论，还是注重应用？这在民国高等教育发展中是时常会引起争议的一个问题。可谓仁者见仁，智者见智。1922年，壬戌学制的推行，使美国实用主义的教育模式逐步占据了中国的高等教育市场，加上1927年南京国民政府建立后，国内的经济建设以及挽救民族危亡的需要，政府的教育方针多偏向实科的发展，而限制了文科等基础理论科学的发

---

① 周鲠生.1945年11月5日在国立武汉大学开学典礼上的演讲[J]//国立武汉大学周刊，353：1.

展。据 1931 年度统计，文、法、商、教育、艺术等科学生占百分之七十，达二万三千二百三十人，而农、工、医、理等科学生，仅占百分之三十，计九千九百二十八人。于是《大学规程》第二条，明令提倡农工医诸实科教育，并要切实奉行，对于现有文法科经过考察，进行归并，或停止招生，或分年结束。对于停招的文法科生所节余的经费，移作扩充或改进设理、农、工、医药等科之用。

针对这种注重实科、忽视文法科的情况，周鲠生则不予赞同，他主张理论与应用并重，对于理论还应多加注重。他认为，"在政府方面，因为需要技术，走这条路也许是不得已。但是，站在学术教育的立场上，这实在是不妥当的"。[①] 他还举例指出，两年前（1943 年）有人出国去研究原子理论，当时教育部认为此非抗战之急需而未获允许，等到最近（1945）原子弹打倒了日本，大家才恍然大悟，知道原子理论的重要。因此，他说，"武大今后的政策，对于理论尚要多注重"[②]。

从上可知，他虽然主张理论与应用并重，但更看重的是理论。看重理论，也是武大的一贯传统，可能与北大的影响有关。武大的学风与北大有着很深的渊源，国立武大初期的几位校长（刘树杞、王世杰、王星拱、周鲠生）均来自北大，都特别强调从学的基本理论。武大在学科的发展中，以文理基础学科为主。文科中的中文、外文、历史、哲学，理科中的数学、物理、化学、生物等学科都有很长的发展历史，学科的积淀也比较深厚。周鲠生回国以后，最初执教在北大，沿袭了北大注重基础理论的传统。他一生出版著作 15 本，发表文章290 余篇，都有很重的理论成分。

3. 大学要有特色的自由发展

抗战胜利后，大学不断增加，省立、私立大学纷纷向国立大学转变。这期间，大学应如何发展是一个有待思考的问题。民国时期的大学，政府通过制定一系列的法令法规，建立起了一套完整的大学教育制度，包括培养目标与学校的机构设置、日常管理、课程设置、教员聘用、研究机构与学位制度等，这对于完善办学体制、提高办学质量都是有益的。但是，这种整齐划一的高等教育，使大学失去了自由发展的机会。周鲠生在大学发展的方向上，主张大学的自由发展。他说："大学教育的整齐划一，推到极端，确实妨碍了大学教育的发展。现在的教育法令多如牛毛，而学校课程及组织，处处受到法令的限制，各大学不能就各自特有的设备、人才及环境发挥所长。"[③]

---

①　周鲠生.1945 年 11 月 5 日在国立武汉大学开学典礼上的演讲[J]//国立武汉大学周刊,353:1.

②　周鲠生.1945 年 11 月 5 日在国立武汉大学开学典礼上的演讲[J]//国立武汉大学周刊,353:1.

③　周鲠生.1945 年 11 月 5 日在国立武汉大学开学典礼上的演讲[J]//国立武汉大学周刊,353:1.

为此，他主张在大学内部要弱化行政权力，现在(1945年)"学校衙门化"了，应该推行蔡元培先生所提出的"行政学术化"。他说："一个大学的学术工作是根本，学校的行政不过是辅助学术工作的进行。我们今后应本着这种精神，使学校一切避免衙门的习气，维持学术的尊严。如果不这样做的话，即使是一等的大学，在学术上也是站不住脚的，地位也会下降的。"①

尽管当时国民政府对学校的管控很严、要求很多，但他在力所能及的范围内进行了有特色的发展探索。例如，他特别看重大学的科学研究功能，在协调处理学校事务时都把为科学研究服务放在一定的议事日程上。在教学上，除了教育学生学习知识，还要学习技能，即创造知识的能力；在教与研上，要求教师除了授好课外，还要进行研究；在后勤保障上，强调图书的藏量以及实验设备的供给；在日常管理上，推行行政学术化，要求行政为学术服务。因此，在他任内，学术成果不但丰富，而且学术水准很高。整个民国时期，武大的师生在《自然》和《科学》上共计发表8篇学术论文，在他任内的1947、1949年都发表了论文。1947年11月，梁百先在 *Nature* 发表 *F2 Ionization and Geomagnetic Latitudes* 的论文；1949年7月，高尚荫、王焕葆在 *Science* 发表 *Survey of Chinese drugs for presence of antibacterial substances* 的论文。

三、大学科学研究要建立内外协调的体制模式

1. 大学要加强与研究机构之间的相互融通

周鲠生虽然主张大学应有三种职能，但最为推崇的还是大学的学术研究功能。1945年11月，他在国立武汉大学开学典礼上演讲说："在一个大学里面，行政机构应该是较小的一部分，而学术工作才是主要的一个部门"②。1947年10月31日，在庆祝国立武汉大学建校典礼上又讲到，"武汉大学除了为国家社会造就人才外，应当更进一步地变成学术研究的中心，形成文化思想运动的原动力"③。

之所以有这样的认识，是因为他一生的大部分时间都是在大学里度过的。他在日本、英国、法国留过学，在北京大学、东南大学(中央大学前身)、广东大学(中山大学前身)、武汉大学等学校教过书。他一生几乎与学术研究有着不解之缘，从1923年在上海的商务印书馆出版《法律》一书以来，不断有学术著

---

① 周鲠生.1945年11月5日在国立武汉大学开学典礼上的演讲[J]//国立武汉大学周刊,353:1.
② 周鲠生.1945年11月5日在国立武汉大学开学典礼上的演讲[J]//国立武汉大学周刊,353:1.
③ 周鲠生.1947年10月31日在庆祝国立武汉大学建校19周年典礼上的演讲[J]//国立武汉大学周刊,374:1.

作问世，如《近代欧洲外交史》《现代国际法问题》《现代英美国际法的思想动向》等都是他不同时期的代表作。正因为他学术成就卓著，国民政府教育部在1942年聘任第一批（总计进行了两次）"部聘教授"时，周鲠生被聘为法律方面的教授（当时全国所有学科只有30人入选），每学科全国排名第一者当选。

基于对学术研究的重视及长期思考，周鲠生在1946年2月18日参加的一次演讲中，提出对大学研究工作的一些看法和主张，即要加强大学与研究机构之间的相互融通。

20世纪30年代，民国政府设立了中央研究院，下设各研究所，专门从事研究工作。研究院规定，研究人员除兼职人员外，专职人员不得在大学授课。通过这样的方式，确保研究院以研究为主，大学以教学为主，研究院和各大学之间全无联系。周鲠生认为，应打通研究院与大学之间的联系，要让研究所里以研究为主的人员到大学里授课，也要让教课为主的大学教员，有机会从事研究。①

周鲠生认为，这种研究人员与大学隔绝的格局，使双方都蒙受了损失，因为教授与研究不可分离。英美的大学，教授不从事研究者极少。研究与教学互通，实有许多好处：研究所的研究人员参与教学，有助于整理其思想，并获得与学生讨论的机会。如果所讲的是与研究题目相关的，还可以扩充研究眼光，补充所需要的知识。研究所里虽有研究人员可以切磋，但毕竟人数有限，而大学里青年学生多，给他们讲课，既可以增加刺激，也可以奖掖后学，培育后起之研究人员。对于学校来讲，研究人员来讲课，还可以解决师资的不足。当时正是抗战胜利后，各行各业都需要重建，需要各方面的建设人才，高校中师资更是相对缺乏。另外，研究人员在高校中教课，还可以倡导研究的风尚，提升大学学术研究的氛围。为打通研究所与大学之间的联系，他主张应该让研究员、副研究员在大学里授课。大学教授也可由研究所聘为兼职研究员，聘期1~2年，这一建议如果被采纳，不仅中央研究院各所可以充实力量，而且大学里的研究事业也可以逐步得到提高。②

他的纯学术研究机构与大学互通的思想，到现在都还有借鉴意义。国家在20世纪50年代，是将学术研究与人才培养的职责分开的。研究院从事学术研究的任务，大学则承担人才培养的任务。实践证明，这样的职责划分是有局限的。改革开放以后，大学在培养人才的同时，科学研究的功能在大学中开始恢复。随着社会经济的发展，大学与研究院、企业及政府进行合作研究逐步展

① 周鲠生.1946年2月18日在总理纪念周上的演讲[M]//国立武汉大学周刊,357:1.
② 周鲠生.1946年2月18日在总理纪念周上的演讲[M]//国立武汉大学周刊,357:1.

开，并取得了明显的社会经济效益。这就证明，他的关于大学要加强与研究机构之间的相互融通开展研究的思想是正确的，而且是前卫的。

2. 要建立以题目为组织的大学内部科研新模式

关于大学学术研究，1929 年，教育部专门出台了文件，在大学设立研究机关，分为研究学部、研究所和研究院。并规定有 3 个以上研究所时称研究院。研究院的设立，旨在为本科毕业生研究高深学术和大学教员从事研究活动提供方便。研究院所为培养研究生和专门从事研究之独立部门。1946 年，研究院进行组织机构改革，原有的研究院、部、所，一律改称为研究所，并与教学的学系合并，系内的教师均为研究人员，不另支薪水，也不因此而减少教学时数。周鲠生认为上述大学里的研究组织形式，最不适合研究工作的开展。现在学校的研究机构主要是培养研究生，而不是在做研究。因此，他说，"大学的研究所，如果要名副其实，必须要有研究的成绩，必须要有有价值的出品"。①

他认为，要想有有价值的"出品"，必须改革现行的研究制度，一方面可以保留按学院、系所、部的研究组织，其作用在于"造人"，即培养研究生。同时，在现行的研究所组织内，设立以研究题目为中心的特殊单位，专门从事"出品"，即出研究成果，这个单位可以称为"研究室"。这个研究室纯粹为从事某项特殊研究的教授及其相关人员工作的地方，在行政上可隶属于某个研究所，在工作上要打破学系之间的界线，而且学院与学院要进行沟通。因为，某一项重要的研究，是很难以学科划分界限的，它主要靠有组织的集体工作。他说，如果要开展某一项研究，有时需要工学院和理学院的共同努力，有时也需要理学院和农学院的教授在一起工作。在社会科学方面，许多问题如政治和经济不能分开，法学院和文学院，尤其是史学方面的教员，有时需要在一起共同工作。现世许多重要的研究事业或有永久价值的著作，都是集体研究的结果，而我国学术界、著作界最缺乏的就是这种集体研究工作。②

他建立的是以题目为组织的大学内部科研新模式的思想，正是现在科研所要鼓励和推崇的。目前所处的知识经济和信息化时代，单靠一个人或一家单位来完成一项重大的科学研究任务是十分困难的，必修依靠多家单位、多门学科和多人的努力才能完成。

---

① 周鲠生.1946 年 2 月 18 日在总理纪念周上的演讲[J]//国立武汉大学周刊，357：1.
② 周鲠生.1946 年 2 月 18 日在总理纪念周上的演讲[M]//国立武汉大学周刊，357：1.

李达校长的办学理念

武汉大学　涂上飙

　　李达(1890—1966)，字永锡，号鹤鸣，湖南零陵(今永州市)人。1909 年入京师优级师范，1913 年赴日本留学，1920 年 8 月回国。次年 1 月与陈独秀等发起建立上海共产主义小组，主编《共产党》月刊，为中国共产党早期创建工作竭尽心力，在中共一大上选为中共中央局宣传主任。中共二大会议后应毛泽东之邀，出任湖南自修大学学长。1923 年秋，因与陈独秀意见不合，中断了与中共的联系。1927 年秋，应国立武汉大学委员会委员李汉俊之邀，从湖南零陵来校任教。几个月后离校赴沪。后在多所大学任职，笔耕不辍。他虽在组织上与中共中断联系，但信仰未变，在国统区坚守马克思列宁主义的理论阵地，成为卓有建树的马克思主义理论家，被毛泽东誉为"理论界的鲁迅"。1949 年 5 月到北京，先后任中国新法学研究会副会长、中国新哲学研究会主席、政治大学副校长、政务院文化教育委员会和法制委员会委员；后重新加入中国共产党，并任中南军政委员会委员、文化教育委员会副主任、湖南大学校长等职。1953 年 2 月至 1966 年 8 月，任武汉大学校长。其间，曾被选为中国科学院学部委员，中国哲学学会会长，中国科学院武汉分院院长，有《李达文集》出版。

　　李达在武汉大学长达 14 年的办学实践中，在社会主义新型大学的建设方向、高水平师资队伍建设、教学中心和科学重镇建设，以及大学民主管理等方面都进行了有益的探索。

一、"马列指导""红专并重"

1."马列指导"

　　马克思主义、毛泽东思想，是我们党的指导思想。李达十分清楚马克思主义、毛泽东思想在中华人民共和国成立后的重要指导地位。在去武大前夕，李达给著名的史学家吕振羽去信说："日内即去武汉大学就职。……此后，我的主要工作是领导马列主义、毛泽东思想研究。我身虽多病，但还能半休息半工作，决以余年献身于这一研究，学习、学习、再学习，或者能有一点成就"[1]。1953 年 2 月 23 日，李达正式到校就职，他在欢迎会上的就明确要求，全校干部、教师要团结一致，认真学习马克思主义、毛泽东思想，按照社会主义的方向办好武汉大学。要做到这一点，他认为，必须通过学习提高师生员工的马克

---

　　①　李达给吕振羽的信 1953 年 2 月 9 日[J].文献，1980(4).

思主义水平。只有提高了马克思主义理论水平，才能办好社会主义大学。

李达到任后，很快在武汉大学启动了马克思主义理论教育的工作：

一是亲自辅导学习《矛盾论》《实践论》。1953年2月，他一上任后，就在全校师生中开展了对马列主义毛泽东思想的学习。4月13日，他亲自向参加学习的277名教师做动员报告，指出：这次学习的方针和任务是，通过系统的理论学习，逐步确立马克思列宁主义的立场、观点和方法，进一步批判资产阶级思想，树立马克思主义的世界观。① 10月30日，李达向参加理论学习的全体教师作了学习《矛盾论》的辅导报告，指出："《矛盾论》和《实践论》一样，同是毛泽东思想的基础，是无产阶级政党的宇宙观，是革命行动和科学研究的指南，是思想方法和工作方法的统一"②。

二是要求学习党和国家的方针政策。1954年1月，学校开展了国家在过渡时期总路线的学习。为保证学习的进一步深入，学校专门成立了教师政治理论学习委员会，由他任学委会主任委员。1954年，《中华人民共和国宪法》(草案)公布。6月23日，他向全校师生员工作了关于学习宪法草案的动员报告，号召全校师生员工认真地学习宪法，拥护宪法，遵守宪法，为建设社会主义社会而奋斗。

三是成立"马克思列宁主义夜大学"。为使全校教职员系统地提高政治理论水平，学校成立了"马克思列宁主义夜大学"，由李达任校长。夜大学学习期限4年，开设中国革命史、马克思列宁主义基础、政治经济学、辩证唯物主义与历史唯物主义4门课程。夜大学分为甲、乙两个班，甲班351人，乙班604人。开学的当晚，李达亲自到课堂听课并观察了解学习的情况。

四是主持重建哲学系。武汉大学原有的哲学系在1952年院系调整时合并到北京大学，1956年9月，他主持重建哲学系并兼任哲学系主任。他一向认为，马克思主义哲学是共产党的世界观，是指导各门具体科学和各项具体工作的最正确最完备的方法论，在高等学校中应当是"首席科学""首席课程"。③ 一个社会主义的大学，不首先抓马克思主义哲学的教育，是办不好的。

2."红专并重"

李达在1953年下学期的开学典礼上指出："综合大学的培养目标，首先要使学生具有较高深的理论水平与较广阔的科学知识，通晓一般的自然科学或社会科学规律，然后在这个基础之上逐步进行专业训练，逐渐养成能够独立地、

① 吴贻谷.武汉大学校史.武汉：武汉大学出版社，1993：239.
② 吴贻谷.武汉大学校史.武汉：武汉大学出版社，1993：239-241.
③ 程斯辉.中华人民共和国著名大学校长(1949—1983).武汉：湖北人民出版社，2007：267.

创造性地进行研究工作，并善于在马列主义方法论的基础上解决自己专业方面的某些理论和实际问题。"①在这里，他明确地提出了学校的人才培养目标，既要"红"也要"专"。

1957年5月，应《新湖南报》的约请，李达撰写了《怎样做一个社会主义大学生》的专文，就办学目的、社会主义大学生标准等问题提出了许多真知灼见。关于办学的目的，李达指出，我们的目的是培养为人民服务的知识分子，为社会主义事业服务的专家。要想在毕业后成为一个名副其实的社会主义建设人才，那么在学校里应当是一个名副其实的社会主义大学生。关于社会主义大学生的标准，李达说："社会主义大学的大学生有社会主义大学生的标准。这标准概括起来应该有三个条件：第一，他努力把自己培养成为具有马列主义的世界观和共产主义的道德品质的人，决心为社会主义的事业贡献自己的全部力量。第二，他努力地并且有成效地学习现代先进的科学和技术。第三，他努力锻炼自己身体，把自己锻炼成为足以胜任繁重劳动的强健体魄的人"②。这些思想观点，进一步丰富和深化了德智体全面发展的教育方针的内涵，强化了既要"红"也要"专"的思想。

1959年5月4日，在武汉大学纪念"五四"运动40周年上的演讲上，他专门讲了"红"与"专"的问题。

他说，首先，是要"红"。我们的青年一般是在和平环境里成长起来的，没有经历过革命先辈们所经历过的那些惊涛骇浪，没有"经风雨，见世面"，没有经过严重的锻炼和考验，在政治上还不成熟。为了做共产主义者的接班人，必须克服各种错误思想，牢固地树立起共产主义世界观和人生观。要做到这一点，必须做到：

第一，坚决实行与工农群众相结合。在目前就是坚决拥护党的教育与生产劳动相结合的方针，积极地参加劳动锻炼。"有的青年，把参加劳动锻炼和'专'对立起来，似乎参加劳动锻炼就影响'专'，就不能当专家，要想'专'就不能参加劳动锻炼。这是不正确的。"③

第二，必须努力学习马克思列宁主义。有的同学认为，政治课可有可无，只要好好劳动就可以自然地"红"起来。这种认识是片面的。他说："马克思列宁主义是指导我们思想的理论基础，是从事任何专业的人都必须认真学习的一

① 李达.开学讲话[J].新武大，1953-10-23.
② 李达.李达文集(第4卷)[M].北京：人民出版社，1988：529.
③ 李达.青年知识分子要走又红又专的道路[M]//徐正榜，陈协强.名人名师武汉大学演讲录.武汉：武汉大学出版社，2003：271.

门科学。"①

其次，他讲不仅要"红"，而且要"专"。为了实现国家工业化和农业机械化电气化，需要高度的文化水平和科学技术水平。目前，我们国家的文化水平和科学技术水平整个说来还是低的，青年们的知识也还很不足。因此，必须努力学习，牢固地掌握知识，把自己锻炼成为精通本门业务的专家。知识有书本知识和实际知识两种，应当使两者很好地结合起来。我们反对脱离实际的死读书，但是也反对不读书或是忽视读书。有些同学不重视基础课，认为不能解决实际问题。这是一种近视的观点。"学习科学知识必须循序渐进，只有打好了牢固的基础，才能攀上科学的高峰。"②

"红"和"专"是对立的统一，不应当把二者机械地对立起来。"只专不红""先专后红"的思想都是不对的。

二、"教学为主""教研结合"

1. "教学为主"

李达认为，教学工作是学校一切工作的中心。1953 年 10 月 22 日，李达在武汉大学新学年开学典礼上的讲话中说：

武汉大学经过院系调整，现已成为一所综合大学了，所担负的任务是"适应于国家建设需要，培养具有马列主义世界观、全心全意忠实于祖国和人民事业、掌握先进科学和技术的专门人材"。③

根据上述的基本方针，综合大学的任务，主要是培养理论或基础科学（自然科学和社会科学）方面的从事研究工作或教学工作的专门人才，为各个经济和文化教育部门输送研究和教学干部。具体地说，就是培养科学研究工作者和高等学校以及中等学校的师资。因此，综合大学的培养目标，首先要使学生具有较高深的理论水平与较广阔的科学知识，通晓一般的自然科学或社会科学的规律，然后在这个基础之上逐步进行专业训练，逐渐养成能够独立地、创造性地进行研究工作，并善于在马列主义方法论的基础上解决自己专业方面的某些理论和实际的问题。

为贯彻上述的方针和完成相应的任务，培养出德才兼备的科学研究人才，

---

　　① 李达.青年知识分子要走又红又专的道路[M]//徐正榜，陈协强.名人名师武汉大学演讲录.武汉：武汉大学出版社，2003：272.

　　② 李达.青年知识分子要走又红又专的道路[M]//徐正榜，陈协强.名人名师武汉大学演讲录.武汉：武汉大学出版社，2003：273.

　　③ 李达.教学工作是学校一切工作的中心[M]//徐正榜，陈协强.名人名师武汉大学演讲录.武汉：武汉大学出版社，2003：246.

他提出了如下一些要求：

一要实行教学改革。所谓教学改革，主要是教学内容的改革，包括制定教学计划、教学大纲和教材内容等。

二要改革行政工作。他认为，教学工作是学校一切工作的中心，一切行政工作都服务于教学工作。"我们行政工作人员，必须确立一切工作围绕于教学工作的思想，制订工作计划，建立工作制度，改进工作方法，提高工作效率，以便使教学工作能够顺利地进行。"①

三要加强政治理论学习，尤其是要求教师们系统的马列主义的学习。要求在四年内分别学习中国革命史、马列主义基础、政治经济学、辩证唯物主义和历史唯物主义这四门课程，每一学年度学习一门。

四要加强教研组工作。他说，教学研究指导组（简称教研组）是高等学校的基本教学组织，是直接领导一门或数门性质相近的课程的教学工作、进行科学研究工作、培养和提高师资的主要环节。"一个高等学校的工作成绩如何，在很大的程度上，是要看教研组的工作成绩如何而定的。"②

五要注重培养师资。他说，目前一般高等学校都感觉师资不足，本校也不例外。"要解决这个问题，必须从两个方面下手，即一方面培养新的师资，另一方面提高现有师资。这两个方面的工作，不可偏废，而应该很好地配合进行。"③

六要进行科学研究工作。为了提高教学水平，培养新的师资，推进科学进步，以促进国家建设事业的发展，综合大学必须有步骤地进行科学研究工作。

七要加强对学生的纪律教育。他是针对当时学生中课堂纪律不好，不按教学计划进行学习，不遵守生活秩序，不爱护公物，对教师、对学校工作人员不够尊重，不重视政治时事学习，不注意体育活动等现象而提出来的。④

2."教研结合"

他在强调大学以教学为主的同时，也要求教研紧密结合，即要开展学术研究。"综合大学主要是一个教学机构，同时也是一个研究机构。教学与研究工

---

① 李达.教学工作是学校一切工作的中心[M]//徐正榜，陈协强.名人名师武汉大学演讲录.武汉：武汉大学出版社，2003：251.

② 李达.教学工作是学校一切工作的中心[M]//徐正榜，陈协强.名人名师武汉大学演讲录.武汉：武汉大学出版社，2003：252.

③ 李达.教学工作是学校一切工作的中心[M]//徐正榜，陈协强.名人名师武汉大学演讲录.武汉：武汉大学出版社，2003：252.

④ 李达.教学工作是学校一切工作的中心[M]//徐正榜，陈协强.名人名师武汉大学演讲录.武汉：武汉大学出版社，2003：254－255.

作是相互为用、相互提高的，是相互结合而不是相互矛盾的。所以综合大学还必须与各种科学研究机构及各个建设部门取得密切配合，才能更好地结合实际需要与发挥教学效能。"①

对于科学研究工作的范围，他在 1953 年第二学期的开学讲话中将其进行了细分：即推行具有创造性的教学方法和教学内容的研究工作，编著现代先进科学的教科书和专论；一般科学理论问题的研究；具有国民经济意义的较大的理论性问题研究；业务部门、科学研究机关、工矿企业及其他单位所委托的科学研究工作；科学通俗化的工作。② 以后，他对研究的内容进行了进一步的深化。1963 年 11 月，在校庆 50 周年大会上，他指出：积极开展科学研究，争取在较短时期内培养出一支具有国内先进水平的马克思列宁主义理论队伍和自然科学队伍。理科应当结合教学工作、专业特点和国家需要，一面加强基本理论的研究，一面联系当前生产实际和社会主义建设中的重大科学技术问题进行研究。文科要努力运用马克思列宁主义、毛泽东思想的基本原理来总结研究我国革命和建设的丰富经验，整理我国文化遗产。③

他如此强调大学的科学研究功能，一是基于他对综合大学任务的认识。综合大学的任务主要是培养理论或基础科学（自然科学和社会科学）方面的从事研究工作或教学工作的专门人才，是为各个经济和文化部门输送研究和教学干部的。更具体地说，就是培养科学研究工作者和高等学校以及中等学校的师资。但就培养目标来说，则以培养合乎一定规格的科学研究人才为主要目标，因为能做科学研究工作的人，也可以做高等学校和中等学校的教师。二是他本身就是一位以身作则、勤奋著述的理论家。一生著述达数百万字，包括哲学、政治经济学、科学社会主义、法学、政治学、社会学、货币学、历史学等多个学科领域。《社会学大纲》《经济学大纲》《货币学概论》《社会进化史》《法理学大纲》都是他的一部分代表作。中华人民共和国成立后，尤其是主持武汉大学校政后，又发表了 100 多万字的论著，其中影响巨大的是《〈实践论〉解说》《〈矛盾论〉解说》以及他去世后出版的《唯物辩证法大纲》等。

在他的关心和重视下，学校的科学研究工作如火如荼地开展了起来。1955年，学校出版发行了人文和自然科学学报，他自己任学报编辑委员会主任。1956 年 2 月，他主持召开校学术委员会会议，主持制定了学校 1956—1967 年

---

① 李达.教学工作是学校一切工作的中心[M]//徐正榜，陈协强.名人名师武汉大学演讲录.武汉：武汉大学出版社，2003：248.

② 李达.开学讲话[J].新武大，1953 - 10 - 23.

③ 李达.贯彻党的教育方针，办好社会主义大学——在建校 50 周年校庆大会上的报告[J].新武大：1963 - 11 - 15.

的 12 年远景发展规划。具体制订了 12 年的学校科学研究工作规划。学术活动十分活跃，仅 1957—1965 年，就举行了 5 次大规模的科学讨论会。1963 年，举行了第四届科学讨论会，会上提交讨论的科研论文以及展出的科研著作之多，在武汉大学的历史上是空前的。会上，他指出："科学上没有长足进步，建设社会主义、共产主义不可能"。他要求"各位系主任，拿出六分之四的时间带个头，向学术方面进军"①。学术成果不断涌现，1957—1964 年全校共出版著作 66 本，发表论文 812 篇。学术合作研究层出不穷，与中科院武汉分院、中科院地球物理所、中科院水生物所、华中工学院以及武汉重型工具厂等都有签订合作协议。

三、"培养师资""完善管理"

1. "培养师资"

李达在 1953 年下学期的开学典礼上指出："综合大学的培养目标，首先要使学生具有较高深的理论水平与较广阔的科学知识，通晓一般的自然科学或社会科学规律，然后在这个基础之上逐步进行专业训练，逐渐养成能够独立地、创造性地进行研究工作，并善于在马列主义方法论的基础上解决自己专业方面的某些理论和实际的问题。

为实现综合大学的这一培养目标，他在讲话中提出要培养师资。李达认为学校的主要矛盾是教学质量与师资水平的矛盾。他认为，要办好社会主义大学，就要找到教育办学的主要矛盾，才能去解决这个矛盾。而学校的主要矛盾是师资水平与教育水平的矛盾。一个学校、一个系办得好不好，一个重要的标志就是看有没有一批知名的教授。因此，培养和提高师资是当务之急，是学校能否办好的关键。

他说，目前一般高等学校，都感觉师资不足，本校也不是例外。要解决这个问题，必须从两个方面下手：

从学校层面来讲，既要培养新的师资，也要提高现有的师资。这两个方面的工作，不可偏废，而应该很好地配合进行。从长远方面考虑，新师资的培养，是完全必需的。

培养新师资的办法，除派遣一部分青年教师到苏联和东欧人民民主国家以及国内各大学去研究外，主要还是靠我们自己来培养。即依靠我们原有的老教师，即带徒弟的办法，把一些研究生或毕业不久的青年教师，逐渐培养成为有一定教学能力的教师。这些年来，本校在培养师资方面的工作上，也有过一定

---

① 李达.李达文集：第 4 卷[M].北京：人民出版社，1988：725.

的成绩。今后，还应该继续努力，更有计划、有步骤的来进行。①

　　要做好这个工作，他认为最主要、最关键的还是在于教师彼此间的紧密团结。新老教师的关系，过去是不够正常的，影响了教学工作的改进和新老教师政治思想、业务水平的提高，尤其影响对青年教员的培养。以后新老教师必须认识各自的优点和缺点，取长补短，互相学习，互相帮助。尤其要求青年教师克服急躁自满的情绪，尊重老教师，虚心向老教师学习；老教师要关怀年轻的教员，热情地、耐心地予以指导和帮助。通过全体教员的团结互助，把教学改革工作更加提高一步。只有在这样彼此敬爱、团结互助的基础上，培养新师资的工作才能取得较好的效果。②

　　从教师个人来讲，还在于提高教师本身的政治思想水平和业务水平。在业务上的提高有两个方面：一是系统地有计划地读书，要读经典著作，也要读新书、新杂志；既要向经典作家学习，也要吸收最新的科学成果。二是对科学研究，要下决心，要做长期打算。工作量没有满，而确实又忙着备课写讲稿的教师，可以缓一步；工作量虽然没有满，但有条件搞科学研究的，必须搞起来。对科学研究，青年教师要从自己的基础出发，登高自卑，从小题目搞起，形式不拘。老教师要带头，要带领青年教师做。③

　　在学校师资队伍建设的过程中，李达通过多种手段和方法招纳贤才。曾昭抡教授是著名化学家、科学院学部委员、高等教育部副部长，他被错划为右派后，别的单位都不敢收留他，李达知道了这一消息之后，立即将其延聘至武汉大学任教。曾先生在武大通过言传身教，辛勤耕耘，培养了一大批中青年学术骨干，并为培养中青年人才积极创造条件。刘纲纪从北京大学毕业分配到武汉大学，本来是作李达的研究生的，当他提出自己的志趣是搞美学时，李达非但不以为怪，而且非常支持，叫秘书写介绍信，让他到北京大学进修美学，以充分发挥他的个人志趣和专长。

2.“完善管理”

　　中华人民共和国成立以后，百废待兴，一切都在探索之中，高校中实行一种什么样的管理模式，也存在一个摸索过程。李达主张要明确党政的职责关系，确定党政各自的管理权限，实行民主管理，充分发挥专家的作用。

---

　　① 李达.教学工作是学校一切工作的中心[M]//徐正榜，陈协强.名人名师武汉大学演讲录.武汉：武汉大学出版社，2003：252.

　　② 李达.教学工作是学校一切工作的中心[M]//徐正榜，陈协强.名人名师武汉大学演讲录.武汉：武汉大学出版社，2003：253.

　　③ 李达.贯彻全面发展的教育方针，提高教育质量[M]//徐正榜，陈协强.名人名师武汉大学演讲录.武汉：武汉大学出版社，2003：259-260.

　　在他来校的初期,学校的管理工作是以党的管理为主的,当时党的组织有党组和党总支。党总支负责党的建设和思想政治工作,党组则负责学校的教学和行政工作,决定学校工作中的重大问题。这样的一种权力架构,导致了党内的权力分配缺乏中心,党组、党总支各管一块,有没有主从关系? 党与行政的权力关系分配不清,党组、党总支该管一些什么东西? 行政部门负责那些工作? 这种不完善的权力关系,影响了行政效率的充分发挥。

　　为此,1957年1月5日,在学校党委扩大会议上,他提出了"究竟党在学校中做什么? 党与行政的关系如何"? 1961年4月28日,学校召开党委常委会议,他说:党在学校是不做行政工作的,我们学校挡在做行政工作,党是实线,行政是虚线,这要控一下,把界限划清楚,行政管行政的事情。1961年5月22日,学校召开校务委员会会议,他说:"总支书记揽教学行政大权",这从前是没有的,他要求"各位系主任主持教学,总支书记不得干涉"。

　　针对上述的一些情况,他在办学的实践中开始了"民主管理"的一些探索。1959年,颁布了《武汉大学校务委员会暂行条例》,规定武汉大学实行学校党委领导下的校务委员会负责制,校务委员会是行政领导机构,实行集体领导分工负责,设常务委员会负责学校日常事务。1959年2月16日,第一次校务委员会会议举行,李达在会上说:今天我们开第一次校务委员会,首先把架子搭起来,便于工作,把党的教育方针贯彻好。今天讨论的问题,是把机构成立起来。经过讨论,当日成立了由李达为主席的校务委员会常务委员会和校务委员会下设的科学研究委员会、生活福利委员会、图书资料委员会。几个委员会中,除常务委员会中行政人员多一些以外,其他三个委员会专家、学者占多数,尤其是科学研究委员会,除了极个别的行政人员外,几乎全是专家。校务会议每年都应按时举行会议,讨论包括教学计划、先进的评选、学校的编制、仪器购置、毕业生分配、行政人员安排、教师职称评定、学校发展规划等问题。

　　校务委员会成立以后,受当时政治运动的影响,校务委员会的作用还没有真正地发挥起来。于是,他又据理力争,于1961年5月26日在党委常委扩大会议上,针对当时学校出现了把常委领导下的校务委员会负责制度变成了党委书记一长制,他说,党委讨论写出来的东西,要听取校务委员会的建议。在校务委员会提出意见以后,党委讨论决定。教师提级、系主任、教研室主任及副科以上的干部,都要在校务委员会上通过。6月19日,在第8次校务委员会常委扩大会议上,他又重申:"党委领导下的校务委员会会负责制是学校工作的根本制度,是党的领导与群众相结合的一种形式。今后有关方针政策及上级指示,经党委讨论,提出实施办法以后,一定要拿到校务委员会上来讨论,做出决定。

　　(原载周叶中、涂上飙编著《武汉大学校长的办学理念》一书,武汉大学出版社,2017年)

朱裕璧院长的办学理念

武汉大学　袁丽玲

武汉大学医学部，始于 1943 年创办的湖北省立医学院（1953 年定名为湖北医学院，1993 年更名为湖北医科大学），是湖北省唯一创建于中华人民共和国成立之前并延存发展的省属重点高等学校，也是中国高等医学院校中的老校（民国时期的 22 所医科院校）之一。1943 年 5 月 14 日，湖北省立医学院在湖北恩施正式宣告成立，朱裕璧出任首任院长。2000 年 8 月 2 日，学校与武汉大学、武汉水利电力大学、武汉测绘科技大学合并组建为新的武汉大学，并成为新成立的武汉大学医学部的主体。

一、朱裕璧简历

朱裕璧（1903—1986 年），号楚珍，湖北宜都人。1926 年，在上海同德医学专门学校毕业后，在湖北省立医学专门学校（后改名为省立医科大学）任教。北伐时期，学校停办，朱裕璧毅然参加北伐军，曾任少校军医，后晋升为第七军前方医院院长、中校军医，并参加了著名的龙潭战役。1929 年 9 月，朱裕璧赴德国留学，在柏林哥廷根大学外科临床医院潜心攻读外科 4 年，后师从世界病理学权威阿绍夫教授研究病理学 1 年，所著论文《泌尿系统结石之 X 光拍查与化学检查之比较》《过敏性关节炎与退变性关节炎》《多发性肾腺瘤》等，均发表在当时德国外科病理学杂志上；1934 年，获得医学博士学位，经哥廷根大学外科教授鲍尔推荐，被接纳为德国外科学会会员；1934 年 11 月，载誉回国，应聘于广州中山大学医学院任副教授；1936 年，获美国洛氏基金会特别奖金，经教育部医学教育委员会推荐，以洛氏基金特别研究院名义到北平协和医院外科从事研究工作；抗日战争爆发后，南返中国红十字会任第五医疗队队长，直接参加了救护抗日负伤将士的治疗工作；1938 年，受聘于同济大学医学院，担任病理学教授，同年 8 月，任陆军军医学校主任教官；1941 年，任中山大学医学院外科教授；1941 年冬，应湖北省政府邀请在湖北恩施筹建湖北省立医学院，任筹备处主任、院长；1946 年，创立附设教学医院任院长；中华人民共和国成立后，朱裕璧继续担任湖北医学院院长至 1957 年；1957 年，被错划为右派，"文化大革命"期间被扣上反动学术权威帽子，列为专政对象，历尽坎坷、挫折。

朱裕璧在担任医学院院长期间，尽管行政事务繁忙，但从未间断过教学和临床医疗工作，曾担任"外科学""解剖学""德语"等课程的主讲，亲自为病人做手术，是享誉湖北卫生界的"三把刀"之一。在"文化大革命"时期，仍然坚持医学研究，于 1970 年创建了当归注射液研究室，在国际上首开"当归注射液治疗腰腿痛"的研究，发表了《实验性膝关节炎》《肾脏腺瘤》《X 线照片对尿路结石化学成分的鉴别》《23 例睾丸肿瘤的病理组织研究》《当归研究》等学术论文。在古稀之年撰写的《当归注射疗效观察十年初步总结》，受到国内外医学界的重视。朱裕璧曾任民盟中央委员，湖北省民盟副主任委员，政协全国委员，政协湖北省委常委。1986 年，在弥留之际，光荣地加入了中国共产党。于 1986 年 9 月 11 日病逝。

二、朱裕璧院长的办学理念

朱裕璧从事医学教育 50 年，他在湖北医学教育停办 16 年之久的情况下，在抗战时期极其困难的条件下，恢复了湖北省的高等医学教育，创办了湖北医学院。他在建院初期和担任湖北医学院院长的 16 年中，充分体现了他的办学思想及办学理念。

1. 爱国爱民，立志办学

在《裕璧回忆录》中，他讲述了创办医学院的原始思想动机："在德国留学期间，一天，一位瑞典籍的同学问我，贵省有多少人口？我答，3600 万。又问，有几所医学院？我说，一所也没有。他十分诧异，瞪大眼费解地看着我，好大一会儿才说，人口这样多的省份怎么连一所医学院都没有，医护人员如何培养？3600 万人生了病怎么办？……一连串的发问深深地刺痛了我的民族自尊心，我感到热血在周身沸腾，暗自发誓，将来学成回国，一定创办一所医学院，为国家、为湖北造就一大批高级医护人才，彻底改变医学教育水平低下、人民健康无保障的落后状况。因此，我在德国留学期间，除了发奋攻读外，还特别注意德国高等医学教育的特点，从院校结构、管理方法，到教学方法、教学手段、教材、考试方法各方面，无不悉心考察，比较优劣，并节衣缩食，自费购置了大量教学参考资料及一整套病理组织切片"。抗战爆发后，湖北医药人才严重缺乏，形势迫切需要恢复高等医学教育，以便为流亡学生提供继续就学的机会，为战后医疗卫生人才的培养打下基础。1941 年冬，时任国立中山大学医学院教授的朱裕璧先生，应湖北省民政厅热心于医学教育人士的诚聘，在留德同学及原省立医科大学一批校友的支持下，回湖北筹建医学院。当时的办学条件是非常有限和困难的，没有超常的毅力和信念是坚持不下来的。为做好前期的准备工作，朱裕璧亲赴重庆采购图书、仪器，但当时抗日战争烽火弥漫，民族处境维艰，物价昂贵、经费有限，只购得少量图书。创办之初，图书资料不足百册，仪器设备仅有朱裕璧从德国带回的一台显微镜。经过近两年的艰苦创业，于1943年创办了湖北省立医学院。中华人民共和国成立前夕，又创建了附属医院，终于用自己所学实现了报效国家和家乡人民的美好愿望。

在北伐战争期间，朱裕璧就亲临战地医院救死扶伤；在抗日战争期间，任中国红十字会第五医疗队负责人，直接参加了救护抗日负伤将士的治疗工作；在抗美援朝时期，朱裕璧院长积极组织师生和附属医院医生参加抗美援朝手术医疗队，投入抗美援朝的国际运动中。学院分四批共派出53人作为手术医疗队成员奔赴前线，救治了大批志愿军将士。

2. 注重基础医学与临床医学的紧密结合

医学是一门实践性非常强的学科，朱裕璧借鉴德国医学教育的办学模式，非常注重教学医院的建设与医学院院址的选择。无论是在恩施初创时期，还是搬迁至武昌的两湖书院和东湖路现址，医学院都与教学医院紧密相连。在恩施筹备建院时期，就选择了省立医院作为教学医院。在从恩施搬迁武汉的过程中，他认为，新的医学院设于汉口则较在武昌易于发展，因为当时汉口被称为国际都市，尚无一高等学府。通过多方奔走，在省教育部门和卫生部门的支持下，终于确定江汉中学及比邻原日军一五八军医院为省立医学院院址。对于新院址，他认为，江汉中学为一所建筑完备的学校，有礼堂、图书馆、教室、寝室、教员住宅、饭厅厨房，卫生设备俱全，并有理化阶梯教室及运动场，可容学生500人左右；且一五八军医院与江汉中学比邻，占地颇广，另有护士、医师及职员宿舍和病理部，与江汉中学校舍相配为一所最理想的医学院院址。但最终却被国民党汉口警备司令部及国民党第六战区卫生处抢占。省政府另拨武昌张之洞路"两湖书院"的前半壁作为学校校舍。其间，朱裕璧院长多次往返南京，向教育部和国防部陈述新校址的重要性。他在报告中说："职一介书生，有心报国。今年父母七十双寿，以校事未定，不能乞假归家，一行为医学教育效命不见双亲者已十二年，近且老父病笃卒，以校舍问题不得已先来南京求谒，望以忠作孝之心为析明察则万辛已。"其拳拳之心跃然纸上。

1947年8月，武昌"两湖书院"校舍已基本腾出，师生随即从原处全部搬迁过来。整个校舍占地37亩，经修缮后，有教室、宿舍等4379平方米。为了恢复临床实习课，学校向湖北救济署要求拨给救济物资筹建附设医院未成后，遂向省政府和教育部呈请。经多方努力，于1949年5月1日，学校附设医院建成并正式开诊，承担医学院临床课的教学任务。

在课程设置方面，主要参照德国医科大学的课程设置情况，一至三年级主要开设基础医学课程，四年级开始设置临床课程，临床课程讲授结束后，举行结业考试，合格后分配做实习医生一年，再试用半年确认合格后，才能发给毕业证书分配工作。

3. 博采众长，重视教学

从现存的历史档案和《裕璧回忆录》中可以看到，在当时办学条件非常有限和困难的情况下，朱裕璧仍非常重视教学工作。首先，他聘请了省立医院的一批优秀医生，如杨光第、何钦圣、刘克亮、董道蕴、胡金鑫和余传贤等到医学院工作。其次，从中山大学医学院、贵阳军医大、江苏医学院和湖南师范学院延请了一批老师和学生到学校来。最后，从恩施其他几所院校中聘请了几名教师，教基础课程。他自己亲自讲授"德语"、"解剖学"和"外科学"等。

他重视严格的教学升留级制度，在任何情况下都不得降低标准。尤其注重外语教学，他经常教育学生说，高等医学院的毕业生不熟练掌握一两门外语，是无法胜任社会赋予我们的责任的。因德语在当时为医学界的通用语言，所以，他规定德语课时比重大于其他课时，德语课不及格则必须留级。

4. 注重医德，培育英才

朱裕璧院长严格治校，注重对学生医德的培养。他认为，医生应该具备博爱、人道的职业责任感和精湛的医术。他说，在道德上我们的责任是要为人师表，救死扶伤；在掌握知识方面要探求高深的医学理论，艰苦磨炼医学技术。他经常勉励学生说："当今天下，舍我其谁？"学生要勤奋学习，艰苦生活，尊敬师长，努力奋进，反对精神萎靡和办事拖拉。他要求男生不抽烟，不赌博；女生不烫发，不搽胭脂口红，学习期间不谈恋爱。师生要养成遵守校规的良好风尚，做人要讲究人格，洁己奉公，反对贪污腐化。

他在生活上力争和学生打成一片，要求学生一律过集体生活，睡高低床，床单被褥、生活教具放得整整齐齐，吃饭时围成一圈，不许端着碗东游西荡。看到当时恩施流亡学生较多，生活极为艰苦，医学院的一些学生，每日里只能吃酱菜咽饭，景况可怜，他就和同学们商量：能否对有家庭接济的学生少发或不发助学金，以调剂最困难的学生，同时大家各尽所能，将手头能集中起来的钱统一交给学校支配，学校再设法予以补助，以图提高伙食量。结果学生们都按他说的办了，生活迅速得到改善。这一办法帮助贫困学生度过了那段艰苦时期，顺利完成了学业。

5. 重视科研，促医学教育事业发展

中华人民共和国成立后，朱裕璧非常重视教师的科研工作。在苏联医学代表团来湖北医学院参观访问的总结座谈会上，他指出，没有科学研究工作，基础学科和临床学科的青年继起人才是难以培养的，老教师们自己也得不到应有的提高，我们的教学质量和医疗质量自然就无法提高了。因此，我们所教育出来的学生，将来走到工作岗位上，就不能顺利地担负国家所交给他们的工作，这样就直接影响了社会主义的建设事业。客观现实要求我们向医学高峰进军，

时代已经不容许我们迟疑不前了，处于"冬眠"状态的医科学术研究工作，必须使之觉醒起来！1955 年，学院开始进行有组织、有计划的科学研究。首先成立专门负责科研工作的机构——科学研究委员会，朱裕璧任主任。成立当年就审核通过了"日本血吸虫口服锑剂疗效实验"等 40 个课题的研究，完成课题 17 个。年底举办了首届科学论文报告会，并成立学术委员会。1956 年，首次承担卫生部下达的矽肺调查、血吸虫防治和脑炎防治 3 项部级课题，并成立 3 个专题研究组开展研究工作。1956 年 12 月，学院召开了第二次科学报告会。

朱裕璧还非常重视学生科研兴趣的培养，在医学院的第一次学生科研报告会上他指出，科学兴趣是需要培养的。我们科学研究小组给青年同学们带来了爱好科学、探求真理的高尚感情。参加研究小组活动的同学们，有的进行了一系列的实验，有的分析了若干案例，有的探讨了伟大学者的学术中心思想和成就，有的进行看社会科学方面的研究，并都做出了自己的结论，自然感到非常满意，非常兴奋，也非常自豪。这种感情同伟大发现创造的感情是同一类型的，我们应当珍惜它，因为它就是成功的种子，是我们进一步钻研科学、寻求真理、走向发明创造的原动力。

参考书目

[1] 谢红星.武汉大学校史新编(1893—2013)[M].武汉：武汉大学出版社,2013.
[2] 徐正榜,陈协强.名人名师武汉大学演讲录[M].武汉：武汉大学出版社,2003.

赵鹏大校长办学理念概述

中国地质大学(武汉)　王雪雪　赵雅婷

一、个人履历

赵鹏大，男，满族，1931 年 5 月 25 日生于沈阳，籍贯辽宁清原。1952 年毕业于北京大学地质系。毕业留校后一直在校任教。1958 年，赵鹏大获苏联莫斯科地质勘探学院副博士学位。1983 年，赵鹏大任武汉地质学院院长，1987—1996 年任中国地质大学(武汉)校长，1994—2005 年任中国地质大学校长，1994—2000 年兼任中国地质大学(北京)校长。从 1983 年到 2005 年，他做了 22 年大学校长，是陪伴地大走过 22 年风雨的中国"最长寿"大学校长。在这 22 年间，他带领中国地质大学一路披荆斩棘，率先在全国成立研究生院，早于武大、华科成为湖北第一家"211 工程"大学。

1985 年，赵鹏大担任武汉地质学院院长还不到两年的时候，他就以地质科学家的远见卓识，较早地提出"一个为主（教学），两个中心（人才培养、科学研究），三项功能（培养人才、发展科学、服务社会）"的办学思想，并且根据地质科学和国民经济的发展趋势，提出"建设理工文管相结合的社会主义综合性地质大学"的办学目标。

1987 年 11 月 7 日，经国家教育委员会批准，中国地质大学宣告成立，这标志着学校由单科性地质学院向多科性大学的改造迈出了重要的第一步。赵鹏大根据国外大学的发展状况，适时提出要建设"现代型、开放型、国际型综合性地质大学"的目标，并带领中国地质大学全体师生员工艰苦创业。

1993 年，中国高等教育的跨世纪工程——"211 工程"的推出在全国高校引起强烈反响。赵鹏大深知"211 工程"对中国地质大学既是一次机遇，更是一场挑战。他果断提出，力争中国地质大学进入"211 工程"前列，创办地矿类世界一流大学的奋斗目标。在学校教职工代表大会上，他提出了学校"211 工程"建设的目标、步骤、途径和措施，特别强调了以"联合、交叉、前沿、急需"八字原则加强学科建设，得到与会代表的全力支持，师生员工空前团结、奋发图强、艰苦拼搏。

赵鹏大是一位能真正坚守教育情怀的校长，他以科教兴国为己任，60 多年来，长期工作在教学科研第一线，教书育人不计其数。他在媒体圈被称为国内最"潮"老校长。2011 年，中国地质大学（武汉）开学之际，他应校广播台之邀，用微博寄语新生，在他的微博上，他给自己的签名是"探矿人，教书匠"。为了资助地大（武汉）和地大（北京）地质勘探、数学地质、资源产业经济等学科的品学兼优学生，赵鹏大在他八十华诞之际，携弟子共同出资 110 万人民币，成立专项奖学金，这是目前我国以院士命名的最高金额的学生奖学金。

他的研究领域主要集中在数学地质研究，是我国最早开始开拓这一学科领域的研究者，建立了中国的矿产资源定量预测理论及方法体系，开创了"矿床统计预测"新学科，提出了"地质异常""地质体数学特征""三联式"定量成矿预测、非传统矿产资源研究的方法。1988 年，他被国家人事部批准为有突出贡献的中青年专家，并于 1992 年获国际数学地质协会最高奖——克伦宾奖章，成为获此殊荣的亚洲第一人。

赵鹏大的社会兼职主要有：第七届全国人大代表，第九届全国政协委员，国务院委员会第二、三、四届委员，兼任湖北省学位委员会副主任、国际定量地层委员会表决委员、国际地质数据委员会亚洲地区代表、国际数学地质协会专门委员等职。

二、办学理念

1983 年，地矿部党组转发中宣部通知，赵鹏大任武汉地质学院院长。为全面贯彻中央精神，努力适应形势发展，积极探索人才培养模式，赵鹏大校长任职期间认真研究高等教育，通过不断思考与实践，和地大师生员工走出了一条认识→实践→再认识→再实践的攀登之路、改革之路、发展之路，形成了一套符合教育发展规律，适合地大建设的办学理念，如深化教育改革、创建新型地质大学、加强校风学风建设、积极参与"发展高科技，实现产业化"等，正是这些办学理念逐步推动了地大由单科性质地质学院向多学科综合性大学转变，推动地大成为首批列入"211 工程"的大学，推动地大成为地矿类的一流大学。

1. 深化教育改革

任职伊始，赵鹏大校长便提出地大发展的四个阶段。他认为，1952 至 1966 年为创业奠基发展阶段；1966 至 1975 年为动荡与搬迁阶段；1975 至 1983 年为恢复、重建和稳定阶段，1983 至 1987 年是学校调整、改革和提高的阶段。

（1）坚持正确办学方向。

1987 年，赵鹏大校长在中国地质大学（武汉）第一届教职工代表大会第二次会议上提出，应加快和深化地大教育改革，坚持社会主义办学指导思想，进一步明确教育必须为社会主义现代化建设服务，必须适应我国现阶段经济建设和政治改革的发展趋势。根据学校特点，积极探索和建立适应今后国家建设和地质事业发展所需要的机制，不断增强学校内部活力、调动广大教职员工的积极性和创造性，进一步提高教育质量和办学效益，不断创造条件，向第一流大学迈进。以地球科学为主体，把地质基础学科、地质交叉边缘学科和地质工程技术学科发展成为学校的优势和重点；加强数理基础和外语的学科建设，使学校总体建设具有综合性，有广阔深厚的自然学科基础和发展后劲，并使今后培养出的学生具有适应社会多方面对高级人才需求的自我调节能力。

20 世纪 80 年代末 90 年代初，赵鹏大校长指出，必须端正办学方向，正确认清当前国际国内政治形势，把德育放在首位，让教育适应社会主义建设发展需求，完善和充实科研机构，促进科学研究和学术交流，加强教职工政治思想工作，坚持党对学校的领导。控制办学规模，进一步调整好专业结构和知识结构，完善教学管理规章制度，整顿教学秩序，加强师德教育，优化育人环境，广泛开展积极、健康、向上的校园文化活动，促进学校精神文明建设，促进学生全面发展。

（2）调整专业结构、层次结构，改变学院单科性，扩大招生规模。

赵鹏大校长指出，为满足国家对各类人才的需要，应在保证质量的前提下，深入挖掘潜力，将地质学院由单一的工科院校逐步向理、工、文相结合的综合院校转变，充分发挥现有重点学科的优势，大力加强新兴学科、边缘学科和国家急需学科的建设，不断完善学校的院、系、所结构和研究生（博士、硕士）、本科生、专科生、函授、夜大、成人教育、留学生教育的层次；同时为满足各层次办学需要，应开设一些通用性工科专业，如无线电、电子学、通用机械、计算机应用等。

（3）调整智能结构，提高学生质量。

一是加强学生专业思想教育，开展"为培养开拓型地质人才，从一年级抓起"的综合改革工作，强调对学生进行"热爱地质科学，献身地质科学"的教育，并从师资配备、物质条件等方面强化地质启蒙教育，增强新生对地质科学的认识和热爱。二是加强自然基础、地质基础和外语教育，强化学生专业实践能力训练，培养大批具有开拓精神、艰苦奋斗精神、觉悟高、基础厚、能力强并掌握现代科学技术的新型地质人才。

（4）调整科研力量，提高完成科研任务的能力

加重科研分量，增加科研任务，提高科研水平，以选好地区、选好课题为导向，长期坚持开展多学科紧密配合的综合研究，深入开展教学、科研、生产三结合联合体；在基础地质学科、地质边缘学科和应用开发学科等方面进一步选准方向、组织力量；完成一批有重大价值的科研成果，从而使学校在发展科学技术上、开拓培养人才的渠道上有新的突破；争取在联合办学、联合攻克国家重点学科研究项目上发挥学校的潜力。

2. 创建新型地质大学

1987 年 11 月，国家教委《关于成立中国地质大学的批复》决定，将武汉地质学院及其在北京的研究生院、中国地质科学研究生部、地质矿产部北京地质管理干部学院、武汉地质科技管理干部学院联合组成中国地质大学。至此，中国地质大学诞生。赵鹏大校长认为，随着新大学的诞生，国家和社会对学校的要求更高，国内外地学界对学校的期待更大，面对新问题、新形势，创建新型地质大学势在必行。

（1）建设面向全社会的、综合性的地质大学。

由于单科性院校鲜明的"专业性"或"行业性"，学校在专业设置、招生计划、毕业生分配等方面必须首先服从所属部门的需要，在部门专业人才匮乏的情况下，这种体制有其积极作用，但发展到一定程度后，必然会出现某些专业在部门内饱和，而整个行业仍供不应求的状况。要解决这样的问题，学校就必须坚决采取在专业设置、学生知识结构和社会服务等几个方面面向全社会的方针。

（2）建设现代型、开放型、国际型的地质大学。

赵鹏大校长同新一届领导班子提出"三型"办学目标，即把学校办成"现代型、开放型、国际型"大学，要求学校重点学科必须具有国内先进水平甚至国际水平，成为地球科学方面的教学、科研国际重点学校之一，成为国际地球科学教学、科研交流中心之一，与世界主要的有地质学科的大学、研究单位建立起广泛的、经常的学术交流、资料交流关系；提出"一个为主、两个中心、三项功能"的办学思想，即"以教学为主，以人才培养、科学研究为中心，发挥培养人才、发展地质科学、社会科技服务三项功能"；提出"五强"人才培养目标，即"爱国心与责任心强、计算机与外语能力强、基础理论强、管理能力强、创新意识和创新能力强"。

（3）建设有特色、有特长的地质大学。

结合地大的原有基础、现实条件和对人才素质的要求，赵鹏大校长指出，学校培养的人才应该具有"思想素质好，地质基础扎实，野外工作能力强，在因才分流和因材施教基础上培养出开拓研究型人才、复合交叉型人才、工程师型人才和专科型人才"等几个特色；同时学校还应具有"有一批一流专家教授，有一批代表国内教学科研先进水平的重点学科、重点研究室（所）和国家重点实验室，有一批能获得国家三大奖、高水平的科研成果，有一批拳头产品能打入国际、国内市场"等最基本的特点。

（4）建设具有较强自身发展能力和应变能力的大学。

学校若要获得更大发展，必须增强自我发展能力，积极解放思想，大胆开拓人才市场和技术市场；大力组织预算外创收，通过开展委托培养或联合办学，开展技术咨询和培训，技术产品推销和转让等方式来拓宽学校建设道路。

3. 加强校风、学风建设

赵鹏大校长明确指出，良好的校风、学风是社会主义精神文明建设的重要方面，是一所高等学校全体师生员工理想、情操、科学文化素养、精神风貌等和德、智、体、美诸方面质量水平的综合体现。校风、学风是一种无形力量，良好的校风、学风能大大促进"四有"人才的成长。

赵鹏大校长认为，校风要反映学校的优良传统，要反映时代的特色和学校倡导的方向，学风是学习目的、学习态度、作风、风格、方式、方法的综合体现，基于此，他初步提出"艰苦奋斗，严格谦逊，团结活泼，求实进取"的十六字校风和"严谨治学，勇于创新"的八字学风。赵鹏大校长强调，校风、学风建设不是一蹴而就的，更不是短时间搞突击可以奏效的，好的校风、学风要靠长时间的实践、逐年累月的培养、持之以恒的工作、坚持不懈的努力和广大干部、教师的表率以及全校师生员工的齐抓共建才能得以形成。

4. 积极参与"发展高科技，实现产业化"

赵鹏大校长认为，高等学校参与"发展高科技，实现产业化"，要立足于培养人，要为发展高科技提供足够的、合格的人力和智力保证。一方面从培养高科技人才的角度参与"发展高科技，实现产业化"，要求学生在基础厚、知识面广、能力强的前提下，具有强烈的"转化"（科技转化为生产力）意识和较强的实现转化的能力，具有鸟瞰世界高科技发展的敏锐和闯荡世界高科技市场的勇气与魄力，以及具有担起全社会高科技意识的责任感。另一方面学校参与"发展高科技，实现产业化"，要加强科学研究，发挥学校在高科技产业化过程中的"中介"和"辐射"功能。学校要根据自身特点和优势，统一规划，合理安排基础研究、应用基础研究和应用开发研究力量；要组织基础知识扎实、知识面广、信息渠道畅通、人员结构合理的跨学科攻关队伍进行基础理论研究，超前捕捉新技术的生长点，为科技革命准备条件。同时，面向现代化建设的主战场，应选择有利于改变产业结构、提高产品质量、促进产品更新换代、提高资源综合利用率、提高劳动生产率和经济效益的有高科技特征的应用研究课题，采取集中力量打歼灭战的方法，解决经济建设中遇到的技术难题。

5. 面向 21 世纪，培养现代型人才

赵鹏大校长强调在办学过程中要遵循高等教育规律，一方面使学校的各项工作主动适应社会，特别是社会主义市场经济发展的需求；另一方面，要贯彻马克思主义关于人的全面发展原则，遵循教育的自身规律。既要根据科学技术及社会发展需求不断调整学校的学科、专业结构，构建面向 21 世纪的课程体系和人才培养模式，给学生铸造能适应社会需要的合理的智能结构，为社会培养各种专业人才。同时按人的全面发展的需要，构建学生完美的人格修养，造就会通文理、融合古今、贯通中西、德才兼备的现代型人才。

赵鹏大校长在任期间，学校在人才培养、科学研究、学科建设、队伍建设、科技服务等方面取得了显著成绩，特别是不失时机地通过了"211 工程"项目，这对地大新世纪的建设和发展起到了巨大的促进和推动作用。

牢记使命强化特色奋力建设一流本科教育、培养各民族高素质人才——中南民族大学校长办学理念探析

中南民族大学　李金林

中南民族大学是直属于国家民族事务委员会的综合性普通高等院校，坐落于白云黄鹤的故乡——武汉南湖之滨。学校创建于 1951 年，在 67 年的建设发展过程中，几代民大人务实勤恳且不忘初心，历经磨难而矢志不渝，在接续奋

斗中凝练特色，在潜心办学中沉淀底蕴。发展至今，学校已成为56个民族学子的大家庭，少数民族学生占比超过60%。在继承前人办学传统的基础上，学校坚持围绕少数民族和民族地区发展新需求，形成并坚持"牢记使命、强化特色，奋力建设一流本科教育、培养各民族高素质人才"的办学理念，努力建设特色鲜明、人民更加满意的高水平民族大学。

一、不忘初心，始终牢记办学使命

民族工作历来在党和国家工作全局中具有特殊的重要性，民族教育是民族工作和教育工作的交汇点和结合部。民族院校是民族教育的重要承担者。中南民族大学紧紧围绕"办什么样的民族大学"和"如何办民族大学"这一根本问题，始终坚持"面向少数民族和民族地区，面向地方，面向全国，为少数民族和民族地区服务，为党和国家的民族工作服务，为国家战略需求服务"的办学宗旨，矢志办好"民族大学"。随着社会主义事业和民族地区经济社会的发展，学校的任务在不断变化，从设立之初以培养少数民族干部为主，逐步转型为培养少数民族干部与专业技术人才并重，如今则以培养各民族高素质人才为主要任务。建校以来，学校累积培养了14万余名各民族干部和专业技术人才。

中国特色社会主义新时代，学校坚持办学"初心"不变，紧扣"各民族共同团结奋斗、共同繁荣发展"的民族工作主题，围绕"中华民族一家亲，同心共筑中国梦"，着力增强各族师生"五个认同"，铸牢中华民族共同体意识。经过多年努力，学校建立了涵盖预科、本科、硕士、博士的多层级少数民族人才培养体系；深度参与武陵山片区扶贫攻坚，全方位帮扶武陵山片区开展基础设施建设、农特产品技术创新及产业化、资政决策和文化教育事业发展。2016年，学校获评"全国民族团结进步创建活动示范高校"，这是对学校砥砺前行的肯定，学校将掀开办好中国特色社会主义民族大学新的篇章。

二、内涵发展，坚持特色优势引领

民族院校是民族教育体系中的"高地"，承担着引领和示范的重要作用，"高水平"是民族院校办学治校的必然要求。作为国家民委直属并与教育部、湖北省和武汉市共建的民族大学，中南民族大学肩负着促进民族团结进步、助力中华民族伟大复兴的特殊使命，深入推进内涵发展，积极服务国家战略需求、服务民族地区经济社会发展需要，办"特色鲜明"的大学是必然选择。内涵发展、特色引领，是适应国家经济结构战略性调整和高等教育转型发展的客观要求，也是民族院校自身发展的内在逻辑和应对国际国内教育竞争态势的理性选择，更是学校践行办学宗旨、发挥独特功能的科学之道。

在高等教育内涵式发展的潮流中，学校坚持高等教育一般规律与民族高等教育特殊规律相结合，打造"核心竞争力"。以"民族学"为核心，大力建设以民族经济、民族艺术、民族法学、民族教育、民族医药等为代表的特色学科专业，带动理工学科、人文与社会学科整体提升，以特色优势引领学校事业发展，以科研创新提升学校办学水平。学校坚持立足民族地区需求开展科研攻关，近年在中药材繁育、水稻良种培育等方面取得了突破，并实现规模效益；依托"民族地区资源绿色转化与利用"国家民委—教育部重点实验室，在新技术新材料研发、废弃物能源化利用等方面取得了系列成果；主持完成国家科技支撑计划项目"菱锰矿高效综合利用及污染治理关键技术及示范"，进一步提升了学校整体科研创新实力，进一步促进了民族地区经济发展和生态环境建设。

三、以本为本，提高人才培养质量

习近平总书记在全国教育大会上指出，教育应以"凝聚人心、完善人格、开发人力、培育人才、造福人民"为工作目标。中南民族大学秉持"一个都不能少"的教育理念，坚决贯彻新时代教育事业的"五人"工作目标，努力以高水平人才培养能力促进每一位成长成才。学校现已成为培养层次丰富、学科门类齐全的综合性学校，但培养本科层次人才仍是学校的主体。在当前"双一流"建设中，打造以"一流思政、一流管理、一流专业"为表征的"一流本科"是学校跻身一流的科学之法。坚持以人为本，围绕学生打造一流本科教育，以一流本科教育成就学生，是贯彻"人才培养是本、本科教育是根"的必然要求。

人才培养是大学的本质职能，培养德智体美劳全面发展的社会主义建设者和接班人是高等教育的根本任务，培育"三个特别"各民族优秀人才是中南民族大学落实立德树人根本任务的核心要义。学校坚持把民族团结进步教育、理想信念教育与社会主义核心价值观教育融入人才培养全领域，形成了学习互嵌、生活互嵌、师生互嵌、文化互嵌为主干的"互嵌"文化，促进了各族师生共学共居共事共乐；来自31个省市自治区的各族学生，由于经济社会发展差异，呈现出成长背景、学习基础、文化样态多元的明显特征，学校坚持实施分段、分级、分类培养，探索出一种"梯田"式人才培养模式；学校坚持骨干示范引领，设计实施"青马工程""骨干训练营""卓越班"等骨干培养项目，培养既适应民族工作需要又符合学生主体发展愿望的少数民族骨干人才，引导各族学生同心同德同向同行；学校坚持深化综合改革，不断健全学科、教学、教材、管理体系，致力于为各族学生提供高质量人才培养"供给"；学校坚持大力弘扬"笃信、好学、自然、宽和"的校园精神，建立严格自律、追求卓越的质量文化，矢志培养具备"独立思考、善于沟通、勇于担当、自然宽和、家国情怀、国际视野"特质的应用型、复合型、创新型人才。

民族院校自创办以来，始终与祖国共奋进，与时代同步伐，成功走出了一条独具特色的发展道路。在中国特色社会主义新时代，中南民族大学坚持把优良传统转化为继续进步的强大动力，不忘办学初心，牢记学校使命，打造高水平少数民族人才培养摇篮、各族优秀传统文化继承与创新高地，努力建设特色鲜明、人民更加满意的高水平民族大学。

湖北工业大学组建后首任校长席宏卓的办学理念

湖北工业大学　萧毅

1984年8月，经国务院批准，湖北轻工业学院与湖北农业机械专科学校合并组建湖北工学院。1985年3月，湖北省任命席宏卓为院长，负责学院组建。1985年5月，湖北工学院成立挂牌。2004年更名为湖北工业大学。

席宏卓，男，1929年出生，湖南东安人，毕业于哈尔滨工业大学机械工程专业，原工作于华中工学院机电系，任系主任。1985年3月至1992年5月任湖北工学院院长。

席宏卓到任后，针对两校合并组建新校的实际情况，提出了"团结、奋进、求实、创新"的校风建设要求，希望师生尽快融合形成合力，振奋精神，团结奋斗，艰苦创业，勤俭建校。这一校风建设要求后来成了湖北工学院的校训，求实与创新，也逐步沉淀并发展为湖北工业大学精神的核心内容。

席宏卓提出新学校建设要总体谋划、规划先行，组织制订了《湖北工学院1986—1990年发展规划》，编制了《湖北工学院校园建设整体规划》，明确了学校的建设思路，描绘了学校的建设蓝图。他对学校组建之初的总体设想是：五年初具规模，十年形成特色。"七五"期间铺摊子，打基础，边建边上，为后续发展准备条件；"八五"期间巩固、提高，发挥优势，争取若干学科和专业进入全国先进行列。他还提出了一个基本办学指导思想：坚持一手抓建设，保证建校速度；一手抓质量，把培养合格人才放在首位，提高教学水平。

席宏卓认为，湖北工学院作为地方工科院校，要立足湖北和服务工业，在学校组建之初的建设过程中，坚定地贯彻了为地方经济建设服务、面向中小型企业培养合格人才的思想。他强调，学校培养出来的学生，要应用基础较好，专业面较宽，动手能力较强，有独立工作能力，能适应艰苦环境，有实干精神和创造精神。他提出，办学要坚持改革创新，走新校新办的道路，要大胆创新理念、思路、方法，坚持以教学改革、提高教学质量为中心，统筹抓好行政管理与后勤服务改革，努力提高办事效率，提高管理水平。

　　把席宏卓的办学理念归结起来，可以表述为：质量立校育英才，改革创新促发展。

　　为落实这一理念，席宏卓首先抓的是师资队伍建设的创新。他说，好大学必须要有好老师，强学科首先要有强的带头人。学校师资队伍建设。一方面，是走常规建设之路，大力引进师资扩大教师队伍，使专任教师从组建之初的299人发展到1990的474人；另一方面，是走创新发展之路，在省属高校开创性地大力引进名师来支撑学科与专业发展，他亲自出面做省政府、学校和个人的工作，先后从华中工学院引进了著名的电磁场专家周克定教授、理论电工专家张文灿教授、损伤力学专家余天庆教授等。提升师资队伍质量，对学校在1986年获批硕士学位授予权提升办学层次起到了决定性的作用，对学校科研工作起步与发展、教学质量与水平提高产生了深远的影响。

　　在这一理念的指引下，席宏卓从五个方面推进教学改革的逐步深入：一是在组建之初对原湖北轻工业学院与湖北农业机械专科学校的所有专业进行了调整改造，增强了对服务经济建设需要的适应性，并积极开办新专业，如与国家质检总局合作，在国内率先开办了产品质量检验工程专业；后又根据社会需要再次对专业进行调整，将专业及专业方向合并为大类，淡化专业，拓宽基础，着重培养学生的工程实践能力和社会适应能力。二是对专业课程设置和教学内容进行了调整和充实，拓宽了专业口径。三是狠抓了专业教学计划、课程大纲、设计指导书、实验指导书、学籍管理办法等基本教学文件的制定，使教学工作有据可依，有章可循。四是采取了设立优秀教学质量奖、教学研究成果奖，试行课程建设教师教学质量评估等措施，促进教学质量的提高。五是大力加强实践性教学环节，提高实验教学水平，强调毕业设计与生产实际相结合，体现了培养应用型人才的特点。通过几年的教学改革，学校的教学质量不断提高，为湖北省中小企业、乡镇企业培养了大批急需的技术人才和管理干部，受到中小企业、乡镇企业的普遍欢迎和好评。

　　席宏卓还同步推进管理改革，采取了一些行之有效的创新举措。在行政管理方面，制定了《关于放权给系（部）的试行办法》，从人事、教学、科研、财务和学生管理等方面下放了部分权力，增强了系（部）办学自主权，激发了系（部）发展动力。在学生管理方面，实行了《班集体、学生德、智、体发展水平综合考评指标体系及积分办法》和本、专科打通培养制度，进行了奖学金、贷学金的改革，激发了学生的学习热情，促进了学生的全面发展。在后勤管理方面，对劳动服务公司、印刷厂和实习工厂等校办实体实行了经济独立核算，对总务处实行了经济承包制，并试行了科级以下职工聘任合同制，在一定程度上增强了后勤活力。

　　在席宏卓的带领下，湖北工学院师生改革创新，团结奋斗，艰苦创业，以较快的建设速度呈现出良好的发展态势，很好地完成了"七五"期间"铺摊子，打基础"的任务，为学校的后续发展奠定了坚实的基础。

需求导向、立德树人、学术立校

三峡大学校长　何伟军教授

　　三峡大学是湖北省人民政府和水利部共建的一所综合性大学。2018 年 10 月，学校走过了办学 95 周年暨本科教育 40 年。95 年来，三峡大学始终与时代同步伐、共前进，从小到大、由弱变强。从办学初期的 22 名学生，到开始本科教育时期的 489 名本科生，再发展到现在具有完整的本科、硕士、博士培养体系，拥有各类在校学生 4 万余人。今天的三峡大学是湖北省"国内一流大学建设高校"，学校的水利工程、土木工程、电气工程等 3 个学科被列为"国内一流学科建设学科"。

　　回顾 95 年办学历程暨本科教育 40 年，特别是党的十八大以来学校的改革发展进程，我们深切地感受到，大学的发展与办学理念休戚相关。近年来，学校始终坚持"需求导向、立德树人、学术立校"的办学理念，加快学校提质进位。

一、需求导向

　　大学的存在与发展，是社会发展与进步的产物。大学是为国家和社会培养高级专门人才的主要基地，这是大学存在的重要价值体现。坚持需求导向办大学，不仅是发挥大学价值的体现，更是扎根中国大地办大学的体现。坚持需求导向，不仅是人才培养要坚持社会需求导向，科学研究也要坚持需求导向。我们的国民经济发展、社会转型变迁、产业结构调整、科技文化进步都需要人力资源支持，都需要大学在人才培养方面做出快速响应，都需要大学在科学技术攻关中解决现实的问题。

　　三峡大学历经近百年特别是四十年本科教育的风雨坎坷发展，学校为水利电力行业服务、为地方经济社会发展服务的办学宗旨始终不变。我们懂得水利电力对于国家发展的重要性、三峡区域发展的实际状况，了解社会需求与人才培养之间的密切关联。注重与地方经济社会特别是湖北省域副中心城市宜昌的深度融合，主动对接现代水利电力行业发展需求。为此，我们在学科专业的划分、设置与调整中，既遵循知识发展与传承的内在学术逻辑，也将经济社会发展衍生的现实需求蕴含到专业、学科建设中。同时，我们还不断改革教学内容和管理评价模式，摒弃泛行政化指标管理评价体系的束缚，逐步实现学术自主化管理。同时，为了防止由于社会需求与人才培养信息不对称，我们也主动关注社会和学生自身发展的需要和变化。这些年，我们按照需求导向，更好地指导人才培养、学科专业建设和大学内涵发展。当然，坚持社会需求导向，还必须保留与社会、与市场的一定距离，这种距离是保持一个民族一个群体的信仰的根基与依托。在发挥政府引导、市场起决定作用的过程中，并不是把我们大学所有内涵与外延直接推向社会需求，与社会完全相连，也并不是完全商业化进行开放办学。因为学术的研究、文化的传承、社会的服务，还是要遵循大学运转的基本规律和精神文明建设的正确方向，蕴涵有大学的基本使命。

今天，伴随高等教育大众化乃至普及化的实现，大学的发展更需要面对社会的需求。坚持需求导向办学，就必须深入研究高质量发展阶段的人才需求，把握产业变革新动向，把握时代发展新机遇，结合学校实际，大力培养经济社会急需的高层次人才。

二、立德树人

高校立身之本在于立德树人。只有培养出一流人才的高校，才能够成为世界一流大学。办教育，归根结底是要立德树人、培养人才。这是我们办教育的初心和使命。"高校只有抓住培养社会主义建设者和接班人这个根本任务才能办好，才能办出中国特色世界一流大学。"这是教育的灵魂。

在推进"双一流"建设过程中，学校首先注重发挥好马克思主义学院作用，发挥好教学的领航作用，也要发挥好科研的领航作用，把"四个自信"充分体现到教与学中。

千教万教，教人求真；千学万学，学做真人。我们培养的学生不单是以后成为某一个方面的专家，还应是一个有学问的人、有道德的人、全面发展的人。

我们坚持把立德树人作为中心环节，把思想政治工作贯穿教育教学全过程，实现全程育人、全方位育人。特别是利用湖北省首批"网格化管理试点建设单位"机遇，推进学生工作信息化、科学化、规范化。实施"领导干部进寝室"活动，着力将寝室变成高校育人的"第二课堂"。我们坚持把立德树人的成效作为检验学校一切工作的根本标准，做到以树人为核心，以立德为根本，培养社会发展、知识积累、文化传承、制度运行所要求的人。我们注重深入开展理想信念教育、爱国主义教育、中华优秀传统文化教育和革命传统教育，系统地、创造性地将立德树人这一根本任务落到实处，不断引导学生树立正确的国家观、民族观、宗教观、历史观、文化观，增强对中华民族的归属感、认同感、尊严感、荣誉感。

我们切实推进"四个回归"，确定了"基础厚、人文素质高、科学素养高，就业竞争力强、社会适应力强和创新创业力强"的人才培养目标。切实把人才培养的质量和效果作为检验一切工作的根本标准，把本科教育视为保持学校特色的看家本领和形成核心竞争力的制胜法宝。

我们以改革创新为动力，突出内涵建设，突出特色发展，突出教学管理，在培养模式改革、教学师资队伍建设、资金资源投入以及强化质量保障体系等方面，协同发力，不断促进一流本科人才的培养。通过全面深化改革，提升教育管理效能，实现教师着眼于"教好"、学生力争"学好"、教育管理者"管好"的三好目标。

三、学术立校

一所大学的价值要靠学者对社会的学术贡献度决定。一所大学的发展，说到底是要靠学者的学术生产力推动；一所大学的未来，说到底是要靠学者的学术创造力去带动。

一所高水平的大学，必定是教学、科研齐头并进、硕果累累的大学。在学术立校中，教学与科研是实现学术兴校的两个不可或缺并且紧密相连的方面。学术是根本，教学与科研是其不同层面的表现形态。学为本，术为用，学术既体现在教学中，也体现在科研中。

学术立校，反映了三峡大学对学术的重视、对真理的热爱和对功利性目标的摒弃。我们始终坚持学术立校，不断强化学术发展是学科建设的龙头；我们建设一流大学，就是进一步强化学术是学者立足的根基；我们要培养一流人才，就是进一步强化学术是学生成才的支撑。我们在三峡大学持续营造"崇尚学术、研究学术"的良好风气。我们不断建立健全各种措施，激励学生教师热爱学术、追求真理，奉献科研。

我们不断强化教授治学，鼓励学术探索、促进学术创新；我们不断营造学术氛围，激发学术活力；我们不断加强学术团队建设，提升学术影响力，推动学校发展。我们深知，没有优秀的学术和卓越的成果，其他事情搞得再热闹，再花哨，那也只是表面文章。我们要加快建成水利电力特色鲜明的一流大学，就要不断提升学校学术的生产力、学术的竞争力和学术的贡献力。没有学术立校战略的大力实施，就没有三峡大学今天的社会地位和明天的美好未来。

在新的历史时期，我们将以习近平新时代中国特色社会主义思想为指导，发扬优良传统，弘扬自身特色，传承"求索"精神；始终坚持需求导向，落实立德树人根本任务，持续推进学术立校战略，努力将学校建成国内一流大学，在促进区域经济社会发展和现代水利电力事业繁荣、实现中华民族伟大复兴的进程中做出更大贡献!

长江大学办学指导思想及历史沿革

长江大学　王长建

1. 办学指导思想

坚持社会主义办学方向,遵循高等教育规律,遵守学校章程,践行"尊重学生、尊敬学者、尊崇学术"理念,以立德树人为根本任务,实施长江品牌战略和学科融合战略,深化产学研合作,培养具有创业精神和创新能力的人才,致力于服务区域经济社会发展和国家重大需求,努力建设优势突出、特色鲜明的高水平综合性大学。

2. 校训:长大长新

简明释义为:"长江大学,历久弥新;培育大志,崇尚创新。"学校办学坚持立足湖北,面向全国,服务地方,服务行业,追求"长久、永恒"发展;紧扣时代脉搏,容纳新思想、新文化、新科技,兼容并蓄,博采众长,与时俱进地培养大学生,造就大学者,追求大学问。

3. 校风:求实、进取、创业、报国

求实是基础,进取是动力,创业是途径,报国是追求。原"四校"主动适应行业需要,勤俭办学,艰苦创业,为祖国石油、农业、教育和医疗行业培养了一大批甘于吃苦、乐于奉献、扎根基层的科技、教育、医疗卫生人才;合并后,秉承长江"奔腾不息、百折不回"之精神,积极开拓进取,求实创新,开创学校事业发展新局面。倡导师生修身治学,在成长成才、追求真理、建功立业等方面百折不挠,超越自我,永远向前;在"大众创业、万众创新"时代,更是倡导师生求新求异,学以致用,以创业精神拓展发展空间,不断提升创新能力;倡导师生勤奋学习,努力工作,服务社会,报效祖国。

4. 办学理念:尊重学生、尊敬学者、尊崇学术(简称"三尊三学")

学生具有独立人格和主体性,受到尊重是学生的权利,培育学生的尊严就是培育人的尊严,而培育尊严的最好方式就是给予尊重。学者是办学的根本,正所谓大学"有大师之谓也";要积极营造"人尊、自尊、互尊"尊师氛围。学术是大学的价值追求,学生、学者为学术而来,学习是学生的天职,学术是学者的生命。追求学术,敬畏学术,要崇尚"坐冷板凳,下苦功夫,求真学问"的求索精神。

5. 发展战略:长江品牌战略和学科融合战略

努力打造长江人才品牌、科研品牌、服务品牌、学科品牌、文化品牌,以品

牌集聚资源，增强功能，促进发展。强化石油学科、农业学科与相关学科的交叉融合，围绕区域经济和荆楚文化的研究进行相关学科的整合，以此带动全校学科布局的调整、优化和学科实力的整体增强，促进人才培养质量与办学效益不断提高。

6. 办学定位

办学目标：建设优势突出、特色鲜明的高水平综合性大学。

办学类型：教学研究型大学。

办学层次：以本科教育为主，大力发展研究生教育，积极拓展国际教育。

培养目标：培养基础扎实、知识面宽、综合素质高、社会责任感强，具有国际视野、创业精神和创新能力的高级专门人才（简称"两创"人才）。

服务面向：区域经济社会发展和国家重大需求。具体体现为"立足湖北，面向全国；服务地方，服务行业"。

7. 历史沿革

学校于 2003 年 4 月经教育部批准，由原江汉石油学院、湖北农学院、荆州师范学院、湖北省卫生职工医学院合并组建而成。原江汉石油学院的前身为1950 年创办的北京石油工业专科学校，于 1978 年开始举办普通本科教育，隶属中国石油天然气集团公司，从 2000 年起，实行中央与地方共建，划转湖北省管理；原湖北农学院的前身是华中农学院荆州分院，始建于 1977 年，1989 年，经国家教委批准为普通本科院校；原荆州师范学院的前身是 1936 年创建的湖北第四区简易师范学校，1978 年，成立荆州师范高等专科学校，1999 年，经教育部批准改建为荆州师范学院；原湖北省卫生职工医学院前身是湖北省沙市卫生学校，始建于 1951 年，1977 年，更名为武汉医学院荆州分院，1984 年，更名为湖北省卫生职工医学院。

湖北广播电视大学校长之办学理念

湖北广播电视大学　郝锐

通常所讲的大学理念，主要是指办学理念，即"以什么样的思想来办学，办什么样的学校，怎样办成这样的学校"的问题。不同层级的学校，办学理念是有侧重的，而不同类型的教育，其办学理念也会有差异。

理念决定思路，理念决定效果，理念必须先行。40 年前，邓小平同志亲自倡导并批准创办广播电视大学之时，就用"有教无类、开放包容"的理念对电大发展提出要求，那就是：推进高等教育大众化，面向地方、面向基层、面向农村、面向边远和民族地区，多层次、多规格、多功能、多种形式办学，培养"留得住、用得上"的各级各类应用型专门人才。在新的形势下，我们努力建设湖北开放大学，必须不断与时俱进，树立与建设湖北开放大学相适应的大学理念："大育无形，终身有教"。具体讲就是：

一是为社会发展服务的理念。按照构建学习型社会和创新型国家的总体要求，切实履行好开放大学为社会服务的新职能。

二是为市场经济服务的理念。既要尊重教育规律，又要遵循市场经济规律，贴近市场热点和需求，办学围绕市场办，专业围绕市场建，在为市场经济服务的同时不断凸显自身存在的价值。

三是为全民终身学习服务、为人的全面发展服务的教育理念和以学生为本、以学生学习为中心的服务理念。努力做到"网济天下，育达终身"，努力使湖北电大成为全民终身教育的主力军，现代远程教育的排头兵。

湖北电大实行系统办学，系统是电大赖以生存发展的特色和基础。省电大、市州电大、县级电大都是系统的重要组成部分。虽然各自承担着不同的职责和任务，但都需要遵循大学理念，按大学的要求和规律办学。

一是要遵循远程教育规律，确保人才培养质量。开放大学不能仅仅满足于"量"的扩张，还必须有"质"的提升。作为国家的重要教育资源、政府投资举办的远程教育大学，必须遵循远程教育规律，确保人才培养质量。只有加强教育质量和品牌建设，才能增强竞争力，凸显为经济社会发展服务、为构建终身教育体系服务、为广大求学者服务的核心价值。

二是要努力形成鲜明的大学文化。这既是时代的要求，也是建设高水平开放大学的需要。无论一个国家、一个民族或一个组织，如果没有自己的文化，在竞争中是缺乏战斗力的。开放大学要加强内涵、走向成熟，实现可持续发展就必须建设鲜明的大学文化。只有把文化作为学校的核心竞争力，内外兼修，内强质量和服务，外树形象和品牌，才能为开放大学的持续发展凝聚新的力量、焕发新的活力、找到新的空间。

三是要强化系统支持服务。省电大要一如既往地加强系统建设，强化对系统的支持服务。开放教育和终身教育都要通过县级电大延伸到广大基层农村，这是关系到系统长远发展的战略问题。省市电大都要进一步加大支持服务力度，探索和完善帮扶机制并落实相应的配套措施，切实解决县级电大发展不平衡的问题。要通过加强教学团队建设来拓展为系统服务的内涵，组建以省市电大教师为骨干，以教学点教师为主要成员的教学团队，培养为全省电大系统教学服务的教学优秀队伍。

四是加快发展终身教育。党中央、国务院已把发展终身教育提到了前所未有的高度。举国上下都在积极探索、努力建设覆盖全体人民大众的学习型社会；各种终身教育项目如雨后春笋般不断产生、茁壮成长。终身教育拥有巨大的发展空间和增长潜力，其内在的社会效益和经济效益无法估量，也给电大教育带来了新的战略机遇。达尔文说过：不是最强者生存，也不是最智者生存，而是最能适应变化者生存。电大教育与终身教育具有天然的血缘关系，拥有发展终身教育的巨大优势。实践已经证明，电大教育必然走向为终身教育、全民终身学习服务的方向，终身教育是电大的希望，是建设湖北开放大学的必然要求。只有充分认识到这一发展方向，积极投身并加快发展终身教育，湖北电大才能够实现转型提质融合发展。

它的建立是以题目为组织的大学内部科研新模式的思想，正是现在科研所要鼓励和推崇的。目前所处的知识经济和信息化时代，单靠一个人或一家单位来完成一项重大的科学研究任务是十分困难的，必修依靠多家单位、多门学科和多人的努力才能完成。

湖北工业大学工程技术学院之办学理念

湖北工业大学工程技术学院　朱蓉

湖北工业大学工程技术学院始建于 2002 年，是由湖北工业大学举办，经教育部批准独立设置的全日制普通高等学校，先后荣获"全国先进独立学院""全国教育改革创新示范（院）校""中国影响力独立学院"等荣誉称号。

学院秉持"育人为本、质量立校、特色发展"的办学理念，紧紧围绕建设应用型大学和培养高素质应用型人才办学目标，深化内涵建设，锐意改革创新，积极推进"4321 人才培养模式"，全面实施"学历证书 + 职业证书"双证书教育制度；围绕产业需求和职业标准构建"四位一体"的质量监控与保障体系。

学院以湖北工业大学"绿色工业"学科优势为依托，着力建设机械制造、电气通讯、土木建筑、生化工程、工业设计、经济管理、外国语等七大专业群，已形成以工学为主，经、管、文、理、艺等多学科协调发展的办学格局。学校开设有 38 个本科专业，17 个专科专业，其中物联网、生物工程、物流管理三个专业被列入湖北省战略性新兴（支柱）产业人才培养计划项目，电子信息工程和环境设计被列为湖北省专业综合改革项目，土木工程专业获批湖北省普通本科高校"荆楚卓越人才"协同育人计划项目。

学院聚焦国家重大战略，加快转型步伐，先后与阿里巴巴等一批行业知名企业拓展了包括订单班、学徒制、共建实训实习基地等多种校企合作协同育人模式。尤其是紧密结合本地信息技术产业转型升级需求，与全球 500 强企业——中兴通讯公司进行深度合作，共同投资 1500 万打造了"教育部—中兴通讯 ICT 产教融合创新实践基地"，成为国家级的产教融合创新示范引领项目；联手知名的软件服务商——中软国际，共建软件工程、计算机科学与技术专业，并获两项"教育部·中软国际产学合作协同育人项目"立项；2017 年，学院成为了阿里巴巴跨境电商"百城千校"合作伙伴。

学院高度重视学生综合素质能力提升和多样化的发展要求，注重通识教育和专业培养相结合，学院在全国本科院校中率先开设职业核心能力系列课程，开展 30 多种职业资格认证培训工作。近三年来，本院学生在"挑战杯"全国大学生课外学术科技作品竞赛等众多国家级的科技创新和技能竞赛中，赢得了400 多项奖励，获奖数量和层次位列全省同类院校前茅。

学院全力推进"人才强校"战略，拥有一支治学严谨、结构合理的师资队伍。目前，硕士以上学历教师占教师总数 80% 以上，副高以上职称者达 50%，双师型教师占比已达 35%。学院还积极提供条件选派和资助教师赴国（境）外研修，目前拥有境外学习或工作经历的教师比例超过 10%，同时学院聘请一批知名高校教授及企业家为兼职教授。

学院积极拓展就业渠道，面向行业需求，建立 100 多个校企合作就业实习基地。通过建立与企业无缝对接的人力资源服务体系，实现毕业生高质量就业。学院毕业生综合素质得到了社会良好评价和用人单位认可，多年来就业率保持在 90% 以上。

学院将以十九大精神为指导，秉持"育人为本，质量立校，特色发展"的办学理念，以教学为中心，以转型为主线，以社会需求为导向，以改革创新为动力，以产教融合为突破口，全面深化内涵建设，有序推进规范发展，为把学院建设成为特色鲜明的高水平应用型大学奠定坚实基础。

武汉科技大学城市学院的办学理念

武汉科技大学城市学院　万青

2002 年，武汉科技大学城市学院的十几位创业者，怀着对民办高等教育事业的满腔热情，克服重重困难，为武汉科技大学城市学院和武汉外语外事职业学院创造了良好的开局。办学十五年，校园楼宇林立，草木芳华，书香怡人，硕果满枝。两院始终秉承"以人为本、质量立校、特色发展、争创一流"的办学理念；践行"办教学型大学，培养应用型人才"的办学定位，恪守"励志、修德、勤学、创新"的校训。全体师生员工团结、奉献、拼搏、创新，实现了跨越式的发展和进步，谱写了一幅幅壮丽的画卷。

两院致力于内涵建设，着力打造办学品牌和办学特色，在学科建设、专业建设和实验室建设方面都有长足发展，不断加强学科和专业建设，积极推进人才培养模式改革，办学水平不断提升。2009 年，外院以较好的成绩通过省教育厅办学水平评估。2012 年，城院顺利通过省学位委员会专家评审，取得了学士学位授予权。

教育大计，教师为本。一所学校拥有好的教师是学校的关键，近五年来，两院教师队伍建设稳步提升，一大批中青年教师脱颖而出。在校外，他们与众多知名院校教师同台竞技，赢得多项竞赛大奖；在校内，他们潜心教书育人，培养了一批又一批优秀人才。

学院以教学为中心，以科研为支撑，出台多项教科研管理文件，确保教科研质量和力度。近年来，学院在国家自科基金和省自科基金方面有了大的突破，在国家级及省级大学生创新创业项目、厅级及以上科研项目、教师发表教科研核心论文、教师获得国家发明专利等方面都有了长足进步，涌现了一批教科研典型。

两院还大力推进创新创业教育，着力培养创新人才。在"挑战杯"等大学生课外科技竞赛活动中，我院学生与众多名校学生同场竞技，获奖等级和数量长期保持在同类院校顶尖水平。

学院高度重视考研工作，鼓励学生继续深造，每年参考人员稳步上升，录取率也一再被刷新，录取院校覆盖国内外众多知名院校。

培育人才，造就人才是一所大学的根本任务。两院培养了一大批优秀人才，涌现出许多创新创业典型，十五年期间为各行各业输送和培养了七万多名高素质的建设人才。据有关社会机构评估，城市学院在综合办学实力保持在全国独立学院排名第 5 名，入选 2017 中国一流独立学院，同时问鼎 2017 中国理工类独立学院榜首，连续两年成为湖北省最佳独立学院，荣膺 2018 中国六星级独立学院。武汉外语外事职业学院亦有良好的社会声誉。

两院已经走过十五年的历程，回顾过去，我们心潮激荡；展望未来，我们任重道远。党的十九大为我们描绘了现代化强国的雄伟蓝图，人才培养则是实现蓝图的有力支撑。我们将一如既往地努力拼搏、砥砺奋进，致力学院内涵建设和发展，为实现中华民族伟大复兴的中国梦不懈奋斗！

三亚学院陆丹校长办学理念概述

三亚学院

三亚学院始建于 2005 年，由世界 500 强企业吉利集团出资举办，是海南省政府和三亚市政府"省市共建"的民办本科院校。建校 13 年来，陆丹校长作为创校校长带领办学团队不懈进取，秉持李书福董事长首倡的"让学生更好地走向社会"的办学使命，聚焦"学生竞争力"战略核心，以学生为中心、以进取者为标榜、以教育情怀为乐趣，在较短时间内，高质量完成 3000 亩校园建设、20000 余名本科在校生规模、涵盖 9 个学科门类、71 个本科专业（含方向）建设、独立学院转设、本科教学评估、应用型转型、教育部就业与创新创业双"五十强"和国际化办学等多重阶段性任务。三亚学院已经成为我国成长最快、最具竞争力的民办本科院校，陆丹校长的办学理念在实践中回答了大学的办学理想、办学人的情怀与办学阶段性令人瞩目的成就，奠定了三亚学院的校格，在学校卓越发展进程中产生重要持久的影响。

一、大学理想——为什么办大学

陆丹校长认为，育人是大学一切工作的原点和归宿，大学的使命初心就是要帮助选择学校的学生实现学业愿望与人生梦想，赢得终身发展的思维方式、专业方法和职业能力，帮助学生更好地走向社会。

二、大学定位——大学应该办成什么样

陆丹校长认为，大学办学的出发点与全过程应一以贯之围绕办学使命，应全方位、全系统地贯彻办学使命，应以开放的格局、全球化视野和现代性眼光，研判学校在具体而微的办学时空和文化环境中的方向，做出既抵得住当下时机又能对接长时期教育规律的战略选择。把面向区域社会经济发展对高等教育的需求，中国现代化进程中产业、行业和科学技术对大学学科专业的要求与大学办学初心及一般规律统筹而均衡地存量，把大学的基础建设、基本功能建设、内涵深化建设的常规建设与大学的改革开放时期的常规统筹而均衡发展，因时、因地、因客观条件确定学校的长期战略核心和阶段性办学目标，形成与之相宜的有效制度和组织文化。生成学校特有的自我激励、自我约束、自我超越的民办大学精神、团队气质和集体人格，实现大学理想从应然到实然的转变，并以民办教育人"不以物喜、不以己悲"的办学态度持续演进、变迁和提升。

三、办学方略——怎么样办大学

陆丹校长认为，办大学要用心堆，也要用钱堆，用时间煨，用力与自己较劲。

校长行动力，学生为中心。大学校长是平凡的职业岗位，但校长必须秉持教育家情怀，并以之激励师生的精神、智慧和力量。校长应具备职业化素养，心无旁骛地投入办学，多学科方法解决问题，能够以学术力量在政府、社会、

市场中跨界沟通，整合办学资源推动学校发展。

　　坚持以学生为中心，把提高学生竞争力作为办学战略核心，持续增强大学以学生为中心的系统赋能（包括师资水平与能量发挥、经费投入与使用效率、资源建设与条件保障提升、专业服务及相应的制度体系和文化体系能力与成效等），推动"产学研用"（包括校企合作、校地合作、校校合作等协同体建设，科研转化等）一体化办学。这是三亚学院已经形成的一种办学竞争力。

　　卓越文化，进取标榜。文化的力量能够支撑大学各项功能更顺利的实现，最终形成有生命力的、完整的、健康的大学生态，能够给予学校和师生正确的价值观、方向、思想、动力和活力的持续赋能。建设合宜制度和阳光公正地激发大学人的创新创造，让进取者勇于标榜，而不惮于木秀于林。这是三亚学院已经形成的文化。

　　科研本分，教学本色。学术是学人必尽的义务，学问是教师自致的身份。科研反哺教学服务人才培养是教师本职与宿命。学术推动教学质量提升，教授检验学生学习效果是大学学术能力的基本命题。抓住课程的饱和度、深度和学业紧张度的着力点，提高人才培养能力和学生学习效果是应对中国大学教育普遍"教业松懈、学业松弛"状态的基本方法。这是三亚学院被师生普遍接纳的校园观念与正在顺利建设的质量工程基础。

　　环境响应，开放办学。大学应始终抱有开放的精神，敏锐的环境响应能力，以及与之相应的高效的内部系统组织和变迁能力，能够持续提升外部办学资源获取能力和使用转化效率，按照不同领域和价值指向实现各项事业的对应衔接和发展。这是三亚学院已经形成的系统能力。

李光邦书记办学理念简述

海南师范大学　　杨中曦

　　李光邦，1923年出生于海南文昌，参加过抗日战争、解放战争，曾任文北县（今海南文昌一部分）县长，中华人民共和国成立后海南省成立，任加积糖厂厂长、自治州工交部长、海南工业专科学校党委副书记。李光邦书记于1962—1986年在我校担任领导工作，历任海南师范专科学校党委副书记，革命委员会副主任、主任，海南师范专科学校党委副书记、校长兼书记，海南大学党委委员兼海大师范部党委书记等职。他见证了学校二十多年的发展历程，其办学理念对海师的发展有着重要影响。现将其办学理念总结如下：

一、坚守师范教育

海南的教育发展水平较为落后，因此李光邦同志十分重视打好海南师范教育的基础，发展海南的师范教育，服务海南的教育事业。

1953年，海南师范专科学校被分别并入华南师范学院和华中师范学院。1958年，学校恢复办学。1963年，广东省高教局召开贯彻执行中央关于"调整、巩固、充实、提高"八字方针第二次会议，决定撤销海南师专。在会议中，李光邦同志据理力争，强调海南情况特殊，不能撤销海南师专。但高教局仍宣布海南师专下马。为了保住海南师专，他放下其他工作，立即飞回海南向区党委汇报请示。区党委杨泽江书记很重视教育工作，特别关心海南师专，向广东省委书记陶铸提出异议。最终陶书记接受了杨书记的意见，保留海南师专，改将广东师范学院撤销。

1970年，广东省革委会下文将海南师专改为海南师范学校，大专变为中专，同时决定琼台师范停办解散。李光邦认为海南师专改为海南师范学校，严重损害了海南的教育事业，应当恢复师专体制。1972年，获悉师专改为中专是省革委做出的决定，海南师专的户头教育部还保留着的消息后，他立即向分管教育工作的海南区党委常委、区革委会副主任黄大仿汇报。海南区革委会十分重视，向省革委会进行了申诉，最终在1972年12月，省革委会正式批准恢复师专体制。

二、重视教师队伍建设

"文化大革命"结束后，李光邦和学校党委领导全校师生揭露批判"四人帮"的罪行，肃清流毒，拨乱反正，恢复教师的地位和尊严，并在这个基础上采取一系列措施，全面落实知识分子的政策。1984年至1985年，共提拔了24位教师到各级领导岗位当领导，吸收了13人入党，解决了43位教师、干部家属农转非的问题。除了不达到就业年龄者外，还安排了72位家属就业。教授、讲师均按照国家规定住房标准安排了住房，此外还浮动了一级工资。这是执行知识分子政策方面。

在建设教师队伍方面，为了建设一支高素质教师队伍，一方面从外地调进一批德才兼备的青年骨干教师，另一方面选派了一批青年骨干教师到外地各高校进修学习。与此同时，还聘请了外国教授来学校开办培训班，以提高教师水平，调动教师的积极性，提高教育质量。1980年，教育部肖岩司长带领一班人来海南师专视察后大为称道，认为海师教师水平不错，课讲得很好，与老的名牌大学教师水平相当。

三、鼓励科学研究

1978年，李光邦力主创办《海南师专学报》，鼓励师生写论文积极开展科研工作，发表师生论文，并且为教师评职称创造条件。《海南师专学报》发表的论文特别强调质量，要求突出海南特点。《海南师专学校》向全国特别是高校宣传海南，规定每期至少有两三篇有关于海南的论文，如1980年第一期（总第五期）共发表的15篇论文中，有5篇属于海南的题材。由于《海南师专学报》注意质量和强调海南特点，因此得到了中共广东省委宣传部的关注，并主动来函，请我校申报予以备案发行。

四、重视图书馆建设

李光邦深知高等学校图书馆是学校的图书数据情报中心，是为教学和科学研究服务的学术性机构，它的工作是教学和科研工作的重要组成部分。

海南师专复办20多年，还未有一栋图书馆楼，严重影响了图书数据的收藏保管和开展流通工作。为了响应国家对南海问题的重视，李光邦组织相关专业的10多位教师在学校图书馆翻阅图书史料，找到一本国民党广东省主席罗卓英编辑的《东沙、西沙、南沙群岛文献索引》。该书记载着历史上的外交文献和各国争论的文章，流传较少，幸在我校图书馆保存了下来。该书对收集整理南海问题的文献十分有价值，得到了广东省委的肯定表扬。海南区党委书记罗天对此十分感动，答应由海南拨款80万元给我校建一栋图书馆楼，最终于1986年建成一座4600平方米的图书馆大楼。

除了馆舍建设，他还采纳建议，主抓馆藏建设，使我校图书馆成为当时海南最大和藏书最多的馆，特别是古籍和本地资料报刊。在"文化大革命"中，学校某派将图书馆作为武斗据点，除驻校内红卫兵，还有校外各个造反组织。当时李光邦是"当权派"，虽然已被打进牛棚，但为了保护图书馆的图书数据，还是抓住机会向学生宣传图书馆和图书数据的重要，希望他们不要毁坏图书，尤其是古籍和孤本。最终，图书馆的图书数据基本保存下来，现收藏海南地方文献2万多册、地方报纸41种、地方期刊104种，是海南省唯一的古籍重点保护单位。我校图书馆除了为本校教学、科研服务，同时也为地方的政治、文化、经济建设提供了丰富的材料。

第四部分

说高校文化元素

谈谈大学之精神

武汉大学　涂上飙

关于大学之精神，常常为人们所提及并受到足够的关注。本人不揣浅陋也来谈谈大学的精神。

一、为什么要探讨大学精神

现时代谈大学精神，一是认知和借鉴过去大学发展经验之需要，二是建设现代大学之需求。

1. 大学精神是推动大学发展的内在动力

（1）大学的两大影响力。人类自从进入文明社会以后，有两大社会组织对社会及人的精神世界起着至关重要的影响。一是宗教，二是大学。

基督教（1054 年分裂为天主教、新教和东正教）、佛教、伊斯兰教这三大宗教组织，经过千百年来的传播、发展，现已对有近 40 亿人的地区发生着影响。虽然，宗教有着自身的局限性，其影响受到限制，但目前仍是主宰社会尤其是人们精神世界的一支重要力量。

大学尤其是现代意义上的大学，其产生晚于宗教组织。如果从 1058 年产生于意大利的博洛尼亚大学算起，也只有 956 年的历史。但它一产生就对人类发生着重大影响。其影响主要体现在如下两个方面：

一是推动着社会的发展。欧洲中世纪的大学，一旦产生就成为一支推动社会发展的重要力量。在神权尚处于绝对优势的时候，大学为教会培养神职人员；当王权强大到与神权抗衡的时候，大学又与王权一道战胜神权。到了近代，世界逐步由分散走向整体，大学开始由博雅教育向科学教育转变。这一转变的结果是人类文明的巨大进步，社会物质财富的极大丰富。到了现代，大学伴随着功能的日益完善，其影响已涵盖包括自然界、社会及人本身的各个领域。大学从初期的象牙塔走向社会的中心，受到了前所未有的关注。

二是影响着人们的精神世界。人类历史上发生的许多重大精神活动，都与大学有着密切关系。起源于意大利的影响整个欧洲达几个世纪的文艺复兴运动，由马丁路德发起的最后导致宗教走向衰弱的德国宗教改革运动，由伏尔泰、孟德斯鸠、卢梭等人发起的长达两个世纪的法国思想启蒙运动，都是由大学的教授、学生们发起，从大学起步再走向社会。它们的发展，不仅促进了社会的巨大进步，更使人们从神权、王权的精神枷锁中解放了出来，促进了人的自我完善。在中国，1915 年由大学文人发起的新文化运动，1919 年由北大发起的五四运动，不仅促进了一个新时代的到来，更将人们从封建的牢笼中解放了出来。

（2）大学精神是大学发展的内在动力。大学的影响力如此巨大，那么推动大学发展的内在动力是什么呢？是大学精神。

大学精神作为大学人在价值认同基础上形成的一种共同理想和信念，对于大学人的价值判断、行为规范以及对大学的发展，都起着非常重要的作用。这些作用表现在：

规范导向作用。大学本质上就是对大学以及大学人"应该如何"在价值观念上给予规范引导。因此，大学精神形成后，必然会在学校的广大师生员工中形成一种导向、一种氛围，引导并规范师生员工应该做什么、不该做什么。

凝聚感召作用。大学精神一旦形成以后，就具有一种强大的凝聚力和感召力。大学是一个由多学科组成的松散联盟，在其中起协调作用的就是大学精神。因为大学人追求的是精神生活的丰富和理想追求的实现。大学精神正好满足了这一点。

驱动激励作用。大学精神一旦被大学人所认可和吸收，就必然对他们的学术良心和道德规范产生震撼，激励他们自觉去追求真理，发展知识。

因此，要想认识大学、发展大学，必须从探求大学精神开始。

2. 大学精神是建设现代大学之需要

中国现代意义的大学起源于晚清，经过 100 多年的发展，中国大学在办学理念、体制建构、办学模式等方面都探索出了一套相对成熟的发展道路，其办学成就及社会影响也有目共睹。进入 21 世纪，北大等较早建立的一批大学，正致力于世界一流大学的建设。一流的大学除了要有一流的学科、师资、学生、成果外，还要有内化于大学之中的大学精神。

然而在 21 世纪，伴随着经济的全球化和市场化，以及社会变革和文化变迁的快速发展，带来了社会基本结构和社会关系的急剧转型，人们的价值观和价值取向都发生了巨大变化。反映在当代中国大学中的一个负面效应就是大学精神的失落，出现了大学精神衰微的现象。大学在理性与功利、人文与科学、自由与保守的矛盾斗争中迷失了自我。具体表现在：

（1）大学中独立和自由精神的缺失。大学的自由和独立精神是现代大学最核心的精神。目前政府控制着的办学经费、领导提拔等重要的教育资源，以及大学内行政权力的过大，与大学应有的独立相差甚远。大学独立性的缺乏，与之相对应的是自由选择的权利限制。

（2）大学中科学与人文精神的失衡。大学的科学教育与人文教育之争，在中国大学产生之初就表现出来了。近代大学的人文教育一开始就受到科学教育的挤压而不整。尤其是科技能解决现实中的一些基本问题，因此在教育领域，人们在专注于科学技术传授的时候，人文精神的培育、完善人格的塑造逐渐被忘却。人文教育的被忽视，导致学生对中西文化的陌生，学生精神世界的寂寞和空虚，缺乏高尚的道德追求和对美好世界的向往。同时，人文教育的衰落，也使得学生缺乏创造力和想象力。

（3）大学中批判精神的弱化。大学的批判精神就是大学在探究科学时要追求真理，要求真、求实，即要实事求是。大学人在做学术研究时，秉承求真务实的思想，做出有价值的学术科研成果。现实中，学术失范的现象时有发生：低水平的重复、抄袭剽窃、粗制滥造等，对整个社会的风气以及大学的声誉带来了诸多不利的影响。

（4）大学中功利思想的盛行。目前，无论是国家和个人在发展教育或接受教育的时候，都弥漫着一种强烈的功利主义情绪。就大学本身而言，出现了办学庸俗化的倾向，学商不分、盲目上项目、盲目扩大招生规模等。大学为了获取物质利益，而忽视了对精神的追求。大学作为人们精神的家园已渐行渐远。

上述大学中暴露出的系列问题，就是大学偏离了大学应有的精神。现在探讨这个话题，就是试图找到重建当代中国大学精神的一条路径，使大学焕发出自身独特的魅力，更好地发挥人才培养、科学研究、服务社会、文化传承的职能，推进经济社会的发展。

因此，从现实意义来看，探讨大学精神是建设发展现代大学的需要。

二、什么是大学精神

1. 大学及大学精神

（1）什么是大学。在谈大学精神之前，得先讲讲大学。大学是什么？答案有很多：英国教育学家纽曼说，大学就是传授普遍知识的场所（a place of teaching universal knowledge）。蔡元培说，大学者，研究高深学问者也。梅贻琦说，大学者，非谓有大楼之谓也，有大师之谓也。也有人说，大学是教育和培养人才的机构、是社会的服务站、是社会的批评中心。也有人将其概括为三库一机，即人才库、科技库、思想库和发动机。这些都从不同的侧面、不同的方面揭示了大学的基本内涵。综上所述，大学是进行人才培养、开展科学研究、提供社会服务和引领社会文化的综合性机构或场所。

（2）什么是大学精神。大学精神起源于欧洲，伴随着西方现代大学的诞生而产生。作为现代大学的雏形，中世纪的大学采取行会的组织形式远离社会政治漩涡，确立了理性的学术传统和社团自治、学术自由的精神，这就是大学的原始形态。

在19世纪，英国教育家纽曼认为，大学精神更多地是指非公立的社会适应性以及批判理性、道德人格，实际上是对中世纪大学传统的沿袭和提升。

德国教育家洪堡大力提倡科学研究与教学相结合，使大学真正成为研究高深学问的机构。他将"学术自由"的价值，在教授的"教学自由"和学生的"学习自由"中具体展现，将科学精神引入大学。

19世纪末20世纪初，美国高等教育出现了以服务社会为宗旨的大学理念。在教育与职业之间建立了直接的联系，将技术引入了教育内容，使重基础与重博识也成为大学精神的一项内容。

在中国，"大学精神"一说早在民国就已经出现。曾任北大校长的胡适先生、曾任国立四川大学校长的任鸿隽先生最先提及大学之精神，但明确提出的是曾任过清华校长的梅贻琦先生，他在《大学一解》中说："今日中国之大学教育，溯其源流，实自西洋移植而来，顾制度一事，而精神又一事"。然而，在中国真正对大学精神进行探讨是在20世纪90年代以后。转世纪以后，王冀生、林一所、胡传章、陈平原、杨东平等人都有关于大学精神研讨的著作问世。

就大学精神之定义，笔者认为它是大学理想、理念的不同称谓；是大学发展所积淀的精髓和灵魂；是大学人文、科学、学术、爱国、拼搏、求真、向善等要素的集合体；是一所大学在发展过程中形成的群体意识等多种观点。

简单地说，大学精神就是大学或者大学人在人才培养、科学研究、社会服务和文化引领的过程中，长期积淀形成的、内在的并被广泛认同的一种理想追求、文化传统和行为准则。

2. 大学精神的内涵

大学精神的内涵，有原始和延伸意义之分。

（1）大学精神的原始意义。大学精神原始意义的内涵包括三个方面，即自由、独立和批判。自由、独立的大学精神是在中世纪及以后，是在大学与神权、王权的斗争中发展起来的。大学的批判精神是大学作为一个教育机构所特有的一种品质。

　　自由精神：即大学和大学人在从事文化活动中，自己的思想不受任何束缚，自由地表达自己的思想。自由精神是大学精神的核心，也是大学得以产生和发展的根基。自由精神主要包括思想自由、言论自由、学术自由三个方面。

　　独立精神：独立包括两层含义，一是生存空间的相对独立；二是心灵空间，即人格上的独立。而后者是根本性的，如大学人人格不能独立，就会丧失公共精神与价值立场，成为知识上的庸人、政治上的御用文人或经济支配下的玩偶。大学人的心灵必须有独立精神和原创能力。

　　批判精神：大学人的批判精神是其自由和独立精神的自然衍生。即大学人在研究时能够自由的交流和表达，不受任何束缚，自主地做出判断，不随波逐流。因此，当现实生活包括政治与大学人所持的理想信仰和真理发生冲突时，大学人总是挺身而出，毫不犹豫地表述己见。

　　（2）大学精神的延伸意义。大学发展起来尤其进入近代以后，伴随着大学功能的完善，大学精神的内涵在不断地扩大，增加了人文、科学、道德、时代等大学精神。

　　人文精神：它是伴随大学的发展而逐渐发展起来的，尤其在现代大学发展的早期，博雅教育为其主要内容。大学的人文精神是指大学所倡导的，在处理人与自然、人与社会、人与他人、人与自己关系时的价值观，以及建立在这种价值基础上的行为规范。

　　科学精神：它是在近代因人类认识、改造自然的需要，在大学里逐步发展起来的一种精神。到19世纪中叶，科学主义逐步取代人文主义，成为在大学占支配地位的知识价值观，成为大学精神的重要内涵。科学精神就是在从事科学研究和发展科学技术过程中所应有的价值标准和行为规范。

　　道德精神：大学作为社会道德与理性的凝聚之所，大学人应具有高雅的文化品位和不凡的气质，要做到出淤泥而不染，坚持不懈地追求自己的理想。

　　时代精神：大学作为时代的智者，要能够预见并感受社会潮流的前奏，而成为推动社会潮流的先行者，并使社会潮流之声最终成为时代的最强音。

　　进入21世纪，大学精神随着时代的发展，也在不断拓展新的内涵，如开放兼容、求真务实、以人为本、民主公正、与时俱进等。

　　以上所说是具有普遍意义的大学精神，具体到每一所大学。由于特定的历史传统、社会环境、学校目标和任务等方面的差异又会有着独特的大学精神，每一所大学会根据自己的实际而对自己的大学精神做出别具特色的界说和解释。

三、中国大学精神之追溯

大学精神是在长期的办学实践中逐步形成的。在这一过程中，大学校长及教育家的思想对大学精神的形成有着重要影响。他们的思想是大学精神的重要组成部分。

1. 民国教育家对大学精神之贡献

学术自由的阐述：近代中国的高等教育一出现，就为教育的独立、学术的自由而不懈努力着。1917年，蔡元培就任北京大学校长，力倡大学应兼容并蓄、学术独立、思想自由，主张学、术分家，认为大学是研究学术之机关，大学应囊括大典，网罗众家。至此，确立了中国大学的基本准则和文化精神。之后，学术自由的思想日渐彰显，成为了中国大学占主流地位的理念。胡适先生也同样主张学术自由，倡议在中国要努力创造自由的学术空气。

学术独立的坚守：竺可桢认为，大学是追求真理的地方，必须有民主、自由的空气。于是，他到浙大后，大力提倡学术自由，推行民主治校。叶恭绰认为，研究学术，当以学术本身为前提，不受外力支配以达学术独立境界。任鸿隽竭力反对党化教育，认为要发展教育就要去党化，有党化则无教育。贺麟认为，学术上的自由受党侵犯而不能独立，就不能算是学术。

科学精神的引进：科学精神是大学精神中不朽的旋律。20世纪初期的新文化运动和五四运动，高举民主和科学两面大旗，反对愚昧和迷信。之后的中国大学里，开始用西方的科学研究方法来发掘和整理中国古代科技成果。任鸿隽认为，现今世界，假如没有科学，几乎无以立国。郭秉文认为，科学之事，唯耕耘者有所获，非喧嚷者能为功。

批判精神的探索：批判精神就是在从事学术研究时要求是、求真，追求真知。大学教育中的"真知"包含：追求知识的真实性和客观性、知识的系统性和全面性、知识的逻辑性和有机性、知识的发展性和创新性。竺可桢在1939年做了题为《求是精神与牺牲精神》的演讲，阐述了"求是"精神的要义：第一，求是精神就是探求真理，坚持真理，因此需要有奋斗的精神；第二，求是精神就是革命精神，求是精神也是牺牲精神，须有准备做出一切牺牲；第三，求是精神就是科学精神，因此，需要亲身力行，精益求精。这样，便是博学、审问、慎思、明辨、笃行。

人文精神的弘扬：中国教育一向有着人文主义的传统。民国时期的大学，当科学精神不断渗入，人文精神受到冲击时，大学人仍然坚守着自己的人文传统。王世杰强调，在对学生进行知识灌输的同时，要进行人格训练。王星拱更是要求学生努力做民国表率。蔡元培认为，"敬爱师友"是个人道德修养方面的重要内容。梅贻琦非常尊重教授、爱护教授。李登辉在课外与同学相处亲如一家人。

爱国精神的强化：近代中国多灾多难，大学作为社会精英的聚会之地，更是集中体现了进步的社会价值取向。近代中国的大学及大学人，爱国之深、报国之切，为后人所景仰。新文化运动、五四运动、马克思主义在中国的传播，无不与大学密切相关。民族危机加深以后，年轻的学子们的"一二九"运动席卷九州，表现出了无私的爱国精神和巨大的爱国激情。日本发动全面侵华战争后，大学的师生们经历千辛万苦，西迁办学，使优秀文化、民族精神传承不息。

上述教育家的言语，都从不同侧面谈到了大学的基本精神，即自由、独立和批判的精神，也涉及人文、科学、爱国等大学的延伸精神。正是因为有这一批教育家们对大学精神的坚守，才有民国时期一批大学的辉煌。

2. 学校校训承载着的大学精神

大学校训是大学及大学人经过总结形成的，是办学理念、办学目标和办学原则的集中反映，体现的是学校的办学目标和办学特色。因此，校训在一定程度上体现着大学精神。下面是部分大学的校训：

北京大学：爱国、进步、民主、科学。

清华大学：自强不息，厚德载物。

浙江大学：求是、创新。

武汉大学：自强、弘毅、求是、拓新。

南京大学：诚朴雄伟，励学敦行。

山东大学：学无止境，气有浩然。

复旦大学：博学而笃志，切问而近思。

南开大学：允公允能，日新月异。

人民大学：实事求是。

同济大学：同舟共济。

暨南大学：忠信、笃敬。

厦门大学：自强不息，止于至善。

哈尔滨工业大学：规格严格，功夫到家。

中山大学：博学、审问、慎思、明辨、笃行；

中国农业大学：解民生之多艰，育天下之英才。

华东师大：求实创造，为人师表。

东北师范大学：勤奋创新，为人师表。

西安交大：精勤求学，敦笃励志，果毅力行，忠恕任事。

电子科技大学：求实求真，大气大为。

中国科技大学：红专并进，理实交融。

华中科技大学：明德、厚学、求是、创新。

上海交大：饮水思源，爱国荣校。

大连理工：团结、进取、求实、创新。

华南理工：博学慎思，明辨笃行。

云南大学：自尊，致知，正义，力行。

苏州大学：养天地正气，法古今完人。

兰州大学：自强不息，独树一帜。

山西大学：中西会通，求真至善，登崇俊良，求真至善。

东北大学：自强不息，知行合一。

天津大学：实事求是。

东南大学：止于至善。

吉林大学：求实创新，励志图强。

西北大学：公诚勤朴。

四川大学：海纳百川，有容乃大。

河南大学：明德新民，止于至善。

湖南大学：实事求是，敢为人先。

从上大学的校训，可以体会到：新民、至善、正气、完人、厚学、诚朴、厚德、忠信、笃敬等反映出了大学对人文精神的追求；实事求是、严谨、求实、求是、团结、勤奋、创新、知行合一等表现出了大学对批判和科学精神的向往。爱国突出了大学对国家、民族的责任。

由于各大学在发展中个体因素的差异，大学精神就具体对象而言存在着差异性。北京大学有着强烈的社会责任感，政治参与意识强，有个性、有趣味、有教养，思想自由，人格独立，大度包容。清华大学以自强不息、厚德载物为校训，强调人与自然、社会、人的关系的协调，讲究科学，强调理性和纪律，重视实干。中国人民大学则强调争做国民表率、社会栋梁，敢为天下先，实事求是。

四、关于武汉大学精神的提炼

2013 年是武汉大学 120 岁的生日，为凝聚人心，向世界一流大学迈进，学校展开了对武大精神的讨论，希望以简洁的语言提炼出武大精神。

在开展武大精神讨论时，笔者提出了提炼武大精神应注意的四个方面：

一要结合校训。大学的校训在一定程度上体现了一所大学的精神。可以说，武大的"朴诚勇""明诚弘毅""自强、弘毅、求是、拓新"等校训涵盖了一所大学的一些精神。国立武昌高等师范学校时期的校训为"朴诚勇"，意在要求学生朴实诚信而又勇敢，更多的是表达一种大学的人文精神。国立武汉大学时期的校训为"明诚弘毅"。"明诚"出自《礼记·中庸》，"自明诚谓之教"；"弘毅"出自《论语》，"士不可以不弘毅，任重而道远"。意为做人做事做学问要有"忠实、忍耐、坚毅的态度"。既包含着大学的人文精神，也涉及大学的科学精神。改革开放时期，武汉大学的校训为"自强、弘毅、求是、拓新"，"自强"出自《周易》"天行健，君子以自强不息"，"弘毅"（见上述），"求是"出自《汉书》"修学好古，实事求是"，"拓新"意为开拓创新。新校训总结武大百余年的发展历史而出，体现的是大学的人文、科学、批判、爱国及创新等大学精神。

二要结合校史。武大的 120 年，大体分为四个时期，即学堂时期（1893—1911）、师范时期（1913—1927）、国立时期（1928—1949）、新武大时期（1949—）。四个时期虽然有每个时期的特点，但也传承了一些共同的东西，如大学理念：王世杰、周鲠生、李达等人非常强调学术的力量，主张学术立校；王世杰、王星拱等人非常强调大学的人格教育，认为大学出来的人既要是一个学者，同时还应有绅士的风度。学术精神：武大无论是从事人文还是科学教育的大学人，都非常注重学术积累、学术品质以及学术贡献。武大 120 年，就学术而言，表现出三个不同的时代特征：民国时期，在一种自由的学术氛围，在人文与科学、新文学与旧文学、民族文化与世界文化的冲突撞击中得以发展；20世纪 50—70 年代，在全民高度政治化的氛围下，政治主宰着学术，学术成为政治的副产品；20 世纪 80 年代以后，国家由封闭走向开放，学术在政治的允许下得以适度发展。

三要综合比较。综合性大学都有一些基本的东西值得学习。民国时期的武大是 31 所国立大学中的一所，可以通过比较的方法来提炼出武大所特有的一些东西。如民国时期的武大与北大有着很深的渊源，而王世杰、王星拱、周鲠生、李四光、石瑛、刘树杞、皮宗石、张颐等名人都来自北大。北大"学术自由、兼容并包"的治学精神对武大有很深的影响。民国的国立中央大学、国立浙江大学、国立交通大学体现的更多是一种科学的精神，而武大表现出的是科学与人文并重，切侧重于人文。

四要把握时代。所有的大学是在大学的"守"与"变"的辩证发展过程中砥砺前行的。过去的武大留下了一些值得后人遵循、学习的良好风尚，但时代在变化，应结合时代的要求拓展新的武大精神，为武大精神增添新的内涵。顾海良任校长时提出了"学科、学者、学术、学风、学生"五学的办学思想，李晓红任校长时提出了"顶天立地""树木树人"的发展理念。窦贤康校长提出了"人才强校、学生为本"的办学思路。这些都推动了大学理念的向前发展，丰富了大学精神的内涵。

对武大精神的简单提炼，笔者认为武大精神可以从以下几个方面来概括：

1. 传承人文与科学

人文精神起源于中世纪，科学精神则诞生于近代对自然的探索。武汉大学120年的发展，人文与科学精神一直得到传承、演变和发展。

从珞珈三女杰（袁昌英、苏雪林、林淑华）到哈佛三剑客（张培刚、韩德培、吴于廑），从民国的部聘教授（杨端六、刘秉麟、周鲠生）到现在的人文社科资深教授，他们都是传承人文精神的一代又一代宗师。从民国的查谦、邬保良、汤佩松、邵逸周、桂质廷等自然科学学者到李国平、高尚荫等学部委员，再到科学院、工程院院士，他们传递了武大一代又一代的科学精神。

2. 崇尚学术与自由

对学术的推崇，经过王世杰、周鲠生、李达等校长及朱光潜、李剑农、李国平、杨端六、刘秉麟、高尚荫等学人的身体力行，已经内化成为武大人们的一种自觉行动。由于对学术的推崇，自由的"教""研"与"学"已成为武大人的习惯。

3. 追求向善与批判

一向具有人文教育传统和人文学科优势的武汉大学，在长期的教育实践中奉行着"向善"教育的价值观念。传统的学科优势加上大学独有的品质，形成了学校的一种"批判"精神。20世纪80年代初，学校高举真理标准讨论的大旗以及随后开展的教育教学改革，就是对武大批判精神的弘扬。

4. 奉行顶天与立地

时代在发展，大学精神也需要与时俱进。"顶天""立地"作为一种大学理念应该在大学的内外兼修中加以培育，在还原大学精神中发扬光大。

（原载涂上飙主编《武汉大学历史探究（第一辑）》，湖北美术出版社，2014年，本次有删减）

华南师范大学校徽、校训、校歌文化精神考察

华南师范大学　陈海平

一、校徽

2015年5月8日，学校党委印发了《华南师范大学章程》（华师党委〔2015〕33号），其中对学校的校徽做了明确的说明：校徽包括徽志和徽章。徽志主体图案为三个"人"字的交叠。以"人"为造型素材，旨在阐明"以人为本""三人

行必有我师"的办学理念，表达"青出于蓝而胜于蓝"的育人追求。徽章为题有校名的长方形证章。学生徽章为白底红字，配以红色边框；教职工徽章为红底白字，配以白色边框。

 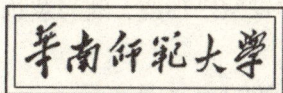 

| 徽志 | 徽章(学生) | 徽章(教职工) |

　　章程所公布的华师校徽包含徽志和徽章两个部分，其中，盾牌形状的徽志是新徽志，启用于2003年，而徽章的历史则久远很多——华南师范学院组建起沿用至今。

　　近年来，参加学校的开学典礼的师生都要求统一佩戴徽章，徽章开始见证每一张稚嫩的脸庞。历经岁月洗礼的徽章经历了很多故事，说到学校的徽章，在当年还有一些有意思的趣闻，学校政治与行政学院退休教师杨世兰教授有这样一段回忆："当时，我们学校的一部分学生去西门口坐22路公交车，另外还有前边黄埔线33(路)，最初就这两条线，我们同学一出西门口上22路汽车，就把华师的校徽摘下来放书包，到回校的时候再从书包里把华师的校徽拿出来挂上，因为没有校徽不能进学校，教师是红底白字，学生是白底红字校徽，学生在22路公共汽车上，不愿意把华师校徽跟华工、华农比。"相同的场景，已经退休的管林校长也有忆及。或许对于现在的我们来讲有些难以理解，这里面有个历史背景，20世纪七八十年代以前，广东前几位的高校中，只有华师在进驻石牌校区时是少量的砖瓦房，大部分是草棚，包括多数课室和当年著名的草棚大礼堂。华师人就是在这样的艰苦环境下白手起家，逐渐创造了属于自己的辉煌，但在当时来讲，学校的条件可谓一穷二白，相较而言，中大、华工、华农的基础设施就比华师好的不是一点两点；另一方面，华师的生源，因为当时师范生是不用交学费的，更加受家境不甚宽裕的学子欢迎，所以华师学生的经济水平普遍比较一般，而作为一街之隔邻居的暨南大学，由于其生源主要是侨生，家境相对殷实，所以学生心理方面会有比较明显的差异。基于这两个方面的原因，华师的学长才会有如此举动。这当中我们可以感悟出些许东西，华师人在遍地草棚的石牌校区发展到当前的规模和水平，经历了几代人的不懈奋斗，华师的草棚精神、艰苦奋斗作风甚是宝贵。

　　学校的徽志有过变动，旧的徽志如下图所示，是在 1991 年学校庆祝 40 周年校庆时确定并投入使用的。旧徽志主体由一双经过夸张变形的"手"和一棵自由伸展的"苗"组成。双手护苗体现了师范大学护花育人的性质，师范性强。亦可把幼苗看作烛光，双手护住烛光，让它继续燃烧，含义是：热爱教育事业，发展教育事业，同时也寓意教师是燃烧自己，照亮别人。字母"HNSD"是"华南师大"的拼音首字母缩写，呈斜体，有动感，给人以进行中的感觉，象征我校不断前进。图案主体周围由双重字母"G"环绕，既为装饰，又说明了我校地点：广东广州。

　　旧徽志投入使用多年，直到 2000 年 4 月 4 日，学校发布《关于重新征集华南师范大学校徽设计图案的通知》，指出学校作为一所"211 工程"建设的高校，经专家论证，华师的建校史可以追溯到于 1933 年成立的广东省立勤勤大学师范学院，学校的国际合作也愈来愈广泛，在此背景下，学校现有的校徽设计没有反映学校的创办时间，没有体现学校历史，学校名称也仅是汉语拼音缩写，不利于对外交流和扩大影响，为此学校决定重新征集校徽设计图案，新徽志最终于 2003 年确定投入使用。

　　学校新旧徽志，无论是双手护苗还是三个交叠的人字，都在突显学校师范教育的特色，而徽志变迁本身也反映出学校国际化交流层次加深的新趋势、新变化。同时新旧徽志也反映了学校办学历史前移这一重大决策，在 2000 年以前，学校一直都是以 1951 年为起点的，即学校以广东省文理学院为主体，并入中山大学师范学院、岭南大学教育系、私立华南联合大学教育系建立起华南师范学院的时间。2000 年 4 月 23 日，在华南师范大学校友联谊会第二届第二次理事会(扩大)会议上经讨论同意将我校创办时间由 1951 年 10 月前溯至 1933 年 8 月，也就是广东省立勤勤大学师范学院成立之时。

二、校训

　　华南师范大学的校训是"艰苦奋斗、严谨治学、求实创新、为人师表"，十六字校训与旧徽志、校歌均为学校庆祝建校 40 周年而征集确定下来的，校训由时任广东省委副书记、省长叶选平亲笔题写。学校前身广东省立教育学院曾向当时民国教育部上报校训为"修己立人"，基本思想与当前的校训是一致的，育人先正己，自身做到艰苦奋斗，严谨治学，才能真正为人师表，同时这也体现出我们作为一所师范院校的精神追求，我们以"立人""为人师表"为终极目标。

　　对于熟知华南师范大学校史的人来说，这十六字校训应该是比较好理解的，因为华师建立和发展的整个过程就是这十六个大字的真实勾勒和写照。无论是抗战时期文理学院的辗转奔波，坚持办学，还是中华人民共和国成立后石牌校区的草棚遍地，打赤脚也要坚持上课求学，亦或是"文革"期间对教书育人的坚守，都深刻的诠释着华师人的艰苦奋斗精神。学校的前身勷勤师范学院组建，当时广州市行政会议在向市政府提交的《市政府提议设立勷勤师范学院意见书》中就指出："查国家之兴废，端乎师资之良否……为普及教育及强迫教育计，又非预储师范人才不为功。……本市长深有见乎师范为教育之母，特筹议设立师范学院以尚师资之培养，并拟取名曰勷勤师范学院"。所以，学校的成立就是为了培养广州乃至广东省的中学师资，创校先贤林砺儒在学校建校之初到最终离开的整个过程中，也始终坚持以培养中学师资为己任；华南师院成立，也是为了在中南地区发展教育、培养师资，《华南师范学院成立经过和现状》指出："两年来，由于土改的逐步完成，和国防、政治、经济、建设的加速发展，祖国和广大人民对文化教育的需求大大提高……中央政府在八九月间召开初等教育及师范教育会议上，已通过了今后五年内争取培养百万教师的议案，对师范教育的计划，一方面大力调整和扩充现有各级师范学校，一方面大量设置多种式样的短期培训班，培养足够数量的具有马列主义、毛泽东思想和专业训练的各级师资，以迎接即将来临的文化建设高潮"，华南师院就是在这样的背景下，经中南教育部确定成立以照顾华南两省一市师资教育的；进入新时期，学校也反复强调师范性的重要地位，新任王恩科校长上任伊始，就突出"教师教育出特色、学科水平上台阶"的战略思路，强调要做"北上广"三足鼎立的师范大学。凡此种种，都可以看出华师人一直都坚持将"为人师表"作为自己的座右铭。

三、校歌

华师的校歌由黄家驹书记作词、雷雨生作曲而成，歌词如下：浇灌红花数十年，培育英才万万千，建设祖国锦绣河山，华师儿女奋勇当先，珠江滚滚红棉艳，岭南大地草木春，改革开放阳光好，华师园里花烂漫。艰苦奋斗众志坚，严谨治学成风范，求实创新重开拓，为人师表代代传，教育改革宏图展，师范园地好摇篮，培育祖国栋梁材，神圣职责我承担。向前向前向前，华师儿女永远向前！

据黄家驹先生回忆，创作校歌歌词考虑三点：第一，突出华师几十年的教育成果和培养目标；第二，与校训配合，反映校训精神，突出华师办学的方向；第三，校歌既要严谨，又要追求生动活泼，容易上口。校歌歌词确定后，学校音乐学院雷雨声教授为之谱曲。校歌的曲主要分为三个部分，这三个部分连接起来后气势磅礴，展现了华师大气的形象，表达出华师师生勇往直前、为教育事业奉献青春的精神，同时蕴含着师生对学校的爱。

学校在中华人民共和国成立前的各个前身阶段，有过很多首校歌，笔者发现，学校前身广东省立勤勤大学、广东省立教育学院、广东省立文理学院三个时期的校歌均由林砺儒先生作词，其理念一脉相承。广东省立勤勤大学校歌的"敬教劝学"、广东省立教育学院校歌的"学术是讲，师道是崇"，广东省立文理学院校歌的"探索真理之光、广布文化食粮"，与华师校歌的"浇灌红花、培育英才"，都在强调学校培养师资、尊崇师道的理念；另外，校歌都特别强调广大师生务必有历史责任担当，抗战时期大声疾呼"最后胜利操我手，复兴民族责我躬"，解放战争时期，要求同学"挺起胸膛、放大眼孔"，明辨是非，这样的责任担当与华师校歌所讲"培育祖国栋梁材，神圣职责我承担"完全一致。

广州商学院校训和校徽中文化元素的挖掘研究

广州商学院　钱嘉荔

广州商学院的前身是华南师范大学增城学院，1999年，招收第一批学生，2002年，开始招收本科生，是广东省第一所新机制二级学院、广东省最早开展本科教育的民办本科高校、全国第一批独立学院。2011年，学校获得学士学位授予权；2014年，学校成为广东省第一所由独立学院转设的普通本科高校，经省政府批准华南师范大学增城学院转设为广州商学院。

一、校训文化元素的挖掘

广州商学院校训是"求真、立信、笃行"。对本校之内的历史传统、校园文化、未来发展的概括，具有强烈的校园特色。首先，从产生过程来看，广州商学院的校训提出于2011年。我院在创校之初，一切从头做起，那时民办高校还是一个新生事物，有一个摸索探究的过程。经过几年的积累，学院的风格、传统逐步形成，适时地对全院提出了"求真、立信、笃行"的校训，明确了新时期大学生的努力方向，是学院办学独特风格的凝结。其次，从作用对象来说，校训对新时期大学生具有更强的针对性，更好体现对大学生成长发展的期望。新时期大学生在高校的学习过程，是一个修身立德、求知进取的过程，这是一个动态的过程，日增月进、修成正果的过程。它不仅反映了大学生在高校学习的这个动态过程，而且通过校训的倡导践行，引导学生更加主动去追求这个过程的自我实现，自我完善。"求真、立信、笃行"的校训则是立足于大学生的自我发展要坐言起行，从眼前做起，从现在做起，刻不容缓地去"求"去"立"，并且持之以恒地"笃行"。再次，从内容要求来说，"求真、立信、笃行"的校训更多地体现了高校校园文化的特色，对大学生的成长成才具有更直接的指导性。大学生的成长，要学会做人做事，要着重大学精神的培养。"求真"就是要崇尚科学，坚持真理、追求完美、提高境界。"立信"除了涵盖诚信做人的"诚于信"基本要求之外，更强调了诚信不是天生的，需要通过自觉修养去主动地"立"。一个"求"字一个"立"字，体现了对大学生成长的期望，也体现了大学生不断自我完善的自觉要求。"笃行"强调了对大学生更长远的期望，强调了"行"的坚持性和一贯性，不但现在学了就要做，而且将来也要一以贯之地去"行"去实践。一方面强调在校时践行的坚定性和一贯性，另一方面更是强调走向社会以后用一生的实践去执着地不懈追求。最后，从文字表达来说，我校校训用了三个词六个字作了概括，三个词都是动宾结构，要求明确，含义清晰，节奏明快，同样易记易传，便于掌握。

二、校徽文化元素的挖掘

广州商学院校徽整体是盾形结构，由"商"字、波纹、GCC、绶带、校训、中英文校名等要素构成。盾牌象征着荣耀、庄重、典雅和永固不可摧，在世界文明史中，盾牌是一切荣誉、信念的集结，寓意学校办学理念坚定，办学使命神圣。波纹象征丰盈、宽广、包容的大海，寓意学校用国际化、开放式的办学理念蓄积学养，培养视野宽广、学识丰盈的英才。"商"字象征学校经济、管理等商科特色，寓意学校服务广州建设国际商贸中心，同时"商"的写法亲切，外形构造蕴涵"天人合一"，寓意学校传承和谐人文情怀。GCC 是广州商学院英文名 Guangzhou College of Commerce 的简称。

湖南师范大学校训、校歌、校徽文化追溯与释义

湖南师范大学　李彦

　　湖南师范大学位于历史文化名城长沙，现为国家"双一流"学科建设高校，学校前身为国民政府于1938年创立的国立师范学院。建校以来，学校历经搬迁、重建、合校多次变革，始终在国家独立、民族解放和社会主义建设的道路上砥砺前行。经过长期办学积淀，学校逐步形成了独特的大学文化。在不同的历史时期，学校确立了独具特色的校训、校歌、校徽，充分诠释、践行了大学精神。

一、国师时期（1938—1949）

　　1938年10月27日，国立师范学院在湖南安化县蓝田镇正式成立。次年1月14日，校训"仁爱精勤"在《国师季刊》创刊号上正式发布。强调"仁爱精勤"，就是要树立敬业、奉献、博爱、宽容、人文和创新的精神，以之引领学校师生至仁、至爱、克精、克勤，奋发向上，继往开来。在湖湘传统文化的浸润下，"仁爱精勤"校训逐渐演进为一种独特的精神气质，成为历代湖南师大人不懈追求的精神范式，成为湖南师大承传发展的动力源泉。

　　院歌由国师首任院长廖世承作词，音乐系教授唐学咏作曲。院歌简洁明快、寓意深远，既呈现了青年学生的理想追求和成长心声，又体现了国师的办学目标，把师范生应有的民主自由精神与严明纪律规范尽括其中。

　　国师，国师，文化的先进，国民的导师。

　　陶甄人才，作育多士，建树一代良规。

　　忠于为人，勇于克己，披荆斩棘，履险如夷，宏施教泽。

　　百年以为期，千载有余思。

　　国师，国师，青年的先导，建国的良师。

　　爱让幼童，扶植少壮，创立和平始基。

　　诚以待人，义以接物，摩顶放踵，念兹在兹，风行草偃。

　　百年以为期，千载有余思。

二、整合跨越时期（1988—2006）

　　1988年，适逢建校50周年的历史时机，经历了多次重建、合并的湖南师范大学结合自身特色与时代特征正式确立了新时期的校训、校歌、校徽。

　　校训为"勤勉严谨，求实创新，献身教育，团结奋进"。勤勉严谨，即要求

全校师生孜孜不懈，谨慎踏实，时刻力学笃行；求实创新，即指引全校师生实事求是，与时俱进，不断追求新高；献身教育，即倡导学高为师，身正为范，坚守师范教育核心；团结奋进，即引导全校师生多方协作，积极进取，实现共建共创共享。"十六字校训"是对学校传统和学校精神的提炼和升华，也是师生员工广泛认同的思想行为准则和学校继续发展的重要精神动力。

校歌由外语系年已古稀的教授赵甄陶作词，音乐系青年教师郭和初作曲。

麓山秀，湘水长，澧兰沅芷播芬芳。

勤勉严谨，求实创新，飞舟踏浪千帆扬。

麓山秀，湘水长，春风化雨遍三湘。

惟楚有才，于斯为盛，兴我华夏赖栋梁。

校歌简洁明快，激昂悠长，唱出了湖南师大悠久的办学历史，唱出了湖南师大立德树人的教育追求，也唱出了湖南师大继往开来的时代担当。

校徽设计者是美术系副教授苏宇。校徽整体风格稳中有动，向上发展，充满生机与活力，富有现代感和节奏感，具有较强的视觉冲击力和丰富的想象空间。校徽的外形是圆形的，颜色选用了具有湖南师大特色的麓山枫红。校徽构图的上方是毛体的"湖南师范大学"；中间是由"师范"首拼"S"和"F"组成的燃烧的蜡烛，喻示着学校的师范教育特色和为人师表的奉献精神；下方是一本书，以书本作为最基本的依托，阐明了湖南师大尊重知识、尊重科学的态度，也寓示着教书育人、开卷有益的思想。

三、内涵发展的新时期(2006 年至今)

进入 21 世纪，历经多年办学积累及院校整合，湖南师范大学的内涵、层次均已发生了变化。随着这些变化的日益显著，学校文化和学校精神也必然要与时俱进，反映这种变化，引领这一趋势。凝练和创作新的校训、校徽、校歌已成为学校进步发展的历史需要，成为全体师大人和广大校友的期待。2006 年10 月，经过近两年的征集、创作、评选，学校最后审定并发布了新的校训、校徽、校歌。

根据高度精炼，寓意深远，体现学校文化底蕴、人文精神、办学理念的要求，学校固本开新，最终确定恢复国立师范学院校训"仁爱精勤"为新的校训，并做了内涵诠释。"仁"，即倡导师范仁道，追求高尚；"爱"，即倡导爱人以德，追求和谐；"精"，即倡导研精覃思，追求真理；"勤"，即倡导勤奋踏实，追求卓越。"仁爱精勤"的校训，是新时代湖南师大人对国师精神的一种回归，而为

"仁爱精勤"赋予的新内涵则是新时代湖南师大人对传统的发扬和创新。

新的校歌由文学院老教授彭炳成填词，音乐学院教师唐勇强谱曲。校歌采用了古代诗歌重章迭唱的方法，简洁明快，雄浑激昂，催人奋进。校歌共分两段，第一段侧重于历史的回顾；第二段侧重于现实和未来的任务和理想。

巍巍麓山，浩浩湘江；堂堂学府，源远流长。

承接涟衡形胜，汇聚四海英良。

仁爱身修，精勤业广；兴我华夏，争做栋梁。

吸取科技精华，弘扬人文理想。

仁爱身修，精勤业广；兴我华夏，争做栋梁。

"巍巍麓山，浩浩湘江；堂堂学府，源远流长"唱出了一代代湖南师大学子们踏着先哲的足迹高歌猛进的图景。"承接涟衡形胜，汇聚四海英良"唱亮了师大开拓前进，不断壮大的光辉道路。"吸取科技精华，弘扬人文理想"唱明了学校当前和未来的办学任务与历史使命。"仁爱身修，精勤业广；兴我华夏，争做栋梁"唱响了一代代师大人民胞物与的胸襟气度和追求理想的时代强音。

新的校徽庄重典雅，构思新颖，简单明了，寓意深刻。颜色沿用了具有湖南师大特色的麓山枫红，校徽上方是毛体的"湖南师范大学"，下方是学校的英文名称，"1938"的字样点明了学校的创办时间。校徽核心部分的图样蕴含了深厚意义。首先，图样是以"湖南"的首字母"H"和"N"进行创意简化组合，表现学校主体，具有鲜明的湖南地方特色。其次，图样是一个"人"字，展现学校以人为本、百年树人的办学理念，展示湖南师范大学的文化底蕴和人文精神。再次，图样是翻开的书本，表现湖南师范大学教书育人、开卷有益的思想，具有鲜明的教育行业特征。最后，图样像是竖起大拇指的手，寓意湖南师范大学一流的教学、一流的环境、一流的师资，培养一流的教育人才，成果丰硕，美誉远传，令人赞叹，使人叫好。新校徽是学校办学理念和人文精神的具体体现，是学校悠久历史和传统文化的浓缩，高扬以人为本的精神，彰显出湖南师大人敢为人先的品性。

校训、校歌、校徽对内可以影响大学氛围与广大师生的价值选择、行为模式，对外则表现为大学的价值追求与精神风貌，是校脉传承的精神资源和无形资产。每逢开学典礼、毕业典礼、运动会、校庆纪念日等重大庆典活动时，湖南师范大学都会开展唱校歌、诵校训、戴校徽的活动。学校的育人理念在这些活动中如春风化雨，默默地沁润着每一个师大人，使广大师生员工始终保持旺盛之志、昂扬之气、进取之心。

　　面向未来，湖南师范大学将始终以立德树人为根本任务，立足湖南，服务全国，面向世界，坚定推进学校内涵发展、创新发展、特色发展、可持续发展、和谐发展，努力建设教师教育特色鲜明、国内一流、国际上有影响的高水平综合型大学。

　　附件一：1988 年—2006 年湖南师范大学校歌。

湖南师范大学校歌

赵甄陶等词
郭和初　曲

1 = A 2/4

进行速度　激昂地

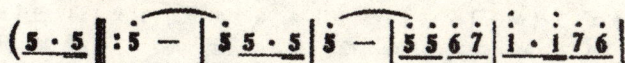

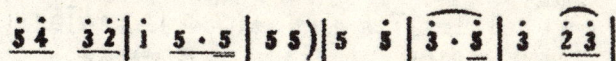

（5·5｜:5 — ｜55·5｜5 — ｜5567｜i·i76｜
54 32｜i 5·5｜55）｜5 5｜3·5 3｜23｜

麓山秀，湘水
麓山秀，湘水

i 5｜3·5ii｜7 65｜2 — ｜2 — ｜5 5｜

长，澧兰沅芷播芬　芳，　　麓山
长，春风化雨遍三　湘，　　麓山

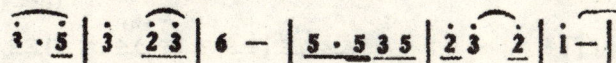

3·5｜3 23｜6 — ｜5·535｜23 2｜i—｜

秀，湘水长，澧兰沅芷播芬　芳。
秀，湘水长，春风化雨遍三　湘。

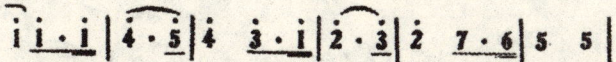

ii·i｜4·54｜3·i｜2·3｜2 7·6｜5 5｜

勤勉严　谨，求实创新，飞舟踏浪
唯楚有　才，于斯为盛，兴我华夏

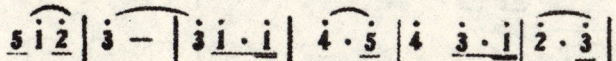

5i2｜3 — ｜3i·i｜4·54｜3·i｜2·3｜

千帆扬，勤勉严　谨，求实创
赖栋梁，唯楚有　才，于斯为

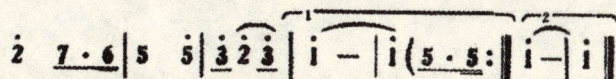

2 7·6｜5 5｜323｜i — ｜i（5·5:‖i—｜i‖

新，飞舟踏浪千帆　扬。　　梁。
盛，兴我华夏赖栋

附件二：2006 年至今湖南师范大学校歌。

湖南农业大学校徽、校训、校歌释义

湖南农业大学　张铭

湖南农业大学办学起始于1903年10月8日创办的修业学堂，历经湖南省私立修业高级农业职业学校、湖南省立修业农林专科学校、湖南农学院等阶段，已有115年的办学历史。回顾学校115年的办学历史，虽历经磨难，命运多舛，但学校始终抱定办学之初衷，坚定事业报国之理想，培养了大批时代精英，在湖南乃至全国产生了重大影响，形成了深厚的历史文化和高尚精神。学校校徽、校训、校歌是大学精神、办学理念和价值观念具体体现。

一、湖南农大精神就是救国帜志，薪火相传的精神

早在1903年修业学校创办之始，修业学校便展示出"务本崇实、朴诚奋勉、愈穷愈振"的光荣本色和敢为人先的湖湘精神。1903年春，周震鳞、俞蕃同、许直三人出面呈请湖南政府批准创办了"修业学堂"。周震鳞邀请好友黄兴来到修业学堂担任体操教员，黄兴一边任教，一边积极开展复兴会的革命活动。修业学校在黄兴、周震鳞等人的影响下，成为当时革命党人的聚会场所。

1909年10月26日，学校校董兼教师的徐特立在给学生讲演时事，痛斥帝国主义，讲到义愤处，跑到厨房拿来一把菜刀，当场砍掉左手的一节手指，血书"驱逐鞑虏，恢复中华"八个大字，极大地激发了人们的爱国热情。毛泽东后来回忆说："这给了我对革命的第一次感性认识。"

1919年五四运动前夕，毛泽东从北京回到长沙，接受彭国钧校长的聘请，来到修业学校高小部担任历史教师，授课之外，便从事革命活动，在修业创办《湘江评论》，领导湖南人民进行驱逐军阀张敬尧的斗争，并指导修业学生创办《小学生》等革命刊物，宣传反帝反封建的爱国思想，为修业学校写下了光辉的一页。

在抗日战争期间，修业学校把爱国救亡贯彻于办学之中。校长彭国钧经常安排军事训练，主持制作了由"锄头，笔杆，枪支"三个图案组成的校徽，使学生除了会拿笔杆，会使锄头外，还会持枪卫国。并组织师生在农村办民众夜校，在纺织厂办妇女扫盲班，实行"流动教学"，宣传抗战；组织代耕团帮附近征战军人家属和缺乏劳动力的贫苦农民耕种，使其坚定抗日必胜的信心。中华人民共和国成立前夕，修业的进步师生在地下党的领导下，迎接解放，护卫学校。尤其是克强学院与湖大合并的3年，学院师生在反内战中，矛头直指反动军警。

"救国帜志，薪火相传"作为学校精神的精粹之一，对广大学子而言，就是要对祖国怀有责任感，使命感要堪当大任，胸怀远大理想抱负，既要仰望星空，坚定理想信念，也要脚踏实地，踏实肯干。

二、湖南农大精神就是朴诚奋勉，愈穷愈振的精神

1915年，时任校长的彭国钧制定校训："艰苦朴素"；1917年，北洋政府教育部评价学校"以朴诚奋勉养成校风，泂他处所难觐"；1943年学校四十周年校庆之际，学校创始人、时任学校董事长的周震鳞题写校训："习劳耐苦，崇朴尚实"。以古为鉴，现在学校的校训"朴诚、奋勉、求实、创新"，直接援用了1917年北洋政府教育评价语中的"朴诚、奋勉"二词。在学校115年的办学历史中所倡导的崇朴尚实、习劳耐苦的办学思想和校风，如同一条红线贯穿于湖南农业大学办学的历史长河中，形成了鲜明的特色。

修业建校之初老师和学生一样，秉持艰苦朴素的作风。学校董事兼老师徐特立老先生，在修业任教期间，城乡往返80余里，总是步行，从不乘轿。学校董事俞蕃同先生在政府停拨补助费，学校将倒闭时多方借贷，独立支持。黄海润校长在辛亥革命期间学校经费困难时，自任教课兼职员，多年不拿薪水。学校改办农科后，其崇朴尚实的校风始终未变，提倡学生深入农村与农民同吃同住。史料记载，当时学生饮食起居均与农夫相同，每餐除吃粗粮外，仅吃两三种蔬菜而已。学校还引导学生自食其力，给每个学生划一小块土地供其种植作物，所得的三分之二归自己，一般可够三个月伙食费。修业学校40周年校庆时，教育部长陈立夫还亲笔题写了"民生在勤"的铭言，以资鼓励。

"朴诚奋勉，愈穷愈振"作为学校精神的精粹之一，对学校发展而言，是自力更生、励精图治；对学生而言，是不懈探索，奋发有为，不断地挑战自我、超越自我，将自己锤炼成为可用之才。

三、湖南农大校徽

释义：校徽中"湖南农业大学"为毛体字，1903 年为学校办学起始时间。校徽设计将湖南农业大学最具代表性的第一教学楼采用图形简化的方式进行重新设计，代表了农大辉煌的历史和深厚的文化底蕴，下面的图形则寓意了农大这片肥沃的土地。徽章色彩以中国红为主，体现着能量的充沛，象征着热情、喜庆和自信，突出农大人奋进的精神；学校中英文字体均为金黄色，是辉煌、明亮的色彩，代表着学校辉煌的历史和光明的前景；深绿色的草地则体现了勃勃生机，稳步发展与环保的农大。

四、湖南农大校训

校训之一：习劳耐苦，崇朴尚实（1943 年，周震鳞题）。

校训之二：公勇朴实（1943 年，彭国钧题）。

校训之三：朴诚、奋勉、求实、创新（2001 年）。

释义：

朴诚：质朴率真，诚实守信，志存高远。

奋勉：勤奋向学，自强不息，持之以恒。

求实：尊重规律，脚踏实地，追求真实。

创新：勇于探索，与时俱进，革故鼎新。

五、湖南农大校歌

校歌之一：猗欤修业，创自癸卯秋分。本革命的情绪，十二人独立而经营，真自治，都服从。年长学生，半读半耕，愈穷愈振；齐努力，当记取创造的精神，当记取自治的精神。

湖南农业大学校歌
SCHOOL SONG

于 沙 词
邹启炎 曲

校歌之二：马坡岭下，浏阳河边，这一片灵秀的土地，是我们美丽的校园。我们爱你光荣的昨天，毛主席题写的校名，光辉照耀一年又一年。我们爱你灿烂的明天，万千优秀的学子，成为科技强国的中坚。我们朴诚奋勉、求实创新，愿把智慧和汗水奉献啊。湖南农大走进新世纪，如日中天。

释义：第一句点明校址及对校园环境的赞美，曲调优美，情感舒畅；第二句和第三句描述湖南农大特有的历史、办学的任务和取得的辉煌成就，用稍带自豪的情感来歌唱；第四句突出了农大的校训，应该唱的坚定有力；结尾，湖南农大的未来如日中天，作曲家将这一句作反复处理，把歌曲推向高潮，万千学子将在这里成长，从这里起步放飞，为建设美丽中国献出智慧和力量。

湖南工业大学校徽、校训、校风、办学理念内涵阐述

湖南工业大学　档案馆

一、校徽

　　从湖南的省花"荷花"入手，体现湖南的地域特色，呵护莲子的莲蓬又是孕育果实的重要部分，运用在标识中，比喻培养人才的大学。篆体"包"字与"莲蓬"整合，达到形式和寓意完美结合，既体现出学校包装教育特色，又体现出"兼容并包"的治学胸怀；标识中的莲蓬造型由 12 个轴心对称的半弧组成，寓意学校多学科协调发展。"莲子"分布于四周，又预示着学校育人成才、桃李满天下的美好前景。"包"字古篆体的采用，突显了华夏民族几千年的人文色彩，"包"字图形犹如孕育着的生命，与外围植物元素完善搭配，体现出国人"人与自然"完美结合、"天人合一"的宇宙观和我校"以人为本"的办学理念。

二、校训：厚德博学、和而不同

　　"厚德"，出自《易经·坤卦》："地势坤，君子以厚德载物。""厚德"即广厚之德，犹如"大德"；大地具有广厚之德，气势厚实和顺，故能载生万物。与此相对应，君子应增厚美德，容载万物。对于我校学生，"厚德"就是要在"爱国守法、明礼诚信、团结友善、勤俭自强、敬业奉献"的基础上，具有高尚的思想品德和良好的职业道德。

　　"博学"，语出《礼记·中庸》，先贤们在《中庸》中告诫学子们要"博学之，审问之，慎思之，明辨之，笃行之"。其实这是为学的几个层次，或者说是几个递进的阶段。从"博学"到"笃行"，主要是用来勉励莘莘学子的。学子们要在具有广博的知识、较宽厚的专业知识的基础上，不断涉猎相关学科、相关领域的知识。

　　"和而不同"，语出《论语·子路》："君子和而不同，小人同而不和。"从哲学意义上讲，"和"是和谐，是统一，"同"是相同，是一致；"和"是抽象的，内在的；"同"是具体的，外在的。"和而不同"，是一个辩证的统一体，它的基础首先是有"不同"，有了"不同"，经过交流、沟通和协调，才可能达到内在的和谐统一。与此同时，只有在大目标不冲突的前提下，承认差异，包容差异，乃

至尊重差异，才能化解矛盾，共存共荣，表现出广博的文化宽容与文化共享的情怀。从另一层面上来说，"和而不同"之意首先是讲和谐，讲团结，讲大局；其次，在"和"的基础上，每个人都可以有自己"不同"的思维，可以有独立的思考和思想，不人云亦云，墨守成规，只有这样才能有创新和创造，才能培养更高层次的创新型人才和大师。

三、校风：明德、精业、求实、创新

"明德"意为彰明伦理，完善品德，具有理解、普及和恪守道德之义，包含与人为善、和谐相处的意义，合乎我校加强文化素质教育。语出《礼·君陈》"黍稷非馨，明德惟馨"，又见《礼·大学》"大学之道，在明明德"；意思是大学的根本宗旨，首先在于了解和彰显人性固有的内在道德光明，然后必须亲近人民并竭尽全力为之服务，最后则要通过个人修身与社会实践，使社会和人都臻于和谐圆满的至善至美的理想境界。

"精业"是"业精"转化而来。"业精"出自韩愈的《进学解》"业精于勤，荒于嬉；行成于思，毁于随"，可见，学习要在博的基础上求精，在精的基础上又不断地创新，使每个学生都有一技之长。业精是博厚的继承和发展，在博的基础上求精、求新，体现一种求实创新精神。而"精业"是一种动态的学习过程，一种发展的求索之境，是在业精基础之上有着更深远的哲学意义和指导意义。

"求实"就是讲求实际，一切从实际出发，因地、因时制宜，求真务实。它要求师生员工对工作、学习和生活要有认真、细致、严谨、扎实的态度和作风。以脚踏实地的态度来对待工作；以严谨科学的态度来对待学术；以诚心向学的态度来对待学业；以执着不懈的精神来追求真理。反对敷衍塞责、马虎应付的态度和轻率浮躁、疲沓懒散、急功近利的作风。不弄虚作假，不贪图虚名，不驰于空想，不骛于虚声，唯以求真务实的态度做扎实的功夫，在实中求业绩、求学问、求精进，以形成良好的校风和校园文化。

"创新"意出《大学》引汤之《盘铭》："苟日新，日日新，又日新。"意为与时俱进，追求新高，与我校创建省内一流、国内知名大学的现代办学理念一致，同时又与上面的"求实"形成一脉相传的意蕴。正如江泽民所解释的："科学精神的内涵很丰富，最基本的要求是求真务实，开拓创新。""求实是科学之本，创新是科技发展的生命力所在。科学研究来不得半点虚假，必须以求实的态度，尊重客观规律，探索真理，开拓创新"。

校风作为学校办学宗旨的集中体现，也是学校教风与学风的浓缩。校风"明德、精业、求实、创新"反映了我校的办学方向、办学思想、办学精神、办学特色和人才培养要求，有利于推动学校统一办学精神的形成，促进办学特色氛

围的形成，推动学校校园精神的形成。整体来看，校风精练、厚重，具有特色和个性。

四、办学理念：以师生为本，以质量为魂，以日新为道

"以师生为本"是指立本守正、立德树人，把师生的系统培养、有效成长和全面发展放在首位，有效构建尊师重教和全员育人的人文环境。

"以质量为魂"是指注重质量与内涵，把教学质量、人才培养质量、师资队伍建设质量、学科专业建设质量、学校整体发展质量等作为灵魂与生命。

"以日新为道"是指在传承中创新，在创新中发展，不断深化"以不息为体，以日新为道"的创新理念，坚持"苟日新，日日新，又日新"，按照习近平总书记"惟创新者进，惟创新者强，惟创新者胜"的深刻论述，在发展过程中维新图强，与时俱进。

长沙理工大学校训文化精神之践行

长沙理工大学　档案馆

习近平总书记在全国高校思想教育会议上强调："每所高校的校训要落到实处、起到作用，就要贯穿高校治理各方面，营造校训所指向的校风和学风。"校训是学校的灵魂象征，是一所学校办学理念、人才培养特色和育人文化的集中表达。"春风化雨，在润物无声中陶冶师生的心灵。"长沙理工大学校训作为全校师生共同遵循的行为准则和道德规范，在学校几十年的发展历程中，引领广大师生传承优良传统、锐意改革创新、奋力真抓实干，开创了学校特色办学新天地，谱写了时代新篇章。

一、长沙理工大学校训释义与源起

1. 校训释义

博学，语出《礼记·中庸》第十九章："博学之，审问之，慎思之，明辩之，笃行之。"《论语·子张》："博学而笃志，切问而近思，仁在其中矣。"指崇尚知识，勤奋好学，博采众长，厚积薄发，追求广博的学识和渊博的学问；力行，语出《礼记·中庸》："好学近乎知，力行近乎仁，知耻近乎勇。"《史记·儒林列传》："为治者不在多言，顾力行何如耳"。指努力从事，尽力去做，身体力行实践，脚踏实地奋斗；守正，语出《汉书·刘向传》："君子独处守正，不桡众枉"。守正，恪守正道，不屈从，即坚持真理，秉于公道，无所偏倚，清白为人；拓新，义出《大学》引汤之《盘铭》："苟日新，日日新，又日新。""拓"意为"扩大、开

辟"；"拓新"，在秉承传统的前提下开拓创新，不断进取，与时俱进，追求卓越。

2. 校训源起与由来

长沙理工大学于 2003 年由原长沙交通学院和原长沙电力学院合并组建。在正式挂牌成立前夕，为凝练原两校的优良办学传统，提振全体师生的精神，迅速融合两校师生，长沙理工大学（筹）校务委员会提出"五统一""四融合"，并在全校开展"建设一个什么样的长沙理大学，怎样建设长沙理工大学"为主题的大讨论。在校园精神融合方面，经过几上几下反复酝酿、讨论和修改，校训由"勤奋、博学、求实、创新"（原交院）、"文明、博学、求实、进取"（原电院），最终确定为"博学、力行、守正、拓新"并沿用至今。由长沙理工大学设计艺术学院名誉院长、西泠印社社员李立先生题写，正式发布后作为学校的形象标识广泛应用于学校举办的会议、活动场合，成为劝勉和激励一代代长沙理工大学人的一道靓丽风景。

3. 校训的意义

确定"博学、力行、守正、拓新"为校训，对于劝勉学子有着极其重要的意义。博取知识、潜心实践，既是养成健康人格的过程，也是情感体验的过程。从"博学"到"力行"，既涵盖了大学教育必不可少的知、情、意、行等因素，充分展示了学校崇尚思考、致力行动，重视培养学生具有广博的知识和实践能力的优良传统和办学特色。从"守正"到"拓新"，既是对师生道德品质的要求，也是对大学坚持社会主义办学方向，遵循教育规律，维护崇尚学术、追求真理、恪守公道的大学精神的要求。

二、长沙理工大学校训文化精神的传承与发展

1. 校训文化精神的传承性

校训是从学校几十年办学历史和办学规律中深度挖掘出来的。长沙理工大学在发展时期不仅创造了系列辉煌成就，形成了"博学、力行、守正、拓新"校训，孕育了"执着坚韧、追求卓越"的长理文化，铸就了"脚踏实地、艰苦奋斗、乐于奉献、锐意进取"的铺路石精神，积淀了"勤奋、务实、团结、创新"的良好校风。工程报国、为行业培养专门人才的使命担当一脉相承、延绵不绝。"底色亮、敢担当、有情怀、能创新"是长沙理工大学人才培养追求的目标，这个"底色"就是坚定的政治信仰。"留得下、用得上，靠得住"也是很多用人单位对该校毕业生的评价。每一位从长沙理工大学走出去的学子，都深深地留下了校训文化烙印。精神的传承是弥足珍贵的，这种精神的阐释和完善需要长理工大人的不断努力。所有的长理工大人在追逐梦想的大道上要坚守"守正"的校训，

恪守"守正"的人生信条：坚秉正心，做一个尚德之人；坚持正道，做一个明辨之人；坚守正气，做一个笃行之人。

2. 校训文化精神促进学校全面建设与发展

从1956年开荒新建到2005年拓土延址，从2003年合并组建到2015年发力"百强"，通过不断培养和践行校训精神，经过多年的建设和发展，长沙理工大学已发展成为一所以工为主，工、理、管、经、文、法、哲、艺等多学科协调发展，以本科教育为主体，具有博士后科研流动站、博士学位授予权和硕士生推免权的多科性大学。目前有全日制在校学生37000余人，其中博士、硕士研究生近5000人。有专任教师1920人，其中教授314人，副教授650人，具有博士学位的教师743人。学校本科招生第一批次覆盖全国，毕业生就业率连续多年保持在95%以上。建校以来，学校坚持立足行业、依靠行业、服务行业，并着力引领行业发展，为交通、电力、水利等国家基础性行业和区域经济社会培养了近40万名高级专门人才。凭着坚定的大学精神和大学信念，建成了水平较高、特色鲜明的本科教育教学体系。现有64个本科专业，其中国家级特色专业9个。拥有"十二五"省级重点学科11个，工程学进入ESI全球排名前1%；主持完成的项目获得国家科学技术进步奖一等奖、二等奖。近五年，学校主持承担国家级项目363项，实现了国家重点基础研究发展计划（"973计划"）项目历史性突破，并获国家科技支撑计划课题、国家863计划课题、国家社会科学基金重大项目、国家杰出青年基金项目、国家自科优秀青年科学基金项目等高端项目资助。

三、践行长沙理工大学校训

长沙理工大学校训凝聚的守正力行的办学文化，蕴藏着无数动人的故事，汇聚成长理工人"执着坚韧、追求卓越"的文化品质和"脚踏实地、乐于奉献"的"铺路石精神"，贯穿于学校育人的全过程和各个方面。从全国"向上向善好青年""切糕王子"阿迪力，到在火热军旅中锤炼精彩人生的大学生士兵李新普，再到中国青年志愿服务项目大赛金奖"文化摆渡者"、与命运抗争的"阳光男孩"邹勇松（全国优秀大学生）；从全国优秀学生社团"大禹之子"的社会责任担当，到数百名长理学子在港珠澳大桥彰显"铺路石精神""工匠精神""拓荒精神"；从中国第一辆"3D"打印的大学生方程式赛车，到全国"互联网＋"创新创业大赛、全国"挑战杯"、全国大学生结构设计模型大赛的斩金夺冠（打破传统"985""211"高校夺冠惯例），全国大学生力学竞赛"理论设计与操作"团体赛中再获一等奖（排名全国第二）；从国家级教学名师李宇峙、张建仁、袁剑波，到国家杰出青年肖伏良、长江学者曾祥君，再到攻克公路膨胀土世界难题的中国工程院院士郑健龙；从"南路桥，北财会""电力行业会计的黄埔军校"的行业褒奖，到全国毕业生就业典型经验高校、全国高校创新创业五十强；从两次入选国家中西部高校基础能力建设工程，到海外两所孔子学院的合作共建；无数的长理学子用行动默默践行长沙理工大学校训，为建设特色鲜明的高水平大学，实现跻身一流大学的长理梦奉献力量，不忘初心，扎实推进长理的发展。

乘风破浪会有时，直挂云帆济沧海。长沙理工大学将继续秉承校训精神，立足新时代，传承和发扬优良办学传统，坚持改革创新，强化内涵发展，全面提升办学质量和育人水平，积极推进"双一流"建设，办优质本科、建一流学科，建设特色鲜明的高水平大学。立足湖南，面向全国，为区域经济建设和社会发展以及交通、电力、水利等行业培养又红又专、德才兼备、全面发展的应用型高级专门人才和行业精英以做出新的更大贡献。

湖南中医药大学校训、校徽、校歌释义

湖南中医药大学　档案馆

一、校训

1986 年，在中共湖南中医学院第三次党员代表大会上，确定"文明、求实、继承、创新"为学校校训。2009 年 5 月 20 日，在湖南中医药大学第一次教代会暨工代会上，到会代表 111 人全票通过了《湖南中医药大学章程》，规定学校校训为"文明求实，继承创新"。

文明、求实是学校的灵魂。五十年来，我们继承中医药学的人文精神和科学精神，形成了严谨、求实、勤奋、进取的精神风尚。这一精神风尚是湖南中医药大学发展的不竭动力，更是学校在新的平台上盎然前行的有力保障。

继承、创新是前进的动力。我校是一所以中医、中药为主，医、理、文、管、工共同发展的高等院校，坚持"质量办学、特色办学、开放办学"的理念，遵循现代高等教育发展规律和人才培养规律，充分发挥中医药特色优势，深化综合改革，强化内涵建设，努力建设"行业一流、国际知名"的中医药特色鲜明的教学研究型大学。面向未来，我校必须牢固确立继承是坚实的基础、创新乃不竭动力的理念，善于继承国医精华，汲取创新力量，注重内涵建设，走特色发展的道路，不断提升学校综合办学实力和核心竞争力，努力实现学校的跨越式发展。

二、校徽

2012—2013 年，湖南中医药大学进行了视觉形象识别系统建设，针对校徽创作了 50 余个方案，经过多次研究讨论，并组织广大师生员工进行在线投票评选，最终于 2013 年 5 月确定了现用校徽（如图所示）。湖南中医药大学校徽以紫檀色作为核心色，传承中医中药基因；校徽主体由书本、银针、校门、太极"中"字四大部件组成。校门经过艺术处理与书籍上下衔接，既凸出了学校的物理特征，又把教书育人的中医行业和学校属性无缝串联；书本中间为一"中"字，由银针和书法阴阳组成，象征中医药大学的专业特征和文化底蕴；毛体作为中文校名的标准字体，艺术再现学校的湖湘文化特色，彰显学校在湖南中医药领域的专业特点；与英文搭配成环形分布，是学校中西结合、面向世界的象征表达；外环圆形融入全球化概念，120 个齿轮代表着学校的悠久历史和传承。

湖南中醫藥大學

HUNAN UNIVERSITY OF CHINESE MEDICINE

三、校歌

2010 年 10 月，为庆祝湖南中医药大学本科办学 50 周年，学校面向社会广泛征集校歌作品，最终确定校歌为刘显兴作词、张云华作曲的《放飞梦想》。校歌歌词结合了学校的地理位置、办学特色、校训精神，得到了专家、领导和广大师生的高度认可，反映了学校的根本价值追求，体现了学校深厚的文化底蕴、悠久的历史文化、奋发向上的精神气质，激励着广大学子放飞梦想、奋发图强、精德修业、弘扬国粹，推动中华医学走向世界、走向未来、再创辉煌。

放飞梦想
——湖南中医药大学校歌

刘显兴 词
集体 改编
张云华 曲

湖南工学院校训释义

湖南工学院   刘金春

湖南工学院坐落于湖南省第二大城市、王船山故里——衡阳市，是 2007
年经教育部批准，由湖南建材高等专科学校和湖南大学衡阳分校合并升格的公
办普通本科院校。学校以"勤学、务实、圆融、卓越"为校训，培养基础实、技术
精、能力强、具有创新精神和社会责任感的高素质应用型专门人才的本科院校。

一、勤学

"勤学"是指勤奋学习，精益求精，学无止境。勤学，从学生的角度看，是
学生顺利完成学业，做一名合格大学生的最基本要求；从教师的角度看，是成
为一名优秀教师最基本、最重要的素质。当代社会是一个学习型社会，终身学
习是不断发展变化的客观世界对人们提出的必然要求。在科技日新月异，新情
况、新问题层出不穷，知识更新速度非常快的今天，勤学能克服我们工作、学
习和生活中的困难，充实我们的精神生活，提高我们的生活品质，能使我们得
到更大的发展空间。

二、务实

"务实"是指脚踏实地，小事做起，务求实效。务实是工科大学最本质的精

神和特征，是从事任何工作、实现任何目标的必由之路。务实就是要重实际、说实话、做实事、求实效。要筑成人生与事业的高楼，须砌好一砖一瓦；要汇聚知识和智慧的海洋，须汲取一点一滴。无论身处什么岗位、从事哪种工作，都要脚踏实地，从小事做起，务求实效，在坚持不懈地实干苦干中实现自己的人生价值。

三、圆融

"圆融"是指沟通协作，包容他人，善于交流。圆融是培养协作精神，完成组织和管理工作的必备智慧和素质保证。培养学生正确的交流态度和良好的交流能力是大学教育的又一基本任务。大学学习，需要教师和学生的交流、学生相互的交流以及学生与社会的交流。正确的交流态度是平等、虚心、包容他人。交流的基础是诚信，只有以诚待人，以诚做事，交流才能持久、高效。交流的目的是为了与他人沟通，有了沟通才能有更好的协作。交流—沟通—协作，是当今信息化、多元化社会的立足之基、处世之本。

四、卓越

"卓越"是指自强不息，勇于拼搏，追求一流。追求卓越是一种精神，是不断超越自我的恒久动力。卓越源自勇攀高峰的坚韧意志，具有相对性、动态性和无限性。任何阶层、任何个人，只要他顽强拼搏，在其所处层次做到最好，即实现了一流，达到了卓越。而此时下一阶段、另一层次更高的目标又将激励我们继续奋斗。只有不断追求实现更高的目标，永不满足，永远创新，才是真正具有卓越精神，才会享受到创造历史的无限喜悦。

勤学、务实、圆融、卓越，体现了在勤学中夯实知识根基，在务实中创造人生价值，在圆融中提升个人素质，在卓越中找准奋斗目标；彰显了学院办学理念的四个方面，它们不是孤立、分割的，而是作为一个整体构成了学校治学理念的完整系统。其中，务实是这个系统的核心和精髓，勤学是确保正确、科学务实的前提与条件，圆融为务实获得好的实效提供支持和保证，而卓越则为务实指明了不断前进的方向。

湖南人文科技学院校训、校徽中的文化元素
湖南人文科技学院　谭伟贞

娄底地处湖南腹地，是湖湘文化的主要发源地之一，梅山文化的核心区。这里人们尚武重义，耕读济世，英才辈出。前有"社稷之器"后蜀丞相蒋琬、清代中

兴重臣曾国藩、民主革命斗士陈天华，继有中共革命家蔡和森、蔡畅、成仿吾，国际共产主义战士罗盛教，当代又有商界奇人慈善家彭立珊，著名企业家梁稳根和以曾益新、邓起东、张信威、谢和平、曾苏民、廖湘科等为代表的院士群。

娄底教育史可圈可点。血性教育罗辀重，捐资办学李振翮，女子教育葛健豪，民族独立解放教育家成仿吾：光辉思想、举动激励后昆世人。1938 年，国立师范学院创办，著名教育家廖世承，以及钱基博、钱钟书、皮名举、孟宪承、高觉敷、储安平、张舜徽等著名学者荟萃于此，为一时之盛。1978 年秋，迎着改革开放的东风，涟源师范大专班在这里诞生，志在续写辉煌，服务桑梓，振兴中华。

学校遵循文化发展规律与学生自身发展需要，以实施科学文化素质教育为基础；以人文修养培育为底蕴；以立德树人为向导；大力开展建设有学院特色的和谐校园文化，满足学生日益增长的精神文化需要。

一、校训：谋近以致远，养根而俟实

谋近以致远：力戒浮躁，凭实实在在的努力，以实现近期目标为条件去实现远期目标，以按部就班实现人生各阶段目标为条件去逐渐实现人生终极目标。遭遇人生路上的坎坷、低谷、逆风时，要正视现实，眼光始终向着光明的前方，谋划、把握好力渡难关、智渡难关这样的生活策略。

养根而俟实：培养果树的根，来期待收获果实；有了肥硕之根，才会有硕美之果。比喻人才须永不停歇地培养自己的综合高素质，方可成就事业上的高端成果。训语以高端人才的成功之道告诫师生，体现了大学里"绿色教育（人文教育、科学教育相兼）"的教育理念和价值观。

二、校风：人才至上，仁爱满园

人才至上：全校师生爱惜人才，敬重人才；唯才是举，善待人才；崇拜人才，效法人才，争做高端人才。这样的观念、态度与举动蔚成风气。"人才至上"风气的形成，是"以人为本"的科学思想在校园里教育传播深入人心所产生的结果，反映了全校师生在人才方面的认识水平达到了相当的高度。

仁爱满园：全校师生都有同情、爱护、帮助他人之心，而且事事、时时、处处用真诚的行动体现这种爱的情怀。这样的思想意识与行动蔚成风气。"仁爱"是中华传统美德的核心要义之一，是人的道德素养的根基。教育是仁爱的事业，仁爱之德理应在大学师生的身上得到最为突出完美的体现。

三、校徽

学校校徽为双圆形，内环底色为深蓝色，中间是由波浪与两颗星星组成的

柠檬黄色图案；外环底色为浅蓝色，上方是"湖南人文科技学院"的中文名称，下方是"湖南人文科技学院"的英文名称。中间的主体图形暗示了学校的地理位置，两颗闪耀的星星表示学校是娄底涟水河畔的一颗闪耀的明星，也表达了学校追求光明和真理，热忱于"人文"与"科技"的办学风格和办学理念。校徽寓意"人文"与"科技"并举，立足娄底，辐射三湘四水，面向世界，坚持开放办学，以开阔的视野，日渐日新，共创学校美好未来。

长沙民政职业技术学院校训、校徽、校歌中的文化元素

长沙民政职业技术学院

　　长沙民政职业技术学院的校训、校徽、校歌的主旨是"爱众亲仁，博学笃行"。"爱众亲仁"语出《论语·学而》，是中国传统道德的一个基本内容。子曰："弟子入则孝，出则弟，谨而信，泛爱众，而亲仁。行有余力，则以为文。"谨者，行之有常也。信者，言之有实也。泛，广也。众，谓众人。亲，近也。仁，谓仁者。余力，犹言暇日。以，用也。文，谓诗书六艺之文。孔子用这句话来告诫弟子："一个有道德、有品格、有德行的人，首先必须爱人重人，不爱人者不成其为人，更不能成为仁人。"孔子力倡爱人，樊迟问"仁"，孔子回答"爱人"（《论语·颜渊》）。这就是所谓的"仁者爱人"。"爱众亲人"也就成为立身、为学的最高境界。民政事业是党和政府的一项十分重要的基础性事业，它"在乎民生，关乎民心"。作为一个民政工作者，只有具备"仁者爱人"的博爱精神，去关注百姓心声，关心弱势群体的处境，做到"爱众亲人"，才是真正实践"上为国家分忧，下为百姓解愁"的工作宗旨。这是学院每个教职员工治学工作、教书育人的根本出发点，也是学院的莘莘学子的求学初衷。

　　"博学笃行"是对如何实践"爱众亲仁"的方法论回答。《礼记·中庸》十九章有云："博学之，审问之，慎思之，明辨之，笃行之。"这说的是为学的几个层次，或者是几个递进的阶段。"博学之"意为学首先要广泛的猎取，培养充沛而旺盛的好奇心。"博"还意味着博大和宽容。因此"博学"乃能成为为学的第一阶段，"审问"为第二阶段，"慎思"为第三阶段，"明辨"为第四阶段，"笃行"为学的最后阶段。"笃"有忠贞不渝，踏踏实实，一心一意，坚持不懈之意。只有有明确目标、坚定意志的人，才能真正做到"笃行"。以"博学笃行"为校训，并非只取"博学"和"笃行"四字，而是包括"审问、慎思、明辨"在内的，由"博学"

而"笃行"的内在统一、相联互动的过程。民政工作者以实现"老吾老，以及人之老；幼吾幼，以及人之幼"的"天下大同"为己任，非有过人之本领无以担此重任。以"博学笃行"为做学问之道，方能学有所依、学有所成、学有所用，"爱众亲仁"才不至于流于口号，流于形式。

湖南科技职业学院校歌诞生记

湖南科技职业学院　肖盟

校歌是一所学校历史与传统的折射，是学校重要的文化符号和标识系统，能充分体现学校办学理念和办学特色，展示学校的文化底蕴，彰显学校的校园精神，增强广大师生的凝聚力和爱校兴校的使命感。

2018 年，适逢学校建校 60 周年华诞。60 年风雨沧桑，薪火相传，弦歌不绝，学校坚持"至诚至公、精业乐业"的校训精神和"质量立校、人才强校、开放办校、创新兴校"的办学理念，发展与变迁始终紧贴着时代脉搏。在 60 年的探索和办学历程中，不同的时代都有不同的责任、梦想和时代强音。一首校歌，承载着既往奋斗征程的记忆，蕴含着追求美好未来的愿景。学校前身之一的原湖南省第二轻工业学校，曾经创作过一首校歌，但难以承载湖南科技职业学院今天所担负的责任与追求。

为进一步凝练学校精神，向建校 60 周年校庆献一份厚礼，学校决定向全校师生、校友征集校歌歌词和曲谱。截至 2018 年 9 月初，收到多件应征者的创作作品。这些作品虽不乏创见，但没有哪件作品既能全面深刻准确地反映学校 60 年来的历史与成就，又富含文化内涵激励师生奋进前行。

校庆庆典的钟声即将敲响，时不我待。学校党委决定在已征集作品的基础上进行集体再创作，并由宣传统战部牵头完成校歌创作任务。宣传统战部组织了党政办、就业创业处、规划发展办以及人文与音乐学院等部门相关人员组成了校歌歌词创作团队。9 月 7 日，专门召开了"校歌歌词讨论会"。与会人员对应征作品逐一发表意见并谈了对校歌创作的建议，会议最终统一了创作方向，达成了创作共识。宣传统战部在歌词讨论会的基础上，博采众长，打磨歌词，精心架建结构，广泛征求学校老领导、老同志及现任校领导、广大师生的修改意见，十易其稿，最终确定了歌词初稿并提交学校审核定稿。

好的歌词需要好的曲谱。在谱曲阶段，经多方联系，由湖南省知名作曲家、湖南省音乐家协会尹啸先生为校歌谱曲，湖南教育电视台总导演、全国优秀节目制片人资喻宇负责监制。10 月初，校歌谱曲初稿完成，并录制了小样试听试唱。随后，又在广泛征求学校领导、部分师生意见的基础上修订了曲谱。

在词谱创作期间，党委书记李三福、校长戚人杰、党委副书记唐文等校领导，不但提出了指导性意见而且亲自参与了校歌歌词创作，使得校歌作品至臻完美。在校庆庆典之前，经学校研究审定，校歌正式诞生。

10 月 28 日，在学校建校 60 周年庆典大会暨文艺汇报演出上，学生合唱团第一次把简洁欢快、激扬豪迈的歌声传遍了整个校园。

学校校歌歌词简洁凝练，主题鲜明，朴实自然，分为两段，具有三大显著特点：一是交代了学校的地理位置、办学历史和办学特色；二是把学校校训、办学目标都巧妙地融入其中；三是很好地体现了学校的内在精神与时代特色。整首歌词自始至终都体现了科技职院人立足轻工、追求卓越、肩负使命的奋斗精神，全方位、多角度地阐释了学校的办学理念，为学校校史、校园精神凝练、校园文化建设添上了浓墨重彩的一笔。

湖南科技职业学院校歌

湖南科技职业学院集体　词
尹　啸　曲
黄喻字监制

1= C 4/4

（乐谱）

湘江之畔，星城之南，科院师生，成就轻工荣光。至诚至公，精业乐业，追求卓越，肩负复兴担当，肩负复兴担当。啦啦啦啦啦啦建功新时代，奋斗谱华章，产教融合创一流。工学结合育工匠，德技双馨铸栋梁！建功新时代，奋斗谱华章，产教融合创一流。工学结合育工匠，德技双馨铸栋梁　铸栋梁！梁！啊 德技双馨铸栋梁　铸栋梁！

湖南工程职业技术学院校徽和校训

湖南工程职业技术学院

一、校徽

湖南工程职业技术学院校徽为正圆形。以"工程"汉语拼音首字母"GC"组成主图案，以蓝、红两色组成。蓝色为我院基本色，寓意我院是培养高级蓝领的摇篮，同时蓝色有如天空且色调庄重，象征着我院广阔的发展前景和厚重的文化底蕴；红色象征光明、希望、活力，寓意我院办学特色鲜明、办学成绩显著、桃李满天下。主图案象征我院校名中的"工程"二字，寓意我院是以工为主、工管经文协调发展的办学方向。主图案外环上部为汉字"湖南工程职业技术学院"，下部为我院校名英译"Hunan Vocational College of Engineering"（如图所示）：

二、校训：德技共举　知行合一

"德"就是"道德、品德"，"技"就是"技能"，"知"就是"理论"；"行"就是"实践"。"德技共举"即要求品德与技能的一体；"知行合一"是明朝思想家王阳明提出来的，在现代语境中，即要求理论联系实际，以马克思主义的观点，用理论指导实践，并用实践来检验理论。"德技共举、知行合一"反映了我院作为高等职业院校，崇尚、培养的是品德与技能、理论与实践相统一的人才。

郑州大学档案馆的校训校徽

郑州大学　张晓培

一、郑州大学校训：求是、担当

"求是"，首先是实事求是，包括探究规律与真谛的过程，求真务实、格物致知的方法，"博学、审问、慎思、明辨、笃行"的研学之道。进一步就是科学素养与精神养成。"求是"既是探究自然、社会和人本身运动的奥秘和规律，更追求真理的科学态度和科学精神。

"担当"，首先是责任担当，从宏观上讲，是对国家、对民族、对人类进步的使命；从微观上讲，是对人生、对家庭、对事业的责任。进一步就是家国情怀。"先天下之忧而忧，后天下之乐而乐""苟利国家生死以，岂因祸福避趋之"，努力履职与尽责，更兼备一份家国与情怀。"担当"既是立人之本，更是成事之基。

秉持求是，必然担当；勇敢担当，缘于求是。二者成就于郑大人的历史练就，也在学理上浑然一体，相得益彰！二者既有逻辑上的因果关系，也有人性上的合理发展。这些都是郑大人成长以及郑州大学发展的自然呈现。

秉持求是，勇敢担当，教育学子努力做到理必求真，事必求是，尊重规律，不断创新，养成独立的科学思维和批判精神，不断提升实践和创新能力。

秉持求是，勇敢担当，教育学子坚守科学精神，学会实事求是，要增强责任意识，敢于面对困难与挑战，不怕奉献与牺牲，努力成长为一个学问精深、精神富有、品德高尚的人。

秉持求是，勇敢担当，教育学子自觉践行社会主义核心价值观，与时代同呼吸，与国家共命运，增强社会责任感，将自身成长成才与国家发展、社会进步、民族复兴紧密相连。

二、郑州大学校徽解读

郑州大学校徽标志由"Z""大""人"和山峰等元素共同构成，英文第一个字母"A"，代表着顶天立地的巨人形象，蕴涵人杰地灵、人才辈出之意，象征郑州大学培养出的栋梁之材，山峰象征学子勇攀高峰的进取精神，第一个字母"A"代表永争第一。校徽中的"郑州大学"四

个字由郭沫若题写。

河南财经政法大学精神文化

河南财经政法大学　徐朝钦

河南财经政法大学位于河南省郑州市，地处中华腹地，九州通衢，北邻黄河，西依嵩山，是省属公办全日制普通高等学校，河南省重点支持建设的骨干特色高校之一，河南省博士学位授予重点立项建设单位。

学校起源于1948年，在郑州和宝丰分别创建了郑州市立初级师范学校和豫西行政干部学校，后来分别发展为河南财经学院和河南省政法管理干部学院，2010年3月，两校合并组建河南财经政法大学。

在长达70年的办学历程中，学校逐步形成了独特的精神文化。

一、办学理念

以人为本、立德树人、经世济民、崇法致公。

以人为本：出自管仲《管子·霸言》，"夫霸王之所始也，以人为本，本理则国固，本乱则国危"。以人为本是科学发展观的核心，具有丰富的时代意义。我校始终坚持办学以教师为本，教育以学生为本。在办学过程中，充分尊重师生、理解师生、关心师生，始终把促进教师发展和促进学生成长作为学校一切工作的出发点和落脚点，为每一位师生提供良好的发展和成长平台。

立德树人："立德"出自《左传·襄公二十四年》，"大上有立德，其次有立功，其次有立言，虽久不废，此之谓不朽"，意为树立高尚道德。"树人"出自《管子·权修》，"十年之计，莫如树木；终身之计，莫如树人"，意为培育、培养人才。立德树人是大学的立身之本，是对人才培养的根本要求，重点是以德为先、能力为重。学校在办学过程中要始终奉行正确的育人观，培育出具有崇高思想品德的高素质人才。

经世济民：出自《抱朴子·审举》，"故披《洪范》而知箕子有经世之器，览九术而见范生怀治国之略"。《晋书·殷浩传》，"足下沈识淹长，思综通练，起而明之，足以经济"，意为经邦济世，强国富民。这是经济学厚生惠民的思想体现。将个人的成才抱负融入为最广大人民造福之中，体现了学校人才培养的理念和要求，更体现出了学校办学的价值取向和社会责任。

崇法致公："崇法"即以法为高，尊重、崇尚公平正直的法律。"致公"即以公为标，胸怀天下，以服务社会为己任，追求社会公平正义，所谓"大道之行，天下为公"。"崇法"和"致公"是追求和目标的统一，是信仰和价值的统一。

"崇法致公"和"经世济民"一样，体现了我校的人才培养观念和社会责任意识，也体现了我校师生的家国情怀。

"以人为本，立德树人"是当代大学的共同办学理念，"经世济民，崇法致公"是财经政法大学的特色办学理念，共同构成了我校办学理念的核心内容。其中，"以人为本"是办学之基；"立德树人"是立校之本；"经世济民"是目标抱负；"崇法致公"是价值取向。四者辩证统一，相得益彰。

二、办学精神

宽宏坚毅、自强不息、兼收并蓄、追求卓越。

宽宏坚毅："宽宏"为胸怀宽阔，气量弘深；"坚毅"为坚强笃定，持久刚毅。意为胸怀宽广，目标远大，志坚不拔，持之以恒。"宽宏坚毅"体现了我校广大师生愈挫愈奋、持之以恒的坚强意志，善打硬仗、敢于胜利的英雄气概。

自强不息：出自《周易·像传·乾》，"天行健，君子以自强不息"。意为自觉努力向上，永不松懈。"自强不息"展示了我校广大师生自立自强、乐观向上的积极态度，不断进取的信心和勇气。

兼收并蓄：出自韩愈《进学解》，"玉札、丹砂、赤箭、青芝，……俱收并蓄，待用无遗者，医师之良也"。意为保存不同内容、不同性质的东西。择其善者而师之，择其优者而师之，择其强者而学之，择其大者而从之。"兼收并蓄"蕴含了我校开放包容、博采众长的胸襟。

追求卓越："卓越"出自《晋书·华谭传》，"以八紘之广，兆庶之众，岂当无卓越俊逸之才乎！"意为超绝出众、优秀突出。"追求卓越"诠释了我校永不止息、创新超越的奋斗精神，同时也昭示着我校发展的美好前景。

"宽宏坚毅，兼收并蓄，自强不息，追求卓越"共同构成了我校办学精神的基本内容。在新时代中国特色社会主义的新征程上，学校将更加弘扬一代又一代河南财经政法人团结奋斗凝结的办学精神，为建成国内有地位、国际有影响的特色鲜明的高水平大学而努力奋斗！

三、校训

博洽通达、弘毅致远。

博洽：学识广博。《后汉书·杜林传》："京师士大夫，咸推其博洽。"李贤注："博，广也。洽，徧也。言其所闻见广大也。"

通达：通晓豁达。《礼记·学记》："九年知类通达，强立而不反，谓之大成。"也谓通情达理。汉朝刘向《列女传·鲁季敬姜》："文伯之母，号曰敬姜，通达知礼，德行光明。"

弘毅：宽宏坚毅。取自《论语·泰伯》："士不可以不弘毅，任重而道远，仁以为己任，不亦重乎？"朱熹注解："弘，宽广也，毅，强忍也，非弘不能胜其重，非毅无以至其远。"

致远：追求卓越。诸葛亮《戒子篇》："夫君子之行：静以修身，俭以养德。非淡泊无以明志，非宁静无以致远。"

"博洽通达、弘毅致远"是一个有机、有序的整体，四者紧密相联，不可分离或缺位。"博洽"是为学基础，"通达"是为人情怀，"弘毅"是精神品质，"致远"是成功境界。

四、校风

团结、勤奋、求实、创新。

团结：团结出力量，团结出干劲，团结形成凝聚力。唯有全校上下团结一致，同心同德，齐心协力，风雨同舟，做到合心、合力、合拍，方能和衷共济，和谐共进，敢于拼搏，勇创一流。

勤奋：勤奋是人的意志力量，是奋发向上的人生精神。只有勤奋者才能积跬步以至千里，积小流以成江河。"书山有路勤为径，学海无涯苦作舟"，勤能补拙，天道酬勤，唯有勤勉，方能成功。

求实：求实就是一切从实际出发，实事求是。不惟书，不唯上，但唯实，更唯真，求真务实、求索真知。既仰望星空，又脚踏实地，踏实做人，扎实做事，躬身笃行，格物致知。

创新：创新是时代精义，是推动学校发展的不竭动力。要不断探索新机制，贯彻新理念，追求新境界，开创新局面。鼓励教师以创新精神和创造性思维来培养学生创新意识和创新能力。

五、教风

博识严谨、立范树人。

博识：博学广识。《子华子·晏子》："昔先大夫随武子之在位也，明睿以博识，晋国之隽老也。"元朝辛文房《唐才子传·鲍溶》："盖其气力宏赡，博识清度，雅正高古，众才无不备具云。"宋朝岳珂《愧郯录·先庙后郊》："折衷古今，以俟博识。"

严谨：即严肃谨慎，是治学的态度。严谨治学，就是要求教师本着严肃认真的态度，沉下心来做学问，努力钻研业务，不断学习新知识，探索教育教学规律，改进教学方法，提高教育科研水平，成为工作一丝不苟、求真、求实、求精、求善的研究型教师。

立范：立德树人，以师为范。学高为师，身正为范。教师传道，自己首先要明道、信道。教师要以德立身、以德立学、以德施教，担起学生健康成长指导者和引路人的责任，既要有扎实的专业知识和较高的文化水准，更应有良好的道德素质和人格魅力，以此来为学生树立典范。

树人：出自《管子·权修》，"一年之计，莫如树谷；十年之计，莫如树木，终身之计，莫如树人"。教师职业重在育人，只有围绕学生、关照学生、服务学生，在解疑释惑、凝聚共识中不断给学生以思想启迪和文化滋养，才能培育德才兼备、全面发展的人才。

六、学风

勤学善思、修德尚进。

勤学：即刻苦勤奋，努力学习。《东观汉记·桓荣传》："桓荣勤学，讲论不息。"汉朝刘向《列女传·邹孟轲母》："孟子惧，旦夕勤学不息。"正如唐朝颜真卿《劝学诗》云："三更灯火五更鸡，正是男儿读书时。黑发不知勤学早，白首方悔读书迟。"

善思：孔子曰："学而不思则罔，思而不学则殆。""学然后能行，思然后有得"。即在学习时要敢于质疑，善于思考，勇于提出问题，积极探索并解决问题。要"俯而读，仰而思"。只有把学习和思考结合起来，才能学到有用的真知。

修德：出自《大学》开篇："大学之道，在明明德，在亲民，在止于至善。"修德是品行索求，是指要提升自身的修养、素养，旨在成为一个品德高尚的人。"才为德之资，德为才之帅。"大学是精神与文化的家园、社会文明的先导，学子的品行应带给社会与家庭一片春风细雨。

尚进：即崇尚进取精神。"尚进"标志着一种敢于迎接挑战的开放状态和坦荡胸怀，孕育着饱满的创新精神和如虹的开拓姿态。只有不断进取，不断超越自我，才能自我更新、自我塑造，从平凡走向优秀，从优秀走向卓越。

七、校歌

河南财经政法大学校歌由校集体作词、河南省音乐家协会主席周虹作曲。词曲充满朝气，激昂豪迈，催人奋进。

河南财经政法大学校歌

我们是优秀的中华儿女，相聚在美丽的黄河之滨。
博洽通达，弘毅致远。桃李芬芳，一脉相承。
让智慧之花竞相绽放，弘扬创新华夏文明。
像黄河之水汹涌澎湃，我们做时代先锋。

我们是优秀的中华儿女，相聚在美丽的黄河之滨。
经世济民，崇法致公。意气风发，一肩相承。
让创新潜能充分涌流，丹心谱写精彩人生。
为中华民族伟大复兴，我们做时代先锋。

八、校徽

河南财经政法大学校徽主图案为篆书"经""法"合一的巧妙组合体，下方是建校时间"1948"，周围环以中英文校名。

"经""法"二字凸显了学校学科特色；"经""法"合一寓意经济与法律相生相融。

"经"和"法"也可以分别代表"经典"和"方法"，暗含大学"攻读经典，求取方法"之义。

整体为中国古铜钱外圆内方图式，铜钱代表经济，方圆代表法律；外圆象征市场经济，内方象征法治精神，同时寓"智圆行方"之意。

篆书体代表深厚的中原文化，刚劲的笔法象征端正的学风。

全图采用中国印信的形式和红色，寓意诚信为本，事业红火。

河南师范大学校训、校歌、校徽中的文化元素

河南师范大学　王朝红

河南师范大学的前身是创建于 1923 年的中州大学（国立河南大学前身）理科，于 1953 年与平原师范学院合并，历经近百年的蕴积涵育，已经发展成为一所涵盖十一大学科门类的省部共建高校（河南省第三所与教育部共建高校）。"厚德博学、止于至善"的校训早已成为一代代师大人砥砺前行、拼搏进取的精神动力，也是当今师大师生心目中最具感染力的精神符号。其中"厚德"语出《易传》"地势坤，君子以厚德载物"，以大地因宽厚，得以承载万物来喻义有学问的人应以大地为楷模，培养容人容物的雅量，以宽厚而高尚的德行承担重大责任。在师大校训

厚德博学
止于至善

河南师范大学校训

中，"厚德"则意为河南师范大学的每一位师生，都要自我加强道德修养，锤炼良好的品格和健全的人格，以宽厚而高尚的德行承担大责任。《论语·子张》中有"博学而笃志，切问而近思，仁者在其中矣"，《礼记·中庸》曰："博学之，审问之，慎思之，明辨之，笃行之"。我校校训"博学"取其精义，既有学问博大精深之意，又有广泛学习，胸怀宽阔之说。"止于至善"语出《礼记·大学》："大学之道，在明明德，在亲民，在止于至善。"据朱熹注，"大学之道"便在于帮助学生彰明修养之德，日新又新，不断进步，在做人和学业上追求最完美的境界。校训引领，大道通衢，河南师大以为国家培养教育人才为己任，近百年弦歌不辍，铸就了自身的文化性格：为了理想和信念坚持不懈地奋斗，在做人和学问上追求最完美的境界，唯有如此，方能肩负起国家强盛、民族振兴的历史重任。

如今，"厚德博学、止于至善"不仅是学生成长的指路航标，更是广大教职员工秉持的人生信条和自觉追求。她的精神因子早已植入师大师生的内心深处，教室里春风化雨、花园里书声琅琅、实验室里一丝不苟、运动场上龙腾虎跃、音乐厅里琴声悠扬……都是师大学子对"厚德博学、止于至善"校训的最好诠释。

2003 年，恰逢师大八十华诞，为了适应时代潮流和展示师大形象，学校发出了向校内外征集校歌的决定。经过严格评选，音乐舞蹈学院段续教授的作品以压倒性优势摘得桂冠，《河南师范大学校歌》诞生。师大校歌采用进行曲曲风，曲调铿锵有力，振奋昂扬而不乏深情，展现了师大青年学子朝气蓬勃、奋发向上的精神面貌；间或低沉婉转，缓缓倾诉对母校的无限期盼与眷恋，家国

壮志与赤子柔情水乳交融，相得益彰。据段续教授介绍，校歌的创作灵感主要来自《世界各国国歌概览》和国内外一些高校的校歌，富有节奏步伐，短小易传，符合师大多年办学传统，简洁、有力、实效。校歌的歌词部分由段续教授和他的好友李严共同完成，简单明了，内涵丰富，其中"青春的火炬、民族的希望、学高为师、德高为范、厚德博学、止于至善、巍巍学府、人才集翔"以大量堆叠的文化意象、文化符号勾勒了师大的辉煌过去，展现着师大的未来生机，理想、追求、信仰、行动、情感等如同四处盛开的花朵逐日追光，汇集在《河南师范大学校歌》之中，唱响了百年传承的师大精神。师大校歌，没有华丽潮流辞藻，平实坚定，历久传承，就如段续教授创作校歌的初衷，校歌是高校精神的浓缩，她传递着文化，展现着面貌，是师大精神生生不息的一张亮丽名片。

河南师范大学校歌

河南师范大学校徽在原平原师范学院校徽的基础上于 2010 年定版完成，从此，在师大的每一个角落，校徽再无缺席。河南师范大学校徽采用写实笔法，摒弃抽象符号，以实线条勾画具体事物，并采用对称结构，整体庄严古朴，艺术气息与文化气息相融，十分符合师大历史悠久、学风纯正的气质，象征着师大师生严谨刻苦的求学态度。校徽的外表端庄大气，朴素沉稳，正上方有太阳和书本图案，寓意无论经过多少流光岁月，教育、知识、书本，依旧像太阳一样光芒万丈，永远是师大的精魂；两边半环抱式的橄榄枝状图案，象征着丰硕的收获，又象征着师大一代代茁壮成长的学子；在这众星拱月的包围下，最耀眼的位置是学校的名字——河南师范大学，这是校徽最为中心的字眼；目光稍移，有一个五角星，象征着师大师生的赤诚热血心、一腔爱国情，与民族情结相互辉映；最下方是学校的建校时间，周围有精美纹路装饰。自河南师范大学校徽确定后，关于校徽的样式、定义便被固定历史化，《河南师范大学章程》明确规定："徽标正上方太阳照耀书本，中间的锦旗图案上锈有河南师范大学校名，两侧橄榄枝环绕，下方的缎带上的'1923'字样代表学校建校时间"。

师大校徽是一枚徽章，一个符号，也是一种文化，一种记忆，一种怀念，她不是冰冷的石刻，她以生动多样的面貌活跃在书本信件上，交流名片上，路边的指示牌上……河南师范大学校徽，师大学子都认得她的模样，她便是学子们心中的勋章。

洛阳理工学院校训、校徽解读

洛阳理工学院 王进平

洛阳理工学院是河南省属全日制普通本科院校，坐落于首批国家历史文化名城、被誉为"千年帝都，牡丹花城"的十三朝古都——洛阳。

学校占地面积2229亩，有王城、开元、九都三个校区，总校舍建筑面积93.35万平方米，校园环境优美，是河南省园林单位。学校教学科研仪器设备总值2.7亿元，图书馆馆藏纸质图书206万册，电子图书178万册，中外文期刊1084种，全文数据库32个。校内建有李準先生纪念馆、李进学艺术馆等主题展馆。是全国精神文明建设先进单位、全国模范职工之家、省级文明单位。学校连续7年荣获河南省"学校行风建设先进单位"荣誉称号。

现有全日制在校本专科学生2.96万人，以工学为主，理学、管理学、文学、经济学、法学、教育学、艺术学等多学科协调发展。现有教职工1747人，其中正高级职称103人，副高级职称431人，博士学位教师221人，硕士学位教师805人，"双师型"教师715人。享受国务院特殊津贴专家1人、河南省特殊津贴专家 2 人,河南省优秀专家 2 人,河南省跨世纪学术技术带头 1 人,河南省学术技术带头人 5 人。有硕博研究生导师近 40 人。聘有包括两院院士、中原学者、博士生导师在内的 200 余名兼职教授和客座教授,还聘有企业优秀专业技术人才、管理人才 348 人。

学校坚持创新与服务相结合,科学研究与智库建设快速发展。建有河南省博士后研发基地,"河南省装配式建筑结构工程技术研究中心""河南省隧道与地下工程院士工作站"等 14 个省级科研平台,与郑州大学、洛阳市人民政府在校内共建郑州大学洛阳研究院,与洛阳市、苏州中材建设有限公司、固高科技(深圳)有限公司等 70 余家地方政府、产业集聚区、企业单位开展政产学研合作。河南省社会科学洛阳分院、河南省发展研究中心豫西分中心、郑州大学出版社洛阳分社等机构落户学校。近五年来,学校承担省级以上科研项目 400 余项,获得省部级以上科研成果奖 26 项,获得国家专利授权 948 项。

学校坚持特色兴校、创新发展,服务国家建材行业发展战略,传承建材基因,积极响应"一带一路"倡议,先后当选中国—东盟建材合作委员会副主席单位、中国建材国际产能合作企业联盟副主席单位、中国应用技术大学(学校)联盟新材料专业协作会的理事长单位。2018 年,学校被评为全国"建材'走出去'发展先进单位。校内设有中国建材联合会、中国机冶建材工会培训基地、中国建材国际产能合作企业联盟培训专业委员会。学校是首批"教育部—中兴通讯ICT 产教融合创新基地",首批教育部数据中国"百校工程"项目院校,惠普—洛阳国际软件人才及产业基地项目合作高校。

近三年来,学校在"挑战杯"全国大学生课外学术科技作品竞赛、"创青春"全国大学生创业大赛、中国"互联网＋"大学生创新创业大赛、全国大学生电子设计竞赛、全国大学生数学建模竞赛等各类竞赛中获得省级以上奖励 1304 项,其中国家级奖励 158 项。连续三届获得"挑战杯"竞赛国家级"优秀组织奖",连续四届捧得河南省"优胜杯"。毕业生综合素质深受用人单位好评,连续三年就业率保持在 95% 以上。

学校坚持开门办学,与国内外高水平应用型大学开展深度合作。深入实施豫沪教育合作项目,与上海应用技术大学开展全面战略合作;与芬兰坦佩雷应用科技大学共建"中芬应用技术大学示范校"。与英国、德国、日本、意大利等多个国家 10 余所高校开展教学、科研合作、合作办学等项目。

一、校训的内容

致知、致善、致能、致新。

我校的校训以"致"为主线,以"知""善""能""新"为着力点,形成了体现学校办学理念、办学定位、办学思路、发展方针、发展目标、办学特色、文化品质的"四致"精神。所谓"致"，就是求得、获得，引申为追求、进取、永无止境，具有明显的亲自动手、亲身实践的含义，体现出既重践行又重传承的历史底蕴、既重内涵又重质量的文化精神、既重过程又重结果的基本准则、既重发展又重提高的价值理想，意在引导和激励师生遵循教育规律，回归教育本真，明确教育目标，心怀敬畏与诚意，坚持不懈，努力追求。

"致知"，出自《礼记·大学》："致知在格物，物格而后知至"，意为探究原理，获得知识。"致知"的目的在于"知"。"知"是知性，包含了智慧与知识，指通过读书学习达到博学广知、有见识。"致知"强调要把书读好、把事情做好，必须从"致"字下工夫，要困知勉行、持之以恒，努力探求真理，臻于完善，成为知行合一、有远见、有智慧的人。

"致善"，出自《礼记·大学》："大学之道，在明明德，在亲民，在止于至善"，意为学校把立德摆在第一位，坚持德育为先，师德为范，培养德智体美劳全面发展的完善之人。"致善"之"善"，提倡的是一种理想道德的取向，强调要努力提高师生的思想道德修养，力争做一个道德完善的人、追求最高道德境界的人、能惠及社会和泽被未来的有德之人。也可以理解为努力达到最好、第一流、高水平——做学生就要力争成为最好的学生，做教师就要成为最好的教师，做管理就要达到最佳的管理，办大学就要办成特色鲜明的优质大学。

"致能"，出自唐朝韩愈《杂说》："有千里之能"，意为通过学习和实践，具备胜重任而远到的能力素质。"致能"之"能"，既可以理解为"才干""本事"，又可以理解为"胜任""善于"，还可以理解为学校的事业发展与服务社会的"能力""实力"；体现出以人为本、全面发展、引领发展的教育思想，强调素质教育，强化能力培养，注重知识应用，突出实践探索，提升发展效能。

"致新"，出自《大学》引汤之《盘铭》："苟日新，日日新，又日新"，意为与时俱进、领异标新、追求新高，表现为勇于探索，开拓进取，与我校建设特色鲜明的教学型优质本科院校的现代办学理念一致，同时又与"致能"形成一脉相传的意蕴。"致新"是学校发展的活力所在，是我校出人才、出成果、上台阶的重要保证。只有不断地创新、纳新、维新，才能在日益激烈的竞争中站稳脚跟，与时俱进，不断壮大。

我校"致知、致善、致能、致新"的校训，四词八字循序排列，内涵丰富、言简意赅、寓意深远，体现了现代大学的办学理念和更高目标、更远方向，是全校师生员工的奋斗目标和行为准则。"致知"是求学治学的前提和基础，"致善"突出了立德树人的教育理念，"致能"是求学治学的目标，"致新"是做人治学要达到的完美境界，也是我们洛阳理工学院所达到的最高理想，它将激励和引导全校师生员工同心同德，奋发图强，为把洛阳理工学院建设成为特色鲜明的教学型优质本科院校而不懈追求、开拓前进。

二、校徽简要释义

我校校徽采用甲骨文"鼎"与"人"为主要元素，用九龙鼎、黄河、洛河、伊河和牡丹花来体现"千年帝都、牡丹花城、河洛之根、丝路起点"的洛阳地域特色。校徽中的"1956"，表示学校始建于1956年。"洛阳理工学院"由著名书法家欧阳中石题写。

校徽寓意：

鼎人合一：寓意理工学院茹古涵今、学贯中西，致知致善、厚德载物，肩负立德树人、培育英才的神圣使命，胸怀鼎立中原、放眼天下的远大抱负。

以人为本：寓意理工学院执中务本、内修外融，唯精唯一、砥行砺能，全面提高教育教学质量和人才培养水平，全面提高师生的素质、能力和水平。

三水交汇：寓意理工学院虚怀若谷、海纳百川，顺时应变，自强不息，预示着学校上善若水、和合四方，德惠众生、辉光日新，发展永无止境。

信阳师范学院校徽、校训中的文化元素
信阳师范学院　档案馆

信阳师范学院始建于1975年，1978年经国务院批准为本科建制，1998年经国务院学位委员会批准为硕士学位授权单位，是我国改革开放后河南省创办的第一所本科高校，也是河南省重点建设的两所师范大学之一。学校坐落在中国茶都、红色之城信阳市，校园内绿树成荫、鸟语花香，被赞为"河南省最美的高校""办在花园中的大学"。

校徽、校训是校园文化的重要组成部分，是办学理念、校园精神和学校特色的集中体现，是凝聚人心、汇聚力量，激励师生开拓创新、奋发图强的精神旗帜，它既是大学自我形象的外在展示，也是大学自我身份的内在认同。我们对这些文化元素进行挖掘和梳理，对弘扬学校办学精神和办学特色，有着重要的意义。

一、信阳师范学院校徽

信阳师范学院的校徽确立于2013年，是通过巧妙的构思和设计，将具有象征意义的图像、色彩

和文字组合在一起，构成的具有深刻寓意的图形，其包含的文化韵味表现为以下几个方面：

1.三人行，必有我师

《论语·述而》："三人行，必有我师焉。"标志的主形采取三个奋发向上的大学生，三个人物相互衬托，互为托举，携手共进，拥抱未来，彰显了孔子"三人行必有我师"的观念。

2.身正为师，德高为范

《论语·子路》："其身正，不令而行；其身不正，虽令不从。"标志的主形采用直线为基本造型手段，形成一种积极向上的方正感，而整体造型又是一个上升的箭头，寓意学校的发展态势；而标志外形采用圆形轮廓，这种方圆相融，方形与圆形的结合塑造出天地之间沟通自由的意境，富有广阔的内涵。

3.十年树木，百年树人

《管子·权修》："一年之计，莫如树谷；十年之计，莫如树木；终身之计，莫如树人。"标志的整体是一棵参天大树，枝与枝相簇拥，体现了师范院校的育人特色。

4.图书与信阳的地域特征结合

标志以两本交叉的图书构成了"信阳"的拼音首字母"XY"。一方面，该标高体现了高校教育的文化特色和文理综合协调发展的方向；另一方面，彰显了独特的地域内涵。

5.校园环境

标志的主色调为象征青春、奋进、和谐、智慧的绿色，体现出我校校园绿树成荫、鸟语花香、四季如春、优美和谐的校园环境。

二、信阳师范学院校训

根据学校的发展历史、办学定位、指导思想，学校组织相关人员经过商榷、讨论，于2013年将校训确定为"厚德崇实，善学敏行"，其蕴含的文化内涵体现在以下几个方面：

1. 厚德

厚德，语出《易经》："天行健，君子以自强不息；地势坤，君子以厚德载物。"人无德不立，校无德不兴。德是做人的根本，厚德是成才的前提。作为培养人类灵魂工程师的师范院校，更是把德放在第一位，坚持立德树人、教书育人，点燃学生对真善美的向往，为莘莘学子把好人生的"总开关"，扣好人生的第一颗"扣子"。学校教育引导老师取法乎上、见贤思齐，提高道德修养，提升人格品质，并把正确的道德观传授给学生；教育引导学生坚持社会主义核心价值观，内化于心、外化于行，在为社会服务中升华人生价值。

2. 崇实

崇实，语出《论衡·定贤》："虽文如锦绣，深如河汉，民不觉知是非之分，无益于弥为崇实之化。"崇，有尊重、推崇之意。实与虚相对，真实、实在是最基本的理解，崇实的字面意思为崇尚实际。作为校训的重要组成部分，崇实有着更高远的意蕴。崇实是信阳师院办学理念最为个性化的符号表达，脚踏实地、不尚空谈，踏踏实实做事，实实在在做人是信阳师院人最耀眼的底色。在实践中教书育人、学术科研、服务社会，与社会和时代共进；引导学生从实际出发，以真为本、以实为基，追求真知，练就实学，成为"基础扎实、为人诚实、作风朴实、工作务实"的人才。

3. 善学

善学，语出《礼记·学记》："善学者，师逸而功倍，又从而庸之。"善学不仅强调学的风尚，更注重学的态度、学的方法——博学之，审问之，慎思之，明辨之，笃行之。为学之道，必本于思。思则得之，不思则不得也。学习是思考的基础，思考是学习的继续，信阳师院倡导自主、合作、探究的学习理念，引导学子在学思结合中追求真理，构建完备的知识体系，在实践和创新的舞台上追逐梦想、成就梦想。

4. 敏行

敏行，语出《论语·里仁》："君子欲讷于言而敏于行。"敏行，勉力修身也。"敏"即敏捷，"行"同实践。师院人注重知行合一、以知促行、以行促知；强调行胜于言、行应主动、行应进取、行应创新、行应有效。敏行，就要与时俱进，果敢行动，善抓机遇，服务社会。"敏行"是学校实力提升的力量之源，学子的卓越成就是"敏行"的最好诠释。

以上是我校校徽与校训所蕴含的全部文化元素。

校徽与校训蕴含的精神被一代代师院人薪火相传，使信阳师范学院学风浓郁，人才辈出，与祖国共奋进，与时代同发展。进入新时代，师院人正在以新的担当、新的作为，以建设多学科协调发展、特色鲜明的高水平师范大学为目标，不懈奋斗、砥砺前行。

郑州轻工业学院的校徽和校训
郑州轻工业学院档案馆

郑州轻工业学院位于河南省会郑州市，是河南省重点建设高校，创建于1977年，原隶属国家轻工业部，1998年转属河南省人民政府，2009年被列为河南省博士学位授予单位立项建设高校，2011年河南省人民政府和国家烟草专卖局签约共建郑州轻工业学院，2018年被确定为河南省博士学位授予重点立项建设单位。

学校有东风校区、科学校区和禹州实习实训基地，占地面积共2100余亩。拥有66个本科专业；14个一级学科硕士授权点、11个二级学科硕士授权点。教职工1900余人，在校学生22000余人，已累计为国家输送10余万名毕业生，毕业生整体就业率始终保持在95%以上，获"省级文明单位""全国毕业生就业典型经验高校""河南省普通高校毕业生就业工作优秀单位"等荣誉称号。

学校秉承"为之则易、不为则难"的校训，抓住国家促进高等教育发展的历史机遇，不断开拓创新、砥砺奋进，经过40多年的发展，已经成为一所以工为主，工、理、文、艺、经、管、法、教、农等多学科协调发展的本科院校。

郑州轻工业学院校徽为我校艺术设计学院院长曹阳教授设计，外形像两只飞鸟，外围代表学校，里面代表学生，象征着学校如同鸟妈妈对待嗷嗷待哺的小鸟一样精心培育学生；U是University的首字母，表示我校是一所综合性大学；内外两条曲线又代表了Light Industry首字母，表明了我校建校伊始就始终根植轻工，具有鲜明的轻工行业特色。

郑州轻工业学院·校徽

郑州轻工业学院·校训

　　郑州轻工业学院的校训是"为之则易，不为则难"，出自清代学者彭端淑（1699—1779）《白鹤堂文集》中的名篇《为学一首示子侄》（简称《为学》），原文是："天下事有难易乎？为之，难者亦易矣；不为，则易者亦难矣。人之为学，有难易乎？学之，则难者亦易矣；不学，则易者亦难矣！"意思是：天下的事情有困难和容易的区分吗？只要肯做，即便困难的事也会变得容易；如果不做，即使容易的事也会变得困难；人们做学问有困难和容易的区别吗？只要肯学，那么困难的学问也变得容易了；如果不学，那么容易的学问也变得困难了。

　　校训体现出我校在改革发展中勇于开拓、不断创新的精神风貌，时刻警示、导向我们在谋求更大的发展过程中要敢为、勇为、善为，从而实现跨越式发展，同时，校训也激励广大同学不畏困难，勇于进取，不断完善自己，成为具有创新意识和创新能力的应用型专门人才。

河南城建学院的校训、校歌、校徽

河南城建学院　　吴晶　刘妍

一、校 训 ——厚德 唯实 博学 慎思

1. 厚德——厚：优待、推崇、重视；德：道德、品行、政治品质

《周易》说："厚德载物。"《春秋传》指出："德厚者流光，德薄者流卑。"《世说新语》中讲："百行以德为首。"《大戴礼记》讲："行德则兴，倍德则崩。"司马光在《资治通鉴》认为："才者，德之资也；德者，才之帅也。"中华民族无数仁人志士之所以众志进取，就在于他们自身追求崇高人格的厚德精神。厚德是培育华夏子孙千百年来光明磊落、刚正不阿、公正无私的高尚情操。为此，大学生要"齐家、治国、平天下"，须以修身为前提。崇高之德是中华民族的精英之灵魂和统帅，是中华民族的千百年来无数仁人志士奋斗不息、开拓进取的精神内涵和远大人生价值取向，厚德就是要求我们培养的学生将"爱国守法、明理诚信、团结友善、勤俭自强、敬业奉献"的基本道德规范上升到有崇高的理想、高尚的情操、完善的人格、规范的行为，志存高远，坚定信念，确立正确的世界观、人生观、价值观，用马列主义、毛泽东思想、邓小平理论和江总书记"三个代表"的重要思想武装自己，坚持以为人民服务为核心，以集体主义为原则，以爱祖国、爱人民、爱劳动、爱科学、爱社会主义为基本要求，在青年大学生中大力弘扬社会主义思想道德，增强大学生的民族自尊心、自信心、自豪感，激励他们为振兴中华而不懈奋斗。

2. 唯实 ——唯：是指独有；实：是指客观现实

"唯实"是"实事求是"的浓缩。"实事求是"一词原出自班固《汉书·河间献王传》。颜师古道："务得事实，每真是也。"韩非子认为："巧诈不如拙诚。"王夫之主张："经世致用。"而魏源则痛声疾呼："以实事程功实，以实功程实事。"左宗棠在弥留之际留言："上下一心，实事求是，则臣虽死之日，犹生之年。"可见实事求是、坚持原则、坚持真理是无数古代仁人志士之所以不畏强权、忠贞不屈、纳谏任贤、秉公执法、廉洁清白的力量源泉。实事求是的求是精神是中华文明的灵魂，是中国人民最珍贵、最精致的思想精髓，是中华之魂，是民族之精。不唯上，不唯书，只唯实，知行合一。青年大学生在对待具体工作和事业上，要说老实话，办老实事，做老实人，崇尚务实，不屑空谈。在对待人际关系上，要严以律己，宽以待人，尊重他人的个性。在对待真理和谬误的关系上，要敢于坚持和发展真理，既能诚恳地批评别人的错误，也要勇于承认和改正自己的错误，开拓进取，锐意创新，与时俱进，即学风要扎实，生活要朴实，工作要踏实，做人要诚实。

3. 博学——博：多，丰富；学：学问，知识

孔子在《论语·阳货》中指出："好仁不好说、其蔽也愚、好知不好学，其蔽也荡，好信不好学，共蔽也贼，好直不好学，其蔽也绞，好勇不好学，其蔽也乱；好刚不好学，其蔽也狂。"意思是说，只有良好的意愿而不学习，是有害而无益的；好仁德而不学习，其弊端是愚蠢；希望多知而不学习，其弊端是放荡；爱好诚实而不学习，其弊端是走向邪路；爱好直率而不学习，其弊端是说话尖刻；爱好勇敢而不学习，其弊端是犯上作乱；爱好刚直而不学习，其弊端是狂妄。孔子更结合自己的切身体会说："吾尝终日不食，终夜不寝，以思，无益，不如好学也。"《中庸》指出："博学之，审问之。"学习是自我修养的第一步，是获得高尚品质或文化成果的手段，通过学习各种社会规范和人类优秀文化成果，个人的自我修养才有合理的原则、规范和内容。当代大学生要站在面向现代化、面向世界、面向未来的高度来高标准地要求自己，如广泛博览群书；工科学生既要有自然科学知识，还应当具备足够的人文社会科学知识和修养，具备宽广的视野，深厚的文化底蕴，精深的专业技能。广大学生要惜时如金，发奋学习。用列宁的话说，我们一定要给自己提出这样的任务：第一，是学习；第二，是学习；第三，还是学习。"要努力掌握现代科学技术知识和为祖国为人民服务的本领，以适应未来社会的需要，从而实现人生价值"。

4. 慎思 ——慎：谨慎、细心，思：思考、研究

《中庸》中指出："慎思之，明辨之。""慎思"就是要求大学生慎重思考，善于谋略，凡事三思而后行，掌握学习的方法和处事的原则。孔子在《为政》中说："学而不思则罔，思而不学则殆。"当代大学生应当具有思辨意识，具有判断意识，具有创新意识，勤于思考，善于思考，明辨是非，洞察真伪，力戒浮躁。学会分析问题、研究问题、解决问题的方式和方法，从而提高自己应对各种困难和局面的能力。一方面，要坚定信念，树立竞争意识、法纪意识、责任意识，增强自律。另一方面，对市场经济条件下出现的消极的行为，如金钱至上、追求物欲、急功近利等，应保持清醒头脑，反对和抵制拜金主义、极端个人主义等腐朽思想，培养自己的主体意识，增强自身的自觉性，并要加强理论学习，增强对信息社会中杂乱繁多、良莠不齐等信息的鉴别和选择能力，成为一个人格完善全面发展的人。

校训八字的关系：厚德是根本，博学是基础，慎思是方法，唯实是态度。做到了上述内容的统一，就实现了高素质人才的培养目标。素质包括思想政治素质、科学文化素质、劳动技能素质和身体心理素质，高素质就是指培养的人才达到了五个统一：①崇尚理想与务实精神的统一；②自我价值实现与报效祖国的统一；③科学精神与人文精神的统一；④专业素质与综合素质的统一；⑤健康心理与强健体魄的统一。这样就可以学会做人，学会做事，学会求知，学会相处，使自己成为一个理想远大，热爱祖国的人，一个追求真理、勇于创新的人，一个德才兼备、全面发展的人，一个视野开阔、胸怀宽广的人，一个知行合一、脚踏实地的人！

二、校歌

河南城建学院校歌
（合　唱）

（曲谱）

尧山峻秀，班墨流芳，中原 文化源远长。

厚德博学，理想在这里铸 就。 知行

合一，事业从这里起 航。 我 们 是祖国的建设

者， 筑广厦，建桥梁，放飞梦 想。 啊， 河南城

建， 志存高远写华章。 啊， 河南城

建， 志存高远写华 章。

三、校徽

徽标的设计立足办学特色，从校名汉语拼音字母提炼出两个基本造型元素"C"和"J"，经过重构形变，形成徽标的主体图案。配以中英文校名和一组 3 个同心圆，组成徽标的总体形象。

Henan University of Urban Construction

"C"代表道路等市政公用设施，"J"代表城市建筑群，象征城市建设事业蒸蒸日上，突出反映我校的城建特色。

"C"的造型有"沧海"之意，"J"的造型有"云帆"之蕴，寓意学校像扬帆远

航的云帆，破浪前行。

徽标内圆为海蓝色实心圆，象征校训"厚德、唯实"；实心圆向外分层扩展形成浅色同心圆环，蕴含"博学、慎思"。

徽标外环上半部采用中国传统书法毛体字"河南城建学院"，表示建设现代大学应传承中国传统文化；徽标外环下半部采用标准英文校名，表明办学的开放性和国际性理念，期望学校融入现代国际潮流并声名远扬。

铁道警察学院校训校徽校歌解读

铁道警察学院宣传部

铁道警察学院自1950年建校以来，在六十八年的蓬勃发展历程中，几易校址，最终定位在中原，河南郑州，是中国唯一的一所培养铁路警务人才的全日制高等院校；被誉为"铁道卫士的摇篮"的他，涌现出一批又一批英雄楷模，积攒了深厚的文化底蕴。

校训是铁警文化精神内涵的体现之一，它浓缩了广大铁警人的智慧，是学校办学理念、治校精神的反映，更是校园文化建设的重要内容，是一所以"铁"的精神贯穿始终的警察院校教风、学风、校风的集中表现。铁道警察学院校训为："至诚至公，敏学笃行"。

这八个字精炼的囊括了学校文化精神的核心内容，深深地烙印在每一位铁警人心中，生成独特的文化灵魂。

"至"，指极、最、非常；"诚"，即真诚，忠诚；"至诚"，即非常真诚、忠诚的意思。"至诚"，一指对党、国家、人民和法律忠诚；二指做人真心实意，真诚为民。"公"，指公正、公平；"至公"，即至为公正，是最公正，极公正的意思，意谓要为人正直，办事公正，不假公济私，不徇私枉法。"至诚至公"，作为公安民警的基本职业道德规范，就是对党和国家忠心、对社会真诚、对他人诚信，做到公正无私、执法严明。"敏学"就是勤奋好学，是中华民族的传统美德之一。"业精于勤，荒于嬉；行成于思，毁于随。"引用古人治学之方，教育新时期铁警师生，要秉承学习初心，不要被外部环境诱惑干扰，认真学习，刻苦训练，增长真本领，开拓新视野。"笃行"是为学的最后阶段，既然学有所得，就要努力践履所学，使所学最终有所落实，做到"知行合一"。《中庸》提出中国五之法，即"博学之、审问之、慎思之、明辨之、笃行之"。校训告诫学警，做到"笃"就要忠贞不渝，踏踏实实，一心一意，坚持不懈。明确目标、坚定意志，才能真正做到"笃行"。

铁道警察学院校徽外围采用双圆套圆形，用传统的圆形作主体，稳重大方。校徽整体简单大方，积极向上，稳重中流露着几分活泼，主题明确。天圆地方的传统注入校徽当中，象征着我们在祖国和平的蓝天下勤奋学习，为的是将来去维护这片蓝天。在双圆中间由"铁道警察学院"中英文组成，可以更好地将铁警精神文化以校徽的方式走向世界。以蓝色为基调更能展示出一所公安院校的藏蓝情结，内圆图案由金色的铁轨工字钢、剑、盾牌、长城、橄榄枝、书本、年份等构成，表现和象征学校的发展历史、教育职能以及所承担的培养高素质铁路公安专门人才，维护铁路安全和国家稳定的责任与使命。由此可见学院设计的校徽是涵盖古今、中西交融，突出了学校的办学理念、治学之道。

校歌是反映学校精神风貌的文化标识，是对师生的号召和激励，对外的形象展示和宣言。在中原黄河边，成长出一批又一批公安优秀干警，歌词反映了铁警学子奋发向上，追求卓越的精神。歌词诠释了保卫国家运输大动脉、人民安全的职责和积极奋进的教育理念。将校训写入歌词让学警唱出来，将文化元素铭记在心。校歌不仅具有时代精神，更能唤起学警的文化意识，从而奋发图强、励精图治，为完成肩负的使命而自强不息、发奋努力。

学校文化精神通过校训、校徽、校歌的宣扬与浸润，让学警在铁警特色文化的熏陶中逐渐蜕变成为合格的人民警察。在校园中随处可见大大小小的标语，蓝色字体的校训，印在衣服上的校徽以及朗朗上口的校歌都是校园文化在潜移默化的熏陶着学生们。提取中国传统文化之精粹，集教育文化之大成。学校校训、校歌、校徽的创作设计体现了设计者的哲学意识和文化素养，又反映了使用者的文化品位和审美情趣。对学生而言，精神上的文化元素构成，配合教学活动，才能展示学校整体的文化精神内涵，创造良好的教育氛围，发挥潜移默化的教育功能。

武大老校徽的使用寻踪及其当代文化价值解析

武汉大学　刘春弟

武汉大学校徽历经几代，代表着武大人独特的精神标识，积淀着武大人最深沉的精神追求。无论是在校师生，还是已经奔赴五湖四海的武大校友，校徽永远是武大人共同精神的凝聚，是武大人文化自信的集中体现。

本文所说的武大老校徽，是指民国时期的校徽——国立武汉大学校徽。促使笔者选择这一主题的动因是 2017 年 1 月 25 日中共中央办公厅、国务院办公厅印发的文件——《关于实施中华优秀传统文化传承发展工程的意见》，该文件提出要自觉保护传承优秀传统文化，深入阐发文化精髓，弘扬核心思想理念，并进行创造性转化和创新发展。而国立武汉大学校徽对于武汉大学而言，既是并不遥远的历史，又是没有成为过去的现实。因为在学校的某一隅，你总会不经意的发现它正点燃着武大精神的圣火，传递着武大人的"武大梦"。本文将从武大才校徽在民国和当代的使用情况，探讨其文化价值，以期提升学校文化软实力，增强武大人的历史认同感和现实使命感，从而进一步增强武大人的文化自觉和文化自信。

一、老校徽的民国寻踪

老校徽在民国期间的使用情况无法进行全部的历史还原，今人只能从现存档案文献中探寻一二。根据现存的馆藏档案，有三种文献上常有校徽图案：一是学生证，二是毕业证书，三是毕业纪念册。

在学校 1937 年发放的国立武汉大学学生证上赫然印着这枚校徽，而且校徽的位置和大小都非常醒目，位于学生姓名图像页面的上半个幅面。

同时，老校徽一经产生，便出现在学校发放的毕业证书上。馆藏的国立武汉大学未发文凭上，从 1932 年第一届毕业生一直到 1948 年的毕业生，他们的毕业证书上，都印制着这枚校徽。校徽位于毕业证书的开端，校徽的下面是竖写的篆体"毕业证书"四个大字，整个证书看起来大气而厚重。

1937 年发放的国立武汉大学学生证

国立武汉大学毕业文凭上的校徽图案

学生证和毕业证书上带有校徽,从学校层面,可以理解为是学校对学生作为武大人身份的一种认定——不论在校还是毕业,不论天涯海角,不论岁月长短,只要曾经,便是永远。从学生来讲,学校通过将校徽印制在学生证和毕业证上的方式,给武大学生缔造了共同的精神家园,产生了归属感和荣誉感成为学生永远的精神激励;同时也促使了学生产生维护学校荣誉、为学校争光的使命感和责任感。

国立武汉大学的毕业纪念册上也经常印有校徽。笔者曾看到1933年、1934年、1936年等多个年份的毕业纪念册上都印有校徽,如1933年在目次页,1934年在封面和扉页上都印有校徽。同时书中还有独立的页面专门印制了校徽和年级纪念徽章。特别的值得一提的是,1933年的毕业纪念册上,校徽的外面是一个大大的心型图案。学子们将对母校的热爱通过将校徽放置在心形图案正中间的方式形象地表达了出来。

民二二级毕业纪念册上的校徽　　　　民二三级级旗　　　　民二五级级徽

此外,在民二三级的级旗上、民二五级、民三七级的级徽上也采用了校徽的图案。级旗和级徽的设计一般应是学生社团自发的行为,而他们自觉地在级徽级旗上印有校徽标识,可以有两层理解:一是学生热爱学校的文化自觉的直接体现,二是对这枚校徽艺术美感的认同和喜爱,使这枚校徽图案在一定程度上成了标识和装饰的有机结合体。

二、老校徽的当代寻踪

中华人民共和国成立以后,相当长一段时间里,这枚老校徽并没有明确定为学校的法定校徽,但是根据相关文献发现,这枚校徽曾被一定程度的改造和使用过，使用情况大体有两种：

第一种，曾经使用，但目前已经停止使用或采用新校徽代替。一是在毕业文凭上使用。笔者曾在 20 世纪 90 年代武汉大学研究生毕业文凭上看到过这枚校徽的变体。校徽由花瓣外形变成两个同心圆。中间部分仍是篆文变体纵向书写的"武大"二字，外圆底部是学校的英文名称。

二是在留学生的英文毕业证书和学位证书上使用。根据近十多年的馆藏档案，本科留学生英文毕业证书和学生证书上，一直采用的都是这枚老校徽。校徽也是两个同心圆，内圆采用老校徽的圆心部分，外圆顶端为学校英文名称，底部为学校的建校年代。2017 年开始改为现行校徽。

三是在武汉大学发放给教职员工的蓝皮老病历上，塑料封面正中间印制着老校徽中心圆部分的图案。在 2015 年前后印制的新病历上，更改为现行校徽。

第二种，从过去开始至今仍在延续使用的武大校友通讯刊物——《武大校友通讯》。从 1988 年第 1 期起，《武大校友通讯》就开始将这枚校徽印在每期刊物的封面上，直接用这枚校徽造型来代替《武大校友通讯》书名中的"武大"二字。

此外，在学校礼品店内，也可以零星地找到这枚老校徽的踪迹，比如有一枚钥匙扣中就是采用的这枚老校徽的图案。

从以上情况可以看出：中华人民共和国成立之后，甚至在现行校徽出现之后，这枚老校徽在某些重要场合、在某些正式证章上曾一度被使用，只是进行了一些图案和内容方面的改变；改造后的校徽，造型和内容虽并不统一，但是篆文变体纵向书写的"武大"二字始终得以保留。

三、正确对待老校徽的价值，积极传承武大精神

根据 1931 年第 116 次校务会议的决定，校徽上用"'武大'二字，不着他字"。校徽最后的形状为：外围轮廓形似绽放的花瓣，内部为圆，圆的边缘为麻绳图案，麻绳圆内取红底白字，是醒目的变体"武大"二字，纵向书写。

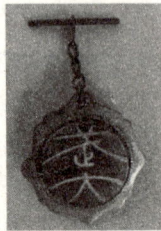

1. 笔者对于老校徽的文化解析

关于老校徽的文化内涵的理解是仁者见仁，智者见智，但这些理解都表现出了积极的正能量，是与现今学校的办学理念和办学目标相辅相成的。基于同样的出发点，笔者根据自己的理解，对这枚老校徽的文化价值加以补充和扩展。

第一，关于花瓣形外观的理解，可以有以下几层含义：其一，花儿是美的事物，容易引发他人喜爱的情感，所以把校徽设计成花瓣形状，是对武汉大学的一种美好的祝愿，希望武汉大学成为中国人民心中喜爱和满意的大学。其二，播种浇灌，开花结果，茁壮成长，瓜熟蒂落，从初生到成熟，是一般事物发展的自然规律。新生的武大正如种子花开，前途未来承载了武大创建者的美好愿景。其三，花儿盛开的季节一般会呈现出百花齐放、争奇斗艳的繁荣景象。这让人不免想起春秋战国时代百花齐放、百家争鸣的盛况。因此，花瓣的外形可以引申为武大真正的学术自由、学术开放和学术繁荣，能够海纳百川，具有学术包容精神的学术氛围和学术环境，可能是花瓣形外观的核心寓意所在。校徽的主要设计者闻一多先生离开武大的诸多原因中，文学院"新文学"与"旧文学"的学术冲突也许是其中之一吧？作为新文学学者，作为在武大文学院没有足够发言权的院长，他也许更希望有一个和谐共生的学术环境。其四，花瓣形的八个尖角，可以引申为八个方位，理解为四面八方。这既可以理解为学校的开放——开放的胸襟和视野，也可以理解为学校广泛的社会影响力和普遍的社会认同感，还可以理解为敢于面向世界和未来的勇气和豪迈。

第二，关于麻绳图案圆圈的理解。麻绳的确坚韧耐磨，用麻绳象征武大学子坚韧不拔的精神也非常贴切。笔者想补充一点，麻绳一般是由三股绳拧在一起形成的，麻绳的坚韧是因为三股绳拧在一起后形成了合力。在中国古汉语中，"三"有时可泛指多的意思。所以，从更深意义上讲，麻绳代表着团结。武大的教职员工、武大的学子和校友、国家和社会的扶助代表着学校发展的多种力量，大家万众一心，众志成城，拧成一股绳，形成合力，推动武大的建设和发展；也可以指不同的学术思想和学术流派的求同存异，团结共生，齐心共铸武大的学术辉煌。2000年，四校合并，组建新武汉大学，构建武汉大学新合力，实际上就是这种麻绳精神的最好诠释。

2. 老校徽被鉴定为三级文物

2012年10月8日，国务院印发了《关于开展第一次全国可移动文物普查的通知》(国发〔2012〕54号)，决定从2012年10月到2016年12月在全国范围内开展文物普查登记，并于2013年4月18日召开第一次电视电话会议，对普查工作进行了全面部署。湖北省副省长王君正组织成立了湖北省第一次全国可移动文物普查领导小组，在全省开展文物普查和定级工作。2014 年 6 月，两次到学校和档案馆，对可移动文物进行普查摸底。档案馆将仅存的两枚武汉大学老校徽列入文物普查清单。这两枚老校徽最终被鉴定为三级文物，其文化和艺术价值得到了充分肯定。

综上所述，武大老校徽及其所蕴含的武大精神并没有湮没在历史的洪流中，它以深厚的文化底蕴和强大的时代精神展现出了强大的生命力，和现行校徽交相辉映，相得益彰。老校徽同现行校徽都是学校的文化瑰宝和精神财富，它们不是扬弃，而是一脉相承，是武大文化与精神的传承。我们应该正确认识、充分挖掘老校徽的文化与艺术价值，增强武大人的历史自豪感和现实使命感，进一步坚定武大人的文化自信，推动新时代武汉大学的"双一流"建设。

武汉大学百年校门变迁

武汉大学　胡珊

校门是学校形象的重要窗口，是学校办学历史、办学理念和价值追求的重要文化载体，见证着学校的发展变化，也诠释着学校的文化精神。发端于 1893 年湖广总督张之洞创办的自强学堂的武汉大学，在 120 多年的办学历史中，几易校门，折射出时代的变迁，彰显着学校"自强、弘毅、求是、拓新"的校训精神，不断谱写着薪火相传、继往开来的新篇章。

一、发端时期的自强之门

1893 年，时任湖广总督张之洞奏请清政府创办湖北自强学堂，校址位于当时武昌城大朝街口的三佛阁。1902 年 10 月，自强学堂改名为方言学堂，校址迁至武昌东厂口。1911 年，方言学堂停办。1913 年，北京国民政府教育部以武昌东厂口原方言学堂为基础，创办了国立武昌高等师范学校，成为民国初年全国六大高师之一。1923 年，武昌高师升格为国立武昌师范大学。1924 年，武昌师大改名为国立武昌大学。1926 年，北伐军攻占武昌之后，武汉国民政府将国立武昌大学与其他几所国立、省立和私立大学合并组建成国立武昌中山大学，后又改称国立第二中山大学。

东厂口时期的校园，北倚蛇山，南面长湖、紫阳湖，东临抱冰堂，西接省议会、阅马场。校门简单、朴素，对开栅栏式院门，两个门柱上设计有柱灯，门柱两端分别接着栅栏围墙，起着校门防御性的基本功能。在这样一个校园里，"自强"精神开始孕育。

二、国立武汉大学初创时期的奋起之门

1928年,在彻底改组原国立武昌中山大学的基础上,筹建国立武汉大学。10月31日,国立武汉大学在原武昌中山大学校舍正式开学上课。此时,校门仍在武昌东厂口。

1928年11月,国立武汉大学在武昌东湖之滨的珞珈山一带开始建设新校舍。1931年前后,在街道口大学路的起点处,建起了一座木制的校门牌坊,成为武汉大学最初的正式校门。这座牌坊面朝武珞公路、背对珞珈山,造型古朴典雅、引人注目,由缪恩钊、沈中清设计。四柱三间重檐歇山式琉璃瓦木结构,略施斗拱,油漆彩绘甚是别致;校门牌坊横幅正面上书"国立武汉大学"六字以标注校名,背面是篆体的"文、法、理、工、农、医"六字,体现学校所追求的综合性大学的办学格局。木质牌坊难抵风雨侵袭,后被大风吹垮,甚是可惜。

1936—1937年间,学校在木质牌坊原址重新筑成一座钢筋混凝土结构的牌坊。新牌坊仍由缪恩钊、沈中清二人设计,采用四柱三间单檐冲天柱式钢筋水泥结构,其设计简洁明快、寓意深远:四根八棱圆柱,表示欢迎来自四面八方的莘莘学子;柱头上的云纹,表示高等学府的深邃和高尚;上覆琉璃瓦之颜色为孔雀绿,仅次于皇家的金黄色。这座新的水泥牌坊落成后,饱经风雨沧桑数十载,于2001年成为国家重点保护文物。

武昌东厂口国立武汉大学校门

1931年前后落成的国立武汉大学
木制校门牌坊,后被大风吹垮

国立武汉大学建校之初即以"明诚弘毅"训校。"士不可以不弘毅,任重而道远"。武大历任校长都强调学校要担当起国家和社会宏大使命,对师生而言,堪当大任就须"弘毅","养成弘毅豁达的胸襟气宇",以求"学盛国斯强""继起

文化中心的责任""图谋民族之复兴",办"一所有崇高理想、一流水准的大学"。"弘毅"精神自此成为学校精神文化传统中的重要内容,影响深远。

三、西迁时期的沧桑之门

1937年7月7日,抗战全面爆发。迫于战势,1938年初,武汉大学举校西迁四川乐山(古称嘉定),开始了八年艰苦却辉煌的办学历程。西迁时期的学校办学条件极为艰苦,校舍分布在城内文庙、龙神祠、三清宫、李公祠、火神庙及乐山县财委会、三育中学、进德女校、观斗山、露济寺等处,教学设施和环境非常简陋。当时学校本部设在文庙,在文庙入口左侧挂上一幅简易的标牌,上书"国立武汉大学",便成了简易的校门,文庙的棂星门也成了临时的校门牌坊。

"前方将士效命疆场,后方教授当尽瘁于讲坛。"武汉大学校长王星拱在武大迁校乐山后立下了"痛心疾首,奋起抵抗,一腔热血,培育人才"的誓言,"愈是在国家最危难的时刻,愈是应当想尽办法,保存中华民族的文明血脉和文化火种,以尽到中国知识分子的神圣天职"。正是在这样一个动荡的岁月里,在物质条件极其恶劣的环境下,校园里依旧弦歌不绝,武大师生自强不息、励精图治,丰富和发展了"自强、弘毅"的校训精神,营造了一个学术自由、教授治教的环境,在人才培养、科学研究、教育报国等方面取得了蔚为壮观的成就,书写了近现代大学教育史上令人荡气回肠的一页。

四、发展时代的坚实之门

1946年,复员珞珈山的武汉大学,实现了校门牌坊背面"文、法、理、工、农、医"六个大字所表达的办学理想,六大学院并驾齐驱。

中华人民共和国成立后,按照教育部的规定,国立武汉大学去掉校名中的"国立"二字,更名为"武汉大学"。20世纪60年代,校门牌坊正面换成了毛泽东手写体"武汉大学"四字。

现在位于街道口的校门牌坊离珞珈山校园有数里之遥。随着武汉城市的发展和市区的不断扩充,曾经的老校门牌坊,逐渐淹没在市井喧嚣之中。

改革开放初期,在校内设置了使用毛体的简易校门,一直沿用到1993年。

1993年,武汉大学建校100周年,在海内外校友的大力支持和资助下,仿制民国老校门的新校门落成。校门牌坊,位临八一路,门中点正对珞珈山路中轴线,基本上是仿照街道口老牌坊的样式修建而成。牌坊后有一面"校训墙",上刻学校于1993年正式确定并一直沿用至今的新校训:"自强、弘毅、求是、拓新"。

1993 年落成的新校门、牌坊与校训墙

五、合校时期的多元之门

2000 年，武汉大学与武汉水利电力大学、武汉测绘科技大学、湖北医科大学合并组建新的武汉大学，揭开了学校改革发展的崭新一页。校区校门呈现出多元姿态。

原武汉大学学科门类齐全，文理各科优势突出，在中国史、马克思主义哲学、发展经济学、国际法、环境法、基础数学、空间物理、分析化学、电化学、微生物学、植物学等 20 多个学科领域达到了世界先进水平或国内领先水平，在全国综合性大学排名中一直居于前列，有着很高的国际知名度和广泛的国际影响。

原武汉水利电力大学以工学为主，兼有文理，多学科相互渗透、协调发展，是我国水利电力行业中专业最齐全、规模最大、综合实力最强的多科性全国重点大学，被誉为中国水利电力高级人才的摇篮，多个学科处于国内领先和国际先进水平；原武汉水利电力大学校园东临湖滨，西接茶港，北靠东湖，南与原武汉大学以狮子山相连；校门面朝浩渺的东湖，开阔而舒展。

原武汉测绘科技大学素有"世界测绘教育之都"的美称，在摄影测量与遥感、大地测量、工程测量、地图学与地理信息系统、城市规划与设计等 10 多个学科领域形成了学科特色与优势，使中国在世界测绘领域与美国、德国成"三足鼎立"之势，在国际学术界有很高的知名度。原武汉测绘科技大学校门位于珞喻路。

原武汉水利电力大学校门

原武汉测绘科技大学校门

原湖北医科大学是湖北省唯一一所创建于中华人民共和国成立前并延续发展至今的省属重点大学，在全省基础医学、临床医学的科技发展和推广应用中起到了排头兵的作用，口腔医学、病毒学、药理学、心血管内科学等10多个学科领域居国内先进水平，并有多项成果居于国际领先水平。校门位于东湖路，造型朴实。

原湖北医科大学大门

新武汉大学的合并组建，顺"天时"，拥"地利"，占"人和"，不仅在地理位置上连为一体，而且办学规模更加宏大，资源配置更加合理，学科优势更加明显，师资力量更加雄厚，学术影响更加深远，发展空间也更为广阔。

六、新时代的开放之门

校门见证着历史。时代在前进，武大在发展，校门也翻开了新的一页。2012年，由于八一路下穿通道建设需要，1993年所建牌坊被拆除。2013年，120周年校庆之际，新的校门广场落成，新的校门牌坊出现在人们的视野中。新牌坊仿照街道口老牌坊的样式修建，大小是老牌坊的1.12倍，既保持了原有风貌，又将质地、规格和气势超越了历史。校门牌坊后是刻有"自强、弘毅、求是、拓新"的校训石。

2013 年新校门牌坊落成

校训石

　　新大门对着珞珈山路，与街道口老牌坊、1993 年建成原校门同在一个轴线，寓意着承前启后。轴线从珞珈山路一直延续到学府路，两边均匀对称，与武大早期建筑的思想"轴线对称、主从有序、中央殿堂、四隅崇楼"相呼应。

　　入口台阶处"连升三级"，寓意步入知识殿堂，学识步步升高；广场主干道，采用古代重要官式建筑牌坊轴线铺地的传统做法，俗称"马道"，寓意武大学子及武大的事业马到成功；12 根祥云石柱，形制按照老牌坊柱身设计，单列 12 个以纪念 120 周年校庆，双列 24 个寓意二十四节气，激励学子"凡古之大成者，知天文、晓地理、应四时、读'大学'、求大道"；广场主体采用菠萝面石材随机铺装，呈宝剑形，寓意"智慧之剑"，比喻能够断除烦恼，也形同古希腊"达摩克利斯之剑"，意谓应时刻保持清醒。

　　在靠近校园的广场尽头，学校为新建牌坊立了复建纪念墙，与之呼应的是《珞珈赋》。两尊墙身比例、形式均参照樱顶建筑的固有形式，其上还雕刻有

"孔子礼圣图"，即"教学图"，共计 30 余种。画中人物神态举止活灵活现。每一幅画都有对应名字，如"读易有感""访乐苌弘""放鲤知德"等，记载着一个个历史典故。广场两侧种植着高大挺拔、以常绿植被为主的校友林，表达了武大喜迎学子和八方宾客的喜悦之情。

百年武大，梦想不老；薪火相传，生生不息。百余年来，秉乘王世杰老校长"武汉大学不办则已，要办就当办一所有崇高理想、一流水准的大学"办学理念，将梦想融汇于国家发展的时代进程中，激荡于高等教育改革的社会浪潮，在"中国梦"的大格局中不懈地追求着"武大梦"，在稳定中发展，在创新中前进。作为大学精神符号象征的新校门，将见证着武汉大学一个又一个的辉煌！

中国地质大学校训、校徽、校歌中的文化元素

中国地质大学(武汉)　苏玉微　帅斌

中国地质大学(简称"地大")是教育部直属全国重点大学，是国家"211 工程"、国家"双一流"学科建设的高校。弘扬"艰苦朴素，求真务实"的校训精神、"严在地大"的校风学风和"谋求人与自然和谐发展"的价值观念，营造"独立思考、严谨治学、勇于探索、追求卓越"的文化氛围，培养"品德高尚、基础厚实、专业精深、知行合一"的高素质人才，关注人的全面发展。

在近七十年的办学历程中，地大一直非常重视校园文化建设，产生了自己独具特色的校训、校徽和校歌。作为地大人情感标识的校歌《勘探队员之歌》原本就是 20 世纪 50 年代的原创歌曲和 20 世纪 60 年代风靡全国的电影主题曲，表达的是地大人奉献祖国的家国情怀。地大校徽(标)侧重的是视觉上的独特性和审美效果，可以说是地大人的艺术标识。经过长期凝练而成的校训"艰苦朴素，求真务实"已经成为校园文化和地大精神的内核，且通过熏陶教育已经成为地大人的精神标识。

一、地大人的精神标识——校训：艰苦朴素，求真务实

出处：1994 年 10 月 19 日，时任中共中央政治局候补委员、中央书记处书记的温家宝同志，在武汉视察期间，专程到地大看望母校师生，并应校领导请求，回京后用毛笔自拟自书"艰苦朴素，求真务实"条幅寄来武汉。2004 年 4 月，中国地质大学五届四次教代会审议通过了将"艰苦朴素、求真务实"作为学校校训的提案。

"艰苦朴素，求真务实"不仅是校友温家宝总理对学校办学理念与价值追求、内在精神和治学传统的总结，也是 30 万遍及全球的地大人半个多世纪以来

的文化积累和思想沉淀的真实写照，更是地大人献身地质育才济世的爱国奉献精神、自强不息勇攀高峰的创业创新精神、脚踏实地不尚空谈的敬业务实精神的浓缩与象征。"艰苦朴素"就是要坚持朴实无华、艰苦奋斗的作风；"求真务实"就是求大学之真，务艰苦奋斗、开拓进取、创建地球科学领域世界一流大学之实；求科学之真，务勇攀高峰、探索地球系统科学等奥秘、追求人与自然和谐发展之实；求育人之真，务培养基础厚实、专业精深、知识广博的爱国爱校人才之实；求民主之真，务以人为本、依法治校、教授治学之实。

温家宝同志为母校题词：
"艰苦朴素，求真务实"

　　数十年来，地大培养的一批批学子，在"艰苦朴素，求真务实"校训的感召下，怀着探求地球科学真知、奉献祖国地质事业的崇高理想，离开舒适与繁华，挑战艰难与险阻，抛撒青春与汗水，登珠峰之巅，入青藏荒原，跨南海诸岛，临黑水之北，足迹几乎遍及祖国的每一寸土地，追寻着融汇艰苦和光荣的梦想，为祖国地质事业的发展和国民经济建设做出了突出贡献。1994 年 10 月 19 日，温家宝同志回地大（武汉）看望母校师生时说："我们学校的老传统有三样：一是专业设置面宽，二是重视实践教学，三是艰苦朴素和艰苦奋斗。"

　　求真务实是地大人的另一个显著精神特征。建校 60 余年来，学校为国家培养了近 30 万名毕业生，其中有以"嫦娥工程"首席科学家欧阳自远等为代表的 32 位两院院士（在全国高校中名列第 13 位），以及以国家体育场馆"鸟巢"总工程师李久林为代表的一大批工程奇才；同时还涌现了数百名国家级和省部级劳动模范，许多优秀毕业生成为科技骨干、教育专家和管理专家，有的还担任着党和国家的重要领导职务。2002 年，时任中共中央政治局委员、国务院副总理的温家宝同志在我校 50 周年校庆之际返校看望母校师生时发表了关于人才培养的讲话，为"求真务实"做了进一步的注解。他说，在学校学习和生活了 8 年，母校给了他很多，归纳起来，主要给了他三样东西：一是专业知识，二是克服困难的毅力，三是增进了与劳动人民的感情。他强调指出，我们培养的人才，"基础要厚实，知识要广博，专业要精深"。

　　"艰苦朴素，求真务实"，涵盖了精神力、爱国心和求真知等几个方面的追求目标，是与地大特色、地大历史、地大精神沉淀相准确切合的校训。

二、地大人的艺术标识——校徽

按照形状规格，学校校徽可分为长条形别挂式校徽和圆形校徽（校标）。长条形别挂式校徽主要用于师生佩戴以分辨人员、留存纪念等，其中，学生的校徽以白色为背景色，教工的校徽以彩色（多为红色）为背景色，校徽上的文字统一为我校校名，即北京地质学院（北京地质勘探学院）、湖北地质学院、武汉地质学院、中国地质大学。

圆形校徽，即校标，由集体创作而成。1987年，中国地质大学向全校师生员工及全国校友征集校徽，共征得百余方案，后以张重光的设计方案为主，综合各种设计方案，经过数度修改、完善，于1988年9月正式发文公布。

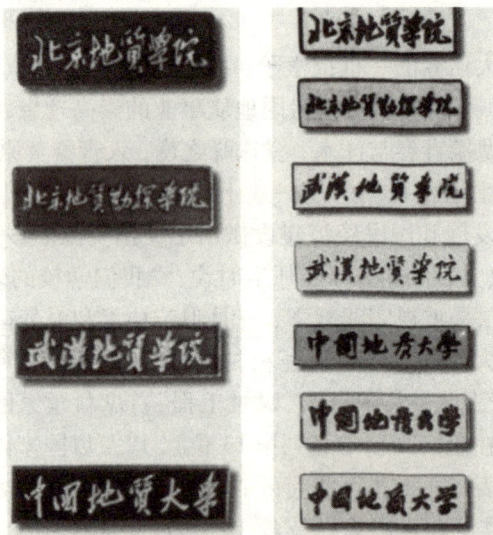

不同时期学生（左）和教工（右）佩戴的校徽

校徽（标）经历多次修改完善后才形成了我校今日所见的校标（见图3）。学校校徽由中英文校名、学校成立时间、地质锤、罗盘、放大镜、地球等元素构成。外圈上方是中国地质大学校名；外圈下方是中国地质大学的英译名：China University of Geosciences；"1952"反映了学校前身北京地质学院创立于1952年；中间圆形为放大镜，内置的指南

校徽（校标）

针和地质锤是从事野外地质工作必须随身携带的三大件工具；标志的背景整体形象为地球，显示了学校的优势与特色，表达了学校与地球科学的亲密关系。蓝色的地球图案暗示了地质工作者的工作对象和环境，同时表达了人类开发能源、珍爱地球、保护环境、追求人与自然和谐发展的理念。

校徽图案主题突出，特色鲜明，造型庄重，架构规整，整体具有厚重的向心凝聚力和强烈的外向发展扩张力，既具有务实严谨的科学气质和豁达内敛的治学精神理念，也体现了博观约取、厚积薄发的勃勃生机和发展力。整体图形犹如一枚构图严谨的印章，不仅代表着中国地质大学与地球的亲密关系，寓意中国地质大学以高等地学教育为主要办学特色，象征着对时代和社会的庄严承诺；同时蕴含着地大人对实现开放型、国际型、现代型的地球科学领域世界一流大学办学目标的矢志追求和豪迈情怀。

三、地大人的情感标识——校歌：《勘探队员之歌》

地大校歌——《勘探队员之歌》诞生于 20 世纪 50 年代初；1963 年，作为电影《年青的一代》的主题歌，传唱祖国大江南北，激励了一代又一代的地质工作者，特别在一代代地大人心中产生了强烈的情感共鸣，早已成为地大人的情感标识。1990 年 6 月 19 日，学校第九次校务会议决定，暂以《勘探队员之歌》作为中国地质大学代校歌，由中国地质大学（武汉）负责录制灌带工作；2004 年10 月，学校将《勘探队员之歌》正式定为校歌。部分史料将学校将校歌《勘探队员之歌》与《勘探队之歌》二者相较，《勘探队员之歌》更能体现地大独特的校园文化对师生情感的熏陶和人格的塑造所发挥的育人作用，更能反映学校的特点，更契合学校的实情。

歌词一开头，就把人们带到辽阔的原野，大自然以壮美的景色，迎接一群正在走向生活的新战士——为祖国寻找矿藏的地质工作者。歌曲抒发了勘探队员以苦为乐的情怀，唱出了地质人自强不息、勇攀高峰的精神风貌和报效祖国的坚强决心。

整首歌词具有浓郁的生活气息，语言和构思独特新颖，不落俗套，善于融我于景，写出了有我之境，其表现手法，以赋体为主，素描淡抹，形神兼备。歌曲旋律舒展优美，耐人寻味，独具特色，展现了地质工作者英姿勃发的精神状态，是抒情歌曲的出色典范。

我校从北京地质学院时期起，就形成了一种传统，新生入学后学唱的第一首歌就是《勘探队之歌》，师生皆会唱这首歌。一代又一代的地大人像勘探队员一样，为开发祖国的宝藏、为社会主义建设事业贡献着青春和力量。

弦歌不断、薪火相传——百年华大校歌追溯
华中师范大学　付强

　　华中师范大学有三个前身，即 1903 年创办的文华书院大学部（肇端于 1871 年创办的文华书院，1924 年改名为华中大学，简称"华大"）、1912 年创办的中华大学和 1949 年创办的中原大学教育学院。三校于 1951 年组建为公立华中大学，1952 年改制为华中高等师范学校，1953 年定名为华中师范学院，1985 年更名为华中师范大学。学校在 115 年的发展历程中既继承了中华文化的传统，又汲取了外来文化的营养，更融合了革命文化的精华，一代代学子薪火相传、砥砺前行，形成了独特的校园文化。作为学校精神风貌重要标志的校歌，较为集中地体现了学校的发展理念和办学特色，作为历史印记，也见证了学校的沧桑和嬗变。

一、文华书院校歌

　　文华书院是华中大学的源头。1903 年，文化书院设立正、备两馆，正馆即大学部，后来于 1909 年在美国哥伦比亚特区注册，改名为文华大学校，正馆和备馆共用文华书院校歌。校歌由文华大学首任校长 James·Jackson（中文名翟雅阁）作词，物理教师、文华大学管乐队创始人 Robert·A·Kemp（中文名康明德）作曲。虽无史料记载创作时间，但翟雅阁先生于 1903 年就任文华校长，至 1917 年退休，康明德先生于 1906 年受聘为文华教师且任职到翟雅阁荣休后，因此可以推断该校歌创作时间应在 1906 至 1917 年之间。

　　歌词为："世事变幻甚多，人生聚散难预晓。门墙时时回首，勿忘母校旧恩膏。尽职责曾在校中，殷勤承受训教。矢我忠诚，爱我祖国，人类皆我同胞。人生贵于勤劳，一致努力向目标。真理与正义兮，发扬维护期吾曹。绝不避任何牺牲，志愿务要达到。矢我忠诚，爱我祖国，人类皆我同胞。"

　　歌词中既包含有传统文化"修身、齐家、治国、平天下"的"大学之道"和"忠勇、勤俭、信义、仁爱"的"八德"要义，同时又有基督教中的信仰核心"爱人如己"的博爱精神，这既源于文华书院的产生背景，也因书院的办学定位。文华书院的创办是西方基督教向东方扩张传教的历史产物，也是近代以来中西文化冲突交汇的时代结晶。1890 年，在华基督教传教士第二次全国代表大会在上海举行。会议认为：真正的教会学校，其作用并不是单纯地传授宗教知识，而是要进而给学生以智慧和道德的训练，使其成为社会上及教会中有势力的人物，成为普通民众的导师和领袖。不仅着重于使教学达到高水平，而且还要着

重于为教会和中国培养学生的品格，以适合我们正经历的关键时刻的需要。这首歌词中反映的既有办学者、教育者的理想、要求、愿望，又有受教育者的感受、追求和成长心声。歌词基于人生的领悟，有较强的带入感，情感饱满、健康向上，实现了思想内容与艺术形式的统一，歌词凝练深邃，内涵丰富，尤其是这句"矢我忠诚，爱我祖国，人类皆我同胞"至今仍然为华大的老校友所津津乐道。

二、华中大学校歌

1924 年 9 月 8 日，独立的教会高等教育机构华中大学在武昌原文华大学校址上成立，华中大学校歌的诞生时间和词曲作者均不详；而再一次被华中师大人所熟知则到了 2003 年，当时为筹备学校的百年校庆，时任副校长的蔡旭教授率团到香港拜访校友，老校友将校歌的曲谱捐给了蔡校长一行，以此传回桂子山。歌词引经据典，尽显国学底蕴之深厚，历史文化学院王玉德教授曾在校报上撰文称其为"人生奋进之歌"。

歌词原文是："母校华中，鞠育劬劳无穷。世路漫漫，我唯校训是从（一为"宗"）。牺牲服务，报国尽我精忠。表彰博爱，促进世界大同。同学兴起，立德立言立功。当仁不让，发奋天下为雄。锄强除暴，再见祖国兴隆。扶倾济弱，促进世界大同。"

从歌词中，我们可以感受到其中的宗教色彩明显变淡，即便是带有基督教色彩的"表彰博爱、促进世界大同"的表达，也与孔子的"仁爱"思想、"春秋公羊三世说"、康有为的大同主义、孙中山的大同思想有一定程度的契合，而道德标准和行为规范带有较为浓烈的传统文化特质的华中大学校训"礼义廉耻"在歌词中则表现得较为突出。

弘扬勤勉尽职、探索进取。"鞠育劬劳"，即要有鞠躬尽瘁的牺牲精神，要不辞辛劳地忘我工作。典故出自《诗经·小雅·蓼莪》云："父兮生我，母兮鞠我，拊我畜我，长我育我。"《诗经·小雅·鸿雁》云："之子于征，劬劳于野。"鞠育，即抚育。劬，即劳苦。"世路漫漫"，典故出自《楚辞》，屈原的自勉："路漫漫其修远兮，吾将上下而求索"。

彰显人生价值。"立德立言立功"，简称人生"三不朽"，是对凡世永恒价值的追求。出自《左传·襄公二十四年》："大上有立德，其次有立功，其次有立言，虽久不废，此之谓不朽"，孔颖达疏："立德，谓创制垂法，博施济众；……立功，谓拯厄除难，功济于时；立言，谓言得其要，理足可传"。"当仁不让"，"仁"是儒家学说中伦理的核心，意为人人相亲相爱。修身要以仁为本，从我做起，自己要起表率，即所谓"仁者无敌"。"报国尽我精忠"，报国就是尽忠的表

華中大學校歌

《华中大学校歌》曲谱

现，君子不是一般的尽忠，而是尽精忠，所以儒家提倡"君子无所不用其极"。

倡导自强不息，追求止于至善。校歌提出的"祖国兴隆，世界大同。天下为雄"，这是古代"天行健，君子当自强不息"思想的发挥。"锄强除暴"这是儒家"治国平天下"思想的具体体现，要师生以天下为己任，爱憎分明，爱国爱民族。"扶倾济弱"，这是社会发展所必须的仗义持侠、追求公平正义的思想，《周易·说卦》云："立人之道，曰仁曰义"。歌词既朗朗上口又意境高远，其中所体现的价值追求和精神引领，从上面对歌词的解读中可以看出，教会学校在发展中不断契合时局的变化，与中华民族的文化逐步走向融合。

三、中华大学校歌

1912 年，私立高等学府中华大学诞生于武昌，至 1938 年在日本侵略者进逼之下迁往重庆南岸米市街。中华大学校歌正是创作于西迁重庆时期。尽管当时条件异常艰苦，办学步履维艰，但全校师生仍表现出强烈的上进心和凝聚力，将抗战宣传活动开展得如火如荼。陈时校长有感而发，亲自写就校歌歌词，并交由学校大地合唱团谱曲，合唱团的 22 岁学生彭厚荣欣然受命。曲子谱好后，由学校教务长严士佳教授请武昌艺专老师审定，受到学校老师的一致好评。

《中华大学校歌》歌词、曲谱如下：

"江汉汤汤，大别苍苍，武昌首义放出五千年历史的光芒。中华大学随中华民国周年诞降，达材成德，三民大同与河山俱永，同国族人类以无疆。"

中華大學校歌

《中华大学校歌》曲谱

这首校歌歌词简单凝练，气势恢宏，曲调荡气回肠，充分表达出战火纷飞的年代里中华大学师生的民族大义和家国情怀，突显了陈时校长的教育救国思想和他自己拟定的"成德达材、独立进取"的校训。甲午战败，陈时悟出"自强之道端在教育"。1912 年，他在父亲陈宣恺和伯父陈朴生的支持下创建了中国第一所私立大学——武昌私立中华大学，开始了近半个世纪的办学生涯，一直实践着"人才是国家的财富，教育是治国的根本"的誓言，所以，歌词中就有了"武昌首义放出五千年历史的光芒，中华大学随中华民国周年诞降"。歌词中"成德达材"是陈时先生办学理念的高度浓缩，"成"是成就、完成的意思。古语云："玉不琢，不成器"；其中"德"是品德、道德。《易·乾·文言》："君子进德修业"；《正韵》："凡言德者，善美、光明、正大、纯懿之称也。"由此可见，陈时所要养成的"成德"，是要把学生造就成为具有献身于中华民族复兴的高尚品德；其中"达"是到达、至的意思。《论语·子路》："无欲速，无见小利。欲速则不达，见小利则大事不成。"其中"材"是才能、才干。《孟子·告子上》："非天之降材尔殊也"。可见，陈时所要养成的"达材"，是要把学生培养成为具备现代科学知识技能的栋梁之材，为社会服务。后来，陈时感到学生仅"成德达材"还不够，于是他借鉴日本"庆应义塾"校训的"独立进取"，列在"成德达材"下面，意在希望中华大学培养的学子具备精神上独立思考问题、解决问题的能力，努力向前、立志有所作为。陈时作为一位教育家，教育救国是他兴办中华大学的教育思想主线，而作为一名杰出的爱国者，他追求进步，支持革命，积极参加反帝爱国运动，不畏权贵，置名利荣辱于身外，努力支持学生的爱国活动，同中国共产党人有着密切的交往，为争取民主和平，迎接中华人民共和国成立做了不少有益的工作，所以，才有了"三民大同与河山俱永，同国族人类以无疆"的境界和豪迈。因此，我们可以说，中华大学的校歌在一定的程度上见证了作为开拓者之一的陈时先生对创建现代大学的探索，也闪烁着先生的家国情怀。

四、中原大学校歌

中原大学是华中师范大学的前身之一，由邓小平、陈毅等老一辈无产阶级革命家于 1948 年 8 月 1 日在河南宝丰创建，1948 年 10 月迁往开封，1949 年 8 月再迁往武汉，下设政治学院、文艺学院、财经学院和教育学院。

关于中原大学校歌，就目前的史料来看，并无官方确认的版本，就档案史料所见，认可度比较高的应该有两个版本。一是《中原大学两周年纪念歌》，由中原大学文艺学院创作组助理员、教员羊翚作词，文艺学院音乐系副系主任、教员张星原作曲。创作时间无明确记载，但从歌名可以推断创作时间应在1949—1950 年间。

歌词："从战争走向胜利，从黄河走到长江，人民的大学，你在胜利中成长。火热的斗争锻炼了我们，工厂和农村是我们的课堂。千万青年奔向你，像找到了亲娘。多少人脱胎换骨，受到你的哺养。革命战士走上岗位，优秀儿女排列成行。在华中，在海南，在边疆，你的儿女为人民争光。勇敢热情，虚心学习，我们有远大的理想。在党的光辉下建设幸福的祖国，我们要走向人民需要的地方。"

另一版本是《母校校庆纪念歌》，作词梅其伦、彭峰、刘若，作曲英海。作曲时间不详，但曲谱载于《中原大学二周年纪念专刊》，据此可以推断这首歌应创作于 1949—1950 年间。

歌词："中原大学革命的熔炉从宝丰到武汉，千万个青年得到了新生，丢下

《中原大学两周年纪念歌》曲谱

旧包袱立志为人民。母亲今天庆贺你的诞辰，我们要努力进步来报答你革命的恩情。你们为我歌唱，为你歌唱，向你致敬，向你致敬。中原大学革命的大家庭同志们一条心，有真挚的友爱有严肃的批评，努力学习拉着手向前进。母亲今天庆贺你的诞辰，我们要努力进步来报答你革命的恩情。你们为我歌唱，为你歌唱，向你致敬，向你致敬。中原大学我们的母亲培养出儿女，到机关到部队到工厂到农村，为建设中华人民共和国坚持斗争。母亲今天庆贺你的诞辰，我们要努力进步来报答你革命的恩情。你们为我歌唱，为你歌唱，向你致敬，向你致敬。"

　　中原大学创办于解放战争的弥漫硝烟中，继承了中央苏区和陕甘宁边区办学的光荣传统，是一所培养军政干部的革命大学，潘梓年在《中原大学是这样一所学校》中说："创办时期中大的课程，不是一般的大学课程，而是端正认识、改造思想的课程，是政治训练的课程"。上述两首校歌的歌词中有一些共

《母校校庆纪念歌》曲谱

同的特点：明白晓畅、通俗易懂。一方面颠覆了旧的世界和秩序而喜庆、豪迈，另一方面承担着建设一个全新世界的使命而充满期待和自信，所以歌词具有浓厚的革命色彩，饱含着革命的热情，充分体现出中原大学师生热爱母校、热爱祖国、立志建设中华人民共和国的蓬勃向上的精神风貌和昂扬斗志。

五、华中师范大学校歌

这就是学校目前广为流传的校歌，她是我校为迎接 110 周年校庆而征集、创作的，正式发布于 2013 年 6 月 25 日。由汪文汉、段维、李遇春、卢雄飞作词，陈朝汉作曲。

歌词、曲谱如下："南湖浪涌，桂香灵动，百年求索路，桃红李白映苍穹。仰望星空，立言立功，江山任指点，青春飞扬别样红。华大正葱茏，博雅为我宗，大爱生为本，长风送鲲鹏。"

其实,《华中师范大学校歌》从启动到最后发布,前后经历了3年多的时间。2010年3月20日,校歌创作的第一次会议召开,成立了由原副校长汪文汉为牵头人,李遇春、段维、卢雄飞三位老师为成员的歌词创作小组。2010年9月25日,面向全校师生员工和广大校友征集校歌歌词,活动受到师生校友和社会人士的广泛关注和积极响应。截至11月15日,校歌征集活动圆满结束,组委会共收到歌词作品56件。应征作品各有特色,每首歌词都有闪光的句子,但整体上来看,作为校歌又有所欠缺。在此基础上,校歌创作组进行酝酿构思,确定了四个原则:传承百年学府的历史和底蕴;反映学校的特点和地域特色;传达对未来的期许;总体风格应该澎湃、大气,富有激情。总体定位是"百年老校、青春学府"。经过集体再创作,2010年12月24日,《华中师范大学校歌歌词》(暂定稿)发布,公开征求修改意见,歌词(暂定稿)是:"武昌城内,桂子山中,桃红李白映苍穹。百年参天树,万里荆楚风,大地正葱茏。学以致用,博雅为宗,青春似火别样红。今日你立言,明朝我立功,师德铸黄钟"。从征求意见到歌词的最终定稿,创作组字斟句酌、反复打磨,又经历了2年多时间才完成使命。比较暂定稿和终稿,歌词的确较好地体现了创作定位和原则。歌词写实和写意相结合,立意深远,蕴意丰厚。不仅书写了百年老校的历史,体现了鲜明的地域风格,突出了学校的教师教育特色,还彰显了学校的成就,展现了学校的社会影响,概括了我校的人文底蕴,展示了我校的生机与活力,揭示了我校师生员工与时俱进、开拓进取的时代风貌。整首歌词意象鲜活,形象生动,气势恢宏,且文辞雅致,简洁明快,雅俗共赏,便于传唱。

此后,校歌在华师师生和校友间广为传唱,并受到其他高校和专业机构的高度认可。2017年,《华中师范大学校歌》在"青春之歌2017——中国教育电视台首届最美校歌"音乐电视颁奖晚会上荣获"最佳传播奖"。

从文华大学校歌,到华中大学、中华大学校歌、中原大学校歌,再到华中师范大学,各时期的校歌虽各具特点,却一脉相承,是对内的感召和激励,也是对外的展示和宣言,是不同时代华大人的精神图腾,其中传承的是百年学府的深厚底蕴,并以此共同谱写出华大的世纪华章。

参考文献

[1] 马敏,汪文汉.百年校史[M].武汉:华中师范大学出版社,2003.

[2] 王玉德.华中大学校歌——奋进之歌[N].华中师大报,2003.

[3] 陈庆中.中华大学校长陈时的一生[G].转引自中国人民政治协商会议湖北省武汉市委员会文史资料研究委员会编:武汉文史资料(第2辑),1985.

[4] 陶军.中原大学校史[M].武汉:华中师范大学出版社,1986.

"中南财经政法大学"校训、校徽、校歌文化内涵解读

中南财经政法大学　　符少华

每所学校都会在发展过程中形成自身的独特文化，而每所学校的文化建设都主要体现在物质文化、精神文化和制度文化三项建设上。三项文化建设的全面、协调发展，便为学校树立起完整的文化形象。

校训、校歌、校徽、校旗是校风的集中体现，而校风与教风、学风、班风、学校人际关系等共同构成校园精神文化。

校园精神文化是一种深层次文化，是学校在长期办学过程中形成的一种学校意识和文化观念，是校园文化建设的核心内容，是校园文化建设的最高层次，是校园文化的灵魂所在。它既包含校园历史传统，又包括代代师生都认同的文化观、价值观、生活观等意识形态；它既集中反映一所学校的本质、个性和精神面貌，又让人能时时处处、真真切切感受到其独特感染力、凝聚力与震撼力。身处其氛围中，教育者无需作太多说教，被教育者就已不知不觉、自然而然地感觉到自己的心境被净化、情操被熏陶、灵魂被洗礼。

下面笔者就重点解读一下中南财经政法大学（下文简称"中南大"）建校70年来所形成的独特"校训""校徽""校歌"的文化内涵。

"中南大"自1948年建校至今产生了两个"校训"，十个纯文字"校徽"，五个图文并茂标志性"校标"或徽标，一首贯穿始终的"校歌"。下面笔者予以一一解读。

一、"校训"

校训自古是一所学校珍贵的价值遗产和宝贵的精神财富，是学校群体价值观的精华、校园文化的灵魂，是整个学校传统文化的核心。

"中南大"第一个校训产生于中原大学转轨办学时期，内容为："团结、忠诚、勇敢、勤奋"。

其主要文化内涵：精诚团结，互敬互让，互学互助，关系和谐，民主集中，集体主义；忠党爱国，信仰坚定，职业道德，诚实处事，遵纪守法，心存正气；充满魄力，果敢行动，勇担责任，不怕艰险，英勇无畏，大义凛然；严于律己，讲究效率，持之以恒，尊重科学，开拓创新，倾其所有。

整体理解：团结一切可以团结的力量，全体师生保持一致的政治方向，互爱互助，和谐发展，民主集中，热爱集体；忠诚党和国家、民族、事业，坚定共产主义信仰，遵纪守法守规，心存浩然正气，追求真理，严谨治学，尊重科学；

不畏艰难险阻，办事果敢，勇担责任，大义凛然；养成勤奋习惯，练就扎实本领，有为社会主义事业努力拼搏、艰苦奋斗的献身精神和刻苦学习、勇攀高峰、积极进取的精神，有高水准专业知识，能为国为民不断开拓创新、奉献毕生精力乃至生命。

　　"中南大"第二个校训公布于 2003 年 6 月 23 日（建校 55 周年）。内容为"博文明理，厚德济世"。

校训石

　　此校训实质是半个多世纪来，革命先贤和广大师生在长期的教学、管理实践中共同创造、由历届先贤大师发挥凝练、经学校现代专家教授总结而形成的。

　　"博文"即"博学"，博学出自《礼记·中庸》，意为：广泛地学习。"明理"：即严明治理或明察事理、懂道理或明白是非、通晓道理。"厚德"源于《易经·坤卦》："地势坤，君子以厚德载物"。原意为孔子对君子人格的基本要求，这里学校有注重传统教育、培养新型君子人格，将古老君子人格焕发新春之意。人处于世，要经历千辛万苦、曲折磨难，但应以如土般兼容万物的博大胸襟以待之，应为人端正，品格高尚。"济世"，即济助世人。《论语·雍也》："博施于民，而能济众。"意即广泛的救助世人，才可称其为济世。四者关系：在博文明理中修德，在修德过程中博文明理；"前三"为济世之基础、必备条件，"济世"是"前三"的最终归宿。

　　其公布释义：知识渊博，缜密思维，识高才优，求真去伪，守身崇德，人格完备，报国为民，服务社会。

　　整体理解：中南大人为人处事要广猎知识，博览群书，去粗取精，去伪存真，通晓事理，以守身为人、宽厚仁德为要，以达德才兼备，经世致用，报效国民。

二、"校徽"

有资深老教授说："校徽仅文字，校标为图案，即常说的 logo。"另外还有人说：logo "基本就是校徽的意思"。还有人说：校徽，学校徽章，上标有校名，是一所学校的象征、标志。

百度百科：校徽是学校徽章的简称，是一个学校的标志之一，其主要目的是分辨人员、留存纪念和通过图案、文字来介绍学校的性质和学科，同时在佩戴校徽时也给佩戴者在无形中增加了纪律的约束，规范学生的行为，提高学校知名度。体现学校特征，让人容易记住。

据上，校徽应分纯校名徽章和图文并茂徽标。

1. 纯校名徽章

"中南大"这种徽章有中原大学、中南政法干校、中南财经政法大学等十套。每套均分学生佩戴用白底红字和老师佩戴用红底白字两种，分别代表学校某个发展时期及其使用校名和原始拥有者身份，兼佩戴者自律。因而校徽还隐含着学校素质文化与管理文化。

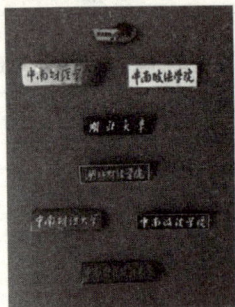

"中南大"部分校徽   中南政法学院徽标

2. 图文并茂徽标

图文并茂徽标中南大共有五套。

第一套"中原大学"徽标，启用于 1950 年学校转轨时期。

其元素含义：图中"齿轮"代表"工"（工人阶级、工业化），象征先进、进步；"嘉禾"代表"农"（农民阶级、农业化）；"书本""笔尖"代表文化、教育；"五角星"代表革新、上进的共产党之领导；"红色"代表热情、活泼；"蓝色"代表坚强、崇高；"黄绿色"代表中华民族的永恒性，以及庄重而富于春的活力与繁荣；"白色"代表纯洁、公正、平等、自由。"中原大学"代表校名。

　　徽标整体文化内涵可理解为："中原大学"是一所中国共产党领导的，以工农联盟为基础的，一个新生、热情、活泼，富有青春活力与坚强意志，有崇高理想，追求公正、平等与自由，进取的、学习国际主义的、为工农人民服务的、永恒传承传播中华民族文化与文明的高等文化、教育改造学府。

　　第二套中南政法学院 1990 版徽标。

　　此徽标首次公布于 1990 年 3 月 1 日春季开学校报首期。

　　其元素含义：

　　(1)图中有一打开的书本，代表单位性质——学校。

　　(2)整体似一警帽，下为警帽麦穗，帽上似警徽外形，示学校办学性质：公安、法律类高校。

　　(3)图中"Z、N、Z、F、X、Y"取自校名拼音开头大写字母，代表校名，并寓意学校地理位置：中国中部中南地区。

　　(4)"星"代表共产党之领导。

　　(5)"1953"代表学院首次成立时间。

　　(6)图中英文为学院英文校名，寓意国际化办学。

　　整体理解：中南政法学院是一所于 1953 年成立、由共产党领导的、位于中南地区面向国际化办学的公安、政法类高校。

　　第三套中南财经大学 1993 版徽标。

　　此徽标首次公布于 1993 年(建校 45 周年)2 月 20 日春季开学校报首期。

　　其元素含义：

　　(1)图中"Z、N、C、D"分别取自"中南财大"读音开头大写字母，寓意学校办学性质财经类大学及其简称"中南财大"。

　　(2)字母组成了一个像"中"字的图标，加上字母"Z、N"，寓意学校地理位置：中国中部中南地区。

　　(3)字母按"C、D""Z、N"顺序排列，代表"财大"面向"中南"地区招生。

　　(4)图标外形还像一只飞翔的鸟，代表"财大腾飞"。

　　(5)"C、D"斜放所组成的弧形与外围菱形寓意"校园"及开放办学。

　　(6)图中英文为学校英文校名，与字母共同寓意国际化。

　　整体理解：中南财经大学是一所位于中南地区，简称为"中南财大"、面向中南地区招生、面向国际腾飞的高等教育学府。

　　第四套中南财经大学 1998 版徽标。

　　此标识首次公布于"中南大"建校 50 周年的 2 月 20 日春季开学校报首期。

中南财经大学 1993 版　　　　　　　　中南财经大学 1998 版

其元素含义：

（1）单位特色——学校。内圆中古钱币摆放像一本打开的书，寓意单位是教书、办学之地。

（2）办学特色——财经类。古钱币本身代表财经，这种古钱币源于先秦的一种货币叫"布币"，布币也称铲币，原形像一把农民用的铲子，古代称这种铲子为"镈"（读音勃），后来谐音成了"布"。

（3）地方特色，寓意学校地理位置。因湖北随州出土的我国迄今最完整的一套文物"曾侯乙"编钟是湖北的象征，且这套编钟里其中有个大"镈钟"，所以用"镈"寓意学校是地处湖北的大学。

（4）钱币上所书"财大"两字为篆文变异体，"财"可拆分为贝和才，贝，指宝物、金钱；才，指有用物。"大"，指大学。"财大"，一是进一步明示学校财经类性质；二是明示"财大"是学校在中南地区的一个专称，即在中南地区，只要说"财大"，则一定指中南财经大学。

（5）图中"大"看上去像是一个人在伸展双臂，大字顶端也像一个火箭头，寓意财大在发展中张开臂膀翱翔前行、拥抱未来，像火箭一样地赶超国内外一流大学。

（6）"1948"表示学校创立于 1948 年。外圆上方中文为建校创始人之一的邓小平亲自题写的校名，这校名既完整明示了学校全称——中南财经大学，又暗示了学校初创性质与校名题写人。

（7）外圆英文为"财大"英文校名，暗示学校面向国际办学并已与多国高校建交。

（8）"五星"寓意学校由中国共产党领导。

整体可理解为：中南财经大学是一所于 1948 年由邓小平等老一辈无产阶级革命家亲手创立、由中国共产党领导的，地处湖北、面向中南与国际招生、由邓小平亲手题写校名的，已具国际交流性质、并把赶超国内一流、建设国际化大学作为办学目标的财经类大学。

第五套中南财经政法大学徽标

此标识产生于 21 世纪初。

中南财经政法大学徽标

其元素含意：

（1）图中实体似英文字母中位列第一的"A"，形状又似一奋发向上的箭头，暗示第一、一流之意。

（2）"A"分为三块，从下往上看，下分上合，下示原两校，上示合二为一的新校，即代表两校合并；从上往下看，上整下分，则寓意原本两校一脉相承于中原大学，经过合分分合曲折发展，终又携手合成一个 1＋1 大于 2 的更强大的整体。

（3）"A"又似一迈开双腿的"人"字，虚体镂空处似"文"字也似张开双臂的"人"像，寓意学校人文社科类大学性质和"以人为本"的办学理念。

（4）图中内外两圆表示国内与国际，"A"的顶端冲破内圆，寓意学校"冲出中国，走向世界，培养拔尖人才"，即代表学校建设特色鲜明、高水平的国内一流、国际知名人文社科类大学的奋斗目标。

（5）"A"似"人"张开双臂及"人"迈开双腿，寓意学校开放办学并稳步发展。

（6）"1948"和"中国武汉"表示学校建校时间及其所在地。

（7）上半圆中特别书写形式的中文为邓小平"中南财经大学"题写版及其"政法"笔迹组合校名。同时暗示学校的创建与邓小平等人有关。

（8）下半圆之英文为学校英文校名，进一步突显学校面向世界、建设国际知名的人文社科类大学的奋斗目标。

（9）蓝色为校标，红色为校友用校徽。

整体理解：中南财经政法大学是一所由邓小平等老一辈无产阶级革命家于1948年亲手创立、由中国共产党领导、由邓小平亲手题写校名的，地处湖北武汉、经历了分分合合曲折发展又再次携手前行的，勇争国内一流、建设国际知名，面向世界、"以人为本"、稳步发展的开放性人文社科类大学。

三、"校歌"

校歌是一所学校校园文化建设的重要元素之一，是学校形象、特色直接展示的一个重要方面。

"中南大"校歌于2018年才敲定《中南财经政法大学校歌》并于70周年校庆隆重推出。

校歌其实早在1950年建校两周年之际就曾以《中原大学两周年纪念歌》的形式诞生，现将"纪念歌"确定为"校歌"，其目的体现：学校将秉承中原大学精神，继续不忘初心，砥砺前行。

校歌歌词都是"中南大"经历的真实写照，歌词为：滔滔黄河见证她发祥之地，滚滚长江记录她成长之旅；从革命战争到"和平"年代，从一个个考验到一次次胜利；千万师生奔向她视她如亲娘，她以广阔胸怀哺育、培养、呵护自己的"儿女"，将他们在火热斗争中锻炼，在浩瀚学海中遨游，在工厂农村摸爬滚打，教他们勇敢热情、虚心学习、苦练本领、脱胎换骨，树立远大理想，奔赴全国乃至世界各地，走向人民最需要的地方，建设祖国，为人民争光！这是一所革命的学校，是一所人民的大学！

歌词寓示了学校来龙去脉、办学性质与目的前景；唱出了师生成长经历、文化理念与奋斗目标；完整解读了"中原大学精神"：树立了艰苦奋斗、为人民服务的革命人生观。歌词感情真挚、热情洋溢，整首歌，无论是对当时的中原大学还是之后的一代代"中南大"人，都充分展现出了他们积极求学、投身祖国建设的远大理想和精神风貌；其旋律抑扬顿挫、铿锵有力，振奋人心，催人进取！

整体来说，"中南大"各校训、徽标、校歌都是校园文化与中原大学精神精髓充分传承、积淀的具体体现，且深刻"强制性"地感染了"中南大"的每一代、每份子，使不符合学校发展环境气氛的心理和行为时刻受到一种无形的压力，使每一位"中南大"人的集体感日趋增强，形成了集体成员心理特性最协调的心理相容状态，其内在动力得到更大激发。可以坚信：中南大人将会继续不辱使命，继承前人革命精神，秉承"博文明理，厚德济世"校训，坚持"不忘初心跟党走"永远"为人民服务"，为建设更美好的中华人民共和国而努力奋斗！

弦歌不绝——华中农业大学校歌校训诞生纪实
华中农业大学　李国英

巍巍学府，栉风沐雨；薪火相传，弦歌不辍。来读华农，带你走进华农的"前世今生"。今天我们讲述的是湖北省立农学院院歌诞生的故事。

"跑马溜溜的山上，一朵溜溜的云哟。

端端溜溜的照在，康定溜溜的城哟。

月亮弯弯，康定溜溜的城哟……"

这首脍炙人口的《康定情歌》诞生于四川康定，是由当地群众自发编创并广为流传的民歌。《康定情歌》能在20世纪40年代唱出康定，流传全国，响彻至今，与当年担任湖北省立农学院音乐指导的著名歌唱家、音乐教育家喻宜萱密不可分。这首歌是南京国立音乐学院学生吴文季在四川西康采风时收集的，抗战结束时，他把这首歌曲交给了喻宜萱。刚从恩施回到城市，还来不及拂去身上烟尘的喻宜萱，在过去的整整8年里，听得最多的是枪炮声、哭喊声、呻吟声、敌机的轰鸣声和恩施城头的空袭警报声，刚一展开歌谱，喻宜萱就感到一股清新的气息扑面而来。那澄澈纯净、悠扬明亮的旋律简直就像山间的泉流、林中的鸟鸣、月色下虫儿的低语。如此简单，如此淳朴的民歌顿时深深打动了喻宜萱。

1946年，喻宜萱在南京俱乐部举办独唱音乐会，首次演唱了《康定情歌》。一夜之间，这首旋律优美、民族风味浓郁的歌曲不胫而走，传遍全国。后来，喻宜萱多次在全国各地举办独唱音乐会，她的"粉丝"甚多，音乐会常常一票难求。不过，湖北省立农学院的师生却早已熟悉喻宜萱的歌声。

喻宜萱是中国最早学习西洋唱法的歌唱家，早年从国立上海音乐学院毕业后，便在中央大学音乐系任教，后来到美国康奈尔大学研究生院攻读音乐和教育硕士学位。1940年，喻宜萱随丈夫管泽良从天府之国四川辗转来到湖北鄂西的恩施。从那时起，她就一直担任湖北省立农学院的音乐指导。每天，师生们都能听见喻宜萱在金凤山的竹林中"吊嗓子"练唱。在恩施的日子里，她常常带领学生到恩施城里和附近的乡村演出，连田里栽秧打谷的老农都认得"歌唱得好听，人又长得漂亮"的"管夫人"。在恩施的日子里，喻宜萱经常坐轿子往返于山路上。两个轿夫喜欢唱山歌，前面的轿夫唱一句"前面一朵花"，后面的轿夫就会接着唱"后面牛屎巴"。粗犷质朴，洋溢着浓郁泥土气息的民歌小调在寂静的山谷间回响，感染和影响了受西洋经典音乐熏陶和教育的喻宜萱。

1945年12月，湖北省立农学院从恩施迁回武昌宝积庵后，喻宜萱的主要精力开始转向音乐普及的社会活动。

1946 年的春天是一个充满希望的季节。还沉浸在抗战胜利喜悦之中的武昌城内，四处洋溢着兴奋和躁动。虽然战争的创伤尚有待时日才能平复，但人们对新的生活仍然满怀期待和遐想。

回到武昌后，湖北省立农学院有学生 200 多人，教职员工 90 余人，仍设有农艺、园艺、农业经济、植物病虫害等 4 个系。宝积庵校园满目疮痍，残败不堪，荆棘杂草丛生，更要命的是，校园内还有部队屯驻，校舍和农场多半被征为军火仓库或兵营。为了尽快结束眼前这一混乱状态，使农学院能早日复校，管泽良成天奔走在各个军政部门，费尽周折。在管泽良的努力下，屯驻宝积庵的部队先后撤走，兵营终于变成了校园。管泽良又发动师生自己动手整理校园，修葺校舍，没过多久，校园就焕然一新，处处呈现出生气勃勃的景象。

这时，学校又多了 10 多个教授，其中不乏各领域的知名学者，如著名农业经济学家王一蛟、著名昆虫学家曾省之等。

1946 年 11 月 17 日是省立农学院六周年院庆纪念日，为此学校设计了院徽，管泽良还希望创作一首院歌。这个想法早在恩施时就有了，他甚至物色好了词曲作者，却一直未能付诸实现。

管泽良将作词的任务交给了国文教授朱再庵。这个江陵才子 40 出头，个头不高，身上透出一股传统文人的气质。他走路时气定神闲，不紧不慢，说话轻言细语，他讲课的时候，学生都要去抢前边的座位，以便听得更清楚。朱再庵国学功底深厚，上课时旁征博引，要言不烦，因此农学院学生特别喜欢国文课。1943 级学生王炎森形容说，朱先生上课时教室里连一根针掉在地上都能听得见，可见学生听课是多么地专注。

朱再庵喜欢在晚上为学生授课。有一次，朱再庵在金凤山顶为学生上课，讲《文选》。皓月临空，宇内澄明，兴之所至，他不禁手之舞之、足之蹈之，高声吟哦起来："月既没兮露欲晞，岁方晏兮无与归"，听到此外，远离家乡和亲人的学子们无不情动于中，潸然泪下。朱再庵还是一个热心的社会活动家，他带领学生创办了宣传抗战的文艺刊物《晓风》，这是战时恩施唯一的文艺刊物，深受读者欢迎。回到武汉后，他担任湖北省立农学院通讯的主编，还指导学生文学社团的活动。所以，管泽良认定朱再庵是院歌词作者的最佳人选。

至于院歌的曲作者，不用说，就是管泽良的妻子喻宜萱了。喻宜萱是音乐教育家，又是"学院派"的歌唱家，一直担任湖北省立农学院的音乐指导，对农学院的大学文化和大学精神有深切体悟。此时，她已辞去教职，专心致力于音乐普及的社会活动，正为一次长达 3 年的全国巡回演唱会做准备。

一位植根传统文化、潜心国学的国文教授，一个留学美国、当时中国最著名的女高音歌唱家，只因有着恩施岁月的共同体验，加上 1946 年春天特有的时代情绪的共鸣，两个人便有了这次空前绝后的合作。

　　1946 年 4 月，一个春风沉醉的晚上，喻宜萱将在湖北省立农学院的操场举行露天演唱会的消息传出，倾动武汉三镇。当时长江上没有大桥，从汉口、汉阳来武昌全靠武汉关码头的汽轮摆渡。为赶到武昌宝积庵观看喻宜萱的演唱会，从下午开始，轮渡码头黑压压地挤满了等待过江的人。这场面向民众普及音乐的露天演唱会不收门票，连基本的扩音条件都没有。湖北省立农学院的大操场被观众挤得水泄不通。演唱会上，喻宜萱声惊四座，光彩照人。演唱会最后，为答谢热情的观众，也为表达对这所与全民共赴国难、坚守"耕读"、历经艰辛而不殆的大学的敬意，喻宜萱特别加唱了新创作完成的《湖北省立农学院院歌》。农经系大一的学生廖运铜是第一次听到喻宜萱的歌声，和在场数千名听众一样，他彻底陶醉在这美妙的歌声中。广场上热烈的气氛和雷动的掌声，令他激动不已。

　　这一晚是喻宜萱第一次将院歌献给全体师生。喜爱音乐的廖运铜发现，院歌采用的是舞曲常用的三拍子节奏，却全然没有舞曲的缠绵柔曼之气，相反，由于多处使用全休止符，并运用上行音程的行进式旋律，形成了明快跳跃的节奏，又全然没有一般校歌的呆板凝重。朱再庵写的歌词，句式典雅整饬，音韵铿锵有力，既有浓厚的传统意蕴，又有鲜明的时代特征：

　　　"挹江流浩浩荡荡，
　　　挟沃野郁郁苍苍。
　　　萃俊秀于三楚，
　　　聚硕彦于一堂。
　　　勤读力耕肩重任，
　　　立己达人图自强。
　　　雍雍穆穆，
　　　跻跻跄跄。
　　　宏农学，
　　　扬国光，
　　　日新永无疆。"

　　1950 年，湖北省立农学院去掉"立"字，改名湖北省农学院。"勤读力更肩重任，立己达人图自强"的院歌从此被厚厚的历史尘烟所封存。

　　2006 年 4 月，沉寂了近 60 年的《湖北省立农学院院歌》被拂去尘埃，在狮子山下重新响起，并正式确定为华中农业大学校歌。同时，摘自校歌的"勤读立耕，立己达人"8 个字被确立为校训。

中南民族大学校训、校歌、校标的历史形成和文化内涵
中南民族大学　档案馆、校史馆

中南民族大学是直属于国家民族事务委员会的综合性普通高等院校。建校以来，学校始终坚持社会主义办学方向，贯彻落实党的教育方针和民族政策，始终坚持党的民族工作规律与高等教育规律相结合，民族高等教育的特殊性与普通高等教育的普遍性相结合，遵循高等教育的普遍规律，尊重民族高等教育的特殊性，努力探索办好民族院校的新路子，学校的各项事业获得了快速发展。在建设发展过程中，学校总结办学经验，凝练出了体现学校精神内涵的校训，创作并颁布了校歌，设计了校标。

一、校训

校训是广大师生共同遵守的基本行为准则与道德规范，它既是一个学校办学理念、治校精神的反映，也是校园文化建设的重要内容，是一所学校校风、教风、学风的集中表现，体现了大学文化精神的核心内容。进入 21 世纪，学校提出了"建设一流民族大学"的目标。因此，大力培育和弘扬校园精神成为了"建设一流民族大学"的重要内容之一。2003 年，学校召开党委中心组扩大会议，明确提出要总结学校办学经验，概括提炼校园精神，确立能反映学校精神内涵的校训。2004 年 5 月，学校召开了两次校园精神研讨会。参与研讨的校领导、专家教授和中青年骨干教师经过热烈讨论，将中南民族大学校园精神初步概括为"六种精神"：①勤奋务实，艰苦奋斗精神；②坚韧不拔，自强不息精神；③民主科学，求真创新精神；④和而不同，宽容开放精神；⑤笃信好学，与时俱进精神；⑥团结进步，爱国奉献精神。在"六种精神"的基础上，经过精心提炼和反复讨论，学校正式确定以"笃信好学，自然宽和"作为新的校训。

"笃信好学，自然宽和"是中南民族大学数十年办学历史的凝炼与总结，是一代代中南民大人的精神写照与价值追求。

"笃信""好学"出自《论语·泰伯》，"子曰：笃信好学，守死善道"。"自然"引自蔡元培先生"与其守成法，毋宁尚自然；与其求划一，毋宁展个性。"的教育思想。"宽和"既包含有对人与物的爱、包容、理解，展示出人的内心世界的浓厚、博大、充实；同时包含有对万物和谐相处、共同发展的理解与追求，又展示出"和"的根基。把"自然宽和"作为校训内容之一，体现了民族大学在处理民族关系、师生关系、学术关系等理念、方法上的重要特征。

二、校歌

校歌是学校办学理念、校园精神和学校特色的集中体现，既是学校历史与文化的积淀和浓缩，又是学校精神与灵魂的提高和升华。

2005年3月，中南民族大学校歌筹备工作启动。筹备工作由学校党委宣传部负责，校歌的创作采取面向社会公开征集的方式。最后确定由中南民族大学教师作词，中国歌舞团创编中心主任、国家一级作曲家王佑贵作曲。他们按照学校的要求，对校歌的宗旨、原则，校歌所要表达的精神和内涵，校歌的文句、美感等进行了反复推敲。

《中南民族大学校歌》编写工作历时半年多，先后多次面向校内外专家和广大师生征求意见。校歌歌词经过7次改动，作曲也四易其稿。2005年9月20日，《中南民族大学校歌》诞生了。9月28日，学校向校内各大单位发出《关于颁布〈中南民族大学校歌〉的通知》（民大发〔2005〕39号），正式宣布中南民族大学校歌的诞生。

中南民族大学校歌歌词简洁凝炼，情景交融，严肃庄重，主题鲜明，集中反映了学校的历史风貌和学校特色，突出表现了学校的民族情感和人文关怀。中南民族大学校歌曲谱节奏明快、旋律感人、婉转悠扬、气势磅礴，全面展示了广大师生员工蓬勃向上的精神风貌、生动活泼的文化生活、不畏险阻的昂扬斗志，彰显了深厚独特的文化蕴涵和饱含时代激情的校园精神。

中南民族大学校歌的诞生，是学校精神文明建设的新举措，是校园文化建设的新成果，也是凝聚人心，鼓舞士气，推进学校加快发展的新标志。中南民族大学校歌的诞生，对于学校内强实力，外树形象，增强学校的凝聚力和向心力具有不可替代的作用；对于激励师生员工弘扬传统，开拓创新，增强荣誉感、责任感和使命感，具有极其重要的意义。

三、校标

校标是一所学校的重要标识之一，是学校精神、气质和风采的形象化标识，是时代精神和办学理念的折射，是学校独特思想的充分体现。

中南民族大学的校标呈圆形，以绿色为主色调。"中南民族大学"的毛体字和英译字母镂空分布在校标的圆形外围上。绿色是植物的颜色，在中国文化中是有生命的含义，可代表自然、生态、环保等。绿色因为与春天有关，所以象征着青春，也象征着繁荣。性格色彩中绿色代表和平、友善、善于倾听、不希望发生冲突的性格。圆形代表了严格与规范，体现学校管理科学、治学严谨。校标中心的"1951"代表学校的创建时间。校标的中心还有一棵大树的图形，寓意中南民族大学在教育事业不断发展的同时，始终十分关注校园的育人环境建设。早在 20 世纪 80 年代，学校就被湖北省评为"绿化合格单位"。2000 年，学校的绿化面积已达 90% 以上，校园绿化及环境整治取得了明显成效。2006 年 7 月，校园绿化面积已达 37.2 万 m^2，绿化率达到 98%，学校被评为湖北省"园林式学校"。经过近三十年的努力，中南民族大学已建设成一个草坪如茵，环境洁净的园林式校园。校园内已达到了三季花香，四季常青，实现了人文情怀、绿色情调和育人功能的交相辉映。多年来，学校在各项绿化竞赛活动中取得了较好成绩，多次被湖北省教委、湖北省教育厅授予"绿化合格学校""园林式学校""绿化先进单位"等殊荣，被武汉市人民政府授予"绿化红旗单位"。

校标中心的大树图形含有一把钥匙的图形，寓意着在绿色的校园中，广大师生攻坚克难，运用自己的聪明才智，用钥匙打开一扇扇通往知识殿堂的大门；象征着中南民族大学在成就获取和科学发展的道路上，不畏艰险，勇攀高峰，薪火相传，追求卓越。

在新的历史起点上，学校坚持以习近平新时代中国特色社会主义思想为指导，深入学习贯彻党的十九大精神，贯彻新发展理念，着眼国家战略需求和民族工作重点，围绕立德树人根本任务，践行办学宗旨，不忘初心，牢记使命，奋发有为，勇于创新，大力实施"质量立校、学科兴校、人才强校、特色荣校"战略，努力建设特色鲜明、国内一流、国际知名的高水平民族大学，培养担当"中华民族一家亲，同心共筑中国梦"大任的时代新人。

武汉科技大学校训、校徽、校歌中的文化元素
武汉科技大学　万青

武汉科技大学校训、校徽历经两年半，由学校党委宣传部三次征集，在广泛征求方案的基础上，于 2002 年 3 月由常委会选定武汉科技大学校训、校徽。

一、校训

厚德博学　崇实去浮

武汉科技大学校史沿革，可上溯到张之洞（晚清洋务派中的重要人物）于湖北创办的工艺学堂。校训"厚德博学、崇实去浮"传承了张之洞"沉静好学、崇实去浮"的办学思想。

张之洞在创办书院、学堂之时，希望培养出一批"通博之士，致用之才"，

他提出"非博不通，非专不精"的治学方法。他创办的书院有严格的教学制度和考试程序，学生处于一种竞争奋进的学习环境，也逐渐形成了"沉静好学、崇实去浮"的良好学风。

在八字校训中，"厚德"语出于《周易》中的名句："天行健，君子以自强不息；地势坤，君子以厚德载物"，意指深厚的品德、增厚的美德。"博学"语出《礼记·中庸》："博学之，审问之，慎思之，明辨之，笃行之。"《礼记 儒行》："儒有博学而不穷，笃行而不倦。"意指多闻勤学、学问渊博。在张之洞所著《輶轩语·语行》篇中专门从"德行谨厚""人品高峻""立志远大""砥砺气节""习尚俭朴"及日常行为规范等方面，或正面倡言或严予告诫，对学子提出德行要求。1898年，张之洞上奏折呼吁兴办工艺学堂，培养工程师，他主张"择读书通文理之文士，教以物理学、化学、算学、机器学、绘图学，学成使为工师"，"工师皆是学人"。"厚德博学"即重视道德修养，注重德育，强调从多、广、深等方面求取丰富知识。

"厚德博学"作为校训，就一所大学的底蕴与精神而言，不仅彰显了现代大学的传统内涵，而且校训中"厚其德，博其学"的大学精神也是高等教育的永恒使命。

"崇实"：重视实际，推崇实在；"去浮"：除掉浮躁，除去浮华。

张之洞任湖广总督期间创办了汉阳铁厂、湖北枪炮厂、布纱丝麻四局等一批近代企业，他在新学制中采取利用工厂附设学堂的办法，如汉阳铁厂附设有矿学堂和化学堂各一所，力图培养工程师和技师。学堂采取理论学习与实际操作相结合的学习方式，每天学习8小时，其中讲堂学习4小时，又以"必须亲手操作，方能切实通晓"为原则，让学生在教习和技工的指导下，从事实际操作4小时。学校创建伊始，就确立了"面向实业需求，培养实用人才，倡导崇实学风，强化实训动手"的"四实"办学风格和理念，"崇实"理念就此形成。学生在学习过程中要求摒除杂念、专心致志、脚踏实地、学以致用，以达到"读书期于明理，明理归用致用"的目的，强调一种认真专注，踏实求知的学习态度。

1958年9月，武汉钢铁公司建成投产。为适应当时对钢铁人才的迫切需要，武汉钢铁学院在武汉组建，为华中地区培养钢铁人才。1898年至1958年，再到2018年，"四实"的办学风格到"崇实"的办学理念，百余年沧桑，始终有着割不断的校训情缘。

"崇实去浮"意为注重实践，严禁浮夸；提倡立足实际，反对华而不实；倡导真才实学，不要虚假作风；追求实用实效，切勿徒有虚名。

武汉科技大学"厚德博学、崇实去浮"的校训精神，既延续了张之洞"沉静好学、崇实去浮"良好学风，又随着时代的发展，与时俱进。高校培养的人才除了要具备丰富的书本知识外，还要尽可能多地在社会实践中汲取广博的知识，更要具备高尚的品德素质修养，成为适应性强的高素质人才。

八字校训充盈了大学文化之灵魂，凸显了校园文化之内蕴，对振奋全校师生之精神具有积极意义。

二、校徽

武汉科技大学的校徽从整体看是一只凌空飞翔的鸟，同时又是一只搏击风浪的船。

其寓意：

校徽以字母"Y"为主体构成白色帆船的形象，"Y"是冶金的"冶"字拼音首字母，又有武汉三所冶金院校合一的含义，也体现出学校的冶金特色。

由字母 Y 变形组成的一艘动感极强、搏击风浪的帆船，象征着学校的事业乘风破浪、一帆风顺。帆船以内圈淡蓝色为背景，如海天一色，象征着苍穹、海洋的博大和深邃；外圈的绿色象征着生命的活力和蓬勃。

圆形校徽上半部分的弧形排列的汉字"武汉科技大学"为鲁迅手写体，和下面的英文"武汉科技大学"组成圆形，象征着学校团结一心的精神。整个校徽的含义：团结、奋进。

三、校歌

2007 年 9 月至 11 月，校党委宣传部面向全校师生征集歌词，收到大量脍炙人口的佳作。经过初选、公示，最后选择了该版由该校师生集体创作的作品。学校特邀全国著名合唱指挥、武汉音乐学院作曲系教授陈国权谱曲，总时长 1 分 35 秒。

歌词为：

扬子江边，黄家湖畔，

荡漾着我们青春的笑脸。

春风化雨，桃李满园，

立德树人，谱写壮丽的诗篇。

百年薪火，代代相传，

科技人文，和谐发展。

厚德博学，崇实去浮，

钢铁品质，引领我们，

勇往直前，勇往直前。

追求卓越，放飞梦想，

铸造共和国钢铁脊梁。

开拓进取，共创未来，

武科大的明天更加辉煌，

武科大的明天更加辉煌。

校歌涵盖了校训、学校办学目标，以及对学校未来的美好祝愿。歌词内容丰富，朗朗上口，歌曲音律优美而有力。其中"扬子江边，黄家湖畔"摘自学生的作品；"春风化雨"歌颂老师教学；"百年薪火"展现学校悠久的办学历史，"科技人文"讲明学校的发展方向，"钢铁品质"突出了学校办学特色。

武汉科技大学的校训"厚德博学，崇实去浮"，或是校歌"百年薪火，钢铁品质"，还是校徽的标识寓意，都是对武汉科技大学的文化内涵，从不同视角的诠释。无论高等大学职能与否，育人始终是第一位。武汉科技大学的校训、校徽、校歌体现着办学者的用心之良苦。

湖北工业大学校训、校徽、校歌的文化元素研究

湖北工业大学 萧毅

湖北工业大学的校训、校徽和校歌，立足于学校六十余年的办学积淀，以求实、进取的优良办学传统为核心，以不同形式从不同层面展现了学校的办学理念、办学特色、办学历史和地域特点。

一、校训

1985 年，湖北轻工业学院与湖北农业机械专科学校合并组建的湖北工学院挂牌成立，首任院长席宏卓教授题写了"团结奋进，求实创新"的校训。在这一校训的指引下，经过二十年的团结奋进、励精图治，2004 年，湖北工学院更名为湖北工业大学，经全校师生集思广益，确定了"厚德博学，求实创新"为新校训。

"厚德"语出《易经》"地势坤，君子以厚德载物。"意即大地的气势厚实和顺，君子应增厚美德，容载万物。厚德强调要有大地般深厚并能载育万物的德行和情操，既是中华民族的优良传统，也是高素质人才的必然要求。"博学"语出《论语·雍也》："君子博学于文，约之以礼。"意即君子要广泛学习知识并用礼节约束自己。《礼记·中庸》："博学之，审问之，慎思之，明辨之，笃行之。"对博学也有论述，强调的是要学习，会学习，深入学习，终身学习，是大学最根

本的要求。"求实"就是实事求是，求真务实，尊重规律，追求真理，是探索真理的科学精神和根本方法。"创新"就是不墨守成规，勇于打破常规，敢于探索未知，善于创造新的知识、理论、技术、方法解决实践问题，是学习发展的灵魂和持续发展的不竭动力。"厚德博学，求实创新"继承与发展了"团结奋进，求实创新"的核心内涵。

校长刘德富教授于2011年到任后，在2012年学校暑期中层干部会上对校训进行了阐述："厚德博学，求实创新"全方位体现了学校实现"培养造就具有创新创业精神和实践动手能力高素质应用型人才"的人才培养目标的路径和要求。"厚德"是方向，是前提；"博学"是途径，是手段；"求实"是原则，是态度；"创新"是目标和灵魂。

"厚德博学，求实创新"校训内涵丰富，既有对中华民族优秀文化的传承，又适应新时代发展要求而与时俱进，具有鲜明的时代特征，为全校师生确立了立德、求知、治学、处事标准与要求，明确了学校人才培养、科学研究、文化传承、服务社会的目标与途径，成为学校的核心精神，是一代代湖北工业大学师生的精神写照和价值追求。

二、校徽

湖北工业大学校徽于2004年由艺术设计学院教师设计，2014年略做修改。校徽为圆形，以代表科技的蓝色为主色调，外面蓝色圆环上下分别环绕毛体中文校名和大写英文校名；核心处留白形成的""为"湖北"拼音首字母"H"，""为英

语"technology"首字母，""为正楷的汉字"工"，体现了学校"立足湖北，服务工业"的办学定位，以及工学为主的办学特色；""为腾飞的黄鹤，既体现学校位于黄鹤故里武汉的地域特点，也体现了学校朝气蓬勃、奋发进取、勤勉求实、志在四方的精神；""是学校发展的历史轨迹，也是走在科技前沿的未来追求，体现了学校持续发展走向世界的办学目标；"1952"是学校的建校年代，体现了学校厚重的办学历史。

湖北工业大学校徽以简明的设计，将丰富的内涵蕴藏于简单而鲜明的元素之中，很好地表达了学校历史悠久、地处武汉、立足湖北、工学为主、科技为先、求实进取、持续发展的形式特征和精神特质。

三、校歌

湖北工业大学校歌《青春校园》，由著名词曲作家雷子明作词、王原平和彭志敏作曲，于2014年9月26日正式发布。歌词唱道：南湖水，长江波，日夜流淌我心中的歌。那一条美丽弯曲的小河，从我校园中慢慢走过，垂柳在两岸倾听，倾听那动人的传说。小河告诉我，小河启迪我，我要用青春再写新的传说，我要用青春再写新的传说。南湖水，长江波，日夜流淌我心中的歌。那一条工业文化的长廊，在我校园里深情诉说，从昨天走到今天，创新的路在不断开拓。故事教会我，故事鼓舞我，我要用知识报效我的祖国，我要用知识报效我的祖国。南湖水，长江波，日夜流淌我心中的歌；南湖水，长江波，日夜流淌我心中的歌。

流经学校的巡司河。据《水经注》记载，巡司河于南北朝时期形成，距今约1500年，流传着一个鲇鱼苦心修炼从汤逊湖途径巡司河最终游进长江游向大海成仙的传说。巡司河贯穿学校教学科研核心区的工业文化长廊，是一个人类工业文明发展的露天博物馆，工业特色与艺术特色鲜明而又有机融合，是学校的标志性景观。湖北工业大学校歌以学校特有的巡司河传说和工业文化长廊的文化内涵为主线展开，书写了广大师生感悟历史、学习知识、传承文化、求实创新、认真"修炼"，奉献工业、报效祖国的情怀，将湖北工业大学的地域特色、学科特色与大学精神深深蕴含其中，独具特色。校歌的乐曲采用了江汉平原小调的民族音乐音调，又富有现代音乐的轻快节奏，传统与时尚相结合，民族与通俗相结合，旋律优美、明快向上，体现了学校办学的传承、融合、发展，师生风貌的奋发向上。校歌的音域音调适中，整首歌曲好唱、易记，便于传唱。

校歌正式颁布后受到了广大师生的广泛赞誉，成了学校重要的文化符号，它在展示学校的文化底蕴、彰显学校的大学精神、增强广大师生的凝聚力等方面发挥了重要作用。

湖北工业大学的校训、校歌、校徽和校旗中的文化元素

湖北工业大学　冯爱学

校训、校歌、校徽和校旗是学校校园文化的重要组成部分和表征，是学校重要的文化符号和标识系统。湖北工业大学的精神文化体现在校训、校歌，进一步增强了广大师生的凝聚力和爱校荣校的使命感；湖北工业大学的学校标识表现在校徽、校旗，充分体现了学校办学理念和学校特色，展示学校的文化底蕴，彰显学校的大学精神。

一、校训：厚德博学 求实创新

在湖北工业大学喜迎六十年校庆之际，2014 年 10 月，武汉校友会三位校友向湖北工业大学捐赠了校庆石——幻彩红花岗岩三峡石。石头上用大篆字体刻有湖北工业大学校训——厚德博学 求实创新。

湖北工业大学校训中的"厚德"，语出《易经》："地势坤，以君子厚德载物"，意谓大地的气势厚实和顺，君子应增厚美德，容载万物。厚德既是中华民族的优良传统，也是高素质人才的必然要求。

"博学"，语出《论语》："君子博学于文，约己以礼"，意谓君子既要广泛学习一切知识，也要用礼节来约束自己。博学既是人生发展的重要基石，更是创建大学的本质要求。

"求实"，求，即探求，追求，寻求；实，即真实，真诚，实在。"求实，即求真务实，不唯出，不唯上，只唯实。尊重规律，追求真理。

"创新"，创，即创始，首创；新，即初次出现，更新。"创新"创造新的东西。"创新"既是学习发展的灵魂，也是学校兴旺发达的不竭动力。校训是湖北工业大学精神的高度凝练，它是学校风气的精神概括和真实写照，这种精神也被浓缩在校歌之中。

二、校歌：《青春校园》

湖北工业大学校歌《青春校园》于 2014 年 9 月诞生，由著名词曲作家雷子明（曾创作歌曲《山路十八弯》）、王原平、彭志敏创作，不仅勾勒出学校在长江南岸、南湖之滨的优越地理位置，更充分展示了莘莘学子胸怀理想、报效祖国的雄心壮志。

湖北工业大学校歌是一首独具地域、工业文化特色的校歌。它不仅区别于一般大学的校歌，而且区别于同类大学的校歌。歌词内容特意避开了写学校历史、写校训等常规写法，而是围绕学校特有的地域文化和工业文化展开。

流经我校的巡司河据《水经注》记载，此河早在南北朝时期就已形成，距今约1500年。这条小河流传着一个鲇鱼修炼的传说，讲述了鲇鱼从汤逊湖途径巡司河最终游向长江、大海的修炼历程。学校将新建的工业文化长廊打造成一个在全国高校中具有鲜明工业特色与艺术特色的校园文化景观，它不仅是工业文明发展的露天博物馆和学生素质教育基地，也是学校的一个地标性的场所。校歌选取了穿越校园的巡司河传说与工业文化长廊为意象，去书写广大师生认真"修炼"、勤奋学习与热爱工业、奉献工业、勇于创新、报效祖国的蓬勃情怀。

整个校歌的音乐创作，采用了民族音调和时代节奏。传统与时尚相结合、民族与通俗相结合，旋律优美、明快向上，音域音调适中，整首歌曲好唱、易记，便于传唱。演唱形式可适用独唱、表演唱、领唱合唱等多种形式，校歌正式颁布后受到了广大师生的赞誉。

三、校徽：湖北工业大学的校徽包括徽志和徽章。

学校徽志为圆形。环形上方为毛体中文校名，下方为英文校名，中间图案由两个黄鹤图形构成的"工"字和位于其两侧的环形带组成，中间图案下方标注了学校建校时间"1952"。

图案中H形为湖北拼音的开头字母，T形为英文technology的开头字母；黄鹤寓意学校的地域特点，黄鹤腾飞寓意立足湖北辐射全国，两只黄鹤上下的组合形成一个"工"字，寓意学校"立足湖北，服务工业"的办学定位，彰显功课特色，周围的彩带寓意可持续发展、科技概念、走向世界、历史沿革、奋斗轨迹。整体上似书卷的形态，反映学校厚德博学、求实创新的校训，凝练了"质量立校、人才强校、科技兴校、开放活校、依法治校"的办学理念；蓝色系列具有工科特色，象征学校开拓进取，有着无限的发展空间。

1. 学校徽章

为教职工和学生佩戴的题有校名的长方形证章。教职工佩戴底色为红色，校名文字为白色的徽章；学生佩戴底色为白色，校名文字为红色的徽章。

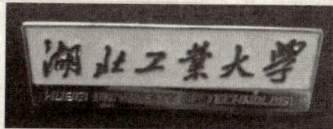

湖北工业大学校徽的徽志

四、校旗

学校校旗为白色长方形旗帜，中央印有蓝色毛体校名，校名上方配以校徽。白色校旗庄严大方，校徽、校名毛体字在旗面上处于居中位置，整体组合非常醒目，视觉冲击力强，能很好地搭配各种环境下的使用。

学校确定每年的 10 月 6 日为校庆日。校徽、校旗、校训、校歌共同构成了湖北工业大学重要的精神文化成果，已经深深融入了学校的文化血脉。

湖北工业大学校旗

武汉纺织大学校徽、校训、校歌以及大学精神的文化元素密码解析

武汉纺织大学　　邱宏伟　　肖永红

一、校徽

校徽如右图所示，标志以汉字偏旁部首"纟"结合六边形同构而成。

"纟"为涉及纺织主题的众多相关文字之重要组成部分，（如纺织材料："丝、纱、线"等；技术："纺、织"等）。作为标志的主体，其涵盖面广，具有典型的代表意义。偏旁造型以书法隶书体变形并结合现代字体笔画而来。传统与现代的融合，融古创今，展现了武大纺织大学（以下简称纺大）严谨治学的态度与面向未来的创新精神。

六边形如转动中的纺锤造型，凸显纺织主题；同时又与铅笔造型不谋而合，准确传达了学校即读书学习之地的概念。造型的立体感，象征学校发展的多元化、国际化及学科的多样化。

蓝色深邃理性，象征博大与包容，睿智与严谨。

标志整体造型简洁庄重、寓意明确、识别力强，准确体现了纺大校园文化与个性。

二、校训

崇真尚美

校训"崇真尚美"四个字体现了学校的精神风貌。其中，"崇"，是推崇、追求、践行之意。"真"有两层含义：一是指事物的本性、本源和自然界的根本法则，即客观真理；二是指人性的真诚、诚实。陶行知说：千教万教，教人求真；千学万学，学做真人。"崇真"即是全校师生实事求是，追求真理，崇尚真诚。崇真是我们在科学上追求至真，道德上追求至善的统一。"尚"，即尊崇、注重、追求之意。"美"蕴涵着心灵美、语言美、行为美、环境美等丰富的内容；"尚美"是"美在纺大"的文化追求，即全体师生对心灵、语言、行为、环境之美的崇尚与追求。"尚美"不仅是人的天性，更是一种高尚的人生境界。"尚美"与"崇真"互相呼应，互相补充。

三、纺大精神：

"自强不息，经天纬地"体现了纺大的精神内核。武汉纺织大学在中华人民共和国振兴民族轻工业的呼声中应运而生，伴随着民族纺织业的奋斗历程苗壮成长。在近六十年的办学历程中，形成了艰苦奋斗、百折不挠的自强精神，追求特色、坚守行业的执着精神，面向需求、着眼应用的求实精神，争创一流、敢为人先的拓新精神。这些精神归根结底，就是"自强不息，经天纬地"的"纺大精神"。

一代又一代纺大人在"自强不息，经天纬地"的精神激励下筚路蓝缕，玉汝于成，创造了一个又一个令人瞩目的成绩。纺大精神也将成为纺大人奋力前行的不竭动力，继续激励全体纺大人同心勠力铸造新的辉煌。

1. 艰苦奋斗、百折不挠的自强精神

《易·乾·象传》云："天行健，君子以自强不息。"就是说，人们应仿效天体永恒强健地运行"天道"而努力不息。回顾武汉纺织大学五十余年的历程，纺大迭经停办、复学、迁校、升格、下放、更名、合并、扩建等波折，历经艰难与坎坷，无不渗透自强之魂，闪耀自强之光。

2. 追求特色、坚守行业的执着精神

"执着"，也作"执著"，最早为印度教术语，指对某一事物坚持不放。泛指固执或坚守，亦指对某种事物追求不舍。回顾武汉纺织大学建校近六十年的历程，武汉纺织大学的创学奠基、崛起中南、扩校增质、跨越发展的每一步都体现着追求特色、坚守行业的执着精神。

3. 面向需求、着眼应用的求实精神

"求实",就是讲求实际,客观地或冷静地观察以求得对客观实际的正确认识。回顾武汉纺织大学近六十年的办学历程,学校在"创学、崛起、跨越"的奋斗过程中始终坚持"求实"的精神,使学校的人才培养、科学研究、社会服务、文化传承创新等功能日臻完善。

4. 争创一流、敢为人先的拓新精神

"拓新",意出《大学》引汤之《盘铭》:"苟日新,日日新,又日新"。"拓"意为"扩大、开辟";"拓新",意为拓展创新,在秉承传统的前提下开拓创新,不断进取,与时俱进,追求新高。所谓"拓新"即永不满足,勇立潮头之意,此为兴业建功之动力。

拓新是武汉纺织大学办学的目标,概括了武汉纺织大学争创一流、敢为人先的时代特征。纺大人共有的特点是务实开拓,纺大人的社会责任感和历史使命感,使纺大充满创新活力,在不断为实现伟大中国梦做出贡献的进程中,铸就了纺大争创一流、敢为人先的"拓新精神"。这种精神既无形于纺大人的心灵深处和学校的办学理念之中,又有形于全校师生员工大力推进教育创新、科技创新、管理创新和制度创新,为建设特色鲜明的高水平大学而团结奋斗的全过程。

四、纺大校歌

纺大校歌是由杨洪林、王生宁作词,刘思远作曲的。歌曲词调优美,天然合一,充满深情。整首歌曲高度概括和凝练了几代纺大人的不懈追求和美好梦想,集中演绎和表现了"自强不息,经天纬地"的纺大精神。曲调采用4/4和6/4拍,节奏快慢结合,舒缓有度,长短结合,极有利于推进情绪和情感的表达,逐步把情感推向高潮。歌词分为两段,叙述和抒情结合,抑扬顿挫。歌词第一段描述了纺大的创建、学科特色,纺大人筚路蓝缕,艰苦创业,百折不挠,秉承"崇真尚美"的校训,传承教育文明的星火,取得了科技和艺术的双馨,开创未来的气势和万丈豪情。歌词第二段从纺大的地理位置起兴,学校不断壮大,担当教育百年树人的崇高使命,为祖国培育栋梁之材,桃李芬芳满天下,硕果累累。全校师生携手同心,开创未来,书写21世纪的华丽新篇章。两段歌词结尾,同声高歌,反复咏叹,从爱和梦想启航,秉持"自强不息,经天纬地"的精神,走向绚丽辉煌的明天。

武汉纺织大学校歌

杨洪林、王生宁 词
刘思远 曲

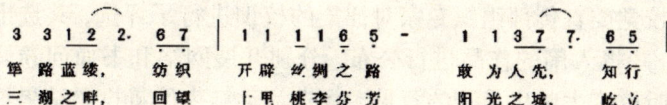

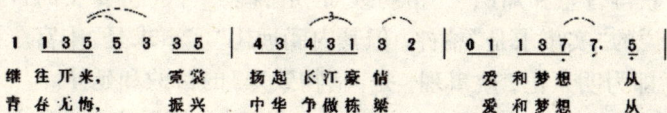

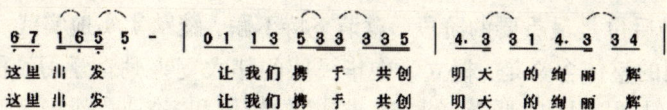

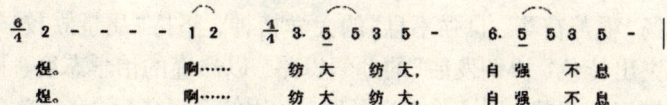

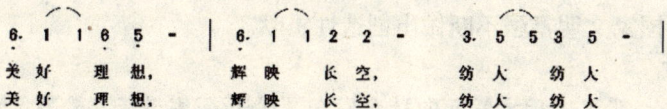

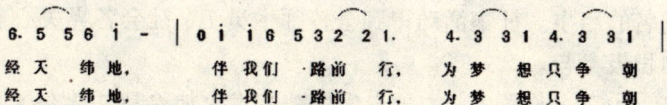

1=F. 4/4 6/4
深情地

3 3̲1̲2 2. 6̲7 | 1 1 1̲1̲6̲5̲ 5 - | 1 1̲3̲7 7. 6̲5 |
筚 路 蓝 缕，　纺织　开辟丝绸之路　　敢为人先，　知行
三 湖 之 畔，　回望　十里桃李芬芳　　阳光之城，　屹立

6̲7̲ 1̲1̲2̲ 2 - | 3 3̲5̲6̲ 6̲5̲. 0̲3̲5̲ | 2̲1̲ 1̲1̲4̲ 3 - |
介一 创造文明　崇真尚美，　科技　艺术秉承创新
百年 教育希望　担当有为，　师生　同心书写华章

1 1̲3̲5̲5̲ 5̲ 3̲5̲ | 4̲3̲ 4̲3̲1̲ 3̲ 2 | 0̲1̲ 1̲3̲7̲ 7. 5̲ |
继往开来，　霓裳　扬起长江豪情　　爱和梦想　从
青春无悔，　振兴　中华争做栋梁　　爱和梦想　从

6̲7̲ 1̲6̲5̲ 5 - | 0̲1̲ 1̲3̲ 5̲3̲3̲ 3̲3̲5̲ | 4̲.3̲3̲1̲ 4̲.3̲3̲4̲ |
这里出发　　让我们携手　共创　明天的绚丽辉
这里出发　　让我们携手　共创　明天的绚丽辉

6/4 2 - - - 1̲2̲ 4/4 3̲.5̲5̲3̲5̲ 5 - | 6̲.5̲5̲3̲5̲ 5 - |
煌。　　啊……　纺大 纺大，　自强 不息
煌。　　啊……　纺大 纺大，　自强 不息

6̲. 1̲1̲6̲5̲ 5 - | 6̲. 1̲1̲2̲2̲ 2 - | 3̲.5̲5̲3̲5̲ 5 - |
美好 理想，　辉映 长空，　纺大 纺大
美好 理想，　辉映 长空，　纺大 纺大

6̲.5̲5̲6̲ i - | 0̲i̲ i̲6̲ 5̲3̲2̲ 2̲1̲ | 4̲.3̲3̲1̲ 4̲.3̲3̲1̲ |
经天纬地，　伴我们一路前行，　为梦想只争朝
经天纬地，　伴我们一路前行，　为梦想只争朝

武汉工程大学校训、校歌、校徽及其内涵

武汉工程大学　范秀丽

1. 校训

2010 年 7 月，武汉工程大学面向全校和社会广泛征集校训，征集活动得到广大师生和社会的踊跃参与。截至 2010 年 12 月 7 日，共征集到校训作品 92 件。随后，校党委宣传部组织专家对征集的校训进行了评选，共选出入围候选作品 12 件，并将入围的作品进行公布，分别开展网络和书面问卷调查评选活动，进一步听取广大师生员工的意见。评选活动结束后将投票结果汇总并综合专家意见后报送校党委。2012 年 1 月 4 日，经校党委常委会研究审定，最终确定"格物明理、致知笃行"为武汉工程大学校训。

"格物致知"语出《礼记·大学》："致知在格物，物格而后知至"，意为探究事物原理而获得智慧和知识。"格物致知"是儒家一个十分重要的哲学命题，它包含现在所说的"实事求是"精神，但其内涵远比"实事求是"丰富。

"明理"即为明人伦，晓事理，是"格物致知"的目的和延伸。

"笃行"出自《礼记·中庸》："博学之，审问之，慎思之，明辨之，笃行之"，是"为学"最后也是最重要的阶段，意谓坚持不懈，踏踏实实地实践。

该校训的整体含义是：树立为中华民族的伟大复兴勤奋学习、积极进取的伟大志向，继承"团结、严谨、勤奋、求实"的校风和"奋进、踏实、刻苦、活泼"的学风，发扬"艰苦奋斗、自强不息"的大学精神，坚持"质量立校、科技强校、人才兴校、突出特色、协调发展"的办学思路，以严谨的治学态度、科学的实践精神，获取知识和智慧，明人伦，晓事理，学用结合，知行合一，为学校持续稳定发展、为国家文明富强不断做出创造性贡献。

2. 校歌

2006 年，武汉工程大学面向社会发布了公开征集校徽、校歌、流芳校区道路名和广场名的启事。征集活动得到全校师生员工、社会各界关心和支持学校发展人士的积极参与。

2008 年，由著名作词家、中国音乐舞蹈艺术家协会副主席佟文西作词、作曲家邹毅、彭龙作曲的《超越每一天》正式替代《武汉工程大学之歌》成为新版校歌。

3. 校徽

2006 年，在专家评审组的认真考核下，197 件校徽设计作品入选。经过修改，最终诞生了武汉工程大学校徽。

武汉工程大学的校徽标志由字母"W"与汉字"工"字两部分组合而成，其设计寓意：

校徽由汉字"工"和字母"W"为设计元素，经艺术变形构成搏击长空的黄鹤，也象征着长江、汉水，寓意着武汉工程大学30多年的快速发展和所取得的辉煌成就，昭示着学校未来发展的美好前景，又象征着武汉的地域文化特色。

整个图形略似一个西格玛（Σ）符号，其开放式的造型，象征着工程学子热情奔放、开拓创新、探索真知的精神风貌和崇高追求。

蓝色代表地球，象征团结、和谐，又象征着知识海洋。

武汉轻工大学校训与校徽

武汉轻工大学　　王宁

校训为"明德积学、砺志笃行"。八字校训选自传统文化经典，言辞简练，蕴涵丰富。

"明德"。出自《大学》："大学之道，在明明德，在亲民，在止于至善。"明辨是非善恶，修德正心，养成正直高尚的人格，为大学之本意。这是对学生人格修养的规定。"明德"是做人、做学问的要求。校训把它列于首位，体现了"育人为本、德育为先"的办学指导思想。

"积学"。源自刘勰的《文心雕龙》："积学以储宝"，意指从博览广识中不断积累知识和经验。正如荀子所言："不积跬步，无以至千里；不积小流，无以成江海。"广博地学习钻研，广泛地学习古今中外的各种知识，包括自然科学知识和社会科学知识乃至社会实践经验，专心致志地探求真理，培养成既具有远大志向又有广博文化知识的人才。"积学"体现了对师生的基本要求，体现了大学教育的根本特点。

"砺志"。砺，本义是磨石，用作动词便是磨砺；志，《说文解字》解为"意"，所以现代汉语有"意志"一词。人的意志不是天生坚强而恒久的，而是在学习和成长过程中不断磨砺和锻炼形成的。"砺志"也有树立远大志向之意。这是大学育人之道。

"笃行"。语出《礼记·中庸》："博学之，审问之，慎思之，明辩之，笃行之。"意思是说，广博地学习，详细地追问，谨慎地思考，明白地分析，切实地实行，是学习之道。"笃行"就是既要学有所得，也要努力践行所学，使所学最终有所落实。教育的目的是为了造就社会主义建设者，自觉地将所学的知识应用于生产实践中，到社会中去发挥聪明才智，真正做到知与行即理论与实践的统一，这是学校师生的共同责任，也是高等教育的目的所在。

"明德积学、砺志笃行"展示了学校敦厚丰富的精神底蕴和人文内涵，寓意学校德才兼备的培养目标和"知行合一"的教育理念。

总体含义就是：养成良好道德品质，健全人格，不断追求广博的学识和渊博的学问；坚持磨炼意志，树立远大志向，不懈地追求真理，坚持创新，努力将理论与实践相结合，自觉地将自己所学的知识奉献社会，在服务社会中实现人生价值，为国家发展、民族昌盛做出贡献。

校徽以"书本"为元素，整体抽象成"工"字形状，体现了轻工大的工科特色；似波浪般的形状，寓意学校位于长江汉水之滨，长江后浪推前浪。同时又形似一对展翅高飞的翅膀，寓意学校蓬勃发展。蓝色（C：100M：20Y：0K：0）基调代表稳重而广阔，寓意莘莘学子畅游在轻工大浩瀚的知识海洋里。"1951"字样表明我校创建于 1951 年，校名中文字体为毛泽东主席书法体"武汉轻工大学"，英文字体选用 Times New Roman。

武汉轻工大学校徽

湖北师范大学校训、校歌、校徽文化释义

湖北师范大学　岑露

湖北师范大学位于华夏青铜文化的发祥地之一——黄石市。学校脱胎于百年学府华中师范学院（现名华中师范大学），于 1973 年 4 月 8 日成立华中师范学院黄石分院；1978 年 12 月 28 日，经国务院批准，改名为黄石师范学院；1985 年 2 月 6 日，湖北省人民政府决定，学校更名为湖北师范学院；2016 年 3 月 1 日，教育部致函湖北省人民政府，同意湖北师范学院更名为湖北师范大学。建校 45 年以来，学校始终坚持教师教育特色，始终面向基础教育，不断培育师范文化，逐步发展成为湖北省教师教育的重要培养基地，成为支撑荆楚大地基础教育的重要力量，在湖北省教师教育领域具有不可替代的地位和作用。学校经过多年的实践积淀，逐步形成了独具特色的大学文化，确立了有其自身特点的校训、校歌及校徽。

一、"诚毅勤敏"校训由来及释义

1973 年建校初期，由于物质匮乏、条件简陋，学校建设发展举步维艰，在当时的情况下，并未明确校训。20世纪90年代，时任校领导根据时代发展与师范教育的共性要求，提出了"坚定、高尚、充实、执着"的育人理念，勉励广大师生执着投身于教育事业。2001年，在一次全体师生员工参与的教育思想大讨论中明晰了学校的办学指导思想、办学定位，并结合近三十年的办学历程，初步凝练出办学的特色。2001年12月6日，学校下文（湖师党办字〔2001〕第20号）正式确认校训为"诚毅勤敏"。

"诚毅勤敏"四字校训是学校办学历程的高度缩写，湖北师范大学45年的办学历史是艰苦创业、自强不息的历史，也是几代湖师人忠诚党的教育事业，励精图治、坚定执着、勤奋向上、创新开拓的历史。

"诚"是中国古代哲学家和传统经典著作中力推的一种基本修为。孟子曾说，"诚者，天之道也；思诚者，人之道也"（《孟子·离娄上》），意思是说诚信是自然规律，追求诚信是做人的基本规律，将"诚"作为校训，意在教育学生待人诚实守信，处世光明磊落。

"毅"的本义是意志坚强、果断。《论语·泰伯》中说，"士不可以不弘毅，任重而道远"，意思是有远大理想抱负的人不可以不刚强勇毅，因为责任很重，路途又很遥远。"毅"作为校训，意在勉励学生培养刚强坚毅的品质，坚定共产主义理想信念，执着追求真理与科学。

"勤"的本义是劳累、劳苦。《说文》中解释为，"勤，劳也"。勤是一个人的良好习惯和可贵品质。《论语》曰："天道出勤"，就是说天意将厚报那些勤劳、勤奋的人。"勤"作为校训，意在勉励学生勤学苦练、将勤补拙、互帮互助，培养自强不息、克勤克俭、勤勉朴实的优秀品质。

"敏"的本义为动作快。《说文》中解释为，"敏，疾也"。《论语·里仁》中有"君子欲纳于言，而敏于行"一说，意思是君子说话要谨慎，而行动要敏捷。"敏"又义为思想敏锐、反应快、勤勉之意。将"敏"作为校训，意在勉励学生才思敏捷，敏行好学，敢于争先，创新开拓。

"诚毅勤敏"字体是从毛泽东先生手书集中摘取，四字校训内容博大精深，寓意深远，是湖北师范大学精神的集中体现。为方便理解其中含义，当时的党委书记万长青同志创造性地为每一个字做了四个四字短语的诠释，诠释文字押韵，朗朗上口：

诚：诚实诚恳，光明磊落，处事公道，待人谦和。

毅：刚强坚毅，目标明确，义无反顾，坚定执着。

勤：勤奋向上，勇于探索，自强不息，精心耕作。

敏：思维敏捷，反应灵活，意识超前，创新开拓。

　　"诚毅勤敏"的湖师校训，作为一把标尺，不仅引导在校师生员工的行为举止，那些离校多年远行各地的湖师人也会将校训时刻铭记在心。它激励和劝勉历届湖师学子们在生活、学习和未来的工作中要坚守正确的基本行为准则与道德规范。同时，校训作为学校的办学原则与目标的体现，它反映的是一种积极健康向上的文化，是一种面向社会的精神标志，为宣传推介学校、扩大学校影响起到了积极作用。

二、《我们是光荣的湖师人》校歌释义

　　湖北师范大学校歌《我们是光荣的湖师人》于2001年由师生员工集体完成作词、作曲。校歌是学校多年来办学理念、校园精神和学校特色的外在体现，歌词内容是将四字校训及其诠释写入其中，校歌唱出了优美的校园环境，也凸显了优良的校风学风；唱出了学校开拓者、广大教育者的理想、要求、愿望，又体现出广大学子的感受、追求和成长心声；唱出了时代精神和历史印记，同时凸显了学校鲜明的教师教育特色，是个性与共性的统一，历史与现实的统一、思想内容与艺术形式的统一。歌曲曲调抒情而高昂，是校园里最为美妙的音符。唱响校歌对广大湖师人起到了明责、励志、奋进的教育鼓舞作用。

　　"长江之滨，青山湖畔，
　　这里有我们美丽的校园。
　　苍松翠柏花飘香，明宇高楼书声欢。
　　辛勤园丁育英才，教育改革谱新篇。
　　教育改革谱新篇！
　　啊！
　　我们是光荣的湖师人，
　　我们耕耘，我们奉献，
　　我们把师魂铸向大地。
　　我们奉献，我们耕耘，
　　我们把理想写上蓝天。
　　我们"诚"，
　　诚实诚恳，光明磊落，处事公道，待人谦和。
　　我们"毅"，
　　刚强坚毅，目标明确，义无反顾，坚定执着。
　　我们"勤"，
　　勤奋向上，勇于探索，自强不息，精心耕作。
　　我们"敏"，

思维敏捷，反应灵活，意识超前，创新开拓。

我们"诚"，我们"毅"，我们"勤"，我们"敏"。

诚毅勤敏。

我们牢记自己的誓言，

向着未来勇往直前，

向着未来勇往直前，

勇往直前勇往直前勇往直前。"

三、校徽文化释义

校徽是学校特征的集中表现，也蕴含了学校的精神。湖北师范大学校徽为圆形图案，校标上部自左而右环绕中文校名标准全称，下部自左而右环绕英文校名标准全称，中间为一双从书籍中托起红日的手，象征湖师师生自强不息、追求真知、献身教育、服务祖国的理念和信仰。"书籍"和"双手"外观组合成"湖师"二字汉语拼音的缩写"HS"，内环下部的"1973"表明建校时间。校徽颜色以青色和洋红色为辅助色调和而成。青色为中国色，象征智慧、青春与活力；洋红色由三原色调和而成，红色代表教师的红烛精神，蓝色代表学子畅游书海，绿色象征着教育事业繁荣昌盛。校徽整体风格简洁明朗，庄重大气，积极向上。

校训、校歌、校徽均体现了学校校园文化和教育理念，是人文精神的高度凝练，对传递湖北师范大学价值观、影响师生员工行为起到了十分重要的作用；同时校训、校歌、校徽也体现了学校多年来的办学理念、校园精神风貌和学校特色以及对大学价值的追求，是学校的精神资产。每逢开学典礼、毕业典礼、运动会、校庆纪念日等重大庆典活动时，湖北师范大学都会组织开展唱校歌比赛的活动。学校的育人理念在校歌、校训、校徽中如春风化雨，默默地滋养着每一个湖师人，使广大师生员工逐渐将校训、校歌、校徽丰富的含义内化为自身的品性修养和素质结构中，进而始终保持凌云之志、进取之心、开拓之勇、昂扬之气。

建校45年来，湖北师范大学共培养各类毕业生10余万人，毕业生中绝大多数扎根在湖北省基础教育第一线。学校已成为湖北省高等师范教育的骨干力量，是培养湖北省基础教育师资的重要基地。站在新的历史起点上，学校将牢固树立"五大发展"理念，全面深化教育教学改革，不断加快内涵建设，大力推进转型发展，努力创建特色鲜明、省属一流、高水平的地方应用型师范大学，为我国师范教育事业和地方经济建设社会发展做出更大贡献。

湖北第二师范学院校训文化发展变迁

湖北第二师范学院　档案馆

　　湖北第二师范学院是一所以教师教育为特色，涵盖文、理、工、法、教育、经济、管理、艺术等八大学科门类的省属普通本科院校，是湖北教师教育的重要基地之一。

　　学校始建于 1931 年 11 月 2 日，初名为"湖北省立教育学院"。在那个军阀混战、日寇入侵、国共摩擦、民不聊生的时代背景下，一批有识之士主张教育救国。中国大地掀起一股民办教育和乡村教育的热潮。1930 年 8 月，湖北省教育厅厅长黄建中决定创办湖北省立乡村师范学院。1931 年 5 月，学校成立筹备委员会；10 月，报经教育部核准，改申报"湖北省立乡村师范学院"为湖北省立教育学院；11 月 2 日，学院租赁水陆街湖北省立公共科学实验馆为临时校舍开学上课，遂定当日为学院创办成立纪念日。学院首任院长由教育厅厅长黄建中兼任，半年后黄建中辞职，由教育厅厅长沈士远兼任。一年后，湖北省政府会议议决，咨教育部改聘罗廷光为院长，其后任姜琦为院长。办学之初宗旨："本学院遵依三民主义及国民政府教育法令，以适宜的科学教育及严格的身心训练，养成国民道德上、学术上具健全的各种乡村师资及指导人员为宗旨。"面向平民办学。1935 年，学校被迫停办。1937 年，抗战爆发。1938 年，武汉沦陷。湖北省政府西迁恩施。陈诚主政湖北，制定了《新湖北建设计划大纲》（简称《大纲》），《大纲》规定：在恩施建立省立教育学院、省立农学院、医学院，聘请海外留学博士、社会名流任院长。由此，湖北省立教育学院于 1941 年 7 月 1 日在恩施五峰山正式恢复。由当时省教育厅厅长张伯瑾兼任院长。1942 年，张伯瑾先生邀请西南联大陈友松教授任院长。陈友松先生先后礼聘诚邀西南联大和湖北各地名流，扩充师资队伍。陈友松先生秉承西南联大爱国、民主、开放的优良传统，培养学生的爱国精神和民族自尊心，在五峰山上镌刻"养天地正气，法古今完人"激励学生。1944 年，陈友松先生呼吁湖北省立教育学院由省立改为国立，得到了著名科学家李四光和西南联大老校长和张伯苓先生的支持。国民政府教育部采纳各方建议，于 1944 年 1 月令湖北省立教育学院改名为国立湖北师范学院，隶属教育部。1945 年夏，汪奠基先生上任，主张为学于做人并重，治学重在博学与思辨。他给国立湖师写下校训："科学理知的训练，道德乐群的精神；师范教育的专业，笃行服务的人生。"

　　1945 年 8 月，抗日战争取得胜利后，于 1946 年 6 月搬迁至江陵，但由于中华人民共和国尚未成立，学校诸多坎坷。1947年夏，汪奠基辞去院长职务，由原教务处长王治孚继位。1948年5月，中国人民解放军第四野战部队逼近荆襄，学院才回迁武汉，由于校址悬而未决，一直处于临时状态。直至1949年5月武汉解放，湖北省文教厅首位厅长李实提出尽快恢复像"国师"这样的师范院校，得到了时任湖北省委书记、省长、李先念和中南军政委员会陶铸等领导的大力支持，决定在原国立湖北师范学院的基础上建立湖北省教育学院。在李实领导下，湖北省教育学院于1949年10月15日开学上课。学院主旨是培养与改造新民主主义教育得中等师范师资和教育行政干部，培养目标是把每个学员改造成作风朴素、思想进步、懂马列主义的文化思想、全心全意为人民服务的新型教师和干部。"团结、进步、老实、朴素"为学院校训。

1952年10月，湖北省委将大部分师生并入华中高等师范学校（今华中师范大学），另一部分人员、校产、校址则汇入正筹办的湖北省教师进修学校。1953年，再度调整易名，改为武汉师范专科学校。1954年4月，教育部批复，改名为湖北师范专科学校。1956年春，湖北省教育厅将学校语文、历史分出并组建武汉师范专科学校；将体育、音乐、美术并入武汉艺术师范学校，改建湖北省函授师范学校。1962年10月29日，经湖北省委讨论通过，成立湖北教师进修学院。1970年，湖北教师进修学院撤销，成立教材组。1972年，筹备成立教师进修班。1971年春，省教研室成立。1975年底，湖北省教育局将教师进修班、省教研室和《湖北教育》编辑部合署办公。1979年2月省委决定恢复湖北教师进修学院。1979年5月2日，湖北省革委会同意将湖北省教师进修学院改名为湖北省教育学院。1979年，学校领导确定湖北教育学院校训："好学笃行，立德树人"。经历"文化大革命"重建后的学校办学宗旨是"服务基础教育"，师训、干训、教研三大任务确立。1982年，成人师范学历教育正式起步，学校开通了政治和汉语的专科。以后逐步开通了英语、物理、化学3门专科专业和汉语、数学2门本科专业。1990年，省教委同意，学院更名为"湖北教育学院"。1992年1月22日，经学校研究确定了校训："楷模、奉献、业精、进取"。校风："勤奋、求实、民主、团结"。

2000年，学校开始举办"汉语语言文学""数学与应用数学""英语""计算机科学与技术"的普通本科班，开始了普通高等教育的探索，凝练出了"好学、笃行、立德、树人"的校训。2003年4月，经省教育厅、发改委、财政厅批准，湖北省工业学校整体并入湖北教育学院；同年6月学校搬迁江夏开始建设光谷新校区；8月，学校向教育部师范司发出请示，将湖北教育学院改制成普通高校。全校经过几年艰苦建设和努力，于2007年3月，教育部同意将湖北教育学院改建为湖北第二师范学院，此时学院改制圆满成功。2008年5月26日，湖北第二师范学院党委确定校训："学高身正、诚毅笃行"。2009 年 1 月，湖北经济干部管理学院并入。学校几经整合、改革、合格评估、审核评估，实力增强，发展成以本科教学为主，发展研究生教育，立足光谷，立足湖北，面向全国的应用型师范院校。新时期，学校办学理念是"学高身正，征集达人"。校训是："学高、身正、诚毅、笃行"。

江汉大学校徽释义

江汉大学　档案馆

　　江汉大学校徽是以中国传统书法中篆书、印章为创作元素，并进行艺术化的图案表现，以此反映江汉大学的办学理念和文化内涵。

　　主体图形由汉字"江""大"两字融合叠加构成，图形左边为三本叠加的"书"，代表了浓郁的学术与文化氛围，寓意"理论"；同时也体现出学校以培养"应用性、创新性、国际性"人才为目标的使命。图形右边为汉字"工"，代表江汉大学是一所以应用型人才培养为主导的综合性大学，且寓意"实践"。两者的巧妙结合，正是理论与实践的融合，以锻造出振翅高飞的人才。

　　校徽在具有独特的名称称谓特征的同时，体现出了江汉大学以人为本、人文化成的办学理念。同时也传达出江汉大学不断为社会输送人才的决心，并反映出江汉大学所崇尚的人文化成的宗旨，代表了江汉大学为实现创建国内有影响，有特色的高水平地方综合性大学的目标正阔步向前。

湖北文理学院用隆中精神立德树人的办学实践与探索

湖北文理学院　熊华山　谢菲

　　襄阳古隆中，山清水秀，人杰地灵，一代名相诸葛亮曾在此躬耕苦读并在此出山，成就千秋伟业。湖北文理学院位于隆中山下，学校在长期的办学实践中，始终把诸葛亮毕生追求的"非淡泊无以明志，非宁静无以致远"和"鞠躬尽瘁，死而后已"的人生信念作为校园文化的精髓进行培育和提炼，并最终凝练为"淡泊明志，宁静致远，躬耕苦读，鞠躬尽瘁"的隆中精神，形成了弘扬优秀历史文化，用隆中精神立德树人的办学底蕴和办学特色。

一、珍惜历史，把握机缘，隆中精神渐成育人文化资源

湖北文理学院的办学历史最早可以追溯到始建于 1958 年的襄阳师范专科学校。1998 年，由襄阳师范高等专科学校、襄樊职业大学和襄樊教育学院合并组建为襄樊学院；2000 年 7 月，湖北工艺美术学校整体并入；2012 年 4 月，正式更名为湖北文理学院。早在 20 世纪 80 年代，襄阳师范高等专科学校就成立了三国文化研究室，开始从事三国文化研究；襄樊职业大学也曾是全国三国文化学术研究会理事单位。1999 年，学校成立三国文化研究所，开始三国文化、襄阳文化和隆中精神的系统研究；2007 年，学校独立成立"襄阳及三国历史文化"研究所，于 2010 年并入汉江研究院，《湖北文理学院学报》辟有"三国历史文化研究"特色栏目，广泛宣传三国文化和隆中精神的研究成果。

一直以来，学校依仗得天独厚的区位优势，吮吸着优秀传统历史文化的精华，以高度的文化自觉和与时俱进的姿态，不断发掘和提炼，逐步形成了"淡泊明志，宁静致远，躬耕苦读，鞠躬尽瘁"的隆中精神，并将"淡泊明志，宁静致远"确定为校训。进入新时代，学校紧扣社会主义核心价值观，隆中精神又被赋予了更加丰富的新内涵——忠诚、智慧、奉献、担当（学校党委书记唐峻语）。用隆中精神办学育人，就是要教育和引导师生员工，树立正确的世界观、人生观和价值观，胸怀远大理想，立德修身，潜心学问，学以致用，报效祖国。经过几代人的不懈努力，隆中精神已成为湖北文理学院推进现代大学先进文化建设的重要内容，成为建设地方综合性应用型大学、凸显五大办学功能的内生动力。

二、精心打造，倾力实践，隆中精神贯穿办学育人全过程

学校重视环境育人，着力打造以隆中精神为主题的校园特色文化。学校的整体建筑呈仿汉风格，与古隆中和谐共处，相得益彰。校园建设了"淡泊湖""明志路""致远楼""卧龙广场""苦读亭""明志廊""卧龙出山"主题雕塑、诸葛亮《诫子书》碑、襄阳十大历史文化名人雕塑等，形成与古隆中遥相呼应的新文化景观。2018 年初，升级改造后的新校史馆，彰显出更加丰厚的襄阳历史文化底蕴。

学校将校训等文化精神作为新生入学教育的重要内容，系统地解读了隆中精神的时代内涵。学校开设了与隆中精神相关的人文素质课程，切实推进隆中精神进课堂、进头脑。学校致力于从发掘地域文化中凝练学科建设方向，逐步

形成自身的学科特色。先后出版了《三国经济史》《诸葛亮在襄阳》《临汉文史考析》等20多部学术专著,发表学术论文600余篇。在开放办学实践中,学校积极推进对外汉语教学,大力宣传隆中精神。学校还通过实施"隆中学者"计划,面向社会广纳贤才,加强学科团队建设。

学校把隆中精神作为加强师德教风建设的核心内容,融入教师职业道德和行为规范,贯穿于教书育人、管理育人和服务育人工作的全过程。广大教师积极践行隆中精神,形成了"崇尚学术,严谨治学,爱岗敬业,教书育人"的良好教风,涌现出一大批师德高尚、爱岗敬业的先进典型。

学校注重校园文化建设,并在校园文化建设中彰显隆中精神,用先进的校园文化引领学风建设。各种校园科技文化活动、学生社团活动和社会实践活动,都深深地打上了三国文化和隆中精神的烙印,促进了"立德修身、潜心学问、志存高远、报效祖国"优良学风的形成。

学校以"隆中讲坛"为平台,经常邀请知名专家学者、省市领导、企业精英和杰出校友给在校学生做学术和时政报告,介绍成功成才经验,如"县市委书记谈襄阳发展""沈伯峻讲三国""李培根院士谈创新""校训精神解读""隆中精神解读"等讲座都在大学生中引起了强烈反响和共鸣。

学校以"隆中科技文化节"为载体,开展丰富多彩的科技文化活动和学生社团活动,引导学生热爱科技、勤奋学习、进取向上,让学生在三国文化和隆中精神的浓厚氛围中,感受知识的力量和创造的乐趣,如"隆中诸葛读书工程""草庐剧场实景演出""隆中山下党旗飘工程""卧龙山车神队"全国赛事大奖;还有"不忘初心·牢记使命——走向井冈"暑期社会实践团队,经过二十天的长途跋涉,徒步1000公里,沿途宣传湖北文理学院,介绍三国文化,传播隆中精神。团队途经湖北、湖南、江西三省,受到《人民网》《中国教育新闻网》等多家主流媒体和沿途地方电视台竞相报道。

三、立足地方,服务社会,隆中精神办学育人喜结硕果

长期以来,学校一直坚持用隆中精神引导广大师生树立正确的理想信念,并收到了显著效果。在土木工程与建筑学院教室里,有一首学生自勉诗:"盘踞隆中四春秋,文理学院寒窗求。待日学成锋芒露,秉承诸葛啸苍穹!"志由心生,以诗言志,表达了湖北文理学院学生立志成才、学以致用、报效祖国、建功立业的壮志豪情,体现了隆中精神潜移默化的熏陶作用。

在60年的办学历程中,学校为社会培养了近17万名各类专门人才。据统计,襄阳市基础教育50%以上的教师,襄阳市机械、建筑和化工行业30%以上的技术骨干是湖北文理学院的毕业生。同时,结合襄阳市支柱产业和产业结构

调整升级，学校加大了机械、建筑、化工、汽车类专业建设力度，为地方培养急需人才。广大毕业生秉承隆中精神，从基层做起，脚踏实地，敬业爱岗，乐于奉献。毕业生留襄就业为襄阳的社会经济发展提供了人才支撑与智力支撑，成了服务社会的卧龙英才。他们中有人多次主动放弃城市工作机会：丈夫瘫痪在床，还坚守教学岗位，扎根在"谷城屋脊"高寒山区辛勤执教近三十年的 90 届校友、全国五一劳动奖章获得者、全国优秀教师叶本翠；也有身残志坚，扎根基层，默默耕耘十载春秋的 2006 届校友柳振学及 2009 届校友、竹溪县优秀特岗教师张玲，均获"2017 年度马云乡村教师奖"荣誉；还有孝老敬老典范程威同学，荣获 2013 年"湖北青年五四奖章"和第四届全国道德模范提名奖，并受到了习近平总书记的亲切接见，以他命名的"程威志愿服务队"一直坚持在襄阳市各社区开展志愿服务活动。

起始于 2014 年的"格桑花"义务支教活动，以每批半年为期，至今已经派遣了 7 批共 29 人。队员们克服重重困难，践行隆中精神，事迹可歌可泣，受到中央电视台《新闻联播》《人民日报》《中国教育报》《中国青年报》等上百家主流媒体的竞相报道和省市领导看望慰问。支教团队先后荣获"西藏青年五四奖章"集体奖、团队成员被共青团中央授予"第十届中国青年志愿者优秀个人奖""践行社会主义核心价值观先进个人"等荣誉称号。

四、薪火相传，生生不息，隆中精神彰显无穷魅力

学校以建设"地方特色鲜明的高水平综合性大学"为目标，牢固确立了为地方经济建设发展服务的理念。旗帜鲜明地用隆中精神引领广大教师紧密结合地方经济和社会发展的需要，主动融入地方，服务地方，努力走出一条校地互惠互利、良性互动、合作双赢的共同发展道路，不断以新理念新路径新模式新举措，开创校地合作新局面。

学校把隆中精神融入现代大学校园文化建设，并赋予其新的时代内涵，彰显学校办学特色，铸就学校品牌，努力办好人民满意的教育，赢得了良好的社会声誉。原国家教育委员会副主任邹时炎说："隆中精神，造就人才，造福民生"；教育部本科教学工作水平评估专家组曾一致表示："用隆中精神教育师生员工很有特色、很有意义！"；湖北省委常委、襄阳市委书记李乐成同志强调："要搭建政府、市场主体与高校之间的沟通交流平台，让湖北文理学院成为襄阳经济社会各项事业发展的智囊团。"

大学的教育过程最本质的是人文教育过程。学校党委书记唐峻同志在谈到教师在建设应用型一流本科教育中的作用时明确指出：学校广大教师和教育工作者要深入践行"淡泊明志，宁静致远，躬耕苦读，鞠躬尽瘁"的隆中精神，不

忘初心，牢记使命。要深刻把握隆中精神中的"志""静""苦""尽"的丰富内涵。隆中精神既是湖北文理学院人在长期办学实践中凝练教学经验和吸收文化传承所得，又是指导学校办学育人，提升学校综合办学实力的特色品牌。

湖北科技学院校训、校徽、校歌的文化内涵

湖北科技学院　档案馆

一、校训：弘德、博学、敏行、敢先

"弘德、博学、敏行、敢先"。德，为人之道，立身之本。学，开蒙之基，提升之梯。两者品质如何？唯有行动可周遭辨析。

1937 年，抗日烽火燃遍全国大地，湖北科技学院的先驱们，把炽热的爱国热情转化为"教育救亡"的实际行动，蒲圻师范学校应运而生。纵使炮火连天，蒲圻师范学校执着地与炸弹比嗓门，用粉笔做投枪，辗转腾挪教学，不遗余力地培养革命志士，誓与祖国共存亡。

1965 年，湖北医学院咸宁分院成立，一无教室，二无器材，三无学生，百十个老师，硬是在荒山坡上，肩挑背驮，开山僻壤，披荆斩棘，用纤细的手指扒出了一块平整的土地，用卓越的匠心隆起了一所崭新的大学。行动，才能有收获；行动，才能走向成功。

两校几经风雨和变迁，分别形成了咸宁师范高等专科学校、咸宁医学院。2002 年，"用行动来履志"就是最好的公因式，合并组成了现在的学校。新校新气象，无须论辩，无须推诿，无须敦促，行动，行动，还是行动。践行以爱国主义为核心的民族精神，践行以改革开放为核心的时代精神，践行优秀的传统美德，践行社会主义核心价值观，向"立德树人"行动，向"内涵发展"行动，向"学科建设"行动，向提升核心竞争力勇往直前。我行动，我当先。这就是几十

年学校精神的凝练——弘德、博学、敏行、敢先!

二、校徽: 扬帆起航

潮平两岸阔, 风正一帆悬。中华人民共和国, 新世纪, 新时代。作为地方院校, 迎来了"长风破浪会有时"的正点时刻, 励志"直挂云帆济沧海"。

校徽以简单的蓝天白云为底色, 寓意着"海阔凭鱼跃, 天高任鸟飞", 没有高远的志向, 广阔的胸怀, 如何实现科技通天彻地之志呢?

校徽配合着校门的桅杆, 以帆船为基本元素来构建图案。船与风帆是湖北首位声母 HB 的艺术造型, 小鸟是科技英语单词 ST 缩写的艺术展现。两者的结合, 展示了湖北科技学院的每一个个体, 都要勇立潮头, 凭风借力, 放胆作为, 同舟共济, 驶向理想的彼岸。

圆形的描绘, 承载着光明与希望, 寄托着奋斗与争先, 期盼着和谐与美满!

三、校歌:《奋进之歌》

学校的校歌是由叶颂东作曲, 曹祥海作词的。歌词为:

"揽月湖,

杨柳依,

英才荟萃比造诣。

崇人文,

尚科技,

弘德博学求真理。

敏于行,

敢为先,

克难奋进创佳绩。

树理想,

争朝夕,

甘献年华参天地。

歌词分四段 52 个字, 由境入意, 层层推进。揽月湖为学校一面靓丽的明镜, 清晰地拍摄着每个莘莘学子的踪迹, 记录着摩肩接踵、勇往直前、奋力拼搏的"比造诣"朝气；学子们昂扬的势头，执着的情怀，勤奋的足迹，全神贯注于探究客观事物的真理；思路决定出路，出路在于行动，只有敢为天下先，坚定信念，争分夺秒，创造佳绩，才能与天地同在，与日月同辉！

　　严密的逻辑，完整的结构，激扬的情感，伴随着宽广雄壮的进行曲，时而舒缓，时而激越，时而高亢，饱含深情地演绎着湖北科技学院团结拼搏、前赴后继、阔步向前的铿锵步履！

湖北医药学院校徽中的文化元素

湖北医药学院　孟旸

　　湖北医药学院的校徽整体呈圆形。综合了"蛇杖、太极、中草药（或橄榄叶）"三种元素；蛇杖是医学通用元素，标识着学校的主体是西医教学事业，与外围的中草药（或橄榄叶）图案相辅相成，表达着中西结合的理念，阐述了湖北医药学院的"医"和"药"两大办学特色；天下太极出武当，标识中使用了变形的太极图元素，体现了学校的办学区域特征；标识采用象征春天的绿色为主色调，代表着医学的生命科学特征，也预示着学校蕴含着无限的发展生机和朝气蓬勃的未来。

湖北医药学院校训中的文化元素

湖北医药学院　孟旸

　　湖北医药学院建校53年来，湖医药人坚持以拓荒者的气概，创业者的雄心，扎根山区不动摇，面向基层不动摇，锐意改革不动摇。为我国特别是中西部地区的基层医疗卫生事业发展，基层医学人才的定向培养做出了应有的贡献。逐步形成了"艰苦奋斗、自强不息、厚德济世、励学育人"的学校精神和"厚德勤学、求实创新"校训。

　　1965年11月，为改变鄂西北山区缺医少药的状况，支援三线建设，湖北省原人民委员会颁文组建湖北医药学院。从武汉医学院抽调的54位学者专家顶着凛冽的寒风，离开武汉，携妻带子长途跋涉来到老、少、边、穷的交界于鄂渝陕豫四省的郧阳山区，在物资极其匮乏的情况下，开始了艰辛的创业历程。

　　奉献精神。湖北医药学院本身就是建院老一辈奉献精神的产物。无论是在天下大乱的六七十年代，还是在改革开放"一江春水向东流"的潮流中，绝大多数湖医药人矢志不渝，扎根山区，为着人民的健康事业殚精竭虑，奉献青春。

艰苦奋斗精神。一部湖北医药学院的历史，就是一部含辛茹苦，克难奋进的历史。创业时期，建院元老在无校舍、无医院、无住所的极其困难的条件下，脱坯砌墙，砍树做梁，拉车运输，风餐露宿，终于使学院和附属医院从无到有、由小到大。53 年来，绝大多数干部职工"穷且益坚，不坠青云之志"，为着学校的发展舍弃了许多个人利益，在各自的工作岗位上，兢兢业业，忘我工作。这种胜不骄、败不馁、艰苦奋斗、愈挫愈勇的精神，是 53 年来学校经磨历劫，顽强进取的真正动力。

勤奋务实精神。从事任何一项事业，要取得成功就要有勤奋务实精神，从医尤其如此。医生时时面对的是疾病的无情凶妄，病人的孱弱病楚，诚可谓"健康所系、性命相托"。因此对病人的同情、负责、关心、敬畏生命、救死扶伤，都系于自己认认真真地干好每一件事情，丝毫的马虎草率、敷衍塞责，都可能带来危及病人生命的严重后果。严谨细致、勤奋务实，可以说是医学界的金科玉律；加之湖医药源自同济，传统正宗，无论教书还是育人，皆讲究严谨细致，都有规有矩，不敢稍有差池。几十年下来，"医学院的人办事认真"就成了一种约定俗成，也就成为学校精神的重要源泉。湖医药精神发自于内在的本质，成熟于办学过程，即有大学精神的共性要求，又继承了自身优良传统，体现了鲜明的时代特征。湖医药精神归纳概括为：艰苦奋斗、自强不息、厚德济世、励学育人。其中艰苦奋斗，自强不息体现的是艰苦奋斗、愈挫愈勇的办学传统；厚德济世、励学育人主要体现立足地方、服务基层的办学定位，以人为本、以质取胜、立德树人的办学方针和济世救人的医学行业特点。

校训是广大师生共同遵守的基本行为准则与道德规范，是一个学校的灵魂。校训是对学校办学传统、办学理念、治校精神的集中体现，是学校精神的核心与灵魂，其表述更为凝练抽象、内涵更丰富深邃，能较好地概括学校的整体价值追求，反映学校的独特气质与文化底蕴。

湖北医药学院校训是"厚德勤学、求实创新"。厚德——语出《周易》："地势坤，君子以厚德载物"。意为品格高尚的人的胸怀就像大地一样广博厚实，能容纳承载万物；勤学——勤奋学习，自强不息，奋发向上。厚德勤学，意谓以崇高的道德、博大精深的学识培育学子成才，广大学子勤奋学习，全面成长。这是中华民族传统美德，成就事业者当以此为训。求实——意为博学求知，努力探索规律，追求真理。创新——开拓进取并创出新局面、新境界，改革创新是时代精神的核心。求实创新，即办学求学，要从实际出发，注重实效，诚实守信，并注重把握规律，求索真相，锐意改革，开创学校美好未来。

这是湖医药办学者长期探索总结的成果。符合校风内涵与外延的要求，也体现了学校应有的文化氛围和校园风气，贴切地概括了湖北医药学院发展历程、办学特色与价值追求，具有较强的感召力与渗透力。

荆楚理工学院校徽校训

荆楚理工学院

荆楚理工学院是湖北省属全日制普通本科高等院校，位于素有"荆楚门户""中部之中"的湖北历史文化名城荆门市。学校坐落于荆门中心城区白龙山麓，占地面积 2200 余亩，依山傍水，风景秀美，是一座山水园林式大学，先后被授予国家节约型公共机构示范单位、湖北省高校毕业生就业统计规范管理先进单位、荆门市文明单位、湖北省文明校园等荣誉称号，是首批"教育部—中兴通讯 ICT 产教融合创新基地"、湖北省首批地方本科院校转型发展试点学校、教育部本科教学水平评估合格学校。

学校设有 16 个教学院部，开设 37 个本科专业，涵盖理、工、农、医、文、教、管、艺等 8 大学科门类，有全日制普通在校生 15000 余人、继续教育在册学生 11000 余人、留学生 100 余人；有附属医院 1 家，教学医院 2 家；有校外实习实训基地 111 个，其中国家级实习实训基地 1 个，省级示范实习实训基地 1 个，省级大学生校外实习实训基地 3 个；有省级精品课程 8 门，省级精品视频公开课 1 门，省级精品在线课程 1 门。

学校有教职工 1100 余人，其中专任教师 721 人；有教授、副教授 385 人；有博士、硕士学位教师 624 人；享受国务院及省政府特殊津贴的专家 5 人，市把关人才 18 人。

学校坚持开放办学、联合办学，先后与武汉工程大学、湖北工业大学等省内高校开展联合培养硕士研究生，与美国、法国、加拿大、爱尔兰、澳大利亚、西班牙、芬兰、泰国、菲律宾等国家高校建立了校际交流合作关系。

进入新时代，荆楚理工学院全体师生正以昂扬的斗志、饱满的热情，为把学校建设成为高水平有特色的应用型大学而努力奋斗。

一、校徽

荆楚理工学院校徽是以荆楚地域渊源厚重和博大精深的文化背景为创作设计的支点，以闻名遐迩的楚简文字为象形符号，鲜明强烈地彰显荆楚理工学院独有的地域特色和人文气息。

"楚"的本意是荆棘丛生和草木蛮夷之地，又

兼有披荆斩棘和奋发图强之意（楚国人有"筚路蓝缕以启山林"之开拓进取精神）。楚简文字不仅形象生动地诠释了"楚"的精神内涵，而且暗喻了荆楚理工学院自身的先天特质和创造美好未来的希望，具有符号的美学价值和哲学寓意。

校徽的色彩来源于工艺美术史中最有名的楚国出土的战国漆器《虎座鸟形鼓架》中的系列色彩，它与荆楚大地的经济文化生活息息相关，以此作为校徽的色彩恰恰与学校的物质文化和精神文化内涵相得益彰。

校徽以圆形为基本造型，上部采用遒劲洒脱的毛体行书，下部衬托粗壮刚烈的英文字体，整体协调厚重，色彩大方稳重，重点突出，特色鲜明，信息准确，易于识别和记忆。

二、校训：崇学尚德、求实创新

"崇学尚德"：崇尚学习，崇尚学问，崇尚科学，崇尚学术，注重教学和学科建设，注重校风、教风、学风建设，培育尊师重教、尊重人才、尊重奉献、尊重创造的校园精神；立身向德，人格完备，胸怀广阔，心态平和，尊重他人，善于合作，与人为善，以和为贵，包容和谐；力求"丰富其知识，文明其精神，野蛮其体魄"；树立科学文化与人文融合的现代教育理念。

"求实创新"：说实话，办实事，务实效，求实绩，不务虚名，苦练内功，创造特色，追求卓越。推崇务实作风，提倡求实精神，培养创新意识，尊重客观规律，坚持进步追求，不断攀越新高，力主科学发展、和谐发展、创新发展。

湖北工业大学工程技术学院之校训、校歌及校徽

湖北工业大学工程技术学院　朱蓉

湖北工业大学工程技术学院于 2012 年建校十周年之际正式启用了校训、校歌及校徽。

一、校训

根据湖工大工程〔2012〕49 号文，湖北工业大学工程技术学院将校训确定为"明德明志，力新力行"。

明德，出自《大学》。《大学》为中国儒家文化典籍之首，《大学》之精义在于"三纲领，八条目"，三纲领乃治国安邦大学问的总纲领，也是高等（大学）教育的终极目标；"明德"是三纲领之首纲，强调学问之道在于修养自己的清明德行。现代教育突出德育为先，传承了中华文化的精华，反映了社会主义教育的

本质特征，也体现了学生成人成才的内在需求。

明志，出自《孟子》和诸葛亮《诫子书》。《孟子》云："夫志，气之帅也。"孟子养其浩然正气，一心以民为邦本，立志为国家社稷，故誉为"亚圣"；《诫子书》云："非淡泊无以明志，非宁静无以致远，大学须静也，才须学也，非学无以广才，非志无以成学。"强调心念、意志的自觉与自主，为此，方可展志向宏图。志向是一个人生存和发展的精神支柱，当代大学生当树立成就事业、报效祖国、服务人民、实现人生价值的远大志向。

力新，出自《魏书》。汉语"创新"一词最早出现在《魏书》卷六十二，"革弊创新者，先皇之志也"。它说明了创新是中国古人勇于革弊的志向和精神面貌。创新精神是人类求生存、求发展所必备的心理素质，是人类改造自然、改造社会所要求的意志品质。培养具有创新能力的人才是 21 世纪中国科教兴国战略的内在需求，也是国家经济建设、社会发展的百年大计。当代大学生应当崇尚创新精神，应当不断增强创新实践能力。

力行，出自《礼记·中庸》。"子曰，好学近乎知，力行近乎仁，知耻近乎勇。知斯三者，则知所以修身；知所以修身，则知所以治人；知所以治人，则知所以治天下国家矣"；《史记·儒林外传》云："为治者不再多言，顾力行何如耳"。即做任何事情，都要尽力去做，永不抛弃不放弃，锲而不舍，追求成功。现代教育继承了传统文化的精髓，倡导知行合一，但不仅仅局限于道德范畴，还包括专业知识范畴，突出实践育人，强调学以致用。

学院校训的整体含义是：树立社会主义核心价值观，崇尚高尚品德；树立报效祖国、服务人民的远大志向，实现人生价值；提升创新意识，培植创新精神，增强创新能力；倡导知行合一，强调学以致用，注重能力培养，为办好湖北工业大学工程技术学院，不断为国家经济发展和社会进步作出新的贡献。

二、校歌

湖工大工程〔2012〕50 号文将《工程之歌》确定为我院校歌，由时任院长何艾兵作词，武汉音乐学院著名曲作家陈国权教授作曲。

《工程之歌》是为凝聚全院师生员工的思想和意志，形成激励全体师生开拓进取、奋勇前进的精神支柱，使其作为学院精神的象征永久铭记和传承而作。

工程之歌

------湖北工业大学工程技术学院校歌

何艾兵词
陈国权曲

1=F 4/4

♩=120

（乐谱）

三、校标

湖工大工程〔2012〕53 号文将以下图案确定为学院的校标：

湖北工业大学工程技术学院
HUBEI UNIVERSITY OF TECHNOLOGY ENGINEERING AND TECHNOLOGY COLLEGE

从校徽上看，其标志结构为内外两层结构，外层有"湖北工业大学工程技术学院"的毛泽东同志书写体字加英文，内层包括楚文化特色的编钟造型，突出古印篆书体"工程"字样与正下方的建校时间"2002"相结合，字体在古印体的基础上，进行了修饰，标志给人以厚重感。

湖北工业大学工程技术学院传承主办学校——湖北工业大学的风格，采用毛体字，毛泽东字体活泼刚劲。英文部分采用微软雅黑字体，简洁耐看。"湖北工业大学"借用主办学校校名形象字体，"工程技术学院"和校训"明德明志、力新力行"的精神密切呼应。

校徽的整体风格突出"编钟""楚文化纹祥""古印篆书体""工程"等核心元素，显示学校的所在地域，具有深刻的人文内涵。中文字体传承举办学校风格，英文字母寓意学院对外开放办学。标识色调为较为古朴的红色，活泼不失稳重，且贴切学校的建筑颜色及形象特征，既彰显了校园文化的厚重积淀，又象征改革创新的不懈追求。

湖北城市建设职业技术学院校训、校徽、校歌

湖北城市建设职业技术学院　钱华

学校的精神文化是学校的灵魂。校训、校徽、校歌是学校文化的重要组成部分，是体现学院办学特色、激励师生开拓创新、凝聚广大师生和校友的精神旗帜，是建院人智慧的结晶。湖北城市建设职业技术学院（以下简称"湖北建院"）在精神文化建设方面，尤其注重学校校训、校徽、校歌等精神文化元素内涵的塑造与挖掘，使之具有广泛的认可度、群众性和感召力。

一、校训："立德、尚能、笃学、创新"

立德：修身明德、诚信友善。"德"指道德情操和理想追求。《礼记·大学》

开篇曰："大学之道，在明明德，在亲民，在止于至善。"可见国人自古以来一直把德放在首位。以此为校训，寓意是学院要坚持以德治校、以德育人；教师要做到学高为师，德高为范；员工要做到敬业爱岗、服务育人；告诫学生做人要先立德。唯有德者，方能立于天地之间。

尚能：崇技重能、严谨求实，指崇尚能力，掌握技能。"尚"指推崇，"能"指能力、技能。《老子三十一章》曰："吉事尚左。"此"尚"即为此意。以此为校训，是为弘扬职业教育精神，倡导师生注重能力和技能的教学和培养。

笃学：博学笃行、慎思明辨，指"博学笃行"。"笃"指踏踏实实，一心一意，坚持不懈。《礼记·中庸》云："博学之，审问之，慎思之，明辨之，笃行之。"这是指学习的几个递进阶段，"笃学"意即踏实学习，学有所得，并努力践行所学。以此为校训，意在勉励学子博取知识、潜心实践，注重理论与实践的统一。

创新：传承探索、厚载开拓，指创造精神、创新思维。创新是一个民族进步的灵魂，是国家兴旺发达的不竭动力。提高全民族的创新能力是教育工作的根本任务之一。以此为校训，意在培养师生的创新精神和创新能力，建设创新校园，提高学院人才培养质量，保证学院可持续发展。

二、校徽

设计内涵：

校徽整体为正圆，象征着团结。圆内是正三角造型，三角形具有稳固、向上的寓意，代表着稳定求实向上。

校徽中的三角形由三部分构成，底部两角为深蓝色的斜 V 符号，是学院名称中 vocational 的缩写，代表学院的职业特色；同时是手的抽象图形，两个 V 形符号组合成字母 U，为 URBA 的缩写，三角形顶部红色的倒三角形为建筑施工中必不可少的工具铅锤的抽象形状，画龙点睛地传达出学院的建筑特色；又似一团燃烧的火苗，表达学院的事业如火如荼、蒸蒸日上。

图标中的英文字母 UCVC 是学院名称的英文缩写。

该图标具有升腾感，生机勃发，催人奋进，充分体现出学院开拓创新，追求卓越的办学理念和飞腾向上、与时俱进的发展态势，展现学院事业蒸蒸日上、蓬勃发展、鹏程万里的美好前景。

三、校歌《匠心筑梦》

学校校歌于建院 40 华诞仲秋时节出炉，丹桂飘香的日子，一部《匠心筑梦》大型情景声乐套曲，伴随着浓醇的花香，在风景秀丽的汤逊湖畔，在绿树繁荫的藏龙岛上空萦绕交融，令人如沐春风，热血沸腾。校歌——《匠心筑梦》由当今词作界泰斗、《山路十八弯》作者佟文西老先生谱词作曲一气呵成。整体风格清新、质朴大气，音韵铿锵，浑然天成。把城建美丽的校园景色，丰厚浓郁的校园文化与师生怀梦求索，热血澎湃，携手共进，同铸辉煌的大美图画淋漓尽致地展现了出来；体现了"立德、尚能、笃学、创新"的校训精神和立德树人的育人理念；展示了建院师生昂扬向上、不懈追求的精神风貌，时刻激励着城建人站在新时代的起点，重整行装再出发！

咸宁职业技术学院校歌、校训设计内涵浅见

咸宁职业技术学院　　吴亚荣

一、背景

2007 年 11 月，在广泛征求意见的基础上，回顾历史、总结经验、提炼精神、结合学校办学特色，学校确定以"厚德、尚能、砺志、创新"为咸宁职业技术学院校训以及校徽。优质的校训、校徽指导了学校内涵发展的方向，塑造了高品位的咸职精神，将学校打造成了一所一流的高职院校。

二、学校校训、校徽的设计内涵

1. 校训

厚德：语出《周易·坤卦》。原文为："地势坤，君子以厚德载物。"大地的气势厚实和顺，君子应增厚美德，像大地一样，容载万物。做人德为上，做事德为先。厚德载物体现了中华民族顺应自然，以博大宽容的道德胸怀包举万物，承载理想的民族精神。厚：有重视、加强之意。"厚德"二字，意在重视人的德育修养，倡导师生员工以高尚的道德立身，以高尚的道德承载天下重任。学校重视品德修养，加强道德规范，胸怀博大，宽厚仁爱，勤奋敬业，与自然和睦相处，同社会协调发展，做一个道德高尚的人。

尚能：尚，掌也。"尚能"二字，意为重视能力培养重视素质的全面提高。确立以能力为核心的质量观和以技能贡献于社会、以技能谋求自身发展的人生理念。意在倡导师生员工都要崇尚能力，掌握能力、做到学有所依、学有所成、学有所用。

砺志：即磨砺意志，砥砺人生。人之于世，必逢各种际遇，只有保持"胜不骄，败不馁"之信念，不断磨炼，才能在逆境中奋起，在顺境中笃行，最终到达

成功的彼岸。"砺志"是咸职人负重争先的精神写照，也是咸职人自强不息、勇于攀登、不断前进的动力。

　　创新：创新是社会进步的核心推动力，创新是发展的必经之阶，"创新是一个民族的灵魂"。必要的知识，不怕失误、不怕犯错误的态度，专心致志和深邃的洞察力，构成了创新"三要素"。创新，是咸职人优良的传统，也是咸职人不渝的追求。

2. 校徽

　　图案主体以"楠竹之乡"的竹笋形象为雏形设计，象征着我院莘莘学子犹如春天破土而出的竹笋，在咸宁职业技术学院精心教育下积极向上、健康茁壮成才。

　　"竹笋"周围的四条波纹，既象征了学院的组建形成，也寓意了环绕学院的淦河。校徽上水的形象寓意了智慧和灵性，展现了学院依山傍水的优越办学环境和培养高技能专门人才的育人理念。

　　图案外形以中心对称方式形成一个正圆，寓意全院上下一心，紧密团结；"1965"表示建校年份。

3. 校训、校徽的作用

　　校训、校徽作为高职院校精神文明传承的一部分，对于树立和宣传学校具有重要的作用，它是学校办学理念、办学特色的体现，有利于丰富我们的校园文化生活和提升广大师生的荣誉感和使命感，有着不可替代的作用。

武汉科技大学城市学院校徽设计理念

武汉科技大学城市学院　万青

　　标志中间由白色线条、绿色块图构成以城市规划图为主体形态，形成一个"城"字，突出表现了城市学院的外在个性特色和现代科技的内涵。色调为橄榄绿，体现学院与青山绿水的东湖风景区融为一体，同时也突出了学院注重环保、和谐这一时代主题及城市学院的青春活力。外围用中英文围成一个外圆圈，表达出城市学院师生的团结与友爱！

　　标志中间由白色线条组成的图形可以理解为字母"C"和"U"，"C"是College 的首写字母，"U"是 Union 的首写字母，College 代表学院，Union 指美联

地产公司，寓意学院与美联的完美结合。字母"C"和"U"紧扣形成书籍形状，凸显出学院崇尚科技与知识的内涵。标志色调为普鲁士蓝，蓝色代表着海洋，与天空颜色接近，颜色和"城市学院"的橄榄绿形成一个对比，寓意为外语、外事学院全球化的国际特色以及全体师生志存高远，追求卓越的积极向上的精神风貌。

武汉外语外事职业学院校徽设计理念

三亚学院校训、校歌和校徽介绍

三亚学院

1. 校训：自立更生、合力更新、有容乃大、不懈则优

自立更生——学校处于建设发展初期，面临诸多困难，各方面条件不完备，要求全体师生员工不等、不靠、不要，充分发挥自己的潜力，依靠自己的力量战胜困难。这也是学校在各种顺境逆境中始终坚守的态度。

合力更新——在社会转型和急剧变化时期，只按照传统的路线办学是不完整的，要更新观念和方法。更新不能单靠单个人，新大学、新机制必须依靠集体的力量凝心聚力，形成合力创造奇迹。这也是知识分子为社会创造财富时应有的集体禀赋。

有容乃大——学校发展所依靠的人才、智力等所有资源只有形成包容性的文化和团队，包容不同的思想和认识，且有像大海一样宽广的胸襟和气度，才能形成生生不息的创造力。

不懈则优——对理想目标的执着追求。不断进取，意味着事业在进程、人在旅途要永不停顿、永不懈怠、永不满足。大学师生只有通过自我激励和约束，不断超越自我，才能实现大学与个人心中的卓越与进步。

2. 校歌：《成功是欢乐的海洋》

校歌由学校董事长李书福先生作词，中国台湾作曲家胡德夫谱曲。平实、隽永的歌词配以舒缓而深沉的旋律，娓娓道来三亚学院师生自由自在自信飞翔的梦想，蕴藉着不屈不挠的力量，昭示着不懈努力、向往巅峰、追求卓越的气概和雄心。

歌词为：

"我的梦想是为了自由飞翔。

我的努力在把握未来的方向。

走在月光下，
遥望着巍巍的中华银河。
天涯落笔留下了许多，
遐想梦想理想的步伐。
我要闯荡世界啊，
我要自由、自在、自信的飞翔。
人生就是爬高坡，
越走越高越向上。
挑战过程就成长，
失败使人更坚强。
创造成功的人生，
走向明天的辉煌，
成功是欢乐的海洋。"

　　三亚学院校徽整体形状采用欧美大学常用的校徽传统设计图形——盾形，取其庄重、荣耀与典雅之意，表达学校以教育事业为荣耀以及对教师职业的敬畏感。

　　图形设计以字母抽象组合为主，外环分别是"J"和"L"两个字母的抽象图案，代表"吉利"（ji li）两个字拼音的首字母，"j"和"l"两字母又共同组合成"大学"（University）的首字母"U"，形象地传达三亚学院与吉利集团的渊源和学校的创新创业基因。中间白色

校徽（logo）

图案是抽象的"S"和"Y"，即"三亚"（san ya）的拼音首字母，图案留有广阔的想象空间，寓意丰富，如灵动的羽毛，在知识海洋翱翔；如竞流之帆，喻示三亚学院在百舸争流中直挂云帆的气概。logo整体主色调为蓝色和黄色，象征蔚蓝的大海和金色的阳光，与三亚学院校训呼应，表达学校"有容乃大"的气度；与学校核心文化呼应，呈现进取向上、明朗豁达、温暖亲和、祥和喜悦的姿态，宣扬学校进取、贡献和伟大的教育情怀。

海南师范大学校徽演变述略

海南师范大学　杨中曦

　　海南师范大学自办学至今，先后使用过4枚有图案的校徽。
　　中华人民共和国成立以来，我国一些高校校徽采用的是类似于匾牌的长条

形金属校牌，而且校牌上校名多为国家领导人的题词。海南师范大学校同样如此。

一、1993 年版校徽

第一枚校徽自 1992 年 9 月开始校内征集设计图案。经过一年的征集，首枚校徽于 1993 年 11 月 8 日，在学校 44 周年校庆暨第 14 届校运会上正式亮相。

1993 年版的校徽由图案与字母两个部分构成。图案是三只矫健翱翔的海鸟（蓝色），托着一轮初升的太阳（红色），寓意着我校教育事业在改革开放的时代交响曲中，辉煌灿烂的前程，意味着我们任重而道远；展翅的海鸟图案又像是一本本打开的书，一排排不断推进的海浪，寓意着这里是

1993 年版校徽

一片取之不尽、用之不竭的知识海洋；同时，海鸟图案还好似一颗颗幼苗，在灿烂的阳光下茁壮成长，生机盎然，寓意着我校是培养人类灵魂工程师的摇篮。图案下方的"HSD"为海师大（"海南师范大学"的简称）拼音首字母缩写（当时海南师范学院准备建设"海南师范大学"）。

二、2001 年版与 2004 年版校徽

1999 年 3 月，海南师范学院与海南教育学院合并，学校具备了中等教育师资培养与培训一体化的双重功能，形成新的办学体制特色与优势。为适应学校新的发展，学校于 2000 年开始征集新的校徽图案。新校徽于 2001 年正式使用。

2001 年版的校徽继承了 1993 年版校徽中太阳与书籍的寓意，5 本书叠在一起的图案与椰树叶子很相似，寓意着我校立足于热带的海南。此外，无论在造型与色调上，二者都有极大的差距。校徽中的太阳为字母"H"，蓝色波浪为"N"，下方是托举着波浪的"U"，是学校英文名"Hainan Normal University"的首字母缩写，寓意着我校办学的国际化。校徽下部的校名则是郭沫若的"海南师范学院"字样。颜色上，2001 年版的校徽以白色为底，绿色为主色调，既意味着我校位于自然生态环境良好的海南，同时也寄寓了绿色发展的目标。橙色的太阳较前一版校徽更柔和。2004 年 5 月，经教育部同意，在海南师范学院的基础上筹建海南师范大学，又适逢学校建校 55 周年，因此校徽中的校名随之更改为"海南师范大学"，其他则没有变动。

2001 年版校徽

2004 年筹建海南师范大学之后的校徽

三、2017 年版校徽

2004 年版校徽启用后，学校由"海南师范学院"更名为"海南师范大学"，成功获批博士学位授予权单位，并被列为教育部、海南省人民政府共建高校。为适应办学发展，2017 年 4 月，学校采用了新校徽。新的校徽在保留前版校徽部分元素的同时，更加注重中华传统的传承，造型简约大方，较于之前的校徽，外观更古朴，内涵更丰富。

2017 年版校徽构思从中国传统文化出发，着力突显海师办学特色、国际化视野与文化传承。采用图形与文字有机组合，汉字"海师"字体，采用同构共生的表现语言，既借鉴了篆刻书体的特征，又具有极强的时代感。篆刻印章是中国传统文化的凝练，代表海师的办学责任、人才培养质量以及对社会的承诺。

视觉中心部分是由古书卷和传统案等构成汉字"海师"的部分笔画，体现海南师范大学原院址曾在琼台书院内的办学历史渊源，也表达了学校书香学府的文化氛围。汉字的背景图形，选用了海师校园最富特色植被"大榕树"为图形元素，寓意"十年树木，百年树人"，突出海师以教师教育为主的办学特色。校徽圆形外框中的波浪形态，形似从宇宙中视角远观地球，海水环绕球体的表面所形成的海平面，一方面代表水能够润泽万物，另一方面暗喻海师这棵大树在水的滋养下枝繁叶茂，茁壮成长。表达海南师大以教书育人为己任，不断为社会培养高质量的人才，也体现了海南师范大学国际化的办学视野。校徽以绿色为主色调，一方面，绿色能表达海师地处海南，

2017 年版校徽

具有良好生态环境,体现海师的专业特色与可持续发展、生态文明等相关联。另一方面,绿色在视觉上具有无限的活力,体现海师人朝气蓬勃的精神面貌。

　　随着 2017 年版新校徽的投入使用,老校徽逐渐淡出人们的视野。然而校徽所承载的海师精神,则随着海师和海师人愈发也光彩照人。

第五部分

讲高校人物故事

创校先贤林砺儒

华南师范大学　陈海平

林砺儒是当代著名教育家，1889 年 7 月出生于广东省信宜县的一个书香世家。1911 年公费留学日本，入东京高等师范学校学习。1918 年学成归国，受聘于国立北京高等师范学校（后改名北京师范大学）任教授兼中学部主任。1933 年 8 月至 1941 年 5 月历任华南师范大学前身勷勤大学师范学院院长、勷勤大学教育学院院长、广东省立教育学院院长、广东省立文理学院院长。此后又曾任职（教）于桂林师范学院、厦门大学，中华人民共和国成立初期，曾任北京师范大学校长、教育部副部长等职。自日本学成归国至 1977 年 1 月因病辞世，他在教育战线上奋战了 60 年，坚持不懈地办学育人，不断为发展教育奔走呼吁。

一、献身教育

林砺儒先生被称为是"忠诚而勤恳的教育家"，他首先把自己定位为一名教师，在任文理学院院长时期，学校行政工作虽然繁忙，但仍坚持每周主讲师范教育这门课。他一心扑在教育事业上，抗战期间，学校反复迁徙，为了能全身心地投入到学校的管理和教学中，将家里四个孩子（其中包括一个待哺的儿子）和妻子全部送回老家，自己则跟随师生奔波在学院迁徙路途之上，正是由于林院长的认真负责，才保障了学院迁徙过程中校产的完整。据说，当时全省乃至全国之内迁院校，校产保存最为完整的，当首推广东省立文理学院。

林砺儒先生执着于师范教育的发展。他钻研师范教育理论，在这一领域颇多建树。同时，也积极探索创新师范教育实践，创造性的在学院开展针对中学师资培养的课程设置体系，突破一般大学系科的课程系统，根据地方中学教育的实践，构建培养"一专多能"的中等师资课程体系，《勷勤大学教育学院课程编制原则》就是这一探索的成果，其中对于课程设置的规定如下：

"教育学系：本系课程，第一、二年级除工具学科外，为教育的基础学科，及一般社会的人文基本学科，至第三、四学年始设较专门学科。

文史学系：本系课程，包含本国语文及中外历史。第一、二年级文史并重，略无偏畸；三、四年级分国文、历史两组，较偏专门，俾作精深之研究。又以本院重在培养中等师资，故本系课程之编订，教育科目几占总数四分之一，而于国文、历史二科之教学法，尤所注意。盖一方期学子于文学、史学上有所贡献，一方又期学子为中学之良好文史教师也。

数理化学系：本系课程，包含数学、物理及化学三科。一、二年级所授多为基本之共同科目，三、四年级分为数理及理化二组。

博物地理学系：本系课程，包含生物、地理及地质三科，故课程之编制，与其他大学甚异其趣。一、二年级均为共通课目，三、四年级分为生物组与地理组，课目多涉专门，以便作较精深之探讨。"（《教育学院课程》，《广东省立勤勤大学概览》，1937年3月）。

二、思想进步

在师范教育的探索过程中，林砺儒先生并不局限于教育本身，针对当时教育救国的思想，他指出国家衰弱的原因在于社会政治经济的腐朽，单靠教育不能救国，要改造教育必须改造社会，教育只能配合政治，并且受生产发展的制约。他认为救国首先需要改造政治、改造社会，没有好的政治，就没有好的教育，教育应服务于好的政治。

林砺儒先生在留学时即受许崇清先生的影响接触马列主义理论，回国后，也很重视学习马列主义，常以马列主义的观点研究教育问题，为了能阅读这方面的书籍，还特意叮嘱即将赴日本留学的阮镜清，为其代为购买在国内不易买到的马列主义著作。

林砺儒积极聘请进步学者在学院任教传播进步思想，其中郭大力教《资本论》，张栗原教辩证唯物主义、西洋哲学史（当时克明新哲学、哲学思想发展史），陈守实教中国通史，林仲达讲社会教育、教育社会学……这些课程都是用马克思主义观点来讲的，这对学生接受马列主义起到了启蒙作用。同时，还邀请进步学者邹韬奋、钱俊瑞、杨东莼等人来学校做时事报告。

林砺儒鼓励支持学生开展进步活动，在听闻进步学生关景霞所在的战教社要搞一个《抗战教育》的杂志需要支持时，林院长马上在学校拨了200块钱帮助出版了几千本杂志。林老同情进步学生，关心青年，1940年8月，在得知江苏教育学院进步学生凌志谦、高若容、汪季昆、冯荣光、陆万里等数人因所谓思想问题被反动政府退学后，不顾当时教育部不准这批学生转学的禁令，批准这些学生转学到文理学院社会教育系学习。

正是由于这些原因，文理学院被反动政府定性为"红色学院""小延安"。林老也不见容于当时的反动政府，1941年5月，国民政府下令免去林砺儒院长职务，为反抗政府暴行，学院师生自发组织了"挽林运动"，教师代表团(梁溥、盛叙功教授等组成)和学生代表团都到广东省政府所在地湛江请愿，虽然未能留下林院长，但也取得了一定成果。同时，"挽林运动"也体现出师生对林院长最简单、朴素的爱，体现出林院长育人的成效显著。"挽林运动"中，林院长有感于师生之情谊与抗争精神，写下了一首慷慨激昂的校歌，鼓励师生挺起胸膛、放大眼孔去探索真理之光、广布文化食粮。

三、心系学院

林砺儒先生即便离开学院，也牵挂着文理学院的广大师生，牵挂着学院的发展。1946年，文理学院学生吕刚华、揭培支、罗杰林、杨芷芬等七人，被以"思想不纯，不守校规"为由勒令退学，当时在广西桂林师院任教务长的林老刚好因事回到广州，得知此事后，当即把这七人转入桂林师院继续学习。

1957年4月30日，已是教育部副部长的林砺儒先生到广东视察工作，还专程到以广东文理学院为基础组建而成的华南师院视察，同陈唯实院长等领导长谈了一整天，并对全体教师做了关于师范教育问题的报告，随后，林老又向广东省政府建议，应想方设法为华南师院创造条件，使它成为重点院校之一；应有计划地增建课堂宿舍，彻底结束茅棚校舍的历史；建议华南师院应多招收学生，多聘教师，多添置和更新各种教学设备，提议要把原来贯穿于华南师范学院院内的那一段广九铁路的路轨迁出校外，以免影响教学工作。

黎鑫——用一生来守护教育事业

广东工业大学　余利娜

黎鑫，1923年生，广东新兴县人，外语教授，中共党员，于1945年中山大学研究生毕业，1958年调入广州工学院(广东工业大学前身)，任外语教研室主任，1987年8月退休。他作为建校后第一批教师，见证了广工大55年的办学历程。退休前，黎鑫教授连年被评为先进工作者、优秀教师、教书育人先进教师，1993年恢复党内评先后，又连续多年被评为优秀共产党员，2012年，被授予"全省教育系统关心下一代工作先进工作者"称号，同年还被评为首届"感动广工大"人物。

一、国难下的孩子早成熟

"都说穷人的孩子早当家，对我来说，国难下的孩子早成熟"，谈到自己的成长，黎鑫教授笑着说。1935年，天资聪颖、勤奋刻苦的他小学未毕业就顺利考入了省立第一中学（后改名为广雅中学）。1937年7月抗日战争全面爆发，黎鑫考取了文化中学高中部。在文化中学被迫迁往惠州的罗浮山期间，14岁的黎鑫被推选为学生会主席，开始组织同学们到附近乡镇以演讲、歌咏、话剧等形式进行抗日救亡宣传，在远离中心城市、信息相对滞后的乡间，学生的抗日宣传取得了很好的效果。

1938年，15岁的黎鑫以优异的成绩跳级考进中山大学文学院。此时，中山大学受战乱影响迁往昆明，学子们则自行前往学校所在地。就在这段旅程中，发生了一件对青年黎鑫影响深远的事情：广西与云南是我国南部两个相邻的省份，可当黎鑫辗转到达广西的时候，却发现没有直接从广西前往昆明的交通工具，只能先前往越南的河内，在河内经由法国人修建的铁路绕到昆明。本国的省间通行，居然要绕道邻国的土地，可见当时中国的交通状况有多落后！他暗暗下定决心，一定要坚持抗日救国，国家才能图发展、图富强。在中大迁抵云南后不久，黎鑫就曾在文学院所在地创办了民众学校，既传授科学文化，又宣传抗日救亡。1940年，中山大学从云南搬回粤北坪石后，黎鑫与一些地下党员和进步同学既出钱又出力，开设了"坪石商店"（实为坪石书店，是中共地下党在坪石的重要秘密联络据点），专门出售和推销进步书刊，并宣传中共的抗战主张。读大学期间，他还担任中大文学院话剧团和歌咏团的团长，与进步同学一起积极进行各种抗日宣传活动。读研究生期间，为了募款慰劳抗日战士，他曾作为总导演，导演了歌剧《塞北黄昏》（延安鲁艺作品）。

1941年末，太平洋战争爆发。在此之前，大批转移到香港的进步文化人士因为交通工具紧张无法撤离到后方，而"孔二小姐"（四大家族之一孔祥熙之女）却用飞机将自己的爱犬和抽水马桶运抵重庆，引起了全国民众的公愤，西南联大、中山大学等都爆发了轰轰烈烈的"倒孔运动"。1942年1月30日，中山大学召开倒孔运动大会，由于坚定的爱国信念和出色的组织能力，在地下党的领导和支持下，黎鑫被推选为"倒孔运动"的大会主席。会上，带着手枪的反动分子跳出来妄图破坏会议，黎鑫临危不惧，冷静镇定地把对方的谬论一一驳倒，大会取得了最终的胜利。此举对揭露国民党四大家族的反动本质、教育广大群众、发展进步力量等起到了很好的作用。

"敬教劝学、兴贤育人。"

1949年10月，广州解放，黎鑫从香港返回广州工作。1958年，他调入广东工业大学的前身广州工学院，任外语教研室主任。为了提高全校教师的外语水平，黎鑫一边教学生，一边教外语老师和其他非外语老师，而且是英语、俄语双肩挑。

"文革"之后，为适应"三个面向"的需要，大力提高教师的外语水平成为当务之急。于是出现了持续大办教师外语进修班和踊跃争着参加进修的热潮。黎鑫在完成教学生的教学任务之外，还要额外地义务地教广大教师英语。这段时间里，他白天上课，承担繁重的教学任务，晚上再挑灯夜战，自编外语教材。为了既保证质量，又不耽误进度，每编好一个章节，他就自己用手动打字机将英语打在蜡纸上，然后再在蜡板上刻写中文部分，第二天一早便送去油印，赶上当天上课的需要。这种情景，用"日以继夜、奋不顾身"来形容，一点也没夸大。

在繁忙的工作中，黎鑫始终把关爱学生放在首位，每天清早就去学生宿舍，叫学生起床，督促他们早读并解答他们的疑难问题。他关心青年教师的成长，在肩负繁重的教学任务的同时，仍然抽空去听他们上课，帮助他们提高教学质量。他热爱教育、热爱学生，始终如一地关怀着下一代的成长，特别是对那些在学习、生活上有困难的学生，总是因材施教、关爱有加，为国家培养了一批学业有成、术业有专的宝贵人才，中国工程院邱冠周院士就是他的学生之一。

二、捐书留校　捐资助学

黎鑫年轻时就养成了收集和积累各种学习资料的好习惯。为了使自己大半生收集整理出来的书刊、各类资料得以更好地发挥作用，他毅然把珍藏了几十年的一大批图书报刊资料无偿捐赠给了学校图书馆。其中有全套的《苏联大百科全书》，马、列著作全集等如今很难买到的珍贵书刊，还有自1949年创刊号开始的全套《新华月报》《新华文摘》、全英文版《中国日报》《羊城晚报》等珍贵资料。黎鑫说：有人叫我把这些书刊拿去拍卖，可以卖到大价钱。我认为，这些书刊资料的价值不是金钱可以衡量的，也不是拿钱就能轻易买到的。应该无偿捐给学校，让更多师生阅读，为更多学子服务。图书馆特意为其设立了专门的捐赠陈列室，黎鑫告诉我们，这只是第一批整理好的，接下来他会不断地整理出有价值的书刊捐赠给学校。

自2007年开始，黎鑫用省吃俭用累积的退休金设立了"黎鑫教授助学基金"，12年从未间断，发放助学金累计金额近26万元，资助面遍及广州、肇庆、云浮、乳源等地大中小学校学生170多人次。他用20个字总结助学金的来龙去脉——"热爱教育，奉献微薄，两类三等（"两类"指的是大学和非大学两类，

"三等"则按照生活困难程度划分为三级，城乡生活困难的中小学生、本科生、研究生均可受资助），城乡内外，一视同仁"。

这一笔笔善款、一本本图书，凝聚了一个年逾九旬的老教育工作者对学生、对下一代深深的关爱。学生们在给黎鑫的信中写道：决心做个有用的人，像黎教授那样撒播爱心，回报我们的社会，回报我们的祖国，帮助那些更需要帮助的人。黎鑫经常勉励学生要树立时间观念，珍惜时间。受其资助的政法学院陈同学说，自己受黎教授的感染极深。黎教授作息严谨，每天6点起床，晚上11点入睡。

今年是广东工业大学建校60周年。作为建校后第一批教师，黎鑫见证了广工大60年办学历程。从教多年，黎鑫早已桃李满园，他说："我一生从事的工作都离不开教育"。说起对学生的要求，黎鑫希望广东的学生能够"德智体美劳全面发展，并以德为先，锻炼自己的人生观、世界观、价值观。受资助的学生代表向黎鑫表达了感激之情，"感谢黎教授的资助让我们的求学之路多了一缕阳光，让我们不用在忙于学业的时候还为生活费而奔波发愁，我们会努力变得更加优秀，将来成为对社会有奉献的人，并将这份关怀传递下去"。

年逾九旬的黎鑫思维清晰，声音洪亮，很符合武侠小说中鹤发童颜的老者形象，当我们向他请教保养秘诀时，他开怀一笑，说："就用八个字吧，胸怀祖国，放眼世界"。简单的八个字，道出了这位老教育工作者的情怀和境界，也是他奋斗一生、奉献一生的写照。

私立广州大学创办人陈炳权先生早期事迹发微

广州大学　吴小强

1927年3月3日，私立广州大学在广州惠爱东路（今中山四路）番禺县立师范学校成立。私立广州大学的创建是民国时期广州市和广东省教育界的一件大事，对岭南地区高等教育和私立教育的发展产生了重要影响。陈炳权先生（1896.11—1991.5）是著名的经济学家、统计学家，被誉为"中国统计学之父"，曾三度出任私立广州大学校长，对广大的创办和壮大做出了巨大贡献，称他为"私立广州大学之父"是十分贴切的。其教育思想和人才培养理念，至今仍然对广州大学高水平大学建设和中国高等教育发展具有一定的理论意义和价值。

私立广州大学系由广东爱国教育家陈炳权先生一手创办。1896年11月26日，陈炳权先生出生于广东省江门市所属台山市海晏都深井康华村的农民家庭，曾改名陈材应，逝世于美国加州奥克兰（按：旧译为"屋仑"），享年95岁。陈炳权与同时代的中国知识分子一样，从小深受中国传统文化熏陶，自述："予六岁时（1901 清光绪二十七年）入乡间'馆仔'（私塾）读书，如是者七年。所读之书为三字经，状元幼学诗、千字文、论语、孟子、大学、中庸、诗经、易经、尚书、故事琼林等，只念白文并无解释。某年得读陈子褒之'新书'如'早起身，下床去，先洒水，后扫地……'"①后入"大馆"（私塾而有讲解者）2 年、高等小学 3 年。民国二年（1913）考入国立广东高等师范学校附属模范中学，肄业 2 年，升入广东高等师范学校数理部。陈炳权在模范中学读书时，曾听过著名社会人士陈焕章先生的演讲，受到深刻影响，为其留学美国奠定了信念。其自述："学校请陈焕章先生演讲，陈是美国哥伦比亚大学经济学博士，又是前清举人。当时闻此项消息，美国、哥大、经济及博士四个观念，留存脑中，心焉响往。以为异时或至其地以偿素愿，亦未可知。后来入哥大读经济及银行，此实最先生之感想。"②

　　陈炳权于民国八年夏（1919）毕业于国立广东师范学校，原拟受聘为某县立中学教务主任职务，在其台山籍高师老师梅跃云先生的极力劝说与推荐下，遂于 1919 年 10 月转赴美国求学，受到台山海晏籍爱国侨领、美国砵仑中华会馆主席兼华侨学校校长巫理唐先生的盛情欢迎与厚待。1920 年 2 月，陈炳权开始"日间入胡烈大学求学，晚间返华侨学校教书"③，赴美初期边读书、边打工的求学经历和巫理唐先生无私培育提携青年的高尚人格，给予陈炳权后来创办私立广州大学提供了重要的经验启示与教育灵感。1921 年 3 月，陈炳权来到芝加哥，7 月考入密西根大学经济系，编入第三年级，1923 年元月即毕业。陈并不满足于获得学士学位，在巫理唐先生资助下，他转赴纽约哥伦比亚大学研究院专攻银行学 1 年，获得哥大经济学硕士学位，实习数月。

　　1924 年下半年，陈炳权学成归国，抵达香港后，获知国立广东大学即将成立。校长邹鲁（海滨）聘陈炳权为国立广东大学法学院经济系教授，主讲统计、会计、银行学等课程。1925 年，任商学系系主任。1926 年，任国立广东大学专修学院院长兼学长，专门开办夜大学班。这是中国第一所夜间大学，内设 8 个系，学籍、年级编制及课程设置，与日间正规大学（全日制）标准完全一致。专修学院为社会求学青年开辟了一条新的途径，受到了热烈响应。"来学者逾千人，此为夜大学在中国设立之嚆矢。"④陈炳权后来如此评说夜大学的创办。

　　陈炳权先生以自己在美国求学的艰难经历，对在中国举办成人高等教育和

①　陈炳权.大学教育五十年（上册）[M].香港：香港南天书业公司，1970：7.
②　陈炳权.大学教育五十年（上册）[M].香港：香港南天书业公司，1970：12.
③　陈炳权.大学教育五十年（上册）[M].香港：香港南天书业公司，1970：30.
④　陈炳权.大学教育五十年（上册）[M].香港：香港南天书业公司，1970：35.

夜大学有着一般学人和教育家所不曾有的深刻观察与洞识。他说："予为苦学生，对于美国大学之校外推广部及夜大学等认识最切，印象最深。在砵仑时，曾往阿利近大学夜大学班听讲，又查得美国各著名大学均有校外推广部，实施成人教育及推广学识，亦可以修习学分，末一年专入大学修习，亦能毕业以得学位。哥伦比亚大学之校外推广部，规模尤大，专为求学问而来，不尽是为学位而读，故对于社会成人教育影响至大。吾国经济落后，夜大学尤为急需。在纽约读书时，与各同学谈话，常盛称大学校外推广部之优胜，吾国非急办不可。有此原因，同学多知于早已注意，故广东大学派予为教授兼夜大学专修学院院长之职。予返国教书，每每念及巫先生培育青年，己立立人、己达达人之主旨，至为兴奋。今就此职，更能实施及推广先生之宏愿矣。"[1]陈怀抱强烈的"教育救国"理想，其实践路径则是举办成人普通高等教育，因为此举与当时国情更为契合。从陈炳权就任广东大学专修学院院长之始，他即坚定地踏上了发展中国成人教育和私立高等教育的坎坷之路。

（本文主要内容曾刊于涂成林主编：《当代广州学评论》2018年第1期总第4期，北京：社会科学文献出版社2018年7月版，第251－265页。）

陈新民传

中南大学　汪瑞芳　申细秀　陈启荣

陈新民（1912.11—1992.12），男，汉族，安徽人，中共党员，中国民主同盟盟员，科学博士，一级教授，中国科学院院士，博士生导师。我国著名的冶金物理化学家、教育家和社会活动家。

一、生平简介

1931年秋，陈新民考入清华大学化工系。1935年，毕业于清华大学化工系，并获理学学士学位。1938年，先后在甘肃省建设厅任技士和省科学教育馆任助理研究员。1939年至1941年，任中央研究院昆明化学研究所助理研究员。1941年至1945年，在美国麻省理工学院冶金研究所学习，获冶金博士学位。1945年至1946年，任美国卡内基钢铁公司芝加哥南厂冶金研究员。1946年回国。

---

① 陈炳权.大学教育五十年（上册）[M].香港：香港南天书业公司，1970：35－36.

1947 年至 1948 年，任天津北洋大学冶金系教授。1948 年至 1952 年，任清华大学化工系教授，其间在北京大学工学院兼课，在北京教育界中共地下党组织协助下与钱伟长、屠守锷等进步教授组织读书会，为协助共产党接管清华大学及稳定学校秩序做了大量工作。1949 年 5 月，任清华大学校务委员会委员兼秘书长。

1952 年 3 月，奉教育部令到长沙筹建中南矿冶学院。1952 年至 1957 年，任中南矿冶学院筹备处主任、院长、教授。1957 年，被错划为"右派"，撤销了院长职务。1959 年 12 月，摘去"右派"帽子。1959 年至 1978 年，担任物理化学和冶金过程物理化学教研室主任。1978 年，出任中南矿冶学院副院长。1980 年，当选为中国科学院学部委员。1984 年，任中南矿冶学院名誉院长。1985 年至 1992 年，任中南工业大学名誉校长。

曾任第五、六、七届全国政协委员，湖南省第五、六、七届人大常委会副主任，湖南省第四、七届政协委员，中国民主同盟七、八、九届中央常委，民盟湖南省委主任委员，湖南省社会主义学院名誉院长。先后还担任国务院学科评议组成员、中国科学院矿业研究所学术委员会委员、国家科委冶金学学科组成员、《有色金属》编辑委员会委员、冶金部有色研究总院冶金物理化学科学技术顾问、中国科学院技术科学部委员会冶金学科分组成员等职。

二、筹建和成立中南矿冶学院

陈新民是中南矿冶学院的奠基人，中南工业大学的开创者。

1951 年 11 月 3 日至 9 日，教育部在北京召开了全国工学院院长会议，以华北、华东、中南三地区为重点，拟定工学院调整方案，决定将武汉大学矿冶工程系、湖南大学矿冶工程系、广西大学矿冶工程系和南昌大学采冶科调整出来，在湖南省长沙市成立独立的矿冶学院。会后，中央教育部授命时任清华大学校务委员会委员兼秘书长的陈新民教授筹建中南矿冶学院。1952 年 1 月 7 日，陈新民教授赴武汉向中南教育部请命，随即到湖南长沙与湖南大学校长李达、副校长易鼎新洽商，并借湖南大学约集湖南大学、武汉大学、广西大学和南昌大学四校的矿冶系（科）主任商议筹备事宜。

1952 年 3 月 22 日，中南军政委员会教育部在湖南大学召开了中南矿冶学院筹备委员会成立大会。会议决定成立中南矿冶学院筹备委员会和中南矿冶学院筹备处，潘梓年任筹备委员会主任委员，陈新民任筹备处主任。1952 年 4 月，中南矿冶学院筹备处正式成立。作为筹备处主任，陈新民与计划组负责人黄培云、人事组负责人刘立一起最早到达长沙，带领筹备工作人员投入到艰苦繁重而又紧迫的筹建工作中。

建校期间，陈新民提出"艰苦奋斗、团结建校"的八字方针，带领全体工作人员日夜兼程地辛勤劳动，完成了校舍选址，征收了清华大学于1937年在长沙左家垅所建的校舍，并对校舍进行全面维修；建立木工厂，雇用上百名木工、油漆工赶制了学生上课用的课桌椅、实验台、黑板、自修桌、床铺、方凳，以及教职工家属宿舍所需的各种家具；打水井、修水库，为师生提供饮用水；筹建了医务所、理发室，在校内开办供销合作社、邮电所等服务单位。

至1952年10月，筹备工作基本完成，师生开学所需生活与教学设施的全部准备就绪，1650名新旧学生和400余名教职工先后到校。11月1日，学校正式开学，陈新民被任命为中南矿冶学院首任院长。

自1952年建校至1957年，陈新民一直坚持艰苦奋斗、团结建校的精神，强调学习苏联经验，强调工程教育必须与工业部门密切联系；打破保守思想，改变生活习惯、生活方式，改变教学、实验等工作方法；加强思想政治教育。组织领导完成了学院规划和建设、专业设置、学科建设、配备和科学研究等工作。为学院进入全国重点高校行列和以后的长足发展打下了坚实的基础。

1957年，在反"右派"斗争中，陈新民蒙受冤屈，被错划为"右派"。1957年至1959年，陈新民离开学院领导岗位，下放到教研室参加劳动和教学工作。1959年，摘掉"右派"的帽子后担任化学系冶金物理化学教研室主任，开始创设以有色冶金为特色的冶金物理化学新专业。

1978年十一届三中全会后，陈新民担任主管教学、科研的常务副院长，为学校在教学、科研、国际交流方面拨乱反正，为恢复学校教学秩序做了大量工作。1980年11月，在纪念建校28周年之际，陈新民撰写了《适应四化需要，树立良好校风》的文章，刊登在《中南矿冶学院》院刊上，强调："现代化的高等学校应当既是培养高水平的人才，同时又产生高水平的科研成果。""高水平的人才应该是有思想、有抱负、有高度的科学修养，严谨的科学态度，愿意为祖国四化大业做出贡献，能够在祖国的各项事业中成为骨干力量的人才。""高水平的科技成果应该是处于当代科技前沿，探索宇宙奥秘，为祖国的建设事业、为人类的征服自然做出贡献的成果。"在这篇文章中，陈新民还提出，"良好的学风是建设现代高等学校的前提"。

1985年7月，中南矿冶学院更名中南工业大学，陈新民任名誉校长。

三、我国冶金过程物理化学的奠基人和开拓者

陈新民是我国冶金过程物理化学的奠基人和开拓者，长期致力于冶金过程物理化学、热力学和动力学方面的研究工作，对火法冶金、湿法冶金、氯化冶金及熔体热力学理论有深入的研究。他的"金属—氧系热力学和动力学""高温

熔体物理化学性质"研究成果，为我国有色金属的开发和综合利用提供了理论依据。他是最早在国内开展熔硫热力学及硫化物焙烧热力学研究的人，并相继开展了"硫化物焙烧气体在不同温度下的平衡组成""铜的硫化物焙烧状态图""铅的硫化物焙烧状态图""硫化亚铜热力学性质的测定"等课题研究工作。改革开放后，已经 70 多岁高龄的陈新民教授仍工作在教学、科研一线。其研究成果"氯化镁脱水试验"获中国金属学会一等奖；"某些金属—氧系热力学性质及 β—钨的亚稳性质研究"于 1992 年获国家教委科技进步二等奖；"金属—氧系热力学性质及 B—钨亚稳性质研究"被评为 1988 年湖南省十大科技成果之一。在《金属学报》等期刊发表《氧化钴氯化平衡的研究》等论文 40 余篇，其中《氯化镁水合物热分解的综合研究》《金属中气体分析的热力学基础》等论文，获冶金部和湖南省重大科技成果奖。

四、中国冶金高等教育的开拓者

陈新民是中国冶金高等教育的开拓者之一，被誉为"有色之师"，是中国第一批博士研究生导师之一，为中华人民共和国培养了改革开放后湖南省的第一名博士；主编《物理化学》《冶金热力学导论》《火法冶金物理化学》教材 3 部，其中《火法冶金物理化学》获中国有色金属总公司高校优秀教材一等奖；主持制定了中南工业大学培养研究生的一整套制度，被编印成的《研究生手册》供湖南省高校使用。他先后讲授物理化学、冶金热力学等七门课程，他的学生现已成为国内外教学、科研和大型企业的骨干力量。

五、积极参政议政的民主党派战士

1955 年 7 月至 1960 年 9 月期间，陈新民被选为民盟湖南省第二、三届委员会委员；1960 年 9 月至 1966 年 8 月、1980 年 2 月至 1984 年 2 月分别任民盟第四、五、六届湖南省委常委；1984 年 2 月至 1992 年 12 月，任民盟第七、八、九湖南省委主任委员。

1956 年 2 月至 1958 年 12 月、1979 年月 10 至 1983 年 12 月分别任民盟第二、四届中央委员；1983 年 12 月至 1992 年 12 月任民盟第五、六届中央常委。

陈新民作为湖南民主党派的代表，积极参政议政，献计献策。1986 年，他倡议召开了两次"长江荆江段和洞庭湖地区综合治理学术研讨会"，促进了湖南、湖北两省水利部门的团结协作；针对高等教育存在的"大锅饭""平均主义""统招统分"等问题，提出要进行高教体制改革，将学校办社会变成社会办学校，毕业生分配要"产销见面"，高校可在法律允许的范围内灵活办学等。1991年，他促使湖南民盟省委与湘西联合成立"湘西科技开发人才培训中心"，推动各级民盟组织发挥智力优势，为振兴湘西做出了贡献。

1992 年 12 月 23 日，陈新民在北京参加民盟第七次全国代表大会，会议期间突发心脏病，不幸病逝。1992 年 12 月 25 日，被中共湖南省委追认为中国共产党党员。

中南工业大学为了纪念陈新民教授对学校发展所做的贡献，于 1993 年设立了"陈新民奖励基金"，奖励在教学、科研工作中取得优异成绩的教师和学习成绩优秀的本科生、研究生；将学校一条主干道命名为"新民路"。2012 年，在陈新民 100 周年诞辰之际，中南大学在学校办公楼前树立了陈新民铜像。

95 岁眼科泰斗张效房

郑州大学　党委宣传部

在郑州大学第一附属医院一间不足 10 平方米的小房间里，简单的摆放着六个书柜、一个书桌、沙发和茶几，稍显拥挤却干净整洁。

办公桌上，专业书籍杂志、中英字词典占据了"半壁江山"。桌前，已经 95 岁的张效房教授，熟练地拿出了自己需要的书。整个上午，他只抬起头两次，与我们打招呼、接电话，其余时间都在埋头改稿。

张效房教授，是我国眼外伤和眼内异物摘出的奠基人和学术带头人，被尊称为国际医学界的泰斗人物。已经 95 岁高龄的他，不仅是郑州大学一附院的眼科医生，也是郑州大学基础医学院的代课老师，还肩负着授课、坐诊、查房、编辑杂志的责任。

一、36 年编辑杂志

"这个文题的字数要控制在 20 字以内，回去缩减一下。"

"这里注意格式修改，参考一下排版好的文章格式。"

张教授用手中的笔在稿件上指指点点，时不时还用手在空中比画，模拟手术中的实际操作。

前来赴约的医生张博来自郑州市第二人民医院，据他介绍，他是前一天接到张教授的约谈电话，因为担心错这个机会，所以专门请假赶来。

"接到电话很激动，没想到张教授会亲自打电话给我"，他激动地翻开修改后的稿件，每一页都用绿笔、红笔、铅笔密密麻麻地标注了问题，以中英文两种语言做了批注，"看到改稿非常吃惊，修改的地方都有理有据，感觉比我写稿还用心，不得不让晚辈心服口服！"张博赞叹道。

这样的面谈每周大概有四五次，每次持续 1 个小时左右。对稿件中需要核实的信息，张教授会搜集相关资料，为了修改一篇稿子，耗费五六个小时的时间是常事。

"我比较欣赏观点创新的原创稿件，好的稿子，我会主动联系作者，本地作者就打电话约来面谈，外地作者只好邮件通信了。"张教授说。

1979年，张教授创办并主编的眼外伤杂志《中华眼外伤职业眼病杂志》已成为我国篇幅多、内容丰富、信息量大、学术水平高的眼科期刊之一，是国家核心中文期刊，排名仅次于《中华眼科杂志》。

每周一、三、五、六上午，张教授都会在郑大一附院的《眼外伤职业病杂志》编辑部审稿改稿。每一卷刊登的文章都会经过张教授的严格把关。

而这是张效房教授工作的中很小一部分，直到现在，教授每周二还会出诊，每周四去查房，刚开学的前一两个月还会授课。

二、70年教书育人

作为郑州大学基础医学院的一名教授，张教授每个学期都会给本科生、研究生、留学生上三四节课。

无论春夏秋冬，张教授都会穿西装、打领带去上课，"教授每次都穿得很正式，让我感觉上课都变得特别隆重。"郑大临床医学专业的刘沛东说。

张教授上课看着学生摆在桌面的学习用具，感叹到现在学生的学习条件优越，"我们那会上课没书，笔记本是自己用针线缝制油光纸做的，墨水是把颜料和白糖水掺在一起"。

教授在自传中也多次提到自己年轻时的上学情况：毛草顶、土坯围墙的房子、菜油灯。

"我们当时没有任何娱乐活动，没有戏院、电影院，只有学习。"相比较现在学生学习之余的诸多诱惑，张教授希望学生能够把更多的精力放在学习上。

郑大一附院眼科医生的张金嵩，是张教授的首届研究生，被称为张教授的"大弟子"，现已70岁高龄。回忆过去做张教授学生的日子，他用"严格"两个字概括了张教授的教学方法。曾有一次因为他12点前关灯入睡，张教授责备他学习不够刻苦。在餐桌上都经常给他出题，张金嵩笑言："聚餐的时候，张老师会忽然考我'别吃了'用英语怎么讲，我犹豫地说'No food, no drink'，结果他摇摇头说，'应该是Nothing by mouth'"。

当时不少学生认为张教授是故意针对他的，但他对此并不在意："严师出高徒，张教授对我要求越高，责备也就越多"。张教授直到现在，都忙到深夜两三点才睡觉，每天只有五六个小时的睡眠时间。

如今，张效房教授可谓"桃李芬芳"，十八大党代表中，来自全国医学界眼科的仅有两位，其中一位就是张效房的学生。

从 1998 年张教授无偿为基层医院开展手术，到成立"张效房医学学术基金"，为优秀学生出国留学提供助力，先后共捐出奖金和积蓄 100 多万。

今年 4 月 9 日和 15 日，张教授为郑州大学的同学们作了两场讲座，在讲座中他强调："学生要多走出去，开拓国际视野，为中国的医学事业做贡献。"

三、买个杂粮煎饼回家"写作业"

张教授不打牌、不下棋、不玩麻将，不听戏、不看电影，平常除了看新闻联播以外，也基本不看电视，他最大的生活乐趣就是工作。

与张教授共事 20 年的副主编马跃伟医生，至今还记得张教授做完手术半躺在床上改稿的样子，"张教授曾说工作能帮他缓解疼痛，也是他的精神寄托，在我们看来他实在太敬业了"。

张教授并不觉得辛苦，反而乐在其中，他热爱工作，认为不能工作就等于失去了生命的意义。

每天下班以后，张教授都会提着自己的布兜，带上自己的"家庭作业"——需要修改的稿件回家，从郑大一附院到金水河对面的 16 号楼，不足千米的距离，张教授需要走将近 20 分钟，但他坚持步行，不要搀扶。

买点菜，在路边吃碗烩面，或者买最喜欢的杂粮煎饼带回家吃，边"写作业"边吃"美食"，也算作了张教授生活中的一大乐趣。

而那些不开心的事情，张教授也从不往心里去，当问他自己记忆中最困难的事情是什么时，他思考许久，却回答没有什么难处，没有什么克服不了的困难。

2000 年，张教授前列腺炎复发，但手术结束的第二天，他就躺在病床上改稿；2004 年，他被确诊为肾癌，再次住院，他毫不犹豫地选择在"咱们医院"做手术，而且认定用"咱们自己的医生"做手术；2006 年，他又在冰面上滑倒，导致左手腕骨折，但是打上石膏以后，他就开始用一只手改稿。

每一次与病魔对抗，张教授都是赢家。他总结自己长寿的秘诀为两点：

一点是做事无愧于心，作为医生要努力做到"零红包、零回扣、零纠纷"。

张教授长期担任省内外许多医疗和科研单位的名誉院长、名誉所长、客座教授，并经常参加各大医院的会诊、教课，但他从不要报酬，不仅如此，他还反对种种不正之风，公开批评眼科医疗方面的虚假广告。

他希望医患之间加强沟通交流，医生要耐心地为患者答疑解难，为自己的每一句话负起责任。"患者从大老远跑来找你看病，你就不能耍大牌，我心疼患者那么辛苦，所以一定要尽心尽力做好手术。"从医 70 年，张教授始终洁身自好。

另一点便是达观的人生态度，"人生难得潇洒，要多笑，要学会忘记年龄、忘记病痛、忘记得失，每天开开心心，就会不知不觉长寿"。

第九届"侯德榜化工科学技术奖"奖得者张亚涛
郑州大学　党委宣传部

日前，郑州大学文学院王保国教授受邀参加了由中国国务院侨办举办的、在海外侨届有着较高声誉和影响的"文化中国·名家讲坛"活动，远赴东南亚讲授中原文化和河洛文化。自 1998 年起，他曾多次主持国家级、省级社科项目。王教授是省学术技术带头人、省中原文化研究中心副主任、黄河文化研究会理事，于 2008、2009 年两次主笔黄帝祭祖大典拜祭文。多年来，他专注于中国传统思想文化和中原文化、先秦文献、先秦历史研究，用渊广博达的学识和求真致用的精神，感染着一届届学生。

一、精雕细琢，炼就《郑大赋》

"千禧之际，三强融铸，省部统筹，共襄盛举。栋宇栉比三万间显中西气度，林木葱郁数百顷蕴南北风华。月影沉璧，落成丽湖；苍松翠竹，筑就春山。春之繁花，夏之流莺，秋之红叶，冬之静雪，三园五桥，四时不同。"在郑州大学新生录取通知书信封背面，有一份给新生的"见面礼"——《郑大赋》。这篇赋仅三百三十余字，但内涵十分丰富，新生收到录取通知书的喜悦之余，也被深深吸引，而这篇赋的作者正是王保国教授，而书写者则是时任中国书协主席张海教授。

"郑大作为在中原的主要学府，所承担的不仅仅是中原复兴的责任，同样的，也肩负着一个民族复兴的梦想。"在谈到《郑大赋》的创作意图时，王保国教授介绍说，《郑大赋》所表达的正是这份责任与担当。赋分为三部分，一是展现郑大的优美环境，二是叙说郑州大学丰厚的历史滋养，三是谈郑州大学的精神追求。

创作过程中，王保国教授一直秉持着严谨缜密的态度。当时，清华大学、浙江大学都有类似的赋体文章在校庆和迎新上使用，王教授说压力很大，接下任务后不敢懈怠，对汉代司马相如，唐代王勃、柳宗元、宋欧阳修、苏轼、范仲淹、柳永等人的词赋进行了重新研究，历时三个月创作出《郑大赋》，赋文经过反复推敲，几易其稿，方最终成篇。

2013 级播音与主持专业的陈艺童在当年看到通知书上的《郑大赋》时，难以掩饰心中的激动，反复读了好几遍，"这首赋写得真好，而且内涵十分丰富，这更加激发了我对大学学习生活的向往。"

二、寓教于学，选课成"香饽饽"

王教授开设的《中国传统文化》课，一直以来都是学生竞相追捧的"香饽饽"。文学院大二学生胡孟强说："王老师的课非常有意思，从来都是全勤，有时候还会有其他院的同学过来'蹭'课。"

王老师在教学过程中十分注重对学生思想的引导，"大学教学应该更注重培养学生思想观念，而非照本宣科，老师不该让课堂变得死板"。

在讲到文化概论的饮食一篇中，王保国老师曾经把秦国与六国之间的战争比作"羊肉泡馍"与"箪食壶浆"的较量。他对学生风趣地讲，秦人发明了"锅盔"，既是干粮，又是铠甲，还可以就地取材制作"羊肉泡馍"。"羊肉泡馍"无论在味觉还是营养方面都要比六国的"箪食壶浆"强得太多，"箪食壶浆"就是冷稀饭，吃了胃疼，颜渊就吃出了胃病，早早去世。所以说，秦国统一六国的胜利就是"羊肉泡馍"的胜利。

诸如此类让同学们耳目一新的例子还有很多。有一次讲到了庄子的人生自由论，书中古文介绍了庄子说的"至德之世"，人们走路的时候"其行填填，其视颠颠"，为了让同学们更好地理解，王教授直接在讲台学起了古人走路。大二学生吉梦飞在回忆起这堂课时说道："老师模仿得特别形象，老师他还爱走下讲台和同学们互动，非常有趣。"

不久前，多家媒体报道和转载了文学院学生兰琳琳的一份特殊作业——手写中国传统文化100个符号，50米的"长卷"上写满了11万余字。而这份作业正是王保国教授在课上布置的。这种作业沿袭多年，已成为文学院，乃至郑州大学的一大特色。

"一开始学生们肯定会觉得任务重，但他们也知道完成这份作业会使他们收获巨大，所以没有不乐意的。他们在做这份作业时一定会查阅很多书和资料，做作业的过程就是学习的过程，这将成为学生大学期间一个难忘的回忆，是最珍贵的材料。"王保国教授说道："我希望通过这份作业培养学生们坚实的专业素养，让他们掌握基本的研究方法。"

三、行万里路，足迹遍布中国

王保国教授认为，学习人文学科的学子要多出去走走。旅行"是一个思考的过程，长期猫在屋里，思想可能会变得枯竭"。他说，读万卷书行万里路，这话说得很对。古代文人没有现代的条件就做到了，今天的年轻人也好，年纪大一点的人也好，都要多出去走走，走出去才会有新发现、新感悟。

多年来，王保国教授的足迹遍布全国各地，中国的大好河山他几乎全已踏遍。一辆汽车陪伴着他走了许多路程，西至拉萨，历时 21 天，行程 1 万公里；北至漠河，行程 1 万 500 公里。

王保国教授说，出去走走，可以领略各地的风土人情，这些都是书本上学不到的。他曾经两次驾车前往西藏，"第一次是因为神秘，对于它我什么都不知道，直到第二次去过之后，我才终于真正了解了很多关于西藏的，尤其是与宗教相关的知识"。他把两次的西藏之旅叫"朝圣之旅"，把东北边境之旅叫"虐心之旅"。

王教授对学生说，世界这么大，这么精彩，上天赐予你机会，让你来到这世上，你不看看她，无声无息地来了又无声无息地走了，太遗憾！放寒暑假就该去实地调研，换个不同的环境思考问题，放松紧绷的弦，这样有利于长期有效率地学习。

王教授一向认为郑州大学的学生是中国最优秀大学生的一部分，他总是对自己的学生充满信任和期待，他对记者说："学生的故事，就是我的故事，学生有了故事，我也就有了故事。"

中国荷球事业的推动者马襄城

郑州大学　党委宣传部

2015 年是郑州大学正式开设荷球课的第十个年头。

2005 年 8 月 25 日，郑州大学成为全国第一个开设荷球课的高校；2008 年，郑州大学首次在体育系本科生中开设荷球运动普修课程；2009 年，首次在全国招收体育教育训练学荷球方向研究生及体育专业硕士荷球研究生；2011 年，率先在体育专业开设荷球专业课；2014 年，被授予中国荷球运动发展 10 周年突出贡献单位奖……十年间，郑大在荷球的教学、科研等方面开创了诸多先河，目前是国内荷球训练、教学场地数量最多、质量最好、功能最齐全、容量最大、设施最完备的荷球训练基地，以优秀的硬件条件数次承接国家队集训任务。这是郑州大学荷球的十年发展轨迹。

2015 年也是郑州大学体育系马襄城老师开始荷球教学的第十个年头。

马襄城，郑州大学体育系副教授、硕士生导师、荷球专项教师，现任亚洲荷球联合会委员、中国荷球国家队教练、中国荷球协会技术委员会主任委员；曾多次带领中国国家荷球队获得国际级奖励，带领郑州大学荷球队多次获得国家级奖励。

　　2005 年 4 月，马老师参加了全国第一期荷球教练员、裁判员培训班，于同年暑假系统编写了荷球课件并在郑大正式开课教授荷球课……2014 年，被授予中国荷球运动发展 10 周年"突出贡献个人奖"。这是马襄城老师近十年体育教学生涯的轨迹。

　　这十年都是两者辉煌发展的黄金十年，一位教师与一个高校特色课程的发展轨迹完美契合。而这其中又有怎样的故事呢？

一、十年前的初春，他与荷球的一个开始

　　2005 年 4 月，马襄城老师奔赴北京参加了"全国第一期荷球教练员、裁判员培训班"，这是他与荷球的第一次"邂逅"，而对荷球的深入了解却是在同年暑假。

　　2005 年暑假，他放弃原先的休息时间，只要一有空就坐下来琢磨荷球。然而当时距荷球正式传入中国的时间只有 1 年左右，与荷球相关的资料很少，关于荷球规则的资料只有香港传过来的薄薄十多页 A4 纸。为了更透彻地了解荷球，他坚持每天学习荷球比赛规则，观看荷球录像达 12 个小时以上。"当时有关荷球的文字写得太抽象，我就一边看录像，一边琢磨规则。暂停，播放，重放……录像带被我倒来倒去看了好多遍。"马老师回忆说。终于，他利用暑假时间研制出一套完备的荷球教学课件，这套课件集荷球发展史、规则、教学、训练于一体。2006 年，这套课件被国家体育总局、教育部大学生体育联合会荷球分会指定为全国荷球培训的教学课件。

　　2005 年 8 月 25 日，郑州大学荷球课正式开课，后又率先在全国开设了普通大学生荷球选修课。2005 年至今，郑州大学先后有 4000 多名学生通过选修这门荷球课，亲身了解了这项运动。

　　2005 年是马老师与荷球结缘的一年，这一年也是郑州大学学生了解荷球的开始。十年，弹指间，能记录这十年的不仅仅是获得的荣誉，还有日日夜夜的操劳。

二、十年间不断发力，推动荷球事业快速发展

　　前些年马老师的家离学校较远，为了方便出早操和下午的训练，他工作日就住在学校。身患强直性脊柱炎和腰椎盘突出的马老师长年睡在体育馆的硬板床上。"患脊柱炎的人不适合睡硬板床，我每到睡觉的时候都侧着睡，也不敢翻身，稍微一折腾睡意就没了。"马老师说。尽管病痛不断地侵扰着马老师，他依旧坚持每天早上 6 点起床为学生开门晨训，下午进行两三个小时的集训。即便在寒暑假，也不曾中断过。

　　为了保证郑大荷球队的竞争实力，马老师带着荷球队员在寒暑假一天三练。队员们在训练场上不断地跑动、防守、投篮，马老师则在一旁指出需要改进的地方。

　　暑假，天气特别热，人站在训练馆里不动都能淌汗，训练的时候队员们一天能喝好几桶水，为了防止队员们中暑，马老师经常给他们带来新鲜的水果，并备好防暑药品。

　　寒假，学校封校后便开始停止供暖，食堂也关门了，有时候训练得晚队员们吃饭就不大方便。这时，马老师就想办法给学生们做饭改善伙食。"我记得有一次马老师带着队员在办公室里涮火锅，热气腾腾的办公室里有说有笑，一下子就驱走了寒冷。"他的学生徐达说。

　　在马老师一丝不苟的训练指导下，郑州大学的荷球队取得了许多优异的成绩。2008 年 12 月，郑州大学成功举办"第一届全国大学生荷球锦标赛"并获得冠军；在 2009 年 12 月"全国荷球锦标赛"上，郑州大学获得亚军；2011 年 11 月，"世界荷球锦标赛"在中国绍兴开赛，郑州大学有三名队员代表中国队参赛，并获得第十一名的成绩，是目前我国参加此项赛事的历史最好成绩。

　　在马老师培养的学生中，一名毕业生晋级国际级裁判，成为我国第一位出国担任国际赛事的裁判，是唯一一位参加第九届世界荷球锦标赛的中国裁判，并多次担任全国荷球锦标赛、全国大学生荷球锦标赛的裁判长。

　　在科研方面，马老师先后在《体育文化导刊》等杂志发表多篇论文，主持参与《荷球运动发展过程中的若干问题研究》《我国荷球硕士生培养的前瞻性研究》等十余项课题。

　　为了推动荷球在全国高校的发展，马老师先后 16 次担任"全国荷球教练员、裁判员培训班"的主讲人，为国家培养 1000 多名教练员、裁判员。马老师把自己整理的电子教学大纲、教学课件、教学日历及教案拷贝给其他兄弟院校。目前全国已有 100 多所学校开设了荷球课。

三、十年后的今天，他与荷球的故事仍在继续

　　在郑州大学南体育馆的三楼，有两间不足十平方米的办公室。一间办公室的门上挂着"亚洲荷球发展研究中心"的牌子，这块牌子在中国大陆仅此一块，是目前世界唯一的荷球专业研究机构。而另一扇门上则写着"中国荷球培训基地"。在中国大陆，同样的牌子只有两块，其中一块就在这里。这两个外表看着不大显眼的房间就是马老师日常工作的办公室。

　　十年，马老师在推动荷球发展的道路上勤勤恳恳、一丝不苟。在谈及为何如此"痴迷"荷球时，马老师说道："看到大学生的身体素质越来越差，我心里

很焦急"。荷球作为一种趣味性、公平性较强的体育项目，马老师认为新引入的体育项目会吸引大学生的兴趣，"找块场地竖根杆就能玩，这样的运动很适合全民健身。"马老师说。

回顾十年荷球教学的经验，马老师的心得就是常总结、常思考。每次上完课或者是训练完学生，马老师都会反思还有哪些地方需要改进。"以前我训练学生的时候会在训练最后让学生看比赛录像，但发现效果并不是很好，于是现在就改在训练前看。"马老师说。

马老师已从教三十年，从开始接触荷球后的十年里，他认为自己一直在发力，没有放弃过每一天。老骥伏枥，志在千里。十年前，马老师对荷球干劲满满，而十年后的今天他依旧干劲很足。

50多岁的马老师没有打算放慢自己的脚步，他给自己的定了一个目标——出一本荷球"百科全书"。在接下来的教学生涯中，他希望自己能带领郑州大学荷球队在全国荷球锦标赛上拿一次冠军，并加强对研究生的培养，为荷球培养更多专业人才。

马老师用十年的时间在竞技与科研上推动郑大乃至中国荷球事业的发展，并取得了优秀的成绩。一件事做了十年，十年专做一件事。郑大荷球的十年发展轨迹与马老师人生中这十年的契合绝非偶然，这是必然，而这一轨迹会继续重合走下去。

宝钢教育奖优秀教师奖余丽教授

郑州大学　党委宣传部

2018年11月12日，宝钢教育奖评审会议在延安举行，郑州大学公共管理学院余丽教授荣获宝钢教育奖优秀教师奖。2018年是余丽老师任教的第29个年头，在教学方面，余老师认真负责，恪尽职守，把教书、教研与育人相结合，培养了一批又一批的优秀学子，她主持的"《当代世界经济与政治》课程'五字并用'教学法的实践创新与理论研究"项目荣获第五届国家级教学成果二等奖。在学术研究方面，余老师一丝不苟，勤于钻研，主持国家社科基金研究重点项目(结项鉴定优秀)和国家软科学研究计划，对互联网在国际政治中的作用及网络空间安全治理研究代表了本研究领域的前沿水平，专著《互联网国际政治学》于2016年入选了《国家哲学社会科学成果文库》(本年度业界唯一，全国入选48项)。

一、"学生是最重要的，要把学生放在第一位"

在余老师的心里，学生永远是第一位，"学生是最重要的，学生的事情在所有其他事情之前，学生才是学校的主体"。在 29 年的教学生涯里，她始终重视学生的学习和发展，在教学中与学生进行互动交流。

课下，她要求学生大量阅读国内外本学科或相关领域的书籍，学习基础理论知识和研究方法，并对学生传导"研究材料必须是第一手、必须是权威的、最新的"学术研究理念，着重强调个人的"内化"过程。课堂上，她与同学们进行良性互动，余老师相信，"课讲得好不好，看学生的眼睛就知道"。根据课堂上同学们的反应，观察同学们的听课效果，对自己的讲课内容进行改进和创新。正因如此，她的课堂受到了大家的喜爱。2005 年，余老师主持完成的"《当代世界经济与政治》课程'五字并用'教学法的实践创新与理论研究"项目荣获第五届国家级教学成果二等奖，在省内及全国部分高校进行推广，在业界产生了一定影响。

二、既是严师又是慈母

在余老师的研究生袁林林眼中，余老师既是严师又是慈母，"老师对我们的要求很高，我们的论文交给她，她每一篇都非常认真地修改，连标点都不放过。她对自己要求更高，对待学术有耐心、有韧性"，袁林林回忆道，"余老师有时还会给我们讲做人做事的态度、方法，给我提供一些赴外学习的机会，给我解决一些生活中的问题，很感谢她"。余老师的研究生赵秀赞说，"老师引导我们进行创造性学习，提高大家的研究能力。她总会大力支持我们参与研究课题，或是申请研究生创新项目"。余老师经常说："我们与其他知名高校的优秀学生比什么？比的就是'细心'。别人没做的，我们要做到；别人做到的，我们要做得更好！"每年，余老师都用自己有限的科研经费资助国际政治学全体研究生赴京参加清华大学主办的"政治学与国际关系学术共同体"年会，以提升学生的学术素养。

"大学生就是一张白纸，我们老师要注重培养他们，帮助他们形成正确的人生观、价值观，做一个对社会有益的人。"在几十年的教学中，余老师坚持给学生们传递"正能量"，培养学生热爱祖国、热爱人民、热爱党的深厚感情。在传授知识的过程中，她鼓励学生将理论知识通过运用，内化吸收，用知识改变命运。同时她还注重和学生的沟通，为学生排忧解难。

现在，余老师也尝试用更新的方式和学生们沟通，她和她的 45 位本科生建立了一个名为"15 公事管（公共事业管理）一家亲"微信群，"我觉得这种方式更方便大家交流沟通，我也能随时了解学生的想法"。余老师拨动着微信群里聊天记录，笑着说。

三、"三爱""两感谢"，平衡工作和生活

作为学科的领军人物，肩负着本科生、硕士生、博士研究生的课程，同时身兼诸多社会职务，余老师的繁忙是可想而知的，"今年的整个暑假我都没有歇一歇，基本每天都要来学校带领团队做研究"。在余老师看来，自己一直能克服重重困难，坚持下来潜心科研，主要是源于自己良好的心态和一贯坚持的理念。余老师笑着说，"爱学校、爱课堂、爱学生，同时感谢生活，感谢他人，这"三爱、两感谢"，让我能够用一颗感恩的心处理问题，保持生活中的快乐"。

除此，余老师还有其他平衡工作和生活的好方法。"把时间分成段，每一段都做好规划，让自己有计划性，主次分明，生活才能不忙乱"，她说，"还要把握自己能做的，并且尽自己最大努力，力争做到完美"。

多年来，余老师一直秉承"三爱""两感谢"的理念和原则，在工作中、学术上严谨治学、不断超越自我，对学生尽职尽责，用辛勤的汗水浇灌着桃李，用心血和智慧培养着一批又一批学子。

记河南师范大学渠桂荣教授

河南师范大学　李红星

她，是"全国优秀共产党员专家""国家科技进步二等奖"获得者，曾受到习近平、胡锦涛等党和国家领导人两次亲切接见：一次是 2011 年在北京中南海，一次是 2007 年在北京人民大会堂；她，是有着 30 多年党龄的共产党员；她，就是河南师范大学化学化工学院渠桂荣二级教授，博士生导师，国家级有机化学教学团队第一学术带头人，兼任河南省化学会常任理事、河南省化学会有机化学专业委员会主任。

1. 玉壶存冰心

渠老师曾任主管教学副院长和有机化学系党支部书记。她时常不忘把师生的冷暖放在心上。对待学生，她视为己出，给予他们母亲般的关爱：为生活困难的学生送去生活用品，联系勤工俭学；为生病住院的学生交上住院费，并送去水果和补品，还有亲手做的热气腾腾的鱼汤；为思想上"开小差"的学生做思想工作，以理服人，以情动人，帮助他们回到正确的人生轨道；为高年级的学生提供考研和就业指导，帮助选择报考的学校与专业方向。她常说："关心爱护自己的孩子是一种本能，关心爱护他人的孩子是一种伟大，而我们的教师职

业就是这样一种伟大的职业。"她乐意走进学生的心田,总是想尽办法去帮助他们。学生们也都把渠老师当亲人,学术上的问题向她请教,思想和生活上的事情都愿意向她诉说,有了困难求她帮助。尤其是家庭困难的研究生同学,其中有很多人得到过渠老师在钱和衣物等方面的帮助;有一个研究生小杨,他无父无母与80岁的奶奶相依为命。农历腊月二十,他的奶奶突然病逝,小杨成为了无家可归的孤儿。但他处在硕士毕业准备考博士的期间,为此,他决定一个人留在实验室复习功课。而渠老师在这个春节期间包揽了他的吃和住,让他安心学习以顺利考取上海有机化学所的博士。小杨说这是他一生中最难忘的一个春节,他要用最优异的成绩和对祖国的贡献来回报和感谢恩师。她在传授科学知识的同时特别注重对学生思想品德的教育和爱国主义教育,真正做到了既教书又育人。

渠老师不愧为河南师范大学首届"十大育人楷模"。她能细心周到地照顾年近九旬生病卧床的公婆,她还是尊敬、照管老教师的典范。是她带领有机党支部的党员十几年如一日,照顾因儿女出国无人照管的老教师贾华民和张琪夫妇。师大小区的教职工们经常看到渠老师不顾刚下课的劳累,亲自接送老人去医院检查身体;为了买到老人的急用药,她曾多次往返几百里,没有一句怨言;老人需要搬家,是她冒着炎热汗流浃背地帮老人整理东西装纸箱打包,是她操心装修房子直到把老人搬进新房;老人的手术单和死亡单上都是她签的字,老人去世后又是她为他们操办后事。她用一颗博爱又炽热的心,做了他们亲生儿女应该做的事情。她的表率作用影响和带动了有机党支部的每一个党员和群众,营造了和谐的氛围,人人家庭和睦、工作积极上进,使有机党支部连续多年被评为河南师范大学先进党支部和新乡市先进党支部,她本人被评为河南省优秀共产党员。

2006年至今,河南师范大学每年在新进教师入职培训时,都要请她作一场关于"高校教师的工作特点与师德修养"的报告;给新入学的本科党员做一场关于"共产党员的模范带头作用"的报告;给入党积极分子做思想教育报告;给大学生做素质教育报告;在全校的道德讲堂上作报告。她给省内外各高校的大学生、年轻教师与新教师培训的报告近百场,她早已成为师生心目中的"好导师""领路人"。

她展现了一位大学教师潜心育人、默默奉献的高尚品格和精神风貌,深深影响和激励着年轻教师与大学生。

她始终忠诚于党和人民的教育事业,思想品德端正,爱岗敬业,扎实勤奋,开拓创新,为大力弘扬社会主义核心价值观,培养社会主义建设者和接班人做出了突出贡献;先后获得"河南省教育系统巾帼建功标兵""感动中原十大教育人物""河南省优秀共产党员""河南省十大女杰""河南省劳动模范""国务院特殊津贴专家""全国三八红旗手"等荣誉。

2. 学术耀中原

渠桂荣教授对科学研究特别执着并富有创新性。在40多年的科研生涯中，数十年如一日，几乎没有星期天和节假日，在实验室、资料室忘记吃饭是常有的事。近年来，她的基础研究成果在国际重要 SCI 源期刊和国内核心期刊上发表学术论文近 200 篇，涉及的杂志有 *Angew. Chem*, *Int. Ed. Chem － Eur. J*, *Chem. Commun*, *J. Org. Chem*, *Org. Lett*, *Green Chem* 等，影响因子在 4.0 以上的论文 60 余篇。出版学术专著两部，一是由 John Wiley & Sons 出版社出版的 *Chemical Synthesis of Nucleoside Analogues*，一部是科学出版社出版的《核苷碱基的化学修饰》。

她所研究的核苷类化合物是抗病毒、抗癌、抗艾滋病的药物或药物中间体，又是人体 DNA 与 RNA 的结构片段，是目前世界基因工程研究和药物研究所急需的高科技生化产品，该方面的研究已经连续 8 次得到国家自然科学基金的资助。目前她领导的核苷研究小组受到了国内和国际上同行专家的关注。她发明了一类能促进 C － N 苷键生成的高效催化剂，获得了 12 项国家发明专利授权，获得了国家发明专利优秀奖，也由此被当选为"国家第四届新世纪巾帼发明家"；她利用无溶剂反应、水溶剂反应、离子液体反应等先进技术从源头上解决了化学法合成核苷的污染问题，还扩展了官能团的保护与脱保护理论，建立了自由基脱乙酰基体系。该方面的研究成果受到国际上有机化学学科领域顶级期刊 *J. Ogai. Chem* 与国际重要 SCI 源期刊绿色化学 *Green. chem* 的高度评价。

她领导的研发团队与新乡拓新生化股份有限公司的"产、学、研"相结合，建立了绿色核苷合成的产业链，即从天然核苷到各种取代核苷再到核苷的类似物，建立了 70 多个核苷产品的生产新工艺，建成了国内品种最多最全、能够大批量生产多种核苷的国家高技术产业化示范工程基地，填补了国内空白；使一个年产值仅百万元的民营企业迅速成长为河南省高成长性 50 强高新技术企业。所生产的核苷产品，有 50% 出口到美、英、德、意等几十个国家和地区，在国际市场上具有较强的竞争能力。该项技术打破了日本对国际核苷市场的垄断，使核苷类药物价格大幅度下降，从而对提高人类的健康水平做出了贡献。

渠桂荣教授主持完成了 23 项科技成果鉴定(专家鉴定意见均达到"国际领先水平或国际先进水平")获得了"国家重点新产品证书"3 项、"国家火炬计划"6 项，为我国的经济跨越做出了新贡献。因此，她两次获得"河南省科技进步一等奖"，并获得"国家科技进步二等奖"。

3. 师道流芳

她常说："教师是我的职业，教书育人是我的职责"，所以她几十年坚持不懈地在教书育人上下功夫。她长期坚持在教学科研第一线，为本科生、硕士生与博士生主讲"有机化学""近代有机分析""天然药物化学""波谱分析""药物化学""绿色合成与分离技术"等多门学位课程。为使每一节课都讲得精彩，她常常刻苦钻研教材、广博深究，凭借扎实的专业功底、高超的教学艺术、先进的教学手段，渠老师总能化抽象为具体，化深奥为浅显，把本是枯燥的专业知识讲得活灵活现，经常出现听她讲课的同学会抢占前排座位，甚至出现位子不够坐，有同学在教室后排旁听的情况，这一点一直令她倍感欣慰。她特别注意把科学知识与实际应用相结合、把国外的发展与国内的创新相结合、把自身的创新成果纳入课堂教学，同时积极引导学生爱科学、爱祖国，并鼓励他们大胆创新、勇于拼搏、勇于赶超世界先进水平。

她主持的本科生主干基础课有机化学和波谱分析课双双被评为河南省精品课程；她与课题组成员主持的省级与国家级教改项目均以高质量完成并通过鉴定，先后获得河南省级教学成果一等奖、二等奖和国家教学成果奖。她主编了本科生教材 3 部，参编全国通用的面向 21 世纪教材 3 部，均应用于本科生教学，并收录在全国高校统订教材目录。

她特别注重大学生创新思维和动手能力的培养。在指导大学生创新实验的过程中，费尽了心血，手把手地教学生点薄层板、装色谱柱、读文献、设计实验方案、做实验，并引导学生细心观察、分析、总结，帮助他们养成严谨的科研态度。她指导的研究生纷纷被评为河南省的优秀博士生和优秀硕士生；她指导的本科生中，有多名在国家挑战杯比赛中获奖，指导的创新实验团队被评为国家"小平科技创新团队"，并在人民大会堂接受刘延东副总理颁奖。

渠老师在教书育人方面肯下功夫，不仅在师生中赢得了好的口碑，还获得了"河南师范大学教学特别贡献奖""河南师范大学十大育人楷模""河南省教学名师""国家级模范教师""国家级教学名师"等荣誉称号。她作为有机化学重点学科点的第一学术带头人，时刻把学科建设、人才培养、学术队伍建设放在第一位，她把一个个德才兼备的年轻博士从美国和国内名牌大学引进来，又像亲人一样关心爱护他们，总是为他们的前途和生活着想，为他们的事业和发展创造条件。把他们紧紧地团结在一起，努力拼搏建成了"国家级有机化学教学团队"，使这些年轻人的教学科研能力得到快速提升，现在他们已分别成为"省级与校级特聘教授""国家级与省级科研团队的带头人""国家级百千万工程人选"。

谈到所钟爱的教育事业时，她动情地说："我已经和教育结下不解之缘，我的根在河南师大，教学已经成为我生命的必须，讲台就是我的舞台，离开了教育我什么都不是"。

她用40多年的教育实践生动诠释了习近平主席在2018年全国教育大会上对新时代教育工作者提出的"六个下功夫"。她始终把培养社会主义建设者和接班人的责任记在心间、扛在肩上；她以自己的政治品质、道德操守、学识涵养、学术成果诠释了河南师范大学"厚德博学、止于至善"的校训。

"最美学警李博亚"的从警生活
铁道警察学院　宣传部

从宣传部到新闻中心办公室，需要走188步；从新闻中心到教职工餐厅，需要走408步；从餐厅到教室，需要走332步；从教室到健身房，需要走285步。作为铁道警察学院宣传部的一名教师，这是两年多来，李博亚每天都要走的路。铁警的校园很小，对普通人来说，这是再平常不过的路程，但对李博亚来说，这每一步，都那么的不简单。

这一切，源于六年前的一次挺身而出。时光回溯至2012年7月9日，作为铁道警察学院的一名学警，未满20岁的李博亚在河北省秦皇岛市昌黎县火车站进行安保实习，为救卧轨自杀的男子，纵身跳下铁轨，导致左小腿、右脚被轧断。李博亚被评为公安系统二级英模，荣获全国青年五四奖章，网友称他是"90后最美学警"。现如今，经过治疗和训练，博亚装上了假肢，不仅能够站起来，而且行走稳健，几乎和正常人一样。

博亚说："每个人的人生都会有一些坎坷，等你迈过去后，再回头看看，你或许会觉得，那些坎坷不过是通往成功道路上的绊脚石。被绊倒了，爬起来，拍拍土，带着梦想继续上路。"

1. 英雄不会褪色，青春持续闪光

初见博亚，清秀的脸庞上，有着一双不大却透着坚毅的眼睛，笑起来的时候会眯成一条缝。他身着制服，脸上洋溢着属于这个年龄段男孩应有的阳光，但谁也想不到，他竟然是在生死瞬间挺身而出的英雄；现今的博亚，就是宣传部一名普普通通的教师。

2016年7月，李博亚回到母校铁道警察学院党委宣传部任职，成为一名正式的人民警察，负责新媒体运营、校园舆情监测、视频制作等工作。说起宣传工作，这和李博亚可是有着很深的渊源。他从小热爱写作，17岁时，还报名参加了河南电视台民生频道《关注教育》栏目在鲁山县实验中学招收校园记者的活动。现在，李博亚带领着学院的学生记者团队新闻中心的同学们，奔走在校园新闻宣传工作的最前线。

"报告!"

"请进!"

"师兄,我是侦查系的,我来交我们系党建宣传材料。"

"好的,辛苦了,放在这里就好。"博亚亲切地说。

这是一个普通的工作日的早晨,宣传部办公室里的情景。和别的老师不一样,博亚让学生们叫他师兄。"因为以前在读书的时候大家就是这么叫我的,现在虽然成为老师,但是年龄也比大家大不了多少,还是叫师兄亲切些。"博亚害羞地说。就像一个普通的兄长,热情地对待每一个到办公室交接工作同学们。同学们也都喜欢上了这个像邻家哥哥一样的老师。

结束了一上午烦琐的工作,下午,博亚踏入了新闻中心的办公室。

"师兄,这是咱校庆的片子,你看一下。"

博亚看过片子,对片中一些细节不太满意,于是坐下来,对色调不一致,构图不稳定的画面,一帧一帧进行调整。当全部调整完毕,博亚抬头看看窗外,月光已经悄悄透过窗棂,博亚拿着作品的拷贝,满意地回到办公室给同事看。

"博亚,你是处女座吗?"同事调侃道。

博亚说:"我是在处女座学习的射手座"。

褪去英雄的光环,回归普通生活,博亚一步一个脚印,走完了一条属于自己的从警之路。博亚说:"虽然一开始因为不能参与案件而感到遗憾,但是后来想,坚守宣传战线,讲好我们警察自己的故事,做广大兄弟姐们的坚强后盾,也挺幸福的。"博亚以对自己严格的要求和优秀的工作能力告诉我们,英雄没有褪色,青春在工作岗位上持续闪光。

2. 为公益前行,继续传递正能量

作为铁道警察学院青年教师的同时,李博亚还是郑州市青年志愿者协会的一名注册志愿者。

来学校工作后,李博亚在学院党委的帮助下,在铁道警察学院组建了"李博亚志愿者服务团队",一直走在传递爱心的路上。三年来,博亚参与了为商丘柘城县贫困生捐赠被褥、河南省残疾人集体婚礼、郑州市福利院爱心行、留守儿童新年圆梦计划、为登封市蔡沟小学学生赠送儿童节礼物、看望荥阳大庙村贫困老人等许多公益活动。

在热心公益的同时,博亚每年都会就自己的成长历程为师弟师妹们做朴素而真诚的演讲。这成了铁道警察学院新生入学受教育的必修课,现在的李博亚,在谈论当年那件事的时候,显得云淡风轻,就像谈论别人的事情一样轻松。

每每被问及跳下去的瞬间是怎么想的时候，博亚总会说："当时什么都没有想，只是看到有人有危险，就凭本能跳了下去"。这份来自本能的善良，让博亚在热心公益、点亮心灵的路上，将正能量继续传递下去。

3. 认真生活的路上，遇见最美爱情

2017 年 10 月 5 号，李博亚在人生的道路上，又迈出了一大步。

这一天，他结婚了。新娘张莹是善良爱笑的秦皇岛姑娘。她是当年博亚受伤住院时照顾他的护士，与博亚因伤结缘，经过三年的爱情长跑后，终于修成正果。现在，张莹放弃了原来的稳定工作，来到郑州，和博亚建立起了自己的小家庭。

"你为什么要嫁给博亚？"

"因为他人好啊，性格比较好，不爱生气，有一种与世无争的感觉吧，就觉得他是一个很可靠的人。"

"长得也很帅呀。"博亚补充道。说完，这个射手座的阳光男孩开怀大笑，眼睛眯成了一条线。生活中，博亚喜欢弹吉他、唱歌、旅行，是一个乐观、幽默、多才多艺，自称是音乐、主持、写作全能的阳光男孩。

据博亚说，刚装上假肢的时候，假肢和腿部连接的地方疼痛难忍，有时还会出血，几个月后，腿上磨出老茧，就没那么疼了。"现在，我能一口气从家门口走到紫荆山，连走 1 个多钟头没问题。"提起走路，这个大男孩一脸自豪："很不错吧"。

于是，散步和爬山，成了博亚的新爱好。

2013 年 12 月的一天，在受伤后，博亚第一次和同学登上了家乡鲁山的著名景区——尧山。尧山海拔 2153m，一来一回，走了将近 6 个小时。路上走走停停，在经历过无数次想要放弃的瞬间后，博亚还是坚持了下来。"这件事让我明白了一个道理，成功的关键不仅仅是智力，更重要的是毅力，再远的地方，也是靠一步一步地累积才能抵达，路程是，人生亦是。"博亚如是说。

恋爱后，博亚又和张莹一起，陆陆续续爬上了几座高山，一起去了秦皇岛看海，两个牵着手的年轻人的背影，融入祖国的大好河山当中。

博亚的下一个目标，是能够登顶泰山。体会"会当凌绝顶，一览众山小"的感觉。在认真生活的路上，这个年轻人走出了属于自己的人生。

博亚说："害怕跌倒的孩子，永远站不起来。"人生道路中，并不是所有的路都是一马平川，而李博亚，总在路上。

郭沫若在珞珈山物外桃源

武汉大学　涂上飙

"宏敞的校舍在珞珈山上，全部是西式建筑的白垩宫殿。山上有葱茏的林木，遍地有畅茂的花草，山下更有一个浩渺的东湖。湖水清深，山气凉爽，而邻湖又还有浴场的设备。离城也不远，坐汽车只需 20 分钟左右。太平时分在这里读书，尤其教书的人，是有福了。"

这就是郭沫若在抗战时期的回忆录《洪波曲》中所记载的珞珈山物外桃源。

作为我国现代著名的学者和著名社会活动家，郭沫若与武汉大学有着不期而遇的多次情缘。早在建党及大革命时期，武汉大学就曾三次聘请郭沫若来校任教。第一次是 1921 年 9 月，作为全国六大师范之一的国立武昌高等师范学校（武汉大学的前身）欲聘郭沫若为国文部教授，郭沫若因筹办《创造社》的文学刊物而耽误了学业，须得回日继续学习，因而不能前往应聘。第二次是 1924年 8 月，国立武昌高师改为单科师范大学，即国立武昌师范大学（武汉大学的前身）。为补充升格后的文学师资，张继煦校长亲自写信到日本福冈，聘请郭沫若为国文系教授，由于旅费困难，未能如期而至。第三次是 1925 年国立武昌大学的校长石瑛为提高学校名望，大力延聘名师，决定聘郭沫若为国文系主任。由于郭沫若先期已答应中华学艺社的邀请，所以不得不辞聘。

三次不成，第四次终于如愿以偿。1926 年秋，北伐的大军很快攻下武昌城，武汉国民政府决定在武昌建立一所新型学校——国立武昌中山大学。在武汉国民政府的指令下，郭沫若与邓演达、董必武、徐谦、章伯钧、李汉俊等人一起担任国立武昌中山大学（武汉大学的前身）筹备委员会委员，参与武汉国民政府高等教育改革，将国立武昌大学、国立武昌商科大学、湖北省立法科大学、湖北省立医科大学、湖北省立文科大学、私立中华大学等校合并改组为国立武昌中山大学（为纪念孙中山先生也叫第二中山大学）。1927 年 2 月，国立武昌中山大学正式开学，全校设 1 院 6 科 17 系。国立武昌中山大学因大革命的失败于 1927 年冬被国民党勒令解散而停办。郭沫若等人历尽艰辛创办的国立武昌中山大学存在时间虽短，却为 1928 年国立武汉大学的创办奠定了基础。

抗日战争爆发后，郭沫若再次来到武汉，在周恩来直接领导下从事抗战文化宣传工作。1937 年 7 月 7 日，卢沟桥事变爆发，全国性的抗战开始。在中日民族矛盾日益上升为主要矛盾的时候，蒋介石被迫接受了共产党于 1937 年 9月发布的国共合作宣言，国共第二次合作宣告成立。1937 年 11 月 18 日，南京国民政府开始在武汉办公，直到 1938 年 10 月 25 日武汉失守，武汉成了事实上的"临时首都"，成为全国抗战的政治、军事、经济、文化中心。

此时的武汉大学成为了共产党开展抗日救亡的重要阵地，成为共产党人联合南京国民政府协同抗日的重要场所。在这里召开过中国国民党临时全国代表大会，确定抗日的重大方针；举办过国民党军官训练团，统一抗战的思想。许多国共两党要员都住珞珈山，如周恩来、黄琪翔、郭沫若、蒋介石、陈诚等都住在珞珈山的武大教授宿舍里。

1938年2月，国民政府军事委员会政治部成立，陈诚任部长，周恩来、黄琪翔任副部长。政治部下设三个厅，郭沫若任第三厅厅长，负责抗战宣传动员工作。4月1日，政治部第三厅在武昌昙华林正式成立。为方便工作，郭沫若通过武大哲学系范寿康教授的关系，把珞珈山上"十八栋"别墅区张有桐教授的房子顶了下来。因珞珈山成为国民党军官训练团的团部，戒备森严。4月26日，军官训练团的团部特意为郭沫若颁发了"洛字第218号特别通行证"，以方便郭沫若出入珞珈山。4月底，郭沫若和于立群由汉口太和街搬到珞珈山居住。从寓所到武昌昙华林办公地点，坐车只需要20分钟，免除了江南、江北早出晚归的劳顿，郭沫若感觉十分惬意。不久，周恩来、黄琪翔也先后搬来居住。周恩来和邓颖超夫妇住在珞珈山一区教工宿舍27号，郭沫若住在周恩来下面一排17号，黄琪翔住在301宿舍。

郭沫若利用在珞珈山居住的有利时机，做了大量的革命宣传和统战工作。他先是吸收文化界名人胡愈之、田汉、阳翰笙、徐悲鸿、冯乃超、冼星海、洪琛等人进入第三厅工作。进而开展了大量的宣传、征募和慰劳工作，如他领导的扩大宣传周活动，通过文字宣传、口头宣传、歌咏宣传、美术宣传、戏剧宣传、电影宣传等活动，鼓励前方将士再接再厉，也勉励后方民众同仇敌忾。在宣传活动中，仅出版的报刊就达百余种，有《每周评论》《战时教育》《中国青年》《救国晚报》《前进日报》等。除了宣传活动外，还发起过献金运动。在1938年7月7日到来之际，他经过精心组织，发起了"七七"纪念周献金运动。武汉各界民众50余万人参加了献金运动，金额达100余万元，有力地支援了前线的抗日运动。

因为同住珞珈山加上工作的关系，郭沫若与共产党人周恩来和国民党人黄琪翔及其夫人也结下了深厚的友谊。黄琪翔的夫人曾回忆说："琪翔和恩来、沫若两同志不仅是同事，而且是芳邻，更便于彼此往来。颖超和恩来同志经常对抗战的形势和前途进行分析和讨论；琪翔亦力图与恩来同志密切合作，扩大团结抗战的影响。还经常和大革命时期的老友叶剑英、叶挺、郭沫若来往，对时局交换意见。这个时期，我和邓颖超、宋庆龄、李德全、史良几位大姐一起搞妇女的抗日救亡工作和儿童保育工作。组织了战时妇女救国委员会和儿童保育会，并把家属组织起来，搞一些支援前线和慰劳伤兵的活动；另外还开设了一个医务所，为军人和老百姓治病，每月的开支需要几千元，全靠社会募捐来维持。在这些活动中我得到了邓颖超等几位大姐的引导和帮助。"（郭秀仪《革命友情永世难忘》《纪念黄琪翔》，中国文史出版社出版，1988 年，第 52－53 页）。

尽管武汉抗战期间，郭沫若的工作十分繁忙，但在珞珈山的 4 个月里他的生活是甜蜜而另人回忆的。在《洪波曲》中，他这样写道："当时的生活尽管是异常忙碌，差不多每天清早一早出去，要到晚上，甚至有时是深夜才能够回家，但在夜月下的散步，星期日无须下山，或者有友来访的时候，可留下了不少的甜蜜的回忆。我们在东湖里游过水，划过船，在那岸上的菜馆吃过鲜鱼。浓厚的友情，闲适的休憩，是永远也值得回味的。"

1938 年 8 月底，由于局势紧张，郭沫若搬回汉口鄱阳街居住，部署三厅人员的疏散工作。直到 10 月 24 日汉口日军的枪声日益临近，郭沫若、周恩来和董必武才撤离武汉。郭沫若在临行前为《扫荡报》写下了《武汉永远是我们的》社论。

1963 年 11 月 5 日，对于珞珈山来说是一个不寻常的日子。这一天，时任中国科学院院长兼中国科学技术大学校长的郭沫若访问了武汉大学。当他再次来到其抗战时期住过的旧居前时浮想联翩，古香古色而历经磨难的西式别墅依旧在，只是在阳光的照耀下变得更加璀璨夺目。为了纪念这次珞珈之行，郭沫若不仅在旧居前留影，还挥毫泼墨写下了七言绝句，以纪念即将举行的武大校庆。

"桃李春风五十年，珞珈山下大江边，一桥飞架通南北，三镇高歌协管弦，反帝反修期望勉，劳心劳力贵相联，攀登决不畏艰险，高举红旗插九天。"

为使武大人永远记住这位革命家、社会活动家和大文豪，武汉大学将郭沫若珞珈山故居上报国家文物局予以保护。2001 年，郭沫若珞珈山故居被批准为第五批国家级文物保护单位。

（原载涂上飙著《武汉大学史话》，社会科学文献出版社，2016 年）

武汉大学校友何羽道烈士纪

何耀东　何秉冲

湖北省汉川市南河乡凤凰村蓝家岭，矗立着一座引人注目的烈士陵墓。时任中共中央总书记胡耀邦同志亲笔题写的"何羽道烈士之墓"七个大字，彰显出了何羽道烈士的崇高精神和历史地位，令前来瞻仰的人们肃然起敬。

何羽道，字翼人，1882年7月22日诞生于湖北省汉川县（今汉川市）南河渡蓝家岭一个贫苦农民家里。他穿着布鞋从这里走出求学，曾奇迹般地留学日本，而后怀着复兴中华之志"海归"祖国，在武昌高校执教，传授现代科学进步知识，宣传民主革命思想。他在轰轰烈烈的大革命失败后，在国民党反动派大肆屠杀共产党人和革命群众的白色恐怖岁月里毅然参加了共产党，而后竭忠尽智，坚持斗争，掩护同志，义无反顾，于1928年1月4日被国民党反动派枪杀。他是为了民众的解放和党的事业而英勇奉献生命的真正的共产党人！是一位在国共合作时期担任湖北省党部常委要职（时国民党湖北省党部实行三常委负责制，他为三名常委之一），并与共产党首领董必武合作战斗同舟共济宁死不屈的真正的共产主义战士！他还是一位早期"海归"，被当时武昌的高校争相聘任的教授，曾积极支持毛泽东主办武昌中央农民运动讲习所，并在该所讲授经济学常识的著名学者！

为纪念何羽道烈士，家乡人民政府于1985年拨专款重修陵墓，时任中共中央总书记胡耀邦亲笔题写了碑名。三十多年来，这座陵墓一直受到各地各界民众特别是当地父老乡亲的激情瞻仰，这里成了当地党组织进行新党员宣誓和党课学习的庄严场所，成了汉川市第二高中、南河初中、凤凰小学等周边学校进行思想品德教育的极好教育基地。

为了纪念90年前为了党的事业和民众的解放而英勇就义的何羽道烈士，我们怀着崇高的心情，以革命的名义，广泛搜集烈士的资料，汇成如下传略，目的是让更多的人了解烈士成长的足迹，领略烈士血染的风采，知晓烈士的历史贡献，让何羽道烈士的英灵永远活在广大民众心中。

一、出身贫苦农家：幼小的心田里，埋下了为穷人争气的种子

1882年7月22日（清光绪八年六月初八日），何羽道诞生在湖北省汉川县南河渡蓝家岭（今属汉川市南河乡凤凰九村）的一个贫苦农民家庭。

何羽道的祖辈过着艰难困苦的生活，祖父几次受辱和全家人无法安身而搬家的苦难经历，在他幼小的心田里埋下了对世道不满的种子。他家世居何家畈北头，这里是何姓贫苦人家的聚居地。他的祖父为人耿直，遇到穷乡邻受冤屈，就要站出来说几句直话，于是被村北富户豪强视为眼中钉。这个富户利用石碾制造纠纷，幕后指使泼皮将石碾霸着又不使用，激起何羽道的祖父出面仗义执言，从而蛮横将他打伤。没有文化，几次告状，受尽了官府和地方恶势力的欺瞒哄骗，不仅输了官司，反而备受嘲弄甚至迫害而无法安身。他的祖父万般无奈，最后为求安宁，忍气吞声，带着一家老小迁出何家畈，搬到七、八里外的蓝家岭安下身来。这件事情对他祖父刺激极大。何羽道出生时，祖父就为他

取名金榜，谱名远耀，盼他将来能上学读书，日后金榜题名，光宗耀祖，再不受人欺侮。

何姓是地方大姓，支房很多，每年正月初十左右，全族老幼男丁，不论贫富，按老规矩都得到宗祠祭祖。有钱有势的，大摆三牲，一路吹打，趾高气扬；无钱无势人家，只能在各自支房祖先牌位前烧香磕头，聊表心意。何羽道五岁那年，祖父带他到祠堂祭祖，只见祖先牌位被掀倒在地，祖父论理，反遭人家羞辱。屡次打击，使祖父更加认定，诸多不幸都因家里没有读书人。现在他把希望寄托在孙子读书上。可哪里弄来上学读书的学费呢？当时屠户是被人们看作死后会下地狱的下贱职业，可这种职业比种田能挣活钱，于是为了送羽道读书，羽道之父遵祖父之嘱去当了屠户。可叹的是，何羽道的祖父没有看到孙子踏进学堂的门槛，便去世了。他的祖父在闭眼前拉着羽道的手对着泪眼汪汪的羽道说："一定要上学读好书，为穷人争气，光宗耀祖……"

二、少年艰苦求学：从前清秀才到接受新学，成长为忧国忧民志存高远的热血青年

埋葬了祖父，家里已经一贫如洗，连给何羽道拜师穿的像样衣服都添置不起。正当他的父亲悲愁焦急时，村邻们凑来了一堆铜钱，给他做学费。他的母亲用一件半旧大衫，为他改成了一件小长衫。这一切，成了他永不磨灭的记忆。

在塾堂念书的几年里，他年纪虽小，却天资聪敏且十分发奋，背诵"四书""五经"，常常废寝忘食，八股作文出类拔萃，尤其喜爱书法，写出的一手好字，常被人拿去当字帖。不仅老师看重他，就连后来进学考试阅卷的考官都对他特别青睐。他从小就特别懂事，缺吃少穿，毫无怨言，功课做完了还捡粪积肥，替家里分忧解愁。

少年何羽道生活在清末，列强烧杀抢掠，贪得无厌，清政府卑躬屈膝，割地赔款，百姓饥寒交迫，苦不堪言。他耳闻目睹这样的黑暗世道，内心深感不平。他曾在家乡开办私塾。1900 年，他与当地姑娘尹环结婚，1903 年，他凭着"四书""五经"的扎实功底考取了秀才，考官评他的试卷时写下"有韩潮苏海之褒"的评语，在家乡小有名气。

随后他为了深造，说服家人，前往省府接受新学。出发时家里要请人代挑行李，他不答应，坚持自己挑去。他先进入的汉阳府中学前堂，前身是晴川书院，改为新学堂后并重中西学，课程除经学、史学、文学外，还增设算学、舆地等新课程。在这里，他"潜心向学，对各门课程，都是勤学勤问，不懂透不罢休，因此一些教师评价说：'此人将来成就，不可限量。'"新学堂的学习，极大

地振奋了他的民族自尊心和自信心，他写道："夫以西史艳称之摩西，率（以色列）族出埃及而建犹太之国，羡为不可及之事。然徘徊四十年，卒不越红海之滨，即近日欧洲各国，殖民全球，亦因汽船之制发明，恃其器物之利用。而人类始得增一层之能力。孰若我种人于上古四千年前，世界草昧，舟车未兴，而超越千万高山巅顶，出没沙漠之长道，以开东方一大国。是则我祖若宗志气之伟大，性质之勇敢为何如！而其事业之雄奇，又为他人种之所无，足以鼓舞后人之气概者，抑又何如也！"在他眼里，殖民全球的欧洲强国，哪里比得了我东方大国！他强烈的民族责任心和高昂的民族自豪感，由此可见一斑。

当年在新学堂任算学教员的杨湖樵先生曾记叙了一次师生座谈会的情景，高度赞扬何羽道的革命精神，何羽道面对师生慷慨激昂地说："几十年来英法日德诸列强侵略中国，盘踞租界，横行霸道，中国人误入其地者，即被打骂，甚至拘入巡捕房受辱，尤以八国联军以后，瓜分之祸，危在旦夕，而满清政府腐败已极，非革命不足以救亡图存，此事各方面都在酝酿，我们都是汉人，诸位师长，诸位同学，想具有同情，尚望急起组织，相助为理，以便早日实现。"讲毕，满座为之鼓掌。

以后他又到武昌普通中学堂继续学习。这里集中了许多以救亡图存为己任的热血青年，与他同龄的宋教仁就是学堂的积极分子。宋教仁忧国忧民，"每论国事，动辄拍案而起，声泪俱下！"何羽道和他相交甚得，加入他们的行列，依"保障民权，羽翼人道"之意，改名羽道、翼人，立志辅助建立具民权的社会规范。他为三个儿子取名树之、干之、振之，寄托了高远的人生追求。

三、侥幸留学日本：熟悉日文，系统学习法科和经济科，并且成为 孙中山的同盟会早期会员

这时期，清廷为了培养统治人才，在各省选拔学生到日本留学。游学热潮激起了何羽道到国外求学，寻觅救国良方的愿望。正好同族官宦世家何宗翰（幼勉）先生举家赴日，请他做家庭教师，他得以侥幸于1906年随何宗翰父子东渡到日本留学。他先为宗翰先生的两位公子何立夫、何丹孚补习古文，同时自学日文，并于不久考取官费，入东京帝国大学先后进行法科和经济科的系统学习。

他先后在日本学习长达11年之久。留学期间，他宣讲孔孟之道，用孔子的"君子坦荡荡"孟子的"吾养吾浩然之气"约束自己，为人耿直，毫不虚伪，助人为乐，成人之美。当时留学生盛传何羽道拾金不昧的佳话。一天傍晚，他在路上拾得一个皮包，内装大量日元。此时天色已晚，路上行人稀少，何羽道在寒风中守候多时，仍不见失主来寻，就毫不犹豫地把皮包交给了警察。他常说，

"将非分财物据为己有是可耻的"。一起留学的袁范宇(1962 年 5 月被聘为湖北省人民政府文史研究馆馆员),称赞何羽道"为留学生中罕见的道学家"。学习期间,他省吃俭用,常从微薄的助学金中挤出一点钱寄回家补助家用。1906 年,东京留学时,他敬佩孙中山先生的忧国忧民之赤诚,拥护"三民主义",接受孙中山的影响,参加了同盟会。他和袁范宇都是早期同盟会会员。加入同盟会后,积极参加学习、宣传、组织等实际工作,民国成立以后,他的名字也上了请功名册。

1911 年,辛亥革命爆发,他极为振奋,一面加倍发奋学习,一面关注国内情况,准备时机成熟即回国效力。就在这时,他的父亲去世,收到噩耗,他不得不中断学业,匆忙回乡奔丧。

1912 年初,他在家料理完丧事后,曾在武昌民政长公署任职数月,指望参加新政,有所作为。可是清廷虽然推翻,民国政治依然腐败,贪污徇私,比比皆是。他供职的公署里,警政科长张仁静伙同民政科科员王亨泽,私领人力车票 100 张,高价出售 50 张给商人,另留 50 张自购人力车出租,从中牟利。他了解到此种贪污行径,当即予以检举揭发。张等上下使钱,竟然打通关节将一场贪污案化为乌有,不了了之。他愤极辞职,二次东渡日本继续学业。并带长男、次男同去,过着以筷子蘸盐代菜的清苦生活。不仅生活紧缩在最低水平,而且在政治上也饱受责难、欺凌。处境的艰难磨炼了他的意志,成为了他奋斗不已的动力。不久,传来武昌文普通中学堂的同学宋教仁被袁世凯谋杀的信息。这位真诚的资产阶级革命家的不幸遭遇,进一步坚定了何羽道教育救国的信念,他常书函家乡,介绍海外见闻,宣传三民主义,宣传教育救国争取民主发展科学的重要性,何定杰、张朗轩受他的鼓舞出外求学,后来他们不仅都成为了有成就的学者,还对革命做出不少帮助。

四、"海归"武昌执教:不忘艰苦本色,敢于仗义执言,成为武昌高校争相聘任的著名学者

1917 年,何羽道学成归国。经过十多天海轮、江轮、小客轮的颠簸,他回到了养育自己的故乡。从汉水岸边的马口镇上岸,离家还有十多里的旱路,堂弟何远光闻讯雇来轿子迎接,他不忘艰苦本色,牵着儿子坚持和堂弟步行。堂弟说:"你和我们不一样,走不惯乡里泥巴路!"他说:"这是我的不足,所以要多走路,做到和你们一样。"步行到家脚打起泡,家里人说:"还是应该坐轿子,路也太远了一些!"他笑着说:"是我路走少了,所以感觉远,看来日后要多走路,不然会走不动路,也不能跟兄弟们同路了。"人们争相传播他回来的消息,看到他和过去一样毫无架子,大家都愿意同他亲近,特别是穷乡邻,都愿意跟

他拉家常吐苦衷。他对子侄辈通常言教的，也多是为人立身之本。他说最贵者莫如耕读两字，读书所以教人明理，种田必须研精，忙时吃苦劳动，闲暇习字看书，克勤克俭，切勿游手好闲，为非作歹，败坏门风，玷辱上人。他还教子侄们书写治家字帖，诵读司马光《训俭示康》的文章。后来，他虽然定居武昌，仍经常和家乡保持联系。何咏梅堂，是他在家乡的住宅，也是他每年回乡宣传新文化新思想的场所。他还在蓝家岭附近的叶集镇大安寺建立联络点，筹建南河区学会，旨在进行唤起民众、更新政治的宣传。

自 1917 年起，何羽道从日本回国后定居湖北省城武昌，长期从事高校经济学科和法科的教育工作。由于他通晓中文和日文，在日本东京帝国大学进行过法科和经济科的系统深造，学贯中西，加之为人正直，工作勤勉、教学成绩斐然，所以他作为早期"海归"著名学者，成了各大学争聘的对象。他先后任武昌商科大学、省立法科大学和国立武昌中山大学经济学教授和法学教授，讲解货币论、银行论及宪法等课程，编写货币论、银行论的讲义，为我国货币银行理论界第一代学者。同时受私立中华大学校长陈时邀请，在该校教授日文。为了满足进步学生的要求，他力图按照马克思主义的经济学观点，编写适合中国国情的经济学讲义并深入浅出地讲解，深受学生欢迎。在课堂上，他是慷慨激昂鞭挞旧世界的猛士。他列举事例论证了中国经济不能自主的病根，在于军阀的割据盘剥和帝国主义的侵略，进而揭露军阀祸国殃民和帝国主义侵略的罪行，使学生受到爱国主义教育。对待学生，他关爱有加，平易近人，以心换心，关系亲密。他给学生题词："吉人辞寡，其心愉下。躁人辞多，其心若何。辞多者受谴呵，谴呵若斯，尔何不知？知而不改，而其后悔？"鼓励学生戒骄戒躁，少说话多干事，做救国的实干家。

何羽道以仁待人，广交同仁，从不自视清高，盛气凌人，而能主持公道，仗义执言。商大校长屈佩兰（竞存）是省议会议长，经常拖欠工资并挪用公款放高利贷以谋私利。对此，教职员迫于其权势，敢怒而不敢言，只能忍气吞声。何羽道不满屈氏行径，决心为教职员鸣不平，他在校务委员会上当面质问屈氏，请求按时向每个人发放薪水。屈氏瞠目结舌，无以应答。散会，他即辞职离去。

1921 年，他投身湖北人民驱逐督军王占元的运动，赶走了王占元。不料继任的萧耀南变本加厉，一手制造了震惊中外的"二七"惨案，他教过的学生施洋律师，也在惨案中牺牲。施洋的牺牲，对他的触动很大，他认识到，一个政府由反动派当权，学法律的人，连自身都得不到法律保护，何况平民呢？若不推翻军阀政府，"教育救国"就只是一句空话。

五、国共两党建立统一战线时，帮助董必武、陈潭秋，积极奔走联络，筹建省党部，并在其中工作，是共产党的忠实盟友

1924 年，国共两党建立了革命统一战线。董必武、陈潭秋等共产党人前往湖北筹建国民党省党部找到在法政大学任教的何羽道，表示希望得到支持。何羽道置长子、次子早亡等家事多难于不顾，痛快答应。为表诚意，加入国民党，积极协助筹建国民党湖北省党部工作。他曾书赠友人四幅条屏，用以寄托自己的情怀。其一曰："庭中有奇树，不支亦不蔓。众树各参差，此独精神健。一朝风雨来，孤挺复何憾。"其二曰："冉冉孤生竹，不比凡花草。葛陂已化龙，庭中栖凤好。顾乃在山阿，风霜经历饱。挺挺忠臣节，凛凛烈士抱。"他以不惧风雨霜冻的"奇树""孤竹"自比，强调精神强健气节孤挺是为人之本，立志做国家忠烈之士、栋梁之材。

1925 年省党部正式成立后，他历任监察委员、执行委员和常务委员，和董必武、陈潭秋、钱亦石、吴德峰、李汉俊、邓初民等人并肩战斗。在共产党开办的"时中书店"，他如饥似渴地阅读《向导》《新青年》《唯物史观》等进步书刊，逐渐由一名爱国的知识分子走上了为共产主义理想而奋斗的道路。作为国民党员的著名左派，他尊奉孙中山先生为旗手；作共产党的忠实盟友，他尽量为革命活动创造条件，为革命积极奔走。他不讲条件不计后果，欣然将他在武昌青石桥 3 号的公馆作为共产党的地下联络处。董必武、陈潭秋、钱亦石、吴德峰等共产党革命家经常出入他家，商讨、布置革命行动。共产党地方组织负责人魏人镜，长期将秘密文件和重要材料托他保管。

1926 年 9 月上旬，国民革命军攻占了汉阳、汉口。家乡青年学生刘立之曾谈起听到北伐军到来的消息让何羽道欣喜若狂的事，"当时，他摇着扇子在房里踱来踱去，连连说：'若大旱之望云霓。'" 9 月 6 日，一直处于秘密活动状态的国民党湖北省党部进驻汉口电报局，公开行使权力。这时，共产党要扩大队伍不便公开出面，许多同志都是由他出面联络召集而走进革命队伍的，如曾任中纪委书记的郭述申（时名郭树勋）同志，就是接到他的信赶来武汉，到省党部报到参加革命工作的；本家青年学子何定杰，当时在英国留学，被他召回并投身武汉教育事业。

六、北伐军光复武昌后：为国民党左派代表，跟共产党领导人董必武、钱亦石同任省党部的三常委，坚决支持毛泽东开办武昌农民运动讲习所并受聘讲授经济学常识，他是董必武的积极支持者和合作者，提倡廉洁奉公，绝不谋求私利

北伐军光复武昌后，国民政府从广州迁往武汉。为适应革命形势发展，省党部决定于 1926 年底提前召开第四次全省党代会。12 月 31 日，省执行委员会举行，何羽道和董必武、吴德峰、钱亦石、张国恩、周延墉、邓初民、陈卫东等人周密部署，制订了大会议程，保证了第四次全省代表大会如期举行及胜利闭幕。大会通过民主方法改选了执、监两委。新的执行委员会由 15 人组成，他们是：孔庚、孙科、徐谦、钱亦石、董必武、李汉俊、陈荫林、张朗轩、邓初民、张国恩、周延墉、罗贡华、郝绳祖、吴德峰和何羽道，执委会中的革命派占绝大多数。省党部最高领导机构是由三人组成的常务委员会，选出的三名常委是：共产党人董必武、钱亦石和国民党左派何羽道。全省代表大会通电拥护迁都武汉。会议期间，蒋介石曾专程来武汉，图谋控制省党部领导权。由于共产党实际上已经控制了领导权，蒋介石的阴谋没有得逞。

新的省党部执行委员会成立后，做的第一件事就是通过决议，拨款一万六千多大洋，支持毛泽东在武昌开办农民运动讲习所。在当时，这是一笔很大的数目。由于何羽道是分管财经的常委，这笔资助开办农讲所的钱实为他经手拨出。据当年女子师范学生杨栋老人（李文宜同学）回忆，1927 年初，她去红楼省党部（办事），看到何羽道一左一右坐着两人，一位是毛泽东，另一位是刘少奇，三人相谈甚得。他们谈论的内容已不可能知道了，但农民领袖毛泽东和工运领袖刘少奇慕名来到红楼省党部，拜访何羽道这位学界前辈和省党部负责人，想在情理之中也可看出何羽道在毛泽东和刘少奇心中的地位。

国民党中央农民运动讲习所于 3 月 7 日正式上课，毛泽东和瞿秋白、恽代英、彭湃、方志敏、李汉俊、李立三、李达、邓恩铭、邓初民等一大批共产党人和国民党左派人士在农讲所任教。何羽道也受聘在农讲所教授经济学常识，这样，他和中共一大代表中的 4 人，成了同事，成了战友。为了培养各级干部，省党部和省政府决定，成立党务人员讲习所、党义研究所和文官养成所，他是积极的赞助者和热心的兼职教员，并担任文官养成所所长。这几所学校为速猛发展的工农运动培养了许多骨干，而作为教授和所长的何羽道，则为培养工农运动骨干力量作做了不可抹煞的贡献。

1927 年上半年的武汉，沉浸在热烈的革命气氛之中，省党部的工作也愈趋紧张。三名常委中，董必武和钱介磐（亦石）在国共两党内部担负要职，外出活动频繁，常驻省党部办公的常委，就只有他一人。在共同工作中，他觉察出了董必武的共产党人身份，于是，尽力协助董必武把大量烦琐的事务揽过来，让共产党领导人有更多时间和精力从事更重要的工作。他每天很早就赶到了阅马场红楼党部，离去总在五点半以后，甚至七、八点钟。他为人谦和仁爱，办事雷厉风行，深受大家的尊重。他作为党部主要负责人，实际成了共产党领导人董必武的积极支持者和合作者。

他提倡廉洁奉公，坚持原则，公事公办，不谋私利。他建议通过了一项决议规定：党部和政府工作人员在外兼职不能拿薪水，带头退掉了大学教授的高额薪金，只领取常委的80元月薪。有人向他进言，为个人和家庭计，留在省党部不划算，与其在省党部，不如急流勇退到中山大学任教，既可做学问，且没有危险，待遇也高得多。当时，他的族侄何定杰（椿樵）已被聘为武昌中山大学教授，他独子的连襟黄侃（季刚）也早已退身政界而学闻天下。但他说："人生的准则应求得心安理得，其他不必强求。"他工作不计分内分外，绝不谋取私利。有人见他每天公务忙，走路多，建议自备人力车，以代步行。他说："确实是不需要！即使需要，也不打算坐车。君子爱人以德，希望你今后勉励我刻苦耐劳，多做实事吧！"其实，他家二进的后院里，原先就有人力车库，他到省党部上班后，就辞掉了拉车师傅，让他把车拉走了。他经常告诫家属："现在是革命政府，今后家里人都要注意革除旧的恶习，树立新风尚，不可随便向人有所请托，或答应别人的请托。"他唯一的胞弟进城来要求工作，他不答应，语重心长予以开导："乡里的庄稼活也要人干，我们岂能忘本，搞那种一人做官鸡犬升天的事？"有位新任县长表示愿意带他的胞弟赴任，也被他婉言谢绝。许多乡亲也来投靠他，请求帮忙谋事，他把他们安置在客房，招待食宿，并送零花钱供外出走动参观，对各人求职的心愿，恳请体谅。乡亲们得知他胞弟谋职不成的事后，互相转告，也就不再来为难他了。

他的一个本家族人是大地主，害怕土地被农会分掉，特地找他帮忙。他开导说："土地本来就是农民的，你一家要那么多，实在不合适，不如交出来分给农民，你也不必背包袱，换来的是轻松自在。"他的好心和坚持原则，招致这个本家的记恨。而对机关人员的生活，他总是热情帮忙，排忧解难。为了让勤杂人员得到学习和进步，他积极支持在机关内成立服务工会，开办服务学校。寒冬腊月，为了让机关人员能洗上热水澡，他亲自督促施工，用少量的资金建起了澡堂，解决了洗澡难的问题，深受大家赞美。

七、在武汉市政府工作时：身为国民党著名左派，坚持民主革命立场，公开声讨蒋介石，拒绝汪精卫的利诱，坚决拥护共产党

1927年3月中旬举行的国民党二届三中全会，在中国共产党的推动下，通过了关于《统一革命力决议案》，同意共产党不仅可派出一些负责人参加国民政府工作，也可参加省市政府工作，以便和国民党共同指导工农运动。这样，共产党人苏兆征、吴德峰（士崇）、向忠发、李国瑄等人参加了于4月16日成立的武汉政府，国民党左派人士何羽道和詹大悲、张国恩也被国民政府任命为武汉市政府委员。

当时的国内斗争形势非常复杂，共产党同国民党右派的斗争非常激烈。何羽道身为国民党左派，在武汉市政府工作时，总是坚持民主革命立场，以人民利益为重，在重大问题上，总是旗帜鲜明地支持共产党人的意见，反对国民党右翼的分裂阴谋。正因如此，存在时间不长的武汉市政府成了一个颇有战斗力的民主革命联盟。无怪乎蒋汪合流反共后，省市两党部联席会议上，国民党右派势力惊呼，武汉市政府以前"一切行政，大半在共产党指挥下"，并急切议定"由省市两党部联名呈请中央，从速改组武汉市政府"。

在北伐战争胜利形势推动下，北伐军控制和影响地区的革命形势蓬勃发展。在另一方面，伪装革命的蒋介石也加紧了同帝国主义及其走狗买办资产阶级、封建势力的勾结，加速了背叛革命的步伐。就在蒋介石发动"四·一二"反革命政变之前的4月5日，国民党湖北省党部召开会议，何羽道和大家议决通过了"请中央开除蒋介石党籍"的决议，主张严惩蒋介石这个新军阀。

"四一二"以后，帝国主义帮助南京政府反动派对武汉实行经济封锁，财政困难，物价浮动，社会动荡，使得武汉政府内部开始动摇分化。是年5月13日，夏斗寅在宜昌发动反革命政变，虽然这次政变很快被平息，但反动分子乘机散布谣言，说什么革命过火了，党和政府都要改组，要捉拿共产党和"左"倾分子。面对日趋紧张的局势，何羽道镇定自若，一面鼓励同志，不要屈服于反动派的恫吓；一面置个人安危于不顾，一改素常谦逊礼让不露锋芒的作风，频频参加各类大会，走上讲台，进行革命宣传。6月7日，何羽道主持召开武汉三镇国民党党员大会，领导大会通过了《讨伐蒋介石通电》《慰劳前方将士通电》。6月27日，何羽道在省党部举行的"总理纪念周会"上做政治报告，对国内外尤其是湖北省的形势做具体分析，痛斥气焰嚣张的反革命势力，明确指出："为适应新的环境，应集中革命势力，肃清北方一切反革命势力，讨伐蒋介石"。6月28日，他又在文官养成所学员毕业典礼上做报告，向即将分赴各地服务的学员提出三点要求："要遵守党的纪律，不为个人活动；实行平民化民主

化革命的政治；打倒封建的政治经济基础，建立民主的政治经济基础"。7 月
10 日，武汉已是黑云压城，蒋汪合流，明目张胆地搞分裂，分共反共迫在眉睫，
他还出面主持了"任剑若烈士追悼大会"。

何羽道还断然拒绝了汪精卫的拉拢和利诱，坚决申述自己跟共产党走，坚
持革命，造福人群的决心。汪精卫虽然已决定清除共产党出国民党，但仍认为
何羽道是个天真、倔强的书呆子，还可以利用。于是几次派人到他家里来，妄
图拉拢，但他一概避而不见。最后来人表示，只求见一面，好回去交差；如不
肯见，就守在家里不走。到会见时，对方开门见山地说："现在大局已定，跟共
产党走是没有什么出路的，先生又不是共产党，要革命，何必跟他们走呢？汪
主席是知道先生的，只要先生肯反对共产党，还是要您出来继任原职，待遇也
可再商量。听说先生家本贫寒，家中又无积蓄，何必徒寻烦恼自找苦吃呢？人
生如朝露，先生对共产党所守的信义能有多大的价值呢？"面对说客的威胁与利
诱，他断然拒绝，并驳斥和教育对方说："你说大局已定，只是你的看法罢了。
北洋军阀当初何尝不以为大局是稳定的呢？曾几何时，却一败涂地，彻底完
蛋。可见倒行逆施不得民心的人，其结果没有不归于土崩瓦解的。由此看来，
你对大局的看法，还须重加考虑才是。至于你所说的出路，那不过是为个人营
谋私利奔一时的权势罢了。这是奴颜婢膝与蝇营狗苟的道路！稍有气节的人也
不屑为之，何况是革命者呢？""所谓大局，所谓出路，都应该以国家民族的利
益为主体，如不以此为务，认敌为友，以友为敌，戕伤国家民族的元气，就是子
孙的罪人，岂不令人痛心！""说到共产党，他们向无争权夺利行为，特别在北
伐期间，共产党更是革命的宣传者与组织者。没有共产党，北伐就不可能胜利
发展。对于有大功而无过错的共产党，只能尊重，不能仇视、陷害。你的意思
是要活命就得反共，我是宁可不活命，也决不反共。""我的态度可以概括为四
句话：'革命目的应分明，造福人群不顾身。指我南针真理，威胁利诱岂动
心？'请你以此复命"。

为了避免蒋汪势力恶意纠缠并预防意外，何羽道随即动员全家搬回乡下。
他母亲、妻子都担心他的安全，要求他一起离开武汉。他母亲为此甚至向常来
家里的族孙何定杰下跪，请求族孙劝说他一起离开。何定杰多次劝告，还建议
他以出国为名，到日本暂避，并表示不需要为经费发愁，自己在汉口经营茶庄
的内亲愿资助两千元大洋，随时可以送来。但他却婉言谢绝，开导这位族侄
说："革命并没有失败。要干革命，总得有人流血，牺牲也是本分。此等关键时
刻，我岂能逃避了事？"何定杰没有办法，只得听他的吩咐，帮助他把一家老少
送回汉川家乡。家人回乡后，何羽道干脆住到省党部后楼，以方便工作，积极
多方奔走，坚持斗争。

八、蒋汪合流后的严峻时刻：经董必武介绍加入中国共产党，并为保存革命力量而出谋划策，千方百计掩护共产党领导人，而置个人生死于度外

1927 年 7 月 15 日，以汪精卫为首的反革命集团举行"分共会议"，宣布正式与共产党决裂，与南京蒋介石合流。根据中共党的指示，共产党员全部退出国民党各级党政机构。何羽道虽然不是共产党员，但也和董必武、钱亦石等人于 7 月底离开省党部。武汉国民党的革命政权就此告终，代之以蒋汪合流的反革命政权。

岁寒知松柏，患难见知己。正是在反革命政权疯狂屠杀共产党，共产党面临生死存亡的最危急时刻，何羽道的心跟共产党领导人董必武更加紧密相连。他认定，只有共产党才能力挽狂澜，才能救民于水火，以革命大无畏精神毅然加入中国共产党。中央文献出版社《董必武传》250 页说："在九江工作了几天之后，因工作需要，董必武秘密返回武汉，7 月 24 日 22 时，他出席了在武昌青石桥何羽道烈士家里召开的中共湖北省委紧急会议。会议商定立即组织力量，到鄂东地区发动农民举行武装起义。就在这严峻时刻，董必武介绍何羽道加入了中国共产党。"

面对大批革命志士被杀害和关押的残酷现实，对于在社会上和学术界有名望的革命知识分子，如董必武、郭沫若、钱亦石等人，党中央做出了积极关怀、保存实力的决策。早在"八七"会议不久，就决定安排他们到日本暂避、待命。当董必武、钱亦石根据党的指示反复动员何羽道同去日本暂避时，何羽道不仅不同意，反而积极要求去农村参加武装斗争。组织答应了他的请求，批准他等待合适时机，去江西参加工农红军。这段时间，中国共产党为保存革命力量，成立了一个群众性组织——中国国民党革命行动委员会。何羽道作为负责人，暂时留在武汉坚持地下活动，他的办公室就设在汉口法租界屈臣氏汽水公司后面。

11 月底，李宗仁的桂系西征军到武汉，带兵的是桂系骨干分子 19 军军长胡宗铎和 18 军军长陶钧，这两人都是湖北人。蒋介石采取鄂人治鄂的手腕，任命胡宗铎为武汉卫戍司令，陶钧为副司令，借以镇压革命。胡宗铎因滥杀无辜，有"屠户"之称，陶钧的口头禅是"混蛋、王八蛋、滚蛋"，被人讥讽为"三蛋将军"。这两个杀人魔王反共到了极点，提出"宁可错杀三千，不使一人漏网"的血腥的口号，大开杀戒。

一时间，武汉三镇军警密探遍布，巷子、旅馆、茶楼、影院，日夜有人监视、搜查，连过江轮渡都要拦在江心检查。反动派滥捕滥抓，对革命者严刑拷

打、野蛮屠杀。武汉的共产党员由八千多人锐减到四、五百人。白色恐怖甚嚣尘上。胡、陶也因杀人有功，很快被南京政府提拔任命为湖北全省清乡督办、清乡会办。为了安全起见，何羽道和董必武搬至旧日租界南小路袁范宇家匿居。袁范宇是何羽道日本的同学，与董必武也是好朋友，加之袁范宇时任"日清洋行"副买办，袁的母亲又是日本人，此时住在袁家或许比较安全。到日租界后，何羽道和董必武均用化名，何羽道化名胡文卿。当时，另有张姓、谢姓两位女学生（共产党员）扮作女儿同他们住在一起，以做掩护。

就在这时，胡宗铎、陶钧勾结日租界领事当局，调遣宪兵于 11 月 17 日下午突袭日租界，将中共一大代表李汉俊和著名国民党左派詹大悲逮捕，立即下令枪决，而且残忍地陈尸刑场，三日后方许收尸，形势更显严峻。显然，日租界也不安全了，党组织通知董必武尽快转移。12 月 19 日，董必武拟乘袁范宇堂弟袁祥福工作的江轮转移上海，行前董必武要求何羽道一起乘船走，但何羽道认为两人同行目标太大，为保证董必武安全脱险，表示等袁祥福由沪返汉后再走。在生死存亡的关键时刻，他与共产党人同舟共济，总是处处为别人着想，而置个人生死于度外。

九、白色恐怖临头：搜捕时，无所畏惧；入狱后，矢志不渝；刑场上，高呼革命口号壮烈就义

南京政府在武汉的得力反共干将胡宗铎、陶钧的镇压下，更加紧了对共产党政要和著名左派的全方位搜捕，在董必武安全离开后的五天，即 24 日，胡、陶的宪兵冲进了袁宅，满以为可抓住董必武，结果抓住了何羽道。叛徒见董必武不在，就问："你是哪一个？"他回答说："胡文卿。"叛徒说："我认识你，你是何羽道！"袁范宇的母亲虽是日本人，但在东京时早已深知何羽道的为人，何况他还是自己儿子的证婚人，一定不能出事。情急之下，她急忙找来了日本领事商量，只说是知己暂住。日本领事用日语暗示他不要承认是共产党。只要不承认就没事。但他大义凛然，一身正气，面对叛徒坦然说："我是共产党员！共产党是挽救国家危亡的，并不是个犯罪的罪名，要抓就抓。"胡、陶的宪兵听了，迅即将何羽道带走，囚禁在武汉市公安局内。

在狱中，有人暗地通气，要何羽道不承认是共产党；也有人拟通过胡宗铎的老婆是女子师范学生这一层关系，疏通营救。但都被他拒绝了。

亲家黄人杰陪伴女婿何振之到监狱探视，望着他方正的脸庞，明显的比往日消瘦，炯炯的眼睛明显的比往日凹陷，不禁潸然泪下，泣不成声。何羽道强忍着亲人别离之凄苦，神态自若地对亲家黄人杰说："不要去做哀求，我进来就不打算出去。自古忠孝无两全，今天我要对革命尽忠，就只能对不住老母和夫

人了。"他还嘱咐唯一尚存的儿子振之："不要悲伤，要赡养好老人，抚育好子女。相信革命一定会成功！革命胜利了，可不要以功臣自居啊！"

那个记恨他的大地主本家族人，联名汉川家乡50多人告何羽道的状，说他鼓吹共产，六亲不认，害得乡绅土地被没收。胡、陶的军、警两方对他严刑逼供，逼他交代共产党人名单和活动去向。他写下这样的答复："吾不入地狱，谁入地狱？为祖国为人民而牺牲，死固宜也。国民党反动派之大屠杀，不过逞一时之快耳。兴中国者，其唯共产党乎！"表现了中国优秀知识分子对共产党事业的坚定信念和换取人民幸福献身的豪迈气概。

1928年1月4日，武汉三镇到处张贴行刑布告："胡文卿（即何羽道）与著名共党首魁董必武、钱介磐鼓吹共产，罪恶昭著，应即处以死刑。"那天是农历腊月12日下午，北风呼呼刺骨，天空阴云翻飞，街道警笛嘶鸣，何羽道和另外三位殉难者被反动军警押至汉口济生三马路刑场。他光着脚，身着单裤和灰绸短夹袄，满身伤痕，双臂瘫垂，两腿难行，但目视前方，神色镇定，临刑前仍不断高呼："中国共产党万岁！"直至饮弹倒下，时年46岁。围观群众无不悲愤填膺，潸然泪下。同时遇难的革命志士有：林可彝（武昌中山大学教授）、吴钟鲁（武昌中山大学学生）、周志道。

何羽道被枪杀后，胡宗铎意识到枪杀他将招致极大民愤和很大舆论，破例允许其亲友即日领尸。当夜，烈士的侄孙何秉彝提灯赶赴济生三马路刑场认尸，只见何羽道卧在血泊里，子弹自后颈入，从口里出。亲友们将遗体迎至济生善堂，设灵位，做法事，连夜装殓。次日清晨，租船运灵柩回家乡，安葬在故居旁。翻检1928年1月报纸，北京《晨报》、上海《申报》和《时事新报》，都登有何羽道烈士遇难的消息。其中北京《晨报》称："何羽道号翼人，为前省政府委员，兼省党部常委，曾一度为湖北行政讲习所所长，与董必武、钱介石、詹大悲、李汉俊等同为武汉党部要角，固一时之骄子也。……"

十、烈士就义，气贯长虹；世人缅怀，真情激扬

中华人民共和国成立后，何羽道被追认为革命烈士。1979年11月28日，国务院参事杨玉清为何羽道烈士是否为共产党员的问题询问革命老人邓初民，邓老答："是党员，等到要杀共产党时，他才入党。别人，先是党员，到这时脱了党。"邓老还说："武汉反共后，何与董老住日本租界，反动派去是捉董老的，恰逢董老不在家，就把何捉走了。在监牢关了一段日子，反动派才把何枪毙的。"邓老最后还说："何羽道这个人是大大值得表扬的人！"

1979年5月31日，年近90的邓初民革命老前辈给烈士之孙何秉冲复信说："何翼人同志是中国共产党的好党员，为革命事业壮烈牺牲了，值得我们永

远纪念，更值得我们好好学习。"

　　回顾何羽道烈士46年的生命历程，领略他风雨兼程、红心向党、英勇献身的豪迈风采，我们的内心受到深深的震撼，我们的内心升腾起对烈士的崇高敬意，烈士的崇高形象宛然耸立眼前：何羽道烈士不愧为"生的伟大，死的光荣"的真正共产党人！说他生的伟大，因为他一是早期"海归"，精通法学和经济学，为毛泽东器重并聘为武昌农民运动讲习所教授经济学常识的著名学者；二是他身为国共合作时期湖北省党部三常委之一，是与董必武比肩战斗的政坛要员，敢与蒋汪之流公开斗争的勇士；三是在白色恐怖的年代加入共产党，并与董必武同舟共济共克时艰的党的铁杆忠臣。说他死的光荣，因为他把活的希望留给别人而把牺牲的危险留给自己，拥有博大胸怀；因为他面对敌人的搜捕和屠刀，他无所畏惧大义凛然，英勇献身，拥有浩然正气；因为他践行了自己永不叛党的入党誓言，拥有冰清玉洁的崇高情操。

　　何羽道烈士不愧为古圣人所推崇的"威武不能屈"的大丈夫！是鲁迅所讴歌的"敢于正视淋漓的鲜血"的"真的猛士"！他是毛泽东所赞扬的"为有牺牲多壮志"的真正的共产主义战士！因而，他活在家乡人民心中，家乡人民政府于1985年拨专款修葺了他的陵墓；当年的总书记胡耀邦亲笔为他题写墓碑；他还活在湖北各地民众的心中，他的陵墓被定为省级文物保护单位。

　　何羽道烈士将以早期著名"海归"学者的形象，民主革命斗士的形象，矢志不渝地坚定的共产党人的形象，永远活在千千万万人民特别是湖北人的心中！

　　何羽道烈士理应跻身于为中华人民共和国成立做出重要贡献的荆楚英楷人物的行列！

　　何羽道烈士永垂不朽！

两枚印章开启了一座山的盛世
——武汉大学首任校长刘树杞素描

武汉大学　冯林

　　1928年春，他任湖北省政府委员兼教育厅厅长，7月，任国立武汉大学筹备委员会主任委员，8月，任国立武汉大学代理校长。他与李四光等人一起选定珞珈山为武汉大学新校址。这一决定，使武汉大学从此成为中国最美丽的大学，使珞珈山的命运从此改观。

　　他，就是武汉大学的第一任校长、中国现代化学早起的开拓者刘树杞。

　　这一年，他年仅38岁。

　　但看似官运亨通的他却于1929年3月辞去湖北省教育厅厅长及武汉大学

代理校长之职，申请到中华文化教育基金会甲种研
究补助金，再度赴美，继续研究制革学及电化，撰
成"以电解法制造铍铝合金"重要论文，解决了航
空工业、机器制造业等方面的诸多问题。在制革方
面，对矿物鞣革、植物鞣革，都有精确的测定和研
究。其成果受到欧美学术界重视，并在美国商部注
册。1930 年夏，刘树杞回国任中央大学化学系主
任兼代理学院院长，筹划和指导安装熔盐电化学实
验室设备。次年夏，任北京大学研究教授兼理学院
院长，广邀国内外著名学者、专家执教，提倡科学研究，并主持建设制革和电
化实验及科研室。

一

　　现在想起来也不难断定，那是江城武汉最酷热难耐的 7 月夏日。偌大的武
汉三镇，江河穿越，湖泊纵横，白天却没有一丝儿的凉风，热气腾腾的空气里
却夹杂着饱满的水分在这个热闹的聚落上蒸腾。新立不久的湖北省政府大院本
来就庄重肃穆的气氛，因为这湿热酷暑就更显得紧张沉闷。一座年代不远的半
殖民时代的西洋风格小楼，安静地伫立在省府花园的绿树红花之间，每一个办
公室都能见到青年公务员忙碌的身影。国民政府的行政人员，大都是受过中西
高等教育的青壮年才俊。在一间陈设简朴却干净整洁的办公室里，一个身着白
色短袖衫、宝蓝色长裤的青年男子正在汗流浃背、有条不紊地忙碌着。在他面
前宽大的办公桌上，堆着一沓沓文件。这里是湖北省教育厅厅长的办公室。
　　时间是 1928 年 8 月 6 日，用当时的说法，是民国 17 年。
　　两枚改变一座山命运的印章——"国立武汉大学"木质镶锡印、"代校长刘
树杞"牙质印——在此时被领取到湖北省教育厅，放在了新任厅长刘树杞的办
公室。
　　两枚印章的诞生宣告着这位青年化学家与高教管理者又一次深层次的胶
着。早在去北京大学任职之前，1921 年美国回国之时，他已经是新建厦门大学
的教务主任和理科主任、代校长了，而且表现出了在高等教育管理方面的卓越
天赋和科学理性，并将观念上的高教和法典上的高教转化成了中国现实中的
高教。
　　那时那刻的中国，国民政府定都南京刚刚 4 个月，可算是百纲待举。20 世
纪 20 年代末，以人文学者为主导的传播西方民主管理、科学教育的新思想新理
论成为中国社会时尚，新文化运动在全国风云迭起，学潮不断。1927 年 11 月 4

日，新建国民政府为了处理湖北湖南两省的财政、交通、民政、外交等事务，以程潜（兼主席）、李仲公、王世杰、甘介侯、张肇元为委员，设立"湘鄂临时政务委员会"，管理湘、鄂两省战争期间的事务。12月19日，对湖北省政府进行改组，任张知本为省主席，王世杰为省政府委员兼教育厅长。因王世杰另有重用，1928年2月1日，改由刘树杞继任湖北省政府委员兼教育厅长。刘树杞应该知道，家乡人请自己担任此职，是予己重任。他可能也知道，和自己同样曾担任湖北省政府委员兼教育厅长职务、并与自己同岁、同乡的前任李汉俊，于12月17日因"赤色分子"被武汉卫戍区司令胡宗铎逮捕杀害。李氏当时正兼武昌中山大学校长。这武昌中山大学，是由武昌大学、法大、医大、南大和文科大合并的，因为负责人遇难而停办。正是因为这位同乡遇难，他从一个化学专家不太情愿地迅速完成了职位转变。

那个改变了珞珈山身世的湖北人刘树杞，就在那样的时空里冒着2月的寒风回归江城，入住湖北省教育厅。作为现代化学和现代高等教育中国化的双重实践者和引导者之一，他是技术、科学、教育、管理创新的代言人，因此我们推测，当代表着政治国家的行政命令到来之时，他极可能正忙着关于湖北省教育改革的一系列重大政策配置的设计和实施。那个年代，真是一个任人唯贤的黄金时代，就在同一年，年仅30岁，而后曾来国立武汉大学任教几年的罗家伦先生，已经是清华大学的校长了。

对高等教育管理有方、在理学院学科发展卓有成效的刘树杞因为鲁迅制造的学潮被迫辞去厦门大学的职务后，在北京大学的任职也不过年余，因为湖北省政府改组，他被请回家乡，与当时几个本省精英张知本、严立三、张难先、石瑛等着手湖北省政府的行政建构。也是在那个时候，由十三岁中秀才、朝考二等，以按察司经历补用的日后的法学家张知本担任湖北省政府主席。北伐名将、湖北省政府主席的严立三，时任湖北省民政厅厅长。反清、反袁、反蒋而拥共，作为爱国民主人士而受到中国共产党和国家领导人的尊重与重用的张难先，时任湖北省政府财政厅厅长。曾任临时大总统秘书、国会众议院议员、国民党第一次代表会中央执行委员的石瑛，时任湖北省政府建设厅厅长。

既然那个时代湖北省的几个以良好适应环境，并成功创造了新环境的代表性人物都已在家乡的政治国家建构中纷纷扮演着重要角色，刘树杞不得不暂时放下自己心爱的化学，一门心思地将家乡的教育管理出个样子来。对此他是信心十足、能量满满。

刘树杞本是个惜时如金的科学家，加上他走马上任时，武昌中山大学停摆，武汉虽是当时中国的经济、政治中心，但文化瞠乎其后，偌大个武汉地区连一所大学都没有。1928年夏，刘树杞就和同事们商请大学院院长蔡元培，将武昌中山大学扩大规模，并更名为国立武汉大学，获得批准。批文 1928 年 7 月由民国政府大学院下达，刘树杞被任命为筹委会主任，与李四光、王星拱、叶雅各、周鲠生、王星拱、曾昭安、张难先、石瑛组成八人储备委员会。而此前，一到武汉履职，他就立即开始慎重地选派湖北省省立各中小学的校长，恢复省立中小学和初等教育秩序。他还从北京大学、北京高等师范大学、武汉高等师范大学和湖北省高等师范大学等高校的优秀毕业生中选择经验丰富者担任这些中小学的校长，北京大学毕业的夏正声被任命为一中校长，北京师范大学毕业的高罗浚被任命为省高等师范学校校长，武昌高师毕业的余海澄被任命为女师校长。因为这些校长的职位声望是有目共睹，湖北省教育界多年的派系之争得以停息。

　　振兴湖北教育本是家乡人请回刘树杞的题中之义，与中小学工作的推进并行，刘树杞在教育行政机构的工作也是空前艰巨和富有成效。他在湖北省首次建立县教育局，由局长和督学负责。在省教育厅选拔留学生作为科长，选拔大学毕业生作为股长、科长人选。以自己成功经验和竞争价值判断，刘树杞知道，没有优厚的人格资本、社会资本和文化资本者，是无法完成高水平的课堂教育和教育管理任务的，更不可能引领一个五千年大国现代教育的发展方向，为农业社会培养工业化现代化的优质人才，因为教育的功效是通过塑造个体的人格、社会和文化资本来对个人生活、市民社会和政治国家产生重要影响。为了得到和稳定优秀的师资，他采用的还是通过竞争手段选拔、稳定人才。在刘树杞的治理下，湖北省教育经费在财政预算中占比提高了，教师的薪水提高了，这样一来从事教育的优秀者就多了，每个学校的校长可以优中选优了。谋求教师职务竞争很激烈，教师也可以择优录取了。而那些优秀教师，也极少跳槽从政了。这些都是因为他们的经济安全了：那时高中校长月薪 188 银圆，主任 150 银圆，专任教师 140 银圆。小学校长 100 至 90 银圆，小学教师 80 至 70 银圆。

　　刘树杞是个一心向学的人，回想起自己读书时，不仅尽可能参加改变社会的活动，而且因刻苦学习、成绩优异，他获得了湖北省官费赴美国留学的机会；在伊利诺伊大学和密西根大学攻读化学工程，获学士学位；在哥伦比亚大学深造，获硕士学位和博士学位；在培根化学实验室、法国驻美化验室、美国窦法化验室任化学师；在哥伦比亚大学任化学讲师；习得那个时代人类前沿的化学科技，将之中国化。置身于人类科学的前沿，他深深地感悟到，正规、高端的学校教育，能教给科研精英技能和知识，也能对学生间的社会关系进行组织，更能使学生接触民主科学的文化和价值系统。于是，在自己任职的这一年，湖北省还进行了公费留学生考试，14 个人在激烈竞争中取胜，分赴美国、日本和德国等深造。

二

1928 年 8 月，刘树杞又被大学院院长蔡元培任命为武汉大学代理校长，开始了与一座山——珞珈山的交集。那时候，那座山还不叫珞珈山，而是叫罗家山或者落架山。找到这座山的是李四光、叶雅各等人。当蔡元培任命刘树杞为代理校长时，李四光同时被任命为新校舍建筑设备委员会委员长。而让这座山的名字从大俗向大雅转折的，是武汉大学文学院第一任院长闻一多。而闻氏能与武汉大学产生如此深入广泛的交集，也得益于他的同乡、武汉大学代理校长刘树杞选拔人才的眼光。

时间对于杰出人才永远都是稀缺且珍贵的资源，何况他又经过了战争的洗礼和欧美化学实验室的历练。领取到那两枚印章之后，刘树杞立即在武昌中山大学的东厂口老校址上挂了"国立武汉大学"的牌子，开始登记原来中山大学学生名单，招收新生，聘请教授，恢复教学。

闻一多就是在这个时候进入了刘树杞候选人的名单的。闻氏当时刚被南京第四中山大学聘为副教授兼文学院外国文学系主任将满一年，与陈源、汤用彤、陈寅恪等从欧美归来的留学生是同系同事。是年为了教授治校而选举教授代表时，闻一多与汤用彤、竺可桢、宗白华等 36 人一起当选。可见在民国初期，高等教育管理者已经具有相当程度的依法治校的执行力了。1927 年 4 月 18 日，国民政府奠都南京，5 月 7 日，立即设立中央法制委员会。6 月 8 日，王世杰就被任命为法制委员会委员，17 日，又被任命为法制局局长，邀集专家，草拟及修订各种公私法规。国民政府在南京创设初期所颁条例规章，大多由王世杰起草。可以毫不夸张地说，王世杰是国民政府初期依法治国的重要开创者和引领者。

再说刘树杞为了延揽人才专程去南京的故事。目前我们并不知道他是否也一起见了陈源，但他努力争取的主要目标是闻一多。他极力劝告闻氏为了家乡湖北省的发展尽力，并请他出任武汉大学首任文学院院长。他告诉闻一多，尽管武昌中山大学由于大学区框架下的中心学校已经改名为地方性的武汉大学，但她已经升级为国立武汉大学。这一下闻一多可犯了难，他正在打算在南京一直干下去，因为他所在的第四中山大学已于 1928 年春改为中央大学，而且南京也成了中国新的政治中心，他也刚刚把父母家眷都接到了南京。但闻一多是个性情中人，经不起刘树杞的诚挚要求，在反复权衡之后，于 1928 年 8 月只身来到武昌。9 月 10 日，作为新生审查委员会委员开始评阅上海考生的试卷。9 月 13 日，出席第一次临时校务会，和刘树杞、皮宗石等人研究学科建设、科学研究、师资聘用等事项，与刘树杞等人一起开始新校的储备工作。既然是学院院长、教代会代表，工作自然不能像个普通教授那样单纯，就连建图书馆、出版校刊、校务会他都需要参与、落实。那一年，闻一多还不满 30 岁。现在想来他们也真是幸运，那年头中国人才稀缺、政府初成，留洋博士一回来就能得到院长、教务长、系主任、教授职务的人比比皆是。武汉大学的老校徽，就是这闻氏设计的。他还为武汉大学做了另外一件令人难忘的事情，就是改罗家山为珞珈山。闻一多差一点就要在武汉大学长期干下去了，因为他已经和兄弟合资买了房，把家从南京安到了武汉。但我们别忘了，他首先是个诗人。这一点很重要，这一特点决定并解释了他的命运。

要建设国立武汉大学，与国际接轨，向国内一流迈进，对于经历过伊利诺伊大学、密西根大学、哥伦比亚大学，并在培根化学实验室、法国驻美化验室、美国窦法化验室工作过的刘树杞而言，地盘狭窄、身居闹市的老校址及其功能布局已经不能适应学校发展需要了。他就在恢复教学的同时，恳请大学院批准筹建新校舍建筑设备委员会，聘用当年同盟会年龄最小、但"努力向学，蔚为国用"、时任中央研究院地质所所长的李四光为这个委员会的委员长。能请到李四光这样在当时中国，也是世界一流的地理学家，或者用咱们中国的土话说叫"风水先生"为大学选址，实在是武汉大学的荣幸。当时这位年仅 39 岁、曾担任过北京大学地质系教授的地质学家，之所以能在烦琐的事务中抽空为武汉大学选择新校址，笔者推测是处于这三个动机：

其一，受当时中央研究院院长蔡元培的赏识和嘱托。其二，代谢桑梓，因为李四光是湖北黄冈人。其三，与王世杰等人的发小情谊。因为在入湖北优级师范理化专科学校学习时，李四光与石瑛、郭泰祺和王世杰等人已义结金兰了。

李四光主持的建筑和设备委员会中有一位农学家叶雅各，27 岁时曾任南京金陵大学森林系教授兼系主任，为中国林学界少数最年轻的教授之一，中国近代林业学科的开拓者之一，被蔡任命为李四光小组的成员兼秘书。因考察农业林业而比较熟悉武昌东湖周边的地理地貌特征，认为东湖嘴卓刀泉一处有山水之胜，是大学的理想处所。李四光本是个高水平的地质学家，又留学了英国伯明翰大学、日本大阪高工船用机关科等国外名校，对大学选址自有高水平的判断，在和委员们听了叶雅各的建议，并和其他几个委员实地考察之后，大家决定将校址定于落架山/罗家山一带。因为从世界范围内来比较，该处的地形地貌是国内各大学校舍所欠缺的，也是国外各大学校址所罕见的。

这件影响深远的事情由此初见端倪。刘树杞听说李四光他们勘定了地址，就带领省政府相关方面的负责人们多次到实地考察，也都认为落架山/罗家山是上乘之选。尤其是刘树杞，他觉得配置如此场所，很符合自己对于国立武汉大学的设计。因为他需要国立武汉大学在环境配置上必须追求更伟大的建筑而不是貌不惊人的陋舍，更鲜艳的外表而不是惨淡灰暗。我想，我们的化学家和教育家代理校长在进行这样的构思、这样的配置时，一定将他那个时代的国际上重要大学的校舍在心里认真反复地比较了一番。

1928 年 11 月 28 日，校建筑和设备储备委员会开了个会议，校址就这样定了下来。

李四光立即赴上海，聘请美国建筑设计师凯尔斯设计国立武汉大学校园，因为作为同盟会早期的、最小的会员的李四光，和同样作为同盟会早期会员的刘树杞已经注意到，在孙墓设计竞赛中，凯尔斯是唯一获奖的外国设计师，其获奖作品的突出特点是中国古典式的、纪念性的、宏伟壮丽的纪念碑。凯氏对中国民国建筑的权衡和比例已有娴熟的把握，并尝试用自己的方式诠释了中国古典建筑的精髓，所以他进入了李四光的视野和选择。不像墨菲和周贻春是耶鲁校友从而轻松获得清华校园设计的委托，目前没有材料表明凯尔斯与武大筹办人于此前有任何往来，他进入武大人的视野时还不太有名气。我想，李四光们请他，一方面是注意到了他的竞赛作品，了解了他所任职的公司即德和洋行和美国长老会的建筑业绩，凯氏的工作单位做的都是大型公共建筑教堂、医院、大学等。他信任这位毕业于麻省理工学院的工程师和建筑师的建筑创造力。而麻省理工学院是美国第一个系统建立建筑学的院校，中国当时还没有自己的建筑学，西方建筑学东渐方兴未艾；如今被中国人视为国家级文物建筑的那个时代的老建筑均出自凯尔斯这样的建筑师之手。另一方面，李四光可能是想为武汉大学节省设计费用。而凯尔斯，在武汉大学校园之后又设计了不少工业厂房。如果如今这些厂房还在，也许研究者能从中找到与武汉大学学生宿舍的连带关系。

其实，国立武汉大学校园的结构，在刘树杞的脑海里早已形成了。校园里每一处的建筑结构，必须与他设计的功能匹配，而他设计的国立武汉大学的功能，在这所新大学的开学典礼时，已系统地、"珞珈化"地表述了 1929 年 1 月 5 日，那是一个寒风凛冽的日子，也是国立武汉大学历史上最为隆重的日子之一，面对着前来见证这一重要时刻的教育部的代表，武汉政治分会、湖北省政府、省市党部的代表和武昌中山大学转来的老生、国立武汉大学刚招的新生，他在这个迟到的开学典礼上郑重地宣布了国立武汉大学要具备的五种功能：其一，是要特别注重党义。作为当年的进步学生，在辛亥起义时就参加了学生军的刘代校长，是有坚定信仰的，他将民族、民权、民生的保障和发展，即中国人权行使的保障和人权水平的提升，视为自己毕生要务。他亲历的推翻帝制社会运动的艰难困苦和巨大成就使他充分认识到一个强有力的政党于公民人权保障的意义。刘树杞还对此做了补充，就是武汉大学的价值观——三民主义，武大师生在将其内化成自己的社会规范和行为规范的同时，用其指导社会。其二，武汉大学应重质而不重量。这一预设功能，我们将它翻译一下就是，培养的大学生，一个人要顶十个甚至一百个用，不能看推头大，培养的大学生再多，一百个顶不了别人一个，国家是强盛不了的。刘树杞以他科学家的简单明了、直截了当的方式接着解释他的第二点功能预设：武汉大学不能挂了某一系的空名而滥竽充数。应首先缩小范围，集中精力，一科一科地做好。应使每科精益求精，以治愈过去湖北省小学般的中学程度、中学般的大学程度的"恶疾"。我推测，我们这位不同凡响的校长之所以这样说，是出于自己的成功经验和前车之鉴。他不同于那些靠咬文嚼字、乱打嘴炮、鼓动愤青掀起波澜而生存的文学教授，也不同于那些靠服从命令、谋求仕途的行政官员。他是民国成立的第二年就取得官费留学并一直读完博士的人；他用自己的科学发现——"从铬酸盐废液中电解再生铬酸的连续方法"解决了困挠美国皮革工业长达20余年问题的人，要知道他的这一发现能为美国新泽西州一个化工厂的每日生产节约20万磅铬酸，他还是在1921年一回国就被聘任为厦门大学教授、理科主任和校长秘书，并在厦门大学首任校长邓萃英因兼职而被校董陈嘉庚辞去校长之职后，旋即被任命为厦大代理校长的人，那时候厦大成立还不到一年；他还是在任湖北省教育厅长时对该省的整个教育系统进行了彻底改制的人。因此，刘树杞是个既懂得中国能拿出多少教育经费，又懂得如何提高中国高等教育绩效，将好钢用在刀刃上的人。其三，学术是向深邃处研究的，要办成研究型的大学，武汉大学要防止课程之浅薄。这一期望与他自己的高职位声望和高创造力是吻合的，也是武汉大学继起文化中心职能的前提。其四，武汉大学是要追求更伟大的建筑、更新鲜的外表的。因为按照刘树杞具备的国际视野和熟知的国际惯例，伟大的学校建筑，是学校兴盛的载体。这实际上是一个科学巨人、教育大家伫立于那个时代科学和大学峰巅，对国立武汉大学的测量和规划。建筑师和工程师凯尔斯只是将他的构思经由建筑一一纳入特定的功能空间。其五，武大培养出来的学生必须是学术上要适合中国建设的实用人才，精神上要健全，而且要具有高尚人格。说白了就是武大的毕业生不但要能解决中国的工业化、民主、科学等发展的实际问题，而且还须人格高尚。笔者推测，在提出此项教育期望时，刘树杞一定回想起了自己身处厦门大学时的那些接连不断上演的悲喜剧，高尚的、卑下的、完善的、残缺的各种各样的人格都以教授的甚至是大学管理者的名义在厦门大学粉墨登场、轮流上演。尤其是，学生在某些失去既得利益的教员的鼓动下多次以革命、进步、民主、自由的名义挤压教学空间、博弈教学秩序。

刘树杞，我们武汉大学的第一位校长、深深根植于中国高等教育之林的精英，在与国立武汉大学发生交集时已经洞悉了处于那个时期的中国高校、高教、学潮，他还亲身经历了军阀混战的社会激荡、千举请愿的维新壮举、五四示威的北京学运，知道不少学生将革命、爱国与闹学潮混同，知道社会舆论偏爱学生，所以当林文庆依约将四位教师解聘而遭遇学生驱逐攻击、离开厦大时，我们的刘树杞再次出任代校长，继续办"生的非死的，真的非伪的，实的非虚的大学"，以科学家的脚踏实地而不是刀笔吏的哗众取宠来回应陈嘉庚"兴学报国的宗教家般的热忱和革命志士般的牺牲精神"。

在得知麻省理工那位建筑工程师开始了校址的测绘，得知自己已经获得了出国进修资助的名额时，仅在短短时间内便为家乡教育做出了里程碑式业绩的刘树杞坦然释怀，向教育部提出辞职书，辞去了代理校长职务。

他在自己的辞职信中，推荐李四光作为武汉大学校长。这是一个杰出科学家对另一个杰出科学家的信任，两个人本来也是知己。李四光后来说："楚青教授的确是一位才华出众、学识渊博、勤奋而谦逊的科学家。他总想用他的知识和辛勤劳动，来改变以前中国科学和教育的落后面貌，真可称得上'鞠躬尽瘁，死而后已'。在我们共事的日子里，他曾给予我不少鼓励和支持。"

1929 年 3 月，就在凯尔斯带着他的测绘仪器、带着他的得力助手来到春寒料峭、中国中部连绵丘陵珞珈山开始测量之时，刘树杞因为牵挂他的化学研究和化学教育，在雄伟壮丽的武大蓝图逐渐展开之时，以中华文化教育基金会甲种研究员作为支撑悄然赴美，深入研究铬学、电化工程。他最有名的论文和专利"电解制造铍铝合金"就是这次来到美国不久后完成的。他要融入国际科技前沿、造就科技前沿，并将这些国际前沿技术带回贫穷落后的祖国。回国后，他和自己的学生一起继续研究，在矿物制革、铬革上油、植物制革、制革上灰、羊皮脱脂、镀铂、电解制钨、制铝等方面都有科研新成果。他是在用自己的科研行为，行使民族权、公民权，保障民生的权利。他的科研期望是充分利用中国自己的资源，发展自己的科学技术，发展经济，繁荣社会。作为世界前沿技术的发明者之一，他深知，靠"砸烂孔家店"和鼓动学潮，是无法增强国家核心竞争力的，如中国大量生皮照样廉价出口，到国外经加工后，照样以高价熟货进口。

因此，在省教育厅厅长、国立大学校长和科研人员、教授之间，我们这位敬爱的第一任校长、珞珈十八栋的第一策划者、已经见识过国外科研的前沿与精深、见识过国内沿海大学的萌芽与展呈、见识过中央大学雄厚的财力与人力的刘树杞综合了主体的期望和客体的期望，再次选择了后者——科研人员和教师。这已经不是他第一次弃官从学了；1912 年，他已经做了一次类似的选择——离开湖北省军政府理财部的参议之职，公费赴美国研究化学。在完成真理的发现者之后，刘树杞一边科研、教学，一边倡导中国化学工厂的创建。继他创办厦门大学的制革实验所之后，1931 年夏天，自美国归来的刘树杞被聘任为中央大学化学系主任，并任理学院院长，创办了熔盐电化学实验室。次年夏天，他又被北京大学新任校长蒋梦麟聘任为研究教授和理学院院长。与他一同聘入北京大学的，还有文学院院长胡适、法学院院长周炳琳。

1935 年 9 月 12 日，在北京大学主持理学院工作的第四年头，只有 45 岁的刘树杞积劳成疾，经多方医治无效，最终在协和医院英年早逝。他在病中还在指导学生的研究。在他去世不久后，北京大学、厦门大学、武汉大学和中央大学四校联合在北平香山万安公基为他举行了公葬。

"武汉大学之父"——王世杰

武汉大学　刘秋华

回眸武汉大学百余年的恢宏历史，人们不会忘记一位值得被武大人永远铭记和怀念的国立武汉大学奠基人，"武汉大学之父"——武汉大学首任校长王世杰先生。

一、王世杰先生生平

王世杰，字雪艇，1891 年 3 月生于湖北崇阳，民国时期著名政治家、教育家、武汉大学首任校长。早年就读于湖北优级师范理化专科学校、天津北洋大学采矿冶金科，后留学英、法。1917 年，获英国伦敦大学政治经济学士，1920 年，获法国巴黎大学法学研究所法学博士。回国后曾任教于北京大学，与胡适等人创办《现代评论》周刊。后转投中国国民党，进入政界。历任国民政府法制局局长，湖北省政府委员兼教育厅长，海牙公断院公断员，武汉大学校长，教育部长，军事委员会参事室主任兼政治部指导员，中国国民党中央宣传部长，中央设计局秘书长，国民参政会主席团主席，中国国民党中央监察委员，外交部长等职。1948 年，当选中央研究院院士。赴台后，曾先后出任"总统府秘书长""行政院政务委员""中央研究院"院长，兼任"中华文化复兴运动推行委员会"常委，"总统府资政"，中国国民党第七至十二届中央评议委员。1981 年 4 月 21 日，病逝于台北荣民医院，享年 90 岁。临终前仍不忘武汉大学，曾立下遗嘱，在他的墓碑上切不可以刻上教育部长、中宣部长、外交部长等官衔，只刻写"前国立武汉大学校长王雪艇之墓"，并将其一生所收藏的所有字画书籍赠予武汉大学。

二、与武汉大学之渊源

1928 年 7 月，南京国民政府决定组建国立武汉大学，国民政府大学院（教育部）任命李四光、黄建中、周鲠生、叶雅各、王星拱、曾昭安、王世杰等人为国立武汉大学建筑设备委员会委员，李四光为委员长，叶雅各为秘书长，凯尔斯为工程师，缪恩钊为新校监造工程师。这批委员大多有留学背景，对比国外大学，痛感中国"太没有建设，尤其是教育方面"，"所有的大学没有系统的建筑"，决心从吾辈做起，创建中国人自己的像样的大学。

建委会委员们为筹建国立武汉大学新校舍筚路蓝缕，殚精竭虑。为选校址，自带干粮、骑着毛驴，踏遍武昌郊外的山山水水；多方筹措资金，建议由中央和省两级政府各担一半建筑经费；为搞好校舍设计，赴上海聘请美国建筑设计师凯尔斯(F. H. Kales)担此重任。在武汉大学初创时期，正是这些仁人志士饱含着高度的爱国热情，张扬着他们高瞻远瞩、求真务实的科学实践精神，展现着他们学贯中西的雄才大略和深邃眼光，为武汉大学的早期建设写下了浓墨重彩的一笔，也在中国近现代大学建设史上留下了辉煌的一页。

1929 年 1 月 5 日，王世杰代表教育部来参加新筹建的武汉大学（时任代校长刘树杞）开学典礼，写作了题为"履行新的使命，担起中国文化中枢的责任"的演讲，提到了武汉大学的使命：一是传播高深的知识，二是提高深邃的学术。他认为武汉大学要履行它的使命，做到名副其实。

1929 年 2 月，南京国民政府正式任命王世杰为武汉大学首任校长。是年 5 月，王世杰校长就职，并聘任王星拱为副校长。

到任后，他将原来的社会科学、文学、理工三学院改为法、文、理、工四个学院，聘皮宗石为法学院院长、闻一多为文学院院长、王星拱为理学院院长、石瑛为工学院院长。

校长王世杰先生于 1929 年的登记照

王世杰行前曾对当时的教育部说过："我不是来维持武汉大学的，此行目的是要创造一个新的武汉大学。"王世杰办武汉大学是经过深思熟虑的，他说："武大不办则已，要办就当办一所有崇高理想，一流水准的大学。""武汉市处九省之中央，相当于美国的芝加哥大都市。应当办一所有六个学院——文、法、

校长—副校长

校务会议 ———————————————————————— 建筑设备委员会

仪器保管处　体育主任　校医　事务部—事务部主任　注册部—注册部主任　图书馆—图书馆馆长　大学秘书　教职员党义研究委员会　教育委员会　考试委员会　训育委员会　出版委员会　图书委员会　体育委员会　财务委员会　预科—预科主任　本科

事务部主任：消防队　保管股　事务股　庶务股　出纳股　会计股

注册部主任：成绩股　考勤股　总务股

预科主任：理预组　文预组

本科：工学院院长　理学院院长　文学院院长　法学院院长

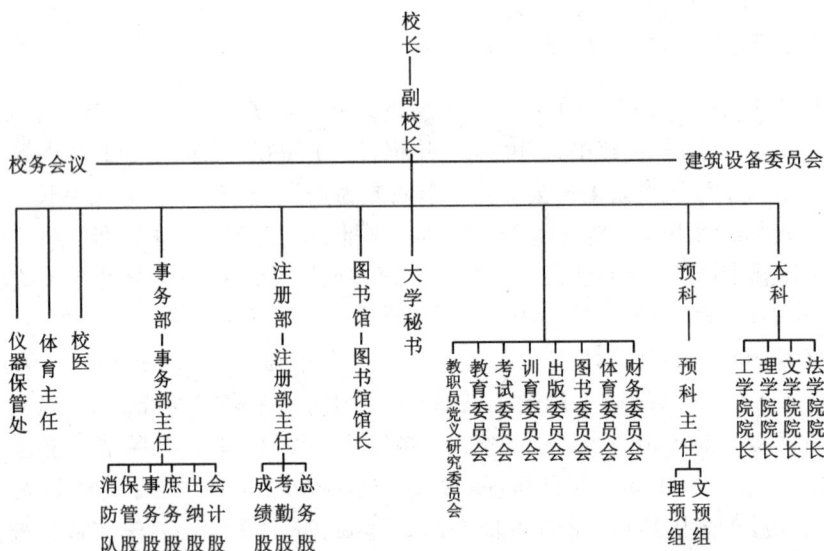

1929 年国立武汉大学组织系统图（摘自《国立武汉大学一览》，民国十八年度）

理、工、农、医，规模宏大的大学。十年之后，学生可达万人"。

正是抱着这一宏伟目标，王世杰到职后的第一件事，就是抓珞珈山新校舍的建设。当时的珞珈山（原名罗家山，又名落驾山，经闻一多改名为珞珈山）加上附近的火石山、狮子山、廖家山、小龟山，遍地草莽，到处乱坟，只有一条小径可与城内相遇。三年后，终于克服重重困难，在这片荒山野岭上，建成了美丽壮观的武汉大学新校舍群，并使之日后成为华中地区最高学府。

武汉大学新校舍于 1929 年 3 月破土，1936 年全部竣工。主要建筑有文、法、理、工四个学院大楼和图书馆、体育馆、学生宿舍（老斋舍）、学生饭厅及俱乐部、华中水工试验所、珞珈山教授别墅以及街道口牌坊、半山庐等。占地面积 3000 余亩，建筑面积达 7 万多平方米，工程造价超 400 万元。

在 1929 年至 1933 年王世杰担任国立武汉大学校长期间，他亲手建成了珞珈山大部分校舍，文学院、理学院、半山庐、学生饭厅及俱乐部、男生寄宿舍、国立武汉大学牌坊、十八栋等均在其任职期间兴建。另外他还规划了武汉大学的发展蓝图，为日后武汉大学的发展奠定了良好的基础。2001 年 6 月 25 日，武汉大学早期建筑即当时建造的绝大部分校舍被国务院批准成为第五批全国重点文物保护单位。武汉大学成为中国最美大学之一。

王世杰认为，在当时中国的现状下，新大学的创造，需要具备五个条件：

其一，巨大的新校舍。王世杰说："就中国现实的各大学来说，没有一个大学可以说是有了一个系统的建筑，如北京大学是先前京师大学堂和别种学校改建的；如中央大学、广州中山大学都是先前高师改成的。所谓京师大学堂，高师等，实在不过是中等学堂的形式，一个办中学的校舍，如何能办一个真正的大学。武大也是高师改成的，所以要将武大造成一个真正的大学，第一个条件，便是完成新校址的建筑。"

其二，良好的设备。"因为一个大学设备简陋，不易聘到好的教授，因而造出人才亦就不能美满，在社会上产生好的影响就少，而被社会藐视的成分就多。"王世杰认为，"武汉大学的设备先前是一点也没有的，最近数个月的设备，已经有七、八万元的数目，暑假后，我们总可有十五万元的图书仪器，到新校舍建成的明年，至少有三十万元的设备。这些设备都是经过专家考订，而且是最新的形式"。

其三，独立的经费。"教育经费的独立，是办理教育减少建设上阻碍的一种制度。这种制度，在外国有许多大学已经采用了，并且用了有极好的效果，在中国为什么不能采用？中山先生也说过'要保障教育经费的独立'。"王世杰认为，有了独立的经费，"学校一切长期计划才可稳顺进行。否则学校经费这个月付了，下月不知能领与否？因此学校事业屡有中辍之虞，而学校教职员的精力倒也要被经费问题用去百分之六七十。在这样的情形之下，学校的效能是极不容易提高的"。他还认为，"因为经费不独立，学校不能有长远计划。而良好教员亦罗致不来"。

其四，良好的教授。王世杰主张，关于教授的选聘，应"宁缺毋滥"。要严格地选择教授，并把教授的待遇提高。中国现代的人才本来太少，而以教授为职业的尤其不多。前者是要得真正有学识的好教授，后者是要使教授不得兼职以集中其精力。他认为，"大学的使命，一在教授高深学术，二在促进高深学术。有些学者是兼具研究能力与教授能力的，有些学者虽具有特殊的研究能力，却不善于讲授。大学既有上述两种使命，延聘教授的时侯，自然不能只聘前一种人才，而置后一种人才于不顾"。

要实行"教授治校"的原则。这个原则的意思是：教授对内，能自由地、无碍地、敏捷地处理校内一切教务和教育行政上的事宜；对外，要不受政治上的限制（必须受限制者在外）。这样才能把学校治得突飞猛进，才能在社会上取得尊严的地位。

其五，严整的纪律。他说："所谓纪律是全校学生和全校教职员共同遵守的秩序。任何大学，如果没有严整的纪律。学校的发展是不可能的。"他还说："我们要有尊重秩序的习惯，才能有良好的学风，要有良好的学风才能吸收及维系良好的教员及职员,要有良好的学风和教师,才能得到社会的信任,才能使本校毕业生容易得到适当职业,为社会服务。"

在此后近四年的任职期间,王世杰先生一直秉承自己的办学理念,着力在这五个方面下功夫,想办法。他倾注大量心血,选最美校址,定最好方案,尽最大力量筹资,立志办一所"有崇高理想、一流水准,有文、法、理、工、农、医等多学科的综合性大学"。他说,"留校一天,当努力尽自己的力量,决不敷衍于苟且,空占其位置"。武汉大学在他的努力和带领下,各方面都取得了长足的发展。1932年11月,胡适先生到武汉大学讲学,曾写下日记:"雪艇诸人在几年中造成这样一个大学,……看这种建设,使我们精神一振,感觉中国事尚可为"。他还对一位访华的美国外交官说:"你如果要看中国怎样进步,去武昌珞珈山看一看武汉大学便知道了。"

至1933年4月,王世杰先生正式调任国民政府教育部部长。此时的国立武汉大学已初具名校风采,新校舍建设已完成大半,校园规模可见一斑,实验设施、图书教案一应俱全,名家名师荟萃,学生济济一堂,学校制定了《本大学组织规程》《本大学学则》《本大学招生简章》等健全的法规、规则、规程,各项工作踏入正轨。自此以后,国立武汉大学与国立中央大学、国立西南联合大学(由国立北京大学、国立清华大学、私立南开大学联合办学)、国立浙江大学并称为民国四大名校,王世杰先生功不可没。用今天的话讲,王世杰先生正是通过在一流的学校硬件建设、师资队伍建设、规范制度建设、学生人才培养等诸多方面的精准发力,从而将武汉大学打造成了一所一流的民国高等学府。

1933年国立武汉大学校舍全景

离开武汉大学后,王世杰先生仍一直心系武汉大学的发展。离任时,他曾说到:"无论现在或将来,无论兄弟在校或不在校,对于四五年来我们百余名教职员与数万名同学共同扶植与共同爱护的这个大学,必须继续努力。本校今后的一切发展，兄弟闻之固然要引以为愉快；本校今后如果遇到有任何艰难困苦，兄弟必不视为在校同人义当独任的艰难困苦，而是离校者与在校同人当共同背负的艰难困苦"。他言必信，行必果。在其长达三十多年的日记中多有关于武汉大学及武大人的记述，另外他还刻有一方带着鲜明的武大印记的名为"东湖长"的图章，时常印在他所收藏的珍贵字画上。足见其对武汉大学的一往情深。

1992年12月底，台湾"王世杰先生文教基金会"致函学校，该基金会准备在武汉大学设立奖学金名额十名。当时校方回函，欢迎基金会在学校设立奖学金。

多年后，武大人同样没有忘记老校长王世杰的丰功伟绩，在校园内为他立了一方纪念碑。2003年，在武汉大学110周年校庆之际，王世杰先生铜像在樱顶揭幕。

武汉大学王世杰先生铜像

2018年，校长窦贤康在武汉大学2018级本科生开学典礼上致辞《让优秀成为武大学子的时代担当》中讲到，"1929年，老校长王世杰说，'武大不办则已，要办就当办一所有崇高理想、一流水准的大学'。如今，把武大办成一所更加崇尚学术、更加追求卓越、更加关爱学生、更加担当有为的大学的目标已经明确。优秀是武大的一种品质，是代代武大人根植于心的文化基因，是代代武大人血脉相连的不变传承。古希腊哲学家亚里士多德曾说：让优秀成为一种习惯。我期待，今后的日子里，你们把优秀变为贯穿一生的自觉行动，变成奋发有为的时代担当，因为武大人不做则已，要做就做时代的奋进者、开拓者和领跑者!"

武大首任文学院长闻一多的珞珈留痕

武汉大学　涂上飙

如果说王世杰、李四光、刘树杞、叶雅各、熊国藻等人，在国立武大的基础建设上做出了不可磨灭的贡献的话，那么闻一多则是国立武大制度建设、学科发展和文化传承的开创者之一。

闻一多（1899—1946），原名闻家骅，出生于湖北黄冈浠水的一个书香门第，到北京清华学校上学后，改名多。后经同学潘光旦建议加"一"字，于是改名闻一多。1912 年，闻一多考入北京清华学校。1922 年 7 月，入美国芝加哥美术学院、科罗拉多大学和纽约艺术学院学习美术和英语。1925 年 5 月回国，先是任国立北京艺术专门学校教务长，后任国立中央大学外国文学系主任。

1928 年 8 月，一位身材瘦削、戴着眼镜的年轻学者来到国立武汉大学，此人看上去很年轻，不到三十岁的样子。一头浓密黑发，身着长衫布鞋，他就是闻一多。从学校初创来校到 1930 年 6 月离开，闻一多为学校的建设发展做了诸多开创性的工作。

一、参与学校管理

作为学校校务会议的当然成员，闻一多参与了学校诸多事情的筹划，如参与讨论学生的招生、课程设置、违纪处置，教师的聘任、待遇及休假，院系的设置等诸多事宜。

闻一多被聘任文学院院长，但他还兼任过学校许多职务，如学校图书委员会委员、学校群育委员会主席、学校出版委员会委员、学校入学审查委员会主席、学校考试委员会委员长、学校课程委员会委员长、学校国文学科委员会委员长、社会科学季刊委员会委员长等。这些职务都是负责学校方方面面的一些重要工作。图书是一所大学必须具备的，但每年购置多少图书、够什么图书，是要经过认真斟酌的；学校的招生考试、入学审查、课程设置等如何把关，关系到学生的培养质量；刊物创办的好坏，是一个大学学术水平的体现。闻一多在担任这些职务期间都曾为之呕心沥血。

闻一多的职务多，因此参与了学校许多规章制度的起草制定工作，如《国立武汉大学学则》《国立武汉大学训育委员会规则》《国立武汉大学图书委员会简章》《国立武汉大学考试委员会组织章程》等规章的讨论确定，亲自拟定了

《教员请假规则》等。为学校日益走上规范有序地运行作出了不可磨灭的贡献。

二、创办文学院

1928 年 8 月，闻一多到校的一项主要工作，就是筹建武汉大学文学院。对于文学院的重要性，王世杰校长曾经说过："一家大学能否至臻于第一流，端赖其文学院是否第一流。有了第一流的人文、社会科学诸系，其校风自然活泼，有了好的文学院，理工学生也会发展对于人文的高度兴趣，可以扩大精神视野及胸襟"。在闻一多的心目中，文学院应该包括中国文学、外国文学、哲学（一度改称哲学教育）和史学等系。他首先筹设中国文学系。

在学院的建立过程中，闻一多主要做了两个方面的工作：一是延聘名师，二是建立相应的学科规范。

1927 年，南京作为首都以后，中国的学术中心不断南移，一批批学者纷纷南渡。武汉作为中南之中心区域，自然对学者们有一定的吸引力。在国立武汉大学初创的时候，闻一多以他的魅力吸引了不少学术名流，如刘赜、刘异、刘永济、谭戒甫、徐天闵、周贞亮、张西堂、王葆心、游国恩等先生，旧学功底都非常深厚，尤其以刘赜（博平）、刘永济（弘度）、刘异、谭戒甫、徐天闵和游国恩等先生的旧学研究闻名遐迩。刘赜是黄侃的直系弟子，也是章太炎的"再传弟子"，专治小学。刘异是经学大师王闿运的学生，擅长经学、诗词。谭戒甫在子学方面著述颇多。刘永济是《文心雕龙》的研究专家，又以研究词学著名。徐天闵则以诗学见长。游国恩是著名楚辞研究专家、文学史家，后来成为北京大学的一级教授，闻一多研习楚辞多受其影响。除此之外，他还引来一批从事新文学的研究和创作者，如朱世臻（东润）、沈从文、孙大雨等先生。师资的大汇聚，就为文学院的繁荣昌盛打下了坚实基础。

文学院创设的主要目的是培养社会所需要的，有素养和有知识的专门人才。而人才的培养就得有相应的学科规范。在闻一多的主持下，文学院先后制定了中国文学系、外国文学系的培养要求，包括必修科目、选修科目的设置，学科时数的确定，教师授课的基本要求等。

他除了负责文学院的培养要求的制定，还常常负责全校的一些培养规范的制定。例如，1930 年 5 月 8 日，学校第 75 次校务会议确定，由闻一多会同石瑛、陈源、李儒勉等教授，共同会商学校基本英文的教授方法及授课时间。闻一多提出了英文授课按入学考试的成绩分为两类：第一类，入学成绩在 70 分以上者，每周学习 3 小时；第二类，入学成绩在 70 分以下者，每周学习 4 小时。教法要求：第一类学生文法练习，每周 1 小时；第二类学生文法练习，每周 2 小时。每组每月都应有 3 次写作练习。最后获得学校通过，照此执行。

三、改名珞珈山

现在的人都知道,武昌有个珞珈山,珞珈山上有座武汉大学(珞珈山上建黉门)。可以说珞珈山与武汉大学齐名,甚至珞珈山就成了武大的代名词。若要追溯此名之由来,首先要提到首任文学院长闻一多。

珞珈山在闻一多改名之前,大体有如下几种说法:

第一说是"落驾山"。传说在春秋战国时期,楚庄王为了平定东部的叛乱,从郢都一路东征,结果很快平定了叛乱。因死伤的人员不多,楚王决定继续出征,并将军营移到东湖西南岸一座风景秀丽的小山上。在此,楚王为鼓舞士气,对参加平定叛乱有功的人进行了嘉奖,还赦免了参与叛乱的人。这样,全军上下斗志昂扬,楚军在战斗中又接连获胜。后来,人们就把楚庄王设营的这座山叫作落驾山。也有一种传说,吴王孙权在巡视江夏,因天降大雨,停车驾于此暂避。两国国君都在此"落驾",于是此山就具有十分高贵的身份了。因当时没有开发,此山就成为了人们归葬的理想之地。民国总统黎元洪在天津去世后,一心想落叶归根。他的理想之地就是埋葬在珞珈山。虽因王世杰校长反对迁葬不成,但其子黎绍基、黎绍业用他们父亲筹集修建江汉大学的资金,在珞珈山修建了以黎元洪名字命名的"宋卿体育馆"(黎元洪字宋卿),以表达黎元洪对珞珈山的念想。

第二说是"落袈山"。在远古的时候,传说观音菩萨有一次路过此山,落下袈裟一件。于是人们就把这座山取名为落袈山。也有人说是它是来自梵文中的"洛迦山"的谐音。传说中的"洛迦山"是观世音菩萨说法的地方,是有名的佛教圣地。"洛迦山"翻译汉语就是"光明山、小花树山"等意思。它在印度的南海岸,为观音的住所。

第三说是"罗家山"。新校区建设前,山上的山头、坡地、水田及荒地分属于几百户人家。其中较大的一座山原是一家姓罗的所有,所以此山又叫罗家山。

闻一多到来之后,无论叫落驾山还是罗家山,总觉得差点什么,于是就改成了具有一定含义的珞珈山。珞,是石头坚硬的意思;珈,是古代妇女戴的头饰。"落驾"与"珞珈"二字谐音,寓意当年在落驾山筚路蓝缕、辟山建校的艰难。

四、主持设计校徽

由于闻一多是学艺术出身,且擅长书画,在学校文化建设的过程中,他被安排负责校徽的设计工作。1929年3月27日,学校召开第69次校务会议,专门讨论了制定校徽、校歌一事。会议决议：全校的教职员工以及学生可以充分发挥自己的爱好优势，设计提出校徽、校歌的式样。由文学院院长闻一多负责对所有设计图样进行审核，最后提交校务会议审定。学校通告发出后，响应者不多，且设计的图案不尽人意。1929 年 5 月 1 日，学校第 74 次校务会议对校旗、校徽、校歌的制定做了进一步的规定：推举闻一多、陈通伯、袁昌英和时昭瀛几位教授进行会商，设制出几套图案供全校员工选择。在大家选择的基础上，最后由闻一多审定后报校务会议决定。

　　1930 年 6 月，闻一多离开学校后，校徽、校歌的制定工作就暂时停顿下来。1931 年 2 月 20 日，学校第 109 次校务会议再次提出校徽、校歌的征求工作。由于进展缓慢，学校于 4 月 24 日的校务会议做了明确规定：在原有闻一多工作的基础上，校徽用"武大"二字，具体完成工作由刘博平、王星拱、林淑华、燕召亭、时昭瀛、陈通伯、朱东润、萧君绛等教授制定完成，报校务会议通过。最后，以篆体"武大"红底白字为校徽。另一种篆刻的"国立武汉大学"六字图案作为征集过程中的备用品，最后也流传出来。总之，学校曾经使用的两枚校徽，都凝聚着闻一多的心血和汗水。

五、带着遗憾离开

　　1930 年 6 月，闻一多离开武汉大学。他的离开也许与当时旧派力量越来越强大有关。中国文学系经过闻一多的努力建成后，很快就分为新旧两派。旧派有刘赜、刘永济、谭戒甫、徐天闵等先生，新学有闻一多、朱世臻（东润）、沈从文、孙大雨等先生。两派常有争论，互有评品。对于新旧之争，王星拱校长曾经劝说过："中国旧文学是根，新文学是花。有根始有花，有花而根始丽。两者相辅相成，实不应厚此薄彼"。在王星拱校长的调停下，新旧两派曾经一度共生共荣。

　　闻一多来武大，先是任文学院筹备主任，后任院长。虽为院长，但在中文系却没有他的发言权。他在中央大学任教一年，教过英美诗歌、戏剧和散文，但也感觉到自己的一些不足。所以，闻一多在中央大学时就开始广泛涉及古典文学，来武大后继续下着苦工，但一直未能在中文系授课。闻一多为改变中文系的风气，曾经请外文系的朱东润先生为中文系讲授中国文学批评史，结果收效甚微。沈从文因出身低微，文化程度偏低，当时虽讲授新文学研究，但表达能力十分有限，因而经常会碰到一些窘况。

　　闻一多离开武大的直接原因可能与刘华瑞教授的发难有关。闻一多主持的《国立武汉大学文哲季刊》创刊后，中文系刘华瑞教授的一篇谈江汉文化的文章要求在刊中发表。闻一多看后，认为刘华瑞的文章荒诞不经，不予发表。这一举动也就激怒了刘华瑞，他在其跟随练习武功的学生中进行了宣泄。激于义愤的练功学生就给闻一多去函揭露此事，并要求其辞职。学校得知此事后，对为首滋事的学生冯名元、汪守宗进行了处理。

1930年6月16日，校务会议讨论了文学院学生"通函揭帖"排斥文学院院长案。议决：此事涉及学校纪律，按照学则第十七条的规定，将鼓动滋事的学生冯名元、汪守宗开除学籍，并令其即日离校。同时，王世杰校长居中进行调解、竭力挽留闻一多。然而，闻一多去意已定，辞职回到浠水老家，此后再也没有回过武大。

时间虽然过去了将近一个世纪，但武大人没有忘记这位老院长。为了纪念这位为学校发展做出过重大贡献的功臣，于1985年在学校老图书馆东侧的文学院（现为数学与统计学院）旁，树立了闻一多一尊半身铜像，并请国家主席李先念为其题名，意味着闻一多永远活在珞珈山人心中！

（原载涂上飙编著《武汉大学故事》一书，长江出版社，2017年）

周恩来在武汉大学的抗战系列活动

武汉大学　涂上飙

编者按：2018年是周恩来同志诞辰120周年，而他离开我们已经43年了。几十年岁月流逝，一提起他，无数中国人的心中依然会涌起难以抑制的崇敬和深情。1937年至1938年，周恩来和邓颖超夫妇在武汉工作期间，曾在珞珈山"十八栋"居住，在此领导全国抗战宣传工作，为珞珈山上这所钟灵毓秀的学府平添新的传奇。于是撰写专文，回顾那一段风云际会的历史，表达对伟人周恩来的缅怀和纪念。

1937年9月，国共第二次合作形成。12月中旬，中共中央决定成立中共中央长江中央局。12月18日，王明、周恩来、博古、邓颖超等人从延安来到武汉，与先期到达的董必武、叶剑英等人汇合，开展统战及抗战宣传工作。从此，周恩来在武汉居住的10个多月的时间里，与武汉大学结下了不解之缘。

一、在武汉大学进行三次演讲

以演讲的方式充分发动民众，是共产党人宣传抗战的手段之一。在珞珈山上，周恩来通过多次演讲，动员青年同志投身到抗日的革命洪流之中，或宣传党的抗日政策以及毛泽东的抗战思想。

应武大师生的邀请，1937年12月31日，周恩来在学校樱园学生饭厅二楼（樱顶大学生俱乐部）以《现阶段青年运动的性质和任务》为题进行了演讲。在演讲中，他讲了中国青年运动的性质和任务，要求青年人不仅要在救亡的事业中复兴民族，而且要担负起将来建国的重任。号召青年人到军队里去、到战地服务区去、到被敌人占领了的地方去，从事救亡运动。

现階段青年運動的性質與任務　周恩來

二十六年十二月三十一日，周先生在武漢大學講演。錄後沒給周先生看過，如有和原意不符的地方，當由譯者負責。

能在全國抗戰中心的武漢與諸位最少的同學們見面，確是十年以來難得的機會。在那國一致抗戰的今天，我想，什麼軍情都是和民族存亡這問題不可分離的，青年問題自然不能例外。因此，我們應該把當前的抗戰寶情地，精密地加以分析和估計。

一：今日的抗戰形勢

五個月來的抗戰，使我們得到中華民族有史以來未曾有過的寶貴的經驗與教訓，我們不論在前方或後方，都應該從這寶貴的經驗與教訓裏面去學習，更應該從由把握住抗戰的全部形勢。

失來看看，五個月來的抗戰我們是沒有一點失敗嗎？我們的回答是「不」：第一：不致近二十年，就是近百年來，也沒有過像這樣的勤勞與全中國的兵力，進行全國各省各個階層一致對外的抗戰。這個抗戰是非常壯烈的，這個抗戰使我們中華民族在世界上豎立起來了！不錯，今

——19——

1938 年 1 月，《战时青年》杂志创刊号刊登周恩来
在武汉大学发表的演讲——《现阶段青年运动的性质与任务》

在武汉会战处于关键的时期，为鼓舞斗志，1938 年夏，周恩来在学校工学院（现行政大楼）前的大操场上进行了演讲。由于要讲的内容太多，连续讲了两个晚上。周恩来从晚七点开始，一直讲到夜里十一点。据他的随从廖其康回忆：当时天气很热，周恩来上穿白衬衫，头戴灰色鹅蛋形凉帽。讲台设在工学院门前的石砌平台上，桌上铺着白布。听众有即将毕业的学生、学校教师、国民党军官训练团的成员以及中学教师等，这些人都站在操场上。周恩来讲了抗日形势和统战政策两个方面的问题，尤其谈到毛泽东关于抗日游击战争的战略

问题。演讲中，学生们不时提问，如希望讲一讲延安的情况。周恩来高兴地说：延安是党中央、毛主席的所在地，是共产党领导抗日的模范根据地。那里没有贪官污吏，没有剥削，没有压迫。他希望广大青年直接奔赴抗日前线，为抗日服务。在讲演中敌机来了，周恩来毫无惊慌之色。在躲避敌机轰炸的过程中，还坦然地为学生签名。一个学生带了本《俄语一月通》，周恩来就在书的扉页上签下"周恩来"三字。如今这本小册子，一直珍藏在学校档案馆，成为留给全校师生的珍贵纪念品。

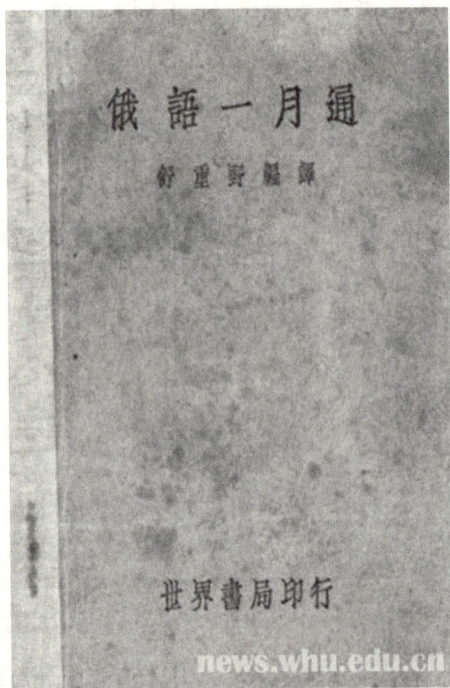

1938年秋，周恩来又在樱园学生饭厅二楼进行第三次演讲。随着日军的逼近，许多人员都撤离了。因此，规模比前一次略小，讲解的内容大体相同。但通过他的演讲，要求去抗日的学生越来越多。早在1937年，朱九思、刘西尧、李锐等一批学生在董必武等人的指引下就已经前往延安、湖北黄冈等地进行抗日活动。受周恩来演讲的鼓舞影响，又有郭佩珊、谢文耀等一批学生纷纷前往抗日前线，后来都成了抗日的骨干分子。

二、在珞珈山的系列抗战活动

在珞珈山，周恩来除了以演讲的方式充分发动民众、动员青年外，还利用国共合作的有利时机，进行了卓有成效的统战工作，为抗战做出了历史性的贡献。

1938年，武汉成为全国的抗战中心，蒋介石、汪精卫、冯玉祥、孔祥熙、何应钦、陈诚、白崇禧、张群等国民党要人都暂留武汉。1938年2月，国民政府军事委员会政治部成立，陈诚任部长，周恩来、黄琪翔任副部长。政治部下设三个厅，在周恩来的强烈要求下，郭沫若任第三厅厅长，负责抗战宣传动员工作。有很多进步人士参与其中，如范寿康（武大文学院哲学系教授）、田汉、洪深、冯乃超等。

为方便工作，1938年5月，国民政府军事委员会政治部向武汉大学要了三套房子，分给周恩来、黄琪翔、郭沫若居住。周恩来和邓颖超夫妇住在珞珈山一区教工宿舍27号，郭沫若住在周恩来下面一排17号，黄琪翔住在301宿舍。为了工作方便，蒋介石、李宗仁、张群、陈诚等国民政府高官等都一同住在珞珈山上。

周恩来利用在珞珈山居住的有利时机，做了大量的革命宣传和统战工作。1938年6月，周恩来、邓颖超就在珞珈山寓所，接见了美国记者斯诺。周恩来一再感谢斯诺《西行漫记》在中外的影响，评价它使广大读者了解了中国共产党和红军的真实情况，希望他继续真实地向全世界介绍中国人民抗日战争的情况。会谈后他们还共进午餐并合影留念。

在珞珈山，他以主抓的第三厅为依托，策划并开展了大量的宣传、征募和慰劳工作。如1938年为纪念"七七"抗战一周年，周恩来领导第三厅发起了"七七献金"活动。献金那天，周恩来带领献金队早早地来到献金地点。在他的鼓舞感召下，献金台前握着布袋、钱包、储蓄罐的人们络绎不绝。大家所献的有纸币、银圆、铜板、银元宝等，还有耳环、手镯、珠宝等金银首饰。周恩来把他本月在政治部当副部长的薪金全部捐出。毛泽东得知消息后，打来电报捐出他的国民参政员月薪。"七七献金"活动持续了五天，献金人数五十多万，献金总额超过百万元。

周恩来、黄琪翔、郭沫若同住在珞珈山，常常一起讨论工作。在工作中，三位革命人士及其夫人也结下了深厚的友谊，黄琪翔的夫人曾回忆说：

"琪翔和恩来、沫若两同志不仅是同事，而且是芳邻，更便于彼此往来。颖超和恩来同志经常对抗战的形势和前途进行分析和讨论；琪翔亦力图与恩来同志密切合作，扩大团结抗战的影响。还经常和大革命时期的老友叶剑英、叶挺、郭沫若来往，对时局交换意见。这个时期，我和邓颖超、宋庆龄、李德全、史良几位大姐一起搞妇女的抗日救亡工作和儿童保育工作。组织了战时妇女救国委员会和儿童保育会，并把家属组织起来，搞一些支援前线和慰劳伤兵的活动；另外还开设了一个医务所，为军人和老百姓治病，每月的开支需要几千元，全靠社会募捐来维持。在这些活动中我得到了邓颖超等几位大姐的引导和帮助。"

除此之外，周恩来还多次为在珞珈山的"国民政府军官训练团"授课。会见过不少国民党要员。1938 年 7 月，李宗仁来到武汉，周恩来设宴款待他，畅谈团结抗战问题。

1938 年夏，周恩来、邓颖超夫妇在珞珈山居所前与来访的美国著名记者埃德加·斯诺合影

1938 年 10 月 24 日，武汉临近失陷。25 日凌晨 1 点，日军已经迫近市郊。他安排《新华日报》社最后一批人员撤退后，才最后撤离武汉，告别了珞珈山。

（原载武汉大学新闻网，发布时间：2018 - 03 - 02 16：30）

民国时期中英文化交流中的武大师生印记
——以叶君健和朱利安·贝尔为例

武汉大学档案馆　罗伟昌

一、英国首相特雷莎·梅到访揭开了一段武大与英国文化交流尘封的历史

2018 年 1 月 31 日，雪后初霁，首次对中国进行国事访问的英国首相特雷莎·梅，首站即来到武汉大学樱顶老图书馆，出席中英"灵动青春盛典"之湖北英国教育文化交流展，并与包括武大辩论队在内的青少年学子积极互动。

这位素有"铁娘子"之称的首相，将访华首站的主题设为教育和文化交流。

"我很高兴能够来到武汉大学，这是我此次对华进行国事访问的第一站。"特雷莎·梅说，"今天，在我见到的年轻人身上，我看到了他们的自信、远见以及对于引领自己国家不断前进的渴望。我敢断言，我今天在中国遇到的青年人就是未来的希望。我翘首以盼！"特雷莎·梅表示，中英两国之间建立起的外交关系已经步入了一个"黄金时代"，希望两国人民相互学习，不断发展两国友好关系，不仅在现在，也在未来。这也是中英关系进入"黄金时代"的基石。

近年来，中英人文交流持续热络，教育是最大亮点之一。中英在教育领域就已经创造了三个"欧洲第一"：英国吸引的中国留学生数量位居欧洲第一；开办孔子学院和孔子课堂数量欧洲第一；开展校际合作的名牌大学数量居欧洲第一。2012 年，中英建立高级别人文交流机制，这是中国同欧盟国家建立的第一个人文交流机制。目前，在教育、科技、文化、卫生、体育、青年、旅游、新闻媒体、地方合作等领域签署了 50 项合作协议，达成了 72 项合作成果。2016 年 1 月，英国驻武汉总领事馆正式开馆。

在武汉大学展台，学校党委书记韩进通过两份历史文书向特雷莎·梅介绍了武大历史及英国的交流情况。一是湖广总督张之洞向清光绪皇帝上奏的《设立自强学堂片》，二是英国牛津大学于 1945 年、1948 年发给武汉大学的函件。"自强学堂是武汉大学的前身"，而牛津大学的函件确认，包括国立武汉大学在内的中国七所高校文、理学士毕业成绩平均在 80 分以上者，享有牛津大学之"高级生资格"；以及武汉大学杰出校友"叶君健与第二次世界大战"专题展在英国剑桥大学举行情况等。

二、"叶君健与第二次世界大战"专题展的缘由

叶君健(1914—1999)，湖北红安人，1936 年毕业于武汉大学，中国著名翻译家、文学家与社会活动家，作为《安徒生童话》的翻译者在中国家喻户晓。

1. 叶君健在武大的求学经历

1982 年初冬，叶君健在日理万机中利用外出调研机会，第一次回到阔别 46 年之久，曾学习和战斗过的母校——武汉大学。在刘道玉校长的陪同下，他找到当年用外国语创作第一篇小说《岁暮》的樱顶老斋舍、理学院与谢文耀、林守正等进步同学相互倾吐心声的东湖栈桥和珞珈小径。近半个世纪前的珞珈山上武汉大学的学习和战斗生活，在叶君健的脑海里仍是那么清晰、那么激动。

1933 年 9 月，叶君健由美国教会创办的华中大学(现华中师范大学)转入国立武汉大学文学院外国文学系二年级就读。7 月 15 日，叶君健凭华中大学的转学证书填报了《国立武汉大学转学报名表》(第 43 号，见武大档案馆馆藏)，经过三场考试和体检，由相识的武大经济系二年级学生贺炽凡、彭俊毅两同学

担保,加上一名经济担保人签字,转学手续就完成了。叶君健为何要由教会大学转入国立武大？找遍叶君健的所有回忆文章,均未提及此事,其长子叶念先撰写《叶君健年谱》甚至没有记载转学之事。

1933年9月,叶君健插入外文系二年级时,恰逢著名教育家、化学家王星拱担任校长,著名文学家陈源担任文学院院长,著名教育家方重担任外文系主任。叶君健在武汉大学的三年岁月里,外文系共开设了24门必修课,18门选修课。其中,二年级时(1933学年度)有必修课7门、选修课6门,三年级时(1934学年度)有必修课9门、选修课4门,四年级时(1935学年度)有必修课8门、选修课8门。在42门必修、选修课程中,英文及作文、英国文学史、英诗、散文等4门必修课由系主任方重教授讲授,欧洲小说、翻译等2门必修课由文学院长陈源教授讲授;戏剧入门、欧洲戏剧沿革、高级法文等3门必修课由著名文学家、珞珈三女杰之一的袁昌英教授讲授;中国文学史(必修)、中国小说史(选修)由著名文学家、珞珈三女杰之一的苏雪林教授讲授。

此外,周鲠生、刘永济、陈登恪、罗伦、陈祖源、胡光廷、范寿康、程乃颐、欧尔文等教授为他们讲授国际公法、国际政治、西洋哲学史、中国外交史、欧洲通史、心理学、文学批评、英国小说、德文、诗名著选等必修或选修课程。叶君健后来能用10种语言写作,毕生创作和翻译量达1100多万字,是中国第一个用世界语写作的作家,也是第一个从丹麦文直接翻译并系统、全面地介绍安徒生童话的中国人,曾获“丹麦国旗骑士勋章”,为全世界安徒生童话的译者中第一个获此殊荣的翻译家,与他在大学时代打下的广泛学识结构基础不无关系。

1983年,叶君健回忆说:“在中学读书的时候,我就开始写些短文章,在校刊或小报上发表。但真正写文学作品,在我说来,也就是写小说,却是在武汉大学外文系二年级时开始的,也就是说在我十九岁的时候”。叶君健的“处女作”《岁暮》是用世界语写作的,此后一发不可收拾。从1933年开始,只要有空余时间,就不声不响地用世界语写小说,到1936年毕业的时候,他已经写了相当数量的作品。毕业前夕,他从中挑选了十七八篇,结成一个集子,名为《被遗忘的人们》。叶君健走上创作道路不是偶然的。1996年,82岁的叶君健在回忆创作道路时说:“为什么要搞创作呢？我读的外国语文学系是个因素,对文学比较有兴趣。但主要是心中积压了许多时当时社会底层民众和苦闷的知识分子以及我们国家命运的感触。我有一种冲动,想把我心中积郁的情绪写出来。我决心通过小说的形式来表达,我的‘文学创作’就是这样开始的。”

2.“叶君健与第二次世界大战”专题展

为了庆祝中英文化交流年以及纪念世界反法西斯战争胜利70周年,英国剑桥大学国王学院、剑桥大学"康河计划"，协同武汉大学档案馆、叶君健家族以及英国保护濒临消失的世界基金会联合举办了"叶君健与第二次世界大战：一位布卢姆斯伯里学派的中国君子"专题展。展览于 2015 年 7 月 21 日至 8 月 30 日在剑桥大学的标志性建筑——国王学院大教堂展厅举办。该展览通过逾百张图片以及丰富的历史档案资料，阐述了武汉大学杰出校友叶君健在二战前后为中英两国文化交流、世界反法西斯战争宣传所做出的历史贡献。2015 年 7 月 21 日上午，英国剑桥大学在国王学院院长官邸隆重举行了"叶君健与第二次世界大战"专题展开幕该式。剑桥大学国王学院院长罗博·沃拉克主持了开幕式。中国驻英国大使刘晓明、剑桥大学校长博里塞维奇爵士、剑桥市市长罗伯特·督艾登、剑桥大学"康河计划"主席查尔斯·柴科维科利爵士、武汉大学党委副书记骆郁廷教授、叶君健之子叶念伦及夫人，以及本次展览的策展人、剑桥大学国王学院终身院士艾伦·麦克法兰教授等人参加了开幕仪式。

　　剑桥大学为何举办叶君健展览？叶君健为何能被邀请参加英国战时宣传？叶君健又是如何开展的？开展情况如何？有关史料记载和叶君健回忆录中均提到了具体过程。

　　1936 年，叶君健自武汉大学外国语文学专业毕业后赴日本，教授英语、世界语。1937 年抗战开始后，在武汉参加周恩来总理和郭沫若领导的政治部第三厅，任翻译和联络员，广泛接触了来华支持和援助中国抗战的国际友人，从事抗战国际宣传活动。武汉沦陷后，辗转到香港，在宋庆龄领导下的中国保卫同盟工作，并任英文版刊物《中国作家》主编，还将当时中国抗战文学的优秀作品译成外文在国外发表，包括毛泽东主席《论持久战》。1941 年，太平洋战争爆发后，到大后方的重庆大学、复旦大学、中央大学任外语系教授，一边在大学教书，一边将中国作家的抗战作品译成英文，在英、美等国的报刊发表，向世界介绍中国人民的抗日斗争。

　　1943 年是世界反法西斯战争形势发生重大转变的一年，美国、英国、法国及苏联、中国等国组成的反法西斯联盟开始由防御转为进攻，美、英、法正准备在欧洲开辟第二战场。这时候，英国政府由文化委员会出面，派遣牛津大学教授道兹等来中国讲学。一方面他们作为战时的中英文化交流使者，另一方面还负有一个特殊使命，即物色并聘请一位年轻的中国知识分子到英国宣讲中国的抗战经验，以激励民众。

　　在重庆的中央大学，道兹认识了当时正在中央大学教书的青年作家叶君健，并对这位 29 岁的英文教师产生了浓厚兴趣。叶君健的热情、爽朗和勤勉给他留下了深刻印象。随后他了解到叶君健的学习工作经历，以及与英国著名青年诗人、后来在西班牙反法西斯战场英勇牺牲的朱理安·贝尔的师生关系，特别是因与贝尔通信遭日本反动政府逮捕并被驱逐回国的事情后，道兹惊喜地感到，叶君健正是他所要找的那个年轻人。在离开中国之前，道兹给叶君健留下一封信，具体说明了英国政府的意愿。

叶君健后来回忆："在他（道兹）离开中国的时候，他留给我一封亲笔信，说英国战时宣传部需要聘请我这样一个中国年轻知识分子，到英国做战时宣传工作。具体地说，也就是到英国各地向英国各阶层的人民做报告，告诉他们贫困的中国人民以及他们的子弟兵——基本上是农民——如何顶住日本侵略者，以及如何在万分艰苦的情况下，与装备优良的日本法西斯军队进行长期有效的斗争。当时西方盟国正在准备开辟第二战场，最后击溃德国，而英国是盟军在欧洲登陆的基地，国内必须全面动员群众，做最充分的准备，以期一举消灭希特勒军队。我去英国各地演讲中国人民的抗战英勇事迹，激励英国人民的士气，也是群众动员工作的一个方面。道兹的信等于是一个正式文件，因为信上说明了他是代表英国战时宣传部对我发出邀请，同时还表示，战争结束后，作为叶君健战时工作的酬劳，可以获得一笔研究经费进英国大学进修，这属于文化交流的范围，也是道兹此次来中国的目的之一。"

正所谓好事多磨，叶君健申办护照没有被批准，1944年初，国民政府设立"建国人才"战后储备计划，叶君健通过教育部公开报招考，并以文科第一名的成绩被录取，随后通过了体检，又通过了由国民党"中央训练团"举办的严格而漫长的"出国人员训练"，领到了"训练"结业证——在当时就相当于出国的通行证。至此，叶君健赴英国演讲的事情终于有了着落。英国驻重庆使馆立即给叶君健办了签证，并为他安排了去英国的行程。而此时已是1944年的初夏，距道兹正式向他发出邀请已经过了整整一年。

在英国的每次演讲，叶君健都会根据不同场合和对象进行内容调整，中心思想则是要使英国民众增强这样一种信心：像中国那样贫穷落后的国家都能顶住德、意法西斯的强大伙伴——日本军国主义的现代化军队，那么英、美两个先进国家的联盟，加上苏联红军的配合，就一定能彻底摧毁德、意法西斯在欧洲大陆的顽固堡垒，取得战争的最后胜利——铲除法西斯！叶君健充分结合抗战以来自身的经历和见闻，特别是在第三厅和在香港宋庆龄身边工作时的经历和见闻，揉进了他在香港期间翻译的毛泽东的《论持久战》等著作中的观点，以此作为指导，在演讲中做了生动的阐发，得到了各界听众的普遍认同和好评。

按照英国战时宣传部的安排，叶君健在巡回演讲中每天讲两场，有时还要增加一场，行程很紧张，听众很广泛。演讲场所无所不有，从学校、工厂、农场、兵营，到工商妇女社团、少年劳教所、教堂等，有时还去美国驻军的兵营。往往演讲完毕天色已晚，叶君健有时就在好客的英国人家中，或者在英国或美国的兵营里随便过上一夜，第二天再赶到另一个地方。在那些日子里，叶君健不停地在英国各地巡游，足迹遍布英伦三岛，许多城市和乡镇还去过不止一次。英国多雨，叶君健每次出行都随身带着一把黑色的雨伞，手上拎着他那只已经很旧的小手提箱。他曾自嘲自己的那副模样很像一个巡回表演的魔术师，还曾以"来自东方的魔术师"自命——不过，他所依凭的不是灵巧的手法与幻术，而是坚强的信念和事实。

在世界反法西斯战争的最后一年，中国作家叶君健作为中国人民的文化使者，在英国参与了对民众的战争动员，向英国人宣讲了中国的抗战经验。叶君健在英国宣讲中国抗战整整进行了一年。每天的日程从早到晚总是排得满满的。一年当中，不管有多少困难挫折，也不管风雨冰雪、饥渴劳顿，他都顽强地坚持了下来，从没有因为个人的原因耽误过一次演讲。他的这次英伦之旅，不仅鼓舞了英国及西方民众的抗战信心，更为东西方搭建起了文化交流的桥梁，成就了不可磨灭的功绩。

三、影响与赞赏叶君健的武大英籍教师朱利安·贝尔

1984 年 11 月 9 日，武汉大学迎来了两位尊贵的客人——英国昆定·贝尔教授夫妇。1935 年，武大英籍教师朱利安·贝尔之兄长，向学校捐赠了从朱利安·贝尔先生遗物中清理出来的、与武汉大学有关的、一本保存了 47 年的朱利安·贝尔的精美影集（照片 100 余张）和一册在武汉大学关于《作为纯粹艺术的诗》的讲稿手迹。珍贵的历史照片资料弥补了学校发展档案史料，并揭开了一段武大与英国高校的交流历史。

1. 管理中英庚款董事会对武大建设及与英国高校师资交流的支持

1922 年，英国政府决定将本国本年度以后所应得的"庚子赔款"全部退还给中国。1930 年，两国政府正式就中英庚款问题签订协议，决定将英国退还的庚款大部分用于经济建设事业，其利息则全数用于教育文化事业。1931 年 4 月，管理中英庚款董事会（Board of Trustees for the Administration of the Indemnity Funds Remitted by the British Government）正式成立。1933 年 12 月，武汉大学第三次向管理中英庚款董事会提出经费补助申请。

1934 年 6 月 26 日，管理中英庚款董事会致函国立武汉大学，决定补助武大工学院建筑费 12 万元，分 3 年平均拨给，并另赠讲座 1 席，每年补助 1 万元，以 3 年为限，共计 15 万元。对于武汉大学原请补助工学院建筑设备费 30 万元及讲座费 6 万元一事，"本会审查此案，极表同情；虽核定补助之数，有异所嘱，然在前述息金收入情形之下，实觉已尽绵薄；区区此表，当荷深谅"。

国立武汉大学工学院大楼的建筑与设备费原定预算为 40 万元，该项预算

经中央政府核准拨给 20 万元，加上管理中英庚款董事会资助的 12 万元，其不足的 8 万元则由当时平汉铁路管理局每月津贴武汉大学的 8000 元连续拨用 10 个月予以弥补。在经费落实之后，作为国立武汉大学珞珈山新校舍二期工程重要组成部分的工学院大楼，最终于 1934 年 9 月破土动工，于 1936 年 1 月落成。大楼内除了嵌有一块"中华民国二十三年国立武汉大学建"的奠基纪念碑之外，还另外镶嵌了两块分别镌刻着"纪念中英庚款董事会协助本院建筑设备"与"纪念平汉铁路管理局协助本院建筑设备"的石碑，以示对这两家社会团体的诚挚感谢与永久纪念。工学院大楼在 20 世纪 50 年代中期被改为行政大楼，并一直使用至今。

1937 年 1 月，在管理中英庚款董事会补助武大的 15 万元建筑费与讲座费尚未拨付完毕之时，武汉大学便又向该会函请补助华中水工试验所与农艺系设备费各 8 万元，共计 16 万元。遗憾的是，由于不久后抗日战争全面爆发，武汉大学被迫暂时停止了在珞珈山的新校舍建设，而这笔补助经费大部分也均告落空，但无论如何，管理中英庚款董事会在短短数年间对于武汉大学的热情帮助与不遗余力地支持，必将永远被载入武汉大学的发展史册。

1934 年 7 月，管理中英庚款董事会资助武汉大学设立了一个"英国文学讲座"，后经中英文化协会介绍，由中国驻英使馆与英国伦敦各大学中国委员会共同选定了剑桥大学三一学院毕业的伊尔文（又译欧尔文、欧文，Magnus Irvine）担任此项讲座。当年 10 月，伊尔文来校任教，但由于他"对于文学兴趣比较薄弱"，至 1935 年 6 月"试聘一年期满后即辞职返国"。随后，学校又委托中英文化协会转托中国驻英大使郭泰祺与英国伦敦各大学中国委员会介绍并代为聘定了著名青年诗人、英国剑桥大学文学硕士朱利安·贝尔来校担任英国文学讲座。

2. 英籍教师朱利安·贝尔在武大人眼中印象

在武大担任外文系主任长达 13 之久的方重教授，在 20 世纪 80 年代，回忆他在武大执教培养的万个学子中，最杰出当数叶君健、刘佛年两人。老系主任方重教授谈到叶君健时说："他在武大求学时，勤奋好学，深得学校延聘的一位英国诗人的赞赏，使他在英文写作中有了长足的进步。"

赞赏和帮助叶君健的英国诗人，名叫朱利安·贝尔，出身于英国文坛名家，父亲母亲是著名的布鲁姆斯伯里"集团"中核心人物之一——克莱夫·贝尔与瓦内萨·贝尔，姨妈是英国著名的小说家弗吉尼亚·伍尔夫。

朱利安·贝尔毕业于英国剑桥大学，是于 1933 年 9 月由中英董事会推荐来武汉大学外文系任讲师的，出面推荐邀请他的是文学院陈源院长（字通伯，笔名西滢），因为陈源先生在 1912 年至 1922 年留学英国时与布鲁姆斯伯里派有往来。

1935 年 10 月，朱利安·贝尔来到武汉大学，在外国文学系开设了"高级英文及作文""莎士比亚""近代文学及其背景"等多门重要课程。由于贝尔"为英国有名学者，对于我国学术，颇感兴趣"，"对于教学颇能负责，热心讲授，学生受益颇多"，遂于 1936 年 6 月试聘期满后获得续聘。

朱利安·贝尔为三年级讲授"高级英文及作文（一）"，每周三小时，一年授完——"本学程分读、语、作三项。读物大半取自最近的著名散文家，使学生明并学习了英文最近之趋势及风格，至于语、作两方面，在使学生能用准确流利之英文发表己见"。为四年级讲授"高级英文及作文（二）"，每周两小时，一年授完——"本学程之目的在求学生应用英文之纯熟与正确。借镜于当代名家杰作，以修炼学生之文格。作文之外并练习演说"。开"萨士比亚"课，每周三小时，一年授完——"本学程取萨氏主要剧本数种分类研究，并及其时代背景、剧场情形等，使学生对萨氏得正当的认识和欣赏"。为二年级讲授"近代文学及其背景"选修课，每周三小时，一年授完——"本学程以英国近代文学为主，旁及欧洲诸国。以 1890 年至 1914 年欧战为第一期，1914 年至现时为第二期。讲述每时期中之重要作品，并说明其潮流趋向、时代背景。学生必须选读指定之读物若干种"。1936 年，增设"文学批评"课，每周三小时，一年授完——"本学程用历史的系统，研究西洋文学批评之原理及派别沿革，自希腊罗马以下，经中世纪文艺复兴时代，以至近世。包含讲演及选读名著"。

年轻的贝尔讲课既认真严肃又新颖出奇，不到一年亲手编写印刷的教材达5、6 种之多。作为诗人，他笔耕不辍。有一次，系主任方重教授到他的课堂上听课，却见他正在让学生进行写作，而他自己则在教室后排空位上沉思作诗。他还负责武大的英语演讲比赛、书画比赛，以诗人的激情积极参与师生组织的各类课外活动，深得全校师生的敬重。贝尔当年住在半山庐单身教职员宿舍，喜好文学创作的学生常在他的宿舍海阔天空地胡吹到天亮，他也常去学生宿舍，有时干脆与学生同榻而眠。1935 年，放牛娃出身的叶君健就读武大外文系3 年级，贝尔很赏识叶君健的语言天赋和创作才能，主动帮助其提高英文。叶君健在校时自学世界语，贝尔还将叶创作的世界语小说集推荐并寄给英国《新作品》杂志，称赞叶是个"真正非常出色的年轻人"。正是贝尔的赏识和激励，给了青年叶君健奋发学习、创作的动力，使其后来成长为著名作家和翻译家。

1936 年夏天，贝尔即将离任归国，叶君健毕业一时找不到工作。两人结伴而行，带着一杆猎枪，沿着红军第四方面军北上抗日的长征路线，由鸡公山步行到四川、甘肃等地，沿途拍摄了不少的中国西部农村贫穷和壮丽山川的照片。这些照片都收集在其兄捐赠的影集里。1937 年 4 月，贝尔回国，不久赴西班牙参加反法西斯内战。1937 年 7 月 18 日，当他在西班牙布鲁内特前线驾驶他的救护车时，被来自一架叛乱飞机的炸弹炸死并不幸遇难。他的初衷，想必是为了自己的"反战良心"。

贝尔与叶君健结下的深厚师生友谊，没有因时间的流逝而夭折。7 年后的 1944 年，叶君健被选派到英国做"战时宣传鼓动员"。此时，恩师贝尔虽然已不在世，但仍然得到了贝尔家族和朋友的大力支持和热情帮助。在英国，叶君健以贝尔恩师为榜样，几乎每天奔走于城镇、农村、兵营，用娴熟的英语向英国各阶层人士讲述中国人在万分艰苦的情况下英勇抗击日本侵略者的可歌可泣的业绩。他的演讲，不仅鼓舞了英国人民抗击法西斯的勇气，并且得到了他们对中国抗战的同情和支持。

从"梅姨"到访武大，到剑桥大学叶君健专题展，让我们看到，在 20 世纪前半叶，武汉大学与英国及英国高校的关系和友谊可谓源远流长，历久弥新，在中英两国之间的文化教育交流史上留下了独特而又光彩夺目的一笔。我们相信武汉大学在提高办学的国际化水平以及推动中英友好交流与合作中发挥出更为积极和重要的作用。

武汉大学的首位院士——周鲠生校长

武汉大学　涂上飙

走过了 125 年的武汉大学，如今成为一所中外闻名的高校学府。在其发展的过程中，有许多的人为它做出了贡献，如国立武汉大学最后一任校长周鲠生对学校的贡献是应该永远为后人所牢记的。

周鲠生（1889—1971），原名周览，字荫松，湖南长沙人。早年赴日本早稻田大学留学，并参加了同盟会。1913 年转赴欧洲留学，先后获英国爱丁堡大学政治学硕士学位和法国巴黎大学法学博士学位。1921 年回国后，在上海商务印书馆经济部工作，并任主任。受蔡元培的邀请，不久担任北京大学教授。由于北方时局动荡不定，又到东南大学任教授兼政治系主任。1928 年 7 月，国民政府大学院决定建立国立武汉大学。周鲠生来到武汉大学，参与国立武汉大学筹建工作。1929 年 9 月至

年轻时的周鲠生

1939 年 6 月，先后担任过国立武汉大学法学院教授兼政治系主任，法律系主任，法科研究所所长，教务长。后赴美国从事讲学和研究。1945 年 7 月回国，

任国立武汉大学校长。中华人民共和国成立后，曾任中南军政委员会委员兼文教部副主任、外交部顾问等职。是第一至第三届全国人大代表，第三届全国人大法案委员会副主任委员。

一、合力筹建武汉大学

作为武大的一名有功之臣，他参与了学校的创办与基本建设。1928 年 7 月，南京国民政府决定改组国立武昌中山大学，组建国立武汉大学，暂时以武昌东厂口原武昌中山大学一院为校址。其校舍纵横面积约四十余亩，建立一所国立大学显然不够条件。因此，寻找新校址势在必行。

7 月，国民政府大学院决定聘请周鲠生以及刘树杞、王星拱、李四光、麦焕章、黄建中、涂允檀、曾昭安、任凯南 9 人为武汉大学筹备委员，并成立了新校舍建筑设备委员会。周鲠生与李四光、张难先、叶雅各、石瑛、刘树杞、王星拱、黄建中、曾昭安、王世杰等人成为新校舍建筑设备委员会委员。

经过考察，校舍建设最后决定东以东湖滨为界、西以茶叶港为界、北以郭郑湖为界、南自东湖滨起至茶叶港桥头止。东西约三里，南北约二里半，共计 3000 多亩的山地上建立了国立武汉大学。

从 1930 年起到学校迁到珞珈山时（1932 年）为止，陆续完成建设 47 项，包括：理学院共三栋；文学院一大栋；饭厅及礼堂一大栋；男生寄宿舍四大栋；工厂一大栋；电厂一栋；教职员第一住宅区住宅三十栋；运动场；自来水塔一座；自来水厂沉淀池及滤水机一座；实验小学校一大栋；建筑设备委员会会所（一名听松庐）一大栋；校址内及其附近马路，约四十华里；消费合作社、邮政局、洗衣所、诊疗所及商店等零星房屋，若干栋；女生宿舍一大栋；教职员第二住宅区住宅三十栋。

此时，学校的主体建设基本完成。它的完成为学校的发展奠定了坚实的物质基础，这里面就包含有他的智力贡献和辛勤的汗水。目前学校都还以这些经典建筑为骄傲。

二、参与学校诸多管理

作为一名专家学者，他参与了学校的诸多管理活动。学校在召开校务会议讨论重大事项时，按要求中央和地方政府还要派员参加。他还没到学校来时就作为上级的要员来校参加管理活动，如 1928 年 12 月 4 日学校的第 11 次校务会议，地方政府是派武汉政治分会秘书长翁敬棠参加，而中央是由教育部派当时在中央大学任教授的周鲠生参加。

他到武汉大学后，曾作为学校的教授代表参加校务会议。按照规定，校务

会议应该有教师代表。从实际情况来看，一般都是选取 3 位。1929 年 9 月 27
日，学校举行第 5 次临时会议，以票数多少决定参会人员。经过投票，周鲠生 8
票、张珽 4 票、燕树棠 3 票，陈源、刘华瑞各 2 票，郭霖、汤璪真、叶雅各、周
贞亮、王葆心、时昭瀛、吴南薰、曾昭安、陈鼎铭、高翰各 1 票。前 3 名当选。

校务会议主要负责审议决定下列事项：大学的预算、大学学院的设立及废
止、大学的课程设置、大学内部各种规则的审定、关于学生实验事项、关于学
生训育事项、关于全校纪律事项、校长交议事项等。可以说，一般关于学校层
面比较重要的事，都会在校务会议上予以讨论决定。

他还成为学校许多委员会的委员。1929 年 10 月 4 日，学校举行第 48 次校
务会议。决议设立六个委员会，他被推选为财务委员会委员、出版委员会
委员。

作为人才培养单位的负责人，他于 1930—1934 年任法学院政治学系主任，
于 1934—1938 年任法学院法律学系主任，于 1936—1938 年任教务长。

1945 年 6 月，他担任校长以后领导恢复了农学院。1946 年 10 月，他主持
设立了医学院。至 1948 年，学校设有文、法、理、工、农、医 6 个学院 20 个学
系，成为民国武汉大学规模最大、学科最为齐全的时期。

三、潜心培育专业人才

为保证人才培养质量，他参与了法学院人才培养方案的制定及学习课程的
设置。法学院经过一系列的调整，于 1932 年最终设立法律学、政治学及经济学
三系。

对法学院所设置的课程，他认为除了教授基本理论外，应该兼顾实际应
用。各学系的课程安排，特别要注重学生将来服务社会所必要的实用科目。在
教授方法上，他认为对于高年级学生，务求减少教课时间，鼓励其多读参考书，
作自主的研习。

当时法律学系的课程有：三民主义、宪法、行政法、刑法总则、刑法分则、
民法总则、民法债编（总论）、民法债编（各论）、民法物权、民法亲属编、民法
继承编、民法概要、商事法（一）、商事法（二）、劳工法、法院组织法、刑事诉
讼法、民事诉讼法、破产法、国际公法、国际私法、外国法、罗马法、法律哲学、
监狱学。

政治学系的课程有：社会学、政治学、近代中国政治史、近代中国外交史、
近代欧洲政治史、近代欧洲外交史、政治学英文名著选读、比较政治制度、中
国政府、地方政府、市政学、行政学、国际政治、国际法成安研究。

经济学系的课程有：经济学、经济思想史、现代经济思想、社会主义社会

运动、货币与银行、财政学、中国经济史、近代西洋经济史、近代中国财政经济、经济地理、经济财政、国际贸易及国外汇兑、关税实务、会计学(一)、会计学(二)、统计学(一)、统计学(二)、工商组织、经济学英文选读、毕业论文。

从上述课程设置来看,都有他的教育理念在里面。

他对教学认真负责的态度以及高超的演讲水平给学生留下了深刻的影响。一个学生回忆:他说不出笑话,这是他坦白的自白。他很负责任,从不无故缺课、迟到、早退。他讲课,总是那样卖力,声嘶力竭,还勉强支持,不肯借故偷懒,撒烂污。不但如此,他讲课,极有条理,决不前后紊乱,一句长到几十字的洋式语句,他可以重复到两三遍,一字不改。因此,他的讲课,极易笔记;但是他讲得太快,却令人叫苦,他的拿手好戏国际法已教过十多年了,宪法也授过好几年了,已经烂熟,但是据说在上课前,他必定预备数小时;有一次,他误将国际法为宪法,错预备了,活活几句,便歉然退去课堂,不苟且的精神有如此者。

为砥砺学术、修养人格、联络感情,政治学系的学生于1931年成立了政治学会,他被聘请为顾问。他经常给学生以学术的演讲,疑难的解释,修养的指导以及精神的鼓励。当时的一位学生回忆,他讲演的声调十分洪亮,分析、综合、说明有条有理,平铺直叙,滔滔不绝,内容充实论理精透。他不像宣传家般纯然煽动,激人感情,令人兴奋,同时也令人感觉空虚、茫然。

他在培养本科生的同时,还进行了研究生的指导。20世纪的30年代,武汉大学正式开始招收和培养研究生。法学院因有他及燕树棠、王世杰、皮宗石四为法学大家而开始招收研究生。根据研究所组织章程,1935年1月,学校成立了法科研究所和工科研究所,周鲠生为法科研究所主任。学校研究生教育的正式开始,是武大高等教育发展的新纪元,它标志着武大正式步入研究型大学建设的轨道。

四、学术卓著成为武大首位院士

他的著述十分丰富,如《不平等条约十讲》《国际法大纲》《近代欧洲外交史》《近代欧洲政治史》《国际法新趋势》《现代国际法问题》《国际政治概论》《革命外交》《法律》《万国联盟》《领事裁判权》《解放运动中之对外问题》《最近国际政治小史》《近代各国外交政策》等十多部,其中8部是在上海商务印书馆出版。《法律》《近代欧洲外交史》《领事裁判权》等著作被多次再版。他刊登在本校《社会科学季刊》《东方杂志》《外交评论》《武汉日报》《时事月报》《太平洋杂志》上的论文近200篇,非常丰富。

从质量上看,他的著述不但结构严密,而且引证宏博,一字一语,具有来历。当时的学生说："读他的著述，如同啖蔗，必须细嚼，才能获得精华，津津有味。"

当时的一个学生回忆道："周先生给我印象最深的，是他的治学。他治学极其谨严，抱着彻底求真的精神，实事求是的态度，以科学方法，孜孜不倦地埋头苦干。这一点，值得我们后生青年效法，也是他最值得我们崇拜的地方。"

由于他学术成果丰硕，中央研究院进行院士评选时，他被推选为候选人。武汉大学当时在校任教的教授中，有周鲠生、杨端六、燕树棠、李剑农等被推荐参加院士的评选，最后周鲠生教授当选。

中国的院士制度起源于民国。1928 年，作为中华民国的最高学术研究机关——中央研究院成立，蔡元培担任院长。为激励研究院、大学及其他学术机构中人员的潜心研究，于 1948 年 4 月进行了首批院士的评选。经民主推选，共有 81 人当选。其中数理组院士 28 人，生物组院士 25 人，人文组院士 28 人。

周鲠生之所以被评为院士，主要是因为他的学术地位。在民国他被认为是国际法界的权威，是著名的国际法研究专家。20 世纪 40 年代，国民政府进行了两批"部聘教授"的评选，总共评出 45 名，每个学科的第一名当选。而周鲠生作为法学学科的代表当选。有人说"部聘教授"是院士中的院士，可见其学术水平之高。

在第一次院士评选中，曾在武大工作和任教并被当选为首批院士的还有王世杰、李四光、竺可桢、郭沫若、杨树达、庄长恭、汤佩松、李宗恩、李先闻等。

五、作为校长办学理念前瞻

1945 年，周鲠生担任学校校长，在执掌武大期间，就大学的职能、大学的发展以及大学的科研等方面都提出了自己的见解。

对于大学教育的目的和使命是什么，他认为大学应该有三个重要的使命，即造就人才、提高学术和改造社会。

所谓造就人才，就是大学生经过学校教育的培养，成为掌握一定技能、并对社会有用的人才，如部分学生可以从事管理、甚至做领袖当官等。同时，他又认为，一个真正有用的人才，不但应有完备的学问知识，而且在道德品性上应有充分的修养。要保持中国固有的道德，比如守秩序、恳切、正直等。所谓提高学术，是指大学教育应该注重培养学生的学术素养。他说，很多学生毕业之后可能专门从事学术研究，大学教育应对他们从事研究工作有所贡献。目前，这类人的需求量虽然不多，但又不能缺少，特别是对一些专门问题的研究，对社会国家的发展意义重大。所谓改造社会，就是大学要通过自己的所作所为影响社会，成为社会改造的动力。他说，法国的巴黎大学社会化程度很高，社会上的各种人都可以到教室里自由听课，巴黎大学几乎成为社会一般交际的场所。改造社会，就是要提高社会文化，要把优美的文化、高深的知识向社会传播，即知识的社会化。

他强调大学要向质与量并重的方向发展。在高校不断增长的时候，他主张在高校数量不断增长的同时，应该注重高校发展的质量。他说，高校的发展，数量的扩张和质量的提高是两个重要的方面。1945年，他在武汉大学开学典礼上演讲说，武汉大学原来的建筑只能容纳1000人左右，在将来要办到能容纳5000人，甚至于1万人。美国许多小的大学或学院都有一两千学生，普通大学学生总数更是在1万人以上。在这里，他强调了数量的扩张。但他又说，从站在讲求学术的角度，高等教育不应该平均发展，而应该选择那些设备好、教员好、环境也好的学校来发展。到处开办学校的结果，反倒无助于好学校的发展。就学校内部的发展而言，既要讲求数量，也要讲质量。

他认为大学要理论与应用并驾齐驱。在高校人才培养的模式上，是注重理论，还是注重应用？这在民国高等教育发展中是时常会引起争议的一个问题。正可谓仁者见仁，智者见智。他主张理论与应用并重，对于理论还应多加注重。他说，两年前（1943年）有人出国去研究原子理论，当时教育部认为此非抗战之急需而未获允许，等到最近（1945）原子弹打倒了日本，大家才恍然大悟，知道了原子理论的重要。

他主张大学要有特色的自由发展。抗战胜利后，大学不断增加，省立、私立大学纷纷向国立大学转变。大学的增加，大学如何发展是一个有待思考的问题。民国时期的大学，政府通过制定一系列的法令法规，建立起了一套完整的大学教育制度，包括培养目标与学校的机构设置、日常管理、课程设置、教员聘用、研究机构与学位制度等，这对于完善办学体制、提高办学质量都是有益的。但是，这种整齐划一的高等教育，使大学失去了自由发展的机会。他在大学发展的方向上，主张大学的自由发展。他说，大学教育的整齐划一，妨碍了大学教育的发展。为此，他主张在大学内部要弱化行政权力。他说，一个大学的学术工作是根本，学校的行政不过是辅助学术工作的进行。

六、积极从事抗日救亡运动

在民族危亡不断加深之时，他与学校的老师们一道为挽救民族危亡斗争。通过演讲宣传，让国人知晓这个民族的侵略本性；通过捐钱捐物，为抗战做出自己的贡献；通过成立抗战组织，为抗战呐喊助威。

1931年11月，他以《对日问题剖析》为题进行专题报告。他说，日本侵入中国，可能会出现四种结果：日本屈服、中国屈服、中日开战和调停妥协。他希望通过国际法及国际组织来阻止日本的侵略，但又认为日本决不会放弃东三省。因此，他要求青年要有抗战的决心，要做抗战的多方面准备。1932 年 10月，他作了《东省事件之国际形势》的报告。报告通过各国对日态度的分析，认为应该靠自己来长期抵抗日本，但借助国际的干涉也是不应忽略的。1934 年 6月，他作了《对日外交》的报告。报告说，如何解决中日争端，有通过国际缔结和约说、有联俄对日说、有消极不承认说、有直接交涉说、有局部交涉说等。但这每一说都是有局限的，应该研究更为适当的办法。1935 年 3 月，他作了《欧洲政局与远东和平》的报告。报告说，对于远东事件，有两种看法：一种认为远东有其特殊情形，应该特殊解决；另一种认为，远东与世界及欧洲是联为一体的，应该考虑远东以外的情形。他坚决主张远东问题一体解决。1936 年12 月，他作了《中日问题外交史之一页》的报告。报告说，美国的远东政策是失败的，就其原因：一是英国的消极态度；二是中国外交缺乏多方面的活动。因此，今后美英两国在远东的政策应采取一致行动，彼此合作，否则徒予日本以侵略的机会而丧失其本国在华的利益；中国外交应多方面的活动，尤其是侧面交涉，不能完全依靠国联或其他一国的政府；中国应随时随地实行抵抗外力的侵略。

他除了通过演讲为抗战献计献策外，还积极捐钱献物。1932 年 1 月，为了支持马占山在东北的抗战，学校发起了募捐活动，他与师生一道共同捐款。当时与陈剑修、陈源、皮宗石、邵逸周等各捐款 60 元。在献物的活动中，他的夫人捐衣服 12 件。

1935 年 12 月，在华北危机日益严重的时刻，学校教职工于 24 日发起倡议，决定成立学校教职员救国会。27 日，在文学院会议厅召开会议，在学校东省事件委员会的基础上成立了"武汉大学教职员救国会"，通过了教职员救国会章程，他与范寿康等九人为执行委员。救国会成立后立即给南京中央政府发电，表达对时局的意见：

"现今外寇深入，谁无同仇敌忾之心，中央如有抵抗到底之决心，全国人心未死，必能分工合作，一致为政府后盾，以救危亡。否则中央政策必不见谅于国民，岂唯青年铤而走险，恐国事更不堪问矣。"

以后，他领导教职员救国会又多次召开会议，不断发表国立武汉大学教职员救国会之意见。

中华人民共和国成立后，他担任了中南军政委员会委员、全国人大法案委员会副主任委员以及外交部顾问等职。为完成高校的顺利改造、为中国宪法的制定以及打通西方国家与中国的联系都做出了自己的贡献。

法界传奇：国立武汉大学法学院教授吴学义

李虹　何晓君

1938 年，日本战败投降，在日本东京，由中、美、英等盟国组成的远东国际军事法庭，对日军战犯展开审判。中国政府为此组织了实力强大的法律精英参审代表团，其中有两名是江西人，且都曾任教于国立武汉大学法学院，他们分别是检察官梅汝璈和检察官顾问吴学义。关于梅汝璈的生平事迹，电影《东京审判》及媒体都有翔实的介绍，家喻户晓。而吴学义作为当时中国参审代表团中的检察官顾问，其生平事迹则很少为世人所知。

吴学义出身于江西南城的普通农户家庭，他自幼天资聪颖好学，中学毕业后东渡日本留学。1931 年，毕业于日本京都帝国大学（现京都大学），获法学学士学位。回国后，任国立武汉大学法律系讲师。1934 年，他晋升为教授，成为民国时期著名的法学家。

1931 年至 1945 年，吴学义在国立武汉大学任教十五载，积极投身于民法教育事业，对于中国近代民法学知识的传播和传承，厥功至伟。他开设的课程包括"劳工法""法院组织法""民事诉讼法""民法概要"等。据受教过的弟子王燮荃回忆道：吴先生给人留下的印象是"好学不倦""做事负责任""现在他虽处于教授的地位，却过的是学生生活，他和同学们同住在宿舍。据说他每周只是有规律的回家一两趟，当你有问题问他而走进他房间时，会见他正摊开书在读着。有时走出图书馆，会见他挟着厚厚的一叠杂志气喘吁吁地走来。假使你常到图书馆去阅读杂志，那里你也可以常同他见面"。在讲授"法院组织法"时，开场后，"他把头一低，似乎演吴先生的教材的电影又在他面前开展，电影一幕幕的进行，吴先生也急急地随着讲，生怕重要的教材在刹那间会被无情地自动机拖了过去。这种紧张状态直要延续到再次的电铃声为止。""他把头略微一昂，两眼向上一翻，就又宛如黄河决口，一泻千里了。没有听过他的法院组织法的，见他这种神情，总以为他编的讲义太多，恐怕时间不够，所以有些慌张。但是他的法院组织法讲义总计只有二十九页，照他讲书的速度读下去，有两个小时也尽可读完了。这种事实正是以解释吴先生读的书多，他的读书不是背讲义更不是读讲义。尤其可贵的是他把司法界所得的经验随讲书而灌输给同学"，但凡上过他（吴学义先生）的课的人都很知道，他按时到教室，从不轻易请假，这是他负责的显而易见的铁证"。

吴学义学识渊博，理论造诣较高，学术成果丰硕，国立武汉大学初创阶段，是他学术研究的黄金时期，在这一时期，他出版了多部民法学著作及高等教育法学教材，公开发表论文近二十篇，他的许多研究成果以经典民法学教科书的形式面世，在中国民法学和诉讼法学理论体系的建立和发展史上留下了厚重的一笔。

1945 年 8 月 15 日，日本无条件投降，中国人民取得了抗战的胜利。同年 12 月，由中、美、英等 11 国组成的远东国际军事法庭决定对发动侵略战争的日本军国主义分子进行审判。中国国民政府接到驻日盟军统帅总部的通知，便指示外交部和司法部遴选派往东京的外交、司法人员。两部官员立刻从全国范围内挑选精英，组成了具有强大实力的参审班子，44 岁的武汉大学法律系教授吴学义被选派担任检察官顾问。

据《申报》1947 年 2 月 8 日报道，东京国际军事法庭顾问吴学义、桂裕、鄂森等一行三人，日前先后由京来沪，定今日午后乘机东飞，协助该法庭加速进行审判日本战犯工作。

参加东京审判的部分中国官员合影

前排左起：桂裕（顾问），倪征燠（顾问），向哲濬，吴学义（顾问），郑鲁达（翻译），张培基（翻译）；后排左起：周锡卿（翻译），刘子健（秘书），杨寿林（法官秘书），鄂森（顾问）

在中国检察官向哲濬、梅汝璈的带领下，倪征燠、吴学义、鄂森、桂裕等中国检察组人员，冒着酷暑，在已被封闭的日本内阁和日本陆军省档案库中，日复一日挥汗如雨地寻找战犯们犯罪的蛛丝马迹，夜以继日地翻译、摘抄、整理资料证据。经过 7 个月的艰苦努力，终于收集到了足够证明各战犯犯罪的确凿证据。比如，他们从日本外务省密件中找出当时日本驻天津总领事向外务大臣"打小报告"的长电，电文中反对日本派驻中国的大特务土肥原贤二将溥仪放入木箱劫持到塘沽的计划。这一份长电，对证明土肥原挟持溥仪成立"伪满洲国"

的罪行就起到了至关重要的作用①。

另据《申报》1947年2月11日报道，吴学义、鄂森、倪征燠、桂裕四人，自受任远东国际军事法庭聘任为顾问后，吴鄂倪三氏曾赴华北，收集日战争罪犯种种罪证，在北平曾访吴佩孚上将故居，获得华北沦陷时日特工魔头土肥原贤二屡次强迫吴佩孚出任伪职之证据等多件。

东京审判从1946年5月开庭到1948年11月宣判终结，历时两年零七个月，28名甲级战犯得到了应有的惩罚，东条英机、土肥原等7名主要甲级战犯被判死刑，作为中国检察官顾问的吴学义功不可没，历史应该永远铭记他。

（作者单位：李虹，武汉大学档案馆；何晓君，湖北省卫计委宣传教育中心）

（节选自《国立武汉大学初创时期赣派名师大家研究》）

毛泽东主席与武汉大学

郑公超 董雨

一、毛泽东主席视察武汉大学

武汉大学是中华人民共和国成立后毛泽东主席视察过的不多的几所大学之一。当时的武汉大学经过全国院系调整后已成为教育部直属的文理综合性大学，教学和科研工作在有计划地展开且取得了不菲的成绩。

1958年9月12日，毛泽东亲临武汉大学进行视察，先是视察工厂，后是会见广大师生。

1. 视察工厂

1958年9月12日下午7时20分，毛主席在湖北省委第一书记王任重、武汉大学副校长刘仰峤和张勃川的陪同下来到武汉大学化学系和物理系的校办工厂进行视察。

毛主席走进化学系的校办工厂区，在询问化学系总支部书记罗鸿运了解了化学系校办工厂的总体情况后，视察参观了炼焦厂、空气电池厂、硫酸厂、硅胶厂和卡普隆厂。视察过程中，毛主席对校办工厂的师生学生员工设置情况、生产技术流程以及设备情况进行了详细的询问。负责彩色灯泡装饰化学系工厂系统图讲解的曾莉蓉回忆说："主席一一地念着我系工厂的名字，并且详尽地问了很多问题。他老人家很关心稀有元素的情况。对于我们的中药厂也很感兴趣，并且问道，什么是活性铝、为什么有活性？"在物理系工厂区视察了炼铜厂

① 向隆万《东京审判：中国检察官向哲浚》，上海交通大学出版社，2010年。

和矽钢片厂。炼铜厂厂长曾广培详细回答了毛主席关于炼铜设备、原理、技术标准和学生工人设置等详细的问题。

参观过程中，毛主席充分肯定了同学们校办工厂取得的成绩，赞扬了办工厂的同学道"像个工人的样子！"毛主席最后勉励同学要"好好学习，钻研知识"，并寄予了殷切的希望"青年人就是要有志气，要经得起考验，要苦干，要巧干"。

2. 会见广大师生

视察校办工厂和听取汇报后，毛主席在武汉大学与广大师生进行了见面。

7时50分，毛主席乘车来到武汉大学的大操场与在此等候的武汉大学、武汉水利学院（后为武汉水利电力大学，现已与武汉大学合并）、武汉测量制图学院（后为武汉测绘科技大学，现已与武汉大学合并）、中南民族学院中南分院（现为中南民族大学）等4校师生员工共13000余人见面。在大操场的主席台上，毛主席从东头走到西头，向被接见的广大师生员工挥手致意。7时55分，毛主席乘车离开了珞珈山。为了纪念这一天，武汉大学将这一处操场叫作"九·一二"操场。

二、毛泽东主席与武大时任李达校长

毛主席视察武汉大学时，时任校长是和毛主席同为中共一大代表的李达。两人都是中国共产党创始人且为湖南老乡，在1921年7月党的"一大"召开时两人便相识相知，关系也越来越亲密。1922年11月，李达应时任湘区委员会毛泽东主席的邀请，到长沙担任湖南自修大学校长职务，与毛泽东、何叔衡等同志同住在长沙清水塘，结下了深厚的革命友情。1927年，两人在武昌分别后直到1948年5月才再次相见。

1953—1966年间，李达一直担任武汉大学校长，直至含冤去世。其间，毛主席多次来到武汉，"毛主席只要来武汉必与李达见面，探讨哲学问题，畅叙友情"。正如毛主席自己所说"只要他来，随来随见"。1956年，毛主席与李达相见于东湖馆舍，毛主席对李达说到："你过去不是叫我润之，我叫你鹤鸣兄吗？"此后两人便以鹤鸣兄和润之相互称呼。

在学术上，李达校长竭诚拥护毛泽东提出的"双百"方针，鼓励教师发表自己的学术见解，自由平等地讨论学术问题。他曾说："政治上绝对服从毛主席，学术上可以同毛主席争鸣。"李达校长的教育思想和理念对于目前正在开展的高校"双一流建设"具有一定的借鉴和指导意义。在政治上要坚持党的领导，在教学和科研工作中要充分激发大众活力，实现百家争鸣。

三、毛主席与广八路修建的轶事

毛主席是十分喜欢武汉的，除了北京之外，武汉是他待得时间最长的城市。中华人民共和国成立后，毛主席度过的 27 个生日中有三次生日是在武汉度过的，主席每次到武汉，都下榻东湖宾馆，共有 48 次。因此在武汉也留下了很多与毛主席有关的趣闻轶事。比如大家耳熟能详的横渡长江、梅岭一舍、下不来的黄鹤楼等等。但也有一些事情隐藏在历史的长河中，广八路的修建便是之一。

广八路现位于武汉大学东南侧、紧邻信息学部东线、正对文理学部南 1 门，连接八一路和广埠屯。根据伏虎山干休所的官祥同志的记述，故事发生在毛主席、李达校长、武汉大学、翟作军政委和东湖疗养院之间。

广八路的位置

故事同样要追溯到 1958 年毛主席和李达校长在东湖馆舍的见面。除了讨论哲学和时政问题外，毛主席也十分关心武汉大学的师生情况，在询问学校情况时，李达校长反映了校园声音环境问题，因为经常有空军部队的大小汽车从校内穿过，因此导致了校园声音嘈杂，不便于校园的管理。毛主席对此感到很惊奇，接着询问了校园里怎么会有部队的汽车来往呢？李达说："校东南门附近有空军疗养院，他们的车都走从校园通过。别处没有路可走。"主席说："没路可走，那要设法从别处修一条路就解决了吗?"李达校长回道:"那我们也不好解决。现在没路通过部队也得暂时让人家走啊! 买米买菜没车运输后勤也不好保障。"此时交谈话题又转向文史学术问题去了。

此后，毛主席在东湖馆舍接见了曾在抗战初期担任警卫员的翟作军同志，询问了他的工作情况，翟作军回答:"目前在空军的东湖疗养院担任政委。"毛主席问道:"东湖疗养院在哪里?"翟作军政委回答:"就挨着武汉大学。"听到这里，毛主席便联想出李达校长提出的部队汽车穿过校区使得学校环境不够安静的问题，于是就问:"你们的汽车是不是要走武大院里?"翟作军政委回答道:"是的，因为别处没有道路，只能走武大院里。"毛主席接着说:"李达校长跟我会见交谈时，人家提出了意见。"翟作军政委也知道学校方面有意见，无奈地说:"我们没路出入，也只能麻烦人家走校园路。"毛主席给出了建议:"那你们也得想个办法，向地方政府提个意见，共同把这个问题解决了不就好了吗?"

翟作军政委回到部队后就把这件事放在了心上。之后也是区党委委员的他在到洪山区委开党委会时，把李达校长提出的意见以及毛主席对此事的建议向党委做了汇报。年终的武汉军民座谈会上，向来疗养院慰问部队的武汉市领导人王杰同志也做了汇报。在武汉市政府和区党委重视下，不久就开辟修了一条可以通往广埠屯的一条新路，正是现在的广八路。

如今车水马龙穿流不息的广八路　　　　　　　老斋舍主楼大门

这一条路凝聚了毛主席和李达校长对于武汉大学的心意和关怀，也体现了地方政府对武汉大学教学工作的支持和配合。

武汉大学校徽以及校报上的"武汉大学"四个字是从毛主席于 1950 年给当时武大陈文新同学回信的封面地址上剪接而来的。在武汉大学樱顶老斋舍墙面仍漆有"伟大领袖毛主席万岁"的标语，无不表明毛主席与武汉大学之间有千丝万缕的联系。在如今新时代中国特色社会主义现代化建设的关键时期，我们应该在以习近平为核心的党中央的坚强领导下，如同毛主席横渡长江般"万里长江横渡，极目楚天舒。不管风吹浪打"的大无畏精神为早日实现高校"双一流建设"而奋勇直前。

（作者单位：郑公超，武汉大学档案馆；董雨，武汉大学信息管理学院）

毛泽东主席与武大名人

武汉大学　秦然

武汉大学是教育部直属重点综合性大学，是国家"985 工程"和"211 工程"重点建设高校，是首批"双一流"建设高校。武汉大学溯源于 1893 年清末湖广总督张之洞奏请清政府创办的自强学堂，历经传承演变，于 1928 年定名为国立武汉大学，是近代中国第一批国立大学。1946 年，学校已形成文、法、理、工、农、医 6 大学院并驾齐驱的办学格局。中华人民共和国成立后，武汉大学受到党和政府的高度重视。1958 年，毛泽东主席亲临武大视察。1993 年，武汉大学百年校庆之际，江泽民等党和国家领导人题词祝贺。改革开放以来，武汉大学在国内高校中率先进行教育教学改革，各项事业蓬勃发展，整体实力明显上升。1999 年，世界权威期刊 *Science* 杂志将武汉大学列为"中国最杰出的大学之一"。2000 年，武汉大学与武汉水利电力大学、武汉测绘科技大学、湖北医科大学合并组建成新的武汉大学，揭开了学校改革发展的崭新一页。合校十多年来，学校综合实力和核心竞争力不断提升。2018 年，学校在 QS 世界大学排名中位列第 257 位。

珞珈山上风云际会，名师荟萃，英才云集，毛泽东主席与武大的名人们结下了深厚的友谊。

一、毛泽东和李达(1953—1966 年任武大校长)

毛泽东和李达，都是湖湘孕育出来的历史巨人。他们是同乡，都是中国共产党第一次代表大会的代表，作为大会的主要组织者和主持者的李达与湖南党小组代表的毛泽东在会上由相识到相知，并在以后的革命岁月中，逐步结成了互相信赖的革命友谊。1922 年 5 月，李达接受毛泽东的邀请，到湖南长沙一起筹备创办湖南自修大学。这是他们的第一次正式合作（李达准备在自修大学讲授马列主义理论），同时，还与毛泽东一起共同研讨了如何把马克思主义同中国革命实践相结合的问题；不久，毛泽东聘李达为湖南自修大学校长，李达愉快地接受了。1927 年春，毛泽东创办中央农民运动讲习所时，邀李达去讲学，李达欣然前往，给学员们讲授社会科学概论；是年 3 月，毛泽东要李达回长沙去筹办国民党省党校，李达欣然接受并顺利办成，为中共湖南党组织培养了大批干部。抗战爆发前，李达曾把自己写的马克思主义哲学著作《社会学大纲》寄给了延安的毛泽东。毛泽东反复认真仔细地阅读该书，并做了详细的批注，前后共看了 10 遍，写信热情地称赞李达是一个"真正的人"。1949 年 12 月，毛泽东作为李达重新入党的历史证明人。在中华人民共和国成立以后的十多年中，李达把自己的大部分时间和精力都用于毛泽东思想的研究当中。1951 年和 1952 年，李达给毛泽东发表的《实践论》和《矛盾论》两部哲学著作写了解说，出版了《〈实践论〉解说》和《〈矛盾论〉解说》两本书。在写作过程中，李达每写完一章都寄给毛泽东审阅，毛泽东对李达的解说深表满意，称赞"这解说极好。"李达后来还在担任武汉大学校长期间，亲自主持武汉大学哲学系毛泽东思想研究室的工作，对研究毛泽东哲学思想做出了重大贡献。1978 年 11 月 12 日，党中央批准公开发表毛泽东给李达的 3 封信的手迹，对当时破除"两个凡是"，深入开展实践是检验真理的唯一标准大讨论发挥了重要作用。李达与毛泽东的友谊，长达 40 多年，经历了历史风云变幻的考验。这是一种超越时代的友谊，它建立在共同的坚定信仰和理想之上，是一种牢不可破、矢志不渝的友谊。

二、毛泽东和谭戒甫(1928—1937 年曾在学校执教，1953 年调回学校历史系任教授)

谭戒甫是毛泽东主席在湖南长沙第一师范学校的英文老师，他主要研究先秦诸子、楚辞和金文，历任武汉大学中文系教授、西北大学和贵州大学中文系主任、湖南大学中文系主任、文学院院长等职，著有《墨辩发微》和《公孙龙子形名发微》、《墨经分类译注》等著作。中华人民共和国成立时，谭戒甫先生任在湖南大学任教。此时，他曾写信给毛泽东主席汇报教学和从事学术研究情况，并将他的著述呈毛主席审阅。不久，他收到了毛主席的亲笔回信。1952 年 12 月 30 日，谭戒甫先生又一次给毛主席写信。1953 年 1 月 25 日，毛主席再次亲笔给谭戒甫先生回信。1957 年 9 月，毛主席邀请已在武汉大学历史系担任教授的谭戒甫先生到北京参加国庆观礼，并请他到中南海家中做客。领袖的关怀和尊重，使年逾古稀的谭戒甫先生倍感荣幸和无比振奋，他决心把自己毕生的精力贡献给祖国的科学文化教育事业，这一年，他又完成了《墨经分类译注》的著述工作。1958 年 4 月 6 日，毛主席在武汉体育馆接见武汉地区科学工作者代表，当毛主席在 5000 多名代表中发现谭戒甫先生时，立即停下脚步，亲切地和他握手，并对他说："您的论文《屈原哀郢的研究》我已看过，可以发表。毛主席的关怀和鼓励宛如一股热流温暖了谭戒甫先生的周身。此后，他不顾年老体衰，更加勤奋地著书立书。1972 年 9 月，毛主席在会见日本内阁总理大臣田中角荣时送给了他一套《楚辞集注》，毛主席对中国历史文化遗产的重视极大地激励着谭戒甫先生。

三、毛泽东和陈文新（1948 年为武汉大学农学院学生）

陈文新是中国科学院院士，中国农业大学生物学院教授，我国著名的土壤微生物及细菌分类学家。陈文新的父亲陈昌是毛泽东当年在湖南第一师范求学时的同窗挚友，毕业后两人共同任教于一师附小，住在一个院落里。在毛泽东的影响下，先后参加了北伐、南昌起义，大革命失败后，被捕入狱，于1930 年 2 月被反动派杀害。当时，陈文新只有 3 岁，大姐 12 岁，二姐 8 岁。因为陈文新的母亲也姓毛，结果毛泽东叫陈文新的母亲为大姐，陈文新管毛泽东叫舅舅，关系亲如一家，因此陈文新在其成长岁月中很早就受到了毛泽东主席对她的鼓励和教导。1948 年秋，陈文新考入武汉大学农学院。1951 年 4 月，陈文新的母亲毛秉琴让其代她写一封信给毛泽东主席，陈文新怀着崇敬又兴奋的心情给毛泽东写了两封信。一封是代母亲写的，讲家里近况，转达母亲问候；另一封是自己写的，主要汇报学习情况和在武汉大学农学院学农的一些简单情况。这封信发出后，她们很快就收到了毛泽东主席关于鼓励陈文新姐妹要努力学习和工作、继承其父亲的遗志、为人民为国家的建设服务的回信，回信全文为："文新同志，你的信和你母亲的信都收到了，很高兴。希望你们姊妹们努力学习和工作，继承你父亲的遗志，为人民国家的建设服务。问候你的母亲。祝进步！毛泽东"。现在，武汉大学将信封上"武汉大学"4 个毛体字作为校徽、校牌和周报使用至今。

四、毛泽东和高亨（1938 至 1940 年曾在国立武汉大学中文系任教）

高亨是著名的先秦文史研究专家、文字训诂学家。1926 年，毕业于清华大学研究院。1938 至 1940 年，曾在国立武汉大学中文系任教。1953 年，起执教于山东大学中文系。1957 年起，兼任中国科学院哲学研究所研究员。1963 年10 月，在青岛的山东大学中文系任教授的高亨应邀参加了在北京举行的中国社会科学院哲学社会科学学部第四次委员会扩大会议。会议即将闭幕时，毛泽东主席接见了范文澜、冯友兰、高亨等 9 位知名学者。毛泽东与高亨握手时，说自己读过高亨关于《老子》和《周易》的著作，并对高亨的学术成绩给予了肯定的评价。会后，高亨将自己的《诸子新笺》《周易古经今注》等 6 种著作，连同一封信寄请周扬转呈毛泽东。是年 12 月，人民文学出版社出版了新版《毛泽东诗词》，高亨参加了山东大学《文史哲》编辑部组织的笔谈学习毛主席诗词活动，并赋《水调歌头》一词以抒所感："掌上千秋史，胸中百万兵。眼底六洲风雨，笔下有雷声。唤醒蛰龙飞起，扫灭魔焰魅火，挥剑斩长鲸。春满人间世，日照大旗红。抒慷慨，写鏖战，记长征。天章云锦，织出革命之豪情。细检诗坛李杜，词苑苏辛佳什，未有此奇雄。携卷登山唱，流韵壮东风"。随后，高亨把这首词连同一封恭贺新春的短函寄呈毛泽东。大约过了一个月的时间，意外收到了毛泽东的亲笔回信："高亨先生：寄书寄词，还有两信，均已收到，极为感谢。高文典册，我很爱读。肃此。敬颂安吉！毛泽东，一九六四年三月十八日"。信是用毛笔直行写在几张宣纸上的，内容言简意赅，书体遒劲奔放，是毛泽东信札的经典之作。高亨的这首《水调歌头》在《文史哲》1964 年第一期上发表。

在武大和湖南大学曾经工作过的湖南名流们

武汉大学　涂上飙

　　武汉大学和湖南大学是中国两所具有悠久历史的大学，在其发展壮大的过程中，不少湖南的先辈们都做出了重要贡献。特在此撰文，说说他们在学校的经历及做出的贡献，以缅怀他们的丰功伟绩。

一、胡庶华

　　胡庶华（1886.12.24—1968.6.17）是中国早期有名的教育家，冶金学家，柏林矿科和工科大学博士，湖南攸县人。1920 年他获铁冶金博士学位后回到中国。当时湖南大学的前身之一湖南公立工业专门学校，需要聘请知名专家。他被聘为教授，并担任事务主任。1924 年，武大的前身国立武昌大学创办，校长石瑛决定改变原师范大学的性质，向综合性大学转变，聘请了不少名流，胡庶华被聘为教授。胡庶华为学校的转型及工科的发展做出了贡献。1932 年、1940 年、1944 年，胡庶华三次任湖南大学校长。他还担任过同济大学、重庆大学、西北联合大学校长。他一生从事冶金学的教学和研究，著有《铁冶金学》《冶金工程》《中国战时资源问题》《钢铁工业》等。中华人民共和国成立后，任北京钢铁学院教授兼图书馆馆长。

二、李达

　　李达（1890.10.2—1966.8.24），号鹤鸣，湖南零陵（今永州市）人。1913 年、1917 年李达先后两次赴日本留学。1920 年夏天，李达从日本回国后，除了参与共产党的系列活动外，还在湖南大学的前身湖南公立法政专门学校任教。

后到湖南大学担任教授，主讲马克思主义社会学。1949 年 12 月 2 日，李达被毛泽东亲自任命为湖南大学校长，他也是由中央政府最早任命的大学校长之一。1950 年 2 月 18 日，李达就职湖南大学，不久配合政治需要对湖南大学进行了社会主义的改造，并主持了爱晚亭的重建工作。1952 年 11 月，李达被任命为武汉大学校长。从 1953 年 2 月 24 日正式在武汉大学工作直到去世，李达在武大主政长达 13 年，成为目前主政武大时间最长的校长。著有《现代社会学》《社会学大纲》《经济学大纲》《实践论解说》《矛盾论解说》等。

三、任凯南

任凯南（1884.10.11—1949.7.16），湖南省湘阴县（今汨罗市）人，民国著名经济学家。早年在英国伦敦大学攻读经济学，获经济科学士学位。回国后在湖南大学的前身湖南商业专门学校任校长及湖南公立法政专门学校任教，讲授经济学。1926 年，湖南商业、工业、政法等 3 个专门学校合并为省立湖南大学后，任经济学教授。1928 年，当选为湖南大学校长。1927 年 8 月，国民政府大学院决定创办国立武汉大学，他被聘为国立武汉大学筹备委员会委员、经济学教授。1932 年 10 月，任经济系主任，后兼任法学研究所经济学部主任。1937 年 7 月，湖南大学改为国立，应邀回湖大任教务长。他学识渊博，在经济学方面造诣尤深。在武汉大学执教时，在经济学界已被誉为"南任北马（马寅初）"两大家之一。

四、刘秉麟

刘秉麟（1891.6.24—1956.6），湖南长沙人，近现代著名经济学家，武大校友、改革开放初期教育部长刘西尧的伯父，曾在英国伦敦大学攻读经济学。1917 年，在湖南大学的前身湖南商业专门学校任教，讲授经济学。上海"一二八"事变后，到国立武汉大学任经济系教授。1937 年，兼任法学院院长，多次代理校长。20 世纪 40 年代，被聘为"部聘教授"。中华人民共和国成立后，他任武汉大学教授，兼任法学院院长。1950 年，任中南军政委员会财经委员会委员，并加入中国民主同盟。全国院系调整后，他担任武汉大学经济系编译主任。1956 年 6 月，在武汉大学逝世，终年 65 岁。著有《经济学原理》《各国社会运动史》《世界各国无产阶级政党史》《李嘉图经济学说及传记》《亚当·斯密经济学说及传记》《李士特经济学说及传记》《近代中国外债史稿》等专著。

五、皮宗石

皮宗石（1887.8.23—1967），字皓白，湖南长沙人，近现代著名经济学家、教育学家。早年考入东京帝国大学攻读政治经济学，后赴英国伦敦大学攻读经济学。留学回国后，与刘秉麟、任凯南、李剑农、杨端六等湖南名流同在湖南大学的前身湖南商业专门学校任教，讲授经济学。1928 年 9 月，应邀到国立武汉大学任社会科学院教授、院长。1929 年 6 月，社会科学院改为法学院，继续任教授、院长，讲授财政学课程。1930 年，兼任法学院经济学系主任。1933 年 4 月，任武大教务长兼图书馆馆长。1934 年 10 月，兼任法学院法律系主任。在武大执教 9 年，致力于武大、特别是法学院的建设与发展。1936 年 7 月，辞去武大一切职务，应湖南省政府邀请任湖南大学校长。1949 年 7 月—1949 年 12 月，再任湖南大学校长。1950 年，任中南军政委员会财政经济委员会委员。1954 年任湖北省政府参事、湖北省政协常委。

六、杨端六

杨端六（1885—1966.9.30），原名杨勉，后易名杨超，湖南长沙人，近现代著名经济学家。1913 年，入伦敦大学政治经济学院攻读货币银行专业。回国后曾在湖南大学的前身湖南商业专门学校任教，讲授货币银行学。1930 年后一直受聘于国立武汉大学，曾任法学院院长、教务长、教授兼经济系主任、文科研究所经济学部主任。1938 年，武汉大学迁往四川乐山，任迁校委员长。20 世纪 40 年代，被聘为"部聘教授"。曾兼任国民政府参政员、军事委员会审计厅上将厅长，当选国民党第六届中央执行委员。中华人民共和国成立后，任武汉大学教授，兼任中南军政委员会财经委员会委员，是中国商业会计学的奠基人。著有《记帐单位论》《商业薄记》《现代会计学》《六十五年中国贸易统计》《工商组织与管理》等十多种著作。其夫人袁昌英是武大外文系著名教授，其子杨弘远是武大生命科学学院的教授、院士。

七、李剑农

李剑农（1880—1963.12.14），湖南邵阳人，近现代著名经济史学家、历史学家。早年入日本早稻田大学学习政治经济学，后入英国伦敦政治经济学院学习。曾在湖南大学的前身湖南商业专门学校任教，讲授政治学。1930 年，受聘于国立武汉大学，任文学院教授兼史学系主任，讲授中国近代政治史和中国经济史课程。1940 年至 1946 年，李剑农执教于国立师范学院，后借聘于湖南大学。1947 年，重返武汉大学执教直到去世。1956 年，被评为国家一级教授。他对中国古代经济的发展变化做了系统地研究，对中国近代的政治也有翔实地探讨。著有《近三十年中国政治史》《最近三十年中国政治史》《中国近百年政治史》《经济学概论》《先秦两汉经济史》《魏晋南北朝隋唐经济史》《宋元明清经济史》等著作。

八、曹绍濂

曹绍濂（1904—1999），湖南衡阳人，法学、历史学家。20 世纪 20 年代初期，就读于巴黎大学，获博士学位。曾在法国、英国、德国等大学任教，九一八事变后毅然回国。20 世纪 40 年代，任教于湖南大学，担任过文法学院、法学院政治系主任。1947 年，始任国立武汉大学教授直到去世。他在武汉大学从事美国政治制度的研究与教学工作，是中国研究美国政治制度的拓荒者和著名专家。著有《近代欧洲政治社会史》《西洋古代史》《法国资产阶级革命》《美国政治制度史》《论美国民主》等著作。

九、谭戒甫

谭戒甫（1887—1974.12.27）原名作民，改名铭，字介夫，又用介甫二字，湖南省湘乡县（今涟源市）人，先秦诸子楚辞金文专家。1928 年，在国立武汉大学文学院中文系任教，讲授"诸子要论""诸子专书研究""目录学""形名学"。1945 年，到国立湖南大学任教授、文学院院长兼中文系主任。1953 年，高校院系调整，调回武汉大学，任历史系教授，着力研究先秦诸子、楚辞和金文。他一生主要研究先秦诸子，次为楚辞、西周金文。在先秦诸子的研究方面，主要有《墨辩发微》《公孙龙子形名发微》《墨经分类译注》《庄子天下篇校释》《屈赋新编》等著作。他的学问得到了毛泽东的赞赏与鼓励，与毛交情甚好。1957 年，毛泽东还邀他在自己家中做客，并多次通信给以鼓励。1958 年，毛泽东到武汉，一见谭便说："关于《哀郢》一文，已经看过，可以发表"。

十、余志宏

余志宏（1916—1972.10），湖南省醴陵县（今醴陵市）人。1937 年秋，考入国立中山大学经济系。1948 年 7 月，由王东原介绍他到湖南大学当讲师，在学校宣讲马克思主义。1949 年 8 月 5 日，人民解放军进驻长沙市区，湖南宣告和平解放。当组织上问及余志宏对工作分配的意见时，余志宏表示还是想到大学教书。于是中共湖南省委就分配他担任接管湖南大学的军代表兼湖南大学的秘书长。1951 年秋，余志宏调到北京学习，毕业后分配到武汉大学任临时党委副书记兼副教务长。当时李达已调武大任校长。1956 年，李达校长创办哲学系需要余志宏的帮助，他就辞去了临时党委副书记、副教务长的职务，担任了哲学系党总支书记兼副主任职务。后来李达辞去兼系主任，便由余志宏兼系主任。他为了办好哲学系，亲自授课、写文章、编书，孜孜不倦，耗费了全部心血。

十一、文斗

文斗，号拱之，湖南宁乡人。湖南大学工学院电机系毕业，伦敦帝国理工大学工学院研究生，曾得 D. L. C. 学位。1938 年以前，在湖南大学电机工程系任教授，1938 年以后，任国立武汉大学工学院电机系教授、工科研究所电机工程学部主任。

十二、席启驷

席启驷（1896.7.14—1966.6），字鲁思，湖南省永州市东安县人，著名古典文学研究专家，武汉大学"五老"（刘永济、刘博平、陈登恪、席鲁思、黄焯，另一说是徐天闵）之一，人称"鲁老"。1925 年，任国立武昌大学教授。1928 年秋至 1938 年夏，任湖南大学中文系教授。1946 年秋直到去世，任武汉大学中国文学系教授。讲授过《文选》《文心雕龙》《古代文学》《先秦诸子》及"陆游研究"等课程。熟读经史，大都能诵。治学严谨，不赞成对事做烦琐之考证，主张讲明大义，考证源流。精于小学，尤其对许慎的《说文解字》造诣尤深。他在许多高校讲授过文字学，口讲手画，深入浅出，闻者忘倦。他虽满腹经纶，但惜墨如金，著述不轻易示人，不以著作名世。一生只有《文选学》讲义、《世说中当时语释》以及《诵帚龛词集序》等少数著作流传。

十三、刘永济

刘永济（1887—1966），是"五老"中的第一位，字弘度，人称"弘老"。湖南新宁人，著名的古典文学专家，武汉大学中国古典文学学科的奠基人和开拓者。早年在复旦公学、清华学校学习。1932 年秋至 1937 年，刘永济在国立武汉大学任教，1939 年，在湖南辰溪的湖南大学任教，1940 年，重返武大，1942 年，任文学院院长，1956 年，被评为国家一级教授。刘永济是中国现代著名的古典文学专家，对屈赋和《文心雕龙》研究颇有成就。著有《文学论》《十四朝文学要略》《文心雕龙校释》《宋代歌舞剧曲录要》《屈赋通笺》《唐人绝句精华》《唐五代两宋词简析》《元人散曲选》《屈赋音注详解》《刘永济词集》《十四朝文学要略》《微睇室说词》等。

十四、刘异

刘异（1883—1943），字豢龙，号隽礼，湖南衡阳人，经学家。1933 年 8 月，刘异任国立武汉大学中文系教授。武汉大学西迁乐山以后，他调往湖南大学，任中国文学系教授。著作有《目录学》《国文选读》《春秋经十一卷》等。

十五、周鲠生

周鲠生（1889—1971），原名周览，字荫松，湖南长沙人。早年赴日本早稻田大学留学，于 1913 年转赴欧洲留学，先后获英国爱丁堡大学政治学硕士学位和法国巴黎大学法学博士学位。1928 年 7 月，国民政府大学院决定建立国立武汉大学。周鲠生来到武汉大学，参与国立武汉大学筹建工作。1929 年 9 月至1939 年 6 月，他先后担任过国立武汉大学法学院教授兼政治系主任，法律系主任，法科研究所所长，教务长。后赴美国从事讲学和研究。1945 年 7 月周鲠生回国，任国立武汉大学校长。20 世纪 40 年代后期，他被湖南大学聘为名誉教授。他是著名的国际法研究专家。20 世纪 40 年代的"部聘教授"。首批中央研究院院士。主要著作有《万国联盟》《法律》《近代欧洲政治史》《近代欧洲外交史》《领事裁判权》《解放运动中之对外问题》《最近国际政治小史》《不平等条约十讲》《国际政治概论》《现代国际法问题》《近代各国外交政策》等 11 部。

十六、汤璪真

汤璪真（1898.2.3—1951.10.9），字孟琳，湖南湘潭人。曾经留学德国，是中国最早的现代数学家之一。1926 年，汤璪真谢绝了德国朋友们的挽留，与章伯钧等人同时回国。归国后，年仅 28 岁的汤璪真任国立武昌大学（武汉大学前身）教授，直到 1943 年。1947 年，汤璪真任教于湖南大学。在中国早期现代数学家中，汤璪真是研究微分几何的开拓者之一，曾与数学界名流韦尔（Weyl）、施乌顿（Schouten）、莱维—齐维塔、杜斯切克（Duschek）等屡次讨论绝对微分学。汤璪真精通英语和德语，还懂法语。汤璪真生前与毛泽东有着长期的友谊。作为毛的同学、同乡和老友，他多次到中南海毛泽东家做客。主要著作有《几何与数理逻辑——汤璪真文集》《新几何学》《绝对微积分学》等。

（原载《武大校友通讯（2017）》，武汉大学出版社，2018 年）

听梁西先生讲过去的点点滴滴

武汉大学　涂上飙

2014 年 7 月 4 日上午 9 时许，拨通梁先生的电话，说要听他聊聊，先生非常乐意。因下着大雨，本人说去看他，然而 90 多岁的老先生坚决要自己到我办公室来。大约半小时后，先生到达我办公室门口。

先生说，武大从乐山迁回珞珈山后，他考入武大，住在老斋舍里面，四人住一房间，四年后毕业。

毕业后工作经历了一系列的变化，初到省司法培训班，不久到省高级人民法院工作。他对在高法工作十分满意，可不久就派到中央司法培训班学习。去北京学习是董必武老先生的意思，学习完就回来工作。然而，学习完却回来不成了。当时北大在院系调整中，法律系全部调出去了。当时，董老、彭真等先生说，北大没有法律系怎么行。于是中央决定在北大恢复法律系。在北大恢复法律系的过程中，梁先生就被安排到北大工作，直到1983年在学校法律系恢复发展的过程中才返回武大。

谈到在武大读书时的情境，他说他当时很幼稚，什么都不太懂。当时临近解放，学生们都没读什么书，学生运动很活跃，当时珞珈山被称为"小解放区"。

谈到刚到北大工作时，他说，有一次他和女朋友在北大的未名湖手挽手散步时，旁若无人，被称作"小资情调"。他说因胆小，家里没田产，属穷人，在反右及后来的运动中，没有受到大的冲击，不是右派，但接近右派边沿。

也许受那个时代的影响深刻。和他谈话时，他做了两点要求：一不谈政治，二不要做记录，所以这些文字全凭记忆。

谈的较多的是他对一些老师的印象：

一是周鲠生先生。周先生是巴黎大学法学博士，回国后任北大法学院教授，后到武大先后任法学教授、教务长等，曾在美国访学多年。武大从乐山迁回珞珈山以后任校长。周先生学问做得很好，是国民政府中央研究院首批院士。他说，也许是在国外多年，周先生一身西装革履，很有学问，讲课很认真，但表达却一般。

二是胡适先生。胡适先生从美国留学回国后，曾在北大担任教授、文学院院长、校长等。20世纪30年代，应王世杰校长之邀，曾来珞珈山演讲，并对珞珈山新校区建设赞不绝口。40年代，周鲠生校长主校时，胡适先生此时是北大的校长，应周校长之邀，再次来到珞珈山演讲。梁先生说胡先生来武大演讲时，非常活跃，口才也好。

三是吴宓先生。吴先生是国学大家，曾经是民国教育部聘任的教授，即有名的"部聘教授"。1946—1948年，吴先生在武大文学院外文系任教。他说吴先生身材不高，穿着一身长衫，思想很旧，讲稿用一块布包裹着。在学生心目中，吴先生是一个很有学问的人，如红楼梦讲得很好。他说，一次吴先生来上课很伤心，教室里一个学生都没有，但先生还是一字一句地把课讲完。这是吴先生当时把这一过程写在教室外的墙板上，梁先生看到的。梁先生说，当时没人上课，不是吴先生课讲得不好，也不是学生学习态度不认真，是当时学生都去闹革命了。

　　四是韩德培先生。他说韩先生是周校长在 20 世纪 40 年代后期，与吴于廑、张培刚一起从国外引进的三位得力干将。韩先生也因在国外多年，常常是西装革履，很有学问，对 20 世纪 80 年代以后武大法学的恢复和发展做出了重要贡献。

　　五是燕树棠先生。燕先生曾是清华大学的教授。第二次到武大后就一直没有离开，直到去世。梁先生说燕先生很有学问，一上课就在黑板上写要阅读的参考书。当时燕先生讲民法，常常要求学生多读书。可惜，燕先生中华人民共和国成立后就慢慢离开讲台，晚年只是在图书馆打打杂。

　　六是姚梅镇先生。他说姚先生一生未出过国。讲课非常认真，考试非常严格，一般的学生能及格就不错了，能得到七八十分是很好的成绩了。

　　七是杨端六先生。杨先生也是民国有名的"部聘教授"，经济学家，是已故杨弘远院士的父亲，曾任教务长多年。梁先生说杨先生在学生中威望很高，很有学问，上课非常认真，但表达不是太流利。

　　八是苏雪林先生。他说苏先生是文学院教授，有名的才女。很有才气，课讲得很好，但思想是很旧的人，中华人民共和成立后去了台湾，有许多作品传世，享年 106 岁。

　　他还提到了王宗华先生、刘经旺先生。王先生是学政治学的，负责公共课的讲解。中华人民共和成立后，在历史系教学，曾是中国近现代史的学科负责人。刘先生是法学的专业教师。

　　临近十二点了，先生说不想耽误我太多时间，准备回家。

　　临走时，我送了先生《乐山时期的武汉大学》《民国时期的研究生教育发展史》两本书，先生执意要我在两本书上签名，只好应允。

　　梁先生独具慧眼，档案意思十分强烈，他将他仅有的一枚武大校徽赠送给了档案馆，还将近期出版的一本《梁西先生影册——一介书生的故事》送给了档案馆珍藏。在此，对梁老表示深深的敬意！

　　在我的邀请之下，先生还留下了墨宝："档案工作，十分可贵！"

　　注：梁西先生，国际法专家，1924 年生，湖南安化人。1950 年毕业于武汉大学法律系。1953—1982 年执教于北京大学。1983 年起执教于武汉大学，现任武汉大学法学院国际法教授，博士生与博士后导师，兼任中

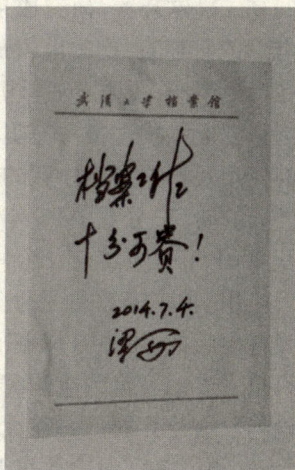

国海事仲裁委员会委员，中国国际法学会理事；兼任中华人民共和国邮电部法律顾问，湖北省人大常委会法律顾问。

主要著作有：《国际法》《现代国际组织》及其增订版《国际组织法》等。其《国际组织法》（专著）和《国际法》（主编）两书，均于1996年以繁体字在台湾地区出版，颇具学术影响。

德艺双馨、为人师表
——湖北工业大学电磁场专家周克定教授

湖北工业大学　萧毅

周克定，男，1921年出生，湖南汨罗人，湖北工业大学教授，我国著名的工程电磁场专家、首批博士生导师，湖北省劳动模范，国家级有突出贡献专家，国际电磁场计算会议中国联络委员会委员，全国高等院校电气技术专业教学指导委员会委员，湖北省电工技术学会理事长，全国政协第七届、第八届委员。1946年，他于武汉大学毕业后留校任教，1953年调到华中工学院，1985年到新组建的湖北工学院支援建设，2015年去世，享年94岁。周克定执教56年，先后担任过电力、电信和电工高等数学方面28门课程的教学，指导博士后、博士、硕士37人，为我国电磁学界和电气工程界培养了大批高层次人才，为开创我国工程电磁场教学和科研的新局面做出了卓越贡献。

周克定在工程电磁场、电机理论、电工数学等方面卓有建树，出版专著3部、译著2部、教材4套，发表论文200多篇，是我国电磁场数值分析领域的主要开拓者之一。他主持或参加完成科研项目22项，其中"同步发电机带电压校正器的复式励磁装置"研究成果被评为1955年中国科学院最佳科研成果之一；1957年，他研制的"交磁电机放大机"和"磁放大器"产品填补了国内空白，至今仍在批量生产；成果"工程电磁场边界元分析法的理论与应用研究"于1988年获国家教委科技进步一等奖，"三维有限元理论和方法及其在大型变压器漏磁场的应用及相关损耗计算的研究"和"大型变压器铁芯主磁场分布及其损耗和温度场的研究"分获1993年、1992年国家教委科技进步三等奖，其理论研究成果获2001年中国高校自然科学一等奖；专著《工程电磁场数值计算的理论、方法及应用》被国家教委评为全国高校优秀学术著作，教材《电工理论基础》被高等教育出版社、机械工业部评为高校机电类优秀教材，均于1998年，均获湖北省科技进步三等奖。他首次提出的加权余量法、电磁场边界元分析法使电磁场理论与数值计算取得突破性进展，曾应邀11次担任电磁场国际会议指导委员会主席、副主席、分会主席和委员，1990年起，连续5届被聘为COMPUMAG

和 IEEE CEFC 两个国际最高水平的电磁场学术会议论文评审编委，在国际电磁场领域享有极高的学术地位。

周克定自幼勤奋好学，再艰苦也要坚持学习。他 7 岁读私塾，13 岁高小毕业后到中药店当学徒，在极差的环境中，每晚十二点歇工后都要找些初中书籍和《英文百日通》自学。据他回忆：当时我学习有三个途径：一是店主为大儿子请了英文、数学、物理家庭教师晚上轮流教学，我在旁边选药、切药时顺便听一点。二是到育群中学送药时站在教室门外偷听老师讲课。三是趁着为店里上街办事时找在中学读书的表弟请教，还从他那里拿了许多旧的中学课本自学。通过自学，他考上中专、大专，最后考入武汉大学电机系，并克服抗战学校转移到乐山的种种困难，以优异的成绩完成学业并留校任教。"文化大革命"期间，他受到了不公正待遇，一年冬天被安排到学校基建工地卸车、搬砖，被砖头砸伤了头部。一天风雪交加，半夜了他还没回家，儿子周启平应母亲要求去找他。据周启平回忆：在老图书馆后面空旷的雪地里，找到一间用芦苇和旧铁皮搭盖的工棚，父亲一个人在里面，按时添加柴火烧柏油，旁边还放着一本"电机的数学分析法"旧笔记本，停歇时还翻翻看看。父亲一生最大的嗜好是"看书"，磨难中最好的解脱还是"看书"。周启平还回忆：被下放到咸宁五七干校期间，种田、打柴劳累一天后，父亲还坚持每天阅读一小时英文版《毛主席语录》（其他外文书当时不许看）。1982 年，英国南安普顿大学电机系主任汉莫德教授应邀到华工讲学时，父亲不仅能驾轻就熟地为其现场翻译并与之深入讨论一些理论问题，还按汉莫德教授的英文稿先用中文向与会者讲一遍，然后再由汉莫德教授用英文讲。父亲的专业和外语水平令这位国际著名的电磁场学专家和听课的校内外教师惊叹。

周克定为人谦逊。其学弟武汉大学教授张肃文曾在文章中写道：虚心学习，不耻下问，这是克定兄的又一优秀品质。在 1952 年思想改造运动中，大家提出，克定兄多年批改高等数学作业，联系实际不够。因而他就努力改正，主动要求带"无线电实验"与"电机实验"，并且不耻下问，甘当小学生，虚心向原担任实验课的年轻教师学习，有些实验他反复做许多遍，因而他很好地掌握了带实验课的本领。1990 年，周克定在全国理论电工学术年会上认识了 35 岁的年轻学者雷银照，便一直在学术上鼓励和帮助他。雷银照回忆：为了使我进步更快，每次著作出版后先生都惦记着给我邮寄。1995 年，我在清华大学做博士后，由于地址变动，先生不嫌麻烦，百忙之中将新著作《工程电磁场数值计算的理论方法及应用》给我寄了两次，我才收到。先生的译著《电磁场与电磁波》出版后，很快我就幸运地得到了他的赠书，扉页上写有先生大气磅礴、苍劲有力的字迹"请雷银照教授斧正"。从年龄上看，周先生是我的前辈，从学识上看，我与他更不在一个层次上，他却让我"斧正"，以他的道德水准和学术地位而能平视我这个小字辈，恰恰体现了这位饱学之士的学者风范——学术平等、学术民主的科学精神和博大胸怀。

周克定秉性直率，坚持真理，鄙视歪风邪气。儿子周启平回忆：在"大跃进"时期，院校里进行所谓的"教育革命"，发动大家打倒"马家店"，即否定电磁学的麦克斯韦尔方程，推翻"牛家店"，即否定物理学牛顿三定律，闹得轰轰烈烈。父亲决不苟同这种反科学和伪科学的"革命"口号，对此嗤之以鼻，并据理力争，决不做违背科学和良心的事。他又回忆：招收工农兵学员后，又让父亲出来教两门课和带实验。这批学员大多数只有初中文化程度，父亲自作主张给他们补点数学、力学和电磁学，作为学习电机学的基础知识，这是非常必要的。但是随后批判"右倾翻案风"时，有人组织一些工农兵大学生批判父亲复辟资产阶级教育路线，搞"三层楼"教学方式。父亲认为，不知道转矩平衡，不知道机电能量转换，谈何分析电机的运行状态和内在电磁变量的函数关系？他坚持真理，不误人子弟，不迎合愚昧无知的谬论，虽然受了不少冤枉气，但仍然到学生宿舍去答疑、辅导，苦口婆心地要这些学员掌握必备的知识。他不畏个人横遭政治非难，捍卫真理信念不改，教育育人责任不丢。

周克定治学严谨。1999 年，他受机械工业出版社委托翻译《电磁场与电磁波》，年近 80 的他患有严重白内障，左眼视力 0.03，几近失明，右眼稍好点，于是，他就把左眼眼镜片涂黑，专用右眼。后来左眼手术视力恢复，但右眼又太差，不协调，就把右眼用手帕盖起来，专用左眼。在极端困难的情况下，他坚持工作，不但按时完成了自己翻译的部分，还对几位合译者的译稿进行了细致校订。全书他校对了五遍，其中不辞劳苦亲赴北京校对了两遍，最后一次是亲临编辑现场指导打字员修正一些符号和公式。成书 70 余万字，基本没有错字，保证了译本的质量。一丝不苟，是对他最好的评价。

周克定热爱工作，奉献事业。1985 年，他调到新组建的湖北工学院支援建设时已 64 岁，牵头申报硕士学位授予权，工作非常忙，但他坚持为华工招了 8 名博士和 1 名硕士，白天忙学科建设，晚上培养 9 名研究生。别人问他，这样太辛苦了吧？他笑着说不辛苦，还说："得天下英才而教之，一乐也"。因已调离华工，没有工资，只讲好博士生培养报酬是 70～120 元，也没有讲清楚是所有研究生的报酬还是一个研究生的报酬。有人问起来，他乐呵呵地说："不问收获，只问耕耘"。后来在华工的住房退还了，研究生答辩去开会，中午没地方休息，他就在校园转转，或到老同学家串串门，别人谈起来，他又笑着说："人要能随遇而安"。1994 年 5 月，女婿费尽千辛万苦替他和夫人办好移民加拿大手续，限定当年 10 月 22 日前必须到加拿大办入境定居手续。73 岁的他忙碌入科学研究、人才培养和学术交流事务中，脱不开身，让夫人先去了。后来女婿专程回国接他，他仍然舍不得放下工作，还是没有去，只好让移民签证过期作废。1991年，他在被授予湖北省劳动模范荣誉时说："就是现在，年满七十，还担任五个层次的教学任务，即博士后、博士生、硕士生、本科生和农电培训班，工作忙，头绪多。除此以外，还有大量的社会活动，社会兼职有十多项。一切有意义的工作，只要我力所能及，总是尽力而为"。老骥伏枥，仍志在千里。

周克定惜时如金。他曾说："要多做工作，又要做好工作，就必须抓紧时间。"他每次出差或旅行，不论在火车上、汽车上还是轮船上，尽量利用时间看书或做些评审论文的工作。一次去北京参加全国政协会议，在去的火车上把一篇研究生论文看了三分之一，会议期间晚上为代表放电影，他不去看，抓紧看完了其余的三分之二。他的老同事张文灿教授回忆：周教授出国或在国内开会，凡是会议组织的游览，他很少参加，如湖北省电机学会、电工技术学会和一个鉴定会三次组织去游小三峡，他都没有去。在郑州开会时组织去少林寺游览，因去一趟要花一天时间，他选择了不去。他这样争分夺秒，把时间全用在了工作和学习上。

周克定心地善良，大爱无疆。1957年，他被错划为"右派"，背负屈辱20年直到平反，心胸大度的他逆来顺受，处之泰然，对迫害过自己的人，不怀怨恨，有事求助他，仍一视同仁，对帮助过自己的人，总是感恩戴德念念不忘。他深爱着自己的家人。1954年，夫人患上严重的慢性病，工作与家庭的重担全部压在了他的肩上，他默默地用爱支撑与温暖着全家。女儿周景文回忆：父亲是一个心地非常善良的人，当时他非常忙，需要操劳的事特别多，白天要课带实验，晚上要去给学生们答疑和改作业，操持家务、照顾我母亲和我们兄妹三人的担子也落在了他肩上。面对这样的重重困难，他没有一点急躁厌烦的情绪。他细致入微地精心照顾我母亲。母亲牙齿不好，但很喜欢吃花生米。花生米是植物脂肪，对母亲的病有好处，父亲就非常耐心地每天炸好花生米，将花生米捣成粉子给母亲吃，经常晚上捣花生粉到深夜，捣完后还要备课，忙到很晚很晚。

2001年，周克定80寿辰，表弟易珏书赠一联"德才兼备心爱国，老当益壮器晚成"，代表了大家心目中对周克定的评价。

知识报国、师道楷模
——湖北工业大学损伤力学专家余天庆教授

湖北工业大学　萧毅

余天庆，男，1934 年出生，江西都昌人，中共党员，教授，博士生导师，享受国务院政府特殊津贴的专家，1952 年考入武汉大学，1956 年于华中工学院（现华中科技大学）毕业后留校任教，1983 年应邀到法国居里夫妇大学交流学习和从事理论力学研究工作，1987 年调到湖北工学院（现湖北工业大学）工作，2014 年离开教学科研岗位。他从教近六十载，一直忠实地履行着自己的从教格言："一支粉笔，两袖清风，三尺讲台，四书五经，竞传六艺；呕心沥血，革故鼎新，治国修身，培桃育李，兴教中华"。

20 世纪 80 年代初，余天庆在法国居里夫妇大学做客座教授，从事工程材料与结构的损伤理论基础及应用研究，这一领域在国内还处于起步阶段，与西方发达国家相比差距很大，他深切感受到理论与实践的滞后已严重影响到我国的基础建设和工业化进程。在法国的两年，他几乎把所有的时间都泡在实验室里，如饥似渴地遨游在损伤力学的知识海洋里，表现出了非凡的科研实力。巴黎风光宜人，待遇优厚，但"梁园虽好，非久恋之家"。战乱年代艰苦生活的经历，使他心怀朴素的报国之情，他婉言谢绝了法国教授的挽留，如期回到祖国。他要实现自己"知识报国，科技强国"的理想，创立并推动中国损伤力学理论的发展。

刚回国，余天庆就被调到湖北工学院，支援这所新建本科院校的建设。新建院校科研从零起步，一间狭小的房间，一张木质工作台，一杯白开水，一个啃了一半的馒头，几台破旧而落后的设备，余天庆在这样简陋的工作条件下废寝忘食、一心一意地搞他的损伤理论研究，一干就是十年。十年磨一剑，经过艰苦、漫长的反复论证和实践研究，在回国后的第 10 年，他的专著《损伤理论及其应用》出版了，这是这一学科领域国内的首部专著，填补了我国学科领域的空白，很快成为了国内众多高校博士、硕士研究生教材。2000 年，余天庆主持完成的科研成果"工程材料与结构的损伤理论基础及应用"获得湖北省自然科学二等奖，随后又主持或参与完成了"混凝土在等幅和变幅重复应力下的变形和损伤研究""脆性固体损伤的应变率效应理论及其应用"等国家自然科学基金项目和湖北省科技项目。2003 年，他主持完成的"工程结构的模型试验和计算机仿真"获得湖北省科技进步一等奖。2005 年，他主持完成的"公路高路堤支撑新结构试验与仿真研究"获得湖北省科技进步二等奖。艰辛耕耘二十

年,他的研究终于结出了累累硕果。到 2014 年八十高龄,他才从教学科研一线
退下来。在专业领域,他主持和参与科研项目 36 项,获省部级科研成果奖励 7
项,出版著作 18 部,发表论文 81 篇,著作和论文获奖 5 项,被学术界称为中国
损伤力学理论的先导和奠基人。日本名古屋大学曾专程请他去讲授他创立的
"能量损伤理论",一些国外知名大学还以优厚的条件聘请他去工作,但他都婉
言谢绝了,毅然留在国内做一名清贫的教师。

　　余天庆还与铁道部大桥局等单位开展合作,把自己的科研成果应用到芜湖
长江大桥、武汉军山长江大桥等国家重点项目建设中去。芜湖长江大桥首次在
国内采用了整体节点新结构这一创新技术,余天庆课题组也在国内首次对整体
节点在疲劳荷载下的应力状态进行了研究。在做芜湖长江大桥结构模型试验
时,正值盛夏,索塔锚固区极限承载能力模型试验设在工地现场,白天最高温
度达到 40℃以上。为获得稳定的测试数据,试验都从晚上十点开始到第二天早
上八点结束,已年过六旬的他带着一帮年轻老师和研究生,在白天战酷暑下的
工地不停穿梭于人群和仪器之中做测试准备,晚上熬通宵亲自测量、记录、分
析数据,还不时给身边的研究生作细致的讲解。上至索塔塔顶、下到基础深
坑,处处都留下了他的足迹,比一个年轻人还有干劲。实在太困太累了,他就
随手拉张席子往地上一铺,倒下去就睡。研究生们和合作单位的研究人员无不
感动地赞叹他是"科技战场上的勇士,人民教师的楷模"!

　　做科研搞创新,他呕心沥血;抓教学育英才,他孜孜不倦!从教近六十年,
他一直坚持在教学第一线教书育人。他总是尽自己最大的努力备好每一次课,
讲好每一堂课,指导好每次实习和设计,总是让自己的教学充满了激情,深深
地吸引着不同层次、不同专业的学子,让自己大半生的心力像无声的细雨慷慨
而均衡地洒落到教学过程的每个时空中去。他看重专业教学,更看重学生人格
培养,他关爱学生、帮助学生、引导学生。多年来,他坚持从繁忙的工作中抽
出时间为学生举办世界观和价值观、学生工程素质和创新意识的报告会,还一
直坚持承担着学院荣誉辅导员的工作,经常深入学生寝室与同学们交心谈心,
在学生食堂与同学们边吃边聊,在互联网上和同学们交流思想。他是同学们心
目中"乐呵呵没架子还很新潮的老爷爷",什么心里话都愿意向他倾诉,他常常
引导学生们要树立远大理想,求真务实,勤于学习,勇于创新。他还常出手帮
助学生解决实际困难。2004 年,在得知一个优秀的学生因家庭经济困难而萌生
退学想法的时候,他不断鼓励她,并每年资助学生 1000 元钱以帮助她完成学
业。他的一名研究生在回忆导师的文章《恩师教诲,育我终生》中写道:"2001
年,我报考海军工程大学研究生,余教授不仅给我写了推荐信,还专门带我去
海工,拜访海工的教授。读博期间,教授仍关心我的学业,还邀请我和他一起

编写了教材《张量分析及应用》，2007 年，这本书被清华大学出版社评为他们的‘精品教材’。…写书时教授总是把我带在他身边，要求我在实战训练第一线工作的同时，不但不能放松基础理论的学习，而且还要进一步夯实理论基础…我深深体会到这是教授对弟子难以言表的良苦用心。"余天庆和学生打成一片，用他严谨的治学态度、刻苦的钻研精神、无私的奉献精神、高尚的道德风范，言传身教，感染着身边的每一个学生。他带过数以千计的本专生，培养了 11 名博士、64 名硕士。他培养的学生都具有很强的奉献意识、团队精神和实干能力，加上扎实的专业基础，很多学生都成为所在单位的骨干。

余天庆曾说："作为一名老教师，应该为年轻人的发展铺路架桥，甘当人梯，把自己的教学经验传授给更多的年轻人，带动他们尽快成长，尽早挑起湖工大教学的大梁。我的作用就是当好队长，给他们创造良好的工作环境，集中大家的智慧和创造力，不断攻克技术难关。"他认为，一个人的知识再渊博，经验再丰富，也难以穷尽对新技术的探索。所以，他特别注重学术团队建设和青年教师培养，对于团队内青年教师的成长倾注了无限心血。经常到课堂听课，主动同青年教师交流体会，帮助他们提高教学技能和教学水平，悉心指导青年教师开展科学研究，成为青年教师的良师益友。

余天庆是从困难的环境中奋斗出来的，他所具有的是顽强的毅力和永不向困难低头的精神。他疼爱的小女儿因病离岗不能工作，相濡以沫的爱人不慎大面积烧伤，但他从不愿表现出内心的痛苦，让别人来分担自己的烦恼。他永远是乐观、充满激情、勇往直前的。在课堂上、在实验室里，他总是精神饱满，干劲十足。他说："家里事再大，与学校的事、国家的事相比也是小事。"这就是一个用知识报国的老教授的情怀。

奋力拼搏的逐梦人——倪世兵

三峡大学　杨寅庆

一、勤奋刻苦、兢兢业业的奋斗者

倪世兵，男，1983 年出生在重庆奉节一个普通的农民家庭。作为一名水泥搬运工的父亲，对工作从不抱怨，并用自身朴实的行为，教会了他勤奋、坚持与感恩。通过努力学习，他于 2001 年考上了兰州大学，2005 年毕业并保送硕博连读，2010 年获博士学位。研究生期间，他勤奋刻苦，多次获优秀研究生称号。毕业时，通过筛选和竞争幸运获得了留校机会。但为了方便照顾父母，他还是婉拒了导师，选择到离家最近的三峡大学工作。工作以来，他总是严格要求自己，兢兢业业工作。在学校的培养和帮助下，他快速成长。2012 年，29 岁获副教授职称，2015 年获湖北省"新世纪高层次人才工程"优秀青年学术骨干人才称号，2016 年获三峡大学青年拔尖人才资助，2017 年，34 岁获教授职称，2018 年获博士生导师资格、湖北省政府专项津贴专家。尽管取得了一些成绩，他从未满足，坚持努力提升自己。于 2016—2017 年间赴新加坡南洋理工大学进行访学研究，拓展研究视野，提升科研水平。目前，他在自己的研究领域形成了一定影响力，成为国家自然科学基金及省部级项目评审专家，美国化学学会、英国化学学会等主办的 10 余种期刊审稿人；主持国家自然科学基金 2 项及多项省、部级项目，在 Adv. Funct. Mater.，J. Mater. Chem. A，Chem. Commun. 等期刊发表 SCI 收录论文 90 余篇（第一及/讯作者论文 60 余篇，1 篇 IF＞13；8 篇 IF＞9.9；23 篇 IF＞5），被引用 2300 余次，授权国家发明专利 20 项（转让 1 项），获湖北省高校科技成果转化提名奖、三峡大学自然科学奖一等奖、湖北省自然科学奖三等奖等。

二、爱、梦想与担当相互交织的育人者

作为一名高校教师，倪世兵老师在工作中用实际行动践行做一名有爱、有梦想、有担当的好老师。

他一直认为：爱是教师把教学、科研工作做好的最强动力！在工作中，他每天总是来得很早，走得很晚，用自己的行为阐述对教学、科研的爱。这种爱，也深深地感染了他的学生。他曾经问一名研究生，你热爱自己的研究吗？学生的回答让他终生难忘！学生说：倪老师，你怎么会问我这个问题呢？我当然爱自己的研究了，我若不爱它又怎么会天天努力去做实验，来这么早，走这么晚呢？事实证明，爱是学生把科研做好最大的动力。这名学生在研究生期间获得两次国家奖学金，三峡大学研究生"十佳卓越青年"称号，发表 SCI 论文 10 篇，申请发明专利 10 项，在毕业典礼上被何伟军校长点名表扬并颁发证书，毕业后被破格录取到宁德时代新能源科技股份有限公司，经 2 年成长为研发小组负责人。

倪世兵老师常和同事们共勉，强调："高校教师是个神圣的职业，教师的言行将影响一代又一代的年轻人，决定了祖国的未来，教师责任重大，使命艰巨。要实现伟大的中国梦，就需要培养一批又一批有梦想的年轻人，这首先需要高校教师要有梦想"。从进入三峡大学以来，他的梦想是做一名学生认可的老师，做一名本领域认可的科研工作者。从刚开始忐忑不安地站上讲台，到学院评教名列前茅，使他坚信：努力夯实自己的专业知识，提升自己的教学水平才是让学生认可的王道。在科研上，他一直都将在本领域顶级杂志发表研究成果作为

一个宏伟目标。经长期努力，现已发表影响因子 10 左右的文章近 10 篇，研究成果水平已经实现了稳步提升！

倪世兵教授在工作中知难而上，敢于担当。2010 年，他从兰州大学凝聚态物理专业博士毕业，到三峡大学机械与材料学院上的第一门本科课程是《材料腐蚀与防护》，主要是电化学知识，与他的物理背景格格不入。为了把课上好，他认真查阅了大量参考书目，系统梳理了电化学腐蚀的基本原理，对相关概念形成了较深刻理解。结果，这些教学的积累反过来促进了他的科学研究，使他在泡沫金属原位腐蚀及储能应用方面取得了系列研究成果，获批一项国家自然科学基金。2013 年，系部新版人才培养方案里面有一门新课《试验设计与数据分析》，委派给了他。面对课程中满篇的公式推导和计算，他没有退却。从接到课程通知开始，他便将绝大部分精力和时间都花在了备课上，不断地查阅参考书目，一遍又一遍地去整理、完善课件。熟练讲授这门课程也让他对科学试验设计方法有了更深刻的理解，反过来极大地提升了他的试验效率；2017 年，从新加坡访学完归国，学院安排他上一门留学生课程，全英语教学，也是全新的挑战。在教学过程中，他不但提升了自己的英语表达、交流能力，还吸收了一名留学生加入他的课题研究。他常和同事们共勉："眼前的挑战或许就是下一个等待我们发现和把握的机遇，请好好珍惜！"

倪世兵老师培养了大批优秀的学生，推荐多名本科生到武汉理工、华中科技大学、厦门大学继续深造研究生，指导本科生获湖北省优秀学士论文 5 篇，省挑战杯科技竞赛三等奖 2 项，湖北省优秀暑期社会实践团队称号。培养研究生获省优硕士论文 1 篇，国家奖学金 6 人次。

三、实事求是、坚持创新、不断凝练的研究者

倪世兵教授专注于自己的研究领域，实事求是，坚持创新，不断凝练，形成了具有鲜明特色的研究思路。

他在科学研究中不跟风，不追热，坚持做自己的特色研究方向。他所从事的金属氧化物锂离子电池负极材料研究领域中，纳米材料是一个热门研究方向，合成各类特殊的纳米形貌是锂离子电池负极材料研究的主要思路。但他并没有跟风，而是认真思考氧化物负极材料研究中存在的关键科学问题。通过细心观察发现，绝大多数纳米材料在循环过程中的形貌、结构都会发生巨大变化。因此，他提出，氧化物负极材料初始形貌与结构并不是决定材料电化学性能的直接因素，而材料在循环过程中演变而成的二次形貌、结构才是决定其电化学性能的关键。为描述电极材料在循环过程中的形貌、结构变化，他在锂离子电池领域率先提出"电化学活化、电化学烧结、电化学重构"系统概念。相关

概念为描述电极材料在嵌、脱锂过程中的形貌与微观结构演变提供了规范用语和准确表达，基于上述概念的电极二次形貌及其相关电化学性能研究为锂离子电池研究开拓了新的领域；为解释转换型材料容量随循环次数增加而升高的现象提供了新的机理，使深入研究有望更深刻理解影响电极材料电化学性能的关键因素；不仅适用于转换型电极材料，同样可应用于合金/去合金化型材料，还能推广到嵌入/脱出型电极材料，具有广阔内涵及应用空间。在这些概念基础上进一步拓展（如结合局部微观与整体宏观原位研究电化学重构机理，可控电化学重构理论等）有望为锂离子电池研究带来新的突破。上述概念得到了国内外知名学者的广泛认可，形成了较强影响力。研究获得国家自然科学基金"锂离子电池硅—镍复合负极材料电化学重构机理及电化学性能研究"（NSFC，51302152）资助。

在科研过程中，倪世兵坚持以"细节决定成败"作为科学研究的基本指导思想，长期亲身参与试验核心环节，注重与研究生进行试验细节讨论，倡导从试验细节中寻找创新。他经常与同行和研究生分享一个科研故事：2012年，他设计了一个关于钒酸锂材料的水热合成方案（利用水热反应得到沉淀），并密切关注这个试验进展。研究生按照试验方案进行了试验，却没有得到任何沉淀，以为试验结果失败，因此并没有跟导师进行汇报。倪世兵教授按照试验设计的时间节点到实验室查看试验结果，发现学生正准备将水热合成得到的溶液倒入废液池。他赶紧阻止了学生，并与学生讨论了试验过程和结果。根据试验细节，他采取逆向思维模式，将水热反应得到的液体作为前驱体，结合固相烧结法成功制备出了具有优异电化学性能的新型锂离子电池负极材料 Li_3VO_4。在此基础上，系统优化合成方法和改性手段，发展了独特的 Li_3VO_4 中间液相特色合成工艺。目前，Li_3VO_4 负极材料全球 SCI 论文 60 余篇，而倪世兵教授课题组发表的论文就占了 10 篇，在本领域形成了较强的影响力，系列研究成果也获得了国家自然科学基金面上项目"钒酸锂基嵌锂负极材料的结构设计、电化学重构机理及性能调控研究"资助。

四、注重团队，倡导合作共赢的领导者

倪世兵教授注重团队建设，倡导合作共赢理念。目前，其团队共有 5 名研究生。在科研工作中，倪世兵教授注重以身作则，每天到实验室的第一件事情就是查看试验结果，晚上也经常工作到十点半以后。他以自己的实际行动为研究生树立热爱科研的榜样，传递以科研为乐的正能量。倪世兵教授注重研究团队氛围建设，提倡尊重每一位成员，鼓励主动沟通，充分发挥研究生的积极性。他强调，研究生是站在科研最前沿的工作者，掌握着决定试验成败的关键——

试验细节，是实现团队远大科研目标不可或缺的重要力量，是自己最亲密的科研伙伴。他认为，科研中所碰到的问题，就是研究的切入点，科研最大的乐趣便在于：发现问题并寻找到解决问题的方法，而沟通是解决问题最有效方式。倪世兵教授也十分关心团队成员的思想和生活，经常与团队成员交流科研、生活感悟，毫无保留地分享自己的成长经验，鼓励团队成员树立远大理想，坚持把简单的事情用心做好，养成良好的习惯，培养优秀的品质。倪世兵教授注重团队研究视野拓展，积极倡导合作研究。长期保持和本领域知名学者（新加坡南洋理工大学申泽骧教授，湖南大学青年千人刘继磊教授，厦门大学国家千人计划专家赵金保教授等）的紧密合作。通过联合申报课题，将优秀研究生派送到合作单位进行联合培养等方式来提升团队成员的研究水平。

五、为推动社会发展贡献力量的研发者

倪世兵教授始终认为，将高校科研平台优势、研究成果与社会需求结合，为推动社会发展贡献力量是一名高校教师的重要价值体现。他非常尊重企业家，高度重视与相关企业的合作，热心帮助企业解决问题。2012年，他开始担任赣州奥润吉新材料有限公司技术顾问，在大量调研和试验基础上，为公司的发展转型提供信息与技术支持，使公司成功从专业粉体材料制备逐渐转型为高容量锂离子电池负极用 Si、Sn 纳米材料专业供应商，极大地提升了产品附加值和企业经济效益。他还长期与宜昌本地企业欧赛新能源科技股份有限公司保持紧密合作，为公司提供测试分析帮助、研发人员培养与专业技术支撑。倪世兵教授亲自带学生进驻公司实习，与学生同吃同住，一起进车间，研究方案，探讨工艺，显著增强了学校与企业的联系。培养的多名研究生（吕小虎、段松等）和本科生（刘绍威、林硕、沈家贵等）均已成为公司核心技术研发人员和重要岗位管理人才，这促进了公司从起步、成长到成功上市的快速发展。倪世兵教授也十分注重国外先进技术引进，于2016年11月—2017年11月间赴新加坡南洋理工大学。新加坡—中国科学技术交流促进协会会长申泽骧教授课题组进行访学，作为技术骨干协助新加坡南洋理工大学石墨烯防腐、超级电容、动力电池等国际领先技术落户于江苏南京，促进了当地经济发展。鉴于倪世兵教授在促进新加坡—中国科技交流方面所做出的突出贡献，新加坡—中国科学技术交流促进协会吸收倪世兵教授成为会员。为表彰新加坡—中国科学技术交流促进协会在促进两国间科技交流方面的突出贡献，习近平主席于2017年8月22日在人民大会堂接见了申泽骧会长。

记武汉纺织大学纺织材料学专家徐卫林教授

武汉纺织大学 邱宏伟 肖永红

棉花，洁白纯净，柔软温暖，质朴无华，既没有牡丹的国色天香，也没有玫瑰的娇艳芬芳，它从来都不是文人墨客青睐讴歌的主题，却是人类"衣食住行"生存的首要必需品。通过能工巧匠之手，它能织出霓裳羽衣，锦绣华服，如梦如花般温暖美丽人间。武汉纺织大学就有这么一位钟情棉花、质朴如棉、妙手织棉的"棉花客"——徐卫林。

见过徐卫林的人，印象中总抹不去一位地地道道的"棉花客"形象，其貌不扬、平易随和，宽厚善良、温暖纯净，就是这样一位质朴低调的中年老师，却创造了一个个的教学科研奇迹，在学校里是无人不知、无人不晓：原创性研究成果获国家科技进步一等奖，国家技术发明二等奖，美国纤维学会杰出成就奖，湖北省科学技术突出贡献奖，何梁何利基金科学与技术创新奖，"长江学者奖励计划"特聘教授……

一、随风潜入夜，润物细无声——温暖如棉的教书人

"我坚信，下一个五年，中国必将培养出世界一流的纺织人才"。对纺织人才培养的底气和自信，源于徐卫林对纺织的热爱和坚守。

1988 年，还是一位青涩少年的徐卫林，从家乡湖北罗田县来到武汉纺织大学求学，学习了 4 年的针织工程。"当时他在我们年级很不起眼，课外活动时也不怎么活跃。我们也只是知道有一个叫徐卫林的人，而且成绩还不错。"昔日的大学同学崔卫刚笑着说。虽然不怎么爱参加活动，但从那时起，徐卫林便对纺织这一学科产生了浓厚的兴趣。沉浸于针织世界的快乐，也逐渐促使内敛细心的他走上了纺织科研的道路。

"当时我一点也不了解这个专业，可当你了解了纺织，你就会爱上纺织。"随着徐卫林不断地深入求学、深入探索，他开始了解到纺织行业的意义，也认识到这个行业的包罗万象，纺织的学科交叉和应用是无止境的。他从一个不懂棉花的人，逐步走上爱棉如痴的道路。1995 年，他获得了西安工程大学硕士学位。1997 年 5 月，进入东华大学纺织材料专业攻读博士学位，师从我国著名纺织科学家姚穆院士。大师的言传身教培养了他对知识的融会贯通和分析问题、解决问题的能力，也让他具备了扎实的科研功底。如今，每当回忆起跟随姚穆院士求学时的情景，徐卫林总会津津乐道于大师独具特色的教学方法。在姚穆院士带领下，徐卫林真正进入了纺织的世界，开始热爱这个行业。1999 年 3

月，在四川大学高分子材料国家重点实验室进行博士后研究工作，出站后在香港理工大学做了为期一年的高级访问学者。2000年4月，回到母校武汉纺织大学工作。

回忆起求学、从教的30余年，徐卫林有三字心经，那就是"韧、忍、仁"——仁者莫大于爱学生，忍者能受得住寂寞，韧者则执着于教育事业。他说："只有身上沾满棉花才会成为真正的纺织人。"他先后承担了本科生的"纺织材料学""纺织实验仪器学""纺织专业外语""纺织前沿技术讲座"等课程的教学任务，5000余名本科生聆听过他的教导，在教学过程中他将理论教学与"沾满棉花"的实践有机地结合，使枯燥无味的专业课变得深受同学们的喜爱。30年来，徐卫林一直带领学生在实践中做科研，深入企业工厂车间，和企业一线技术人员共同解决实践难题。

"徐老师从不要求我们弄懂全部的知识，只要求我们对某一方面进行仔细研究。"纺织材料专业研究生杨云说："大家都很喜欢上徐老师的课，因为他的教学方法很能激发我们的思维。"

徐卫林说："我获得的奖励都是来自我的学生和我的团队。"在获得湖北省科技突出贡献奖后，他将省里奖励的100万元奖金以及学校配套奖励的100万元反哺学生，设立了"攀登奖学金"，以支持纺织人才培养和创新，鼓励有更多像他一样的学生能够学好纺织专业，学有所长、勇于创新。

桃李不言，下自成蹊。正是徐卫林这种"沾满棉花的精神"，使他获得了全国五一劳动奖章、全国师德先进个人。他倡导科研与教学相长，曾获国家教学成果二等奖1项，培养博士及硕士69人，许多学生工作在国内及国际的重要岗位上，成为科研技术骨干，也成了响当当的"棉花"专家。

二、满眼生机转化钧，天工人巧日争新——勇攀高峰的科研人

徐卫林带领着学生团队开展科学研究，一方面坚持抓住共性关键技术，进行原创性研究；另一方面注重学科交叉，坚持跨学科研究。徐卫林说："我非常喜欢做具有原始创新和自主创新特点的科研，也许10次失败了9次，但有一次成功的话，那么这个成功的意义就很大。"

在同事们的眼中，他是一个很严格的人。"说起来，他不是一个很严厉的上级，但却是一个很严格的教授。就连我们送上去的报告里面错误的标点符号，他都不会放过。"崔卫刚感叹道："可是下了班，同事们又很乐意喊他一起去打球。"

交叉出灵感，融合汇新意。徐卫林带领学生团队与山东如意集团和学校共同研发的"高效短流程嵌入式复合纺纱技术"，改变了人们多年来的思维定式，

用普通的原料，纺制出 500 英支棉纱（国际记录 300 英支）和 500 公支毛纺纱（国际记录 240 公支），突破了"超高支纺纱"的技术极限，这是目前国际上最轻薄的高档面料。该项目也获得 2009 年度国家科学技术进步一等奖。徐卫林和他的学生团队耗时 8 年牵头研发的普适性柔洁纺纱技术，获得 9 项国家专利。该技术专利包公开挂牌转让，由国内最大的棉纺织成套设备供应商经纬纺织机械股份有限公司以 500 万元高价竞得。

徐卫林对学生说："我们要思维创新，用纤维材料做出像人类一样的血管。"他结合纺织与生物、能源学科，以管状织物作支撑，研发出仿真人造血管。因为有织物做"骨架"，缝合时不会出现脱线，连医生都赞叹"有弹性，就跟真的血管一样"。2007 年，徐卫林和学生团队自主研究的"高分子材料超细粉体加工设备及技术"，能显著改善产品的手感和透湿、透气等性能，为国际首创。以该技术为依托的项目获得了 2007 年国家纺织协会科技进步二等奖和 2008 年度国家技术发明二等奖。他还成功研发出纯棉、纯羊毛、纯化纤单向导湿舒适面料等一系加工技术。同时，成功研制出织物导水性能测试仪器，该测试方法已转让到国际上最大的纺织测试仪器公司生产销售。该方向研究获得美国及中国专利 4 项，织物导水性能测试方法也已成为 AATCC 国际标准，同时获得湖北省科技进步一等奖。

在徐卫林的眼中，上天入地，中间空气，处处都有纺织。纺织的应用前景非常广泛，舒适美观的服装、人造皮肤、防护服、高强度的钢盔材料、宇宙飞行器等，都需要纺织的参与。纺织科技的进步，直接影响着人民的幸福感和国家的长远发展。"我们要让纺织的优势渗透到我们能想到的各个领域。"徐卫林说。

三、一枝独秀不是春，百花齐放春满园——教学科研团队的领路人

作为武汉纺织大学纺织学科的学术带头人，徐卫林十分重视本学科教师队伍的培养与建设。在繁重的教学科研任务之余，他还主动承担对青年教师的教学指导，帮助年轻教师尽快适应教学工作，提高教学水平。通过吸纳教师参与到自己的科研项目中，从自己的科研经费中资助教师开展研究工作等方式鼓励教师的科研热情，增进学科的学术研究氛围，在学科内形成了一支蓬勃向上的科学研究团队。2007 年，由于研究领域的水平和特色，学校的"湖北省纺织新材料及其加工重点实验室"升格为"纺织新材料绿色加工及其功能化教育部重点实验室"。为了稳定人才，徐卫林主动将该重点实验室主任的位置让给了一位引进人才来担任。在他的带领下，纺织学科的老师们的教学水平和科研水平都有了显著的提高。

　　但是纺织人也知道，学习枯燥、工作辛苦是必然的，需要更多优秀的人才静下心来，潜心研究。徐卫林总是在每周五的下午就匆匆离开学校，前往外地的企业指导生产，同时进行自己的项目实验。做完两天的实验，又从外地急忙赶回学校上班，有时，为了不耽误正常的工作和教学，他一下飞机便直奔教室或者会场，根本没有时间休息。不仅双休日，徐卫林的节假日和寒暑假也大都交给了企业的实验室，学校、实验室、工厂几乎成了他生活的全部，而家里的事几乎全都丢给了自己的爱人。在研发"高效短流程嵌入式复合纺纱技术"的三年时间里，他带领科研人员进行了不下千次的实验，对实验数据进行了一遍又一遍的检验，而在家里睡觉的日子却少得可怜。若没有这种执着和严谨，那么多原创的科技"硬骨头"，只靠创造力和逆向思维是绝对啃不下来的。

　　在徐卫林的带领和努力下，纺织学科的研究基地已经建设成为"纺织新材料与先进加工技术重点实验室培育基地"，他担任重点实验室主任。目前实验室运行良好，承担了国内外大量相关的研究任务。他还担任着中国纺织工程学会副理事长、湖北省纺织工程学会理事长，为企业人才培养与技术交流搭建平台，力推行业及区域内相关企业科技进步，推进产业升级。他担任 *Journal of Industrial Textiles*、*Coloration Technology* 等纺织学科著名期刊编委，多次应邀在国际学术会议上做大会报告，担任第 89 届世界纺织大会联合主席、TBIS 等国际性会议的大会主席。在他的带领下，武汉纺织大学的纺织学科快速发展，在人才培养以及学科建设、科学研究等方面取得了显著的成绩。

　　从教 20 年来，徐卫林把自己的青春和热血都奉献给了中国"纺织人"的教育和培养，武汉纺织大学也以他为原型创作编排了大型音乐话剧《织梦》，生动地演绎了徐卫林和广大有抱负的纺大学子不断探索纺织文明的"逐梦"过程，正是徐卫林的这种精神，使得纺织文化、纺织专业、纺织人在新的时代大放异彩。

　　在学校，他却是一个出了名的低调的人。"我跟徐教授提到过多次媒体采访的事，他总是婉言谢绝，搞得我都没有信心再向他提采访了。"学校党委宣传部的周老师笑着说。

　　"我是一个很平凡的科研人员，做了一些应该做的分内事。"面对实在推脱不掉的媒体采访，徐卫林总是这样评价自己。

魂归天国师犹在

湖北文理学　熊华山

　　新学期开学以来，我一直在思考如何推进 60 周年校庆史料收集和丛书编写工作。2017 年 2 月 20 日，星期一。早上一进办公室，我就着手清理和翻阅过去一些老同志送给档案馆的书籍文献材料，从中找出了一本《人生——李延夫诗词选集》。这个小册子，记得还是七年前我负责市诗词学会筹备工作初期李老师专门来档案馆送给我的，其中有一首《桂枝香——襄大五周年校庆赋怀》，让我顿时眼前一亮，倍感亲切。也许是师生情深，心灵之间存在一定的感应吧。正在此时，办公室门突然开了，进来的同事告诉我，李延夫老师因病在珠海去世了，骨灰不日将运抵襄阳，学校准备在市殡仪馆举行一个简单的告别仪式，现在需要查一下李老师档案写生平……

李延夫老师早年毕业于华中师范学院中文系，20世纪80年代初调至新成立的襄樊职业大学(后也称襄樊大学)中秘系任教，曾担任该系主任。那时期学校师资紧缺，我读的是84级首届中文秘书专业，三年的专科学历，李老师完整地教了我三年的《古代汉语》《现代汉语》，还有古典文学欣赏等多门课程。在我的印象中，整整三年，李老师从没因病因事耽误我们一次课。2014年春，在老襄大84中秘30年同窗再聚的特殊班会上，李老师还动情地讲到，"84中秘是我到襄大任教的第一个班，深感责任重大，自己从未有丝毫懈怠，更不敢因事因病耽误过一节课，哪怕头一天发烧，晚上蒙在被子里出一身汗，第二天也要强撑着走上讲台。84中秘是一个充满生机活力的班集体，常言道：要当先生，先当学生，当年我从同学们身上也学会了许多敢想敢说敢干可以称作是精气神的东西……"

后来，我以优异的成绩和表现被推荐毕业留校工作，在教务处和党办一干就是好几十年。其间，学校与华中理工大学联合举办汉语言文学硕士进修班，李老师作为华中理工大学的特聘教授，又教了我一两年，指导我完成各类研究论文作业多篇。记得同期在班的还有曹健、陈勇、宋慧、郑安云、谢丽霞、汤幼鸿、管文娟、梅艳等一些至今还在学校工作的老师。虽然我因在职英语六级没能考过而不能参加毕业论文答辩，最终没能拿到硕士学位，让李老师深感惋惜，但我感觉通过硕士班的进修，自己的学习能力和文学素养又有了很大提高，这为我后来能够胜任学校多个管理岗位工作打下了坚实的基础。正如李老师当年安慰我所言，拿不拿学位不重要，重要的是能学到东西，问心无愧就好。

2001年12月，李老师在65周岁上光荣退休，但他不甘赋闲在家安度晚年，连续多年在市老年大学诗词班讲授格律诗词创作课程。2010年之后，他又为襄阳市诗词学会在我校筹备成立并挂牌积极建言献策，帮助我所在的筹备组梳理人脉，牵线搭桥，还不顾年迈体弱，不计报酬甚微，精编讲义手稿，多次为诗词进校园而登隆中讲坛。

李老师一生从教，治学严谨，笔耕不辍，藏书颇丰。2016年10月，已经80高龄的他应邀参加了湖北文理学院60年校庆筹备工作座谈会，并于会后表达心愿，百年之后他愿意将自己的全部藏书无偿捐赠给学校，并叮嘱我要先找好专业人员上门帮他清理书房，有史料和学术价值的一定要交档案馆和图书馆保存。但他同时又说自己每天都还要看书，等哪天看不动了，再通知来家正式办理捐赠移交。李老师晚年身体一直不好，最近几年都是去珠海儿女家过冬，去年临行之前，他还又一次打电话给我表达了上述心愿。可我怎么也没想到，此一去师生竟成永别？惊闻噩耗，我伤怀不已，任泪浸双眸凝噎喉⋯⋯

更令我不能释怀的是，后来在李老师的灵堂前，师母告诉我，李老师弥留之际还在让家人电话联系我，想最后再叮嘱我一定要把他托付捐书的事办好。可阴差阳错，我没能在第一时间接听到这个电话。作为先生最喜欢的弟子，我最终未能让他老人家走的了无牵挂，这或许将是我一生的遗憾。

2月23日下午，学校为李老师举行告别仪式。我作为恩师生前友好和学生代表，受治丧委诚邀发言，表达哀思之情。面对恩师灵骨和遗像，我郑重表态，弟子一定想方设法尽全力完成好李老师的未了心愿，积极争取学校支持，在档案馆库房设立专架专柜，建立规范的人物档案馆藏，让更多的有李老师一样心愿的老同志、老教师心有所托，魂有所寄，精神永存！最后，为报师之大恩，敬奉挽联一副，恭送恩师一路走好：

行歌古道，一生夙愿，骨透书香著等肩，追太白遗风，呼黄河之水，养夫子大气；

梦持教鞭，三尺讲台，魂归天国师犹在，授经史子集，扬国学之尊，看桃李满天！

——丁酉年初春夜弟子华山泣笔于听竹轩

全力入列中国制造2025
——湖北科技学院周国鹏教授一瞥

湖北科技学院　　曹祥海

2017年12月1日，国家科技部下发"国科发火〔2017〕374号"文件，批准"咸宁智能机电创新型产业集群"为国家级第三批创新型产业集群试点，周国鹏教授作为代表领回了牌匾。

2018年10月30日，周国鹏教授经过两个多小时的答辩，中科院院士程时杰郑重宣布：经专家咨询评审，一致同意成立"湖北省智能机电产业技术研究院"。

"建成湖北省智能机电产业技术研究院，填补咸宁产业研究院的空白，全力入列中国制造2025，助推经济社会发展。这是我多年的夙愿，也是一名科技工作者的神圣职责。"系列申报的旅程坎坎坷坷，积累的成果蒸蒸日上。周国鹏教授率领他的团队，建起了"湖北省电机与控制系统工程技术研究中心""湖北省校企共建电机与控制系统研发中心"，成立了咸宁市智能机电产业联盟。近三年，先后为企业解决技术难题近百个，开发新产品27个，申报国家专利122个，项目经费6000万元。其中，某款中频发电机获得全军科技进步三等奖。雨后春笋般的科研成果，直接为企业带来了上亿元的经济效益，助推咸宁市机电产业集群进入全省重点成长型产业集群，高新技术产业增加值占GDP比重提高到6.4%。他也先后入围"咸宁市新世纪高层次人才"、咸宁市第二届"十大科技创新人物"。

一、言传身教育英才

周国鹏，男，1972年3月生，中共党员，二级教授、博士、硕士生导师，华中科技大学电力系统及其自动化专业博士后。1994年，他大学毕业来到湖北科技学院担任一名光荣的人民教师，时至今日已有24年。24年来，在平凡而清苦的三尺讲台上，他始终坚守"立德树人"的根本任务，以"有理想信念、有道德情操、有扎实知识、有仁爱之心"的好老师标准来严格要求自己，无缝对接区域经济社会发展现实和长远的人才需求，指导、培育和输送出大批品德高尚、乐于奉献、素质过硬的科研人才和技术人才。

在担任电子与信息工程学院副院长，分管学工、学科竞赛、创新创业等工作期间，他带头主持湖北省教学改革项目等累计6项，制定和实施了工科学科相关专业的人才培养方案，并坚持亲自为大学生讲授《数学建模》《数值分析》《C程序设计》《现代控制技术》《电力系统分析》《发电厂电气部分》《电力系统规划》等主干课程，指导大学生在实验室或工厂车间开展创新实践活动。近年来，他带领的大学生先后在全国大学生"飞思卡尔"智能汽车竞赛、全国大学生电子设计竞赛、全国大学生数学建模竞赛等国家级、省部级学科竞赛中获奖30余项，完成国家级省级大学生创新训练项目5项、校级科研项目6项，并一举揽获全国大学生数学建模竞赛最高奖——"高教社杯"。他培养的大学生中，20%左右的人能够进入国内外高等学府继续读研深造，近半数的人留在湖北工作，并成长为高校和企业的科技骨干力量。其中，董柏青同学在校期间，周教授多次指导他参加全国大学生数学建模竞赛并获得国家奖，他以优异的成绩考取华中科技大学硕士研究生和南开大学博士研究生，博士毕业时，董柏青以15篇高级别的SCI论文被安徽大学直接聘请为教授。

二、殚精竭虑谋发展

咸宁是一个新兴的发展城市，工业基础比较薄弱，但也有许多闪光之处，如地理位置、绿色交通、旺盛人气等，还有相应成规模的机电产业。虽然机电产业零散分布，但若以科技的"金丝线"将它们串起来，那不就是一条熠熠生辉的项链吗？周国鹏同志的想法正好与市委市政府"打造咸宁百亿机电产业链，实现'绿色崛起'"的决策不谋而合。他立志"要以产业研究院建设为突破口，主动发挥科技优势和智力优势，做好咸宁腾飞的助推器！"

以知促行，知行合一。周国鹏教授担任湖北科技学院工程技术研究院常务副院长期间，他邀请组织学校相关专业的老师深入到湖北华声机电有限公司、湖北同发机电有限公司、国网咸宁供电公司、湖北凤凰机电研发公司、湖北三六重工有限公司、湖北二电电气有限公司、湖北泉都立体车库设备有限公司、湖北牧鑫智能家居股份有限公司、博洛尼家居用品湖北有限公司、湖北华耀达电气有限公司等十余家企业开展了广泛的调查研究。几米高的调研材料，几万个数据链，催促周教授夜不能寐，经过无数次商讨甄别，他决定践行产学研用相结合，绝不把科研成果封存在"象牙塔"内。想法与企业双方一拍即合，迅速产生出火花，开始形成了燎原烈焰。短短时间，就成立了"电机与控制系统校企共建研发中心"，3 年后便成为了"湖北省校企共建电机与控制系统研发中心"；2013 年，湖北省校企共建研发中心获批中央财政支持地方高校建设资金 1000 万元，建成了电机加工与测试中心；同年，获批"湖北省电机与控制系统工程技术研究中心"。蓬勃的发展势头在咸宁产生了巨大影响，各家企业来访来询络绎不绝。市科技部门和经信委得知消息，顺势而为，成立了"咸宁市机电产业技术创新战略联盟"，100 多家企业和科研院所争相加盟。

自此，周国鹏同志在"实验室、企业、市场"间如"陀螺"般快速运转，颇有盈利的私人"计算机咨询店"关闭了，面临高考的孩子"不管"了，全部的家务甩给老婆。老婆斗气唠叨，他干脆搬到了实验室"冷战"。数日过去，老婆终于心疼不已去接回，可一眼认不出胡子拉碴、邋里邋遢的人就是她老公。老婆怜悯心疼的泪水默默地阐释着周国鹏同志成果的付出。

三、中国制造攀高峰

《中国制造 2025》是立国之本、兴国之器、强国之基。湖北省出台《中国制造 2025 湖北行动纲要》是一个教育大省的担当，咸宁市出台《中国制造 2025 咸宁行动方案》是具体落实践行。咸宁市具有良好的机电产业发展基础，拥有原湖北第二电机厂、湖北发电机厂、湖北变压器厂、湖北起重电机厂等一批老电机企业，经过半个多世纪的发展，形成了拥有 170 多家规模以上机电企业的机电产业集群，产值占咸宁市工业企业产值的 30% 以上。

可是，咸宁市机电产业如同老工业基地一样，高产能、高投入、密人力、低科技的现象普遍存在，转型发展势在必行。如何在保持优势的情况下实现"腾笼换鸟、凤凰涅槃"呢？周国鹏教授苦思对策。经过精心论证："智能化、创新化、标准化"的蓝图逐渐形成。

智能需要创新，创新需要团队，团队需要基地，成立"湖北省智能机电产业技术研究院"迫在眉睫。2015 年，周国鹏教授将自己的思路和打算向市政府相关部门做了汇报，得到了高度重视和采纳。咸宁市还将智能化改造写入《咸宁市"十三五"经济与社会发展规划》，并迅速成立专班协同申报。周国鹏同志深知，成立研究院就必须了解相关前沿的科研动态和发展趋势，必须走在时代的前列。时不我待，他一边安排申报，一边自己到发达的美国去"检修充电"。一年时间，三百多个日日夜夜，周国鹏同志恨不得一天当着两天用，每天 18 个小时呆在实验室成为作息安排，去时 140 斤的个子回来只有 117 斤。走路飘摇而满怀信心归国准备大展宏图的周教授，迎头就是一盆冷水。原来他去美国后失去主心骨，申报也就搁浅了。周教授恨不得扇自己耳光，冷静下来后，重新梳理：优势、弱势、方向、人才、项目、设备、资金、政策等一系列环环相扣的问题，确立研究院目标"机电行业智能化、高端化、低碳化"，打造中国工业 4.0 品牌，把咸宁的名字唱响全世界。

中国工程院院士段正澄教授来了、美国南伊利诺伊州立大学终身教授华罗朝俊博士来了、华中科技大学千人计划特聘教授曲荣海博士来了，武汉大学彩虹学者邓长虹教授来了，浙江理工大学朱祖超教授率领团队来了，许多国家机电行业顶级人才纷纷与周国鹏教授联手攻关，除了以上建成的项目外，国家起重机械产品检测中心(湖北)正在筹建，预示着"产业研究院"的辉煌指日可待。

湖北医药学院首任院长项仕孝教授事略
湖北医药学院

项仕孝教授(1917 年 1 月—1991 年 9 月)，安徽黟县人，汉族。中国民主同盟盟员、中国共产党党员。他以高度的政治热情，精深的术业专长，献身于祖国的医学事业，矜式一方，蜚声全球，辑录毕生事略如下。

一、留学归来报效祖国

1944 年，项仕孝教授毕业于上海同济医学院，先后任职(教)于中国人类学研究所及上海同济医学院母校。1948年，经王凤振教授介绍赴瑞士巴塞尔医学院进修兼任志愿助教。在著名神经解剖学Ludwig教授的指导下攻读神经解剖，两年后获博士学位。当时瑞士有关单位，仰慕项博士的精深术业，纷纷以优厚待遇游说，留他在瑞士任职。得知这位中国博士不为所动，准备整装回国时，更以"你们国家，战乱刚停，一向贫穷落后，新政权不会属意医学事业，回国毫无个人前途……"加以诬蔑诱惑，甚至扬言如不留瑞士，则将施以其他手段，予以威胁恫吓，但项博士义无反顾，以"我是中国人，我的事业前途在祖国"的坚定信念，断然回绝。经过一番努力，终于在1951年年初，回到了誓愿报效毕生的祖国。

二、矢志奉献山区医学

项仕孝教授回国后，分配至上海同济医学院任解剖学副教授。1951年，学院迁往武汉，他又依组织决定至武汉参与筹建中南同济医学院即武汉医学院工作，并曾任该院解剖学副教授、副教务长、基础部副主任等职。1965年，为了改变山区缺医少药状况，上级决定在鄂西北大山区创办武汉医学院郧阳分院。项教授毅然放弃大城市安定方便的生活和教学设施完备的优越条件，第一个报名，请求到最需要最艰苦的地方去，并撰文《热爱山区，扎根山区》以明志（该文曾刊于武汉医学院院报）。是年寒冬，他携带家小（其四个儿女当时还在读中学）六口，不远千里来到了当时交通阻塞、生活不便，连住处都难以安排的新学院所在地十堰镇。项教授毅然将家小安排在远距数十里的郧县，自己租住民房，忘我地投入到学院的创建工作中。在大家的共同努力下，克服无数困难，短短几个月的时间，新建的武汉医学院郧阳分院如期开学了。他于1966年4月任副院长，因院长未到职，便成为该院首任院长。他在该院历任解剖学教授、基础部主任、副院长等职。直到病逝，历时近三十年，实现了早年献身山区医学事业的夙愿。

项仕孝教授七十生辰时自咏诗作中有"离乡从医偿夙愿""老骥伏枥快加鞭"之句，欣然自慰，形于字里行间；同时医学后继，也多以之为楷模，自励自勉。

三、术业精深化育桃李

项仕孝教授对教学工作认真负责，对业务精益求精。他在长达四十余年的医学生涯中，除担任学院行政领导工作外，大部分时间从事教学和科研。他精深的医学造诣，深入浅出的讲授艺术，谆谆不倦的教诲热情，博得了一届又一届学生的赞誉和景仰。受教于项教授的两千多名学生，走上工作岗位之后，不少同志在医学界做出了突出贡献，成为医疗卫生战线上的骨干力量，如郧阳地区医院任内科、妇产科、耳鼻喉科、外科主要负责人的教授、副教授等，都曾受到他专业技术上的精心指导。他对青年学生的生活也极为关怀，他经济并不富裕，但当他得知某生有困难时，便送他几十元，并声言"不要还"。同教研室的同志，经济上如需借补，他也慨然解囊，并以"不定借期"相约。这种"助人为乐"的事例，广为传颂。此外，他曾受卫生部委托，负责办了三期全国解剖学师资培训班，使参加学习的众多人员，在专业技术方面大有提高。

教研成果丰硕，荦荦大者专著有《神经解剖学讲义》；学术论文有：《人第二对脊神经根纤维之数与粗细》《人脊神经纤维粗细之统计》《细胞的亚显微结构》等篇，均获医学界高度评价。为治疗地方病他还曾带队去房县、竹山等偏僻深山生活一个多月，治疗患者一百余人，并撰写了《地方性克汀病病理形态研究》论文，开辟了地克病形态研究的新领域。他通过数十具尸体解剖，参考国外资料完成冰冻脑解剖方法，这在国内属于首例。他与别人合作的专著有《组织学》（俄译汉）、《人体组织学》（德译汉）。1980年，他晋升为教授。

项教授才艺兼备，作诗绘画，均有相当造诣。在瑞士留学时，为了弘扬祖国文化，曾两次举办个人"中国画展"，外人拟高价购藏，他以"非卖品"相拒（展后分赠中外友人）。经他精心绘制的《神经图谱》一套十余张（附外文注释），现存于瑞士巴塞尔大学解剖学院，极为珍贵。

"桃李不言，下自成蹊"。项教授教学科研上的业绩，蜚声国内外，故而他的社会兼职还有浙江医学院、湖北医学院客座教授；中国解剖学会武汉分会理事兼秘书长；中国野人考察研究会主席团成员兼鄂西北分会主任委员；郧阳地区书画协会名誉理事等。1988年，他被英国剑桥名人传略中心列入第一版的远东名人录和第二版的国际荣誉导师录。《中国高等学校教授人名录》也介绍了他的生平事迹。

四、为民参政鞠躬尽瘁

项仕孝教授于1953年加入中国民主同盟，曾任民盟武汉医学院支部委员兼秘书。"文化大革命"后民主党派恢复活动，作为民盟湖北省委个别联系盟员，他感到十堰市无民盟基层组织，对贯彻中共统战政策，调动各方面积极性，为四化效力不利。经他多次向民盟上级和中共十堰市委统战部建议，几经协商，积极筹备，终于1985年11月组建了民盟十堰市支部委员会，并当选为第一届支部委员会主任委员。1984年，他又光荣地加入了中国共产党。他还提任过第六届全国人大代表、武汉医学院工会副主席、郧阳地区教育咨询委员会主任等职。他在以上任职中，都以高度政治责任感，就国计民生兴革大事，反映民意，陈述己见，言辞慷慨，寓意恳切，多为有关单位采纳或重视。他对共产党领导的多党合作制度和革命传统体会深切，在集会中，常乘兴作画：碧水清彻，游鱼徜徉，借喻"党盟鱼水情"，使新盟员受到了生动的传统教育。辞世两天前(1991 年 9 月 7 日)，他已是 74 岁高龄，不计病痛如期准时参加了在二汽召开的十堰市、二汽全体盟员庆祝教师节座谈会。他精神矍铄，发言铿锵：表示誓将奉献余年，并相邀全体盟员，勿负领导和民盟中央期望，在参政议政、岗位工作中，多做贡献。与会同志都受到了策勉。

项仕孝教授是一位爱国学者，是一位受人尊敬的导师，更是一位社会活动家。他为人民的医学教育事业，为党的统战工作，贡献了毕生。在其晚年岁月中，他曾多次表示将来结束生命后"愿将遗体作为解剖实验"，鞠躬尽瘁之志，人去未泯。

项士孝教授于 1991 年 9 月 9 日辞世，但他的嘉言懿行，足以矜式一方，垂范后世。

（摘自《十堰文史》第三辑）

心传大爱　公益无声
——荆楚理工学院高才兵老师先进事迹材料
荆楚理工学院

高才兵，男，中共党员，荆楚理工学院教师。1999 年，开始定期参加无偿献血，19 年来累计献血量超过 12000 毫升；2010 年 6 月，捐献造血干细胞，挽救了一名 15 岁中学生的生命；组织并参加志愿活动近百项，足迹遍布荆门，辗转行程 20000 多公里，累计完成志愿服务 800 多小时；除了教学工作，他的大量的业余时间基本上都用在了志愿服务上。

2012 年以来，他先后获得湖北省青年五四奖章、湖北省教书育人优秀教师、荆门市优秀共产党员、荆门市五一劳动奖章、荆门市红十字先进志愿工作者、荆楚理工学院道德模范、全国无偿献血奉献奖金奖、荆门市道德模范等荣誉。他用实际行动诠释着助人为乐的精神，将帮助他人当作自己最快乐的事，把大爱无私传递给身边的每一个人。

一、心怀感恩，坚持无偿献血十六年

在高才兵的家里，放着近 10 本献血证，最近的一次无偿献血记录显示在 2018 年 8 月 22 日。1999 年以来，他一直坚持无偿献血，一献便是 19 年，到目前累计献血量已超过 12000 毫升。2005 年，获得全国无偿献血奉献奖铜奖；

2010 年，获得全国无偿献血奉献奖银奖；2015 年，获得全国无偿献血奉献奖金奖。

高才兵称不上体格魁梧强健，甚至个头还有点矮，家庭经济条件也一般。小时候他家境困难，体质较弱，依靠他人资助才勉强完成求学之路。也正因为如此，高才兵常怀一颗感恩之心。"第一次我献了 400 毫升，感觉良好，身体也没有不适的反应。"初次献血后，高才兵下定决心，开始了每半年一次的无偿献血路。而这背后，从小就患有阵发性心律失常的他，因一直没有条件医治，直到 2005 年才通过心脏介入手术治愈。

他不仅坚持长期无偿献血，他还是一名无偿献血的志愿宣传员。目前社会上存在一些对无偿献血的误解和非议，认为经常献血对身体不好，可能会感染疾病；甚至传言无偿捐献的血液被血站和医疗机构拿去高价卖给了患者等，高才兵在各种场合以亲身经历对这些言论进行解释和批驳，鼓励更多的人理解、支持、参与无偿献血。在他的影响下，他的爱人也成为了无偿献血的志愿者。

二、捐献造血干细胞，为素不相识的女孩点亮生命之灯

高才兵说："我学医五年，了解捐献骨髓对身体没有太大危害。一点点付出就能换来一个家庭的幸福，我感到很欣慰。"

2010 年 6 月 17 日上午，荆楚理工学院行政楼前悬挂着大红的横幅："热烈欢迎高才兵老师赴汉捐献造血干细胞平安归来！"学校众多师生自发在此等候，等待心目中的英雄返校。当高才兵出现时，师生们上前献上鲜花，更有数位同事送上热情的拥抱，表达对高老师善举的肯定与赞许。

说起他的捐髓善举，那是 2006 年 11 月，在红十字会的义务献血车上，高才兵了解到湖北红十字会造血干细胞库因血样较少，急需招募一批志愿者。他没有犹豫，当天便填写表格，成为中华骨髓库的一名志愿者，并留下了他的血样。

2010 年 3 月 29 日，正在上班的高才兵接到中国造血干细胞捐献者资料库湖北分库管理中心的电话，被告知他的造血干细胞与广东一位患急性白血病的 15 岁女学生匹配，问他是否愿意为这位病人做干细胞移植。得知消息，高才兵当即表示愿意捐献。在说服家人后，他于 6 月 11 日赶赴武汉同济医院；12 日至 14 日，连续四天注射"动员剂"；15 日上午，正式捐献造血干细胞。因患者体重较重，采集量不够，于 16 日再次采集；最终，移植手术成功，这名 15 岁女学生的生命被成功挽救。

三、组建爱心志愿团队，传递爱心正能量

"那是一种你不看就不敢想象的贫困。走进这些学生家里，你才知道他们

多么需要社会帮扶。"作为荆门市圆梦爱心帮扶会骨干成员，高才兵在 QQ 空间中发文呼吁社会爱心人士参与助学。

2014 年元月，高才兵等六名爱心人士共同发起成立荆门市圆梦爱心帮扶会。本着"帮一把，扶一下"的理念，协会组织社会各方力量，对弱势群体提供帮助。

土坯原房，黄土墙上遍布烟熏污痕，墙上随处挂满了锅碗瓢盆，做饭用的是旧式炉台，台上漆黑的铁锅上还留着残剩的汤水。在这个因病致贫的家庭里，一家六口人，只有 39 岁的母亲能从事重体力活，通过耕种家里的 12 亩农田维持生计，另有一个一岁半的孩子嗷嗷待哺……这是高才兵和帮扶会会长孟丽华前往洋梓中学学生家中实地考察看到的一幕。更可怕的是，存在这种现象的家庭还远远不止这一个。

考察结束，高才兵等人当即做出决定，立刻募集资金、寻找社会爱心人士对贫困生采取"一对一"资助，护送孩子们"直通"高考。四年时间下来，帮扶会的会员们先后资助、解决了包括钟祥市洋梓中学、东宝区仙居小学共 50 多名中小学生的学习、生活经费问题。其中，高才兵，这位生活并不宽裕的普通老师，也每月拿出 200 块钱工资资助了一名素未谋面的学生。

"解决他们的吃住问题，让残疾人找到用武之地，并且重拾自信是我们的办场主要目的。"高才兵说。

在荆门东宝区牌楼镇，看着秩序井然的圆梦残疾人庇护工厂，谁能想到，这里曾是荒草丛生、杂物遍地的闲置厂房。短短半年时间，高才兵和圆梦帮扶会的志愿者们想方设法引进项目、安装设备、新建宿舍、食堂……把毫无用处的空场地变成了荆门残疾人圆梦的地方。据了解，目前，已有十多名残疾人在工厂内工作、生活。良好的工作氛围和生活条件，让不少残疾人放假都不想回家，在场房里上演了现代版的"乐不思蜀"。

办厂过程中，高才兵经常利用休息时间为工厂寻项目、办活动、处理突发事件，也因此被残疾朋友亲切地称为"高好人""及时雨"。

2014 年 3 月 31 日，在"高才兵爱心志愿服务队"成立仪式上，高才兵说："我发起成立服务队，是想吸引和组织一批有理想、有抱负、充满热情与爱心的青年，传递温暖，让更多的人加入爱心行动。"

为进一步扩大志愿服务的影响，高才兵发起并成立了以自己名字命名的"高才兵爱心志愿服务队"。

"高才兵，我刚才看到你们服务队的学生在海慧路口那里搞交通劝导咧。"对于平日里熟人们的"服务队动态播报"，高才兵已经习以为常。

作为志愿服务队的指导老师，无论活动规模大小，高才兵都坚持认真对待，精心策划，保证活动安全进行。四年多来，在他的带领下，服务队足迹遍布荆门的大街小巷，先后组织开展"一帮一"帮扶团林小学留守儿童、艾滋病预防知识讲座、浏河岛助残活动、慰问"千福洞"老年公寓孤寡老人、残疾人庇护工场助残等几十次志愿服务工作。在他的感召下，荆楚理工学院在校大学生踊跃报名参加，服务队成员现已达 160 多人。

"关爱自闭症协会的帮扶对象就是那些自闭症患儿，希望大家能做好患儿家庭和社会的桥梁，让更多人来关心关爱他们。"2015 年 4 月，担任荆楚理工学院关爱自闭症协会指导老师的高才兵对协会成员讲道。

"他只要说话，站在你面前和你交谈几句，你就知道，他值得信任。我们协会的同学都很敬重和相信他。"荆楚理工学院关爱自闭症协会学生会长李佳斐这样形容高才兵。作为会长，除开活动接触以外，李佳斐更多的是在紧急短信或电话中和高老师联系。正因如此，她总结出"高式通话"特点：这个说好了，就一定要做好，就这个事应该宣传……言简意赅，切中肯綮。"他说话做事很踏实，不会让人有作秀的感觉，老师是真的在做实事，做公益"。

在高才兵的指导和带领下，关爱自闭症协会坚持每周开展一次活动，先后获得省级志愿服务示范岗、湖北省优秀社团、湖北省"优秀志愿服务队"等荣誉，受到荆门市自闭症互助协会和患儿家长的一致好评。

帮在力所能及之时，扶在举手投足之间。身兼"数职"的高才兵在校内校外言行一致，从小事做起，从身边做起，公益活动已经成为他生活的一部分。他常常利用节假日慰问福利院、光荣院孤寡老人；定期往掇刀区生活难以自理的老人家中运送物资；走遍社区、学校宣传红十字精神；为捐献造血干细胞的志愿者讲解医学知识，化解家属疑虑，陪同捐髓志愿者体检；开车免费带路人……这位平凡之人在公益路上越走越远，吸引了越来越多的人加入到爱心公益的队伍中来。

终身为冶金　毕生育桃李
——黄培云院士的无悔一生
李敏　刘华英①

从"中南矿冶学院"到"中南工业大学"，再到今日屹立于国土的一流学府"中南大学"，风雨六十载，"知行合一、经世致用"的精神与信念一直在中南学

---

① 李敏(1996—)，中南大学 2018 级硕士研究生；
刘华英(1973—)，湖南华容县人，硕士，中南大学档案技术研究所副教授，硕士生导师。

子心中代代相传，而这其中便有这样一个人，将自己的一生与科学教育、与中南紧密相连。

他是清华烽火中迁徙的经历者，在战争四起之际潜心求学；他是中南风雨中成长的见证者，在环境窘迫之中艰难建校；他是我国粉末冶金学的奠基人，在一张白纸的领域画下浓墨重彩的一笔；他便是中国工程院首批院士，中南矿冶学院创始人之一，黄培云。

1. 风雨飘摇求学路，学成归来报家国

1934 年，黄培云先生被清华大学录取，在化学系开始了自己清华园的学习生涯。1937 年，抗日战争爆发，北平沦陷，血雨腥风下，教育部为保护知识人才，下令将清华大学与南开大学、北京大学一同南迁，在长沙成立临时大学暂时避让，但战火蔓延迅速波及长沙，学校不久之后只能再次被迫西迁，后来的西南联大校歌"万里长征，辞却了，五朝宫阙；暂驻足，衡山湘水，又成离别。"正是对当时从长沙无奈撤离的心酸描述。就这样，黄培云先生跟随大部队长途跋涉两个多月，一路荆棘终于到达昆明，教育史上不朽的神话，国立西南联合大学应运而生。

提到西南联大，在风雨飘摇求学之路上的诸多感怀便再次浮现于黄培云先生眼前。在随校西迁路途中与在昆明动荡艰苦的时光里，黄培云先生收获到的不仅仅是身心的锻炼，还有路过的每一个偏远的乡下，深入的每一段民间实情，亲眼所见的所有疾与苦，这些使他进一步向革命靠拢。也正是在这段风声雨声读书声、以及时而传来的日军轰炸机炮鸣声交织的岁月里，黄培云先生逐下决心："为中华之崛起而读书"。

1938 年 9 月，黄培云先生结束了清华园的大学学生生活，因成绩优异得以留校在金属学研究所任助教一职。两年后，他通过考试获得了清华大学第五届公费留美生资格，于 1941 年秋赴美深造，1945 年，黄培云先生获得了麻省理工学院博士学位，并继续在麻省理工学院研究生院进行科研事业，同年 7 月，与哈佛大学国际著名语言学家赵元任的次女赵新那结为伉俪。

黄培云先生在博士学习期间认真钻研，毕业论文十分优异，发表之后很受美、苏、英等国矿冶工程界重视，他的导师也挽留他继续留美从事研究，面对众多国际机构与国外前辈抛来的橄榄枝，一腔爱国热血的黄培云先生不为所动。1946 年底，他携夫人毅然回归祖国怀抱，马不停蹄地于 1947 年初前往武汉大学任职矿冶系教授和系主任。1948 年，国共内战风起云涌，局势艰险，他依然拒绝了远在美国的岳父母提出的赴美工作的庇护，继续为国之崛起而无私奉献。

2. 焦土之上种桃李，艰难筹建大学堂

1952 年，全国院系调整之际，为了给新中国经济发展培养有色金属工业的建设人才，湖南大学、武汉大学、广西大学、南昌大学、中山大学、北京工业学院根据需要将校内有关地质、采矿、冶金的学科进行调整合并建成一所学院，这便是如今的中南大学前身之一，即 1985 年更名为中南工业大学的中南矿冶学院。当时在武汉大学矿冶系担任教授和主任的黄培云先生受命前往长沙，参与筹建工作。

虽然有清华大学南迁长沙时留下的民主楼与和平楼做中南矿冶学院校址，但在岁月的更迭中这两座楼早已因历经风霜而破烂不堪，当时师生合力，一同修茸，"建校时最困难的是没有人"。在艰难建校历程中，黄培云先生脑海中印刻最深的是来自武汉的一个学生，他揽下木工活，从挑选木料开始一点点地学，带领学生们一起亲手画图制作了很多桌椅。

教室、桌子和板凳仅仅只是拉开了建校的序幕。来自大江南北 6 所高校的师生历经跋涉合聚一校之后，学生宿舍没有，职工宿舍也没有。于是，师生们继续鼓足干劲，发挥革命精神克服一切困难。建房子买不到砖瓦，师生们就自己亲自烧制。学校所在的长沙左家垅地区缺水严重，师生们就自己办了一个小型自来水厂。当时连接校外的交通只有一条路面破烂不堪的羊肠小道，师生们就拿着锄头一点一点地疏通铺平小路，使大批建校物资运往校区成为可能。与此同时，教材问题也迫在眉睫，黄培云先生提到六所高校使用的教材各有差异，必须统一，最后通过比对，强中选优，确定以北京工业学院、湖南大学、武汉大学的教材内容为主，自主编写。虽然当时条件简陋没有复印扫描的设备，但还是用蜡纸和油印机印出来了属于中南矿冶学院的首批教材。

就是在这样极其艰苦的环境下，全校师生紧密团结，让中南矿冶学院于 1952 年 11 月 1 日如期举行了开学典礼，陈新民先生担任中南矿冶学院的第一任院长，顾凌申先生和黄培云先生担任副院长。

中南矿冶学院成立之初，基建不足，物资短缺，大小困难接踵而至。但这也并未压倒当时力量薄弱的中南矿冶学院，学院领导继续带领全体师生攻艰克难，一方面不断改善教学物质条件，一方面大力培养师资。此后几年新楼相继建立，实验室设备不断补充，教学质量逐渐提高。时任教务长与副院长的黄培云先生倡导的"三严"作风——严肃对待教学工作、严密组织教学过程、严格要求学生、更是对建校后的教学发展与人才培养起了很大作用。

3. 敢为人先身铸铁，拓荒粉冶学科路

说到粉末冶金学科，黄培云院士无比感怀："这个学科，我参与了奠基、培养人，更直接见证了它的发展。"粉末冶金是一种制取金属粉末或以金属粉末为

原料，经过压制成型，造出各种材料以及各种类型制品的工艺技术，它在汽车、机械、航空航天、军事工业、仪器仪表等行业均有重要地位，国外在该领域的研究开始较早，而在上个世纪50年代的中国才刚刚起步，黄培云是中国粉末冶金学科的启蒙者和创始人之一。

"我开始一心一意进行粉末冶金教学与科研工作，我的后半生都用于这一事业了。"由于黄培云院士在清华大学的出色表现与在美读博时候的优秀研究成果，当国家科学研究任务下达至中南矿冶学院后，在很多人都还不知道粉末冶金是什么的时代，当时的中南矿冶学院院长把这一项艰巨任务交到了黄培云手中。

1954年，在中国第一个五年计划对新型材料大量需求的背景之下，黄培云先生勇担重任，创办中国第一个粉末冶金专业，开始全身心的奋斗在这一科研领域，不光是为填补我国粉末冶金学科专业的空白，更是为国家培养科技人才与输送国家发展所需的新型材料。

学科专业创办之初，学生、讲课教师、教材、实验室都没有，一切真正地从零开始。不管条件多么简陋窘迫，黄培云院士始终坚定地领队在粉末冶金之路上奋力前行。1960年，国家重视国防发展，黄培云先生根据技术需要建立新材料研究室，之后，研究室承担了一系列国家重大科研项目，他亲自组织科研人员设计方案攻克难题。1979年，他创立中南矿冶学院粉末冶金研究所并担任所长；1989年，又以该所为基础，通过国家评审成立中国首个粉末冶金国家重点实验室；实验室在黄培云先生的带领下，几年发展之后，于1993年又通过评审成为我国首批高校国家级工程研究中心。

在潜心研究所建设工作的同时，黄培云院士在粉末冶金理论上的研究也从未松懈。他提出了"粉末体应变推迟""应力松弛""粉末变形驰豫"以及"粉末的非线性流动模型"等一系列新概念和新理论，也是国际上最早采用粉末流变学理论来研究粉末压制的学者之一，他创立的粉末压制理论和烧结理论，被国际上称为"黄氏粉末压制理论"。他采用粉末冶金方法制造出大块准晶材料在世界上更是尚属首次。他的种种重大研究成果对中国粉末冶金学科理论的发展，对中国航空、航天、原子能和兵器工业的发展都具有重大贡献。

4. 老骥伏枥壮心继，一生冶金与桃李

曾德麟教授是黄黄培云院士上世纪60年代的研究生。"黄培云先生重视培养我们独立思考，不因循守旧，勇于探索的科学精神。"，他回忆起跟随黄培云院士读研的情景，每周的一次例会，研究生们都会向黄培云院士汇报学习情况，黄培云院士也都会一一细听指导，对于提出的问题详细解答，所有学生进行完后才会打开话题，国内、国际科技信息、动态、前景、意义，时而分析，时而归纳，学生们可以插话、可以质疑、可以反驳。正是用这样善于启发学生的教育方法，黄培云院士循循善诱助学生开阔思路，增长才干，使无数学子受益终身。

粉末冶金专家、"金氏相图测定法"发明人、现中南大学教授与博士生导师金展鹏院士，既是黄老先生的学生、也是曾经一起工作的同事，据他回忆，黄培云院士指导研究生时非常认真负责，自己亲自设计程序，给学生提供的国内外文献，也都是自己事先仔细看过几遍。当金展鹏院士在当年科研条件不完善的情况下遇到困难，情绪低落时，黄培云院士更是以最慈祥的方式给予鼓励，真正的做到"诲人不倦"。

如今的中南大学档案馆中保存着较为完整的黄培云院士的档案，其中最多的就是他与学生往来的各种书信，无论是他带过的研究生还是本科生，都和他保持着一定的书信联系，经常汇报自己在毕业之后的学习情况和询问遇到的学科问题。在翻阅这些历经时间洗涤却保存完好的信件，敬意油然而生，黄培云院士不光传道授业，还终身为学子解惑，教书育人，以身作则，求真务实。也正因如此，他才能培养出一批又一批被社会单位、被学科、被国家认可的栋梁之才，这不光是中南大学的幸运，更是中国高等教育界乃至世界科学领域的大幸运。

黄培云院士逝世于 2012 年，享年 95 岁。《黄培云院士口述传记》的作者郑艳在著书过程中多次与年过八旬的黄培云先生接触，她在书里这样描写黄老先生："正是这些，形成了一种精神的穿透力，穿透各种困扰，保护他成为一个完整的人，从事真正的科学、真正的学术。"郑艳作者所指的"这些"，就是他虽年过八旬，却仍思想活跃；虽然已经取得诸多重大成就，却仍然怀着赤诚之心密切关注学科动向，继续在人才培养和科学研究中执着前行。黄培云院士青年时立志报国，中年时践行不渝，用自己的双肩挑起时代与国家的沉重使命，耄耋之年依旧持续奉献，照亮人心，鞠躬尽瘁，风骨凛然，实为"一生为冶金，一生育桃李。"的真实写照！

5. 蓦回首已诞百年，无悔岁月铸辉煌

"我一生参与完成两件大事，一件是艰苦建校，一件是粉末冶金学科建设。"[1]"我从来没有后悔回来过"

这便是从黄培云院士的无悔一生，回首细看这位著名院士的求学之路、创新之果、忧国之心、为人之品，这不仅仅是一个人的辉煌成就，更是一个学科、一个国家甚至一个时代的非凡篇章。

中南大学历经风雨走到今天硕果累累，而在波澜壮阔的发展图景中，正如黄培云院士一样的一代代中南人以实际行动书写"向善求真"，践行"唯美有

容"。在中南大学日益崛起为一流学府的历史进程中，全体中南人也一定能够续写无愧于中南大学的辉煌篇章！

参考文献

［1］郑艳.黄培云院士口述传记［M］.长沙：湖南教育出版社，2011.

［2］曾德麟.回忆黄培云导师诸多往事［J］.粉末冶金材料科学与工程，2017，22（05）.

［3］日成.黄培云："中国粉末冶金之父"［J］.发明与创新，2012（03）：44－45.

［4］姚力建，金和平.老骥伏枥壮心不已——记中国工程院院士中南工业大学教授黄培云
　　　［J］.有色金属工业.

［5］王珺，李伦娥.院士黄培云：我从未后悔回来［J］.中国教育报.